성격장애 로샤평가

| Steven K. Huprich 편저 | 신민섭 · 우충완 · 최현정 편역 |

Rorschach Assessment of the Personality Disorders

학지사

Rorschach Assessment of the Personality Disorders
by Steven K. Huprich

편역자 서문

'아는 만큼 보인다.' 는 말이 로샤검사 해석에서만큼 어울리는 것은 없는 것 같다. 역자는 대학원 심리진단 강의에서 로샤에 대해 설명하거나 병원에서 임상심리수련생들을 지도할 때, 로샤검사에서 얻은 많은 구조적 요약 점수와 반응 내용을 통해 한 개인의 인지적, 정서적, 성격적 특성과 내적 갈등 및 정신병리의 유형을 총체적으로 이해하는 과정을 밤하늘의 별자리에 비유하여 설명하곤 한다. 밤하늘의 무수히 많은 별들 중에 묻혀 있는 북두칠성, 안드로메다, 카시오페이아, 큰곰, 오리온 등의 별자리를 쉽게 찾기는 어렵지만, 각 별자리의 핵심적인 특성과 위치 등을 알고 나면 별자리들의 윤곽이 전경으로 선명히 드러나고 그 주위의 나머지 별들은 흐릿하게 배경으로만 보일 뿐이다.

로샤도 마찬가지다. 각 정신병리에 핵심적인 로샤 반응 특성들에 대한 지식과 경험을 가지고 피검자들이 보인 많은 로샤 변인들을 다양한 각도에서 조합해 보고 왜 그러한 반응을 보이게 되었는지 그 기저의 내적 과정을 깊게 추론해 보면 마치 안개가 걷히듯이 피검자들 내면의 갈등과 방어기제 등 무의식적인 측면과 정신병리의 유형 및 현실검증력의 손상된 정도가 선명하게 보이기 시작한다. 자유 연상이나 꿈의 분석과 같이 길고 복잡한 과정을 거치지 않고도 무의식의 작용과 정신세계의 비밀을 보여주는 로샤의 강력한 힘 때문에 임상 장면에 있으면서 로샤검사에 대한 신뢰와 사랑은 점점 커진 것 같다.

로샤는 특히 감별진단이 어려운 정신장애 환자들의 진단과 치료적 개입을 결정하는 데 유용한 정보를 제공해 준다. 역자의 임상 경험에 따르면 정신과적 진단 평가 시 때로는 정신분열병, 조울병, 정신병적 우울장애, 심각한 강박장애 환자들을 감별진단하기가 어려운 경우가 있으며, 특히 축 II 진단인 성격장애가 수반된 경우 축 I 정신장애의 임상 증상 양상이 달라져서 감별진단이 더욱 어려울 때가 있다. 이에 수련생들을 지도하면서 성격장애 환자들의 로샤 반응 특성들을 일목요연하게 기술해 준 책이 없을까 고민하던 차에 우연히 서점에서 이 책을 발견하였다. 책의 구성이 체계적으로 잘 정리되어 있고 사례 해석을 곁들여 설명하고 있어서 단숨에 읽어 내려갈 만큼 내용이 깊고 전문적이면서도 쉽고 흥미로웠다.

이 책의 첫 장인 도입부에서는 성격장애의 개념 및 진단 범주 그리고 성격장애의 병인론에 대한 다양한 이론적 모델을 제시하고, 2장에서는 이러한 성격장애를 진단하고 성격의 병리를 이해하는 데 로샤검사를 사용하는 것의 이점에 대해 기술하고 있다. 3장에서부터 DSM-IV 성격장애 진단준거인 군집 A에 해당되는 편집성, 분열성, 분열형 성격장애를 소개하는 것에서부터 시작하여 군집 B에 속하는 반사회성, 경계선, 연극성, 자기애성 성격장애, 그리고 군집 C의 회피성, 의존성, 강박성 성격장애, 그리고 수동-공격성, 우울성 성격장애의 핵심 특성 및 진단준거, 로샤 반응의 특성을 소개하고 있다. 각 장마다 해당 성격장애의 임상 사례와 로샤 반응기록 및 구조요약 점수, 그리고 깊이 있는 해석을 제시하고 있는 것이 이 책의 장점이라 하겠다. 마지막으로 15, 16장에서는 대상관계의 로샤 평가 및 개인의 주관적 경험과 성격 구조를 이해할 수 있도록 돕는 정신분석 이론과 로샤검사에 대해 소개하면서 끝을 맺고 있다.

서울대학교병원 임상심리수련생들과 매주 한 번씩 1년 반 동안 세미나를 진행하며, 책의 내용을 정독하면서 제시된 사례들의 로샤 반응에 드러난 성격 특성과 공존병리에 대해 심도 있게 논의하는 시간을 가졌다. 또한 책에 제시된 사례들 중에서 증상 내용이 우리 문화와 맞지 않거나 DSM-IV 축 I 정신장애가 더 뚜렷한 경우는 국내 사례로 대치하였고, 모든 사례들의 로샤 원자료를 『Exner 로샤』 4판 채점 체계에 맞게 다시 채점하였다. 또한 역자가 보기에 해석이 불충분하다고 여겨지는 사례들에 대해서는 추가적인 해석을 덧붙여 편역하였다. 이렇게 복잡하고 힘든 과정을 함께해 준 우충완, 최현정 선생에게 진심으로 고마운 마음을 표현하고 싶다. 그리고 매주 수요일 늦은 밤까지 세미나를 같이하며 함께 고민해 준 박선영, 설순호, 김기환, 김성준, 최희영 선생에게도 고마운 마음을 전하고 싶다. 이 책이 매우 중요하다는 한마디에 흔쾌히 출판을 담당해 주신 학지사 김진환 사장님, 그리고 편집부 담당자들의 노고에 진심으로 감사드린다. 사랑하는 가족과 우리 아들 그리고 하나님은 늘 내겐 힘과 기쁨과 감사의 원천이다.

임상심리학을 공부하는 학생들에게 물어보면 한결같이 로샤는 어렵다고 한다. 물론 로샤는 객관적인 다른 검사들보다는 실시와 채점, 해석이 어렵다. 때문에 깊이 있는 슈퍼비전과 길잡이가 반드시 필요하다. 이 책이 밤하늘에 퍼져 있는 수많은 별들 중에서 성격장애라는 특정 별자리들을 발견하도록 안내해 주는 길잡이가 되어 줄 수 있으리라 확신한다.

로샤검사를 통해 드러나는 정신작용의 오묘함이란! 정신세계를 조금씩 알아가는 경이로움과 즐거움 덕분에 20년이 넘게 로샤를 접하였는데도 늘 로샤는 흥미롭고 매력적으로 다가온다.

"로샤는 □□이자 □□이다." 역자는 임상 경험에서 얻은 로샤에 대한 믿음에 입각해서 감히 "로샤는 '과학' 이자 '예술' 이다."라고 자신 있게 말하고 싶다. 이 책이 우주만큼 복잡하고, 신비하며, 밝혀지지 않은 인간의 마음의 비밀과 정신작용의 기제를 알게 하는 길잡이가 되어 줄 수 있기를 기대한다.

2010년 1월

대표 편역자 신민섭

편저자 서문

내가 대학원생 시절 성격평가에 대한 수련을 시작했을 때, 처음에는 로샤검사에 대해 "어떻게 잉크반점으로 성격을 이해할 수 있지?"라고 반응했었다. 이러한 초기의 의심들이 사라졌을 때도 여전히 배우고 숙달하기 어려워 보이는 이 검사에 대한 경계심은 줄어들지 않았다. 그러던 중 나는 State University of New York Health Science Center(현재는 Upstate Medical University)에서 임상 인턴십 과정을 이수할 때 로샤검사의 채점과 해석에서 전문가인 수련 지도자를 만나게 되었다. 그때부터 나는 로샤검사의 탁월함에 대해 제대로 알기 시작했고, 인간 성격과 문제들을 이해하는 데 로샤검사가 제공할 수 있는 정보들에 놀라기 시작했다. 그때 나는 어린 학생이었기 때문에 나중에 내가 로샤검사에 대해 가르치고 연구하고 글을 쓰게 될 줄은 몰랐었다.

로샤검사에 대한 초반의 양가감정과는 대조적으로, 대학원에 입학할 때 나의 주된 관심사는 성격장애 연구였다. 그래서인지 이후로 나는 한 개인의 생물학적인 기질이나 과거 경험이 그(녀)의 현재 존재 상태에 어떠한 영향을 미치는지, 또한 임상심리학자가 이러한 요인들을 이해함으로써 관계나 일의 측면에서 좀 더 만족스럽고 새로운 존재 방식으로 한 개인을 어떻게 이끌 수 있는지에 대해 지속적으로 관심을 가져왔다. 처음에는 University of Dayton에 있는 Mark Fine 박사의 지도를 받으며 성격장애를 연구했는데, 그 연구에서 나는 DSM-II-R에 명시되어 있던 자기-패배적 성격장애와 의존성 성격장애 간의 유사성에 대해 발견할 수 있었다. 즉, 두 장애는 모두 통제 소재가 외부에 있었으며, 다른 사람의 영향을 받는 자리에 자신을 내몰고, 타인에게 과도하게 휘둘리는 것에 관심이 거의 없었다. 나의 학위논문은 이 두 장애를 감별진단하는 임상가들의 능력을 평가했다. 나는 어떤 유형의 역동과 내적 동기가 한 사람의 성격을 그렇게 만들어 가는지 궁금했다. 낮은 자기 존중감인가? 과도한 순응을 통해서만 표현될 정도로 타인을 두려워하는 것인가? 아니면 순응이나 고통을 통해서만 스스로를 만족시킬 수 있는 것인가?

Greensboro에 있는 University of North Carolina에서 Rosemery Nelson-Gray 박사의 지도를 받으며 박사과정을 이수하는 동안에는 성격장애를 평가하는 데 사용되는 여러 종류의 자기-보고형 도구들에 대해 많이 배울 수 있었다. 하지만 나는 몇 가지 사실들을 관찰하면서 이 도구들에 대해 곧 실망하게 되었다. 첫 번째로는 많은 사람들이 두 가지 이상의 성격장애 진단기준에 부합한다는 사실이다(한 사람이 두 개 이상의 성격을 지닐 수 있는가? 사실 성격은 하나밖에 존재하지 않는다.). 두 번째로는 DSM 진단기준에 완벽하게 부합하지는 않으면서 하나 이상의 성격장애 특징을 지니는 사람들이 있다는 사실이다. 하지만 그들의 대답과 그에 대한 나의 반응을 잘 살펴보면서, 자가보고형 도구들에 의해서는 발견되지 않은 부적응적 성격을 그들이 가지고 있을지 모른다는 생각을 하게 되었다. 마지막으로 나는 몇몇 연구 참여자들의 행동이나 말을 통해 반구조화된 면접을 통한 진단적 평가에 의구심을 갖게 되었다. 예를 들어, 자기애성 성격장애에 대한 반구조화된 면접에서 역치 미만의 점수를 받은 한 젊은 남자의 경우, 질문에 답하는 동안 잘난 척하고 평가 절하하는 태도를 보였으며, 이 사람과 관계 맺는 여러 사람들도 그에 대해 건방지다고 생각할 것이라고 느꼈다. 결국 나의 서투른 면접 기술에도 불구하고 이 사람이 다양한 자기애성 특징들을 가지고 있다는 사실을 알 수 있었다.

나는 또한 전통적인 DSM식의 설명에서는 배울 수 없는 성격장애에 대한 통찰을 임상 경험을 통해 얻을 수 있었다. 예를 들어, B군 성격장애를 지닌 많은 사람들은 B군의 다른 성격장애 특징들을 함께 보이는 경향이 있다. 한 경계선 환자는 일 년 동안 함께했던 집중적인 작업을 마치는 종결 회기에도 이 회기가 마지막이라는 사실을 인식하지 못했다. 나는 '이 사람은 어떻게 마지막까지 종결 회기에 대해서조차 논의할 수 없을 정도로 자기 자신에게 매몰되어 있는가?'라고 생각했다. 게다가 상태와 특질 간의 차이뿐만 아니라 축 I과 축 II 장애 간의 구분도 모호해 보였다. 슈퍼바이저와 나는 사회적으로 불안을 느끼는 동시에 대인관계에서 동떨어져 있는 한 젊은 남자에 대해 사회 공포증으로 진단해야 할지, 아니면 회피성 성격장애로 진단해야 할지 고민했었다.

이러한 관찰들은 모두 나에게 성격장애가 쉽게 평가될 수 있는 것이 아니라는 사실을 알려 주었다(이 점에 대해서는 2장에서 더욱 자세히 설명할 것이다.). 이렇게 여러 요인들이 측정치의 정확성을 저해한다면 한 개인을 현상학적으로 어떻게 이해해 나갈 것인가? 나는 로샤검사가 이러한 문제들을 멋지게 다룰 준비가 되어 있는 도구라고 생각한다. 간단히 말해서, 모호한 자극을 주고 이것이 무엇 같은지, 왜 그렇게 보았는지 평가자에게 말하도록 하는 것은 생각, 감정, 소망, 충동, 관념들로 이루어진 한 개인의 내적 세계에 접근하는 기발한 방법 중 하나다. 평가를 받는 사람이 자신이 보고 있는 잉크반점에 대해 적절하게 반응한다면, 성격평가자들의 관심의 대상이 되는 반점이 '무엇 같은지'에 대한 추론 과정(speculative process)이 된다. Rappaport, Gill과 Schafer(1968)는 이 점을 다음과 같이 명확하게 지적한다. "다음과 같은 사실들이 지금은 명확해졌다. 즉, 어떤 감각 자극도 비어 있거나 수동적으로 받아들이기만 하는 기관에 주어지는 것이 아니다. 모든 자극은 복잡한 수용 시스템에 의해 적극적으로 흡수된다. 수용 시스템은 구조화되어 있으며, 기본적인 욕구와 이익에 따라 움직이고, 과거 경험을 통해 수정되며, 최근 경험에 따라 고정된다."(p. 272) 더 최근에 제안된 인지 모델들도 비슷한 과정을 설명하고 있는데, 그(녀)는 자기 자신 및 타인과 관계 맺는 방식에 연루된 정서적으로 충만한 재료들을 체계화하는 도식을 발달시킨다(Beck, Freeman, Davis, & Associates, 2004). 한 개인이 이러한 추론 과정에 관여하게 되면, 그(녀)는 자신의 '수용 시스템' 에 따라 영향을 받을 수밖에 없다. 그 결과 한 개인에게 지배적인 사고, 감정, 욕구, 소망, 관념의 표본으로 간주할 수 있는 지각적, 언어적, 행동적 산물이 나오게 된다. 성격장애를 지닌 사람의 경우, 성격장애를 나타내는 요소들이 결과물로 나타날 것이다. 이것은 한 가지 예일 뿐이며 로샤검사가 성격장애를 평가하고자 하는 임상가나 연구자에게 더 많은 것을 제공할 수 있다고 믿는다.

이 책은 로샤검사와 성격장애 문헌의 빈틈을 채우고자 한다. 몇몇 연구자들이 로샤검사로 특정 성격장애(예: 반사회성 성격장애와 Carl Gacono와 Reid Meloy의 연구) 혹은 성격 특질과 패턴(예: 대인관계 의존과 Robert F. Bornstein의 연구)을 심도 있게 연구했지만, 로샤로 성격장애를 평가하는 것과 관련된 책은 출판된 일이 없었다. 그러므로 이 책은 추가적인 연구와 임상적 설명이 필요한 영역을 소개하는 작업으로 기능할 것이다.

이 책을 쓰고 편집하려고 준비하면서, 저자들에게는 (1) 주 연구 분야 성격장애를 종합체계(Comprehensive System; Exner, 2003) 군집에 근거하여 설명할 것, (2) 주 연구 성격장애에 관한 최근 관련 연구를 소개하여 로샤검사에서 기대되는 패턴과 결과물을 임상가에게 제공할 것, (3) 주 연구 성격장애 환자의 로샤 프로토콜 임상 사례를 제공할 것을 요청하였다. 이러한 과제가 상당히 요구적이고 도전적이지만, 나는 이 책의 저자들이 따라가기 쉽고 핵심적인 평가와 연구를 촉진하는 방식으로 자료를 제시하는 데 뛰어난 성과를 거두었다고 믿는다.

이 책은 성격장애를 이해하기 위한 이론 모델과 분류체계에 관한 범주 및 차원 모델에 관한 논의를 담은 Thomas Widiger 박사의 개론으로 시작한다. 이어 Ron Ganellen 박사와 내가 성격장애를 평가하는 데 로샤검사가 제공하는 이점에 관한 논의를 제공하였다. 다음의 세 섹션은 DSM-IV(American Psychological Association, 2001) 성격장애 군집에 따라 구성되었고, 군집 내 각각의 성격장애마다 한 장을 할당하여 그 장애에서 예상되는 로샤검사 결과를 논의하였다. 이어진 섹션은 추가적으로 제안되고 있는 두 가지 성격장애인 수동-공격성 및 우울성 성격장애에 관한 내용을 포함하고 있다. 이 두 장애는 그 타당성과 유용성에 대해서 논쟁이 진행되고 있지만, 이 장애의 진단기준을 만족하는 사람들의 내적 역동에 관해서 로샤검사는 중요한 정보를 제공할 수 있을 것으로 보인다. 마지막 섹션에서는 로샤검사가 정신분석/정신역동 임상가 및 연구자들에게 도움을 줄 수 있는 중요한 두 영역에 관한 논의를 제공한다. Paul Lerner 박사는 로샤검사를 통한 대상관계 평가를 논의하고, 이를 지지하는 근거를 소개한다. 다음으로 Marvin Acklin 박사와 그의 제자 Susan Li와 James Tyson은 심리평가의 과학, 그리고 로샤검사가 내적 세계에 관한 중요한 정보를 어떻게 제공해 주는가를 논의한다.

이 책의 모든 부분을 읽고 난 뒤에, 학생, 연구자, 임상가들이 로샤검사를 이용한 성격장애의 평가에 대해 비판적으로 평가하도록 고무되기를 희망한다. 이 분야의 학위논문, 연구 보고서, 사례 연구의 탄생은 본 작업의 가장 풍요로운 열매가 될 것이다. 더 나아가, 임상심리학과 평가심리학 분야가, 고통과 괴로움으로부터 벗어나기 위해 우리를 찾아온 사람들을 평가하는 우리의 역량과 함께 더 진전될 것을 믿는다.

마치면서, 이 책의 여러 장들에 공헌해 준 모든 이들을 향한 진심 어린 감사를 전하고자 한다. 이 중요한 주제에 관해 글을 쓰면서 의지와 의욕을 보인 이들을 통해 커다란 기쁨을 느꼈다. Susan Milmoe, Kristen Depken, Steven Rutter, Sarah Wahlert, Lawrence Erlbaum에게 특별한 감사를 보낸다. 책을 준비하면서 이들의 지지, 도움, 조언 그리고 지원의 보탬은 너무나 소중했다. 분명 이들은 이 엄청난 프로젝트를 보다 쉽게 다룰 수 있게 해 주었다. 마찬가지로, 이 책을 쓸 수 있도록 2003년 가을 강의 부담을 줄여 주어 도움을 준 Baylor University의 College of Arts and Science의 학장 Wallace Daniel 박사에게 감사한다. 셀 수 없는 공헌자들과 지원자들이 이 책의 발전을 촉진시켜 주었다. Irving Weiner, Ronald Ganellen, Mark Hilsenroth, Robert Bornstein, Marshall Silverstein, John Porcerelli, Barry Ritzler, Philip Erdberg에게도 감사한다.

마지막 감사 표현은 문단을 따로 나눠야 할 정도다. 첫 번째, 초기 이 책을 계획할 때 Carl Gacono 박사의 조언, 격려, 지표의 말들에 깊은 은혜를 입었다. 처음에는 이 책에 관한 생각들을 추구하는 데 비판적이었지만, Carl은 이를 성사시킬 수 있도록 격려해 주었다. 이에 나는 깊이 감사한다

두 번째, 나의 인생을 영원히 바꾸어 놓은 친구에게 감사를 표하고 싶다. Robert와 Betty Young, Robert와 Susan Gibson 그리고 Robert Sanders다. 지난 5년간 이들과의 우정은 나의 삶을 더 풍부하고 훌륭하게 해 주었다. 이 책에 관해 많은 말을 나누지는 않았지만, 이들의 친절함, 지적 호기심, 지향점, 지원은 나를 더 나은 사람으로 만들어 주었고 좋은 시절과 어려운 시절을 겪어 내는 데 도움을 주었다. 이 선물에 감사한다.

마지막으로, 무엇보다 중요하게, 나의 아내 Donna에게 감사한다. 이 프로젝트를 시작하고 얼마되지 않아 결혼을 했는데, 이 책을 쓰면서 그녀의 사랑과 격려로 에너지를 얻고 북돋을 수 있었다. 이 과정은 잘 될 때도 안 될 때도 있었지만, 그녀의 지지

에는 한결 같은 깊은 사랑이 담겨 있었다. 책을 쓰고 편집하는 모호한 자극들의 세계에 질서를 부여하면서, Donna는 내가 때때로 위안과 지지를 위해 돌아가는 안정적인 기반이 되어 주었다. 나는 그녀가 있어 보다 나은 사람이 되었다. 우리의 인생 여행 속에서 더 아름다운 시간을 함께 지낼 수 있기를 희망한다.

참고문헌

American Psychiatric Association (2001). *Diagnostic and statistical manual of mental disorders* (4th ed. text revision). Washington, DC: Author.

Beck, A. T., Freeman, A. T., Davis, D. D., & Associates (2004). *Cognittive therapy of personality disorders* (2nd ed.). New York: Guilford.

Exner, J. E. (2003). *The Rorschach: A comprehensive system* (Vol. 1). Hoboken, NJ: John Wiley.

Rapaport, D., Gill, M. M., & Schafer, R. (1968). *Diagnostic psychological testing*. New York, NY: International Unoversities Press.

차 례

I. 서 론

01 성격장애의 이해

미국정신의학회(APA)의 『정신장애 진단 및 통계 편람』 4판 개정판(DSM-IV-TR; APA, 2000)에는 열 가지의 성격장애인 편집성, 분열성, 분열형, 반사회성, 연극성, 경계선, 자기애성, 회피성, 의존성, 강박성이 포함되어 있다. 추가적인 연구가 필요한 다른 두 가지 유형인 수동-공격성과 우울성 성격장애는 DSM-IV의 부록에 첨가되어 있다.

현재 DSM 진단 체계는 성격장애에 단독적인 중요성을 부여하고 있다. 특별히 3판(DSM-III; APA, 1980)부터 성격장애는 축 II 장애라는 독립적인 축을 부여받았다(Spitzer, Williams, & Skodol, 1980). DSM-III에 명시되어 있듯이, "이러한 독립적인 진단은 보다 두드러진 축 I 장애가 주목받으면서 간과되기 쉬운 다른 장애가 있다는 고려를 확신시켜 준다(APA, 1980, p. 23)."

DSM-III에서 다축 체계를 제안한 저자들이 성격장애에 주목한 이유는 "성격적 장해의 질적, 양적 측면이 …… 다양한 축 I 정신과 장애의 발생 경향, 발현 양상, 경로, 치료반응에 영향을 미친다는 증거들이 축적" 되었기 때문이다(Frances, 1980, p. 1050).

Thomas A. Widiger / University of Kentucky

실제로, 성격장애가 동반될 경우 특정 축 I 장애가 발현될 경향성이 높아지고, 축 I 장애의 예후와 치료는 이에 상당한 영향을 받는다(Gunderson, Triebwasser, Phillips, & Sullivan, 1999; Klein, Wonderlich, & Shea, 1993). DSM-III 이전에 임상가들은 환자의 부적응적인 성격특질을 인식하거나 받아들이지 못하는 경우가 있었으나(Frances, 1980), 이후로 많은 연구들은 독립적인 축 II 진단을 통해서 임상 실제에서 성격장애를 더 잘 발견할 수 있게 되었다(Loranger, 1990).

이 장의 목표는 로샤 잉크반점 평가법(Rorschach Inkblot Method: RIM)을 통하여 성격장애 평가를 개관하는 데 있다. 처음에는 평가하는 데 특히 중요하다고 할 수 있는 성격장애의 핵심적이고 근본적인 특징(발병 시기, 발달경로의 일관성, 자기상의 왜곡, 범주적 구분)을 바탕으로 개념을 설명할 것이다. 그리고 로샤검사를 통하여 평가하는 데 관련성이 특히 높은 병인론 및 병리에 관한 이론을 제시할 것이다.

성격장애의 개념

성격장애는 사람이 매일 기능하는 데 중요한 사고, 감정, 행동, 대인관계의 특징적인 측면과 관련되어 있다. 이러한 관점에서 성격장애는 '자아 이질적'이기보다는 '자아 동질적'이다(Frances, First, & Pincus, 1995, p. 361). 다른 의학적 질환과 마찬가지로 대부분의 축 I 장애는 갑자기 발생하거나 닥쳐오는 상태 혹은 증후군으로 경험되지만, 성격장애는 이와 반대로 사람들이 흔히 자기 자신의 모습이라고 여기는 자기감과 정체성의 측면과 보다 관련되어 있다.

DSM-IV-TR은 성격장애를 "개인이 속한 문화에서 기대되는 정도에서 현저하게 일탈되어 있는 내적 경험과 행동의 지속적인 패턴으로, 대부분의 상황에서 만연하게 변함없이 나타나고, 청소년기 혹은 초기 성인기에 발생하며, 시간에 따라 변하지 않고, 고통과 장해를 유발한다."(APA, 2000, p. 686)고 정의한다. 다음에서 이러한 정의가 내포하는 측면을 보다 자세히 설명하고, 특정 발병 시기, 시간적 안정성, 자기상의 왜곡, 그리고 성격장애의 범주적 구분에 관하여 논의할 것이다.

후기 청소년기 혹은 초기 성인기 성격장애의 발병

성격장애는 "청소년기 혹은 초기 성인기에 발생"한다(APA, 2000, p. 686). 18세 미만인 경우도 성격장애를 진단 내릴 수 있지만 대체로는 그렇지 않다. 단지 "상대적으로 특수한 경우의 소아나 청소년들, 즉 개인의 특정 부적응적인 성격 특질이 만연하고 지속적이며, 특정 발달 단계 혹은 일시적 삽화에 국한되지 않은 경우라면 성격장애를 적용할 수 있다."(APA, 2000, p. 687)

발생 연령 관련 기준에 관한 또 다른 중요한 점으로, DSM-IV에서는 의학적 상태에 따른 신경생리학적 영향에서 기인하는 성격변화를 제외하고는, 성인기 이후에 발생하는 성격장애는 인정하지 않는다. 반면, 세계보건기구(WHO)의 국제질병분류체계(International Classification of Diseases: ICD-10; WHO, 1992)에서는 성인기에 발생하는 두 가지의 성격장애를 언급한다. 하나는 충격적 경험에 따른 이차적 성격변화(Shea, 1996)이고, 다른 하나는 심각한 정신장애에서 기인하는 이차적인 성격변화(Triebwasser & Shea, 1996)다.

DSM-IV에서 초기 성인기 이전에 발생하는 경우만으로 성격장애 진단을 제한하는 이유는 기분, 불안, 물질의존 혹은 다른 축 I 정신장애를 평가할 때 성격장애와 혼동하지 않기 위해서다(Triebwasser & Shea, 1996). 왜냐하면 혼동되는 축 I 장애일수록 동반되는 다른 장애가 있을 수 있는데, 이는 개인의 성격을 평가하는 데 영향을 주기 때문이다. 특히나 불안하고 우울하고 분노하는, 혹은 자신이 생각하고 느끼고 행동하고 타인과 관계 맺는 일반적인 방식을 정확하게 기술하기 어려워하는 사람일수록 그러하다(Farmer, 2000; Kaye & Shea, 2000; Widiger & Coker, 2002). 최소한 후기 아동기부터 성격장애가 있었을 가능성을 평가하고 나서야, 현존하는 축 I 장애의 발병 이전에 성격장애가 있었다고 확신할 수 있다(Triebwasser & Shea, 1996).

발병 연령을 고려하는 과제는 나이든 사람일수록 더욱 어렵다. 75세의 남성이 의존성 성격장애를, 45세의 여성이 경계선 성격장애를 진단받을 수는 있지만, 성인기 시기 전반에 걸쳐서 성격장애가 있었을 경우에만 그러하다(예: 18세부터 그러했던 경우). 50~70년 동안에 특정 진단기준을 만족시켰는가를 판단하는 일이란 불명확하다. 노년기의 성격장애 평가에 관한 연구들은 사용한 평가 도구들이 개인의 성인기에 나타난 성격 특질을 실제로 기술하고 있는지 확신할 수 없다고 말한다(Abrams & Horowitz, 1999; Agronin, 1998; Widiger & Seidlitz, 2002).

안정적이고 지속적인 성격 특질

성격장애는 또한 "시간에 따라 변하지 않는다."(APA, 2000, p. 686) 성격기능이 시간적으로 안정되어 나타난다는 경험적 근거도 있다(Costa & McCrae, 1994). 이렇듯, 성격장애는 치료하기 어려운 장애 중 하나다. 왜냐하면 성격은 한 사람 개인의 일생에 걸쳐 만연하고, 두드러지게 나타나는 행동 양상과 관련되어 있으며, 성격의 측면은 보통 자기의 일부로서 자기감에 통합되어 있기 때문이다(Millon et al., 1996; Stone, 1993). 그럼에도, 부적응적인 성격 특질은 임상치료의 초점이 되며(Beck, Freeman, Davis, & Associates, 2004; Benjamin, 1996a; Gunderson & Gabbard, 2000; Millon et al., 1996; Paris, 1998; Stone, 1993), "심리치료에 관한 연구들은 성격장애가 치료에 따라 호전된다는 사실을 밝히고 있다."(Perry & Bond, 2000, p. 25) 실제로 의미 있는 치료 성과가 발생한다는 경험적 근거에 주목하지 않을 수 없다(Leichsenring & Leibing, 2003; Perry, Banon, & Ianni, 1999; Salekin, 2002; Sanislow & McGlashan, 1998).

물론 성격 특질이 변화할 수 있다고 해서 갑작스럽고 극적인 변화가 쉽게 발생하는 것은 아니다. "이러한 장애의 특징적인 성격 특질들은 …… 특정 상황적 스트레스 요인에 따른 반응이나 일시적인 정신상태(예: 기분 혹은 불안장애, 물질 중독)와는 구분되어야 한다."(APA, 2000, p. 686) 사실상, 평가가 시간에 따라 안정적이지 못한 것으로 두드러지게 드러났다면, 성격 특질의 개념이 타당한지, 혹은 최소한 그 평가가 타당한지 의문을 가져야 한다. DSM-III-R(APA, 1987)의 자기패배적 성격장애(Self-defeating personality disorder)의 경우가 그러했다. 자기패배적 성격장애는 DSM-IV에서는 누락되었는데, 이 성격장애는 대개 학대관계 때문에 발생하는 경우가 지나치게 많았기 때문이었다(Widiger, 1995).

시간에 따라 변화하는지의 여부에 관한 논쟁은 다분하다. 성격장애 종단 연구

(Gunderson et al., 2000) 결과에서는 성격장애 증상이 시간에 따라 안정되게 유지되지 않는다고 밝혔는데, 예를 들어 연구 초반에 경계선 성격장애로 진단받은 160명 중 23명(14%)은 6개월 후에 9개의 진단기준 중 2개 미만만을 충족시켰다는 결과가 있다. 이 중 18명은 6개월에서 1년 동안만 이 증상경감을 유지하였으나, 14명은 2년 후에 평가했을 때에도 계속 2개 미만의 기준을 유지하고 있었다. 이에 Gunderson 등(2003)은 18명 중 1명만이 연구 초반에 정확하게 진단되었으며, 나머지는 경계선 성격장애일 가능성만 가졌던 사람들이기 때문에 급작스럽고 극적인 증상 경감을 보였을 것이라고 결론지었다. 그러나 한 사람의 경우는 체중 감량을 위해 약물을 복용하고 있었기 때문에 초반에 경계선 성격장애의 증상들이 나타났던 것이었고, 나머지는 불안정한 환경에서 벗어나면서 급격한 증상 감소가 일어났던 것이었다. 이러한 극적인 경감은 연구 초반에 자기-보고형 검사나 반구조화된 면접 도구가 충분히 적절하지 않았던 데서 기인했을 수도 있다(Westen, 1997).

자기상 및 자기표상의 왜곡

성격장애에는 특정한 방식으로 "자기, 타인, 사건을 지각하고 해석하는" 특징이 있다(APA, 2000, p. 689). 많은 성격장애들은 자기, 타인 혹은 미래에 관한 왜곡된 관점을 바탕으로 구분될 수 있다. 따라서 성격장애를 지닌 사람이 보고하는 자기 기술을 그대로 받아들여서는 안 된다. 이러한 기술은 왜곡되고, 부정확하고, 그릇될 가능성이 있기 때문이다(Bornstein, 1995; Westen, 1997). 예를 들어, 편집 성향의 사람은 스스로가 매우 정직하다고 말할 것이며, 반사회성 성향의 사람은 워낙 사실을 말하지 않고 속이려 할 것이고, 자기애 성향의 사람은 잘못, 약점, 부적절감을 부인할 것이기 때문이다.

이러한 자기상 혹은 자기표상의 왜곡으로 자기-보고형 검사나 반구조화된 면접으로 성격장애를 평가할 때 그 타당도가 얼마나 침해받을지 명확하지 않지만, 반사회성 성격장애 혹은 사이코패스를 평가할 때 자기-보고형 검사를 사용해서는 안 된다(Hare, 1991). 하지만 자기-보고형 검사나 반구조화된 면접법이 타당한 자기 기술을 제공하는 보고자의 능력이나 동기에 전적으로 의존하는 것만은 아니다. 이러한 검사에는 간접적인 질문도 있고, 특히 반구조화된 면접의 경우 면접자의 관찰과 임상적 판단이 개입된다(Widiger & Coker, 2002). 그럼에도 로샤검사와 같은 투사검사는 이런 상황에서 대단히 유용하다(Bornstein, 1996, 1999; Gacono & Meloy, 2002; Hilsenroth, Handler, & Blais, 1996; Wiggins, 2003). 이는 다음 장에서 자세히 설명할 것이다.

범주적 구분

"DSM-IV는 특징을 개념화하는 기준을 기초로 유형에 따라 정신장애를 범주화하여 구분한다." (APA, 2000, p. xxxi) "[DSM-IV에서 사용하는] 진단적 접근법은 성격장애가 질적으로 구분되는 임상적 증후군이라는 범주적 관점을 반영한다." (APA, 2000, p. 689) 이러한 범주적 모형은 전통적인 의학적 진단법에 일치하지만, 성격장애를 이해할 때 이러한 모형이 타당하고 유용한가에 관해서는 논쟁이 심화되고 있다(Livesley & Jang, 2000; Widiger, 1993).

성격장애의 전형적인 각각의 사례는 일반적이기보다는 오히려 예외에 더 가깝다(Bornstein, 1998; Westen & Arkowitz-Westen, 1998; Widiger, 1993). 한 성격장애의 모든 진단기준을 만족하면서 다른 성격장애의 증상은 전혀 보이지 않는 환자는 드물다. 또한 같은 성격장애로 진단되더라도 그 모습은 다양하며, 공존병리의 진단비율이 높은 것이 일반적이다(Bornstein, 1998). 정상적이고 비정상적인 성격 기능의 구분점을 발견하려는 시도 역시 좌절되었다. DSM-IV가 제공하는 진단적 기준점은 경험적 자료에 근거하지 않으며, 뚜렷한 원리에 따라 도출되지 않았다(예: 어느 정도의 회피성 행동이 임상적으로 유의미한 기능장해를 가져오는지의 여부, 혹은 어느 정도가 되어야 기저의 병리가 있다고 할 수 있는가의 여부). 사실상 임상 실제에서 가장 자주 진단되는 것은 '달리 구분되지 않은 성격장애'로, 이는 현존하는 진단기준이 임상적으로 나타나는 부적응적인 성격 기능을 제대로 감별하지 못한다는 사실을 증명한다(Westen & Arkowitz-Westen, 1998).

현존하는 진단 범주를 보완하기 위해 성격장애 구분에서 대안적인 차원 모델이 제시되었다. 대안적인 차원 모델은 범주적 진단 모델이 임상적으로 의미 있는 부적응적 성격 특질을 감별하지 못한다는 점을 보완하기보다는, 양적인 범주를 통해 사람에 대해서 보다 정확한 설명이 가능하다는 점에서 유용하다. 사실 성격장애에 관한 몇몇 차원 모델은 현존하는 범주개념을 그대로 사용한다. 예를 들어, Oldham과 Skodol (2000)은 각 성격장애가 양적으로 부재한가(진단기준에 전혀 부합하지 않음)에서, 특질로 기술될 수 있는가(한두 가지의 진단기준 만족), 혹은 역치 이하 수준(진단 범주에서 한 가지 기준이 만족되지 않음), 역치 수준(최소한의 진단기준에 부합), 중등 수준(최소한의 기준에 더하여 두 가지 이상의 기준을 만족), 전형적 수준(모든 진단기준에 부합)인가로 기술되는 체계를 제안하였다. 이 체계에 따르면 세 가지 이상의 성격장애 역치를 모두 만족하는 사람은 '전반적 성격장애' 로 진단될 수 있다. 예를 들면, 경계선(전형적 수준), 연극성(중등 수준), 의존성(역치 수준) 양상을 지닌 '전반적 성격장애'다.

이러한 차원 모델은 전혀 새로운 진단적 구조를 따로 배울 필요 없이 차원 모델의 분류체계를 향한 중요한 전진의 기회를 주기 때문에 유용하다(Widiger & Sanderson, 1995). Livesley와 Jang(2000) 그리고 Clark(1993)의 제안도 기존 성격장애 증후군을 차용하고 있지만, 범불안성, 강박성, 자기파괴, 애착 문제, 특권의식, 정서적 분리, 정서적 불안정성 등 임상적으로 구분되는 여러 차원들로 성격장애를 재구조화하고 있고, 이러한 문제들의 집합으로서 성격장애를 진단적으로 범주화하지는 않는다.

Westen과 Shedler(2000)의 전형성에 대한 제안은 Oldham과 Skodol(2000)의 제안과 유사하다. 이들은 현존하는 진단을 보유하되, 5점 척도로 평가할 수 있게 하였다. 그러나 만족하는 진단기준의 개수보다는 전형적인 사례 기술에 얼마나 부합하는가에 대한 임상가의 판단에 기반을 둔 점이 다르다: 1(기술에 일치하지 않는다), 2(소수의 특징만 일치한다), 3(유의미한 특징을 보인다), 4(특징에 강하게 부합하며, 환자가 장애를 가지고 있다), 5(전형적인 사례다). Westen과 Shedler(2000)는 진단기준이 진단적 타당도와 신뢰도에 실질적으로 필요하지 않다고 보며, 실제로 평가는 로샤검사처럼 임상가에게 가장 많은 정보를 제공할 수 있는 평가 과정에 기반을 두어야 한다고 본다. Westen과 Shedler(1999)는 증상 기술은 'Shedler-Westen Assessment Procedure-200(SWAP-200)' 에 가장 잘 기술되어 있다고 보았다. SWAP-200은 200개의 문항으로 구성된 평가척도로, DSM-IV의 진단기준은 절반만 차지하고 있으며, 정신분석 및 성격장애 문헌을 바탕으로 문항이 구성되어 있다(Shedler, 2002; Westen & Shedler, 1999).

Cloninger(2000)와 Widiger, Costa와 McCrae(2002)는 보다 급진적인 주장을 하고 있다. Cloninger의 모델은 신경생리학과 인문학에서 비롯되었다. 그는 네 가지 기본적인 기질(보상 의존성, 인내, 위험회피, 자극 추구)이 대체로 독립적인 신경전달체계와 관련되어 있고, 세 가지 성격차원(자율성, 협동심, 자기 초월)은 초기 발달 경험과 관련되어 있다고 하였다. 협동심, 자기 초월, 그리고 자율성(행동을 통제, 조절, 적응시키는 능력)이 낮으면 성격장애가 나타날 수 있다. 성격장애의 다양함은 자극 추구, 위험 회피, 보상 의존성, 인내와 같은 기질에 따라 좌우된다(Cloninger, 2000).

Widiger와 Costa(1994)는 DSM-IV 성격장애 진단을 일반적인 성격 기능에 관한 주도적인 차원 모델인 5요인 모델과 통합시켰다. 5요인 모델은 신경증-정서적 안정성, 외향성-내향성, 경험에 대한 개방성-폐쇄성, 친화성-불화 그리고 성실성-신뢰불능의 차원으로 나뉜다. 이는 일반 성격 이론에 굳건한 경험적 기반을 마련하였으며(McCrae & Costa, 1999), DSM-IV 성격장애가 기술하는 부적응적 성격 특질을 포함하는 것으로 보인다.

Widiger, Costa와 McCrae(2002)는 성격장애 진단을 위한 네 단계 과정을 제안하였다. 첫 단계는 5요인에 따라 개인의 성격 구조를 기술하는 것이고, 두 번째 단계는 이러한 성격 특질과 관련된 문제와 기능장해를 확인하는 것이다(5요인 모델의 30가지 측면과 관련된 문제와 장해의 포괄적인 목록이 제공된다.). 세 번째 단계에서는 이러한 장해가 임상적 유의미성을 지니는지 판단한다(예: DSM-IV의 5축에 의거하여 특질이 직업 혹은 사회적 기능에 장해를 일으키는지). 네 번째 단계에서는 성격 프로파일을 전형적 프로파일과 비교하여 단일하고 정확한 진단적 명명이 가능한지 확인한다.

성격장애의 차원적 측면을 평가하기 위해 로샤검사를 활용하는 것에 관한 연구는 아직 거의 없다. 그러나 DSM-IV 성격장애 개념과 관련된 로샤검사의 연구 결과를 Oldham과 Skodol(2000), 그리고 Westen과 Shedler(1999)의 제안에는 직접 적용할 수 있을 것이다. 두 가지 제안 모두 DSM-IV 구조를 그대로 혹은 다소 변형한 수준에서 차용하고 있기 때문이다. 또한 Livesley와 Jang(2000) 그리고 Clark(1993)의 차원 모델이 포함하는 구조는 기존 성격장애의 요소적 측면(예: 자기-파괴성, 정체성 문제, 자기애, 불안정 애착, 정서적 분리, 의존성)을 고려하고 있으므로, 현존하는 진단 범주보다는 로샤검사를 통한 평가가 나을 것이다(Blais, Hilsenroth, Fowler, & Conboy, 1999; Bornstein, Hilsenroth, Padawer, & Fowler, 2000; Fowler, Hilsenroth, & Nolan, 2000). Cloninger(2000)와 Widiger(2000)가 제안한 모델을 로샤검사로 평가하기는 어려울 것으로 보이나, 이를 달성하기 위한 예비 연구들이 발표되기도 하였다(Meyer, Bates, & Gacono, 1999; Mihura, Meyer, Bel-Bahar, & Gunderson, 2003).

병인론과 병리에 관한 이론적 모델

DSM-IV 성격장애는 Millon 등(1996)의 문헌을 통해 구체화된 풍부한 임상적 역사를 지니고 있으며, 반사회성(Stoff, Breiling, & Maser, 1997; Sutker & Allain, 2001), 경계선(Gunderson, 2001), 분열형(Raine, Lencz, & Mednick, 1995) 연구들처럼 성격장애와 관련된 체계적인 연구들도 상당히 많다. 더불어, 부적응적 의존(Bornstein, 1992, 1993), 자기애(Baumeister, Smart, & Boden, 1996; Widiger & Bornstein, 2001)와 관련된 연구도 그러하다. DSM-IV의 부록에 실린 수동-공격성, 그리고 우울성 성격진단에도 경험적 연구가 이루어졌다(Huprich, 1998, 2003a, 2003b; Joiner & Rudd, 2003; McDermut, Zimmerman, & Chelminski, 2003; Wetzler & Morey, 1999).

어떠한 정신장애의 병인이나 병리를 모두 다 설명할 수 있는 단일한 절대 모델은 없다. 정신병리에 관한 어떤 대안적 모델이 한 측면에서는 뛰어난 관점을 제공하더라도, 다른 여러 측면에서는 많은 논쟁거리를 유발할 수 있다. 어떤 임상가들은 특정 이론의 입장만을 지지하지만, 어떤 이들은 절충주의자들로 임상 실제를 인도하는 다양한 이론적 모델에 의존한다. 정신병리와 관련된 이론적 모델은 최소한 다음의 8가지로 요약할 수 있다. 신경생리적(Hyman, 2002; Kandel, 1998), 사회생리적(Buss, Haselton, Shackelford, Bleske, & Wakefield, 1998), 정신역동적(Gabbard, 2000; Westen, 1998), 행동주의적(Folette, & Houts, 1996; Plaud, 2001), 인지적(Pretzer &

Beck, 1996), 대인관계적(Kaslow, 1996; Reiss & Emde, 2003), 인본주의적(Greenberg, Elliot, & Leitar, 2003; Rychlak, 1993), 인류학적 혹은 사회문화적(Alarcon, 1996; Lopez & Guarnaccia, 2000) 모델이다. 각 관점은 DSM-IV 성격장애에 임상적으로 의미 있는 이해를 제공한다. 로샤검사와 특별히 관련성이 높은 세 가지 모델로는 정신역동, 인지 그리고 대인관계 모델이 있다.

정신역동 이론

성격장애 중 특히 자기애성, 경계선, 연극성, 의존성 그리고 강박성 성격장애는 정신역동적 입장의 이론가와 임상가들의 관찰에서 비롯되었다. 이러한 성격장애의 원형과 변형은 생리학적 배경을 지닌 임상가들이 제기하기도 하였다(Kraepelin, 1904; Millon et al., 1996; Schneider, 1923). 강박성 성격장애의 초기 전형은 Freud(1908)의 '항문기 애로티즘과 성격에 관한 고찰', Abraham(1921)의 '강박성격 특질에 관한 관찰', 그리고 Reich(1933)의 '강박성 성격에 관한 개념화'를 포함한다. 연극성 성격장애는 Reich는 물론, Fenichel(1945), Chodoff와 Lyons(1958), Easser과 Lesser(1965)도 기술하였다. 의존성 성격장애는 '구강기 성격'에 관한 Freud(1908)의 논의, Abraham(1921, 1927), 그리고 Fenichel(1945)에게로 그 역사를 거슬러 올라갈 수 있다. 자기애성 성격장애는 DSM-III(APA, 1980; Frances, 1980)에 처음 등장하였다. "DSM-III에 자기애성 성격장애 범주가 포함된 데는 정신역동적 입장의 임상가들이 광범위하게 그 용어를 사용한 데 기반을 두고 있다." (Gunderson, Ronningstam, & Smith, 1991, p. 167) 특히 Akhtar와 Thomson(1982), Bursten(1973, 1982), Cooper(1981), Kernberg(1970, 1975) 그리고 Kohut(1966, 1971)이 사용하였다. 그러나 자기애성 성격장애는 WHO(1992)의 국제 진단기준에는 포함되어 있지 않다. 경계선 성격장애도 DSM-III(APA, 1980)에 처음 등장하였고, Stern(1938), Grinker, Werble과 Drye(1968), Gunderson과 동료들(Gunderson & Kolb, 1978; Gunderson & Singer, 1975), Kernberg(1967, 1975), Knight(1953) 그리고 Stone(1980)과 같은 정신역동 연구들이 이에 크게 기여하였다. Gunderson과 Singer(1975)는 실제 경계선 성격장애 진단을 위해서 로샤검사를 사용해야 한다고 강조하였고, "성격 구조가 약할 때 퇴행하는 성향은 중요할 뿐만 아니라, 경계선적 개인을 설명하는 병인적 기준이 될 수 있다."(p. 2)고 하였다. 그리고 "경계선 개인들은 로샤 반점에 반응할 때 관련이 없는 지각물을 비논리적으로 연결하고, 정서적 의미를 지나치게 윤색하여 지각하며, 간접적이고 불쾌하게 관련짓는 것으로 알려져 있다."고 제안하였다(Gunderson & Singer, 1975, p. 6).

20세기 중반까지 정신의학에서 정신역동 이론은 독보적인 위치를 차지하고 있었다(Stone, 1997). Sigmund Freud라는 혁신적이고 총명했던 한 사람으로부터 정신역동 관점의 영향력과 중요성이 결정되었다. Freud의 일부 가설들은 비판받고 있으나(Crews, 1996), 이는 어떠한 이론이나 지식에도 해당되는 일이다. "Freud의 추동 이론이나 여성에 대한 관점 때문에 정신역동 이론을 거부하는 것은 마치 뉴턴이 상대성 원리를 이해하지 못했다 해서 근대 물리학을 거부하는 것과 같다."(Westen, 1998, p. 334) 정신병리가 일정 부분 무의식적인 심리적 갈등을 반영한다는 관점을 발전시켰다는 점에서 Freud는 혁신적이었다(Gabbard, 2000; Westen, 1998). Freud는 원초적, 성적 및 공격적 충동과 관련된 갈등을 강조했고, 현대 임상가들은 자존감, 애착, 통제 그리고 대인관계와 관련된 갈등을 강조하고 있다(Gabbard, 2000; Westen, 1998; Westen & Gabbard, 1999; Wiggins, 2003).

애착 이론은 추동의 통제보다는 대인관계 문제를 다룬다는 점에서 정신역동 이론에 변화를 가져왔다. 애착 이론은 "특정 대상에게 강한 정서적 유대를 형성하는 인간의 경향성을 개념화한다."(Bowlby, 1977, p. 201) 이는 양육자와의 근접성을 유지하기 위한 내적인 동기 체계가 존재한다고 제안한다. 유아가 보내는 신호(예: 울거나 매달리는)에 대한 양육자의 섬세함과 반응성은 유아가 안전감과 지지받는 느낌을 발달시키는 데 근본적으로 중요하다. Bowlby(1982)는 유아가 자기, 가까운 타인, 그리고 대인관계 속에서 자기에 관한 작동 모델 혹은 인지 도식의 형태로 양육자와의 경험을 지속적으로 내재화한다고 제안하였다. Ainsworth, Blehar, Waters와 Wall(1978)은 이러한 애착 관련 도식을 크게 '안정' '양가' '회피성'으로 범주화하였고, Bartholomew와 Horowitz(1991)는 안정적인, 집착하는, 두려워하는, 거부하는 유형으로 애착 이론을 범주화하였다. Bartholomew, Kwong과 Hart(2001)는 이러한 유형이 DSM-IV의 성격장애와 어떻게 관련되는지 설명하였다. 예를 들어, 연극성 성격장애는 집착형 애착 성향과 관련이 높을 것이다. 비일관적이고 섬세하지 못한 양육은 애착 욕구에 집착하는 유형을 발달시킨다. "과거 애착 대상이 고통에 일관적으로 반응해 주지 못했기 때문에 집착 유형인 사람들은 지지받을 기회를 최대화하기 위해 적극 분개하면서 욕구를 표현하는 방법을 학습하게 되었다." (Bartholomew et al., 2001, p. 203) 성격장애의 애착에 관한 연구들은 Allen, Coyne과 Huntoon(1998), Besser과 Priel(2003), Brennan과 Shaver(1998), Fonagy 등(1996), Nickell, Waudby와 Trull(2002) 그리고 Wilson과 Constanzo(1996)에 잘 드러난다.

인지 이론

성격 병리에 관한 인지 모델의 근본 요소는 개인의 추론능력이나 정보처리능력을 지배하는 비합리적이고 비논리적인 인지 도식이 정신장애의 근간에 놓여 있다는 개념이다. 이러한 도식은 과장되고 고통스러운 의미 부여 때문에 부적응적인 감정(불안, 우울, 분노)을 유발시킨다. 이러한 인지 도식에서 기인하는 지각에 따라 행동하는 사람들은 그 자체가 문제인, 비효율적이고 부정확하고 왜곡된 이해 때문에 갈등과 어려움이 증폭된다.

> 비합리적인 인지 도식이 일단 확립되면, 자신의 가정에 위배되는 경험은 간과되고, 덜 중시되고 왜곡되는 방식으로 사건을 편향하여 지각하며, 동시에 사건이나 대인관계 행동에 대한 해석은 자신의 역기능적인 도식을 확증시키는 결과를 유발시킨다(Pretzer & Beck, 1996, p. 55).

Beck 등(1990)은 각각의 성격장애를 개념화하고 치료하기 위한 인지 모델을 발전시켰다. 예를 들어, 의존성 성격의 핵심적인 병리적 신념으로는 '나는 완전히 무력해.' '만약 사랑받지 못한다면 늘 불행할거야.' '그와 함께 있기 위해서는 복종해야 해.' 등이 있다(p. 45). 이러한 핵심신념은 단순한 축 I 장애를 지닌 사람들에 비하여 보다 근본적이고, 일반적이고, 만연하다는 점에서 다르다. 예를 들어, 우울한 사람은 '나는 실패했어.' 라고 생각할 수 있지만, 경계선 성향의 사람은 자신이 근본적으로 무가치하다고 생각할 수 있다. 축 I 장애와 결합된 비합리적인 인지 도식은 이들 장애가 효과적으로 치료될 때 사라지지만, 성격장애를 지닌 사람에게서는 보다 만성적이고 특징적이다(Cottraux & Blackburn, 2001). 성격장애의 인지 모델에 관한 연구들로는 Nelson-Gray, Huprich, Kissling과 Ketchum(2004), Young(1994), Young과 Lindemann(1992)이 있다.

Shapiro(1965)의 문헌은 정신의학의 역사상 가장 고전적이다. Shapiro는 정신역동과 인지심리학을 연결하고자 하였고, 성격장애를 특징짓는 인지 양상(비합리적인 인지 도식)을 풍부하게 구체화하였다. 특히 연극성, 강박성, 충동성, 편집성 성격장애가 잘 나타나 있다. 예를 들어, 그는 연극성과 강박성을 다음과 같이 비교하였다.

> 일반적으로 연극성 성격의 인지 양상은 포괄적이고, 상대적으로 모호하며, 명석함과 구체성이 결여되어 있다. 즉, 인상적이다. 적극적이고, 밀집되어 있으며, 예민한 주의초점을 지닌 강박성과 달리, 연극성 인지 양상에는 예민한 주의초점이 결여되어 있다. 강박성 양상은 적극적이고 지속적으로 구체적인 것을 추구한다면, 연극성인 사람은 즉각적이고, 인상적이며, 충격적인 혹은 명백함이 거의 없는 것에 쉽고 재빠르게 반응한다(Shapiro, 1965, pp. 111-112).

인지치료자들이 확인한 비합리적 인지 도식은 정신역동 치료자들이 발견한 방어기제와 잘 어울린다(Westen, 1991). 두 개념 모두 자기와 타인에 관한 습관적인 지각적 왜곡과 관련되어 있다. 예를 들어, Beck 등(1990)은 경계선 성격장애인 사람들은 "이분법적 사고"가 특징적이라고 말했다. "이 흑백논리에는 중간이란 없으므로, 실제로 연속선상에서 중간 정도에 위치할 사건을 극단적으로 해석하도록 만들며, …… 인지적 관점에서 상황을 극단적으로 평가하는 것은 극단적 감정과 극단적 반응을 불러일으킨다."(Beck et al., 1990, p. 187) 이는 Kernberg(1967)와 Klein(1946)이 기술한 분열(splitting)과 유사하다. "전반적인 정신건강 체계에서, 이 방어는 어떠한 극단에 집착하고 있느냐에 따라 타인을 '전적으로 선하고' '전적으로 악한' 극단의 측면에 의거하여 지각하고 달리 대하는(각기 이상화하거나 평가절하하는) 경계선 환자의 경향에서 확인되었다." (Gunderson, 2001, p. 103) 이는 사람이 자기 자신, 타인 그리고 사건을 정확하게 지각하지 못하게 만드는 병리적 사고에 해당한다. 그러나 근본적으로 다른 점은, 정신역동 입장의 임상가는 환자가 이러한 비합리적인 인지 도식을 만들고 유지시키는 무의식적인 동기를 가지고 있다고 제안한다는 데 있다. 분열은 현실적으로 타인을 지각할 때(예를 들어, 부모가 학대하고 모욕할 때가 있는 동시에 보호하고 사랑해 주기도 한다고 지각할 때) 동반되는 불안과 절망감을 회피하기 위한 것이다. 반면, 인지 이론가들에게 이러한 도식은 단지 지도, 강화, 모델링의 결과일 뿐이다.

대인관계 이론

타인과의 관계 양상은 성격을 이해하고 기술하는 데 기본이 된다(Millon et al., 1996; Wiggins, 1982). 대인관계를 포함하지 않는 성격 모델은 없다. 성격장애는 거의 전적으로, 혹은 핵심적으로 대인관계 장애라고 제안되기도 하였다(Benjamin, 1996a; Keisler, 1986, 1996).

인간 행동이 사회적, 대인관계적 맥락에서 이해될 수 있다는 점은 정신병리에 관한 대인관계 모델의 기본 원리다. 정신병리의 대인관계 모델의 선구자는 "과학적 정신의학은 대인관계 연구로 정의되어야 하고, 이는 우리가 장이론(field theory)이라고 부르는 개념적 틀을 사용할 것을 요구한다." (Sullivan, 1953, p. 368)고 하였다. 또한 "인간은 대인관계 장 내의 세력의 결과로서 존재하고, 그러한 대인관계 장 내에서만 인간 지성을 발현시킬 수 있다." (Sullivan, 1948, p. 3) Carson(1969)은 성격이란 대인관계 장의 맥락에서 임의적인 착각에 따라 경계를 설정한 결과일지 모른다고 제안하였고, "이는 타인과 관계를 맺는 개인에게서 관찰되는 양식화된 질서 그 이상도 이하도 아니다." (p. 26)라고 말하였다. 부적응적인 행동 양식을 유발하는 병리는 사람 내에서 기인하거나 기질적인 정신장애가 아니라, 개인이 기능하는 사회 체계 안에 놓여 있을 수 있다. 이러한 사회 체계 내에서 행동하는 개인에게 정신병리를 진단하면, 역기능적 행동, 감정, 생각이 순전히 개인에게서 비롯된 것이라고 잘못 인식하게 되고, 개인의 행동을 통제하는 보다 넓은 사회적 네트워크에 주목하지 못하게 된다는 점에서 비생산적이다(Reiss & Emde, 2003).

DSM-III-R(APA, 1987)에서 제안된 진단 중에는 자기 패배적 혹은 피학적 성격장애가 있었다. 이는 비관적이고 자기 비난적이고 자기 패배적인 성격을 진단하기 위한 것이다. 그러나 이러한 성격을 지닌 사람들 대부분은 신체적으로 학대받는 관계에 놓여 있었고, 이러한 자기 패배적 행동은 기질적인 인지적, 신경생리적 혹은 정신역동적 병리 때문이라기보다 지속적인 신체적 위해에 대한 위협에 보다 큰 영향을 받는 것이 자명해 보였다(Widiger, 1995). 피학성 혹은 자기 패배적 성격장애의 진단은 가해자보다는 피해자를 비난하는 데 악용될 위험이 있었다. Snell, Rosenwald와 Robey(1964)는 "아내의 피학적 욕구를 충족시켜 준다."는 명목으로 아내를 학대하다가 고소당한 12명의 남편들에 관하여 보고하였다(p. 110). 다른 한편, 아동기에 반복적으로 신체적, 성적 혹은 심리적으로 학대당한 여성은 인지적, 신경생리적, 정신역동적 병리를 갖게 될 위험성이 높은데, 이 때문에 성인이 되어서도 피해를 당할 가능성이 높아진다. 그러나 사실 피해자들이 학대 관계로부터 벗어나지 못하는 것은 안정되고 의미 있는 대안이 부재한 상황에서 신체적 학대 위협에 대한 현실적인 대응일 수 있다(Walker, 1989). 친밀한 애정 관계에서 여성이 안전하지 못하다고 느끼는 것은 여성보다는 여성과 관계하는 사람의 문제에서 비롯될 수 있다. "남성과 여성은 관계에서 무엇을 추구하느냐에 따라 서로 다른 관점을 가질 수 있으며, 서로 무엇을 제공하느냐 또한 다를 수 있다."(Coyne & Whiffen, 1995, p. 368) 다시 말해서, "여성은 그렇게 신뢰롭지 못한 남성만 아니었다면 덜 의존적으로 보이거나, 실제로 덜 의존적일 수 있을 것이다."(Widiger & Anderson, 2003, p. 63)

성격장애에 관한 대인관계 모델은 개인의 대인관계 양식이나 양상에 밀접한 성격장애의 범주와 평가를 가능케 한다. "1947년 캘리포니아 대학교의 교수(Hubert Coffey)와 세 명의 대학원생(Mervin Freedman, Timothy Leary, Abel Ossorio)은 버클리의 유니테리언파 교회에서 집단 심리치료에 참여한 환자들의 진단 연구를 실시하였다."(Wiggins, 2003, p. 68) 이를 통해 Leary(1957)는 대단히 영향력 있는 대인관계 원형을 발전시켰다. 이후 많은 연구들이 뒷받침한 것과 같이, Leary는 대인관계 대부분의 형태는 Wiggins(2003)가 확인한 두 가지 기본적인 차원의 조합으로 설명할 수 있다고 하였는데, 그것은 힘의 작용(지배 대 복종)과 친교(사랑 대 증오)다. Freedman, Leary, Ossario와 Coffey(1951)는 각각의 대인관계 특질이 건강한 측면에서 부적응적 측면까지 다양한 변형으로 나타날 수 있다고 보았고, Leary와 Coffey(1955)는 이러한 원형에 기반을 두고 여섯 가지 성격장애(정신병질적, 분열성, 강박성, 공포성, 연극성, 신체화)에 관하여 기술하였다. 이러한 범주화와 관련된 후속 연구는 Lorr, Bishop과 McNair(1965) 그리고 Plutchik과 Platman(1977), Leary(1957)가 수행하였으며, 성격장애에 관한 보다 최근의 대인관계 원형 모델은 Benjamin(1996a), Kiesler(1996), Pincus(1994; Pincus & Wiggins, 1990; Pincus & Wilson, 2001; Wiggins & Pincus, 1989), 그리고 Trobst, Ayearst와 Salekin(2004)에 잘 나타나 있다.

성격장애의 대인관계 모델은 대상관계 정신역동 및 인지 모델과 잘 부합한다. 성격장애의 인지 모델은 실제로 대인관계 상호작용 모델과 겹쳐지는 부분이 많은데, "기본적인 [인지적] 가정의 차이는 다양한 대인관계 상호작용의 양상을 낳고, 타인이 달리 반응하게 만들며, 자기 영속적인 인지-대인관계적 순환을 형성한다."(Pretzer & Beck, 1996, pp. 55-56) 애착 이론은 정신역동 모델이지만 성격장애의 대인관계 모델과 유사하다(Benjamin, 1996b; Pincus & Wilson, 2001).

대인관계 원형과 정신역동 모델은 Benjamin(1996a, 1996b, 1997)의 사회적 행동에 관한 구조적 분석(Structural Analysis of Social Behavior: SASB)에 잘 통합되어 있다. SASB는 세 가지 대인관계 원형표면(circumplex surfaces)인 자기초점, 타인초첨, 내사를 포함한다. 이는 힘의 작용(권력)과 친교(합동)라는 두 가지 원형 차원을, 자기상이 양육자와의 관계로부터 기인한다는 정신역동 가설과 통합한 점에서 창의적이다. 이에 따라, 동일시(상대와 같아지려는)와 내사(대우받은 대로 스스로를 대우하는) 그리고 강렬하고 의미 있는 대인관계가 대부분 전이적이라는(상대가 여전히 있는 듯 행동하는) 정신역동의 기본 관점을 지배와 합동이라는 대인관계적 언어(예: 지배적인 양육 행동은 자신이 무력하고 타인에게 종속해야 한다는 신념으로 자기에게 내사된다)를 통하여 조작적으로 정의하고 연구할 수 있게 되었다.

성격장애의 평가는 임상적 관찰과 치료계획에서 근본적으로 중요한 역할을 한다(Frances, 1980; Millon et al., 1996). 임상 면접과 자기-보고형 검사를 통한 평가와 관련된 문헌과 연구들은 많지만, 일부 성격장애의 경우 로샤검사와 관련된 연구는 매우 적은 수준이다(Widiger & Coker, 2002). 로샤검사는 부적응적인 성격 기능을 이해하는 데 특유의 풍부한 정보를 제공하고 기여할 수 있으며(Wiggins, 2003), 이 책은 그러한 노력에 의미 있는 성과를 더할 것이다.

참고문헌

Abraham, K. (1921). *On character and libido development*. New York: Basic Books.

Abraham, K. (1927). The influence of oral eroticism on character formation. In *Selected papers on psychoanalysis*. London: Hogarth.

Abrams, R. C., & Horowitz, S. V. (1999). Personality disorders after ate 50: A meta-analytic review of the literature. In E. Rosowsky, R. C. Abrams, & R. A. Zweig (Eds.), *Personality disorders in older adults: Emerging issues in diagnosis and treatment* (pp. 55-68). Mahwah, NJ: Lawrence Erlbaum Associates.

Agronin, M. E. (1998). Personality and psychopathology in late life. *Geriatrics, 53,* 35-40.

Ainsworth, M. D. S., Blehar, M. C., Waters, E., & Wall, S. (1978). *Patterns of attachment: Psychological study of the Strange Situation*. Hillsdale, NJ: Lawrence Erlbaum Associates.

Akhtar, S., & Thomson, J. (1982). Overview: Narcissistic personality disorder. *American Journal of Psychiatry, 139,* 12-20.

Alarcon, R. D. (1996). Personality disorders and culture in DSM-IV: a critique. *Journal of Personality Disorders, 10,* 260-270.

Allen, J. G., Coyne, L., & Huntoon, J. (1998). Complex posttraumatic stress disorder in women from a psychometric perspective. *Journal of Personality Assessment, 70,* 277-298.

American Psychiatric Association (1980). *Diagnostic and statistical manual of mental disorders* (3rd ed.). Washington, DC: Author.

American Psychiatric Association (1987). *Diagnostic and statistical manual of mental disorders* (3rd rev. ed.). Washington, DC: American Psychiatric Association.

American Psychiatric Association (2000). *Diagnostic and statistical manual of mental disorders: Text revision* (4th rev. ed.). Washington, DC: American Psychiatric Association.

Bartholomew, K., & Horowitz, L. M. (1991). Attachment styles among young adults: A test of a model. *Journal of Personality and Social Psychology, 61,* 226–244.

Bartholomew, K., Kwong, M. J., & Hart, S. D. (2001). Attachment. In W. J. Livesley (Ed.), *Handbook of personality disorders. Theory, research, and treatment* (pp. 196–230). New York: Guilford.

Baumeister, R. F., Smart, L., & Boden, J. M. (1996). Relation of threatened egoism to violence and aggression: The dark side of high self-esteem. *Psychological Review, 103,* 5–33.

Beck, A. T., Freeman, A., & Associates (1990). *Cognitive therapy of personality disorders.* New York: Guilford.

Beck, A. T., Freeman, A., Associates., Davis, D. D., & Associates (2004). *Cognitive therapy of personality disorders.* (2nd ed.). New York: Guilford.

Benjamin, L. S. (1996a). *Interpersonal diagnosis and treatment of personality disorders* (2nd ed.). New York: Guilford.

Benjamin, L. S. (1996b). An interpersonal theory of personality disorders. In J. F. Clarkin & M. F. Lenzenweger (Eds.), *Major theories of personality disorders* (pp. 141–220). Mew York: Guilford.

Benjamin, L. S. (1997). Personality disorders: Models for treatment and strategies for treatment development. *Journal of Personality Disorders, 11,* 307–324.

Besser, A., & Priel, B. (2003). A multisource approach to self-critical vulnerability to depression: The moderating role of attachment. *Journal of Personality, 71,* 515–556.

Blais, M. A., Hilsenronth, M. J., Fowler, J. C., & Conboy, C. A. (1999). A Rorschach exploration of the DSM-IV borderline personality disorder. *Journal of Clinical Psychology, 55,* 563–572.

Bornstein, R. F. (1992). The dependent personality: Developmental, social, and clinical perspectives. *Psychological Bulletin, 112,* 3–23.

Bornstein, R. F. (1993). *The dependent personality.* New York: Guilford.

Bornstein, R. F. (1995). Sex differences in objective and projective dependency tests: A meta-analytic review. *Assessment, 2,* 319–331.

Bornstein, R. F. (1996). Sex differences in dependent personality disorder prevalence rates. *Clinical Psychology: Science and Practice, 3,* 1–12.

Bornstein, R. F. (1998). Reconceptualizing personality disorder diagnosis in the DSM-V: The discriminant validity challenge. *Clinical Psychology: Science and Practice, 5,* 333–343.

Bornstein, R. F. (1999). Criterion validity of objective and projective dependency tests: A meta-analytic assessment of behavioral prediction. *Psychological Assessment, 11,* 48–57.

Bornstein, R. F., Hilsenroth, M. J., Padawer, J. R., & Fowler, J. C. (2000). Interpersonal dependency and personality pathology: Variations in Rorschach oral dependency scores across Axis II disorders. *Journal of Personality Assessment, 75,* 478–491.

Bowlby, J. (1977). The making and breaking of affectional bonds. *British Journal of Psychiatry, 130,* 210–210.

Bowlby, J. (1982). *Attachment and loss: Vol. 1. Attachment* (2nd ed.). New York: Basic Books.

Brennan, K. A., & Shaver, P. R. (1998). Attachment styles and personality disorders: Their connections to each other and to parental divorce, parental death, and perceptions of parental caregiving. *Journal of Personality, 66,* 835–878.

Bursten, B. (1973). Some narcissistic personality types. *International Journal of Psychoanalysis, 54,* 287–300.

Bursten, B. (1982). Narcissistic personality in DSM-III. *Comprehensive Psychiatry, 23,* 409–420.

Buss, D. M., Haselton, M. G., Shackelford, T. K., Bleske, A. L., & Wakefield, J. C. (1998). Adaptations, exaptations, and spandrels. *American Psychologist, 53,* 533–548.

Carson, R. C. (1969). *Interaction concepts of personality.* Chicago: Aldine.

Chodoff, P., & Lynos, H. (1958). Hysteria, the hysterical personality and "hysterical" conversion. *American Journal of Psychiatry, 114,* 734–740.

Clark, L. A. (1993). *Manual for the schedule for nonadaptive and adaptive personality.* Minneapolis, MN: University of Minnesota Press.

Cloninger, C. R. (2000). A practical way to diagnosis personality disorders: A proposal. *Journal of Personality Disorders, 14,* 99–108.

Cooper, A. M. (1981). Narcissism. In S. Arieti (Ed.), *American handbook of psychiatry* (Vol. 7, 2nd ed., pp. 297–316). New York: Basic Books.

Costa, P. T., & McCrae, R. R. (1994). Set like plaster? Evidence for the stability of adult personality. In T. Heatherton & J. L. Weinberger (Eds.), *Can personality change?*

(pp. 21–40). Washington, DC: American Psychological Association.

Cottraux, J., & Blackburn, I. M. (2001). Cognitive therapy. In W. J. Livesley (Ed.), *Handbook of personality disorders: Theory, research, and treatment* (pp. 377–400). New York: Guilford.

Coyne, J. C., & Whiffen, V. E. (1995). Issues in personality as diathesis for depression: The case of sociotropy-dependency and autonomy-self-criticism. *Psychological Bulletin, 118,* 358–378.

Crews, F. (1996). The verdict on Freud. *Psychological Science, 7,* 63–67.

Easser, R., & Lesser, S. (1965). Hysterical personality: A reevaluation. *Psychoanalytic Quarterly, 34,* 390–402.

Farmer, R. F. (2000). Issues in the assessment and conceptualization of personality disorders. *Clinical Psychology Review, 20,* 823–851.

Fenichel, O. (1945). *The psychoanalytic theory of the neurosis.* New York: Norton.

Folette, W. C., & Houts, A. C. (1996). Models of scientific progress and the role of theory in taxonomy development: A case of the DSM. *Journal of Consulting and Clinical Psychology, 64,* 1120–1132.

Fonagy, P. Leigh, T., Steele, M., Steele, H., Kennendy, R., & Mattoon, G. et al. (1996). The relation of attachment status, psychiatric classification, and response to psychotherapy. *Journal of Consulting and Clinical Psychology, 64,* 22–31.

Fowler, J. C., Hilsenroth, M. J., & Nolan, E. (2000). Exploring the inner world of self-mutilating borderline patients: A Rorschach investigation. *Bulletin of the Menninger Clinic, 64,* 365–385.

Frances, A. J. (1980). The DSM-III personality disorders section: A commentary. *American Journal of Psychiatry, 137,* 1050–1054.

Frances, A. J., First, M. B., & Pincus, H. A. (1995). *DSM-IV guidebook.* Washington, DC: American Psychiatric Press.

Freedman, M. B., Leary, T. F., Ossorio, A. G., & Coffey, H. S. (1951). The interpersonal dimension of personality. *Journal of Personality, 20,* 143–161.

Freud, S. (1908/1959). Character and anal eroticism. In J. Strachey (Ed. and Trans.), *The standard edition of the complete psychological works of Sigmund Freud, Vol. 9.* London: Hogarth Press.

Gabbard, G. O. (2000). *Psychodynamic psychiatry in clinical practice* (3rd ed.). Washington, DC: American Psychiatric Press.

Gacono, C. B., & Meloy, J. R. (2002). Assessing antisocial and psychopathic personalities. In J. N. Butcher (Ed.), *Clinical personality assessment: Practical approaches* (2nd ed., pp. 361–375). New York: Oxford University Press.

Greenberg, L. S., Elliott, R., & Lietar, G. (2003). Humanistic–experiential psychotherapy. In G. Stricker, T. A. Widiger, & I. B. Weiner (Eds.), *Handbook of psychology, Vol. 8. Clinical psychology* (pp. 301–325). New York: John Wiley.

Grinker, R., Werble, B., & Drye, R. (1968). *The borderline syndrome: A behavioral study of ego functions.* New York: Basic Books.

Gunderson, J. G. (2001). *Borderline personality disorder: A clinical guide.* Washington, DC: American Psychiatric Press.

Gunderson, J. G., Bender, D., Sanislow, C., Yen, S., Rettew, J. B., Dolan–Sewell, R. et al. (2003). Plausibility and possible determinants of sudden "remissions" in borderline patients. *Psychiatry, 66,* 111–119.

Gunderson, J. G., & Gabbard, G. O. (2000). *Psychotherapy for personality disorders.* Washington, DC: American Psychiatric Press.

Gunderson, J. G., & Kolb, J. E. (1978). Discriminating features of borderline patients. *American Journal of Psychiatry, 135,* 792–796.

Gunderson, J. G., Ronningstam, E., & Smith, L. E. (1991). Narcissistic personality disorder: A review of data on DSM–III–R descriptions. *Journal of Personality Disorders, 5,* 167–177.

Gunderson, J. G., Shea, M. T., Skodol, A. E., McGlashan, T. H., Morey, L. C., & Stout, R. L. et al. (2000). The Collaborative Longitudinal Personality Disorders Study, I: Development, aims, design, and sample characteristics. *Journal of Personality Disorders, 14,* 300–315.

Gunderson, J. G., & Singer, M. (1975). Defining borderline patients: An overview. *American Journal of Psychiatry, 132,* 1–10.

Gunderson, J. G., Triebwasser, J., Phillips, K. A., & Sullivan, C. N. (1999). Personality and vulnerability to affective disorders. In C. R. Cloninger (Ed.), *Personality and psychopathology* (pp. 3–32). Washington, DC: American Psychiatric Press.

Hare, R. D. (1991). *The Hare Psychopathy Checklist–Revised manual.* North Tonawanda, NY: Multi–Health Systems.

Hilsenroth, M, J., Handler, L., & Nlais, M. A. (1996). Assessment of narcissistic personality disorder: A multimethod review. *Clinical Psychology Review, 16,* 655–683.

Huprich, S. K. (1998). Depressive personality disorder: Theoretical issues, clinical findings, and future research questions. *Clinical Psychology Review, 18,* 477–500.

Huprich, S. K. (2003a). Depressive personality and its relationship to depressed mood, interpersonal loss, negative parental perception, and perfectionism. *Journal of*

Nervous and Mental Disease, 191, 1-7.

Huprich, S. K. (2003b). Evaluating facet-level predictions and construct validity of depressive personality disorder. *Journal of Personality Disorders, 17,* 219-232.

Hyman, S. (2002). Neuroscience, genetics, and the future of psychiatric diagnosis. *Psychopathology, 35,* 139-144.

Joiner, T. E., & Rudd, M. D. (2003). The incremental validity of passive-aggressive personality symptoms rivals or exceeds that of other personality symptoms in suicidal outpatients. *Journal of Personality Assessment, 79,* 161-170.

Kandel, E. R. (1998). A new intellectual framework for psychiatry. *American Journal of Psychiatry, 155,* 457-469.

Kaslow, F. W. (Ed.) (1996). *Handbook of relational diagnosis and dysfunctional family patterns.* New York: John Wiley.

Kaye, A. L., & Shea, M. T. (2000). Personality disorders, personality traits, and defense mechanisms measures. In A. Rush, H. Pincus, M. First, D. Blacker, J. Endicott, S., & Keith et al. (Eds.), *Handbook of psychiatric measures* (pp. 713-749). Washington, DC: American Psychiatric Association.

Kernberg, O. (1967). Borderline personality organization. *Journal of the American Psychoanalytic Association, 15,* 641-685.

Kernberg, O. (1970). A psychoanalytic classification of character pathology. *Journal of the American Psychoanalytic Association, 18,* 800-822.

Kernberg, O. (1975). *Borderline conditions and pathological narcissism.* New York: Jason Aronson.

Kiesler, D. J. (1986). The 1982 interpersonal circle: An analysis of DSM-III personality disorders. In T. Millon & G. Klerman (Eds.), *Contemporary directions in psychopathology: Toward DSM-IV* (pp. 571-597). New York: Guilford.

Kiesler, D. J. (1996). *Contemporary interpersonal theory and research: Personality, psychopathology, and psychotherapy.* New York: John Wiley.

Klein, M. (1946). Notes on some schizoid mechanisms. *International Journal of Psychoanalysis, 27,* 99-110.

Klein, M. H., Wonderlich, S., & Shea, M. T. (1993). Models of relationship between personality and depression: Toward a framework for theory and research. In M. H. Klein, D. J. Kupfer, & M. T. Shea (Eds.), *Personality and depression* (pp. 1-54). New York: Guilford.

Knight, R. (1953). Borderline states. *Bulletin of the Menninger Clinic, 17,* 1-12.

Kohut, H. (1966). Forms and transformations of narcissism. *Journal of the American*

Psychoanalytic Association, 145, 243–272.

Kohut, H. (1971). *The analysis of the self.* New York: International University Press.

Kraepelin, E. (1904). *Lectures on clinical psychiatry* (Trans. and Ed. by Thomas John-Stone). New York: William Wood.

Leary, T. (1957). *Interpersonal diagnosis of personality.* New York: Ronald Press.

Leary, T., & Coffey, H. S. (1955). Interpersonal diagnosis: Some problem of methodology and validation. *Journal of Abnormal and Social Psychology, 50,* 110–124.

Leichsenring, F., & Leibing, E. (2003). The effectiveness of psychodynamic therapy and cognitive behavior therapy in the treatment of personality disorders: A meta-analysis. *American Journal of Psychiatry, 160,* 1223–1232.

Livesley, W. J., & Jang, K. L. (2000). Toward an empirically based classification of personality disorder. *Journal of Personality Disorders, 14,* 137–151.

Lopez, S. R., & Guarnaccia, P. J. (2000). Cultural psychopathology: Uncovering the social world of mental illness. *Annual Review of Psychology, 51,* 571–598.

Loranger, A. W. (1990). The impact of DSM-III on diagnosis practice in a university hospital. *Archives of General Psychiatry, 47,* 672–675.

Lorr, M., Bishop, R. F., & McNair, D. M. (1965). Interpersonal types among psychiatric patients. *Journal of Abnormal Psychology, 70,* 468–472.

McGrae, R. R., & Costa, P. T. (1999). A five-factor theory of personality. In L. A. Pervin & O. P. John (Eds.), *Handbook of personality: Theory and research* (2nd ed., pp. 139–153). New York: Guilford.

McDermut, W., Zimmerman, M., & Chelminski, I. (2003). The construct validity of depressive personality disorder. *Journal of Abnormal Psychology, 112,* 49–60.

Meyer, G. J., Bates, M., & Gacono, C. (1999). The Rorschach Rating Scale: Item adequacy, scale development, and relations with the Big Five model of personality. *Journal of Personality Assessment, 73,* 199–244.

Mihura, J. L., Meyer, G. J., Bel-Bahar, T., & Gunderson, J. (2003). Correspondence among observer ratings of Rorschach, Big Five model, and DSM-IV personality disorder constructs. *Journal of Personality Assessment, 81,* 20–39.

Millon, T., Davis, R. D., Millon, C. M., Wenger, A. W., Van Zuilen, M. H., Fuchs, et al. (1996). *Disorders of personality. DSM-IV and beyond.* New York: John Wiley.

Nelson-Gray, R. O., Huprich, S. K., Kissling, G. E., & Ketchum, K. (2004). A preliminary examination of Beck's cognitive theory of personality disorders in undergraduate analogues. *Personality and Individual Differences, 36,* 219–233.

Nickell, A. D., Waudby, C. J., & Trull, T. (2002). Attachment, parental bonding, and borderline personality disorder features in young adults. *Journal of Personality Disorders, 16,* 148–159.

Oldham, J. M., & Skodol, A. E. (2000). Charting the future of Axis II. *Journal of Personality Disorders, 14,* 17–29.

Paris, J. (1998). Psychotherapy for the personality disorders: Working with traits. *Bulletin of the Menninger Clinic, 62,* 287–297.

Perry, J. C., Banon, E., & Ianni, F. (1999). Effectiveness of psychotherapy for personality disorders. *American Journal of Psychiatry, 156,* 1312–1321.

Perry, J. C., & Bond, M. B. (2000). Empirical studies of psychotherapy for personality disorders. In J. M. Oldham & M. B. Riba (Eds.), *Psychotherapy for personality disorders* (pp. 1–31). Washington, DC: American Psychiatric Press.

Pincus, A. L. (1994). The interpersonal circumplex and interpersonal theory: Perspectives on personality and tits pathology. In S. Strack & M. Lorr (Eds.), *Differentiating normal and abnormal personality* (pp. 114–136). New York: Springer.

Pincus, A. L., & Wiggins, J. S. (1990). Interpersonal problems and conceptions of personality disorders. *Journal of Personality Disorders, 4,* 342–352.

Pincus, A. L., & Wilson, K. R. (2001). Interpersonal variability in dependent personality. *Journal of Personality, 69,* 223–252.

Plaud, J. J. (2001). Clinical science and human behavior. *Journal of Clinical Psychology, 57,* 1089–1102.

Plutchik, R., & Platman, S. (1977). Personality connotations of psychiatric diagnoses. *Journal of Nervous and Mental Disease, 165,* 418–422.

Pretzer, J. L., & Beck, A. T. (1996). A cognitive theory of personality disorders. In J. F. Clarkin & M. F. Lenzenweger (Eds.), *Major theories of personality disorder* (pp. 36–105). New York: Guilford.

Raine, A., Lencz, T., & Mednick, S. A. (Eds.) (1995). *Schizotypal personality.* New York: Cambridge University Press.

Reich, W. (1933). *Character analysis.* NY: Farrar, Strauss, and Giroux.

Reiss, D., & Emde, R. N. (2003). Relationship disorders are psychiatric disorders: Five reasons they were not included in DSM-IV. In K. A. Phillips, M. B. First, & H. A. Pincus (Eds.), *Advancing DSM. Dilemmas in psychiatric diagnosis* (pp. 191–223). Washington, DC: American Psychiatric Association.

Rychlak, J. F. (1993). *Discovering free will and personal responsibility.* New York: Oxford University Press.

Salekin, R. T. (2002). Psychopathy and therapeutic pessimism: Clinical lore or clinical reality? *Clinical Psychology Review, 22,* 79–112.

Sanislow, C. A., & McGlashan, T. H. (1998). Treatment outcome of personality disorders. *Canadian Journal of Psychiatry, 43,* 237–250.

Schneider, K. (1923). *Psychopathic personalities.* London: Cassell.

Shapiro, D. (1965). *Neurotic styles.* New York: Basic.

Shea, M. T. (1996). Enduring personality change after catastrophic experience. In T. A. Widiger, A. J. Frances, H. A. Pincus, R. Ross, M. B., First, & W. W. Davis (Eds.), *DSM-IV sourcebook* (Vol. 2, pp. 849–860). Washington, DC: American Psychiatric Association.

Shedler, J. (2002). A new language for psychoanalytic diagnosis. *Journal of the American Psychoanalytic Association, 50,* 429–456.

Snell, J., Rosenwald, R., & Robey, A. (1964). The wife-beater's wife: A study of family interaction. *Archives of General Psychiatry, 11,* 107–112.

Spitzer, R. L., Williams, J. B. W., & Skodol, A. E. (1980). DSM-III: The major achievements and an overview. *American Journal of Psychiatry, 137,* 151–164.

Stern, A. (1938). Psychoanalytic investigation and therapy in the borderline group of neuroses. *Psychoanalytic Quarterly, 7,* 467–489.

Stoff, D. M., Breiling, J., & Maser, J. D. (Eds.) (1997). *Handbook of antisocial behavior.* New York: John Wiley.

Stone, M. H. (1980). *The borderline syndromes.* New York: McGraw-Hill.

Stone, M. H. (1993). *Abnormalities of personality. Within and beyond the realm of treatment.* New York: W. W. Norton and Company.

Stone, M. (1997). A brief history of psychiatry. In A. Tasman, J. Kay, & J. A. Lieberman (Eds.), *Psychiatry* (Vol. 2, pp. 1853–1875). Philadelphia, PA: W. B. Saunders.

Sullivan, H. S. (1948). The meaning of anxiety in psychiatry and in life. *Psychiatry, 11,* 1–13.

Sullivan, H. S. (1953). *The interpersonal theory of psychiatry.* New York: Norton.

Sutker, P. B., & Allain, A. N. (2001). Antisocial personality disorder. In P. B. Sutker & H. E. Adams (Eds.), *Comprehensive textbook of psychopathology* (3rd ed., pp. 445–490). New York: Plenum Publishers.

Triewasser, J., & Shea, M. T. (1996). Personality change resulting from another mental disorder. In T. A. Widiger, A. J. Frances, H. A. Pincus, R. Ross, M. B. First, & W. W. Davis (Eds.), *DSM-IV sourcebook* (Vol. 2, pp. 861–868). Washington, DC: American Psychiatric Association.

Trobst, K., Ayearst, L. E., & Salekin, R. T. (2004). Where is the personality in personality disorder assessment? A comparison across four sets of personality disorder scales.

Multivariate Behavioral Research, 39, 231–271.

Walker, L. E. A. (1989). Psychology and violence against women. *American Psychologist, 44,* 695–702.

Western, D. (1991). Social cognition and object relations. *Psychological Bulletin, 109,* 429–455.

Western, D. (1997). Divergences between clinical and research methods for assessing personality disorders: Implications for research and the evolution of Axis II. *American Journal of Psychiatry, 154,* 895–903.

Western, D. (1998). The scientific legacy of Sigmund Freud: Toward a psychodynamically informed science. *Psychological Bulletin, 124,* 333–371.

Western, D., & Arkowitz-Western, L. (1998). Limitations of Axis II in diagnosing personality pathology in clinical practice. *American Journal of Psychiatry, 155,* 1767–1771.

Western, D., & Gabbard, G. O. (1999). Psychoanalytic approaches to personality. In L. Pervin & O. P. John (Eds.), *Handbook of personality: Theory and research* (2nd ed., pp. 57–101). New York: Guilford.

Western, D., & Shedler, J. (1999). Revising and assessing Axis II: Part II. Toward an empirically based and clinically useful classification of personality disorders. *American Journal of Psychiatry, 156,* 273–285.

Western, D., & Shedler, J. (2000). A prototype matching approach to diagnosing personality disorders: toward DSM-V. *Journal of Personality Disorders, 14,* 109–126.

Wetzler, S., & Morey, L. C. (1999). Passive-aggressive personality disorder: The demise of a syndrome. *Psychiatry, 62,* 49–59.

Widiger, T. A. (1993). The DSM-III-R categorical personality disorder diagnoses: A critique and an alternative. *Psychological Inquiry, 4,* 75–90.

Widiger, T. A. (1995). Deletion of the self-defeating and sadistic personality disorder diagnoses. In W. J. Liversley (Ed.), *The DSM-IV personality disorders* (pp. 359–373). New York: Guilford.

Widiger, T. A. (2000). Personality disorders in the 21st century. *Journal of Personality Disorders, 14,* 3–16.

Widiger, T. A., & Anderson, K. (2003). Personality and depression in women. *Journal of Affective Disorders, 74,* 59–66.

Widiger, T. A., & Bornstein, R. F. (2001). Histrionic, narcissistic, and dependent personality disorders. In H. E. Adams & P. Sutker (Eds.), *Comprehensive handbook of psychopathology* (3rd ed., pp. 507–529). New York: Plenum.

Widiger, T. A., & Coker, L. A. (2002). Assessing personality disorders. In J. N. Butcher (Ed.),

Clinical personality assessment. Practical approaches (2nd ed., pp. 407–434). New York: Oxford University Press.

Widiger, T. A., & Costa, P. T. (1994). Personality and personality disorders. *Journal of Abnormal Psychology, 103,* 78–91.

Widiger, T. A., & Costa, P. T. (2002). Five factors model personality disorder research. In P. T. Costa & T. A. Widiger (Eds.), *Personality disorders and the five factor model of personality* (2nd ed., pp. 59–87). Washington, DC: American Psychological Association.

Widiger, T. A., Costa, P. T., & McCrae, R. R. (2002). A proposal for Axis II: Diagnosing personality disorders using the five factor model. In P. T. Costa & T. A. Widiger (Eds.), *Personality disorders and the five-factor model of personality* (2nd ed., pp. 431–456). Washington, DC: American Psychological Association.

Widiger, T. A., & Sanderson, C. J. (1995). Toward a dimensional model of personality disorders in DSM-IV and DSM-V. In W. J. Livesley (Ed.), *The DSM-IV personality disorders* (pp. 433–458). New York: Guilford.

Widiger, T. A., & Seidlitz, L. (2002). Personality, psychopathology, and aging. *Journal of Research in Personality, 36,* 335–362.

Wiggins, J. S. (1982). Circumplex models of interpersonal behavior in clinical psychology. In P. Kendall & J. Butcher (Eds.), *Handbook of research methods in clinical psychology* (pp. 183–221). New York: John Wiley.

Wiggins, J. S. (2003). *Paradigms of personality assessment.* New York: Guilford.

Wiggins, J. S., & Pincus, A. L. (1989). Conceptions of personality disorders and dimensions of personality. *Psychological Assessment, 1,* 305–316.

Wilson, J. S., & Constanzo, P. R. (1996). A preliminary study of attachment, attention, and schizotypy in early adulthood. *Journal of Social and Clinical Psychology, 15,* 231–260.

World Health Organization. (1992). *The ICD-10 classification of mental and behavioural disorders: Clinical descriptions and diagnostic guidelines.* Geneva, Switzerland: Author.

Young, J. E. (1994). *Cognitive therapy for personality disorders: A schema focused approach.* Sarasota, FL: Professional Resource Exchange.

Young, J. E., & Lindemann, M. D. (1992). An integrative schema-focused model for personality disorders. *Journal of Cognitive Psychotherapy: An International Quarterly, 6,* 11–23.

02 성격장애를 평가하기 위해 로샤검사를 사용하는 이점

임상 장면에서 성격장애를 평가하는 어려움과 그 해결책은 여전히 풀기 어려운 문제로 남아 있다. 평가를 어렵게 하는 장애물 중 일부는 '성격' 이라는 구성개념이 정의하기 어렵다는 점과도 관련이 있으며, 무엇이 그것을 '장애' 로 만드는지에 대한 문제와도 관련되어 있다. 또한 어떤 구성개념이라도 그것을 측정하는 문제는 측정 도구의 특성뿐 아니라 측정치의 안정성과 정확성에 의존한다. 예를 들어, 예전부터 내과 의사들은 미생물이 어떤 질병을 일으킨다고 의심했었지만, 현미경과 미생물학 기술이 발전하고 나서야 병원체의 특성 및 그 병원체의 행동이 어떻게 변화하는지를 이해할 수 있었다. 성격장애도 이와 마찬가지다. 성격의 본질적 요소들을 확인하는 것은 매우 어려운 일인 동시에 그것을 측정할 올바른 도구를 찾아야만 가능한 일이다.

하지만 이 장에서는 로샤검사가 성격장애를 평가하는 도구로서 많은 이점을 가지고 있다고 제안할 것이다. 이러한 접근법에 결점이 없는 것은 아니지만, 로샤검사는

Steven K. Huprich / Eastern Michigan University
Ronald J. Ganellen / Northwestern University

자기-보고, 정보제공자 보고, 면담 등의 다양한 평가 도구들이 제공하지 않는 대안적 요소들을 제공한다. 물론, 이제까지 이 접근법은 연구와 임상 문헌들에서 엇갈리는 평가를 받아 왔다. 특히 몇몇 연구들은 투사적 검사에 대한 멸시와 더불어 로샤검사는 경험적으로 정당화될 수 없다는 신념에 대한 근거를 제공해 왔기 때문에(Hunsley & Bailey, 1999; Wood, Nezworski, Garb, & Lilienfeld, 2001), 이 장의 목표는 성격장애가 로샤검사를 통해 연구되고 평가될 수 있다는 사실의 기초를 제공하는 데 있다. 이러한 기초 위에서 로샤검사는 성격장애에 대해 경험적으로 정당화되고 임상적으로 많은 정보를 줄 수 있는 평가로 여겨질 수 있다. 또한 이러한 접근법이 임상 장면에서 과학적인 치료 및 평가에 기여할 수 있는 장점들을 평가할 수 있을 것이다. 이어지는 논의는 전통적인 자기-보고, 정보제공자 보고 그리고 면담이 성격장애 평가에 사용될 때 생길 수 있는 문제들과 더불어 로샤검사가 제공하는 여러 이점들을 다룰 것이다.

성격장애의 측정치로서 자기-보고와 정보제공자 보고의 한계

임상 장면이나 연구에서 성격장애의 평가는 보통 환자가 제공한 정보와 더불어 환자의 행동 관찰을 통해 추가된 정보를 토대로 이루어진다. 때로 배우자나 가족과 같이 환자의 행동을 가까이에서 볼 수 있는 사람들이 제공한 추가 정보들이 사용되기도 한다. 또한 성격장애를 확인하기 위해 사용되는 방법에는 다면적 인성검사(MMPI-2)나 Millon 임상 다축 질문지-III(Millon Clinical Multiaxial Inventory-III: MCMI-III)와 같은 다양한 영역별 평가척도 모음집 형식의 자기-보고형 질문지, 성격장애 특성들에 특별히 초점이 맞춰진 자기-보고형 질문지, 정보제공자 보고 · 임상적 면담 · 성격장애 검사(Personality Disorder Examination; Loranger, 1988) · DSM-III-R을 위한 구조적 임상 면접(SCID-II; First, Spitzer, Gibbon, & Williams, 1995)과 같은 반구조적 면담법, 그리고 시간의 경과에 따라 다양한 정보를 통합할 수 있는 LEADS(Longitudinal Expert and All Data; Spitzer, 1983)와 같은 검사법이 포함된다.

서로 다른 접근법들 간의 성격장애 진단 일치율이 낮다는 것은 잘 알려진 사실이다

(Zimmerman, 1994; Zimmerman & Coryell, 1990). 낮은 일치율은 예외라기보다는 전형적인 현상이다. 예를 들어, MMPI와 MCMI 성격검사 척도들 간의 상관, 자기-보고형 측정치들과 구조화된 임상 면접 간의 상관, 그리고 환자와 정보제공자 보고 간의 일치율은 모두 낮은 편이다(Bernstein et al., 1997; Ferro & Klein, 1997; Klonsky, Oltmanns, & Turkheimer, 2002; Reich, 1988; Riso, Klein, Anderson, Ouimette, & Lizardi, 1994; Zimmerman, 1994; Zimmerman, Pfohl, Coryell, Stangl, & Corenthal, 1988). 어떤 유형의 성격장애인지를 확인하고자 하는 시도에서만 일치율이 낮은 것이 아니라, 성격장애 존재 여부에 대한 판단 자체의 일치율도 낮다. 예를 들면, 환자 및 환자를 잘 아는 정보제공자에 대해 반구조화된 면접으로 얻은 정보들 간의 일치율을 조사한 세 연구에서 카파(kappa) 값으로 측정된 일치율의 범위는 .06~.13이었으며, 중앙값은 .06이었다(Dreesen, Hildebrand, & Arntz, 1998; Riso et al., 1994; Zimmerman et al., 1988).

이렇게 실망스러운 결과를 설명하고자 하는 여러 시도들이 있어 왔는데, 5요인 모델 지지자들은 현재 성격장애 분류법의 타당성과 관련하여 이론적이고 방법론적인 비판을 해 왔으며(Costa & Widiger, 2002), 여러 연구자들에 의해 성격장애를 평가하는 데 사용된 여러 접근법들의 장단점에 대한 중요한 질문들도 제기되어 왔다. 이제부터는 자기-보고형 검사뿐만 아니라 평가 대상을 잘 아는 정보제공자로부터 정보를 수집하는 방법 등의 장단점에 대해 논의할 것이다.

자기-보고형 기법들

DSM-IV-TR(American Psychiatric Association, 2000)에 따르면, 성격장애는 만약 개인이 "자신이 속한 사회의 문화적 기대에서 심하게 벗어난, 지속적인 내적 경험과 행동양식"(p. 629)을 보일 때 진단된다. 이러한 문제 반응들은 개인이나 다른 사람을 부적절하고 왜곡된 방식으로 지각하는 것, 정서 조절의 어려움, 만족스러운 대인관계를 맺거나 유지하는 어려움, 그리고 충동통제장애와 관련된 행동 등으로 나타난다(기준 A). 임상가는 인지나 정동, 대인관계 기능 그리고 충동 조절의 영역에서 특정 패턴을 확인해야 하며, 이러한 패턴은 대인관계 및 사회적 상황 전반에 경직되고 만연하게 나타나야 한다(기준 B). 또한 이는 "사회적, 직업적 그리고 다른 중요한 영역에서 임상적으로 심각한 고통이나 기능의 장애를 초래" 해야 한다(기준 C; p. 629).

이 기준들을 살펴보는 것만으로도 우리는 성격장애의 특징들을 탐색하기 위해 임상적 혹은 반구조화된 면접을 사용할 때와 성격장애 관련 문항들이 포함된 자기-보고형 질문지를 사용할 때, 사람들이 자기 자신을 정확하게 묘사하기 어려워하는 이유를 어느 정도 알 수 있다. 한 예로, DSM-IV 성격장애를 진단하기 위해 요구되는 몇몇 특정 진단기준뿐만 아니라 성격장애를 확인하기 위해 DSM-IV에서 제공하는 일반적 지침에는, 친숙하지 않거나 지나치게 추상적이어서 응답하기 어려운 개념과 용어들이 있다. 예를 들어, 경계선 성격장애의 특징 중에는 타인을 지각하는 데 극단적인 이상화와 평가절하 사이를 오가는 것이 포함된다. 보통 사람들이 이러한 특징을 정확하게 평가하기에는 용어나 개념이 쉽지 않아 보인다. 이와 마찬가지로 연극성 성격장애의 특징 중 하나인 자신의 말이 과도하게 인상에 근거하고 있는지를 평가하는 것도 어려울 것인데, 이는 인상에 근거하고, 모호하며, 구체성이 결여되어 있는 말이 무엇을 의미하는지에 대한 개념적인 이해가 부족하기 때문이다.

진단기준이 추상적이고도 익숙하지 않은 개념으로 이루어졌다는 문제는 면담이나 검사 문항을 일상 용어로 명확하게 바꾸어 쓰거나 쉽게 이해할 수 있는 예들을 사용한다면 완화될 수 있을 것이다. 하지만 사람들이 성격장애 진단에 필요한 특징들에 대해 개념적으로 완벽하게 이해한다 해도, DSM-IV 진단기준은 개인의 생각, 감정, 행동 등이 자신이 속한 문화에서의 표준 혹은 기대로부터 얼마나 벗어나 있고 어느 정도 일치하는지, 그리고 그 벗어난 정도가 얼마나 심한지를 결정할 수 있는 명확한 지침을 제공하지 않는다. 예를 들면, 어떤 사람이 자신은 다른 사람들을 의심의 눈초리로 바라보고 있으며, 다른 사람과 만날 때 신중하고 주의 깊게 경계하면서 만난다고 보고했다고 하자. 하지만 이러한 태도와 기대가 편집성 성격장애 진단에 필요한 만큼 정상에서 벗어난 것인지, 혹은 이러한 보고가 인간 본성이나 세상이 돌아가는 방식에 대한 현실적인 자각으로부터 나온 것인지를 판단하기 위해서는 더 많은 정보가 필요하다. 이와 마찬가지로 건강한 자신감과 자기애성 성격장애 특징으로서 자신의 중요성에 대한 팽창된 지각 사이의 구분도 DSM-IV에는 잘 정의되어 있지 않다.

또한 사람들은 DSM-IV 진단기준의 일부인 자신의 생각, 감정, 행동 패턴이 자신에게 임상적으로 중요한 고통이나 기능장해를 초래하는지를 판단하는 데도 어려움을 느낄 것이다. 한 예로, 자신의 부인이 어떠한 집안일을 하라고 하거나 집에 없으면 어디에 갔는지 꼬치꼬치 물어볼 때, 쉽게 짜증을 내는 한 남자가 있다고 생각해 보자. 그는 적대적으로 자신의 부인에게 역공격을 할 수도 있으며, 반복적인 신체 폭력을 행사할 수도 있다. 하지만 이러한 반응이 반사회성 성격장애의 맥락에서 일어났다면, 이 남자의 경우에 자신은 고통스럽지 않다고 말할 가능성이 높으며, 적어도 스스로의 행동을 문제시하지 않을 것이다. 오히려 그는 이 모든 것이 부인의 문제라고 강하게 주장할 수 있다.

의심이나 자신감, 신체 폭력 등과 관련된 이러한 예는 통찰(insight)의 문제를 다루는 것은 아니라는 사실을 짚고 넘어가야 한다. 통찰과 관련된 문제는 이후에 논의될 것이다. 대신, 이 예들은 비정상적인 행동 패턴을 보이는지, 그리고 그 패턴이 일상적 기능에 유의미한 고통이나 어려움을 일으키는지에 대해 스스로를 묘사해 달라고 질문했을 때, 그 사람이 하는 대답을 해석하려면 생각해 봐야 할 여지가 많다는 사실을 보여 준다. 이러한 요소들은 성격장애 진단에서 자기-보고형 검사와 다른 검사법 간의 일치율을 낮추는 한 원인이 된다.

한 개인이 자신의 생각, 감정적 반응 그리고 행동 패턴이 지속적이고 부적응적이라는 것을 구별할 수 있는 지침뿐 아니라 면담 질문이나 검사 문항에 사용되는 용어와 개념들을 이해한다고 가정한다면, 정확한 자기-보고는 성실하고 현실을 잘 반영하는 응답에 의존하게 된다. 하지만 자신이 얼마나 잘 기능하는지에 대한 환자 자신의 설명은 의식적으로나 무의식적으로 편향될 수 있으며, 그것은 자기-보고를 신뢰하기 어렵게 만든다. 어떤 사람들은 여러 이유에서 의식적으로나 의도적으로 자신의 과거에 대해 부정확하게 말한다. 예를 들면, 반사회성 성격장애를 지닌 사람은 권위적 대상에 대한 반복적인 반항이나 무책임하고 비도덕적 행동의 과거력을 명백히 제시할 때도 그러한 사실을 부인할 가능성이 높다. 물론, 이러한 차이를 발견한다면, 그것은 이 사람이 기만적이고 교묘하며 부정직한 경향이 있다는 사실을 확인시켜 준다. 이러한 정보는 반사회성 성격장애 진단이 고려될 때 매우 유용하다. Widiger, Mangine, Corbitt, Ellis와 Thomas(1995)는 자신들의 임상적 경험을 토대로, 반사회성 성격장애를 지닌 이들 중 일부는 "단순히 자신의 즐거움과 재미만을 위해" 임상가들을 오도하고 속인다는 사실을 발견하였다(p. 21).

또한 사람들이 자신들에게 성격장애의 어떤 특징이 나타난다는 사실을 부인하는 이유는 그들에게 그러한 면이 없기 때문이 아니라, 그 특징들이 자신을 너무나 노골적으로 표현하고 있기 때문일 수도 있다. 예를 들어, 얼마나 많은 사람들이 연극성 성격장애의 진단에 포함된 한 가지 기준인 피상적인 감정 표현에 동의할 것 같은가? 이와 비슷하게 많은 사람들은 다른 사람에 대한 공감이 부족한가라는 질문에 대해 자신들이 정말 그러하더라도 이러한 설명이 부담스럽기 때문에 그렇다고 대답하기 싫어할 것이다.

어떤 사람들은 앞에서 설명한 것과 같이 뻔뻔하거나 의도적이지는 않을지라도 자신의 기능 정도를 편파적으로 보고한다. 여러 가지 이유에서 사람들은 무의식적으로 인상 관리 전략을 사용한다. 어떤 사람의 경우에는 단순히 자신의 행동이 타인에게 어떻게 보이고 어떠한 영향을 주고 있는지 인식하지 못한다. 예를 들어, 대부분의 여가 시간을 일로 보내는 사람은 자기 자신을 성실하고, 책임감 있고, 생산적인 직원으로 인식할 수 있지만, 자신의 행동이 다른 사람에게 스트레스를 줄 수 있다든가, 가깝고 친밀한 관계 형성을 방해할 수 있다는 사실은 인식하지 못할 수 있다. 강박성 성격장애의 진단 특성을 가진 사람들은 자기 자신이 일에 과도하게 몰두한다고 보고하지 않을 수 있다. 자신들의 관점에서 그들은 일에 그만큼 헌신하는 것이 당연하다고 여길 수 있으며, 자기 행동이 타인에게 미치는 영향에 대해서는 알려고 하거나 인식하지 않는다. 달리 말하자면, 그는 자신의 선택이나 우선순위, 행동 등이 대인관계에 미치는 영향에 대해서는 이해하지 못한다. 그는 통찰이 부족하다.

이와 유사한 통찰의 부족은 편집성 성격장애를 지닌 사람들이 별로 나쁜 의도 없이 한 말이나 사건들 속에서 숨겨진 의미를 과도하게 찾는지를 묻는 질문에 반응하는 양상에도 영향을 준다. 이 사람들은 질문에 대해 많이 생각하고 반응할지라도, 이러한

DSM-IV 진단기준을 인정하지 않을 것이다. 그 이유는 여기에서 묘사된 특징에 자신이 부합하지 않기 때문이 아니라, 대인 간 상호작용이나 환경 내에서 자신에게는 나쁜 의도가 없다고 생각하기 때문이다. 사람들은 자신이 다른 사람의 말을 잘못 해석했다고 생각하지 못할 뿐더러, 자신들이 다른 사람의 행동에 잘못된 의도를 부여한다는 점을 자각하지 못할 것이다. 결국 성격장애의 특징인 생각, 감정, 행동의 지속적이고 부적응적인 패턴에 대한 자각의 결여는 다른 사람들은 쉽게 확인할 수 있는 성격장애 특징들에 대해서 자기 스스로는 부인하도록 만든다.

이제까지 우리는 왜 자기-보고형 검사가 정확하지 않고 믿기 어려운지에 대한 여러 이유들을 살펴보았다. 어떤 사람들은 의도적으로 부정확한 정보를 보고할 수도 있으며, 자기 자신이 어떤 모습으로 살아가는지에 대한 자각이 부족할 수도 있다. 혹은 습관적으로 살아온 자기만의 삶의 방식이 다른 사람들에게 어떤 영향을 끼치는지 깨닫지 못할 수도 있으며, 사회적으로 바람직하지 않다고 여기는 특징들을 남에게 알리기 싫을 수도 있다. 게다가 진단을 위한 평가 시 사용되는 개념이나 용어에 익숙하지 않아서 이해하기 어려운 경우는 자기-보고형 평가방법을 신뢰하기 어렵다. 이러한 사실들은 자기-보고형 검사가 한계를 지니며, 불완전하고, 이기적으로 이용당할 수 있으며, 부정확하다는 것과 함께 다른 정보원으로부터 정보를 얻는 것이 얼마나 중요한지를 알려 준다.

정보제공자의 보고

앞에서 언급했듯이, 환자에 대한 성격평가에서 환자 자신의 평가와 그들을 잘 알고 있는 다른 이들의 평가는 잘 일치하지 않는다(Klonsky et al., 2002; Zimmerman, 1994). 이러한 현상은 다른 심리적 요인들의 평가에서도 비슷한 결과들이 자주 보고되었기 때문에 그리 놀랄 일은 아니다. 이러한 불일치는 앞에서 논했던 자기-보고의 편향이나 부정확성 때문에 일어난다고 생각할 수 있다. 사람들은 여러 이유에서 자신에 대해 신뢰하기 어렵고 부정확한 평가를 제공하는데, 이는 자각 능력이 부족하거나 어떤 행동이 문제가 있는지에 대한 정의가 다르기 때문일 수 있다. 자기-보고와 정보제공자 보고 간의 차이는 성격장애 진단에 큰 영향을 끼칠 수 있다. 예를 들어, Zimmerman, Pfohl, Stangl과 Corenthal(1986)은 자기-보고 자료에만 의존하여 성격장애를 진단했던 사례 중 20%가량의 진단을, 다른 정보제공자로부터 추가적인 정보를 얻은 후에 수정해야 했다고 보고했다. 이러한 진단의 수정은 보통 환자가 공개하지 않았던 병리에 대한 정보를 다른 정보제공자가 보고한 경우에 이루어졌다.

이러한 요소들은 자기 평가와 정보제공자 평가 사이에 나타나는 차이는 잘 설명할 수 있는 반면, 또 다른 잘 입증된 사실, 즉 다른 정보제공자들의 평가 사이에서 흔히 발견되는 상당한 불일치에 대해서는 잘 설명하지 못한다. 예를 들면, 한 아이에 대한 다양한 어른들의 평가는 일치하기보다는 불일치할 경우가 더 많다. 이러한 불일치는 부모의 평가와 선생의 평가를 비교했을 때 뿐만 아니라, 어머니의 평가와 아버지의 평가를 비교했을 때도 일어난다. 여러 연구들은 아동 행동 체크리스트(Child Behavior Checklist; Achenbach, 1991; Achenbach, McConaughy, & Howell, 1987)와 주의력결핍 과잉행동 장애를 평가하는 다양한 도구(Zucker, Morris, Ingram, Morris, & Bakeman, 2002)로 여러 행동 영역을 평가하는 경우에 다양한 정보제공자들이 모순적인 정보를 종종 제공한다는 사실을 반복적으로 발견해 왔다.

누군가는 다음과 같은 질문을 할 수 있을 것이다. 즉, 두 평가자가 한 사람에 대해 상이한 기술을 한다면, 한 평가자가 다른 평가자보다 그 사람에 대해 더 많은 것을 알고 있다는 사실을 의미하는 게 아닌가 하는 것이다. 이런 맥락으로 아동 행동 체크리스트와 관련된 문헌들을 살펴보면, 일부 저자들은 일반적으로 어머니들이 아버지보다 아이들과 더 많은 시간을 보내기 때문에 어머니의 평가가 아버지의 평가보다 더 타당하다고 제안해 왔다(Fitzgerald, Zucker, Maguin, & Reider, 1994). 이것은 어떤 사람을 성격장애로 진단하기 위한 평가에서 고려해야 할 중요한 사항이다. 만약 여러 정보제공자들 사이에서 상이한 보고가 이루어진다면, 누구나 자연스럽게 평가 대상과 훨씬 더 친숙한 사람의 평가에 비중을 둘 것이다.

아동에 대한 부모의 평가 사이에 자주 발견되는 차이점에 대한 또 다른 설명이 있다. 즉, 어떤 연구자들은 소란을 피우거나 싸우면서 노는 것과 같은 행동에 대해서는 아버지가 어머니보다 좀 더 관용적이며, 딸의 변덕과 같은 행동에 대해서는 어머니가 아버지보다 좀 더 관용적이라고 제안해 왔다. 또한 연구자들은 부모들 자신이 젊었을 때 했던 행동에 대해서—배우자는 수용하지 않거나 중요한 문제라고 여길지라도—좀 더 수용적인 방식으로 다루고, 좀 더 정상적이라고 여길 것이라고 제안하였다. 간단히 말하자면, 여러 정보제공자에 의한 평가 간에 발견되는 불일치는 특정 행동에 대해 평가자들이 용인하는 수준의 차이를 반영한다는 것이다.

특정 행동이나 성격적 특징들에 대한 용인 수준의 차이는 여러 정보제공자들이 한 개인의 성격장애 특징을 평가할 때 발견되는 낮은 일치율을 설명하는 한 요인이 될 수 있다. 예를 들어, 부부 치료에서 한 명은 강박성 성격 특성을 보이고, 또 다른 한 명은 연극성 성격 특성을 보이는 경우가 매우 흔하다. 강박적인 남자는 부인의 강한 정서성을 병리적으로 평가할 만한 특징으로 보지 않고, 오히려 자신의 부인이 따뜻한 마음씨를 가지고 있다고 설명할 것이며, 그녀가 보이는 억제되지 않은 자발성을 존경하고 즐길 것이다. 그러나 그녀 주위에 있는 다른 사람들은 이 여자가 지속적으로 보이는 연극적인 행동을 견디기 힘들어할 것이며 짜증을 낼 것이다. 또한 그녀가 이기적이며 주의를 끌기 원하고 기분이나 피상적인 감정이 빠르게 변하는 경향을 보인다고 쉽게 평가할 수 있을 것이다. 이 예는 성격장애 진단 평가에서 발생하는 차이의 원인이 특정 행동 패턴을 보이는가에 대한 정보제공자들 사이의 의견 불일치에 기인하는 것이 아니라, 정보제공자들이 특정 성격 특성을 용인하는지의 여부나 특정 행동 패턴을 정상에서 벗어나거나 부적응적이라고 보는지에 대한 의견에서 불일치를 보이기 때문일 수 있다는 사실을 보여 준다.

평가자들 사이에 존재하는 의견 불일치에 대한 좀 더 복잡한 설명도 있다. 몇몇 연구자들은 다른 사람들이 한 개인에 대해 상이한 관점을 가진다는 사실을 전혀 문제라고 여기지 않는다. 이들은 그러한 의견 차이는 자연스럽게 일어나는 것이기 때문에 흔히 발견되는 것이 당연하다고 말한다. 즉, 여러 정보제공자들 사이에서 나타나는 낮은 일치율은 한 개인이 모든 사람과 똑같은 형태의 관계를 형성하지 않는다는 사실을 반영하며, 오히려 시간에 따라 사람들과 상호작용하면서 형성하는 독특한 관계 양상을 반영한다는 것이다.

한 예로, 어떤 남자가 술친구와 함께 있을 때와 처가식구와 함께 있을 때의 행동이 다른 것이 당연하듯이, 성격장애를 지닌 환자가 여러 사람들과 각각 다른 형태의 관계를 맺는다는 것은 당연한 것이다. 생각, 반응, 사회적 행동 등에서 문제시되는 행동 패턴들은 특정의 몇몇 사람들과의 관계에서 더 두드러지게 나타날 수 있을 것이다. 예를 들어, 회피성 성격장애를 가진 사람들은 자신이 잘 알고 수용되고 편안함을 느끼는 사람 앞에서는 긴장을 풀고 자신감 있게 행동할 수 있겠지만, 비판적이거나 자신을 평가할 가능성이 있는 새로 알게 된 사람과 시간을 보낼 때는 염려하고 자신을 잘 드러내지 않으며 다소 긴장할 수 있다. 환자에 대한 이 두 사람의 평가가 상당히 다를 것이라고 누구나 예상할 수 있을 텐데, 이는 한 사람은 옳고, 다른 한 사람은 틀려서 나타나는 현상이 아니며, 한 사람이 다른 한 사람보다 환자를 더 잘 알기 때문도 아니다. 단지 그러한 차이는 각 사람과 맺는 일대일의 관계 양상이 다르기 때문에 나타나는 것이다. 이러한 관점은 관계라는 것이 사실상 역동적이며 관계를 맺는 사람들 각자의 필요, 기대 그리고 행동에 따라 형성되고 특징지어진다고 가정한다.

환자가 친구나 배우자와 맺는 관계의 독특성은 상대방의 심리적 문제에 따라 결정될 수도 있다. 이러한 가능성은 아이들에 대한 부모의 평가 사이에서 발견되는 낮은 일치율이 예외가 아니라 일반적인 결과라는 사실을 조사한 연구를 통해 제안되었다. 즉, 일부 연구들은 부모 간의 의견 차이가 부모 중 한 명이 우울증과 같은 심리적인 문제를 가지고 있을 때 나타난다고 제안하였다(Achenbach et al., 1987). 정신병리의 존재는 부모가 자녀들의 행동을 어떻게 바라보는지, 그리고 아이의 문제를 얼마나 용인할 수 있는지에 영향을 미칠 수 있다.

정보제공자의 심리적 특성이 다른 사람을 평가하는 데 상당한 영향을 줄 수 있다는 가능성을 인식하는 것은 성격장애 평가에 중요한 함의를 갖는다. 즉, 각 개인의 행동과 성격에 대한 평가는 정보제공자의 심리적 역동에 따라 편향될 수 있다는 사실을 알아야만 하고, 어떤 경우에 타인에 대한 평가는 정보제공자가 평가한 사람에 대해서뿐만 아니라 정보제공자 자신에 대해서도 많은 것을 알려 줄 수 있다는 것을 알아야만 한다. 예를 들어, 열렬한 사랑을 중시하는 여성의 경우, 배우자의 무책임한 행동, 여러 번의 성적 부정, 그럼에도 양심에 거리끼지 않는 등의 모습을 과소평가하거나 얼버무릴 수 있는데, 이러한 과소평가는 그녀가 버림받을지 모른다는 공포를 포함하는 의존성 성격장애 진단기준에 해당되는 사람들 사이에서 흔히 나타나는 역동에서 기인했을 수 있다. 하지만 이러한 환자의 행동이 수년간 가족에게 끼친 영향 때문에 분개해 있는 그녀의 가까운 친척은 상이한 평가를 제공할 수 있다.

또한 일부 연구자들은 어떤 정보제공자의 성격장애 평가는 그 정보제공자가 보이는 성격장애 특성과 관련되어 있다는 사실에 주목해 왔다. 한 예로, Widiger 등(1995)은 "자기애적인 정보제공자는 평가받는 사람을 평가절하한다면, 경계선적인 정보제공자는 그 사람을 이상화할 것이다."(p. 32)라고 언급하였다. 이러한 입장의 저자들은 모든 정보제공자들이 객관적일 수 없으며, 다른 사람의 강점과 약점에 대해 균형 잡히고 편향되지 않은 설명을 제공할 수 없다는 사실을 상기시킨다. 그러므로 어떤 정보제공자가 다른 사람에 대해 제공하는 자료는 객관적인 사실과 이 사실에 대한 주관적인 해석, 그리고 정보제공자와 평가를 받는 사람 간의 관계 역동의 혼합물로 간주되어야 한다. 이러한 요인들은 정보제공자가 그 사람에 대해 아는 것과 말하는 것을 편향시킨다.

성격장애 평가에 대한 함의들

이러한 연구 결과들은 성격장애 평가에 대해 다양하고 중요한 함의를 가진다. 명백하게도 성격장애에 대한 신뢰성 있고 타당한 진단은 한 사람의 행동이나 사고, 감정, 대인관계 패턴에 대한 정확한 정보를 필요로 한다. 앞에서 언급한 연구 결과들은 환자 자신이 제공하는 정보와 가족이나 가까운 친구들이 제공하는 정보가 다를 수 있으며, 여러 정보제공자들 간에도 차이가 날 수 있음을 알려 준다.

우리는 어떤 정보가 다른 정보보다 좀 더 정확한지 질문해야 한다(Zimmerman, 1994). 하지만 여러 문헌들을 참고할 때, 환자를 잘 아는 정보제공자로부터 제공된 자료들보다 환자와의 면담을 통해 얻은 정보를 중요하게 여겨야 하는지, 혹은 자기-보고형 평가 도구들을 훨씬 더 중요하게 여겨야 하는지는 명확하지 않다. 한 사람이 성격장애 진단기준에 맞는지 평가하기 위해 의존할 수 있는 가장 가치있는 정보를 어떤 평가방법이 제공하는지 확인하기 어려운 이유 중 한 가지는 여러 평가방법을 비교할 수 있는 절대적인 기준이 없다는 것이다. 예를 들어, DSM-IV의 성격장애를 확인하는 데 사용된 평가체계의 개념적이고 심리측정적인 기초에 대한 질문이 주어질 때 (Clark, Livesly, & Morey, 1997), 성격장애에 대한 자기-보고형 혹은 정보제공자 평가가 반드시 임상가가 내리는 진단명을 예측하는지는 명확하지 않다.

비록 환자의 평가가 정보제공자 평가보다 더 정확한지 혹은 그 반대인지에 대한 가능성이 심각하게 고려되어야 하지만, 성격장애 진단의 복잡성 때문에 여러 방법들을 통해 정보를 얻는 것이 중요하다고 여겨진다. 예를 들어, 앞에서 논의했듯이 아동 평가 문헌에서 여러 정보제공자들 간에 발견된 차이 때문에, 일부 연구자들은 한 개인의 문제와 행동에 대한 더 완전한 그림은 한 명의 정보제공자가 제공한 자료로부터 얻을 수 없으며, 그보다는 여러 방법을 통해 모아진 정보로부터 얻을 수 있다고 제안하였다.

최근 Klein(2003)은 비슷한 제안을 하였는데, 그는 7년 반 동안 우울증상이나 사회적응도, 전반적 기능을 예측하기 위한 자료로서 성격장애에 대한 우울한 환자 자신의 보고와 정보제공자의 보고를 비교하였고, 이를 위해 종단적 연구를 실시하였다. Klein은 환자와 정보제공자로부터 얻어진 정보가 추후 평가에서의 우울증상과 전반적 기능을 예측하는 데 각각 유의하며 독립적인 기여를 하고 있음을 발견했다. 또한 일부 분석에서는 환자의 평가가 정보제공자의 평가보다 추후 평가결과와 더 강하게 관련되어 있었으며, 일부 분석에서는 정보제공자 평가가 환자 자신의 평가보다 추후 평가결과를 더 잘 예측했다. 이러한 결과들은 환자의 자기-보고와 정보제공자의 보고가 독립적인 기여를 하고 있으며 하나의 정보원에만 의존한다면 일부 정보는 잃어버릴 수 있다는 관점을 강하게 시사해 준다.

Klein(2003)은 흥미롭게도 수동-공격성 성격장애를 가진 환자들에게서 예외를 발견했다. 수동-공격성 성격장애에 대한 환자의 자기-보고는 추후평가의 어떤 결과치와도 관련이 없었던 반면, 정보제공자의 평가는 추후 결과치와 유의미한 상관을 보였다. Klein은 이 결과에 대해 수동-공격적 행동은 다른 사람이 잘 인식하는 반면, 환자 자신은 수동-공격적 방법으로 분노를 표현하고 있다는 사실이나 그러한 행동이 타인에게 어떤 영향을 미치는지에 대해 인식하지 못하기 때문이라고 해석하였다.

비록 Klein(2003)의 연구는 성격장애 평가에서 환자 자신이나 정보제공자 중 누가 더 정확한 정보를 제공하는지에 대해 직접적으로 언급하고 있지 않지만, 둘 사이에 의견이 불일치하더라도 환자와 정보제공자 둘 다 유용한 정보를 제공할 수 있다고 제안하고 있다. 또한 이러한 연구 결과들은, 앞에서 언급했듯이, 평가되는 기준에 대한 정보를 의식적으로 자각하지 못하거나 알 수 없을 때는 스스로 보고하는 정보의 정확성이 저하될 수 있음을 강조한다. 예를 들어, 정보제공자는 수동-공격적인 특성을 지닌 환자 자신에 비해 간접적이고 수동-공격적인 방식으로 분노를 표현하는 경향과 같은 일부 행동들에 대해서 신뢰성 있고 타당한 정보를 제공할 수 있다.

이와 대조적으로 특정 성격장애 기준—주관적이고 내면적인 경험을 포함하는 기준일 경우—에 대해서는 환자들이 정보제공자보다 더 나은 정보를 제공할 수 있다. 예를 들어, 회피성 성격장애를 지닌 사람은 부적절하게 느껴지거나 조롱당하거나 수치스러운 상황에 대한 두려움으로 고통스러워한다. 정보제공자는 그러한 사람에 대해 다른 사람과의 접촉을 피하는 사람으로 정확하게 평가할 수 있을 텐데, 그는 사회적 상황에서 불편해하거나 불안해하는 모습을 보일 것이며, 또한 자기 자신을 잘 표현하지 않을 것이기 때문이다. 하지만 그 사람이 부적절감이나 창피를 당할까 봐 걱정하거나 염려하고 있다는 사실을 모르고 있다면, 정보제공자는 그 사람의 내적 경험을 확실하게 평가할 수 없다. 이와 유사하게, 어떤 정보제공자는 자신의 친구가 이성관계의 위기가 찾아올 때마다 안절부절못하거나 극도로 흥분하는 모습을 관찰할 수 있으며, 그러한 상황에서 매우 화를 낸다는 사실 또한 정확하게 평가할 수 있지만, 그 친구가 말하지 않는 한 유기 공포에 따른 고통스러운 감정은 이해하지 못할 것이다. 만약 어떤 사람이 자신의 감정, 생각, 지각 등에 대해 타인에게 설명해 주지 않는다면, 그 타인은 그 사람의 감정, 생각, 지각 등을 완전히 간과할 수 있다. 그러므로 어떤 사람이 자신의 내적 경험에 대해 잘 인식하고 있다고 가정한다면, 감정이나 생각, 기대 등에 대한 정보를 제공하는 데 그 자신이 누구보다 더 나은 정보원이 될 수 있다.

이제까지 성격장애에 대한 임상적 평가에서, 자기-보고나 정보제공자 평가가 지닐 수밖에 없는 제한점들에 대해 논의했다. 이제는 이러한 한계를 공유하지 않으면서 성격장애 평가에 기여할 수 있는 접근법을 찾아볼 것이다. 특히 이러한 방법은 환자 스스로 자신에 대해 제공하는 정보나 정보제공자가 제공하는 정보와는 독립적이면서도 신뢰성 있고 타당한 정보를 제공할 수 있는 잠재력을 가진 것이어야 한다.

실제적 대안으로서의 로샤검사

로샤검사는 개인의 지각적인 조직화 과정(perceptual organizational process; Exner, 2003) 및 연상적이고 투사적인 과정(associational/projective process; Weiner, 2003)을 평가하는 측정 방법이다. 이를 개념화하는 한 가지 방법은 로샤검사를 조작적 학습의 용어로 다시 설명하는 것이다. 즉, 로샤검사를 통해 평가자는 특정 개인이 자신에게 주어진 자극에 대해 어떻게 반응하는지 판단할 수 있다. 이러한 과정을 통해 평가자는 개인의 지각 장(perceptual field)을 평가하는 동시에, 그러한 반응을 만들어 내는 개인의 심리적 세계 속에 내재하고 있는 내용들을 끌어내야 한다. 자극 장(stimulus field)이 일반적으로 경험할 수 있는 대상과 쉽게 대응될 때 형태나 내용 혹은 둘 다에서 여러 사람에게 흔히 나타나는 타당한 반응이 나온다(예: V번 카드의 '박쥐' 반응). 그러나 자극이 일반적으로 경험할 수 있는 대상과 쉽게 대응되지 않을 때, 그 사람은 반응을 만들어내기 위해서 자신의 경험에 훨씬 더 많이 의지해야만 한다. 이에 결과적인 행동(예: 반응)은 훨씬 더 다양한 경험의 산물이 되며, 개인의 독특한 학습의 결과물이 된다. 이러한 이유로 로샤검사는 흔히 연상이나 투사적 검사로 간주되는데, 로샤검사의 반응은 개인의 독특한 경험들로부터 나오기 때문이다. 다른 말로 하면, 로샤검사에서 보여 주는 언어적 행동은 복잡하게 결정되는 개인 특유의 정신 활동 산물이다.

어떤 의미에서, 자기-보고와 면담은 비슷한 인지 과정을 포함한다. 즉, 개인은 자신의 경험에 기초하여 하나의 자극 세트(예: 자신의 성격에 대한 문장들)에 대한 반응을 만들어 낸다. 비록 자기-보고형 질문지의 문장들은 명확하고 객관적인 것으로 여겨지지만, 많은 연구자들(Ganellen, 1996; Greene, 1991; Weiner, 2003)은 자기-보고형 질문지의 문항들이 여러 사람들에게 다양한 의미로 전달될 수 있음을 관찰해 왔다(예: "나는 종종 참을성을 잃는다"). 간단히 말하면, 비슷하게 이해될 만한 자극 세트일지라도 개인 특유적으로 해석될 수 있는 것이다.

자기-보고를 통한 정보와는 대조적으로, 로샤검사에서 잉크반점에 대한 반응은 평가자가 기록한 축어록과 같이, 관찰된 언어 행동이다. 평가자는 객관적으로 정의된 기준에 따라 반응을 기호화하고, 한 사람의 모든 반응을 기호화한 후에는 일정 방식대로 조합하여 구조적 요약표의 변인들을 만들어 낸다. 그 후에 평가자는 로샤검사의 자료들을 구조적(객관적이고 관찰 가능한) 수준에서 해석할 수 있으며, 이와 더불어 그 사람이 표현한 주제나 심리적 문제들, 갈등 등을 탐색할 수 있다(투사적이고 연상적인 수준). 이러한 의미에서 로샤검사는 경험적으로 수량화가 가능하며 독특한 지각, 조직화, 연상 과정을 평가할 수 있는 기법이다. 또한 로샤검사는 앞서 설명한 자기-보고형 질문지나 정보제공자를 통해 수집한 자료가 가지는 한계를 공유하지 않는다. 이후 내용들에서 논의되겠지만, 저자들은 로샤검사가 다른 평가 기법들과 같이 편향된 정보를 제공하지 않으므로, 성격장애 평가를 위한 실제적 대안이 될 수 있다고 믿는다.

로샤검사로부터 얻어진 정보들을 DSM-IV에서 설명하고 있는 성격장애 진단기준과 직접적으로 연결할 수는 없다. 예를 들어, 어떤 로샤검사의 변인들도 주로 혼자 활동하기 좋아하는 경향성을 직접적으로 평가하지는 않는다. 이와 비슷하게, 어떤 로샤검사의 변인들도 경계선 성격장애의 특징인 충동적인 행동, 성관계, 물질 남용, 위험한 운전 그리고 자해 행동과 같은 자기파괴적 행동을 평가하지 않는다. 그러나 로샤 변인들은 DSM-IV 성격장애 진단기준에 포함된 부적응적인 내적 경험과 행동 특징의 영속적인 패턴을 확인하고 설명하는 데 사용될 수 있다. 즉, 이러한 것들은 자기 자신과 타인을 지각하는 특징적 방법들, 주변의 사건을 해석하는 태도, 정서적 반응을 다루는 능력, 대인관계에서의 기능 그리고 충동 조절 등을 포함한다.

이 장은 각각의 DSM-IV 성격장애 진단기준이 직접적으로 로샤검사에 나타나지는 않더라도, 로샤검사는 각 개인이 성격장애를 지니고 있는지 판단하는 복잡한 과정에 의미 있게 기여할 수 있다는 관점을 견지하고 있다. DSM-IV에 따르면, 한 개인이 그 장애에 해당하는 사고, 감정, 행동, 대인관계 특징들 중에서 몇 가지 문제를 보여야 성격장애를 지녔다고 말할 수 있다. 이러한 문제들과 관련된 로샤검사의 자료들은 한 개인이 DSM-IV에서 제시하는 특징들을 보이는지에 대한 증거들을 제공할 수 있다. 또한 로샤검사의 자료들은 환자나 피검자에 대한 진단, 평가, 치료 등을 돕기 위해 면담이나 자기-보고, 정보제공자의 보고, 그리고 임상가나 치료자와의 상호작용과 함께 고려될 수 있다(Ganellen, 1996; Meyer et al., 1998). 그러므로 DSM-IV 진단기준이 로샤 변인들과 일대일 대응이 되지는 않을지라도, 로샤검사로부터 제공된 정보는 성격장애 진단에서 다른 방법으로 얻어진 정보를 보충할 수 있으며, 어떤 경우는 다른 자료들이 제공할 수 없는 정보를 주기도 한다. 이러한 내용을 다음에서 다룰 것이다.

성격에 대한 내재적 측정치로서의 로샤검사는 실제 행동과 연결될 수 있다

앞에서 논했듯이, 자신에 대해 스스로 제공하는 정보는 질문지를 완성하거나 임상적 면담을 할 때라도 제한적이고 부정확하다. 사람들은 자신에 대해 부정적인 의미를 가진 용어를 사용하여 설명하는 것을 싫어할 뿐더러, 자신의 감정적 세계, 사고 패턴, 대인관계 스타일 그리고 행동 등에 대해 제한적으로 자각하고 있기 때문이다. 그러나 로샤검사는 자기 스스로도 잘 모르는, 혹은 별로 알고 싶지 않은 자신에 대한 정보를 제공할 수 있다. 로샤검사 종합체계(Comprehensive System)가 발전해 오면서, 로샤 변인들과 의미 있는 행동적 기준들이나 기질, 성격적 특징들 간의 연관성에 대한 자료들이 축적되어 왔는데, 많은 경우에 이러한 관계는 자기-보고형 검사 자료와 행동적 기준 간의 관계와는 확연히 달랐다(Exner, 2003; Meyer & Archer, 2001; Viglione & Hilsenroth, 2001). 이러한 장점은 로샤검사가 성격에 대한 내재적 측정치라는 특성에 기인한다.

McClelland, Koestner와 Weinberger(1989)는 처음으로 성격평가에 대한 내재적-

외재적 구분을 개념화하였다. 그들의 설명에 따르면, 외재적 측정치는 한 사람이 스스로 귀인하는 동기를 평가하는 것인 데 반해, 내재적 측정치들은 한 사람의 자동적이고 무의식적 행동 패턴을 평가하는 것이다. 그들은 외재적 측정치보다 내재적 측정치가 한 개인의 동기적 경험이나 감정적 경험을 좀 더 잘 반영한다고 덧붙이고 있는데, 이는 내재적 측정치가 의식적으로 덜 여과된 정보이며, 초기의 '전언어적 정서 경험'의 산물이기 때문이다. 다르게 말하면, 내재적 방법으로 얻어진 정보는 사람들이 자신의 특성이라고 자각하지 못하는 사고나 반응, 행동 패턴 등에 대한 정보를 제공한다. 이 정보는 환자가 면담하는 동안 질문에 반응하거나 자기-보고형 질문지를 완성하는 것으로는 접근할 수 없는 성격장애의 특징을 평가하는 것과도 관련이 있다. 예를 들어, 치료를 받기 위해 방문한 우울증 환자는 자신이 다른 사람들로부터 인정이나 칭송을 받고 싶은 과도한 욕구를 가지고 있다고 설명하지는 않겠지만, 이러한 특성은 로샤검사에서 반사반응의 증가와 강하게 관련되어 있으며, 이는 아마도 자기애성 성격장애와 관련되어 있을 것이다(Exner, 2003).

McClelland 등(1989)은 외재적 측정치보다 내재적 측정치가 자기 제시 편향의 영향을 적게 받을 것이라고 제안했다. 이러한 쟁점은 최근의 두 연구에서 상세하게 다루어졌다(Ganellen, 1996; Weiner, 2003). 앞으로 살펴볼 내용의 요지는 내재적-외재적 측정치의 관계를 잘 입증한 예시들이며, 그것들은 로샤검사가 다른 방식으로는 알기 힘든 실제 행동에 대한 의미 있는 정보를 어떻게 제공할 수 있는지에 대한 좋은 예가 될 것이다.

'로샤 구강의존성 척도' (Rorschach Oral Dependency Scale: ROD; Masling, Rabie, & Blondheim, 1967)는 구강의존성을 반영하는 로샤 반응 내용을 평가하는 측정 방법이다. 구강의존성에 해당하는 내용들은 음식과 음료, 음식 재료, 음식을 제공하는 사람, 수동적으로 음식을 받는 사람, 그리고 수동성 및 무기력과 관련된 주제 등을 포함한 열여섯 개의 범주로 되어 있다. 반응 내용이 이러한 범주 중 하나에 해당하면 1점이 가산된다. 이 점수를 피검자의 전체 반응 수로 나누면 ROD 점수가 된다. Bornstein (1996)은 수년간의 연구를 요약하면서, ROD가 대인관계 의존성에 대한 타당하고 내재적인 측정법이라고 결론지었다.

이와는 다르게, '대인관계 의존성 질문지'(Interpersonal Dependency Inventory: IDI; Hirschfeld, Klerman, & Gough et al., 1977)는 대인관계 의존성에 대해 스스로가 보고하는 수준(즉, 외재적)을 평가하는 48문항 리커트 척도다. IDI에는 세 개의 하위 척도가 포함되는데, 타인에 대한 정서적 의존(Emotional Reliance on Others), 사회적 자신감의 부족(Lack of Social Self-Confidence) 그리고 자율성 주장(Assertion of Autonomy)이다. Bornstein(1994)은 IDI에 대한 수년간의 연구를 검토하여 이 척도 또한 대인관계 의존성에 대한 신뢰성 있고 타당한 측정치라고 결론지었다. 이뿐 아니라, Bornstein(2002)은 ROD와 IDI 간의 관계에 대한 연구를 검토하였는데, 이 두 측정치는 중간 정도의 상관을 가지며(평균 $r=.29$), 각 측정치가 대인관계 의존성의 상이한 측면과 관련되어 있다고 결론지었다. 이러한 결과는 내재적 그리고 외재적 구분과 일관적이었으며, 이 구분의 몇 가지 예는 다음과 같다.

Bornstein(1998)은 대학생들을 대상으로 대인관계 의존성 평가의 내재적-외재적 구분을 조사하였다. 그는 ROD와 IDI를 사용하여 사람들을 네 집단으로 분류하였는데, 그것은 높은 의존성 집단(high dependency; IDI와 ROD 모두에서 높은 점수), 인식되지 않은 의존성 집단(unacknowledged dependency; ROD는 높은 점수, IDI는 낮은 점수), 의존적 자기표상 집단(dependent self-presentation; IDI는 높은 점수, ROD는 낮은 점수), 그리고 낮은 의존성 집단(low dependency; IDI와 ROD 모두에서 낮은 점수)이다. Bornstein(1998)은 각 사람들을 네 집단 중 하나로 분류한 후에 두 실험 집단 중 하나에 배정하였다. 한 실험 집단의 사람들에게는 문제해결 연구에 참여할 것이라고 말하였고 다른 실험 집단에게는 의존성 및 도움 요청 행동과 관련된 연구에 참여할 것이라고 설명하였다. 즉, 4(집단)×2(지시) 피험자 간(between-subject) 설계가 사용된 것이다. Bornstein은 의존성 집단이 상이한 도움 요청 행동을 초래하는 지시 조건과 상호작용할 것이라고 예측했으며, 도움 요청 행동은 철자 바꾸기 과제로 구성된 실험 과제에 대해 도움이나 안내를 요청하는 횟수로 정의하였다.

예측한 대로, Bornstein(1998)은 실험 지시와 의존성 집단 분류 간의 상호작용을 발견하였다. 특히, 인식되지 않은 의존성 집단은 그들이 문제해결 실험에 참여하고 있다고 믿을 때는 높은 의존성 집단과 비슷한 만큼의 도움 요청 행동을 보인 반면, 의존성 연구에 참여하고 있다고 믿을 때는 낮은 수준의 도움 요청행동을 보였으며, 낮은 의존성 집단과 도움 요청 비율에서 유의한 차이가 없었다. 이와 대조적으로, 의존적 자기표상 집단은 자신들이 문제해결 실험에 참여하고 있다고 믿을 때는 중간 정도의 도움 요청 행동만을 보였지만, 의존성 연구에 참여하는 거라는 얘기를 들었을 때는 높은 의존성 집단과 비슷한 정도의 도움 요청 행동을 보였다. 결론적으로 이미 예측한 바와 같이, 의식적으로 자신이 높거나 낮은 의존성을 지녔다고 기술했던 사람들은 대인관계에서 나타나는 의존성 수준이 평가된다고 자각할 때는 서로 다른 방식으로 행동하였다.

다른 연구에서 Bornstein, Bowers와 Bonner(1996)는 Velten(1968)과 Baker와 Gutterfreund(1993)가 사용했던 기분 유도 절차에 따라 실험 참여자들에게 긍정적, 부정적 그리고 중성적인 기분을 유도하였다. 그들은 부정적인 기분이 유도될 때는 의존성의 내재적 수준이 증가하는 반면, 의존성에 대한 자기-보고는 상대적으로 변하지 않고 남아 있을 것이라는 가설을 세웠다. 이러한 가설들은 우울한 기분이 개인의 의존적 감정을 증가시킨다는 이전 연구 결과들에 기초한 것이다(Hirschfeld, Klerman, Andreason, Clayton, & Keller, 1986; Zuroff & Mongrain, 1987). 두 연구 모두에서 ROD 점수는 부정적인 기분이 유도되었을 때 유의하게 증가되었으며, 긍정적이거나 중성적인 기분이 유도되었을 때는 변화가 없었다. 이와 대조적으로 IDI 점수는 남자와 여자 모두에게서 상대적으로 변화가 없었다. Bornstein 등(1996)은 의존성의 내재적 수준이 다뤄질 수 있다고 결론을 내렸는데, 이를 다른 말로 하면, 의식적 통제의 대상이 아니면서도 변화될 수 있는 의존성의 요인이 있다는 것이다.

Bornstein, Rossner, Hill과 Stepanian(1994)은 세 연구를 통해 의존성에 대한 자기-보고 및 내재적 측정치에 검사 지시가 미치는 영향에 대해 평가했다. 결과를 요약하자면, 세 연구 모두에서 의존성에 대한 긍정적이거나 부정적인 정보를 의존성을 측정하기 전에 알려 주면 의존성에 대한 외재적인 점수(IDI)는 영향을 받았지만, 내재적인 점수(ROD)는 영향을 받지 않았다. 당연히 의존성이 긍정적인 특성으로 제시되면 IDI 점수는 증가되었으며, 부정적인 특성으로 제시되면 IDI 점수는 감소하였다. Bornstein 등(1994)은 의존성에 대한 내재적 측정치는 의존성의 보고에 대한 자기 감찰로부터 영향을 받지 않지만, 자기-보고형 의존성 점수는 영향을 받는다고 결론 내렸다. 결국 대인관계 의존성에 대한 내재적-외재적 평가에 대한 증거들을 검토할 때, 자기-보고형 측정치보다 ROD가 명확한 이점을 갖는다는 사실을 알 수 있다. 의존성에 대한 자기-보고형 측정 방법은 자기 제시 압력에 따라 의도적으로 왜곡될 수 있는 반면, ROD와 같은 의존성에 대한 내재적 측정 방법들은 인상을 좋게 보이려는 의도에 대해 그리 걱정하지 않아도 된다. 이러한 사실은 임상 장면에서 의존적인 성격 특성을 평가할 때, 내재적인 측정 방법을 통해 좀 더 신뢰성 있고 정확한 정보를 얻을 수 있음을 시사한다. 특히 임상 장면에서 사람들은 타인에게 의존하고 싶은 자신의 욕구나 안심과 지지를 얻기 원하는 갈망 등을 솔직하게 보고하지 않으려 하기 때문에 더욱 그러하다.

앞에서 언급한 연구들은 ROD를 이용한 의존성 측정에 초점이 맞추어졌지만, 그 연구들은 또한 성격적 특징에 대한 내재적 측정 방법이 성격장애 평가와 관련하여 다른 평가적 접근으로는 얻을 수 없는 정보를 제공할 수 있는 이유에 대해서 알려 주고 있다. 앞에서 논의했듯이, 일부 사람들은 자신에 대한 정보를 자각하지 않으려 할 수 있는데, 그것은 그 사람들이 그러한 정보를 부정적이고 노골적이며 비호의적이라고 간주할 수 있기 때문이며, 또한 단순히 자신의 행동, 대인관계 스타일, 혹은 감정적 반응의 어떤 면에 대해 자각하지 못하기 때문일 수도 있다. 자기-인식이나 자기-제시와 관련된 문제는 자기-보고형 질문지에 대한 대답을 편향시킬 수 있는 반면, 성격적 기능에 대한 내재적 측정 방법이 사용될 때 그러한 문제가 훨씬 덜할 것이다. 예를 들어, 몇몇 사람들은 자기 자신이 주변 상황들에 대해 상당히 강한 정서적 반응을 하는 경향, 즉 연극성 성격장애와 관련된 특징을 가지고 있다고 보고하지 않을 수 있다. 하지만 심리적 기능의 이러한 특징은 로샤검사에서 FC:CF+C 비율에 반영될 것이다. 이 점수에서 편향된 비율은 연극성 성격장애 특징에 대한 평가와 관련이 있다(Blais, Hilsenroth, Castlebury, Fowler, & Baity, 2001). 한 사람이 편향된 FC:CF+C 비율을 보인다면, 그 사람은 아무리 자신이 이러한 특징을 지녔다는 사실을 알리고 싶지 않을지라도 임상가는 강하고 억제되지 않는 감정 반응 경향성에 대해 주의를 기울일 것이다. 이 책을 통해서 더욱 자세히 논의하겠지만, 여러 로샤 변인들은 임상적으로 중요한 정보를 제공할 수 있는 심리적 기능의 내재적 측정치로 간주되며, 이는 자기-보고형, 혹은 정보제공자가 제공한 외재적 측정치와 일치할 수도 있고, 추가적인 정보를 줄 수도 있다.

로샤검사는 치료를 계획하는 데 풍부한 정보를 제공한다

대부분의 자기-보고형 질문지나 반구조화된 면담은 한 사람이 특정 성격장애 진단기준에 해당하는지를 결정하기 위한 특수한 목적으로 개발되었다면(예: 구조화된 DSM-IV 축 II 장애 면담지, 성격장애검사 등), 로샤검사는 정서조절, 자기 지각, 그리고 대인관계 양상을 포함한 성격의 다양한 측면을 평가한다. 그러한 측면들은 성격장애의 특성과 함께 심리적 기능의 다른 영역들도 포함한다. 비록 성격장애 및 심리적 기능의 여러 측면들이 다른 평가 도구들을 통해서도 평가될 수 있지만(예: MMPI-2, 성격평가 질문지, NEO 성격 질문지-개정판), 앞서 논의한 것과 같이 로샤검사는 자기-보고형 측정치와 같은 제한점을 갖지 않는다. 즉, 로샤검사는 한 사람의 성격 및 기능의 전반적 수준, 그리고 심리적 강점과 약점에 대해서 귀중한 정보를 제공해 주는데, 이는 환자에게 즉각적인 치료가 필요한지의 여부를 판단할 수 있게 도와주며, 가장 적합한 치료적 접근을 선택하는 데도 도움을 준다.

예를 들어, 경계선 성격장애(BPD) 환자들을 치료하는 최근의 접근법은 심리치료를 주된 치료로 여기지만, 일부 환자들에게는 심리치료와 약물치료가 결합된 형태가 가장 효과적이라고 제안하기도 한다(Oldham et al., 2002). 구체적으로 이 저자들은 경계선 성격장애 환자들이 보이는 임상 양상이나 특정 문제에 근거하여 약물을 선택하거나 심리치료의 목표를 설정할 필요가 있다고 제안해 왔다.

이러한 관점을 정교화하기 위한 연구에서 경계선 성격장애 환자들은 기분장애 및 불안장애를 동반하는 비율이 높다는 사실을 발견하였다. 일부 연구에서는 경계선 성격장애 환자들 중 거의 90%가 삶의 특정 시점에서 우울장애 진단기준에 해당된다고 제안했으며, 70% 이상은 평생에 걸쳐 불안장애 진단기준에 해당할 것이라고 제안했다. 그러므로 Oldham 등(2002)은 정서 조절의 문제와 심각한 우울, 불안, 성마름 혹은 거절에 대한 민감성 등의 심각한 증상들을 보이는 경계선 성격장애 환자들의 경우 반드시 항우울제, 항불안제 혹은 기분 안정제 등을 심리치료에 덧붙여서 제공해야 한다고 조언하고 있다.

이와 더불어, 정서조절장애 외에 또 다른 중요한 문제를 지닌 경계선 성격장애 환자들에게는 다른 치료적 접근도 요구된다. Soloff(1998, 2000)는 충동적이거나 공격적인 자기 파괴적 행동을 보이는 경계선 성격장애 환자들은 특정 약물에 가장 잘 반응할 것이라고 제안하였다. 특히 그는 다양한 충동 행동, 불안정한 기분, 극도의 분노 등은 기분 안정제나 선택적 세로토닌 재흡수 억제제를 사용하여 가장 효과적으로 통제할 수 있다고 제안하였다. 또한 그는 편집증적 의심이나 관계사고(idea of reference)와 같은 중요한 인지적 · 지각적 왜곡이 있는 경계선 성격장애 환자들의 경우는 리스페달(rispedal)이나 세로켈(seroquel)과 같은 항정신병 약물로 치료할 것을 제안하였다. 이러한 약물치료는 충동성이나 인지적 · 지각적 왜곡을 감소시킬 수 있을 뿐만 아니라 심리치료를 촉진하는 데도 도움이 된다. 예를 들어, 경계선 성격장애 환자에 대한 적절한 약물치료는 충동적인 행동화(acting out)나 치료자와 환자 간의 관계에서 나타나는 오지각을 감소시킬 수 있는데, 이는 부정적이고 적대적인 전이와 역전이를 막을 수 있으며, 치료적 동맹 관계에서 협동과 신뢰를 보호할 수 있다. 그러므로 Soloff는 치료목표나 약물 선택을 결정할 때 특정 문제 영역에 초점을 맞추면 치료가 가장 효과적일 것이라고 제안하고 있다.

이와 같은 경계선 성격장애 환자에 대한 최근 문헌들의 예들은 다른 성격장애와 관련된 치료 결정에도 적용될 수 있다(Gabbard, 2000). 예를 들어, 한 연구는 축 II 장애를 가진 환자들의 30～70%가 우울증을 경험한다는 사실을 보고하였다(Farmer & Nelson-Gray, 1990). 비록 앞에서 언급한 특정 증상 영역의 문제가 성격장애 환자들을 대상으로 면담하는 중에 보고되거나 나타날 수 있겠지만, 그러한 문제를 항상 명확하게 환자 스스로 깨달을 수 있는 것은 아니다. 한편, 로샤 자료들은 특정 문제가 존재하는지, 어떤 문제에 즉각적인 주의가 필요한지, 그리고 어떤 개입이 가장 적절할지에 대해 결정할 수 있는 객관적인 정보를 제공함으로써 치료의 우선순위를 정하는 데 도움을 줄 수 있다. 예를 들어, 충동적 행동(예: D 점수, pure C), 정서 조절 문제(예: FC:CF+C 비율) 그리고 인지적 왜곡(예: Wsum6, XA%, WDA% and X-%)에 대한 잠재적 가능성을 확인할 수 있는 로샤 변인들 모두는 치료계획에 도움이 되는 의미 있는 정보를 제공할 수 있다.

로샤검사가 치료계획에 어떠한 도움이 되는지에 대한 몇몇 예들을 경험적 연구 문헌들 속에서 발견할 수 있다. Gacono와 Meloy(1994)는 DSM이 반사회성 행동을 인지하는 데 필요한 행동적 기준들을 제공하지만, "이러한 모델은 이 장애의 임상적 이해를 만족시키지 못한다."는 사실을 관찰하였다. 그들은 "임상적 지식에 대한 추구는 동기와 의미에 대한 질문을 이끌어내며, 더 나아가 사이코패스(psychopath)와 여타 공격적인 사람들의 사고 체계, 정서 생활, 방어기제의 작용, 충동 그리고 대상관계 양상에 대한 질문을 하게 만든다."(pp. 2-3)고 지적했다. 그러므로 그들은 반사회성 성격장애에 대한 DSM의 설명이 사이코패스를 평가하고 치료할 때 중요한 성격의 여러 측면을 반영하지 못한다고 제안한다. 예를 들어, 반사회성 성격이 DSM상에서는 심리적 혼란을 보이지 않는다고 여겨지지만, Gacono와 Meloy(1994)는 반사회성 성격장애 진단을 받은 남녀 환자의 45%가 로샤검사를 수행할 때 상당 수준의 스트레스를 나타냈으며(D≤-1), 20%의 환자들은 만성적인 고통감과 관련된 지표(adjusted D≤-1)에 해당하였다. 이러한 결과는 로샤평가가 일상적인 스트레스 요인을 적절하게 다룰 수 있도록 돕는 심리치료를 통해 도움을 받을 수 있는 수준보다 더 심한 심리적 고통을 겪고 있는 반사회성 성격장애 환자를 확인할 수 있게 해 준다고 제안한다. 이와 비슷하게, 한 사람의 로샤 자료에 대한 정밀한 조사를 통해 치료자는 현재의 정서적 고통(음영 반응 수)이나 부정적인 자기상(MOR)과 같이 치료에서 초점을 맞출 수 있는 여러 문제 영역에 대한 정보를 얻을 수 있다.

일반적으로 치료계획 시 고려해야 할 가장 중요한 영역 중 하나는 자살 가능성의 평가다. 정상 집단에 비해 경계선 성격장애 환자들은 상대적으로 높은 자살률을 보인다는 사실은 잘 알려져 있는 반면(Overholser, Stockmeir, Dilley, & Freiheit, 2002; Soloff, Lynch, Kelly, Malone, & Mann, 2000), 최근의 연구들은 모든 성격장애의 자살 시도율이 정상인보다 더 높다는 사실을 보여 준다(Heikkinen et al., 1997; Isometsa et al., 1996; Overholser et al., 2002; Yen et al., 2003). 그러므로 임상가들은 반드시 성격장애를 지닌 환자들을 상대할 때 자살 위험성을 확인하고 다룰 준비를 해야 한다.

자살 가능성을 평가하기 위해 사용되어 온 측정 방법에 대한 개관 연구에서, Shaffer(1996)는 현재 존재하는 어떤 자기-보고형 질문지도 자살을 예측하는 데 유용하다고 여길 수 있을 만한 정확성을 갖추지 못했다고 지적하였다. 가장 많이 사용되고 있는 자기-보고형 측정 도구 중 하나인 벡 절망 척도(Beck Hopelessness Scale; Beck, Brown, & Steer, 1989)는 10년 내로 자살할 가능성을 90% 정도로 정확하게 예측할 수 있었으며, Linehan의 '살아야 하는 이유 척도' (Linehan Reasons for Living Inventory: LRFL; Linehan, Goodstein, Nielsen, & Chiles, 1983)는 임상 표본 중에서 이전에 자살시도를 한 사람을 변별할 수 있었다(Osman et al., 1999). 이에 몇몇 자기-보고형 측정 도구들은 자살 위험성을 확인하는 데 유용해 보인다. 그러나 로샤검사의 '자살 지표' (Suicide Constellation: S-CON)는 60일 안에 자살을 시도할 가능성을 정확하게 예측했으므로(Exner, 1993), 두 달 내 자살 가능성을 알아야 할 때 더 선호되는 측정치로 사용할 수 있다.

Fowler 등(2001)의 최근 연구에서는 성격장애 환자들을 치료할 때, 로샤검사의 자살 지표가 자살 가능성에 대한 자기-보고형 측정치의 유용한 대안으로 사용될 수 있음을 제안하였다. 앞서 언급했듯이, 자살 지표는 8점을 기준으로 했을 때, 로샤검사 후 60일 이내에 자살을 시도한 환자의 80%를 성공적으로 예측하였다. Fowler 등(2001)은 성격장애 환자들을 대상으로 한 또 다른 최근의 연구에서 자살 지표를 이용하여 치명적인 자살시도, 자살극, 그리고 자살시도를 하지 않은 개인들을 정확하게 변별할 수 있었다. 좀 더 구체적으로 살펴보면, 자살 지표의 7점 기준은 치명적인 자살시도 및 연극적인 자살행동을 보이는 환자들 간의 비교에서 진단적 효용성이 있었다: 민감도(.70), 특이도(.87), 정적 예측력(.81), 부적 예측력(.78), 전체적인 정확도(.79). 또한 치명적인 자살시도를 한 환자와 자살시도를 하지 않은 대학생들 사이를 비교했을 때는 더욱 정확했다: 민감도(.70), 특이도와 정적 예측력(1.0), 부적 예측력(.85), 전체적인 정확도(.89). 자살 지표는 약물 과용의 발생률($r=.28$; $p<.004$), 그리고 자살행동으로 응급실에 이송된 비율($r=.28$; $p<.004$)과 정적인 상관을 보였지만,

피상적인 상처를 내는 행동과는 유의미한 상관이 나타나지 않았다($r=.08$, 유의미하지 않음). 이러한 결과들은 자살 지표의 수렴 및 변별 타당도를 지지하는데, 자살 지표가 실제 자살 행동과는 관련이 높았으며, 심각하지 않은 형태의 자살 행위와는 적게 관련되어 있었기 때문이다.

자살 지표와 자살에 대한 자기-보고형 측정치들 간의 관계를 좀 더 평가하기 위해, Fowler 등(2001)은 LRFL, BHS, 자살 지표를 비교하였다. 그들은 LRFL가 정상집단과 자살시도를 했던 사람은 구별할 수 있지만, 향후 자살시도의 가능성을 예측하지는 못한다는 사실을 발견하였다. 그러므로 LRFL에 대해서는 예측타당도에 대한 증거가 없다. BHS에 대해서 Fowler 등(2001)은 검사 개발자가 보고한 정보에 기초하여 진단 효율성을 계산하였으며, 이를 자신들의 자료와 비교하였다. BHS는 자살 지표보다 더 나은 민감도(.91)와 부적 예측력(.99)을 보였지만, 정적 예측력(.12)과, 전체적인 정확도(.51)는 그리 좋지 않았다. 그뿐 아니라, 자살행동 기저율을 Beck 연구의 기저율을 고려하여 조정하자 자살 지표의 정적 예측력은 BHS의 두 배 이상에 이르렀으며, 전체 정확도도 상당히 높았다(.86).

위의 사실들에 비추어 볼 때, 자살 가능성의 내재적 측정치로서의 자살 지표는 여러 가지 자기-보고형 측정치가 가질 수 없는 이점을 제공한다. 성격장애의 진단은 자살 위험성을 증가시킬 수 있다는 사실뿐 아니라, 성격장애 환자들의 자기보고를 항상 신뢰할 수 있는 것은 아니라는 사실을 고려할 때, 자살 지표 점수는 성격장애를 지닌 일부 환자들에게 매우 가치 있는 평가치가 될 것이다.

로샤검사는 상태와 특질 모두를 평가한다

Hirschfeld 등(1983)은 우울한 사람들이 우울한 기분 상태가 되면, 우울하지 않을 때는 보고하지 않았던 성격 특질들을 과장해서 보고할 수 있음을 발견했다. 그러한 문제는 성격장애를 지닌 사람들이 기분장애를 함께 가지는 경우가 많기 때문에 문제가 될 수 있다(Farmer & Nelson-Gray, 1990). 앞에서 언급했듯이, 성격장애 환자들은 자신의 성격 특징들을 보고할 때 통찰이 부족한 경우가 많다. 그러므로 환자의 자기-보고에 따라 성격장애 평가 결과가 왜곡될 수 있을 뿐만 아니라, 환자의 기분 상태도 그 결과를 왜곡시킬 수 있다. 로샤검사에서 D와 조정된 D(adjusted D)는 한 개인이 경험하는 현재의 고통감과 만성적인 스트레스 수준을 평가할 수 있도록 도와준다. 이러한 정보는 현재의 고통감에 대해서 스스로 보고한 것과 함께 고려할 때 임상적으로 유용할 수 있다. 그뿐 아니라, 한 연구는 적어도 30가지의 로샤 변인들이 3년 동안의 강한 안정성을 지닌다고 지적하고 있는데(Exner, 2003), 그 상관은 .72에서 .90 사이였다. 이 결과는 현재의 기분 상태가 다수의 로샤 변인에 미치는 영향이 그리 크지는 않을 것이라는 사실을 보여 준다. 결국, 로샤검사는 시간에 따라 안정적인 편이며, 현재의 심리 상태에도 쉽게 영향을 받지 않는 성격적 특질을 평가함과 동시에 현재 경험하는 고통감의 수준을 평가하는 데도 유익하다.

로샤검사의 한계

성격장애를 평가하는 데 로샤검사는 여러 장점들을 가지고 있지만, 한계점과 단점도 동시에 가지고 있다.

첫 번째, 로샤검사는 배우기가 어렵다. Huprich(2002)는 로샤검사를 가르치는 데 적어도 다섯 가지의 어려움이 있다고 지적했다. (1) 학생들은 종종 어느 정도의 회의적인 태도를 갖고 로샤에 대한 수련을 시작한다. (2) 로샤검사를 배우는 데 시간적, 정신적, 경제적인 비용이 많이 든다. (3) 교수나 슈퍼바이저들은 로샤검사의 유용성이나 타당성에 대해 혼란스러운 메시지를 전달하는 경향이 있다. (4) 수련생들에게 적합한 슈퍼비전을 하기에는 너무 많은 시간이 필요하다. (5) 학생들은 로샤검사에 대한 수사학적 표현들 때문에 로샤검사의 유용성에 대해 성급한 결론을 내릴 수 있다.

두 번째, 실시와 채점상의 오류가 해석 과정에 미치는 영향이 크다. 예를 들어, 하나의 재질(texture) 반응은 관계에 대한 건강한 의존성에 대한 측정치로 여겨지지만 재질반응이 하나도 없거나 두 개 이상 나타나는 것은 문제로 여겨지는데, 이는 각각

의존에 대한 관심이나 표현하는 능력의 부재, 혹은 의존성에 대한 과도한 추구로 해석할 수 있다. 또한 검사 지시를 서툴게 하면 특정 반응을 자극할 수도 있으며(예: "이것을 보면 무엇이 떠오릅니까?"와 "이것이 무엇 같은가요?"의 차이), 충분한 반응 수를 얻는 데 실패할 수도 있다(이는 구조적 요약의 여러 점수와 비율에 영향을 줄 수 있다.).

세 번째, 성격검사는 정확한 진단적 정보를 제공할 수 있어야 한다는 통념과 대조적으로, 로샤검사는 그것 자체로는 진단적 도구가 아니다. 하지만 널리 사용되고 있는 진단적 목표를 위해 고안되지 않은 자기-보고형 성격평가 도구들도 마찬가지로 그것 자체로는 진단적 도구가 되지 않는다(예: MMPI-2, MCMI-III, PAI, 16PF). 성격평가는 "관련된 과거력, 관찰, 주의 깊게 선택된 여러 검사들의 결과" 등을 통합하는 과정인데, 이를 통해 숙련된 임상가들은 환자에 대해 정확하고 깊이 있는 이해를 할 수 있게 되며, 가장 적절하고 효율적인 치료계획을 짜고 이후의 치료 경과를 관찰할 수 있다(p. 3; Meyer et al., 1998). 다른 말로 하면, 진단은 임상가가 검사 결과를 비롯한 모든 가용 자료들을 고려한 후에 수행하는 활동이다. Weiner(2003)는 이러한 관점을 확대하여, 로샤검사는 그것 자체로서 검사가 아니라 오히려 양적이고 질적인 관점 모두에서 응용되는 구조적, 내용적(핵심 갈등 주제), 행동적 자료들을 얻을 수 있는 다각적인 기법이라고 지적했다. Weiner는 로샤검사가 진단을 도출하기 위한 과정에서 사용할 수 있는 하나의 도구일 뿐이라고 제안했다. 그러므로 로샤검사 결과가 어떠한 진단을 제공할 수 있다는 가정은 부정확하며 잘못된 것이다. 같은 이유로, 로샤검사를 이용한 성격장애 평가에 관한 책은 성격장애 진단에 필수적인 로샤 반응의 표준적 패턴이 있다는 가정 없이도 쓰일 수 있다.

이러한 관점을 더 강조하기 위해, 로샤 변인들을 사용하여 특정 장애를 확인하고자 하는 과거의 노력들은 혼란스러운 결과를 산출해 왔다는 사실을 지적해야만 하겠다. 이러한 사실은 우울 지표(Depression Index: DEPI)와 정신분열증 지표(Schizophrenia Index: SCZI)의 역사를 살펴볼 때 명확해진다. 최근에 Exner(2003)는 다음과 같이 결론 내렸다. "양성 우울 지표(positive DEPI)를 특정 진단적 범주에 해당한다고 해석하기보다는 정서적인 문제를 가지고 있다고 해석하는 것이 더 그럴듯하다."(p. 312) Exner(2003)는 정신분열증 지표에 대해서, 종합체계를 수정할 때 정신분열증 지표를 제외하는 대신 지각 및 사고장애 지표(Perceptual Thinking Index: PTI)로 대체하였다. 이러한 종합체계의 변화는 정신분열증 지표에 따라 임상 집단에서 정신분열병으로 잘못 진단하는 긍정오류(false positive) 비율이 너무 높았기 때문에 생긴 것이다. Exner(2003)는 "(지각 및 사고장애 지표의) 주요 목적은 사고 중재나 관념 영역에 문제가 있을 가능성에 대해 해석하는 데 주의를 주기 위함(p. 393)"이라고 언급하였다. 결국 지각 및 사고장애 지표의 주요 목적은 진단이 아닌 것이다.

이 장에서는 성격장애를 평가하는 데 자기-보고나 정보제공자 보고 그리고 면담 등의 방법에 내재하는 여러 문제점들에 대해 기술하였다. 로샤검사는 이러한 문제들에 대한 몇 가지 해결책을 제공할 수 있을 뿐만 아니라, 다른 측정 방법에 비해 여러 가지 장점을 가지고 있다. 로샤검사에도 단점이 있기는 하지만, 저자들은 로샤검사가 성격장애 평가에서 유용한 도구라는 관점을 견지하고 있다. 이러한 사실들을 기억한다면, 이제 로샤검사를 사용하여 성격장애를 평가하는 주제로 주의를 돌릴 수 있을 것이다.

참고문헌

Achenbach, T. M. (1991). *Manual for the Child Behavior Checklist and 1991 Child Behavior Profile*. Burlington: University of Vermont, Department of Psychiatry.

Achenbach, T. M., McConaughy, S. H., & Howell, C. T. (1987). Child/adolescent behavioral and emotional problems: Implications of cross-informant correlation for situational specificity. *Psychological Bulletin, 101*, 213-232.

American Psychiatric Association (2000). *Diagnostic and statistical manual of mental disorders* (4th ed. text revision), Washington, DC: Author.

American Psychiatric Association (1994). *Diagnostic and statistical manual of mental*

disorders (4th ed.), Washington, DC: Author.

Baker, R. C., & Gutterfreund, D. G. (1993). The effects of written autobiographical recollection induction procedures on mood. *Journal of Clinical Psychology, 49,* 563-568.

Beck, A. T., Brown, G., & Steer, R. A. (1989). Prediction of eventual suicide in psychiatric inpatients by clinical ratings of hopelessness. *Journal of Consulting and Clinical Psychology, 57,* 309-310.

Bernstein, D. P., Kasapis, Ch., Bergman, A., Weld, E., Mitropoulou, V., & Horvath, T. et al. 1997). Assessing Axis II disorders by informant interview. *Journal of Personality Disorders, 11,* 158-167.

Blais, M., Hilssenroth, M., Castlebury, F., Fowler, J., & Baity, M. (2001). Predicting DSM-IV Cluster B personality disorder criteria from MMPI-2 and Rorschach data: A test of incremental validity. *Journal of Personality Assessment, 76,* 150-168.

Bornstein, R. F. (1994). Construct validity of the interpersonal dependency inventory: 1977-1992. *Journal of Personality Disorders, 8,* 64-76.

Bornstein, R. F. (1996). Construct validity of the Rorschach Oral Dependency Scale: 1967-1995. *Psychological Assessment, 8,* 200-205.

Bornstein, R. F. (1998). Implicit and self-attributed dependency strivings: Differential relationships to laboratory and field measures of help-seeking. *Journal of Personality and Social Psychology, 75,* 779-787.

Bornstein, R. F. (2002). A process dissociation approach to objective-projective test score interrelationships. *Journal of Personality Assessment, 78,* 47-68.

Bornstein, R. F., Bowers, K. S., & Bonner, S. (1996). Relationships of objective and projective dependency scores to sex role orientation in college student participants. *Journal of Personality Assessment, 66,* 555-568.

Bornstein, R. F., Rossner, S. C., Hill, E. L., & Stepanian, M. L. (1994). Face validity and fakability of objective and projective measures of dependency. *Journal of Personality Assessment, 63,* 363-386.

Clark, L. A., Livesley, W. J., & Morey, L. (1997). Personality disorder assessment: The challenge of construct validity. *Journal of Personality Disorders, 11,* 205-231.

Costa, P. T., Jr., & Widiger, T. A. (2002). *Personality disorders and the five-factor model of personality* (2nd ed.). Washington, DC: American Psychological Association.

Dreesen, L., Hildebrand, M., & Arntz, A. (1998). Patient-informant concordance on the Structured Clinical Interview for DSM-III-R personality disorders (SCID-II). *Journal of Personality Disorders, 12,* 149-161.

Exner, J. E. (1993). *The Rorschach: A comprehensive system* (Vol. 1). *Basic foundations* (3rd ed.). New York: John Wiley.

Exner, J. E. (2003). *The Rorschach: A comprehensive system* (Vol. 1). *Basic foundations* (4th ed.). New York: John Wiley.

Farmer R. A., & Nelson-Gray, R. O. (1990). Personality disorders and depression: Hypothetical relations, empirical findings, and methodological considerations. *Clinical Psychology Review, 10,* 453-476.

Ferro, T., & Klein, D. N. (1997). Family history assessment of personality disorders: I. Concordance with direct interview and between pairs of informants. *Journal of Personality Disorders, 11,* 123-136.

First, M. B., Spitzer, R. L., Gibbon, M., & Williams, J. B. W. (1995). The Structured Clinical Interview for DSM-III-R Personality Disorders (SCID-II). *Journal of Personality Disorders, 9,* 83-91.

First, M. B., Spitzer, R. L., Gibbon, M., Williams, J. B. W., Davies, M., & Borus, J. et al. (1995). The Structured Clinical Interview for DSM-III-R Personality Disorders (SCID-II): Part II. Multisite test-retest reliability study. *Journal of Personality Disorders, 9,* 92-104.

Fitzgerald, H. E., Zucker, R. A., Maguin, E. T., & Reider, E. E. (1994). Time spent with child and parental agreement about preschool children's behavior. *Perceptual and Motor Skills, 79,* 336-338.

Fowler, J. C., Piers, C., Hilsenroth, M. J., Holdwick, D. J., & Padawer, J. R. (2001). The Rorschach Suicide Constellation: Assessing various degrees of lethality. *Journal of Personality Assessment, 76,* 333-351.

Gabhard, G. O. (2000). *Psychodynamic psychiatry in clinical practice* (3rd ed.). Washington, DC: American Psychiatric Press.

Gacono, C. B., & Meloy, J. R. (1994). *Rorschach assessment of aggressive and psychopathic personalities.* Mahwah, NJ: Lawrence Erlbaum Associates.

Ganellen, R. J. (1996). *Integrating the Rorschach and the MMPI-2 in personality assessment.* Mahwah, NJ: Lawrence Erlbaum Associates.

Greene, R. (1991). *The MMPI/MMPI-2: An interpretive manual.* Boston: MA: Allyn & Bacon.

Heikkinen, M. E., Isometsae, E. T., Henriksson, M. M., & Marttunen, M. J. (1997). Psychosocial factors and completed suicide in personality disorders. *Acta Psychiatrica Scandinavia, 95,* 49-57.

Hilsenroth, M. J., Fowler, J. C., & Padawer, J. R. (1998). The Rorschach Schizoprenia Index (SCZI): An examination of reliability, validity, and diagnostic efficiency. *Journal of Personality Assessment, 70,* 514-534.

Hilsenroth, M. J., Fowler, J. C., Padawer, J. R., & Handler, L. (1997). Narcissism in the Rorschach revisited: Some reflections on empirical data. *Psychological Assessment, 9,* 113-121.

Hilsenroth, M. J., Handler, L., & Blais, M. A. (1996). Assessment of narcissistic personality disorder: A multimethod review. *Clinical Psychology Review, 16,* 655-683.

Hirschfeld, R. M. A., Klerman, G. L., Andreason, N. C., Clayton, P. J., & Keller, M. B. (1986). Psychosocial predictors of chronicity in depressed patients. British *Journal of Psychiatry, 148,* 648-654.

Hirschfeld, R. M. A., Klerman, G. L., Clayton, P. J., Keller, M., MacDonald-Scott, P., & Larkin, B. (1983). Assessing personality effects of the depressive state on trait measurement. *American Journal of Psychiatry, 140,* 659-699.

Horowitz, M. J. (1988). *Introduction to psychodynamics: A new synthesis.* New York: Basic Books.

Hunsley, J., & Bailey, J. M. (1999). The clinical utility of the Rorschach: unfulfilled promises and an uncertain future. *Psychological Assessment, 11,* 266-277.

Huprich, S. K. (2002). Why instructors and supervisors must advocate for the Rorschach. *SPA Exchange, 14*(1), 4-6.

Isometsa, E. T., Henriksson, M. H., Heikkinen, M. E., Aro, H. M., Marttuen, M. J., & Kauppasalami, K. I. et al. (1996). Suicide among subjects with personality disorders. *American Journal of Psychiatry, 153,* 667-673.

Klein, D. N. (2003). Patients' versus informations' reports of personality disorders in predicting 71/2-year outcome in outpatients with depressive disorder. *Psychological Assessment, 15,* 216-222.

Linehan, M. M., Goodstein, J. L., Nielsen, S. L., & Chiles, J. K. (1983). Reasons for staying alive when you are thinking of killing yourself: The Reasons for Living Inventory. *Journal of Consulting and Clinical Psychology, 51,* 276-286.

Lorganer, A. (1988). *Personality disorder examination.*

Maffei, C., Fossati, A., Agostoni, H., Barraco, A., Bagnato, M., & Deobrah, D. et al. (1997). Interrater reliability and internal consistency of the Structured Clinical Interview for DSM-IV Axis II Personality Disorders (SCID-II), Version 2.0. *Journal of Personality Disorders, 11,* 279-284.

McClelland, D. C., Koestner, R., & Weinberger, J. (1989). How do self-attributed and implicit motives differ? *Psychological Review, 96,* 690-702.

Meyer, G. J., Finn, S. E., Eyde, L. D., Kay, G. G., Kubiszyn, T. W., & Moreland, K. L. et al. (1998). *Benefits and costs of psychological assessment in healthcare delivery: Report of the Board of Professional Affairs Work Group, Part I.* Washington, DC: American Psychological Association.

Oldham, J. M., Gabbard, G. O., Goin, M. K., Gunderson, J., Soloff, P., Spiegel, D., Stone, M., & Phillips, K. A. (2002). Practice guideline for the treatment of patients with borderline personality disorder. *American Psychiatric Association practice guidelines for the treatment of psychiatric disorders: Compendium 2002* (pp. 767-855). Washington, DC: American Psychiatric Association.

Osman, A., Kopper, B. A., Linehan, M. M., Barrios, F. X., Guiterrez, P. M., & Bagge, C. L. (1999). Validation of the Adult Suicidal Ideation Questionnaire and the Reasons for Living Inventory in an adult psychiatric inpatient sample. *Psychological Assessment, 11,* 115-123.

Overholser, J. C., Stockmeier, C., Dilley, G., Freiheit, S. (2002). Personality disorders in suicide attempters and completers: Preliminary findings. *Archives of Suicide Research, 6,* 123-133.

Reich, J. H. (1988). A family history method for DSM-III anxiety and personality disorders. *Psychiatry Research, 26,* 131-139.

Riso, L. P., Klien, D. N., Anderson, R. L., Ouimette, P. C., & Lizardi, H. (1994). Concordance between patients and informants on the personality disorder examination. *American Journal of Psychiatry, 151,* 568-573.

Shaffer, D. (1996). Predictive validity of the Suicide Probability Scale among adolescents in group home treatment: Discussion. *Journal of the American Academy of Child and Adolescent Psychiatry, 35,* 172-174.

Soloff, P. H. (1998). Symptom-oriented psychopharmacology for personality disorders. *Journal of Practical Psychiatry and Behavioral Health, 4,* 3-11.

Soloff, P. H. (2000). Psychopharmacology of borderline personality disorder. *Psychiatric Clinics of North America, 23,* 169-192.

Soloff, P. H., Lynch, K. G., Kelly, T. M., Malone, K. M., Mann, J. J. (2000). Characteristics of suicide attempts of patients with major depressive episode and borderline personality disorder: A comparative study. *American Journal of Psychiatry, 157,* 601-608.

Spitzer, R. L. (1983). Psychiatric diagnosis: Are clinicians still necessary? *Comprehensive Psychiatry, 24,* 399-411.

Sullivan, H. S. (1953). *The interpersonal theory of psychiatry.* New York: Norton.

Velton, E. (1968). A laboratory task for induction mood states. *Behavior Research and Therapy, 6,* 473-482.

Viglione, D. J., & Hilsenroth, M. J. (2001). The Rorschach: Facts, fictions, and future. *Psychological Assessment, 13,* 452–471.

Weiner, I. B. (1994). The Rorschach Inkblot Method (RIM) is not a test: Implications for theory and practice. *Journal of Personality Assessment, 62,* 498–504.

Weiner, I. B. (2003). *Principles of Rorschach interpretation* (2nd ed.). Mahwah, NJ: Lawrence Erlbaum Associates.

Widiger, A. T., Mangine, S., Cornitt, E. M., Ellis, C. G., & Thomas, G. V. (1995). *Personality Disorder Interview-IV: A semistructured interview for the assessment of personality disorders.* Odessa, FL: Psychological Assessment Resources.

Wood, J. M., Nezworski, M. T., Garb, H. N., & Lilienfeld, S. (2001). The misperception of psychopathology: Problems with the norms of the Comprehensive System for the Rorschach. *Clinical Psychology: Science and Practice, 8,* 350–373.

Yen, S. Shea, T., Pagano, M., Sanislow, C. A., Grilo, C. M., & MacGlashan, T. H. et al. (2003). Axis I and Axis II disorders as predictors of prospective suicide attempts: Findings from the Collaborative Longitudinal Personality Disorders Study. *Journal of Abnormal Psychology, 112,* 375–381.

Zimmerman, M. (1994). Diagnosing personality disorders: A review of issues and research methods. *Archives of General Psychiatry, 51,* 225–245.

Zimmerman, M., & Coryell, W. (1990). Diagnosing personality disorders in the community: A comparison of self-report and interview measures. *Archives of General Psychiatry, 47,* 733–737.

Zimmerman, M., Pfohl, B., Coryell, W., Stangl, D., & Corenthal, C. (1988). Diagnosing personality disorder in depressed patients: A comparison of patient and informant interviews. *Archives of General Psychiatry, 45,* 733–737.

Zimmerman, M., Pfohl, B., Stangl, D., & Corenthal, C. (1986). Assessment of DSM-III personality disorders: The importance of interviewing an informant. *Journal of Clinical Psychiatry, 47,* 261–263.

Zucker, M., Morris, M. K., Ingram, S. M., Morris, R. D., & Bakeman, R. (2002). Concordance of self- and informant ratings of adults' current and childhood attention-deficit/hyperactivity disorder symptoms. *Psychological Assessment, 14,* 379–389.

Zuoff, D. C., & Mongrain, M. (1987). Dependency and self-criticism: Vulnerability factors for depressive affective states. *Journal of Abnormal Psychology, 96,* 14–22.

03

편집성 성격장애의 로샤평가

편집성 성격장애(Paranoid personality disorder)는 발견하거나 치료하기 가장 어려운 장애 중 하나다. 이는 편집성 성격의 사람들이 병원에 잘 오지 않기 때문일 뿐만 아니라 평가나 치료에 대한 그들의 타고난 불신과 의심 때문이다. 그럼에도, 편집성 성격장애 환자에 대한 평가는 그들의 내적 세계에 대한 중요한 정보들을 보여 주며, 그러한 정보들은 편집성 성격장애 환자들을 잘 이해하고 그들과 상호작용할 수 있도록 도와줄 수 있다. 이 장에서는 로샤검사가 편집성 성격장애 환자에 대해서 어떠한 정보들을 제공할 수 있는지를 실제 사례와 더불어 살펴보고자 한다. 이 사례는 로샤검사가 어떤 식으로 편집성 성격장애 환자의 인지적인 정보처리 스타일을 밝혀내는지, 또한 어떤 식으로 대인관계에서 보이는 특징과 기타 성격적 특성들에 대한 의미 있는 정보들을 제공할 수 있는지를 보여 줄 것이다.

편집성 성격장애를 다루는 장은 반드시 편집성 성격 연구에 내재하는 한계들에 대한 언급으로부터 시작해야 한다. 이 성격장애 환자들은 병원에 가장 잘 안 나타날 뿐

Nancy Kaser-Boyd / UCLA School of Medicine

아니라, 사후(死後)나 편집증적 사고와 관련된 범죄를 보인 이후에 분석될 가능성이 높은 장애이기도 하다(예: Siegal(1994)의 아돌프 히틀러 분석). 오히려 이들은 법조계의 전문가들과 먼저 만날 가능성이 더 크다. 예를 들면, 어떤 편집성 성격장애 환자들은 소송하기를 좋아하여 변호사 사무실에 자주 다닌다. 과대망상적인 경향이 있는 환자는 컬트 집단에 참여하거나 이러한 조직을 만드는 경향이 있으며, 편집적인 질투를 보이는 사람들은 법에 저촉되는 행동을 보일 가능성이 높다(Munro, 1992). 실제로 친족 살인이나 스토킹과 같은 범죄들 중 많은 수가 편집성 성격 특징을 가진 사람들이 일으킨 것으로 나타났다.

또한 편집성 성격장애의 유명한 사례들이 많이 있는데, 보통 정치나 국제 정세와 관련된 인물일 경우가 많다. 오사마 빈라덴이나 사담 후세인과 같은 정치적 테러리스트들의 편집증은 어린 시절에 받은 상처 때문이라고 설명하기도 하는데(Coughlin, 2002), 이들은 내면의 사악함을 외부에 있는 적으로 투사하는 심리적 방어기제를 겹겹이 가지고 있다고 설명하기도 한다(Kaser-Boyd, 2002).

평가의 측면에서 볼 때, 편집증적인 사람은 다른 성격장애 환자들에 비해 법정으로부터 의뢰되는 경우가 많다. 정신상태 평가(Mental Status Examination)에서 편집증적인 사람은 사고, 주의, 기억 그리고 지각 영역 모두에서 정상으로 나오는 것이 전형적이다(Manschreck, 1992). 사실, 편집성 성격장애를 가진 사람은 지적이고 매우 기민하다. 그들은 평가에 대해 최소한으로 협조하며, 의심하고, 방어적일 수 있으며, 자신의 사생활과 안전을 지키려고 노력하는 모습을 보일 것이다. 하지만 그들은 '포장이 벗겨질 때' 의뢰될 가능성이 많으므로(즉, 그들의 경직된 방어 구조가 약해질 때), 결국 그들의 면담 시 보이는 행동이나 검사 반응들은 매우 혼란스럽고, 확실하게 '편집증적'으로 보일 수 있다.

편집성 성격장애 환자들은 임상적 평가 상황에서 방어적이고 의심을 보일 가능성이 높기 때문에, 자기-보고형 검사들은 결정적이지 못한 결과들을 내놓기 쉽다. 예를 들면, 방어성을 평가하는 MMPI-2의 L과 K 척도가 상승되기 쉬우며, 임상 척도들은 정상 범위일 경우가 많다. 또한 MMPI-2의 6번 편집증 척도는 너무 명백한 문항들로 이루어져 있어서, 정말로 편집증적인 성격을 지닌 사람들은 이 문항들 대부분을 부인할 것이다. Millon 임상 다축 질문지(MCMI-III; Millon, 1994)에서는 사회적 바람직성과 강박성 척도가 상승되기 쉬우며, 자기-공개 척도는 매우 낮아질 것이다. MCMI-III의 편집증 척도는 낮은 민감성 비율(75 이상의 기저율의 경우 27.7%)을 가지며, 특이성 비율은 이보다 좋지만(90.4%) 이 측정치로는 편집성 성격 기질을 탐지하지 못할 수 있다(Retzlaff, 1996).

로샤검사는, 자주 언급되듯이, 환자가 의식적으로 인식하기 어려운 성격 기능의 특징들을 밝혀내는 능력을 가지고 있으며, 다른 방식으로 환자의 방어성을 평가한다(이것은 이후에 논의될 것이다.). 이는 자신을 완벽하게 평가하려는 시도를 훼방하는 편집성 성격장애 환자들의 노력을 로샤검사가 무력화시킬 수 있다는 것을 반드시 의미하지는 않지만, 로샤검사는 피검자의 방어성 맥락 속에서 편집성 성격장애의 역동을 가장 잘 포착할 수 있는 검사 도구임을 의미한다.

진단적 쟁점

DSM-IV 진단기준

편집증적인 사람은 과도하게 예민하며, 두려워하고, 화가 나 있으며, 방어적이고, 적대적이며, 의심이 많고, 성마르며, 비판적이고, 사소한 것에 몰두해 있으며, 유머러스한 면이 없고, 소송하기 좋아하며, 비밀이 많고, 완고하며, 은둔적이고, 독선적이며, 질투가 많다(Manschreck, 1992). 정신장애 진단 및 통계 편람(DSM-IV; APA, 1994)에서는 다음과 같이 정의한다. "편집성 성격장애의 핵심적 특징은 타인의 동기를 악의적으로 해석하는 등, 타인에 대한 전반적인 불신과 의심의 패턴이다. 이러한 양상은 초기 성인기에 시작되며 여러 맥락에서 발견된다." (p. 634)

편집성 성격장애의 진단을 위해서는 다음에서 적어도 네 가지 항목이 만족되어야 한다.

1. 타인들이 자신을 착취하고 해를 끼치거나 속일 것이라고 충분한 증거없이 의심한다.
2. 친구나 동료의 성실성이나 신용에 대한 부당한 의심에 몰두한다.
3. 자신이 말한 정보가 불리하게 사용될 것이라는 두려움 때문에 타인들에게 마음 털어놓기를 꺼린다.
4. 호의적인 말이나 사건에서도 자신들을 무시하거나 위협하는 숨겨진 의도를 읽는다.
5. 원한을 계속 품고 있으며 자신이 받았다고 생각하는 모욕, 상처와 경멸을 용서하지 않는다.
6. 그것이 명백하지 않더라도 자신의 인격이나 명성에 공격을 받았다고 생각되면 쉽게 분노하고 반격한다.
7. 배우자나 성적 파트너를 충분한 이유도 없이 반복적으로 의심한다.

이러한 증상들은 정신증적 증상이 동반된 기분장애와 같은 축 I 장애의 기간 동안에만 일어나는 것이 아니어야 하며, 감별해야 하는 다른 진단으로는 편집증적 정신분열증, 일반적인 의학적 상태나 신체장애에 따른 성격 변화, 그리고 반사회성이나 자기애성 성격과 같은 여타 성격장애들이 있는데, 이러한 장애들은 편집성 성격장애와 동반되어 나타나는 경우가 많다.

이 장애의 유병률은 전체 인구의 0.5~2%이며, 외래 환자의 2~10%다. 하지만 이러한 유병률 추정치는 다소 신뢰성이 떨어지는데, 이 장애는 다른 장애들과 다르게 완고한 방어와 사회적 회피로 자신의 모습을 숨기기 때문이다. 사실, 심각한 편집증적 특질을 가진 사람들은 그들이 편집증으로 무너지기 전까지는 상대적으로 잘 조직화되어 있고 논리적인 모습을 보인다.

감별진단

편집증적 증상이나 특징들은 축 I 장애(예: 양극성장애, 조증, 편집증적 정신분열증, 망상장애)뿐만 아니라 다른 여러 성격장애들(예: 자기애성, 반사회성, 수동-공격성 그리고 경계선 성격들)에서도 잘 나타난다. Millon(1981)은 우리에게 혼재된 편집성 성격장애의 예를 잘 보여 주었다. 예를 들어, 편집성-반사회성 성격은 겉으로 더 많은 적대감을 드러내고 행동화할 가능성이 높으며, 편집성-자기애성 성격은 더 많은 특권의식을 갖는다. 그리고 편집성-경계선 성격은 더 심한 정서적 불안정성을 보인다.[1] Millon은 또한 편집증적인 사람은 삶의 어려움에 매우 취약하며 강력한 방어 구조에도 불구하고 극적으로 방어기능이 붕괴(decompensate)될 수 있다고 지적했다. 그들은 방어기능이 실패할 때 다른 성격장애 환자들보다 급격하게 변하며, 종종 환상이나 개인 특유적인 신념에 전적으로 몰두하게 된다고 Millon은 덧붙였다. 이것은 편집성 성격장애와 축 I의 망상과 환각을 동반하는 편집증적 상태 간에 전환(shift)이 이루어질 수 있음을 의미한다. 그러나 정신증 삽화는 매우 잠시 동안 일어날 가능성이 높은데, 특히 스트레스의 원인이 짧게 지속되고, 압도되는 불안을 피하기 위해 외재화와 같은 전형적인 방어적 움직임이 나타났던 것이라면 더욱 그러할 것이다.

또한 편집증적 증상들은 학대나 외상의 과거력을 지닌 사람에게서 나타나기 쉽다. 이것은 DSM-IV의 외상후 스트레스 장애(posttraumatic stress disorder: PTSD) 진단기준 D를 볼 때 명백해지는데, 특히 과잉경계(hypervigilance) 및 성마름(irritability)과 관련하여 그러하다. 위험에 대한 과민성은 한 번의 외상을 겪었거나 반복되는 위험을 경험했을 때 생겨나며, 이때 편집증적인 태도가 발전할 수 있다. 특히 위해가 대인관계 상의 폭력에 의한 것일 때 그 가능성은 훨씬 커진다. Herman(1992)은 그러한 경우에 일어나는 성격 변화를 다음과 같이 설명한다. 즉, 자기 자신이 소멸해 버릴지 모른다는 두려움과 함께 자신을 상처입기 쉽고 파편화된 존재로 경험할 수 있으며, 타인에 대해서는 예측하기 어렵고 위험한 존재로 경험되어 애착을 회피하는 것이 가장 안전하다고 생각할 수 있다. 환자의 과거력을 주의 깊게 탐색하다 보면, 편집증적 증상

---

1) Millon(1981)은 축 I 장애와 관련하여 편집성 성격장애(paranoid personality disorder)에서 "편집증(paranoia)" "편집성 장애(paranoid disorder)", 그리고 "편집증적 정신분열증(schizophrenia, paranoid type)"에 이르는 진행이 성격적 퇴보의 정도를 반영한다고 지적하였다. 편집증의 경우, 망상은 매우 체계화되어 있으며 성격도 대부분 온전하다. "편집성 장애"에서의 망상은 편집성 성격에 비해 체계성이 부족하지만, 편집증적 정신분열증에서 보이는 분열이나 퇴보적인 특징에는 미치지 못한다. 많은 연구자들이 이와 비슷한 구분을 사용한다.

의 원인에 대한 질문의 답을 쉽게 찾을 수 있다. 초기 외상의 경험이 있는 사람은 그 기억을 회상하는 것이 고통스럽기 때문에 그것에 대해 얘기하는 것을 꺼려 하겠지만, 환자에게 공감적인 평가자는 편집성 성격장애와 극단적 스트레스 장애(Disorders of Extreme Stress)를 구분하기에는 충분한 자료를 얻을 수 있을 것이다.

편집증적 증상들은 여러 의학적 원인으로 생겨날 수도 있기 때문에, 진단 전에 의학적 문제에 대한 평가를 주의 깊게 진행해야 한다. Manschreck과 Petri(1978)는 내분비 장애, 약물의 독성, 인체 면역 결핍 바이러스(HIV) 감염, 노년기 장애 그리고 약물 남용과 알코올 남용이 포함된 85가지의 의학적 원인에서 편집증적 증상이 나타날 수 있다고 지적하고 있다. 특히 약물 남용에는 처방전 없이 살 수 있는(살 빼는 약 같은) 약물의 과도한 사용, 스테로이드 그리고 메타암페타민과 코카인과 같은 불법적인 약물 등이 포함된다(Manschreck, 1992).

편집성 성격장애에 대한 이론적 조망

우리는 편집성 성격에 대한 임상적 문헌을 통해 많은 것을 배울 수 있다. 편집증이라는 용어의 기원은 그리스어이며 '자기 편에서만 생각하다(to think beside onself).'라는 의미를 지녔다. 처음에는 이 용어가 다양한 정신장애를 나타내기 위해 광범위하게 사용되다가, Kraepelin(1909~1915)에 이르러서야 현재 사용하는 것과 비슷한, 즉 성격적 퇴보의 징후는 부족하면서 체계화되어 있는 망상을 가진 환자들을 묘사하는 협의의 의미를 갖게 되었다(Millon, 1981, p. 375). 또한 Millon(1981)은 편집증적 특성(즉, 편집성 성격장애)에 대한 Kretschmer와 Sheldon의 설명과 기술을 중요하게 평가한다. 그들은 편집증적 특성에 대해 싸우기 좋아하고 타인에 대해서 화를 잘 내는 사람들이라고 묘사하였다. 이 사람들은 때로 공개적으로 공격적인 모습을 보이기도 하지만, 대부분은 덜 직접적이며 적개심과 괴롭힘을 곱씹는 정도로 자신을 제한한다. 일반적으로 그들은 과도하게 민감하며, 의심 많고, 성마르며, 완강하고, 호전적이라고 묘사된다.

편집성 특성에 대한 가장 유명한 정신분석적 사례는 프로이트의 Schreber 사례인데, 이는 아동 학대가 원인인 사례다. Niederland(1974)는 내과 의사였고 아이들을 키우는 데 매우 권위적이었던 Schreber의 아버지가 썼던 글들을 연구했다. 그는 도덕적 가치와 인격을 주입시키기 위해 극단적인 방법을 사용하는 것에 대해 옹호하는 사람이었는데, 아이를 혼내기 위하여 벨트 혹은 가죽띠를 사용하는 것이나 아이들이 기본적 욕구를 포기할 수 있도록 하기 위해 음식을 주지 않는 것도 찬성하였다. 아마도 그는 자신의 아이들에게도 그렇게 했을 것으로 여겨진다.

Shapiro(1981)는 편집증적 특성에 대해 '완고'하며 '의지와 자기통제' 문제에 몰두해 있다고 설명한다. 그의 관점에서 보면, 편집증적 특성을 지닌 사람은 옳고 그름에 대한 경직된 사고를 가지며 유난히 높은 기준을 갖는다. 편집증적인 사람은 스스로의 기준을 충족시키지 못해 수치심을 느끼며 Shapiro는 이것을 내적인 위협(internal threat)이라고 설명했다. 그들은 방어 과정을 통해 이러한 위협을 외부로 투사하여 다른 사람들이 편집증적인 자신에 대해 나쁘게 생각하며, 악의적인 의도를 숨기고 있다는 믿음을 갖는다. 이러한 방식으로 위협은 외재화된다. Shapiro(1981)는 다음과 같이 말한다. "그림자 속에 숨은 적에 대한 투사적 동일시는 신경 과민과 방어적인 탐색, 그리고 염려와 의심에 찬 눈초리 등을 초래하는 것으로 보인다. 편집증적인 사람이 위협을 확인했을 때, 그는 적에 대항하여 방어, 의심, 방어적 대립의 강화를 더 많이 동원하게 된다." 이러한 설명은 과잉경계와 관련된 임상적 증상들을 언급하는 것이다.

또한 Shapiro는 편집성 성격장애 환자들에게서 나타날 수 있는 자기애적 특징을 다음과 같이 언급한다.

> 편집증적인 사람의 내면에는 수치심과 스스로 하찮다는 느낌이 있지만 겉으로는 웅대하고 거만하며, 내면에는 취약하다는 느낌을 갖지만 강하고 모든 것 위에 있겠다고 결심한다. 그래서 편집증적인 사람은 서열이나 우월한 권위를 사용하여 자신을 작고 무력하다고 느끼게 할 수 있는 사람들을 지속적으로 신경 쓴다. 결국 그는 지위와 서열에 대해 지나치게 의식한다 ……. 열등감, 수치 그리고 유약함에 대한 격렬한 느낌은 ……

항상 그의 의식 언저리에 남아 있다(p. 137).

편집증적 특성을 가진 사람이 위협을 느끼면 과도하게 완고한(hyperrigidity) 상태가 된다(즉, 자신의 방어를 동원하여 더욱 완고해진다.). 투사는 내적인 위협의 정확한 복사본은 아닐지 몰라도, 완고함에서 전형적으로 나타나는 방어적 관심에서 비롯된다. 이러한 관심은 종종 무시, 굴욕감, 타인으로부터의 통제, 음모, 위해 등을 포함한다. 편집증적인 사람의 완고함은 권위적 인물을 존경하는 형태로 나타날 수도 있지만, 동시에 반항적, 방어적, 적개심 등의 형태로 나타나기도 한다.

Millon(1981)은 Cameron(1943, 1963)을 인용하면서 편집성 성격장애 환자에게 나타날 수 있는 발달적 근원을 간단하게 언급한다.

> 편집성 성격은 기본적 신뢰(basic trust)의 결핍에서 기인하는 특성 중 하나다. 많은 경우에 편집증적 사람은 초기 유아기 시절 동안 가학적인 취급을 받은 경험이 있으며, 그 결과로 자신과 타인에 대한 가학적 태도가 내면화되었다는 증거들이 있다. 그는 타인에 대한 신뢰의 근본적 결핍 때문에 갑작스러운 속임수나 공격에 대해 자신을 보호하기 위하여 늘 경계해야만 한다. 그는 적대감, 경멸, 비판이나 비난 등의 영향에 굉장히 예민하다(p. 378).

Millon(1981)과 Munro(1992)는 모두 편집성 성격장애 환자의 인지 스타일에 대해 언급하였으며, 그들의 논의는 로샤검사와 관련하여 중요하고 풍부한 임상적 자료들을 제공한다. Millon(1981)은 다음과 같이 언급하였다.

> 편집증적인 사람의 신뢰 결핍은 지각이나 사고, 기억 등을 심각하게 왜곡한다 ……. 그들은 과도하게 민감하기로 악명이 높고, 어디에서나 속임수의 증거를 찾는 경향이 있다. 그들은 이를 찾는 데 몰두되어 있는데 …… 사소한 단서를 적극적으로 선택하여 확대하고 왜곡하여 자신이 할 수 있는 최악의 예측들을 확증한다 ……. 편집증적 사람들은 반박 거리를 없애고 아무리 사소하거나 관련이 없는 증거들이라도 현실 이상의 것을 파악함으로써 자신의 예상을 확증한다 ……. 편집증적 사람들은 자신의 의심과

> 불안을 다른 사람과 공유하지 못하기 때문에 스스로 고립되며, 현실을 확인할 기회가 부족하여 의심에 갇혀 버리게 된다. 그들은 비밀을 유지하기 때문에 점점 더 다른 사람이 보는 대로 사물을 보지 못하게 된다 ……. 친밀함과 나눔이 결핍되고 …… 사건을 날조하게 되며 …… 자신의 왜곡을 정당화하기 위해 복잡한 논리를 세우게 되고 …… 그들에게는 보는 것과 생각하는 것 사이에 차이가 거의 없어진다. 순간적인 인상과 흐릿한 기억은 사실이 된다. 연결되지 않은 사실들이 연쇄적으로 함께 맞춰진다 ……. 망상은 편집증적인 양상으로 자연스럽게 자라나게 된다. 두 가지 요인들, 즉 자극과 강화 모두에 대해 스스로를 의존하는 것은 망상의 발전을 촉진한다. 편집증적인 사람들은 자율성을 유지하기 위하여 스스로를 고립시키고 다른 이들의 관점이나 태도를 공유하려 하지 않는다. 사회 공동체로부터 스스로를 철수시키면서 개인 특유적인 추측과 가설들을 숙고하고 공고히 할 만한 충분한 시간을 갖게 된다 ……. 독립적인 생각에 익숙해지면서 자신의 우월성을 확신하게 되고, 믿음을 형성하는 데 능숙해지며, 자신이 옳다고 확신하게 된다(pp. 380-383).

Munro(1992)는 다음과 같이 지적한다. 편집증 환자들은 "자극에 매우 빠르게 반응하지만 완고하고 부적절한 방식으로 반응하곤 한다. 결국 고립된 생활양식을 초래하며, 현실과의 접촉이 감소되고 자기만의 신념을 악화시키게 된다. 또한 그들은 자신의 환경에 대해 과도하게 예민하지만 종종 중요한 것들을 오해석하는 경향이 있다." (p. 234)

편집성 성격장애 및 여타 성격장애에 대한 생물학적, 유전적 원인들에 대해서는 한동안 여러 추측들이 있어 왔다. Nigg와 Goldsmith(1994)는 편집성 성격장애가 정신분열증 스펙트럼의 일부분이라는 가설에 대해 조사하기 위해 여러 자료들을 검토했다. 이 저자들은 다양한 방법의 가족 연구들을 통해, 일관적으로 분열형 및 편집성 성격장애는 정신분열증 가계의 친척들에게서 나타날 가능성이 높게 나타나며, 그러므로 분열형 및 편집증적 성격은 유전적 연관성을 가진다는 사실을 보여 준다고 결론 내렸다. 하지만 일부 연구들은 정신분열증 가계에서 편집성 성격장애 위험성의 증가율이 그리 크지 않다는 것을 발견하기도 했다. Winokur(1977, 1985)는 적어도 한 명이 망상장애였던 가족 집단과 적어도 한 사람이 정신분열증이었던 가족 집단으로 나누어 조사했다. 그는 편집성 성격장애가 망상장애의 가족에게서 더 흔하게 나타난다는 사실을 발견했으며, 결국 두 장애 간의 생물학적, 유전적 관련성을 다시 한번 확인하였다.

신경 약물학자들은 편집증적 증상이 과도한 도파민 활동과 관련되어 있다는 가설을 세웠으며(Munro, 1992), 일부 신경생리학자들은 다양한 뇌 구조가 이와 관련되어 있다고 제안했다. 예를 들어, Siegel(1994)은 변연계(limbic system)를 편집증의 "신경생리학적 은신처"라고 제안했는데, 이는 변연계의 역할이 두려움과 위험의 경험과 관련되어 있기 때문이다. 그는 화학적, 전기학적으로 편집증적 장애를 모방한 유도된 편집증적 반응을 제시하면서, 임상적인 편집증은 변연계의 과활동과 관련되어 있을 것이라고 제안했다.

편집성 성격과 위험성

편집증적 성격에 대해 논의할 때 위험성의 문제를 다루지 않을 수 없다. 폭력적인 성향을 갖는 편집성 성격장애 환자의 비율에 대해서는 잘 알려져 있지 않다. 이들이 나타내는 폭력성의 유형에 대해 조사한 소수의 연구들이 있다. 예를 들어, 편집성 성격장애 특성은 일부 스토커들에게서 발견되며(Meloy, 1998), 학대자들에게도 나타나곤 한다(Kaser-Boyd, 2004). 또한 직장에서 폭력을 행사하는 사람들 중 많은 수가 편집성 성격장애의 특성을 보인다(Douglas & Martinko, 2001; Resnick & Kausch, 1995).

비록 위험성의 예측은 긍정오류(false-positive), 즉 실제로는 아닌데 그렇다고 판단할 가능성을 지니고 있는 심리학적 평가의 대표적인 함정으로 자주 논의되곤 하며(Megarghee, 1976), 폭력의 평가도 정적인 과정보다는 역동적인 과정을 포함하지만(Maloney, 1985), 그럼에도, 편집성 성격장애 환자들에게는 위험하거나 겁을 주는 행동이 나타날 가능성이 분명히 존재한다. 특히 자신의 적대감을 부인하면서 이를 '나쁜 대상'으로 투사할 때 위해의 가능성은 증가한다. 폭력 행동의 첫 번째 단계는 '대상'에 대한 가치절하(devaluation)를 포함하는데, 증오하거나 두려운 사람에 대해 '사악하고 부도덕하다.' 고 평가한다. 다음 단계는 그 사람과 의사소통하는 것이다. 여기에는 전형적으로 두려움을 유발하거나 그 사람을 통제하려는 의도가 담겨 있다. 또한 그 사람을 파괴하려는 의도나 욕구가 있을 수도 있다. 이는 병리와 위험의 심각성이 증가되었다는 것을 나타낸다.

편집증적 환자들이 위협을 알리는 방법은 직접적일 수도 있고(예: 치료자나 타인에 대해 언어적 폭력을 행사하거나 편지를 쓰는 것), 간접적일 수도 있다(예: 잡지, 노래, 예술 혹은 종교적 예언). 가장 중요한 질문은 폭력적인 행동이 어떻게 일어나는가 하는 것이다. 다른 진단에서와 마찬가지로, 폭력 행동의 위험성은 생각이나 충동, 그리고 심리-행동적 통제 사이의 상호작용으로 일어난다(Megarghee, 1976). 편집성 성격장애 환자들은 모호하게 느끼는 위협에 대해 만성적으로 높은 수준의 의심을 보인다. 하지만 위기의 시점(예: 직장을 잃게 된 상황 등)에서 그들은 분노와 의심을 한두 사람에게 집중하여 그들의 악함에 대한 특정 생각들을 갖는다. 특히 스트레스는 통제력을 약화시키는 연쇄 반응을 일으킬 수 있다. 예를 들어, 잠을 잘 못 자고 물질 남용이 증가할 수 있다. Millon(1981)은 편집성 성격장애 환자들이 스트레스 원인에 상당히 취약하며 극적으로 방어기능이 실패할 수 있다고 지적한다.

편집성 성격장애 환자들이 스트레스를 받으면 폭발하는 특성을 보여 주는 한 예는 결국에는 파트너를 떠나게 만드는 학대자다. 이러한 경우에 다음과 같은 요인에 따라 위협이 극적으로 증가한다. 즉, 무기를 지니고 있는 경우(이러한 사람들 중 대다수가 총기 수집가다), 이전에 살해 협박을 한 적이 있는 경우, 이전에 살해 시도를 한 경험이 있는 경우, 자살시도, 물질 남용 등이다(Kaser-Boyd, 2004). White와 Cawood(1998)는 스토커들에게 나타나는 위험요소들은 다음과 같다고 지적했다. 즉, 남자, 언어적 위협, 자살 위협, 분노와 과대망상, 성격장애, 우울증상, 능력 이하의 일을 하는 경우, 오랫동안 자신이 희생자라는 사실에 몰두해 있는 경우, 화기를 다룬 경험 그리고 현재 느끼는 절망감 등이다.

편집성 성격장애와 로샤

편집성 성격장애를 연구하는 데 따르는 어려움 때문에, 임상적인 문헌들에서 편집성 성격장애에 대한 평가 도구로서 로샤검사는 상대적으로 무시되어 왔다(Lerner, 1991). 편집증에 대한 초기 로샤 작업은, 프로이트가 처음으로 제안한 이론이었던 편집증적 특성이 동성애적 충동이 억압되어 나타나는 것이라는 당시 널리 받아들여진 믿음에 의해 안 좋은 영향을 받게 되었다(프로이트의 Schreber 사례에 관한 Shapiro, 1981의 논의와 로샤에 대한 Goldfried, Stricker, & Weiner, 1997의 논의를 보라.[2]). 그리고 미국 정신의학회가 동성애를 병리에서 제외시켰을 때 이러한 문헌들도 버려지고 말았다.

Hertz(1942), Lindner(1947) 그리고 다른 이들(Phillips & Smith, 1953)은 편집성 성격에서 발견되는 로샤 변인들을 다른 진단의 집단들과 비교하였다. 예를 들어, Phillips와 Smith(1953)는 형태질이 현실적이고 관습적 지각에서 벗어나는 경향이 있지만(FQ-반응), 사고 과정은 비교적 잘 통합되어 있으므로 형태질이 나쁜 반응의 비율이 정상 범위일 것이라고 지적했다. Lindner(1947)는 편집증적 성향을 가진 사람들은 인간보다는 인간과 유사한 내용을 더 많이 본다는 사실을 발견하였다. 이에 Lindner는 가공인간반응((H))이 편집증 환자의 사회불안 및 과민성을 반영한다고 제안하였다.

편집성 성격 스타일은 Exner(1974)가 종합체계를 발표한 이후 거의 관심을 끌지 못하다가, 2003년에 '과잉경계 지표' (hypervigilence Index: HVI; 〈표 3-1〉 참조)가 만들어졌다. Exner(1986)의 편집증적 특성에 대한 초기 작업은 개념적이었는데, 편집증적 스타일은 로샤 변인들을 모은 한 세트와 관련되어 있다는 가설을 세웠기 때문이

2) 이 고전적인 로샤에 대한 글을 인용하자면, "프로이트는 모든 편집증적 망상의 뿌리에는 동성애적 갈등이 놓여 있다고 하였다. 로샤검사에서 동성애와 관련된 요소들은 Aronson(1952), Grauer(1954) 그리고 Meketon 등(1962)이 이러한 정신분석적 가설을 검증하는 데 사용하였으며, Chapman과 Reese(1953)는 이 이론을 간접적인 방법으로 검증하는 데 이를 사용하였다.

다. HVI를 구성하는 변인들은 150명의 편집증적 정신분열증 환자들을 대상으로 한 연구를 통해 나오게 되었다. 이 연구에서 편집증적 정신분열증 환자 150명을 편집증적이지 않은 정신분열증 환자와 비교해 본 결과, 편집증적 정신분열증 환자들 중 70%가 5개 변인 기준에 해당하였으며, 85%는 4개 변인에 해당하였다. 반면, 편집증적이지 않은 정신분열증 환자들은 각각 13%, 17%에 해당하였다. HVI를 편집성 성격장애 진단을 받은 20명의 피험자에게 실시해 본 결과, 20명 중 12명이 5개 변인 모두에 해당하였다. 이러한 결과는 HVI가 적어도 편집증적 스타일의 한 측면을 측정하는 유용한 도구라는 것을 보여 주었다. 하지만 Dies(1995)는 HVI가 전문 학술지에서 거의 주목을 받지 못했고, 최근까지도 주목받지 못하고 있다고 지적하였다.

HVI에서는 많은 변인들이 함께 평가된다(〈표 3-1〉 참조). 우선 재질(Texture, T) 반응이 없어야 한다. 또한 H, (H), Hd, (Hd)의 합이 6보다 커야 하는데, 이러한 변인의 존재는 피검자가 사람에게 상당한 주의를 기울이고 있다는 것을 보여 준다. 이와 동시에 많은 반응 내용이 괄호 안에 있어야 하는데((H)+(A)+(Hd)+(Ad)>3), 이것은 사람이나 동물을 실제보다는 가공의 존재로 봄으로써 타인으로부터 거리를 유지하고 있음을 알려 준다. 또한 전체가 아닌 부분에 초점을 맞추는 경향이 있으며, 이것은 자극을 주의 깊게 살펴보는 양상이나 혹평(hypercritisicm)과 관련된다(H+A:Hd+Ad <4:1). 전반적으로, HVI는 자신을 보호하는 것에 대한 관심이나 타인의 행동을 정확

〈표 3-1〉 Exner의 과잉경계 지표(Hypervigilance Index: HVI)

1. FT+TF+T=0
2. Zf>12
3. Zd>+3.5
4. S>3
5. H+(H)+Hd+(Hd)>6
6. (H)+(A)+(Hd)+(Ad)>3
7. H+A:Hd+Ad<4:1
8. Cg>3

주: 조건 1이 참이고 다른 것들 중에 적어도 4개가 참이면 양성(positive).

하게 지각하지 못하거나 타인의 의도를 분별하지 못하는 것에 대한 염려 등을 평가한다고 보인다(Cg>3). 또한 과포괄(overincorporation)의 표지들이 있는데, 이것은 가까워지기도 전에 주의 깊고 철저하게 환경을 탐색하는 경향을 보여 준다(Zf>12, Zd>+3.5). 마지막으로, HVI는 분노나 적개심을 '부적응적 방법으로 표출하는' 경향을 탐지한다(S>3).

Weiner(2003)는 HVI에 해당하는 경우가 정상인들에게는 거의 나타나지 않으며, HVI를 "개인행동의 다양한 측면에 영향을 미치는 보편화된 참조틀"(p. 176)이라고 지적하였다. HVI에 해당하는 피검자는 "위험이나 위협의 잠재적 원인에 대해 매우 민감하며……, 이는 다른 사람의 동기와 주위의 안전은 믿을 만하지 못하다는 느낌의 결과다."(p. 176) Weiner는 HVI가 성격 기능의 세 가지 차원을 포함한다고 지적한다. (1) 타인과의 관계, (2) 외부 자극을 처리하는 데 과잉경계적인 스타일, 마지막으로는 (3) 분노다. 그는 분노와 관련해서 다음과 같이 지적하고 있는데, 피검자는 자신의 분노는 부인하면서 타인에게 귀인하는 투사 기제를 통해 과잉경계적인 태도를 형성한다.

앞에서 지적했듯이, HVI의 핵심 변인은 T 값이 0이라는 것이다. Exner(1993, p. 383)는 정상 규준 집단의 89% 정도가 적어도 하나의 T 반응을 한다고 보고하였다. Klopfer는 재질반응이 애정이나 의존성과 관련된다고 보았으며(Exner, 1993, p. 383), 경험적 연구들도 T 반응과 정서적 욕구 간의 관계를 지지하고 있다. 예를 들어, Exner와 Bryant(1974)는 최근에 이혼했거나 독립한 피험자의 경우, 통제집단에 비해 유의하게 T 값이 상승한다는 사실을 발견하였다(3.57 vs. 1.31). Leura와 Exner(1976)는 14개월 이상 머무를 곳이 없었던 32명의 입양아들을 태어날 때부터 부모와 함께 있었던 32명의 아이들과 비교하였다. 32명의 입양아들 중 20명은 T 반응이 없었으며, 비교집단의 평균은 1.47인 데 반해 입양아들은 0.45였다. 자신을 학대했던 사람을 살해하여 재판을 받은 학대받은 여성들의 경우도 T=0이었다(Kaser-Boyd, 1993). Exner(로샤 워크숍에서 개인적인 대화, 1991)는 이 표본 집단에서 재질반응이 나타나지 않은 것은 고통스러운 대인관계 경험과 그에 따른 회피의 결과일 수 있다고 말하였다. Weiner(2003)는 T의 결핍이 성격 특질을 나타낼 수 있으며, 초기 애착 관계의 문제로부터 기인할 것이라고 제안하였다. 그는 T 반응이 없는 사람들은 중요한 애착 관계를 새롭게 형성하지 않으면 이후에도 T 반응을 거의 하지 않는 반면, T>0인 사람들은 상황에 따라 T 반응 수가 다양하게 달라진다고 하였다. 예를 들어, 대상의 상실은 T 반응을 증가시킬 수 있다. T 반응이 나타나지 않는 사람은 최소한 다른 사람과 관계를 맺는 방식에서 차이가 나는 것으로 보인다.

여러 연구 결과들은 중요하게 고려해야 할 수준의 편집증을 보이지 않는 사람들은 대개 HVI 변인에 해당하지 않는다는 사실을 보여 주었다. 이를 통해 우리는 HVI가 상당한 변별력을 지녔을 것이라고 추측할 수 있다. Exner(1993)의 여러 연구집단에서, 우울증으로 입원한 환자들 중 10%가 HVI에 해당하였고, 정신분열증 입원 환자들 중 18%가 이에 해당하였다. 또한 전체 성격장애의 7%, 일반적인 외래 환자들 중 4%가 이에 해당하였다.

다른 로샤 지표들을 함께 고려해 보면, HVI는 반응 수가 적거나 람다값이 높을 경우에는 정확하지 않을 수 있으며(Meyer, 1993), 컴퓨터를 통해 자동적으로 해석하는 경우에도 이를 명확히 알기 어려울 수 있다. 이에 검사자는 편집성 성격장애에 대한 부정 오류(false negative) 여부를 파악하기 위해서 여러 기록들을 자세히 살펴보아야 할 필요가 있다. 어떤 사람은 T점수가 있는 경우라도 자극장을 주의 깊게 탐색하면서 위험에 과도하게 경계적인 편집성 성격장애의 임상적 양상을 띨 수도 있기 때문이다.

로샤 반응의 내용은 종종 피검자가 경험하는 세상으로 들어가는 창문이 된다. 로샤 채점 체계 중 표준이 되는 Exner(1986, 1993, 2003) 체계에는 비록 위해에 대한 두려움이나 급박한 붕괴 위험을 포착하기 위해 공격적 내용(AG) 및 손상감(MOR)과 관련된 특수점수가 존재하기는 하지만, 위협적 지각이나 두려움에 대한 하나의 범주를 포함하고 있지는 않다. Ephraim과 Kaser-Boyd(2003)는 '위험에 대한 몰두 지표'(Preoccupation with Danger Index)를 제안했는데, 그것은 다음 네 가지의 내용 범주를 포함하는데, (1) 두려움, (2) 위협, (3) 위해, (4) 폭력적 장면[3]이다. 이 내용 범주

---

3) 두려움(fear): 위험에 처했거나 두려워하고 있는 생명체나 상상의 존재. 위협(threat): 위험에 처했거나 무서워하거나 위협을 받고 있는 것으로 그려지는 생명체나 상상의 존재 혹은 군대. 위해(harm): 파괴, 폭력적 붕괴, 신체의 경계를 보호하지 못한 장면과 위험에 대항하여 몸이나 자기 자신을 보호하거나 숨겨야 한다는 필요를 강조하는 보호벽 반응도 포함됨. 폭력적 장면(violent confrontation): 싸움, 충돌, 전투나 전쟁 장면.

들은 심각한 가정 폭력과 고문 등의 폭력 상황에서의 생존자들에 대한 임상 작업으로부터 도출되었다. 최근까지 위험 지표(Danger Index: DI)는 외상 생존자들로 이루어진 두 집단만을 대상으로 연구가 이루어졌는데, 한 집단은 고문을 당하다가 망명한 사람들로 이루어졌고, 한 집단은 재판 전에 의뢰된 학대받은 여성으로 이루어졌다. 두 집단 모두에서 정상인들보다 유의하게 높은 위험 지표 점수가 발견되었는데, 위험 내용의 평균 개수는 학대받은 여성의 경우 5.55, 망명자의 경우 6.33이었다. 반면, 비교 집단의 위험 내용의 평균 개수는 1.25였다. 비록 위험 지표에 대한 더 많은 연구가 필요하지만, 비환자들은 하나 이상의 위험 내용에 반응을 하는 경우가 드문 데 반해, 외상을 당한 사람들은 4~5배나 많이 나타난다. 비록 위험 지표와 편집성 성격과의 관계를 조사한 연구는 없었지만, 위험 지표는 편집성 성격 특질을 지닌 사람들에게 잠재적으로 유용한 지표일 수 있다.

로샤 가설들 – 편집성 성격장애

편집성 성격장애 환자들의 로샤 반응들은 스트레스와 방어 기능의 실패 수준에 따라 매우 다양하겠지만(방어적인 자료 vs. 방어적이지 않은 자료는 낮은 R(총 반응 수) vs 높은 R, L>1.0 vs. L<.99로 포착될 수 있을 것이다), 상대적으로 변하지 않는 로샤 반응의 몇 가지 기본적 특징들이 있다. 로샤에 대한 피검자의 접근 방식은 세상에 대한 접근 방식과 분명 닮아 있다. 우선 과잉경계적 기민성은 자극에 대한 과포괄적인(overincorporative) 접근에서 드러날 것이다(Zd> +1). 자극 장을 탐색하는 데 소비되는 노력 때문에 보통의 자료보다는 D나 Dd 반응이 더 많을 것이다. 또한 피검자는 궁지에 빠져 있다는 느낌을 막기 위해 고군분투할 것이며, 이에 자신의 생각이나 감정을 잘 드러내지 않을 것이다(L>1.0). 이것과 일관적으로, 음영 반응의 수가 적거나 없을 것이다. 평범반응은 정상 범위 안에 들어올 것이지만, 오지각하거나 지각을 개인화하는 경향 때문에 평범반응이 아닌 반응들의 형태질은 좋지 않을 것이다. 피검자는 평범하고 상상력이 없는 지각을 통해 개성이 없고 일반적인 반응들을 하려고 노력하지만, 가끔 일부 카드에서는 피검자의 갈등 문제가 드러날 것이다. 즉, 그것은 위험에 관련된 연상을 촉발할 것이며, 위협과 관련된 개인 특유적인 반응들을 유발할 것이다. 통제가 약해질 때 색깔이나 음영 점수들 그리고 특수점수들이 나타날 것이며, 위험 내용이 평범한 자료보다 더 많이 나타날 것이다. 하지만 매우 오랫동안 편집증적 성향을 보였던 사람은 위험의 요소들이 상징화되고 위장되어 나타날 수 있다. 세상을 적대적으로 지각하기 때문에 AG 반응이 상승되어 있을 것이며, 경계적이고 방어적인 태도는 더 많은 개인화 반응(PER)으로 나타날 수 있다. HVI 또한 상승되어 있을 것이지만, 재질반응이 존재하면서 HVI의 다른 변인들이 상승되어서 HVI에 해당되지 않을 수도 있다. 특히 거리감 있는 대인관계로 둘러싸인 경우 그럴 수 있다. 마지막으로, 편집증적인 사람의 원초적인 방어성과 강한 자기 초점적 특성 때문에 반사반응을 하나 이상 포함할 수도 있다.

사례: P씨(F/43)

P씨는 2005년 11월, 남편으로부터 이혼 소송을 당한 상황이며, 본인은 이혼을 거부하고 있었다. 검사 당시 P씨가 자녀를 양육하고 있었고, 법원에서 부모와 자녀의 정신감정을 권고하여 부부와 아이가 모두 병원에 내원하였다. P씨는 남편의 정신이 이상하며 현재 남편이 거짓말을 하고 있다고 주장하였다. 또한 남편이 이혼을 원하는 이유는 현재 다른 여자를 사귀고 있기 때문이고, 시어머니도 P씨를 힘들게 하고 싶어서 이혼을 강요하는 것이라고 주장하였다. P씨는 당당해 보였으며, 이 사람들의 말이 거짓임을 밝히고 싶다고 말하였다.

P씨는 부드러운 인상이었지만 눈빛은 강해 보였다. 단정한 옷차림과 외모를 하고 있었고, 정중하였으며, 말투도 매우 또렷한 편이었다. 남편의 부당한 폭력 행동에 대해 설명할 때 두렵기보다는 화가 나 있는 모습이었으며, 남편의 비리를 모두 폭로하겠다는 공격적인 자세를 보였다. 집-나무-사람 그림 검사(HTP)에서는 거의 1시간 이상 공을 들여 가며 아주 세부적인 부분까지 묘사하였고, 그림을 그리다가 연필이 뭉툭하다면서 자신이 직접 가져온 연필을 꺼내어 그리기도 하였다. 인지기능 검사에

서는 검사자가 지시를 반복해도 임의적으로 해석하여 잘 따르지 않았고, 복잡한 계산이 필요한 검사에서 모르는 것에 대해서는 "할 수는 있지만 별로 하고 싶지 않아요." 라고 말하기도 하였다. 로샤검사에서는 다른 사람들이라면 어떻게 반응했을지 궁금하다고 반복하여 말했으며, 자신은 이런 데칼코마니를 어떻게 만드는지 다 안다고 강조하기도 하였다.

또한 P씨의 면담 자료는 남편을 면담했던 자료와 상당 부분에서 차이가 났다. 특히 남편의 폭력 행동이나 외도 여부 그리고 시댁과의 갈등에 대해서 많은 차이를 보였다. 또한 P씨의 자녀와 면담을 해 본 결과, 남편에 대한 근거 없는 비방을 지나치게 많이 주입하여 자녀는 이유 없이 아버지를 혐오하고 있었다. 즉, 아버지를 그렇게 미워하는 이유에 대해 물어보면 P씨(즉, 어머니)가 자신에게 그렇게 얘기해 주었다는 말만 반복하는 식이었다.

P씨는 낭만적인 예술가 타입의 아버지와 늘 화려하고 자기중심적이며 쉽게 화를 내는 히스테리컬한 어머니 사이에서 수줍은 공주처럼 자랐다고 한다. 어렸을 때 몸이 약한 편이어서 가까운 학교에 다니고 싶어 했지만, 부모님께서는 이를 항상 무시했었다고 한다. 특히 P씨는 어머니에 대해 부정적인 감정을 토로했는데, 그녀의 어머니는 P씨가 원하는 것들에 대해서는 항상 무관심하면서도 P씨에게 모범생이기를 요구하면서 의무만을 부과했다고 한다. 학교에서는 어렸을 때부터 항상 멋있고 강한 남자아이들이 자신과 친해지려고 노력했지만, P씨는 이에 대해 무덤덤하게 반응했다고 한다. 대학에 가서는 대중교통을 이용하여 학교에 다니는 것이 힘들어서 거의 택시를 타고 다녔다. 대학에서도 남학생들의 스토킹이 끊이질 않아서 집에 오다가 뒤를 돌아보면 꼭 쫓아오는 애가 있을 정도였다고 한다. 하지만 자신을 쫓아다니는 남학생들과는 수준이 맞지 않아서 어울리지 않았다고 한다.

P씨가 대학 4학년 때 현재의 남편이 자신의 외모에 반해서 쫓아다니고 매달렸다고 한다. 처음에는 사귈 생각이 없었지만, 자신의 고상한 취향을 잘 따라주고 이후에 교수가 되겠다는 약속을 하길래 이 사람은 좀 다른 것 같아서 결혼을 고려하게 되었고, 비슷한 시기에 P씨의 어머니도 결혼을 종용하여—P씨의 표현에 따르면 '빨리 결혼해서 꺼지라.' 고 하여—결혼을 서두르게 되었다고 한다.

결혼 이후 프랑스로 유학을 떠났는데, 결혼 후 남편의 태도가 돌변하여 폭력을 휘두르기 시작했다고 한다. P씨를 침대에 던지고 뺨을 때리고 변태 행위를 시키는 등 자신을 애완용 개처럼 다뤘다고 한다. 결혼 후 몇 년 지나지 않아서는 맞아서 두피가 찢어진 적도 있었다고 했으며, P씨에게 도둑질도 시키고, 억지로 성관계를 맺기도 하는 등 부당한 일을 반복적으로 당했다고 한다. 이후 프랑스에서 학교를 졸업하고 한국에 돌아와서도 남편이 자신을 계속 때려서 경찰소에 여러 번 들락날락했으며, 가정폭력 상담소에서 상담을 받은 적도 있다고 한다.

하지만 한국에서는 남편이 직장을 얻어 사무실에 오랜 시간 있었기 때문에, 유학시절보다는 안정적인 생활을 했다고 한다. 그러던 중에 P씨는 남편이 외도를 할지도 모른다는 의심이 들어서 남편을 미행하기도 했고, 사무실에서 유리창 커튼 사이로 남편이 옷을 벗고 있는 모습을 본 적도 있다고 한다. 그때 P씨는 남편이 여직원과 바람을 핀다는 확신이 들었다고 한다. 또한 남편이 술집 여성과 어울린다는 의심도 들어서 이에 대해 남편에게 욕을 하자, 남편은 화가 나서 P씨를 때렸다고 하며, 맞는 도중에 경찰에 신고한 적도 여러 번이다.

그러면서 남편은 점점 집에 들어오지 않게 되었는데, 그러던 중 P씨의 시아버지가 돌아가시는 일이 있었고, 49제를 드리는 동안 남편과 함께 지내게 되었다. 한번은 남편에게 전화가 왔는데 어떤 여자와 통화를 한다는 의심이 들어서 싸우게 되었고, 이를 말리는 시어머니를 흉기로 위협하는 일이 있었다. P씨 말에 따르면, 시어머니와 남편이 자신을 때려서 이를 방어하기 위해 흉기를 든 것이라고 한다. 이후에 남편은 P씨를 상대로 이혼 소송을 냈으며, 자녀에 대한 양육권도 주장하고 있다. P씨에 따르면 현재 남편이 위자료를 주지 않기 위해 자신의 재산을 모두 차명으로 돌려놓고 이혼 소송을 한 것이며, 얼마 전에 퇴직했는데 그것도 월급을 차압당하지 않게 하려는 의도가 있는 것이라고 했다.

P씨의 로샤

P씨는 K-WAIS로 측정한 지능지수가 135로 굉장히 우수한 지능을 가진 사람이었

다. P씨는 로샤검사에서 총 17개의 반응을 했는데, 이것은 정상 성인의 평균 범위이기는 하지만, 그녀의 우수한 지능에 비해서는 적은 수준이다. 람다값은 0.89로 로샤 기록이 예상한 만큼 억제되거나 방어적이지는 않다는 것을 보여 주지만, P씨의 로샤 기록을 자세히 살펴보면 방어적이고 편집증적인 특성들이 잘 드러나고 있다. 우선, P씨는 반응 중에 "사람들이 굳이 이런 것까지 보려고 하나요? 이 검사의 초점이 전체적으로 보는 거예요? 아니면 나같이 숨은그림찾기예요?" "자연물 말고 다른 것도 상상하는 사람이 있어요?"라고 말하는 등 관습적인 반응이 무엇인지 탐색하는 방어적인 노력을 기울이고 있다. 또한 "이게 뭐겠어요. 아무것도 아니고 데칼코마니인데." 라고 말하는 등 카드에 대해 비판적이고 논쟁적인 모습을 보이기도 했다. 특히 첫 번째 카드에서 '눈 가리는 마스크'라고 한 반응은 자신의 내면을 은폐하고자 하는 방어적인 관심을 잘 보여 주는 반응이라 할 수 있다. 또한 P씨는 정상 범위의 평범반응(P=5)과 X+%(=0.71)를 보이고 있는데, 이는 P씨의 인지기능이 잘 유지되고 있다는 사실을 보여 주는 동시에, 개인적인 정보를 타인에게 주지 않고 남들이 보는 지극히 관습적인 방식으로만 반응하려는 방어적인 특성을 반영하는 것일 수 있다.

P씨는 총 17개 반응 중에 조직화 점수를 받지 않은 반응이 하나뿐일 정도로 반점들을 통합하려고 노력하고 있으며(Zf=16), 과포괄적인 경향도 나타난다(Zd=5.0). P씨의 로샤 기록이 과잉경계 지표에 해당된다는 사실도 함께 고려해 보면, P씨는 주변 환경에서 사건들을 파악하고 설명하기 위해 상당한 노력을 기울이는 등 매우 과잉경계적이라는 사실을 알 수 있다. P씨의 로샤 기록에 전체인간반응은 하나도 없는 반면, 인간부분반응 및 허구적인 인간반응은 4개로 나타나고 있다. 따라서 사람을 가공의 존재로 봄으로써 타인으로부터 거리를 유지하려고 노력하고 있으며, 타인에 대한 공감 능력은 상당히 결여되어 있다. 재질반응(T)의 부재는 이를 특히 지지해 주는데, 타인과 친밀한 애착을 형성하고 유지하는 능력이 근본적으로 제한되어 있다는 사실을 보여 준다. 마지막으로, P씨는 분노와 적개심을 부적응적 방식으로 표출하는 경향을 보이고 있다(S=4).

특히 P씨의 대칭 반응을 눈여겨볼 필요가 있는데, P씨는 첫 번째 반응에서부터 "데칼코마니인데요……."라는 반응을 하고 있으며, 두 번째 반응에서는 "좌우대칭되는 거…….”라고 말하고 있다. 이후에도 P씨는 ‘데칼코마니’ ‘좌우대칭’이라는 말을 5번이나 하였다. Lerner(1998)는 P씨가 보이는 대칭 구조에 대한 집착에 대해 외부 상황(로샤검사에서는 카드)에 존재하는 애매모호한 요소에 대한 불안감을 통제하고 확실함을 추구하려는 욕구가 미숙한 방식으로 드러나는 것이라고 설명하고 있다. 이러한 설명은 P씨가 불확실한 외부 정보들에 대한 통제감을 획득하기 위하여 개인 특유적인 방식으로 외부 사건들을 조직화하고 해석하면서 잘못된 결론에 이를 수 있음을 보여 준다. 또한 대칭 반응은 정당함(fairness)이나 자신이 옳다는 태도를 반영할 수 있는데, 이는 P씨가 보이는 ‘나에게는 문제가 없고 남편이 문제다.’라는 식의 태도와 밀접히 관련된다.

P씨의 기록에는 하나의 반사(reflection)반응이 있는데, 이는 타인에 대한 관심을 희생하면서까지 자신의 필요에 몰두하고 자신의 가치를 과대평가하는 경향을 보여 준다(3r+(2)/R=0.53). 또한 반사반응은 특권의식과 타인에 대한 비난을 외현화하는 특성과 관련지어 생각할 수 있으며, 이런 특징들은 면담과정에서 매우 명확하게 드러났다. 또한 많은 개인화 반응(PER=3)을 포함하고 있는데, 이는 주어진 자극을 기초로 반응하게 되면 자신의 정보가 드러나므로, 영화나 물건 등의 외부 대상에 귀인함으로써—P씨의 경우는 ‘아마데우스 영화’ ‘디즈니 만화’ ‘(자동차 종류인) 재규어’—개인적인 정보를 전혀 주지 않고 자신의 정당함을 주장하는 방어적이고 경계적인 태도를 반영한다.

P씨는 현재 남편의 폭력을 주장하고 있다. 보통 학대받은 여성에게는 자기 손상감과 관련된 특수반응(MOR)이나 위험지표(DI)에 해당하는 반응들이 관찰되지만, P씨에게서는 그러한 반응이 보이지 않기 때문에 로샤검사는 남편의 폭력에 대한 P씨의 보고가 과장되었을 수 있다고 추측할 수 있게 해준다. 또한 P씨의 로샤 기록에서 스스로에 대한 부정적인 지각 경향은 관찰되나(An+Xy=3), 우울한 정서를 비롯한 부정적 · 긍정적 정서와 관련된 반응은 전혀 보이지 않고 있어서 감정에 대한 과도한 억제 경향이 시사되며(SumShd=0, SumC=0), 그 대신 통제하기 어려운 불쾌한 생각들이 매우 활성화되어 있는 것으로 보인다(FM+m=7).

앞서 기술한 편집증적인 특성을 보여 주는 반응들과 더불어 P씨는 II번 카드에서

'얼굴을 맞대고 있는 곰이나 양', III번 카드 '마주보고 있는 두 마리의 푸들', VII번 카드 '마주 보고 있는 팅커벨', 또한 VI번 카드에서는 '나팔꽃' 반응을 보이고 있다. 이러한 반응들은 한편으로는 다른 사람에게 시선이 향해 있는 과잉경계적인 태도나 무언가를 들여다보고 싶어 하는 편집증적인 태도를 반영하지만, 다른 한편으로는 수동-의존적이면서도 유아적인 주제들이어서 겉에서 보이는 모습과는 달리 P씨의 내면은 상당히 미숙하고 취약할 수 있다.

P씨의 과거력을 살펴보면, 어렸을 때부터 자신이 원하는 만큼의 관심이나 인정, 사랑을 받지 못했다. 특히 어머니는 P씨에게 항상 의무만을 부과하고 부족한 것만 지적하는 등, P씨에게 상당한 자기애적 상처(narcissistic injury)를 주면서 진심으로 받아들여 주지는 않았던 것 같다. 이러한 좌절된 욕구(unmet need)에 대해 P씨는 과보상(overcompensation)하는 방식을 택했던 것으로 보이며, 이에 내면은 미숙하고 취약하나 겉으로는 다소 팽창된 자기상을 내보이면서 살아온 것으로 보인다. 하지만 자신을 받아들여 주지 않는 부모로부터 도피하기 위해서 한 결혼도 여전히 자신을 있는 그대로 인정해 주지 않고 이기적인 요구와 폭력을 일삼는(P씨의 보고가 과장된 경향이 있겠으나 남편이 어느 정도의 폭력을 행사한 것은 사실로 여겨진다) 남편과의 관계에서 자기애적 상처를 재경험하면서 심한 좌절감과 분노를 경험한 것으로 판단되며, 결국 P씨는 계속되는 위협 상황 속에서 스스로를 보호하기 위해 편집증적인 태도를 발전시켜 온 것으로 보인다. 하지만 대상 간의 상호작용이 포함된 반응들에서 평범반응들이 관찰되는 등 P씨의 대상관계는 심하게 혼란스러워 보이지 않으며, 이는 P씨가 다시 정상적인 대인관계를 맺고자 할 때 하나의 긍정적인 요소로 작용할 수 있을 것으로 여겨진다.

여기에서 제공된 사례 연구가 연구자와 임상가들이 편집성 성격장애에 대한 로샤검사를 더 잘 이해하는 것을 도울 수 있을 것이라고 여겨진다. 하지만 하나의 사례 연구에는 명백한 한계점들이 존재하며, 당연하게도 한 사례보다는 편집성 성격장애를 지닌 다수의 사람들을 대상으로 모아진 자료가 앞서 제시되었던 가설들을 평가하는 데 더욱 도움이 될 것이다. 그러나 다른 장애 환자들에 비해 이 성격장애를 지닌 사람들은 연구에 자발적으로 참여하기를 싫어할 것이며, 외래 치료장면에도 잘 나타나지도 않아서 충분한 피검자 수를 모으기가 매우 어려울 것이다. 그러므로 교도소에 있는 사람들을 대상으로 연구를 진행하는 것이 더 유리할 수 있다. 왜냐하면 교도소에는 편집성 성격장애를 지닌 사람들이 충분할 것이기 때문이다. 또한 편집증적인 증상들이 나타나는 여타 성격장애들(예: 자기애성, 반사회성 성격)을 로샤검사를 통해 변별할 수 있는지 조사하기 위해서 로샤 자료들을 평가하려는 노력이 지속되어야만 한다.

또 다른 연구 영역은 HVI를 편집증적 특성과 특질을 평가하는 데 사용하는 문제다. HVI는 비환자 집단에서는 좀처럼 양성에 해당되지 않기 때문에(Exner, 2003), 편집성 성격장애를 탐지하는 데 HVI의 민감성과 특이성을 살펴보는 것은 흥미로울 수 있다. 자신의 감정을 부인하는 경향이 있는 사람들의 편집증을 탐지하는 데서 로샤검사는 그 유용성과 타당성에 대한 강력한 증거들을 제공할 수 있을 것이다. 또한 HVI 및 여러 로샤 변인들은 편집성 성격장애 환자들과 외상후 스트레스 장애 환자들 간의 차이점을 평가하는 데도 도움이 될 수 있다. 외상후 스트레스 장애 환자들도 종종 주변 환경에 대해 과잉경계적인 태도를 보이므로, 두 장애를 변별하는 데 인간 대상표상의 질, Ephraim과 Kaser-Boyd(2003)의 위험 지표, 그리고 이 집단에서 나타나는 방어적인 스타일의 평가와 같은 다른 방식들이 사용될 수 있다. 편집성 성격장애를 지닌 사람들은 증상과 방어에서 변동을 보이므로, 람다값이 높은 기록과 낮은 기록을 나누어 편집성 성격장애 환자들에 대한 연구를 하는 것이 주의 깊게 진행되는 연구에 필요한 전제 조건이라 할 수 있다.

참고문헌

American Psychiatric Association (1994). *Diagnostic and statistical manual of mental disorders* (4th ed.). Washington, DC: Author.

Aronson, M. L. (1952). A study of the Freudian theory of paranoia by means of the Rorschach test. *Journal of Projective Techniques, 16,* 397–411.

Caldwell, A. (2000). *The Caldwell Report.* Los Angeles, CA: Clinical Psychological Services, Inc.

Cameron, N. (1943). The paranoid pseudo-community. *American Journal of Sociology, 49,* 32-38.

Cameron, N. (1963). *Personality Development and Psychopathology.* Boston: Houghton Mifflin.

Chapman, A. H., & Reesse, D. G. (1953). Homosexual signs in Rorschachs of early schizophrenics. *Journal of Clinical Psychology, 9,* 30–32.

Coughlin, C. (2002). *Saddam: King of terror.* New York: Harper/Collins.

Dies, R. R. (1995). Conceptual issues in Rorschach research. In J. F. Exner (Ed.), *Issues and methods in Rorschach research.* Mahwah, NJ: Lawrence Erlbaum Associates.

Douglas, S. C., & Martinko, M. J. (2001). Exploring the role of individual differences in the prediction of workplace aggression. *Journal of Applied Psychology, 86*(4), 547–449.

Ephraim, D., & Kaser-Boyd, N. (2003, March). *A Rorschach index to assess preoccupation with danger.* Paper presented at the Annual Meeting of the Society for Personality Assessment, San Francisco, CA.

Exner, J. E. (1974). *The Rorschach: A comprehensive system: Volume 1.* New York: John Wiley.

Exner, J. E. (1986). *The Rorschach: A comprehensive system: Volume 1. Basic foundations* (2nd ed.). New York: John Wiley.

Exner, J. E. (1993). *The Rorschach: A comprehensive system: Volume 1. Basic foundations* (3rd ed.). New York: John Wiley.

Exner, J. E. (2003). *The Rorschach: A comprehensive system: Volume 1. Basic foundations* (4th ed.). New York: John Wiley.

Exner, J. E., & Bryant, E. L. (1974). *Rorschach responses of subjects recently divorced or separated.* Workshops Study No. 206 (unpublished). Asheville, NC: Rorschach Workshops.

Gacano, C. B., & Meloy, J. R. (1994). *The Rorschach assessment of aggressive and psychopathic personalities.* Hillsdale, NJ: Lawrence Erlbaum Associates.

Grauer, D. (1954). Homosexuality in paranoid schizophrenia as revealed by the Rorschach test. *Journal of Consulting Psychology, 18,* 459–462.

Herman, J. (1992). Complex PTDS: A syndrome in survivors of prolonged and repeated trauma. *Journal of Traumatic Stress, 5,* 377–389.

Hertz, M. R. (1942). *Frequency tables to be used in scoring the Rorschach inkblot test* (rev. ed.). Cleveland, OH: Western Reserve University Press.

Kaser-Boyd, N. (1993). Rorschachs of women who commit homicide. *Journal of Personality Assessment, 60,* 458-470.

Kaser-Boyd, N. (2002, March). *Hatred and fanaticism: Understanding the terrorist.* Paper presented at the Annual Meeting of the Society for Personality Assessment, San Antonio, TX.

Kaser-Boyd, N. (2004). Battered woman syndrome: Clinical features, evaluation, and expert testimony. In B. J. Cling (Ed.), *Sexualized violence against women and children.* New York: Guilford.

Kraepelin, E. (1909-1915). *Psychiatrie: Ein Lehrbuch* (Vol. 3, 8th ed.). Leipzig: Barth.

Leura, A. V., & Exner, J. E. (1976). Rorschach performances of children with a multiple foster home history. Workshops Study No. 220 (unpublished). Asheville, NC: Rorschach Workshops.

Lerner, P. M. (1991). *Psychoanalytic theory and the Rorschach.* Hillsdale, NJ: The Analytic Press.

Lindner, R. M. (1947). Analysis of Rorschach test by content. *Journal of Clinical Psychopathology, 8,* 707-719.

Maloney, M. P. (1985). *A clinician's guide to forensic psychological assessment.* New York: Free Press.

Manschreck, T. C. (1992). Delusional disorders: Clinical concepts and diagnostic strategies. *Psychiatric Annals, 22,* 241-251.

Manschreck, T. C., & Petri, M. (1978). The paranoid syndrome. *Lancet, 2,* 251-253.

Megarghee, E. (1976). The prediction of dangerous behavior. *Criminal Justice and Behavior, 3,* 3-21.

Meketon, B. W., Griffith, R. M., Taylor, V. H., & Wiedeman, J. S. (1962). Rorschach homosexual signs in paranoid schizophrenics. *Journal of Abnormal and Social Psychology, 65,* 280-284.

Meloy, J. R. (1998). *The psychology of stalking.* New York: Academic Press.

Meyer, G. J. (1993). The impact of response frequency on Rorschach Comprehensive System constellation indices and on their validity with diagnostic and MMPI-2 criteria.

Millon, T. (1981). *Disorders of personality.* New York: John Wiley.

Millon, T. (1994). *MCMI-III manual.* Minneapolis, MN: National Computer Systems.

Millon, T. (1996). *Disorders of personality* (3rd ed). New York: John Wiley.

Munro, A. (1992). Psychiatric disorders characterized by delusions: Treatment in relation to specific types. *Psychiatric Annals, 22,* 232–240.

Niederland, W. G. (1974). *The Schreber case: Psychoanalytic profile of a paranoid personality.* New York: Quadrangle.

Nigg, J. T., & Goldsmith, H. H. (1994). Genetics of personality disorders: Perspectives from personality and psychopathology research. *Psychological Bulletin, 115,* 346–380.

Phillips, L., & Smith, J. G. (1953). *Rorschach interpretation: Advanced technique.* New York: Grune & Stratton.

Resnick, P. J., & Kausch, O. (1995). Violence in the workplace: Role of the consultant. *Consulting Psychology Journal: Practice and Research, 47*(4), 213–222.

Retzlaff, P. (1996). MCMI-III validity: Bad test or bad validity. *Journal of Personality Assessment, 66,* 431–437.

Rogers, R., Salekin, R. T., & Sewell, K. W. (1999). Validation of the Millon Clinical Multiaxial Inventory for Axis II Disorders: Does it meet the Daubert standard? *Law and Human Behavior, 23,* 425–443.

Shapiro, D. (1981). *Autonomy and rigid character.* New York: Basic Books.

Siegel, R. K. (1994). *Whispers: The voices of paranoia.* New York: Crown Publishers.

Weiner, J. B. (2003). *Principles of Rorschach interpretation* (2nd ed.). Mahwah, NJ: Lawrence Erlbaum Associates.

White, S. G., & Cawood, J. S. (1998). Threat management of stalking cases. In J. R. Meloy (Ed.), *The psychology of stalking.* New York: Academic Press.

Winokur, G. (1977). Delusional disorder (paranoia). *Comprehensive Psychiatry, 18,* 518–521.

Winokur, G. (1985). Familial psychopathology in delusional disorder. *Comprehensive Psychiatry, 26,* 241–248.

P씨의 로샤기록

Card	R#/ Response	Inquiry	Scoring
I	1. 데칼코마니인데요. 그냥. 뭐라고 해야 하죠? 해마가 양쪽에 등 대고 있는 거	- 이거 입이고, 귀 있는 데고, 배고, 꼬리 감고 있는 부분, 지느러미…… 그죠? 등 대고 있는 거. (어떤 특징?) 요 라인이요.	W+ FMpu (2) A 4.0
	2. 골반	- 좌우대칭되는 거 거의 다 골반이네요. 골반의 형체같이 넙적하잖아요.	Wo Fo Hd,An 1.0 PHR
	3. 나비	- 날개 정도로 생각하는 거죠. 여기는 더듬이라고 하나 뭐라 하나. 날개 있는 무늬 정도 생각했다.(S)	WSo Fo A P 3.5
	4. 눈 가리는 마스크	- 그건 흔히 아마데우스 영화 같은 데 나오는 눈 가리개. 아니면 예전에 짝짓기 프로그램에 나오는 것이다. 가장 행렬할 때 많이 쓰는 것으로 생각했어요. (어떤 점?) 특별히 그런 거보다 전반적으로…… 여기 코 씌울 수 있고, 눈 맞춰서 바깥에 볼 수 있고. 마스크 형태가 대부분 이렇지 않았을까 싶은데.(S)	WSo Fo (Hd) 3.5 PER,GHR
II	5. 이게 더 나비 모양이네. 저거보다 별 거 없네요.	- 이렇게 하면 나비죠(V). 여기 이걸 뭐라 그래요.(bot D) 날개 부분이고 날개 밑에 달려 있는 작은 부분. top D만 따로 떼어서 나비라고 할 수도 있겠네요. 보기 나름이니까. (어떤 점?) 나비 너무 단순하게 생겨서, 날개가 두 장이니까 닮은 거예요.	Wo Fo A 4.5
	6. 곰이나 양의 얼굴 맞대고 있는 거 정도	- 요 라인이 코고, 입 있는데, 이마, 귀, 만약 양이라면 구부리고 있는 팔 부분, 곰이라면 가슴 올라와 있는 부분 정도로 생각했다.(P)	D+ FMpo (2) Ad P 3.0
III	7. 이거 원숭이가 마주 보고 있는 거 같아요.	- 팔다리 가는 원숭이가, 여기가 코고요, 머리. 여기가 팔, 다리. 여기 엉덩이, 가슴. (bot D?) 그냥 배경이라고 하면 되는 거 아니에요? 바위 위에 손을 대고 있다. 바깥의 점들은 꽃 내지 나무 사이로 들어오는 햇빛 정도…… 저는 한 가지가 주제고 나머지는 배경이라고 생각하는 거다.	W+ FMpo (2) A,Na 5.5

Card	R#/ Response	Inquiry	Scoring
	8. 아니면 푸들 두 마리가 마주 보고 있는 거 같네요.	- 요 라인이 굉장히 푸들 같네요. 코 뾰족하고 다리 가늘고. 이발하고 있는 푸들 정도로 보인다. (어떤 점?) 코 부분이랑 발이 약간 양의 발 같이…… 다리가 가는 거.	D+ FMpo (2) A 4.0
IV	9. 장화도 들어 있고요. 장화 두 개	- 뭐라 그랬어요? 골반이라 그랬어요? (장화) 이렇게 하면 장화라고…… 벗어서 서로 기대어 놓은 거예요. 사람들이 굳이 이런 것까지 보려고 하나요? 이 검사의 초점이 전체적으로 보는 거예요? 아니면 나같이 숨은그림찾기예요? (웃으면서) 굳이 뭘 설명하려고 한다면 그런 거지. 이게 뭐겠어요. 아무것도 아니고 데칼코마니인데…… 장화라 하면 군화같이 긴 거. 끈 풀어져 있는 거 정도.	D+ mpo (2) Cg 4.0 DR1
V	10. 별 거 같진 않은데…… 억지로 끼워 맞추자면 소 머리 뼈 있죠.	- 소 머리 뼈 그냥. 뼈만 있는 거 있잖아요. (어디?) 이빨 있는 입 벌어진 부분. 여기가 눈 들어간 쪽, 이마에서 귀, 뿔 있는 쪽으로 넘어가는 쪽. (반만?) 내가 그랬잖아요. 포유류는 다 대칭이라고.	DSo F- Ad,An
		(추가) 전체적으로 보면 박쥐 같아요. (?) 여기가 귀고요, 꼬리, 뒷발. 여기 날개. 날개 바닥에 펼치고 있는 거죠.	Wo FMpo A P 1.0
VI	11. 이것도 별 거 없네요. 꽃 정도 할까? 나팔꽃 같은 거 있죠. T/L? 글쎄요. 이거 그냥, 한지에 물 묻힌 거 정도. 먹물이 흐리게 번진 거죠. 근데 전체로 보면 데칼코마니로 해서 우연히 생긴 무늬일 뿐이다.	- 여기는 꽃술이라고 보고, 여기는 이파리로 봤어요. 꽃잎. 하나, 둘, 셋, 넷, 다섯, 여섯 개 정도 되는. 거꾸로 봐도, 줄기에다가 밑둥에다가 꽃잎. (어떤 특징?) 이게 대강 원으로 돌아가고 있기 때문이에요.	Wo Fu Bt 2.5
VII	12. 이거 팅커벨이네. 피터팬에 나오는 팅커벨 둘이 마주 보고 있는데.	- 이거는 디즈니 만화를 많이 봤기 때문인데, 팅커벨이 얼굴이 이렇고, 여기는 상체. 코, 입, 머리, 장식 등. 여기는 가슴이고, 등에 날개 등이 붙어 있는 거 생각했음.	D+ Mpo (2) (Hd) P 3.0 PER,GHR

Card	R#/ Response	Inquiry	Scoring
VIII	13. 자연물 말고 다른 거도 상상하는 사람 있어요? 그럴 거 같네요. 보통 사람들이 컴컴한 거 가지고는 동굴 속이라고 할 수도 있겠네요. (앞에 카드 들추면서, V카드 보면서) 박쥐라고도 할 수 있겠네요. 이건 자연물 말고는 특별한 거 없을 것 같은데요. 네 발 달린 짐승이 어디…… 하나 둘 셋 네 개 잖아요.	- 네 발 달린 짐승이 바위 타고 올라가고 있는 거 정도. 재규어에 붙어 있는 그거 같지 않아요? (바위?) 굳이 저한테 이렇게 주셨기 때문에, 낭떠러지 비탈을 타고 가는 거로 본 거예요. 그런데 < 이렇게 보면, 물에 비친 자기 모습이죠.	D+ FMao A,Na P 3.0 PER W+ Fro A 4.5
IX	14. 제가요 이걸 보면은 데칼코마니 어떻게 만들었겠구나 하는 생각만 든다. 환희가 있다든가 기쁨이 있다든가 할 수가 없어요. 이걸 어떻게 만든지 알거든요. 재료 어떻게 사용했는지 안단 말이에요. 전공이 이러다 보니까. 그래서 감정이 안 떠오른다. 재료 사용과 테크닉만 떠오르는 거예요.	- 다른 것도 다 마찬가지예요. 좌우대칭이 계속 반복되니까 그런 거예요. 색다른 게 아니라 계속 반복되니까. 이런 라인은 말 머리 같다. 코, 입, 이마 그쪽, 이 라인이 말을 닮은 것 뿐이다. 길쭉한 말 얼굴의 특징이 있을 뿐이다. 색깔만 본다면 봄의 기운이 느껴진다고 거짓말을 칠 수도 있겠죠.	DSo F- Ad 5.0 (Wv C Id AB)
X	15. 몸 안에 있는 무슨 구조 같기도 하고요. 좌우 대칭이니까. 모든 포유류는 좌우 대칭이니까요. 그래서 몸 안에 있는 신장 기관이나 그런 거 같기도 하고요. T/L? 여러 가지예요. 불꽃놀이 터지는 거. 나팔관 끝부분. 신경세포 등	- 몸 안에 있는 신경. 여기는 꼭 기관지 있는데 연결된 것 같고요. 그러면 여기는 폐하고 심장 그런 걸로 생각해도 되잖아요. 내지는, 사람들 불꽃놀이라고도 하겠네. 특별히 뭐 할 건 없는 것 같은데…… 기관지 허파, 심장 연결고리 같다. (어떤 특징?) top D가 기관지 같아서. 바깥부분은 허파 같고, out blue는 가느다란 신경이 뻗쳐 나가는 것 같고. 가슴 부분이다.	W+ F- Hd,An 5.5 PHR

구조적 요약표

Location Features		Determinents: Blends		Determinents: Single		Contents		Approach		
						H	= 0	I	W,W,WS,WS	
Zf	= 16			M	= 1	(H)	= 0	II	W,D	
ZSum	= 57.5			FM	= 6	Hd	= 2	III	W,D	
ZEst	= 52.5			m	= 1	(Hd)	= 2	IV	D	
				FC	= 0	Hx	= 0	V	DS,W	
W	= 10			CF	= 0	A	= 8	VI	W	
D	= 7			C	= 0	(A)	= 0	VII	D	
W+D	= 17			Cn	= 0	Ad	= 3	VIII	D,W	
Dd	= 0			FC′	= 0	(Ad)	= 0	IX	DS	
S	= 4			C′F	= 0	An	= 3	X	W	
				C′	= 0	Art	= 0	Special Scores		
				FT	= 0	Ay	= 0			
DQ				TF	= 0	Bl	= 0		Lv1	Lv2
+	= 9			T	= 0	Bt	= 1	DV	= 0×1	0×2
o	= 8			FV	= 0	Cg	= 1	INC	= 0×2	0×4
v/+	= 0			VF	= 0	Cl	= 0	DR	= 1×3	0×6
v	= 0			V	= 0	Ex	= 0	FAB	= 0×4	0×7
				FY	= 0	Fd	= 0	ALOG	= 0×5	
				YF	= 0	Fi	= 0	CON	= 0×7	
Form Quality				Y	= 1	Ge	= 0	Raw Sum6	= 1	
	FQx	MQual	W+D	Fr	= 1	Hh	= 0	Wgtd Sum6	= 3	
+	= 0	= 0	= 0	rF	= 0	Ls	= 0			
o	= 12	= 1	= 12	FD	= 0	Na	= 2	AB	= 0	GHR= 2
u	= 2	= 0	= 2	F	= 8	Sc	= 0	AG	= 0	PHR = 2
-	= 3	= 0	= 3			Sx	= 0	COP	= 0	MOR= 0
none	= 0	= 0	= 0			Xy	= 0	CP	= 0	PER = 3
				(2)	= 6	Id	= 0			PSV = 0

Ratio, Percentages, and Derivations									
R	= 17	L	= 0.89			FC : CF+C	= 0 : 0	COP= 0 AG	= 0
						Pure C	= 0	GHR : PHR	= 2 : 2
EB	= 1 : 0	EA	= 1.0	EBPer	=N/A	SumC′ : WSumC	= 0 : 0	a : p	= 1 : 7
eb	= 7 : 0	es	= 7	D	= -2	Afr	= 0.31	Food	= 0
		Adj es	= 7	Adj D	= -2	S	= 4	SumT	= 0
FM	= 6	SumC′	= 0	SumT	= 0	Blends : R	= 0 : 17	Human Cont	= 4
m	= 1	SumV	= 0	SumY	= 0	CP	= 0	Pure H	= 0
								PER	= 3
								Isol Indx	= 0.29

a:p	= 1 : 7	Sum6	= 1	XA%	= 0.82	Zf	= 16	3r+(2)/R	=0.53
Ma:Mp	= 0 : 1	Lv2	= 0	WDA%	= 0.82	W : D : Dd	= 10 : 7 : 0	Fr+rF	= 1
2AB+Art+Ay	= 0	WSum6	= 3	X-%	= 0.18	W : M	= 10 : 1	SumV	= 0
MOR	= 0	M-	= 0	S-	= 0.67	Zd	= 5.0	FD	= 0
		Mnone	= 0	P	= 5	PSV	= 0	An+Xy	= 3
				X+%	= 0.71	DQ+	= 9	MOR	= 0
				Xu%	= 0.12	DQv	= 0	H : (H)Hd(Hd)	= 0 : 4

PTI= 0	DEPI= 3	CDI= 5*	S-CON= 5	HVI= YES	OBS= No

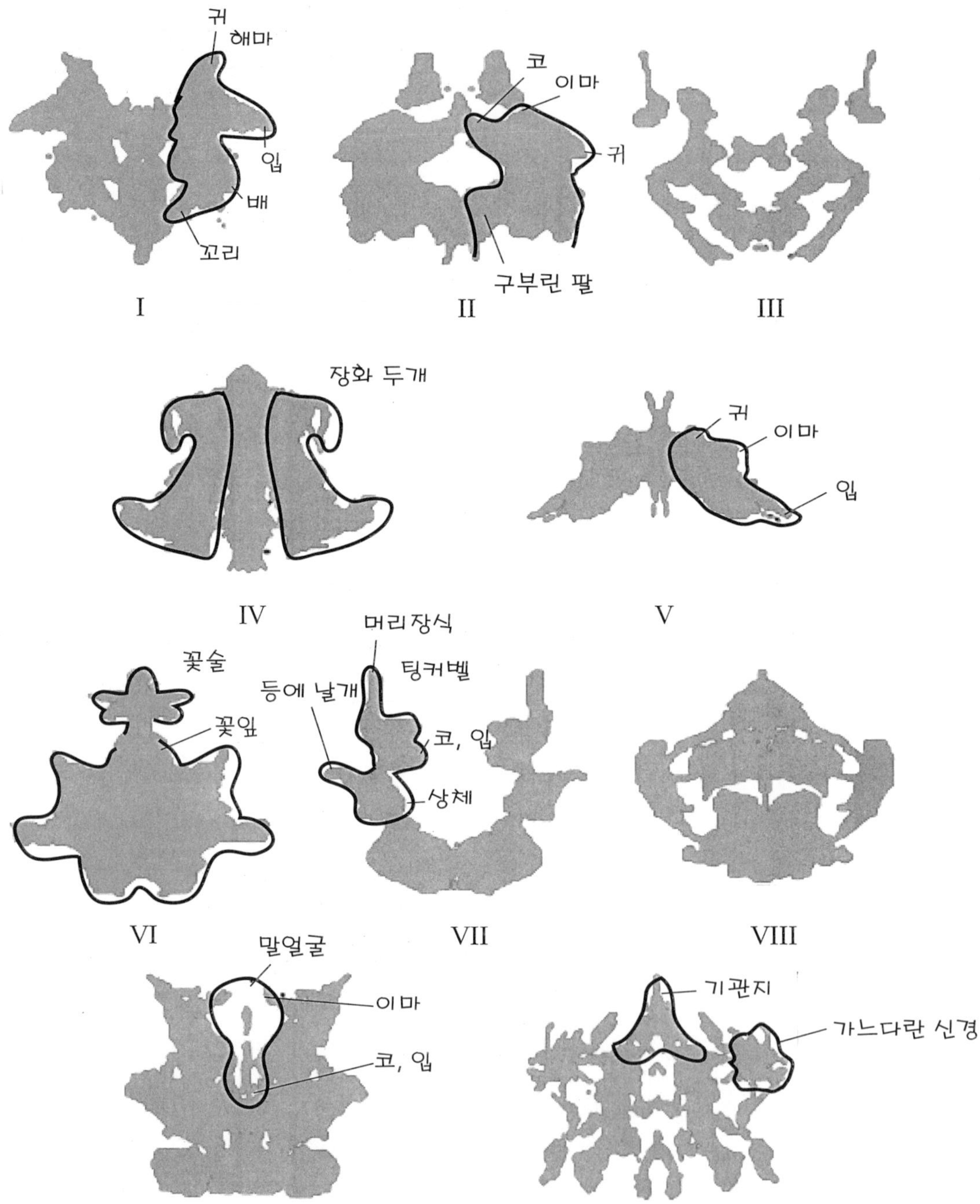
귀
해마
입
배
꼬리
I
코
이마
귀
구부린 팔
II
III
장화 두개
IV
귀
이마
입
V
꽃술
꽃잎
VI
머리장식
팅커벨
등에 날개
코, 입
상체
VII
VIII
말얼굴
이마
코, 입
IX
기관지
가느다란 신경
X

04
분열성 성격장애의 로샤평가

DSM-IV-TR(American Psychiatric Association, 1994, 2000)과 정신분석 문헌(Akhtar, 1987; Gabbard, 2000)에서는 분열성 성격장애(Schizoid personality disorder)의 현상, 진단기준 그리고 개념적 이해와 관련하여 서로 다른 관점을 제시하고 있다. 분열성 성격을 하나의 단일한 현상으로 볼 것인지, 아니면 좀 더 복잡하고 모순된 것으로 볼 것인지는 기술적인 진단 혹은 역동적인 진단에 관심이 있는지, 진단적으로 '묶는 것' 혹은 '분리시키는 것'을 선호하는지와 관련된 이론적 지향에 달려 있다. 공식적인 정신과적 분류는 DSM-IV(APA, 1994)와 같은 기술적이고 합의적인 접근에 기초한다. 이러한 접근은 진단적인 불확실성은 줄이고 정신과적 진단의 신뢰도와 변별력은 증가시키려는 목적을 가지고 있으며, 이는 임상가와 연구자들이 여러 정신장애를 가진 사람들을 진단하고, 그들에 대해 의사소통하며, 그들을 연구할 수 있도록 하기 위한 것이다(p. xi). 한편, 정신역동적 관점은 전통적으로 정신장애 및 성격장애

James H. Kleiger / Private Practice, Maryland
Steven K. Huprich / Eastern Michigan University

에 대해 구조적인 관점을 적용해 왔는데, 이러한 관점은 겉으로 나타나는 행동적 징후 및 그 이면에 내재하는 성격 구조와 역동 사이의 관계를 설명하려고 노력한다. DSM-IV는 대체로 명백한 모순과 역설을 최소화하거나 제거하려고 하는 데 반해, 정신역동적 진단은 모순과 역설을 정신 현상의 일부로 포함하려는 경향이 있다.

DSM과 기술적 접근

현대 DSM 체계는 분열성 성격장애에 대해 좀 더 제한되고 단일한 진단기준들을 만드는 방향으로 변해 왔는데, 이러한 변화는 분열성 성격을 회피성 성격과 별개의 범주로 묶으면서 두 장애를 진단적으로 구별하려는 시도와 더불어 일어났다(APA, 1980, 1987, 1994, 2000). DSM-III 편찬위원회는 DSM-II(APA, 1968)가 분열성 성격장애를 지나치게 광범위하게 기술하고 있다고 생각하였고, 그 결과 분열성 성격장애는 세 개의 다른 진단적 범주로 나누어졌는데, 분열성, 회피성 그리고 분열형 성격이다.

DSM-II에서 처음에 정의했던 분열성 성격은 다음의 행동패턴을 보인다.

> 수줍음, 과민성, 은둔성, 친밀하거나 경쟁적인 관계에 대한 회피 그리고 때로는 괴벽스러움. 현실 지각 능력을 잃지 않으면서도 자폐적인 사고가 나타나는 것이 일반적이며, 공상에 잠기거나 적개심, 혹은 일반적인 수준의 공격적인 감정 등을 표현하지 못하는 경우가 많다. 이러한 환자들은 괴로운 경험과 갈등에 대해 스스로를 확실히 분리(detachment)시킨다(p. 42).

한편으로 '친밀하고 경쟁적인 관계에 대한 회피'와 '명백한 분리' 개념은 한 연속선상에 놓일 수 있으나, 다른 한편으로 '과민성'은 이 성격장애를 두 개의 구별되는 성격 진단 범주로 분리하게 만드는 근거를 제공했다. '자폐적 사고'라는 개념은 세 번째 성격유형인 분열형 성격장애 진단에 대한 근거로 작용하였다.

Millon(1969, 1974, 1981, 1996)은 DSM-III의 성격장애 영역을 확립하는 데 중요한

영향을 끼쳤다. 그는 한 사람이 찾는 강화물의 유형(긍정적인/쾌락 vs. 부정적인/고통), 이러한 강화물의 제공자로서 학습해 온 것(자신 vs. 타인), 그리고 강화물을 성취할 수 있게 하는 도구적 행동들(수동적 vs. 적극적)에 따라 성격장애 간의 차이점들을 개념화하였다. 어떤 사람은 자신에게 관심을 쏟고, 어떤 사람은 타인에게 관심을 쏟으면서 만족감을 얻지만, 어떤 사람은 그 무엇도 자신에게 강화물을 줄 수 없다고 생각하기 때문에 스스로를 모든 것으로부터 분리시키면서 만족감을 얻는다. Millon(1981)에 따르면, 불안을 다루고 안전을 획득하기 위해 분열성 성격은 '수동적으로 분리적인' 전략을 사용하는 반면, 회피성 성격은 '적극적으로 분리적인' 전략을 사용한다.

Millon(1981)은 분열성 진단의 역사적이고 이론적인 과거 자료들을 고찰하였는데, 특히 분열성 특성의 본질에 대해 세밀하게 묘사했던 Kretschmer(1925)의 작업을 지적하였다. 그의 작업은 DSM-III에서 분열성 성격을 회피성 성격과 구분한 것의 전조가 되었다. Kretschmer에 따르면, 분열성 특성에는 두 개의 하위 유형이 존재하는데, 첫 번째 집단에 대해서는 '과민증(hyperaesthetic)'이라는 이름을 붙였고, 두 번째 집단에 대해서는 '무감증(anesthetic)'이라고 칭하였다. 분열성-과민증 유형은 소심하고 숫기가 없는 사람들로, 불안하고 흥분하기 쉬우며 과도하게 예민하고 쉽게 상처를 받는다. 그들은 사물을 너무 강렬하게 느끼기 때문에 외부 세상으로부터 고통스러운 자극을 회피하려고 한다. 또한 자신을 다른 사람들과 부정적으로 비교하면서 부적절감을 느낀다. 이와 대조적으로, 분열성-무감증 유형은 정서적으로 텅 빈 사람들로, 외적으로 드러나는 냉담하고 위축된 모습은 내면의 공허함을 반영한다. 이러한 분열성 유형의 사람들은 Kretschmer가 '정서적인 불구'라고 명명한 것, 혹은 정서적 자극과 행동 반응 사이의 연결이 부족한 것으로부터 고통을 받는다. 이들은 또한 유머감각이 전혀 없고 활기도 없으며 다른 사람과 일정한 거리를 유지하는데, 이는 스스로를 보호하기 위해서라기보다는 외부 세상과의 연결, 특히 관계 자체에 관심이 없기 때문일 것이다.

Millon(1981)은 Kretschmer(1925)의 분열성 하위 유형들이 이후에 분열성 개념으로부터 나누어진 두 개의 성격장애, 즉 분열성 성격 및 회피성 성격과 매우 유사하다고 지적하였다. 누구나 자연스럽게 과민증 유형과 회피성 성격 간의 유사점을 찾을 수 있을 텐데, 이들은 사회적 접촉에 대해 중요하게 생각하지만 이를 두려워한다. 또한 무감증 유형과 분열성 성격 간에도 공통점을 찾을 수 있는데, 이들은 전적으로 대인관계를 피한다. 비록 Kretschmer(1925)는 확실히 과민증과 무감증 하위 유형을 모두 분열성 특성의 한 형태로 여겼지만, DSM-III에서는 다음과 같은 두 개의 구별되는 성격장애로 나누었다(〈표 4-1〉 참조).

DSM-III와 DSM-IV에 따르면, 두 성격 유형 모두 고립되고 분리되어 있으며 외로운 것으로 묘사된다. 하지만 환자가 이러한 분리(detachment)에 대해 양가적이지 않은 모습을 보인다면, 그에게는 분열성 성격이 더 적합할 것이다. 한편, 그 사람이 친밀감

〈표 4-1〉 **분열성 및 회피성 성격장애의 DSM-IV 진단기준**

분열성 성격	회피성 성격
다양한 형태의 사회적 유대로부터의 반복적인 분리와 대인관계에서의 제한된 범위의 감정표현이 전반적으로 나타난다. 이는 청년기에 시작되며, 여러 상황에서 나타나고 다음 중 네 가지(또는 그 이상) 항목으로 나타난다.	사회적 억제, 부적절감 그리고 부정적 평가에 대한 과민성의 만성적 패턴이 성인기 초기에 시작되고, 다음 항목의 네 가지(또는 그 이상)를 포함한 여러 가지 상황에서 나타난다.
1. 가족과의 관계를 포함해서 친밀한 관계를 바라지도 않고 즐기지도 않음.	1. 비난, 꾸중 또는 거절이 두려워서 대인관계가 요구되는 직업적 활동을 회피한다.
2. 항상 혼자서 하는 행위를 선택함.	2. 호감을 주고 있다는 확신이 서지 않으면 사람과의 만남을 피한다.
3. 다른 사람과의 성적 경험에 대한 관심이 거의 없다.	3. 창피를 당하거나 조롱을 받을까 봐 두려워 대인관계를 친밀한 관계에만 제한한다.
4. 거의 모든 분야에서 즐거움을 취하려 하지 않는다.	4. 사회적 상황에서 비난이나 버림받을 것이라는 생각에 사로잡혀 있다.
5. 일차 가족 이외의 친한 친구가 없다.	5. 자신에 대한 부적절감 때문에 새로운 대인관계 상황에서 위축된다.
6. 다른 사람의 칭찬이나 비난에 무관심하다.	6. 자기 자신을 사회적으로 무능하고 개인적인 매력이 없으며 다른 사람에 비하여 열등하다고 여긴다.
7. 감정적 냉담, 유리 혹은 단조로운 정동의 표현을 보여 준다.	7. 당황하는 모습을 보일까 봐 두려워서 개인적 위험이 따르는 일이나 새로운 활동에 관여하지 않으려 한다.

을 바라는 동시에 두려워하는 양가적인 모습을 보인다면 회피성 성격에 해당된다. 흥미롭게도, DSM-IV에서 분열성 성격은 가장 심각한 '전정신증적(prepsychotic)' 성격장애(A군)에 위치하는 반면, 회피성 성격은 불안을 어떻게 다루는지가 중요한 역할을 하는 더 높은 수준의 성격장애(C군)에 속한다. 결국, 두 성격장애는 뚜렷하게 다른 진단적 범주에 속하는데, 한 장애는 친밀한 관계를 형성하는 능력이나 흥미가 결핍되어 있는 것이 특징이라면, 다른 하나는 친밀함에 대한 욕구와 거절에 대한 두려움 간의 갈등을 특징으로 한다.

DSM의 분열성 성격은 혼자 있는 것을 좋아하기 때문에 다른 사람들로부터 멀리 떨어져 있다(이는 아마도 선척적인 선호일 것이다.). 그들의 정서 생활과 공상은 제한적이고 냉담하다. 그들은 성에 대해서도 거의 흥미가 없고, 다른 사람의 긍정적이거나 부정적인 평가에도 무관심하다. 그들에게 홀로 떨어져 있는 것과 감정적인 냉담함은 자아 동질적(ego-syntonic)이다. 그럼에도 DSM-IV-TR(APA, 2000)에는 분열성 환자도 "어떤 환경에서는 자신들의 사회적 고립과 관련된 고통스러운 감정을 드러낼 수 있다."라고 언급하고 있다. 즉, DSM 체계에서 처음으로 분열성 환자에게 나타나는 정서적 공허함 이상의 무언가를 받아들이고 있는 것으로 보인다.

정신분석적 이해

Akhtar(1987)와 Gabbard(2000)는 분열성 성격에 대한 정신분석적인 문헌들을 고찰하였다. 대체로 영국의 대상관계 분석가들의 작업은 정신분석적 관점을 기초로 하고 있다. Fairbairn(1954)은 분열성 성격인 사람들을 전지전능적 태도, 정서적 냉담함, 공상과 내적 현실에의 몰입 등을 나타내는 사람으로 묘사하였다. 그는 분열성 성격장애 환자들은 자신들의 강렬한 정신적 빈곤 상태가 혹시 다른 사람에게 해를 입히지 않을까 두려워하기 때문에 숨어 버리는 것이라고 믿었다. Winnicott(1965)은 분열성 성격을 '거짓 자기(false-self)' 구조의 한 변형으로 보았다. 그는 분열성 환자들의 순응하는 모습 배후에는 자기 응집성 및 신체적 통합성에 대한 강렬한 불안이 존재한다고 믿었다. Guntrip(1968)은 Fairbairn의 작업을 정교화하여 분열성 성격을 다음과 같이 설명하였다.

> 단절감, 차단감, 고립감, 동떨어진 느낌 그리고 낯설음, 초점에서 벗어났거나 비현실적인 느낌, 사람들과 함께 있다고 느끼지 못함, 삶의 바깥으로 벗어난 느낌, 무관심, 헛되고 무의미해 보이는 일들 등 이 모든 것들은 이들의 마음 상태를 다양하게 기술하고 있다. 환자들은 이것을 '우울(depression)'이라고 부르지만, 이들의 마음 상태는 고전적인 우울증에서 쉽게 발견되는 무거움, 어두움, 생각에 잠겨 있음, 분노 그리고 죄책감 등을 찾아보기 어렵다……. 우울증은 대상관계적이지만, 분열성 환자는 대상이 필요함에도 그들과의 관계를 끊는다(pp. 17-18).

Guntrip(1968)은 사람들이 인간관계와 단절될수록, 점점 더 내적 대상관계와 관련된 강렬한 공상으로 퇴행하게 된다고 지적하였다. Guntrip이 더욱 중요하게 지적한 것은 분열성 환자들이 자신의 애착 대상으로부터 분리될 때 극단적인 불안정감과 상실감을 경험하지만, 다시 결합할 때는 자신이 그 대상에게 삼켜 없어질까 봐 두려움을 느낀다는 것이다. 이에 분열성 환자들은 안전을 위해 타인에게 매달릴 수 있으나, 자유와 독립을 위해 재빨리 이 관계를 깨버리려는 시도를 한다.

Khan(1963, 1974, 1983)은 이렇게 갈팡질팡하는 관계 양상의 원인으로 기이한 모자관계를 언급한다. 일단 이들의 어머니는 아이에게 안전한 보호막이나 완충물 역할을 하지 못하여, Khan(1963)이 '누적된 외상(cumulative trauma)'이라 부르는 관계적 박탈 상태를 초래하게 된다. 한편, 어머니는 아이와의 밀접한 신체 접촉 및 탐닉을 통해 다른 대상이 둘 사이의 관계에 관여하는 것을 방해하는 '공생적 전지전능(symbiotic omnipotence)' 상태를 유지하게 된다. Khan(1963)은 '누적된 외상'과 '공생적 전지전능' 사이에서 갈팡질팡하는 양상으로 거짓 순응, 자기 충족감, 주지화, 철수, 자기 색정, 마술적 사고, 은밀한 낙관주의, 과민성 등이 초래된다고 설명하고 있다.

영국 학파의 공헌을 통해 통합된 주제들은 다음과 같다. 첫째, 분열성 성격을 가진 사람들은 눈에 보이는 것보다 훨씬 많다. 정서적 분리와 사회적 고립에도 이들은 풍족한 내면적 삶, 강렬한 정서적 욕구, 두려움과 공상을 누리고 있다. 달리 말하면, 한

편에는 겉으로 드러나는 거리감과 정서적 위축이 있고, 또 다른 한편에는 강렬하지만 숨겨진 욕구와 두려움이 있는데, 이 둘 사이에는 모순이 내재한다. 둘째, 분열성 성격의 사람은 자신의 어머니에게 강렬하게 의존적인 동시에 정서적으로 결핍된 관계를 경험한다. 이후 정신분석적인 입장의 저자들은 이 두 개의 상반되는 주제를 발전시켰는데, 어떻게 분열성 환자들이 자기감에 대한 통합에 실패하며, 자기 응집성을 위해 외적 대상에게 의존적인 채로 남게 되는지를 정교화하였다(Jacobson, 1964; Mahler, 1968).

Akhtar(1987)는 분열성 환자들의 상반되는 측면들을 통합하기 위해 심리사회적 기능의 여섯 가지 영역—자기-개념, 대인 관계, 사회적 적응, 사랑과 성, 윤리와 도덕적 규범과 이상(ideals), 인지 스타일—에서의 외현적, 내면적 특징들을 모두 설명하였다. Akhtar(1987)에 따르면,

> 분열성 환자는 '겉으로는' 초연하게 동떨어져 있고, 자기 충족적이며, 얼이 빠져 있고, 흥미가 없으며, 성적인 욕구도 없고, 자의적인 도덕의식을 지니지만, '내면에는' 상당히 예민하고, 정서적으로 궁핍하며, 창조적이고, 종종 괴팍하며, 타락하기 쉽다(p. 510).

Kernberg(1976)는 분열성 성격을 '낮은 수준'의 성격 구조로 보았는데, 그것은 다양한 자아 취약성과 원초적 방어를 기초로 한다. 특히 분열(splitting) 방어기제의 사용은 자기감에 대한 분열을 초래하는데, 그것은 본질적으로 다르고 때로는 모순적인 자기와 타인의 표상들을 통합하기 어렵게 만든다.

정신분석적 관점에서, 회피성과 분열성 성격은 동전의 양면과도 같은데, 하나는 겉으로 보이지만 다른 하나는 보이지 않는다. 분열성 성격장애의 두 하위 유형으로 보았던 Kretschmer(1925)의 관점과 약간 다르게 통합적인 정신분석적 관점은 분열성 성격 환자를 파편화되고 경계선 성격 수준의 사람으로 간주하는데, 그들의 활기 없음과 분리는 강렬한 결핍과 과민성으로부터 완전히 분열되어 존재한다.

캡슐화된 이차적 자폐증과 제2의 피부

Tustin(1972)은 정신증적 아동에 대한 연구에서, "캡슐화된 이차적 자폐증"(encapsulated secondary autism)이라는 개념을 발전시켰는데, 이는 견딜 수 없는 신체적 분리와 연합되어 있는 공포로부터 자신을 보호하기 위한 수단으로서의 고립과 분리를 향한 방어적인 은둔('캡슐화' [encapsulation])을 묘사하기 위한 것이었다. Tustin은 분열성 성격의 개념에 대해 이야기한 것은 아니지만, 왜 우울하고 취약한 엄마가 아이에게 그들의 분리 불안을 다루기에 충분한 보호를 제공하지 못하는가에 대해 설명하였다.

캡슐화는 근본적으로 때 이른 분리(seperation)에 따른 공포에 대한 방어다. 캡슐화는 경직된 성격 구조를 초래하는데, 그 속에서 한 개인은 단단한 껍질 속으로 방어적으로 숨게 되며, 자신의 과민성을 숨기기 위한 '두꺼운 피부'를 발달시킨다. Tustin(1972)은 이러한 아이들을 '갑각류'라고 불렀다. 그들은 타인으로부터 스스로를 분리시키며, 이미 안정된 일상에 지나치게 의존하는데, 이것은 신체적 생존을 보장하기 위한 방어적 보호막으로 경험된다. 동일성을 유지하려는 이러한 욕구는 자폐아들이 같은 패턴의 행동을 반복하는 것의 핵심적인 원인이 된다.

비록 Tustin(1972)은 아동기 자폐증과 정신증(psychosis)에 대해 언급한 것이지만, 그녀의 설명은 Akhtar(1987)의 분열성 성격에 대한 통합적인 정신분석적 이해와 상통한다. Tustin의 관점은 분열성 개념을 고기능 자폐, 혹은 아스퍼거 증후군의 현상과 유사하게 볼 수 있게 하므로 상당히 유용하다.

연구 결과들

분열성 성격장애를 로샤검사로 평가하는 것과 관련된 연구는 상대적으로 매우 적다. Costello(1989)는 '알코올 중독자를 위한 치료 공동체'에 입원한 환자들에 대한 사례 연구를 진행하였는데, 그들은 한 환자를 대상으로 16PF(Karson & O'Dell, 1976),

MMPI 통제 소재 질문지(Rotter, 1966) 그리고 로샤검사를 실시하였다. 로샤검사는 벡 채점 체계(Beck, Beck, Levitt, & Molish, 1961)를 사용하여 실시 및 채점되었으며, 다음의 결과를 얻었다. M:SumC = 2:2, F% = 68.4, 람다(Lambda) = 2.17, F+% = 92.3, 평범반응 = 10. 이 장의 두 번째 저자(S.K.H.)가 종합체계를 사용하여 이 반응들을 다시 채점하였고, 다음의 결과들을 얻었다. FT = 1, FM = 2, M = 2, CF = 1, FC = 2, H = 0, (H) = 1, A = 11, (A) = 2, Ad = 2, An = 1, (2) = 8, a:p = 1:3, MOR = 2, FABCOM1 = 2, DV = 2, Hh = 1, Art = 1. 또한 환자의 16PF는 분열성 프로파일과 일치하였고, MMPI Welsh 코드는 2"70 81' 5364-/9:F-/KL:이었다. 그의 반응 내용들 중에는 만화 캐릭터 반응들과 벌레 반응들이 존재했으며, 구강기적 주제들(예: 식물에 물을 주는 만화 캐릭터, 논쟁하는 벌레들, 구걸하는 강아지들, "옷을 좀먹는 나쁜" 나방; p. 325)도 발견되었고, 만족스럽지 않고 잠재적으로 위협적인 관계에 대한 주제들도 포함되었다.

Khadavi, Wetzler와 Wilson(1997)은 입원한 조증 환자, 편집증적 정신분열증 환자, 분열 정동장애 환자들을 대상으로 로샤검사를 실시했으며, 분열성-정서 평가 척도(Schizoid-Affective Rating Scale) 점수도 산출하였다(Carsky & Bloomgarden, 1980). 이 척도는 반응 내용이 다음과 같을 때 채점된다. 즉, "분열성 혹은 정신분열증적 내용들은 비관습적이고(예: 전쟁의 가면), 기괴하며(예: 치아가 달린 여성의 성기), 다른 세상에 속해 있고(예: 화성에서 온 두 사람), 비현실적이며(예: 이상한 얼굴), 비인간적이고(예: 사람 사이의 벽), 경계가 없다(예: 그림자와 섞인 대상)." 집단 간의 유의미한 차이는 발견되지 않았으며, 더욱 불행한 사실은 이 척도의 신뢰도와 타당도를 측정하는 연구가 거의 없다는 사실이다. 또한 이 척도를 통해 분열성, 분열형 그리고 정신분열증적 사고와 내용을 구별할 수 있는지 불분명하며, 지침서에 사용된 용어들도 상당히 모호하다(이러한 문제는 부분적으로 그 척도 지침서가 만들어졌을 당시의 DSM이 진단적 구별에서 불분명했다는 사실에서 기인한다.).

분열성 성격장애의 평가에 대한 대부분의 연구는, (1) 분열성 성격장애와 정신분열 스펙트럼 장애 간의 관계, (2) 반구조화된 면담, (3) 신경학적인 기능의 세 영역에서 진행되었다. 지금부터는 이에 대해 논의할 것이다.

앞에서 지적한 것과 같이, 분열성 성격장애의 특징은 DSM과 함께 변화되어 왔는데, 그 변화의 중요한 요인 중 하나는 정신분열 스펙트럼 장애와의 관계였다. Gunderson, Siever와 Spaulding(1983)은 정신분열증 음성증상의 변형으로 분열성 성격장애의 발달을 일부 설명할 수 있다고 제안하였다. Battaglia, Bernardeschi, Bellodi와 Smeraldi(1995)는 분열성 성격장애에 걸릴 위험성은 분열형 성격을 지닌 가계의 경우에 유의미하게 상승된다고 보고하였다. 그들은 Siever와 Kendler(1987)의 결론과 동일하게, 분열성 성격장애는 정신분열증과 함께 정신분열 스펙트럼 장애의 연속선상에 놓여 있다고 결론지었다. 하지만 이 문제는 아직 결론이 나지 않았다(Kalus, Bernstein, & Siever, 1995). 예를 들면, 분열성 성격장애는 몇 가지 측정도구를 조합해서 만든 분열성 특성에 대한 척도를 사용하여 분열형 성격장애나 경계선 성격장애와 구분할 수 있었다(Raine, 1987).

DSM-IV 성격장애를 위한 구조적 면담(Pfohl, Blum, & Zimmerman, 1995), 성격장애 검사(Loranger, 1988), 국제 성격장애 검사(Loranger, 1999) 그리고 DSM-IV 축 II 장애를 위한 구조적 임상 면담(SCID-II; First, Gibbon, Spitzer, Williams, & Benjamin, 1997)을 포함한 여러 진단적 면담들이 분열성 성격장애를 평가하기 위해 사용될 수 있다. Rogers(2001)는 이 도구들의 심리 측정적 속성에 대해 상세히 검토하였는데, 그 결과 중 일부를 살펴보고자 한다. 첫째, DSM-IV 버전의 측정도구들에 대한 연구들이 별로 없기 때문에 현재의 버전의 유용성을 판단하기에는 어려움이 있다. 둘째, 측정 도구의 버전에 따라 평정자 간 신뢰도와 검사-재검사 신뢰도에 대한 결과가 각기 달랐다(Dreesen, Hildebrand, & Arntz, 1998; Riso, Klein, Anderson, Ouimette, & Lizardi, 1994; Zimmerman, Pfohl, Coryell, Stangl, & Corenthal, 1988). 셋째, 이 측정도구들의 타당도가 의심된다. DSM-IV 성격장애를 위한 구조적 면담(Structured Interview for DSM-IV Personality Disorder: SIDP)은 성격장애의 자기-보고형 측정치들(예: MMPI 성격장애 척도들)과 낮거나 중간 정도의 상관을 보였는데, 특히 A군 성격장애와의 상관은 .21～.41이었다. 네 개의 연구를 통해 살펴본 성격장애 검사(Personality Disorder Examination: PDE) 및 A군 성격장애를 위한 SCID-II와의 공존타당도의 범위는 .08～.28이었으며, 다른 4개의 연구에서 나타난 PDE와 성격 진단 질문지 개정판(Personality Diagnostic Questionnaire-Revised; Hyler, 1994; Hyler & Reider, 1987) 간의 타당도 계수 범위는 .08～.28로 나타났다. 마지막으로, 한 연구는 성격 면담 질문지-II(Personality Interview Questionnaire-II; PDQ-IV의 전신)의 외적 타당도가 좋지 않다고 제안하였다. Widiger, Mangine, Corbitt, Ellis와 Thomas (1995)는 분열성 성격장애가 그 어떤 "분열성에서 전형적인 행동들"(p. 249)과도 상관이 없었다는 사실을 발견하였다.

분열성 성격장애에 대한 다른 종류의 자기-보고형 측정 도구의 유용성에 대한 몇몇 증거들이 있다. Coolidge와 Merwin(1992)은 DSM-III 진단기준에 기초를 둔 Coolidge 축 II 질문지(Coolidge Axis II Inventory)의 심리 측정적 속성을 평가하였다. 이 분열성 척도의 Cronbach 알파값은 .73이었지만, 이 척도와 Millon 임상 다축 질문지-II(MCMI-II)의 분열성 척도와의 상관값은 .22였다. 하지만 이렇게 좋지 않은 결과는 이 연구에 참여한 사람들 중 분열성 성격장애로 진단된 사람이 아무도 없었다는 사실 때문일 수 있다. 이 측정 도구에 대한 주성분 분석은 세 개의 요인들을 산출하였는데, 그중 독립성 요인과 분열성 요인에 대한 부하값이 가장 컸다. 즉, 독립성 요인 부하값은 .91이었으며, 분열성 요인 부하값은 -.94였다. 또한 Coolidge와 Merwin (1992)의 결과는 West, Rose와 Sheldon-Keller(1994)의 연구와 일관적이었는데, 그들은 분열성 성격 및 독립성 성격 유형을 각각 분열성, 그리고 독립성 애착 유형을 통해 감별하였다. Hicklin과 Widiger(2000)는 Somwaru와 Ben-Porath(1995)의 MMPI 성격장애 척도의 개정판에 대해 평가하였다(Morey, Waugh, & Blashfield, 1985). 그들은 그 개정판의 분열성 척도와 MCMI-III 분열성 척도(r=.79) 및 PDQ-IV(r=.71) 간에 정적 상관을 발견하였고, 내적 일관성 신뢰도 또한 좋았다(r=.85).

분열성 성격장애에서 평가되어야 할 마지막 영역은 인지적 영역과 신경학적 영역이다. Nuechterlein 등(2002)은 UCLA 가족 연구를 통하여 정신분열병 직계 가족들의 신경 인지적 결함을 평가하였다. 연속 수행(continuous performance), 부호화(encoding), 시각 탐색(visual search)의 효율성, 연속적인 시각적 개념 추적, 어휘 그리고 DSM-III-R 분열형 성격장애 증상들을 조사한 결과, 7개의 요인이 도출되었고 그 중 하나의 요인은 "분열성 증상"이라고 명명되었다. 이 요인은 분열형 증상의 음성,

양성 증상들 및 인지적 혼란 요인과는 독립적이었다. Cuesta, Peralta와 Zarzuela (2001)는 정신증 삽화로 정신과에 입원한 환자들을 평가하였는데, Nuechterlein 등 (2002)의 결과와는 대조적으로, 그들은 성격평가 일람표(Personality Assessment Schedule; Tyrer, 1988; Tyrer & Johnson, 1996)의 분열성 차원이, 웩슬러 지능 검사 (Wechsler Adult Intelligence Scale)와 위스콘신 카드 분류 과제(Wisconsin Card Sorting Task)를 포함한 몇 가지 신경심리검사들을 통해 측정된 기억 및 실행 기능과 정적인 상관을 보인다는 사실을 발견하였다.

요약하면, 분열성 성격장애와 관련된 로샤 변인들을 조사한 연구는 거의 없다. 현재까지의 평가 연구는 분열성 성격장애가 정신분열증적 질병의 생물학적 스펙트럼 상에 위치할 수도 있다는 사실을 알려 줄 뿐이다. 진단적 면담은 타당도의 측면에서 혼합된 결과를 나타내고 있으며, 신경 인지 기능의 결함이 분열성 성격과 관련되어 있는 것 같다. 이러한 결과들은 아직 확실치 않기 때문에, 로샤검사에 대한 더 많은 연구를 통해 분열성 성격장애에 대한 평가를 향상시킬 수 있는 추가적 정보들을 얻을 수 있을 것이라고 여겨진다.

사례: Z씨(M/55)[1]

Z씨는 여러 해 동안 가끔씩 외래에서 치료받던 환자로, 저자에게 정신 분석적 치료가 의뢰되었다. 그는 정신과 의사로부터 만성적인 수면장애, 우울 그리고 성마름 등으로 항우울제를 처방받아 왔다. 하지만 오랫동안 그의 상태는 나아지지 않았고, 결국 심리치료를 시도하게 되었다.

Z씨는 10년 전인 45세 때 우체국을 퇴직하면서 '상실감'과 삶에 대한 실망감을 느꼈다. 그는 인생이 '표류하고' 있고, 자신의 기대만큼 성취하지 못했다고 느꼈으며, 그래서 자주 우울해지고 어떤 것도 할 수 없을 것 같이 느껴진다고 호소했다. 다른 사

1) 본 사례는 외국의 사례로서, 저자인 Kleiger와 Huprich가 정리한 것이다.

람과 거의 교류하지 않고 25년간 우체국에서 혼자 일해 온 그는 자신에 대한 극도의 불만족감과 자기 인생이 어떻게 이렇게 되었는지에 대한 실망감을 호소했다.

비정기적으로 받아 온 지지 치료 및 항우울제 치료에도 불구하고, 굉장한 좌절감에 시달렸다. 그는 돈을 벌지 못하고 있었으며, 적은 액수의 정부 연금으로 겨우 생활하고 있었다. Z씨는 돈을 받지 않고 친구의 편의점에서 파트타임으로 일하고 있었으며, 제대로 된 직업을 얻기 위해 계속 노력하면서 자신의 문제로 좌절감을 느끼고 있었다.

Z씨는 지난 20년 동안 어떤 것이라도 배워 보려고 노력했지만, 항상 며칠 혹은 몇 주 지나지 않아 포기해 버렸다. 그는 편의점에서 일하면서도 신문에 실린 구인광고를 살펴보고 자신이 할 수 있을 것 같은 일들에 대한 정보를 모아두었다. 하지만 정작 자신이 보낸 이력서가 받아들여졌을 때는 그 직장에 나가지 않고 다음날에도 계속 일을 찾기만 했다.

Z씨의 부모는 그가 두 살 때 이혼했으며 형제는 없다. 아버지는 1970년에 암으로 돌아가셨고, 어머니는 그가 우체국에서 퇴직할 즈음에 요양소에 계셨다. 그는 아버지와 늘 소원하게 지내왔고, 아버지에 대해서는 자신의 삶과 전혀 상관없는 존재로 자신에게 아무것도 해 준 게 없다고 느꼈다. 어머니와는 매우 가까웠지만, 동시에 역설적으로 매우 멀기도 했다. Z씨는 어머니와의 관계를 분리되어 있는 “두 개의 섬” 이라고 표현했다. 그는 어머니가 자신을 먹여 살리기 위해 공장에서 열심히 일했다는 사실을 알고 있었지만, 동시에 일과 육아에 대한 부담으로 허덕이고 있다고 생각했다. 그는 어머니가 자신을 어디든 데리고 다녔지만, 거의 말을 걸지 않았다는 사실을 기억하고 있었다.

그가 십대였을 때, 어머니는 자신이 더 이상 아들의 행동을 다루기 어렵다는 사실을 알게 되었다. 어머니는 학교에서 문제를 일으키곤 하던 그를 거의 18개월 동안 주립 병원에 입원시켰다. 이후 그는 고등학교에 진학해서 겨우 졸업한 후 군대에 입대하였다. 그리고 현역으로 짧게 복무한 뒤 군대에 남아 우편 업무를 시작하게 되었다.

Z씨는 결혼하지 않았고, 친구를 사귄 적도 없다고 느꼈다. 그와 가장 가까웠던 사람은 G씨였는데, Z씨보다 몇 살 더 많았던 그녀는 지난 25년간 어머니를 제외하고 그가 관계를 맺은 유일한 타인이었다. 그들은 관계 초기에 성관계를 맺기도 했으나 얼

마 가지 못해 정신적인 관계로 변해 갔다. G씨는 Z씨가 일하는 편의점의 소유주였으며 과부였다. 그녀는 그에게 매끼의 식사를 챙겨 주었고, 빨래도 해결해 주었기 때문에 돈을 받지 않고 일하게 된 것이다.

Z씨는 자신이 혼자 죽을 수도 있다는 근본적인 고민을 털어놓았다. 그는 늘 그래 왔듯이, 앞으로도 혼자 살 것이며 어딘가 조그만 아파트에서 죽을 것이라고 생각했다. 그는 자신의 지루하고 공허한 삶, 지겹도록 항상 똑같고 사회적 관계도 없는 삶을 싫어한다고 말했지만, 자신이 외롭고 삭막한 존재라는 것이 싫은 만큼 누구와도 관계 맺지 않고 홀로 사는 것이 편하다는 사실을 자랑스러워했다.

Z씨는 자신이 태어난 집에서 계속 살았다. 어머니의 치매가 심해질 때까지 그들은 "두 개의 섬"으로 같이 살았다. 그는 집에 있고 싶어 했으나, 가능한 한 집에 있지 않았다. G씨의 가게에서 일하지 않을 때는 시내를 운전하고 돌아다녔으며, 여기저기 커피 가게를 돌아다녔지만 누구하고도 대화하지 않았다. 한번은 어떤 종업원에게 관심을 보인 적이 있지만, 아무런 일도 일어나지 않았다.

Z씨는 몇 년마다 새로운 옷들을 구입해서는 비닐로 싸서 지하실에 보관하였으며, 그 옷들을 정기적으로 확인만 하고 입어보지는 않았다. 새로 산 옷을 입지 않는 것에 대해 그는 모호한 설명만을 되풀이했다. 즉, 옷들이 자신에게 딱 맞다고 느껴지지 않고, 더욱 중요하게는 자신이 옷에 어울린다고 생각하지 않았다. 결국 그는 매일 같은 옷을 걸쳤는데, 몸에 조일 정도로 딱 맞는 청바지와 청재킷을 입었다. 특히 그는 청재킷이 자신의 피부와 외부 환경 사이에 어떤 층을 제공하며, 이것이 자신을 편안하게 한다고 설명했다. 계절이 바뀌어 더워지면 그는 어떻게 해야할지 괴로워했다.

특히 Z씨는 거절이나 인정받지 못하는 것에 대한 두려움을 표현한 적이 없다. 그는 자기 자신이 변화하고 다른 사람들과 소통할 수 있기를 원하는 만큼, 자신의 안전을 위해 스스로를 고립시키고 분리시켜 온 방식을 포기하게 만들려는 모든 노력들—치료자의 노력을 포함하여—과 맞서 싸우고 있는지도 모른다고 말했었다. 그가 사용하는 단어들은 종종 시를 떠올리게 한다. "저는 하나의 집 안에 있는 제 자신을 발견했고, 선생님은 그걸 파괴하지 못하고 있습니다. 그곳이 바로 제가 변하기를 저항하고 있는 곳이에요. 저는 제 머릿속에 이 집을 세워 놓았고, 내 것을 지키기 위해 죽을 때까지 싸울 거예요."

이제까지 지지적인 치료를 받아 온 그는 정신분석 치료를 시작하는 데 강한 동기를 보였다. 분석이 시작되자, '생명 없음'과 '살아 있는' 것에 관련된 주제들이 명백해졌다. 그는 자신이 사람인지 기계인지, 내면이 살아 있는지 죽었는지에 대해 궁금해했으며, 이러한 질문은 역전이 경험과 함께 진행되었다. 즉, 치료자는 환자에 대해 깊은 관심을 갖게 되면서 연결되는 듯한 느낌을 받을 때도 있었지만, 이와 반대로 분석 시간 내내 흥미 없이 반복되는 내용에 대해 지루해하는 느낌을 받을 때도 있었다.

Tustin(1972)도 "사람 혹은 기계"에 대한 주제를 다루고 있는데, 많은 자폐 아동들이 "스스로를 살아 있는 인간의 경계에서 망설이고 있는 무생물로 느끼는 것 같다."라고 했으며, "살아 있는 인간이 되는 것은 상처를 입고 죽을 수도 있기 때문에 겁이 나는 것이다."라고 지적했다(p. 44).

Z씨와 치료자에 대한 애착과 의존도가 커지는 것에 대해 대화하는 동안, 그는 치료자가 자신의 대부(代父)가 되어 줄 수 있는지 궁금해했다. 치료자는 이러한 생각들을 기꺼이 다루고자 했는데, Z씨는 자신의 나이가 많다는 이유로 이 생각들이 "우스꽝스럽다."며 거부했다. 그때 그는 다음과 같이 말했다. "저는 당신이 누군가(그는 항상 자신을 제삼자로 일컫는다)의 그러한 시도를 신중하게 받아들였는지 의심스럽네요. 아마도 무의식적으로는 누군가가 그렇게 하기를 원했겠지만, 누군가가 그렇게 할 거라고 믿지는 않으면서 거리를 유지했겠죠. 결국은 그것을 원하는지, 혹은 원하지 않는지가 문제인 것 같네요."

Z씨의 로샤

정서 및 통제 군집

Z씨의 구조적 요약에서는 놀라울 정도의 내적 혼란감과 정서적 동요의 증거들이 나타났다. D와 조정된 D(Adj D)는 모두 0이었지만, 외로움이나 자기혐오, 불쾌감과 같은 주관적인 고통스러운 감정들을 심각할 정도로 경험하고 있었다. 그는 어느 정도의 지적 능력을 가지고 있었으므로 자신의 기분을 다루고자 하는 노력을 기울였지만,

한편으로는 사고가 관여하지 않는 정서적 반응성과, 또 다른 한편으로는 감정이 없는 사고 사이에서 무능력하게 동요했다. 즉, 그는 양가적인(ambitent) 문제해결 양식을 가지고 있었다. 아마도 양쪽 극단을 왔다 갔다 하는 것은 자신이 관념적인 방식으로 반응하는지, 혹은 감정적인 방식으로 반응하는지를 모호하게 만들었을 것이며, 결국에는 자기 자신에 대해 예측하기 어렵게 만들었을 것이다. 그는 정서를 강렬하게 경험했지만, 그의 감정 경험은 잘 통합되지 않고 분산되어 있었다. Z씨는 감정의 강도를 조절하거나 완화하는 데 어려움이 있기 때문에 강렬한 감정을 담아 두지(contain) 못했다(CF = 4).

로샤 기록은 Z씨가 계속적으로 분노를 통제하기 위해 분투하고 있다는 사실을 보여 준다. 6개의 공백(S) 반응과 2개의 공격적 내용(AG) 특수점수는 소화되지 않은 채 남아 있는 상당량의 공격성과 부정적인 태도를 시사한다. 첫 번째 카드에서의 두 번째 반응은 그가 자신의 점잖고 순응적인 태도 뒤에 공격성을 숨기려고 얼마나 분투하고 있는지를 보여 준다. '스텔스 전투기' 반응을 한 후, 그는 평가자가 "지루해서(boring) 죽을 지경이(to death)" 아니기를 "바랐다(hope)." 그의 말은 위험한 충동 및 이러한 충동을 없애려는 노력 모두를 드러내고 있는데, 즉 그는 평가자가 자신의 숨겨진 분노 때문에 해를 입지 않았는지 확인하고 싶은 충동을 느낀 것이다.

그의 '스텔스 전투기' 반응과 "지루해서 죽을 지경"이라는 언급은 첫 번째 카드의 첫 반응, 즉 로샤검사 전체를 여는 반응 다음으로 나타나고 있는 것인데, 첫 반응의 주제를 살펴보면 생명과 관련되어 있으면서도 무언가를 보호하는 어떤 것을 폭력적으로 빼앗기고 난 후에 남겨진 '생명 없음'을 묘사하고 있다. 그의 첫 번째 손상된(morbid) 반응인 살이 '벗겨진' 해골 반응은 감춰진 황량함과 심각한 취약성 모두에 대한 깊은 수준의 감정을 불러일으켰다. 보호를 위한 외피 없이 남겨진 것은 말라비틀어진 해골, 즉 죽고 생명력이 없는 어떤 것이었다. '조종실'과 '무기'로 끝난 그의 '스텔스 전투기' 반응이 첫 반응인 손상 반응(MOR) 이후에 나타나야만 했던 것은, 그가 자신의 취약성으로부터, 그리고 상대방을 죽일 수 있는 강력하고도 위험한 세상으로부터 멀리 달아나려는 방어적인 노력을 기울이고 있었다는 사실을 시사한다. Z씨는 더 이상 자신의 보호와 안전이 없어지거나 생명을 빼앗기는 외상과 함께 남겨지지는 않는다. 하지만 그 대신 힘과 죽음 및 파괴의 위협을 동일시하게 되었으며, 결국 그의 '벗겨진' 취약성은 로봇 같은 힘과 능력으로 대치되었다.

첫 번째 카드의 다음 반응에서, Z씨는 취약성과 공격성의 고통스러운 혼란으로부터 좀 더 멀고 고립된 개인적 조망 속으로 은둔한다. '대륙의 반사' 반응은 위협적인 혼란으로부터 거리를 두려는 또 다른 노력을 시사한다. 이러한 무생물체의 반사반응은 타인으로부터의 단절뿐 아니라 공들여 만든 고립감을 보여 준다. 그가 정의하는 대륙은 "그것을 둘러싸고 있는 텅 비고 열려 있는 공간 모두"다. 우리는 네 번째 카드(16번 반응)의 외상에 노출되고 손상된 이미지로부터 대륙의 먼 조망(VII번 카드, 19번 반응)으로 나아가는 비슷한 계열적 반응을 뒤에서 또 찾아볼 수 있었다.

중재, 관념 그리고 정보처리 군집

심각한 비논리적 사고의 징후가 없으므로 자아 강도가 시사된다. 물론 몇 개의 특수점수가 발견되지만, 양호한 수준(level 1)의 반응이므로, 기껏해야 좀 더 비구조화된 상황에서 Z씨의 사고가 약간 느슨해질 수 있다는 가능성을 시사하는 정도다. 강렬한 감정적 각성은 현실검증력 측면에서 외부 현실에 대한 정확한 인상을 형성하고 이를 내부 현실과 구별하는 능력에 부정적인 영향을 끼치는 것으로 여겨진다. 8번 카드에서의 마이너스 형태질 반응은 감정이 동요될 때 현실검증력이 퇴행한다는 사실을 보여 준다.

그럼에도 중간 정도의 람다값과 균형 잡힌 능동 대 수동(a:p) 비율은 Z씨의 심리적 자원을 시사한다. 정신적 유연성 및 경험에 대한 개방성과 관련된 표지들은 임상 자료나 과거력상에서 확인할 수 있는 그의 유연하지 못한 모습과는 대조적이다. 결국, 이러한 표지들의 존재는 다른 관점에 개방적인 태도를 취할 수 있는 그의 숨겨진 잠재력을 알려 주는 것일 수 있다. 게다가 Z씨는 복잡한 개념들을 이해하고자 노력하고 있으며, 좀 더 높은 수준으로 기능하기 위해 애쓰고 있다는 증거들이 있다. 하지만 W:M 비율은 Z씨의 노력이 자신의 실제 능력을 넘어서는 것일 수 있으며, 결국 포부와 실제 성취 사이의 간격으로 실망할 수 있음을 알려 준다.

성취의 어려움 중 일부는, 수동인간운동반응(Mp)>능동인간운동반응(Ma)가 알려 주듯이, 적응적인 문제해결 노력보다는 공상 속으로 은둔하려는 그의 성향에서 기인할 수 있다. 그는 자신의 야망을 행동 계획으로 옮기기보다는 공상으로 회피한다. 즉, Z씨는 어느 날 갑자기 변화되거나 다른 누군가가 자신을 고통에서 구원해 주는 공상을 통해 스스로를 위안하고 있을 수 있다. 둘 중 어느 것도 현실 세계에서는 일어날 것 같지 않다.

자기 지각과 대인관계 군집

Z씨의 반사된 대륙 반응은 자기 몰두를 시사하는데, 이러한 자기 몰두는 그를 단절시키며, 욕구의 충족이나 다른 사람에 대한 공감을 어렵게 만든다. 첫 번째 카드에서 첫 세 개의 반응 다음에 나오는 반응이 인간부분반응이라는 사실이 흥미롭다. 그는 행동이 얼어 버린 듯한 머리 없는 여자 반응을 하면서 Mp를 만들어 낸다. 그는 그녀가 입고 있는 '무거운 드레스나 가운'을 특히 강조하고 있다. 그녀는 손을 뻗고 있지만, 머리가 없기 때문에 전체 인간이 될 수 없고 살아 있을 수도 없다. 턱시도의 앞부분을 묘사하고 있는 III번 카드 반응과 비슷하게, 머리 없는 여자는 내면이 존재하지 않는 한 세트의 옷이나 외피에 가깝다. 결국 그에게 다가갈 수 없으며, 그도 타인에게 다가갈 수 없음을 보여 준다.

힘과 강함에 대한 공상에 몰두하거나 자기 자신을 그 누구도 필요로 하지 않는 하나의 섬으로 간주하려는 Z씨의 방어적인 노력에도 불구하고, 그의 로샤 반응들은 치열하게 싸우고 있는 내면을 드러내고 있다. 음영-차원(vista) 반응은 그의 자기 몰두가 상당한 자기혐오 및 가혹한 자기 비난을 포함할 수 있음을 시사한다. '벗겨지'거나 '찢겨진' 피부나 외피를 포함하는 여러 개의 MOR 반응은 자신이 보호되지 않고 과도하게 노출된 채로 남아 있다는 느낌뿐 아니라, 자신의 보호막이 무참히 빼앗긴 것 같은 느낌을 시사한다. 결국 남겨진 모든 것은 죽거나 끔찍하게 손상된 잔해들이다.

공격의 잔해를 포함하는 이러한 MOR 반응들은 Tustin(1972)의 캡슐화된 이차적 자폐증 및 '이차적 피부 현상'(Bick, 1968)과 관련지어 생각해 볼 수 있다. 캡슐화 및 이차적인 피부에 대한 의존은 외상적이고 때 이른 분리에 따른 위협감과 관련된 취약한 자기감, 정서를 조절할 수 있고 민감하게 반응해 주는 어머니의 부재, 그리고 어머니의 위로해 주고 지켜 주는 기능의 내재화 실패 등과 관련된다.

위험하고 위협적인 외부 세계에 대한 보호책으로서의 캡슐화는 인격을 굳어지게 하는 효과를 가져온다. 이에 따라 Z씨와 같은 분열성 성격의 사람들은 정해진 일상에 과도하게 몰두하며, 이를 자신의 신체적 생존을 보장해 주는 보호막으로 경험한다. 이러한 '갑각류' 들은 딱딱해진 바깥의 껍질이나 두꺼워진 피부 밑으로 자신의 과민성을 숨긴다. Z씨가 항상 즐겨 입는 꽉 조이는 청바지와 재킷은 '이차적 피부' 의 일종이며, 그것 없이는 과도하게 노출되어 안전하지 않다고 느낀다. 흥미롭게도 그의 26번 반응은 '갑각류' 다.

앞서 기술한 '사람-기계' 딜레마는 여러 개의 점수와 반응들에서 나타나고 있다. H:(H)+Hd+(Hd) 비율(=2:4)은 실제 사람과 동일시하는 능력이 제한되어 있음을 보여 준다. 내재화된 부분인간반응 및 비인간반응(예: Hd, Ad)이 위로해 주고 지켜 주는 실제 사람의 표상(순수 H)의 내재화 반응보다 훨씬 자주 나타났다. 몇 가지 반응들은 생물과 무생물, 인간과 비인간의 응축을 보여 준다. 예를 들면, 13번 반응은 박쥐이지만, '경첩이 달려 있는' 박쥐의 날개는 미묘한 기계화를 시사한다. 이러한 부조화의 혼합은 재질반응에서도 나타나고 있는데, 박쥐의 몸에는 '털이 있고' , 따라서 이 반응에서 느껴지는 미묘한 기이함은 접촉에 대한 갈망과 냉담하고 기계적인 무언가를 동시에 보여 준다. 이와 마찬가지로, Z씨의 VI번 카드에서의 비행기 잔해 반응(18번 반응)은 기계와 살아 있는 조직의 개념 간에 상호 침투가 일어나고 있음을 보여 준다. 하지만 전투기의 외판을 때때로 '피부' 라고도 부르기 때문에 특수점수에는 해당하지 않는다는 사실에 유의해야 한다.

Z씨는 관계를 형성하는 데 능력이 없는 것으로 보이지는 않는다(양질의 M 반응). 하지만 가까워진 관계는 공격성을 동반하는 것으로 보인다. II번 카드(6번 반응)에서, 두 마리의 동물은 코를 맞대고 있지만, 그 동물들은 방금까지 싸워서 피로 물들어 있는 늑대임이 밝혀졌다. III번 카드에서, 그는 무언가를 서로 잡아당기는 두 사람을 본다. 그 사람들은 싸우는 중이다. Z씨에 따르면, "그들은 무언가를 공유하고 있지만, 그러기를 원치 않는다." 이 반응은 앞에서 설명했던 Z씨에게 분석가가 더 중요한 존재가 되려고 할 때 나누었던 말들을 생각나게 한다. 이는 관계에서의 양가적인 갈등을 보

여 주며 갈등에서 쉽게 회피하고 방어하는 그의 성향은 다음 반응이 '턱시도나 신사복의 앞부분' 이라는 사실에서 알 수 있다.

유의미한 수의 재질반응은 Z씨의 외적인 냉담함 및 자기 총족감과 일치되지 않는 숨겨진 욕구를 보여 준다. 고양이 반응(VII번 카드, 16번 반응)은 털도 나타나지만, 가죽을 벗겨 놓은 것이고 뼈는 없앤 것이다. 접촉에 대한 갈망은 고통스러운 취약감 및 상실감과 연결되어 있다. 이는 3번 카드의 "탯줄이 달린 태아, 머리를 이렇게 웅크리고 있는 거다. 이건 탯줄이고 색깔 때문에 피가 묻은 것 같아 보인다."라는 반응(10번 반응)을 볼 때 가장 명확해진다. 생명이 달려 있는 연결이 위협받고 손상되어 있다. 파괴된 공생 관계(symbiosis)에 대해 생생하게 나타난 반응은 태아 반응 다음에 나타난 '소용돌이' 반응이다. Z씨는 이 반응에서 무생물 운동반응을 적어도 5번 언급했는데, 이는 초기 애착에 대한 위협적인 맥락에서 벗어나지 못하고 있는 강렬한 불안을 시사한다.

사실, 분열성 성격 환자들에게 재질반응이 나타나는 것은 흔치 않은 일이며, 오히려 갑각류, 기계의 외피, 감정이 돌같이 굳어 있는 것을 시사하는 화석반응, 도장이 찍혀 있는 것, 글자 반응, 기왓장, 박제 반응, 뼈 반응 등이 나타나기 쉽다. 이러한 반응들은 Z씨의 로샤 기록에서도 많이 발견되고 있으며, 화석이 되어 버린 듯한 생명력 없는 분열성 환자들의 모습을 반영한다. 하지만, Z씨의 로샤 기록에서 보이는 정서와 관련된 반응들이나 재질반응 등은 겉으로 보이는 모습과는 다르게 내면에는 강렬한 욕구와 갈등이 존재하고 있음을 알려 주며, 이는 앞서 기술했던 Kretschmer(1952)의 하위 유형 중 분열성 과민증 유형이나 정신분석적 관점의 분열성 성격 개념을 생각나게 한다. 그의 이러한 내적 욕구와 갈등, 그리고 여러 개의 해부 반응으로부터 시사되는 내면에 대한 관심 등 때문에 그는 정신분석을 받기 원했던 것일 수 있다.

Z씨가 보인 강렬한 욕구에도 불구하고, 그는 우리에게 동떨어지고 고립된 이미지로 남아 있는데, 로샤검사의 마지막 반응으로 그는 "이것들은 두 개의 섬처럼 보인다."고 했다. 텅 빈 공간이 두 개의 작은 부분들을 둘러싸고 있으며, 그것은 다른 모든 것으로부터 분리되어 존재한다.

Z씨의 로샤는 고독한 사람이 됨으로써 위안과 저주를 동시에 받았다고 느끼는 한 사람의 깜짝 놀랄 만한 정서적 복잡성과 강렬함을 보여 준다. 매우 강렬한 정서, 공상, 욕구, 갈등은 그를 보호하는 분열성 층의 두꺼운 껍질 아래 캡슐화된 채로 남아 있다. Z씨는 불안을 최소화하기 위해 단조로운 일상으로 만들어진 이차적인 피부로 자신을 감쌌다. 또한 그는 대인관계에서 만성적인 고립과 분리를 유지하고 있었으며, 어린 시절 자랐던 집에 밀착되어 있었고, 꽉 끼는 청바지와 재킷만 입고 지냈다. 이 모든 것들은 그가 애타게 기다리면서도 두려움을 주는 세상에 대한 집합적인 완충물을 형성했다. Z씨는 혼자 살면서 전혀 다른 길을 가는 세상을 등진 수행자가 아니었다. 오히려 그는 사람들 속에 있지만, 가까워지지 않고 항상 관찰하기만 하면서 지나치게 거리를 두고 지냈다. 그는 언젠가 자신을 태양의 따뜻함을 지나쳐 가면서도 따뜻함을 찾으려고 노력하는 "죽은 별"이라고 묘사한 적이 있다.

진단적으로 그를 분열성 성격보다는 회피성 성격으로 보는 것이 DSM 진단기준에는 맞을지 몰라도, 이러한 진단명은 Z씨의 불안과 내적 세상을 지나치게 단순화시키는 것으로 보인다. 특히 그에게는 수치심, 당혹감, 거절이나 인정받지 못함에 대한 두려움보다는 더 근본적인 초기 불안이 작용하고 있었다. 소멸에 대한 보다 원초적인 공포가 Z씨를 고립시켰으며 무미건조한 일상에 집착하게 만들었다.

Tustin(1972)은 '아메바' 보다는 '갑각류' 아이들을 도울 수 있는 가능성이 더 많다고 말했다. 여기서 '아메바' 는 "수동적이고 축 늘어진 아동"을 나타내기 위해 Tustin이 사용한 용어로서 아마도 Kretschmer(1925)의 공허한 분열성-무감증 하위 유형과 비슷한 의미일 것이다. 이와 대조적으로 '갑각류' 들은 캡슐화를 통해 소멸에의 위협을 다루려고 노력한다. "캡슐화는 그들을 일상적인 삶과 사람들로부터 영원히 단절시킬 것이라는 게 비극이다. 이는 그들이 평범한 내면 대신에 비범한 외피를 가졌기 때문에 일어나는 일이다."(p. 54)

Z씨는 3년 동안 500시간 이상의 정신분석을 받았다. 매일의 분석 시간은 자기 증상에 대한 무미건조한 반추와 지겨운 단조로움, 또 한편으로는 인생에서 의미가 결핍

되어 있다는 사실을 반성할 수 있는 능력의 성장, 변화에 대한 두려움, 그리고 다른 사람과의 친밀한 관계에 대한 양가적인 갈망 사이를 오락가락하는 것이 특징이었다.

Z씨는 사람들 주변에서 좀 더 편해졌으면 좋겠다고 말했지만, 분석 밖의 세계에서 그의 관계에는 거의 변화가 나타나지 않았다. 위험한 세계로 나아가는 것과 다른 사람과 관계 맺는 것을 못하게 하는 것들과의 싸움이 계속되었다. 하지만 그가 치료를 끝내겠다고 결정했을 때, 경비원으로 전일 근무를 하게 되었으며 매일 열심히 출근했다. 그는 여전히 자신을 고독한 사람으로 여겼지만, 내면이 더욱 살아 있는 것 같이 느껴진다고 말했다. 그는 자신의 머리에 "시원한 산들바람"이 부는 것처럼 느껴지고, 모든 것이 더 명확해진 것 같다고 말했다. "꽉 막혀 있던 얼음이 깨져서 물이 흘러나오기 시작한 것 같이 느껴진다. 나는 원래 내 자신의 피부가 더욱 편안하게 느껴진다."

이 장의 초점은 분열성 성격장애 환자에 대한 사례 연구이지만, 분열성 성격장애의 로샤평가에 대한 더 큰 규모의 연구들이 필요한 실정이다. 첫 번째로, 이 장에서 설명된 단일 사례 분석의 결과들을 입증하기 위한 규준 집단을 만들기 위해서는 많은 수의 분열성 성격 환자들로 이루어진 표본 집단이 필요하다. 분열성 성격 환자들은 치료 장면에서 찾아보기 어렵기 때문에 그러한 작업은 성공하기가 매우 어려울 것 같다. 하지만 분열성 성격장애에 대한 집단 자료를 제공하려는 목적으로 출판된 사례 연구들은 환자들에게 공통적으로 발견되는 로샤 패턴에 대한 지침을 임상가 및 연구자들에게 제공할 수 있을 것이다.

두 번째로, 분열성 성격장애를 평가하기 위해 로샤검사를 사용하는 것이 분열성 성격장애를 구별해 내고 그 특징을 밝혀내는 데 있어서, 자기-보고형 측정치들이나 임상적 면접과 같은 다른 도구들과 비교할 때 어느 정도의 증분 타당도를 제공하는지에 대한 연구가 필요하다. 분열성 성격장애 환자들의 분리되고 동떨어진 삶의 방식 및 분열성 성격 환자들이 자폐와 같은 정신 상태에서 살아간다는 통념을 고려할 때, 로샤검사는 그들이 경험하는 풍부한 내적인 감정생활을 밝혀낼 잠재력을 많이 가지고 있다. 그러한 설명은 분열성 환자들을 대상으로 한 치료계획을 세우는 데 있어서 임상가들에게 통찰을 제공할 수 있을 것이다.

분열성 성격과 회피성 성격은 상당한 유사점들을 가지고 있는데, 로샤검사가 분열성 성격과 회피성 성격을 변별하는 데 얼마나 도움이 되는지가 세 번째 중요한 연구 영역이 될 것이다. 이 영역은 많은 결과를 낼 수 있을 것이라고 믿는 한 가지 이유가 있다. 앞서 언급했듯이, 분열성 성격장애 환자들은 사회적 관계와 다양한 인생의 쾌락들에 의식적으로 무관심하다. 반면, 회피성 성격장애 환자들은 사회적 접촉에 대해 불안해하면서도 몹시 갈망한다. 이러한 두 가지 유형 모두 겉으로는 철수되고 제한되어 있는 모습이 나타나지만, 로샤검사는 회피성 성격장애 환자들이 더 높은 수준의 사회적 관심을 지닌다는 사실을 밝혀낼 수 있을 것인데, 이는 더 많은 수의 인간 반응을 통해 확인할 수 있을 것이다. 반면, 분열성 성격 환자들은 더 적은 수의 인간 반응을 보일 것이며 공상에 더 많이 의존할 것이다. 특히 이를 밝히기 위해 임상 면접이나 자기-보고형 측정 방법에 의존한다면 모호한 결과를 얻을 가능성이 많다.

참고문헌

Akhtar, S. (1987). Schizoid personality disorder: A synthesis of developmental, dynamic, and descriptive features. *American Journal of Psychotherapy, 61,* 499–518.

American Psychiatric Association (1968). *Diagnostic and statistical manual of mental disorders* (2nd ed.). Washington, DC: American Psychiatric Association.

American Psychiatric Association (1980). *Diagnostic and statistical manual of mental disorders* (3rd ed.). Washington, DC: American Psychiatric Association.

American Psychiatric Association (1987). *Diagnostic and statistical manual of mental disorders* (3rd ed. Revised). Washington, DC: American Psychiatric Association.

American Psychiatric Association (1994). *Diagnostic and statistical manual of mental disorders* (4th ed.). Washington, DC: American Psychiatric Association.

American Psychiatric Association (2000). *Diagnostic and statistical manual of mental*

disorders (4th ed. Text Revision). Washington, DC: American Psychiatric Association.

Battaglia, M., Berbardeschi, L., Franchini, L., Bellodi, L., & Smeraldi, E. (1995). A family study of schizotypal disorder. *Schizophrenia Bulletin, 21,* 33–45.

Beck, S. J., Beck, A. G., Levitt, E. E., & Molish, H. B. (1961). *Rorschach's Test: I. Basic Processes*. New York: Grune & Stratton.

Bick, E. (1968). The experience of skin in early object relations. International *Journal of Psychoanalysis, 49,* 484–486.

Carsky, M., & Bloomgarden, J. W. (1980). *A manual for scoring affective and schizotypal responses on the Rorschach*. Unpublished manuscript.

Coolidge, F. L., & Merwin, M. M. (1992). Reliability and validity of the Coolidge Axis II Inventory: A new inventory for the assessment of personality disorders. *Journal of Personality Assessment, 59,* 223–238.

Costello, R. M. (1989). Schizoid personality disorder: A rare type in alcoholic populations. *Journal of Personality Disorders, 3,* 321–328.

Cuesta, M. J., Peralta, V., & Zarzuela, A. (2001). Are personality traits associated with cognitive disturbance in psychosis? *Schizophrenia Research, 51,* 109–177.

Dreesen, L., Hildebrand, M., & Arntz, A. (1998). Patient-informant concordance for Structured Clinical Interview for DSM-III-R Personality Disorder (SCID-II). *Journal of Personality Disorders, 12,* 149–161.

Fairbairn, W. R. D. (1954). *An object relations theory of personality.* New York: Basic Books.

First, M. B., Gibbon, M., Spitzer, R. L., Williams, J. B. W., & Benjamin, L. S. (1997). *The structured clinical interview for DSM-IV Axis II disorders.* Washington, DC: American Psychiatric Association.

Gabbard, G. O. (2000). *Psychodynamic psychiatry in clinical practice.* Washington, DC: American Psychiatric Press.

Guntrip, H. J. S. (1968). *Schizoid phenomena, object-relations, and the self.* New York: International University Press.

Hyler, S. E. (1994). *Personality diagnostic questionnaire-4 (PDQ-4).* Unpublished test, New York State Psychiatric Institute.

Hyler, S. E., & Reider, R. O. (1987). *Personality Diagnostic questionnaire-revised (PDQ-R).* New York: Authors.

Jacobson, E. (1964). *The self and the object world.* New York: International Universities Press.

Kalus, O., Bernstein, D. P., & Siever, L. J. (1995). Schizoid personality disorder. In W. J. Livesley (Ed.), *The DSM-IV personality disorders* (pp. 58–70). New York: Guilford.

Karson, S., & O'Dell, J. W. (1976). *A guide to the clinical use of the 16PF.* Champaign, IL: Institute for Personality and Ability Testing.

Kernberg, O. (1976). *Objective relations theory and clinical psychoanalysis.* New York: Jason Aronson.

Khadavi, A., Wetzler, S., & Wilson, A. (1997). Manic indices on the Rorschach. *Journal of Personality Assessment, 69,* 365–275.

Khan, M. M. R. (1963). The concept of cumulative trauma. *Psychoanalytic Study of the Child, 18,* 286–306.

Khan, M. M. R. (1974). *The privacy of the self.* New York: International Universities Press.

Khan, M. M. R. (1983). *The hidden selves.* New York: International Universities Press.

Kretschmer, E. (1925). *Physique and character.* New York: Harcourt Brace.

Loranger, A. W. (1988). *Personality disorder examination (PDE) manual.* Yonkers, NY: DV Communications.

Loranger, A. W. (1999). *International personality disorder examination (IPDE) manual.* Odessa, FL: Psychological Assessment Resources.

Mahler, M. S. (1968). Autism and symbiosis: Two extreme disturbances of identity. In *The selected papers of Margaret Mahler* (Vol. I). New York: International Universities Press.

Millon, T. (1969). *Modern psychopathology: A biosocial approach to maladaptive learning and functioning.* Philadelphia: W.B. Saunders.

Millon, T. (1974). *Abnormal behavior and personality.* Philadelphia: W.B. Saunders.

Millon, T. (1981). *Disorders of personality: DSM III, Axis II.* New York: John Wiley.

Millon, T. (1996). *Disorders of personality and beyond.* New York: John Wiley.

Morey, L. C., Waugh, M. H., & Blashfield, R. K. (1985). MMP scales for DSM-II personality disorders: Their derivation and correlates. *Journal of Personality Assessment, 49,* 245–251.

Nuechterlein, K. H., Asarnow, R. F., Subotnik, K. L., Fogelson, D. L., Payne, D. L., & Kendler, K. S. et al. (2002). The structure of schizotypy: Relationships between neurocognitive and personality disorder features in relatives of schizophrenic patients in the UCLA Family Study. *Schizophrenia Research, 53,* 121–130.

Pfohl, B., Blum, N., & Zimmerman, M. (1995). *The structured interview for DSM-IV personality: SIDP-IV.* Iowa City: University Press.

Raine, A. (1987). Validation of schizoid personality scales using indices of schizotypal and borderline personality disorder in a criminal population. British *Journal of Clinical Psychology, 26,* 305–309.

Riso, L. P., Klein, D. N., Anderson, R. L., Ouimette, P. C., & Lizardi, H. (1994). Concordance between patients and informants on the personality disorder examination. *American Journal of Psychiatry, 151,* 568–573.

Rogers, R. (2001). *Handbook of diagnostic and structured interviewing*. New York: Guilford.

Rotter, J. B. (1966). Generalized expectancies for internal vs. external control of reinforcement. *Journal of Consulting and Clinical Psychology, 43,* 56–67.

Siever, L. J., & Kendler (1987). An interim evaluation of DSM-III categories of paranoid, schizoid, and schizotypal personality disorder. In G. Tischler (Ed.), *Diagnosis and classification in psychiatry*. Cambridge, England: Cambridge University Press.

Somwaru, D. P., & Ben-Porath, Y. S. (1995, March). *Development and reliability of MMPI-2-based personality disorder scales*. Paper presented at the 30th Annual Workshop and Symposium on Recent Developments in Use of the MMPI-2 and MMPI-A. St. Petersburg Beach, FL.

Tustin, F. (1972). *Autism and childhood psychoses*. London: Science House.

Tyrer, P. J. (1988). *Personality disorder. Diagnosis, management, and course*. London: Wright.

Tyrer, P. J., & Johnson, T. (1996). Establishing the severity of personality disorder. *American Journal of Psychiatry, 153,* 1593–1597.

West, M., Rose, S., & Sheldon-Keller, A. (1994). Assessment of patterns of insecure attachment in adults and application to dependent and schizoid personality disorders. *Journal of Personality Disorders, 8,* 249–256.

Widiger, T. A., Mangine, S., Corbitt, E. M., Ellis, C. G., & Thomas, G. V. (1995). *Personality disorder interview-IV*. Odessa, FL: Psychological Assessment Resources.

Winnicott, D. W. (1965). *The maturational process and the facilitating environment*. New York: International Universities Press.

Zimmerman, M., Pfohl, B., Coryell, W., Stangle, D., & Corenthal, C. (1988). Diagnosing personality disorder in depressed patients: A comparison of patient and informant interviews. *Archives of General Psychiatry, 45,* 733–737.

Z씨의 로샤 기록

Card	R#/ Response	Inquiry	Scoring
I	1. 나에게는 무언가의 머리처럼 보여요. 해골 같아 보이고요. 소와 비슷한 것 같아요. 눈, 입, 귀. 해골의 정면 같군요. 돌려 봐도 되나요? 아니면 이렇게 봐야 하나요? (편한 대로 하세요.)	- 눈과 귀. 해골의 정면이에요. 여기에 등도 있네요. 살점이 떨어져 나간 것 같구요, 메말라 버린 해골 같아요. 여기 눈 구멍이 있구요, 이건 입이에요. 여기는 코 부분이고요. (메마른?) 예: 그렇게 보여요. 이건 죽은 거예요. (어떤 점에서요?) 형태 때문에 그렇게 보였어요.	WSo Fo Ad 3.5 MOR,DV
	2. 또는 미래의 전투기일 수도 있어요. 날개와 몸체가 그렇고요. 이것은 조종석 같네요. 여기 무기가 있는데 다 써버렸어요. 다른 건 보이지 않네요.	- 몸체와 날개. 무기는 여기 앞부분에 있어요. 이건 꼬리에요. 스텔스 전투기 같아 보여요. 선생님도 본 적이 있을 거예요. 저는 당신이 지루해서 죽을 지경이 아니기를 바라요. (걱정되세요?) 저는 이 반응이 그럴듯한지 궁금해요. (스텔스요?) 모양이 그래요. 이 각도나 넓은 몸체가요.	Wo Fu Sc 1.0
	3. 또 대륙 같아 보이기도 해요. 만약 대륙이라면 거울에 반사된 모습이에요.	- 거울에 대륙이 반사된 거예요. (무엇 때문에 대륙처럼 보여요?) 이 경계 부분이요. 이것이 분할선이 될 수 있을 것 같아요. 이건 거울이 될 수 있겠네요. 여기는 대륙을 둘러싸고 있는 바다처럼 보여요. (바다요?) 이걸 둘러싸고 있는 텅 빈 열린 공간 때문이에요.	WS+ Fru Ls 4.0
	4. 중간 부분이 여자 몸인 것 같아요. 손을 뻗고 있지만, 머리는 없어요.	- 허리 선 윗부분인 것 같아요. 무거운 드레스나 가운 같은 걸 입고 있어요. 여기 이건 벨트의 버클 같아요. 이걸 손으로 이렇게 잡고 있어요. (무거운 드레스요?) 몸 전체를 덮은 드레스로 옛날 드레스에요. (버클은요?) 중간에 있어서요. 엉덩이 바로 위에요.	Do Mpo Hd INC,MOR,PHR
II	5. 이것도, 가운데에는 비행기 같고요, 여기 뒤에 빨간 부분은 배기가스 같아요. 여기는 조종석 같아요.	- 미래의 비행기. 선단, 주 몸체, 날개. 이건 뒷부분이고, 이건 배기가스에요. (그렇게 보이는 이유는요?) 검은 부분에 줄이 있는 것 같고 여기 꼬리 부분에서 나오고 있는 게 배기가스나 불 같았어요.	DS+ ma.CFo Sc,Fi 4.5
	6. 이건 두 마리 동물 같아요. 여기 검은 부분이요. 이건 주둥이. 두 마리의 개. 코를 맞대고 있는 늑대들. 붉은 점들은 그들이 이제까지 싸웠다는 걸 의미해요. 이건 피거든요.	- 코를 맞대고 있는 두 마리의 개나 늑대요. 이것들이 피 같아서 싸우고 있는 것처럼 보여요. (피요?) 이건 정말 피 같고, 싸우는 것 같아요. 색깔 때문이에요. 이건 피가 묻어서 마른 것 같아요. (말랐다고요?) 누군가 피를 손에 묻혀서 칠한 것 같아요.	D+ FMa.CFo (2) A,Bl 3.0 AG,PHR

Card	R#/ Response	Inquiry	Scoring
	7. 이건 건물의 첨탑 같아요. 그것 뿐이에요.	- 교회 같아 보이기도 해요. 이건 건물의 몸체 같고, 지붕은 여기 있어요. 여기는 진입로와 통로고요. 인도가 입구까지 이어져 있어요. 이건 첨탑 부분이에요.	DdS+ Fu Sc 4.5
III	8. 이것은 두 사람이 여기 아래에 있는 무언가를 잡아당기고 있는 것 같아요.	- 여기, 두 개의 머리와 잡아당기고 있는 몸이 있어요. 이건 전부 몸이에요. 이건 머리고요. 이렇게 잡아당기고 있는 것 같아요. 중간에 있는 이건 그들과 어떤 관련이 있는지 잘 모르겠어요. 그들은 무언가 공유하고 있지만, 그러기를 원치 않기 때문에 일어난 갈등 상황이에요.	D+ Mao (2) H P 3.0 AG,PHR
	9. 또 턱시도나 신사복의 앞부분일 수도 있어요. 이건 빨간 나비넥타이고요. 이건 몸이나 신사복이고, 여기는 옷깃이에요.	- 이 부분은 셔츠 부분이고 이건 나비넥타이예요. (턱시도요?) 처음 떠오른 건 넥타이였는데, 나비넥타이는 보통 턱시도와 같이 입잖아요. 신사복 같은 경우는 색깔 때문에도 그래요. 검은색이 들어간 흰색 셔츠와 빨간 타이에요.	DdS+ FC′.FC- Cg 4.5
	10. 여기 두 부분들은요, 탯줄이 달린 태아들 같아요.	- 머리를 이렇게 웅크리고 있는 거예요. 이건 탯줄이고, 색깔 때문에 피가 묻은 것 같아 보여요.	Do Mp.CFu (2) H,Bl MOR,PHR
	11. 이건 약간 사발 같기도 하고 소용돌이같이 움직이는 것 같아요.	- 사발 모양의 소용돌이예요. 조리용 그릇 같아요. 회전하고 있는 것 같고요. 여기 선들이 있어서 움직이는 느낌이 드는데, 움직이는 것 같은 인상을 받았어요. 돌고 있는 것 같아요. 적어도 움직이는 느낌이 들어요.	Do mau Hh
IV	12. 만화에 나오는 몬스터들 중 하나 같아요. 정말 키가 크고요, 일본 몬스터 같아요. 몸, 발, 팔, 머리	- 일본풍의 몬스터 중 하나예요. (어떤 점에서요?) 키가 크기 때문이에요. 저기 서 있는 것처럼 보이고, 그걸 올려 보는 것 같아요. 이건 발이에요. 이건 몸이고, 대부분 모양 때문에 그래요. 일본식의 프린트라서 거칠어요. 저는 싸구려 같다고 말하긴 싫지만, 누더기 같이 질이 나빠 보여요. 일본 영화를 보신 적이 있다면 아실 텐데, 특수 효과가 영 좋지 않아요.	Wo FDo (H) P 2.0 GHR
	13. 이건 거의 박쥐 같아 보여요. 날개, 머리, 집게 발, 꼬리. 가운데는 척추가 있어요. 저한테는 그렇게 보여요.	- 날개, 머리, 집게 발. 날개의 이 지점에는 경첩이 달려 있어요. 박쥐 모양이고 거의 흡사해요. 몸에는 털이 있는 것처럼 보여요. (어떤 점에서요?) 이 부분들요. 여기는 이 부분보다 더 어두워서 털이 있는 것처럼 보이고, 이 부분은 털이 없는 것 같아요. 그냥 피부 부분이다.	Wo FTo A 2.0 DV

Card	R#/ Response	Inquiry	Scoring
V	14. 양쪽 각도에서 봤을 때 이건 나비와 많이 닮았어요. 다리와 더듬이에요.	- 원래 왕나비예요. 등을 따라서 융기들이 나 있어요. 머리에는 안테나가 달려 있어요.	Wo Fo A P 1.0
	15. 여기 이 부분은 얼굴, 코, 이마, 입 같아 보여요.	- 이마, 코, 입. 둘이 똑같은데 반대편을 보고 있어요. 평범한 남자의 얼굴이고요, 코는 크네요. 남자 같이 생겼어요.	Dd+ Mpo (2) Hd 5.0 PHR
VI	16. 이건 가죽을 벗겨 놓은 것 같아요. 말라 있고 벗겨져 있어요. 고양이 같은 것의 가죽이에요. 이건 머리이고, 이것은 두개골을 둘러싸고 있는 가죽이에요.	- 말라 있고, 벗겨진, 고양이 같은 거예요. 가죽을 벗겨서 뼈들을 빼내면 이렇게 될 거예요. 머리, 코, 몸통이에요. (피부?) 고양이의 코는 털이 있는 것 같아요. 이것들은 수염이에요. (털?) 색깔 때문이에요. 재질이 그래요. 이건 가죽이 벗겨진 동물이에요.	Wo FTo A P 2.5 MOR
	17. 끝쪽을 보면 어떤 식물 같아요. 덤불이에요. 이건 뿌리 기관이에요. 이건 뿌리의 중심이고, 여기에는 곧은 뿌리들이 있어요.	- 덤불 같은, 어떤 덤불 종류예요. 이것은 뿌리 중심이고 모든 곧은 뿌리들이 양쪽에 나 있어요. 마치 조각된 것처럼 보여요. 뭐라고 부르면 될까요? 잘 다듬어서 인공적으로 모양을 낸 것 같아요.	Wo Fo Bt 2.5
	18. 또, 이건 무언가의 잔해 같아요. 비행기요. 이건 외판(skin)이에요. 제 생각에는 그래요.	- 외판 뒤쪽의 조각이에요. 비행기의 끝부분. 이건 타 버렸거나, 비행기의 주 몸체에서 떨어져 나온 거예요. 둘레가 똑같이 떨어져 있기 때문에 날개의 한 부분이었을 거예요. 이 얼룩 때문에 불탄 것처럼 보여요. (이건요?) 연기와 열기 같아요. 불 같고요. 숯같이 까맣기 때문에 높은 온도에 노출되었던 것처럼 보여요. 이 모양은 비행기의 기체 같이 둥근 모양이에요.	Wo C′ Fu Sc 2.5 MOR
VII	19. 이건 대륙 같아요. 바로 여기는 해안가나 바다 같아 보여요. 이건 바다와 이어진 강 같고요.	- 이것은 대륙이에요. 이건 해안가로 가는 입구예요. (어떤 점?) 다른 색깔이요. 지도의 지형도 같아요. 다른 높이를 더 어두운 다른 색깔로 표현한 것 같아요. 이건 대륙으로부터 바다로 흘러들어 가는 강이에요.	WS+ VFu Ls 4.0
	20. 이것은 만화에 나오는 인디언 머리 같아요. 이것은 깃털일 거예요. 여기는 몸과 가슴의 일부분이에요. 저는 그렇게 봤어요.	- 깃털, 머리, 입, 몸. 머리의 모양이 만화에 나오는 것 같아요. 여기는 깃털.	Do Fo (2) (Hd) P GHR

Card	R#/ Response	Inquiry	Scoring
VIII	21. 이것은 생물시간에 봤던 것 같아요. 무언가 해부해 놓은 것 같아요.	- 생선이나 개구리. (어디?) 모든 펼쳐진 모양이 그래요. 여기 내장이 있어요. 이 부분은 척추와 뼈 부분 같아요. (어떤 점?) 색깔이 그렇고 모양도 그래요. 제가 말한 것처럼 뼈 부분이요. 이건 중추 신경계 같아요.	Wo CF- Ad 4.5 MOR
	22. 이 각도에서 볼 때 양쪽 벽을 오르고 있는 고양이 같아요. 절벽을 오르고 있어요.	- 여기는 바위가 많은 영역이에요. 바위 부분을 타고 있는 것 같아요. 다리, 몸. (바위요?) 위치가 그래요. 이 다리는 더 높고, 그래서 오르고 있는 것 같아요.	W+ FMao (2) A P 4.5
	23. 이건 불가사리와 약간 비슷하다. 다섯 면이 있어요. 머리에요.	- 다섯 개의 뾰족한 부분이 있어요. 머리는 뚜렷하지 않아요.	Wo F- A 4.5
IX	25. 이것은 산 같은 바위층 같아요. 이 부분이요.	- 울퉁불퉁해요. 바위가 많아요. 각 바위마다 다른 그림자가 있어요. 산꼭대기에요.	Do FYu Ls
	26. 여기 이것은 발 달린 갑각류, 바닷가재 종류 같아요.	- 갑각류 종류예요. 주 몸체. (어떤 점?) 꼭대기 부분이 중요했어요. 이건 발 같아요.	Do Fu A
	27. 이 녹색 부분은 사람의 골반 부분과 약간 닮아 있어요.	- 이것은 골반 부분 같아요. (어떤 점?) 여기 빈 공간과 모양 때문이에요.	Do F- An
	28. 이것은 해부학적으로 폐 같아요. 저는 그렇게 생각해요.	- 여기 두 개요. 허파 같은 모양이에요.	Do F- (2) An
X	29. 어떤 생물체 같아요. 게 종류 같아요. 여기 파란 두 부분이요.	- 몸 부분과 몸을 둘러싼 다리 부분 때문에 그런 생각이 들었어요.	Do Fo (2) A P
	30. 여기 밑에 있는 두 개는 물속에 있는 것 같은데, 물속에 사는 어떤 벌레 같아요.	- 몸 같은 모양에 긴 다리가 있어요.	Do Fo (2) A
	31. 이 부분도 어떤 동물의 뼈대 같아요.	- 갑각류요. 뼈나 다른 어떤 것이요. (어떤 점?) 여기 늑골 부분 때문이에요. 척추, 몸체. 남자 같아요. 이렇게 돌리면요.	Do Fu An
	32. 이것은 두 개의 섬처럼 보여요.	- 섬 모양으로 생겼어요.	Do Fu (2) Ls

구조적 요약표

Location Features		Determinents Blends		Single		Contents		Approach		
						H	= 2	I	WS,W,WS,D	
Zf	= 19	FM.CF		M	= 3	(H)	= 1	II	DS,D,D,DdS	
ZSum	= 63.0	FC′.FC		FM	= 1	Hd	= 2	III	D,DdS,D,D	
ZEst	= 63.0	M.CF		m	= 2	(Hd)	= 1	IV	W,W	
				FC	= 0	Hx	= 0	V	W,Dd	
W	= 13			CF	= 1	A	= 10	VI	W,W,W	
D	= 15			C	= 0	(A)	= 0	VII	WS,D	
W+D	= 28			Cn	= 0	Ad	= 2	VIII	W,W,W,Dd,D	
Dd	= 4			FC′	= 0	(Ad)	= 0	IX	D,D,D	
S	= 6			C′F	= 1	An	= 3	X	D,D,D,D	
				C′	= 0	Art	= 0		Special Scores	
				FT	= 2	Ay	= 0			
DQ				TF	= 0	Bl	= 2		Lv1	Lv2
+	= 9			T	= 0	Bt	= 1	DV	= 2×1	0×2
o	= 23			FV	= 0	Cg	= 1	INC	= 1×2	0×4
v/+	= 0			VF	= 1	Cl	= 0	DR	= 0×3	0×6
v	= 0			V	= 0	Ex	= 0	FAB	= 0×4	0×7
				FY	= 1	Fd	= 0	ALOG	= 0×5	
				YF	= 0	Fi	= 1	CON	= 0×7	
	Form Quality			Y	= 0	Ge	= 0	Raw Sum6	= 3	
	FQx	MQual	W+D	Fr	= 1	Hh	= 1	Wgtd Sum6	= 4	
+	= 0	= 0	= 0	rF	= 0	Ls	= 4			
o	= 15	= 3	= 14	FD	= 1	Na	= 0	AB	= 0	GHR= 2
u	= 12	= 1	= 10	F	= 15	Sc	= 4	AG	= 2	PHR = 5
-	= 5	= 0	= 0			Sx	= 0	COP	= 0	MOR= 6
none	= 0	= 0	= 0			Xy	= 0	CP	= 0	PER = 0
				(2)	= 10	Id	= 0			PSV = 0

Ratio, Percentages, and Derivations									
R	= 32	L	= 0.88			FC : CF+C	= 1 : 3	COP= 0 AG	= 2
						Pure C	= 0	GHR : PHR	= 2 : 5
EB	= 4 : 3.5	EA	= 7.5	EBPer	=N/A	SumC′:WSumC	= 2 : 3.5	a : p	= 5 : 3
eb	= 4 : 6	es	= 10	D	= 0	Afr	= 0.60	Food	= 0
		Adj es	= 9	Adj D	= 0	S	= 6	SumT	= 2
FM	= 2	SumC′	= 2	SumT	= 2	Blends : R	= 3 : 32	Human Cont	= 6
m	= 2	SumV	= 1	SumY	= 1	CP	= 0	Pure H	= 2
								PER	= 0
								Isol Indx	= 0.16

a : p	= 5 : 3	Sum6	= 3	XA%	= 0.84	Zf	= 19	3r+(2)/R	= 0.41
Ma : Mp	= 1 : 3	Lv2	= 0	WDA%	= 0.86	W : D : Dd	= 13 : 15 : 4	Fr+rF	= 1
2AB+Art+Ay	= 0	WSum6	= 4	X-%	= 0.16	W : M	= 13 : 4	SumV	= 1
MOR	= 6	M-	= 0	S-	= 1	Zd	= 0.0	FD	= 1
		Mnone	= 0	P	= 7	PSV	= 0	An+Xy	= 3
				X+%	= 0.47	DQ+	= 9	MOR	= 6
				Xu%	= 0.38	DQv	= 0	H : (H)Hd(Hd)	= 2 : 4

PTI= 0 DEPI= 6* CDI= 1 S-CON= 6 HVI= No OBS= No

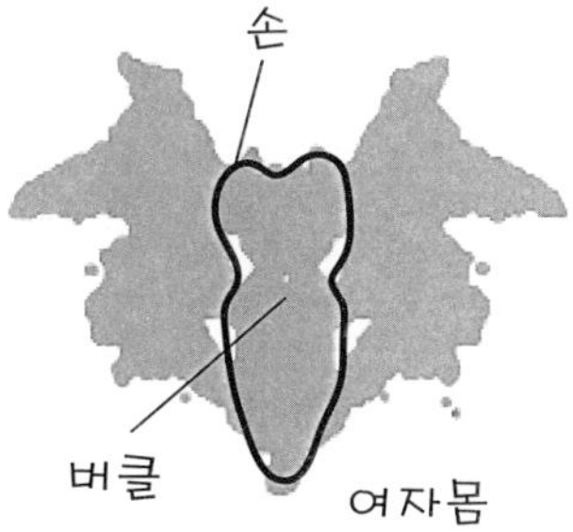

I

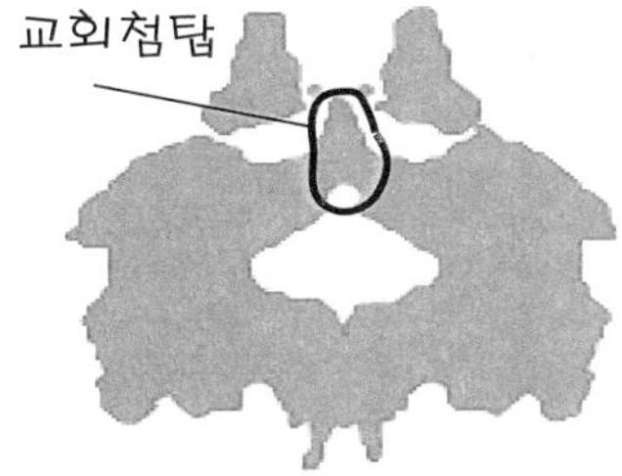

II

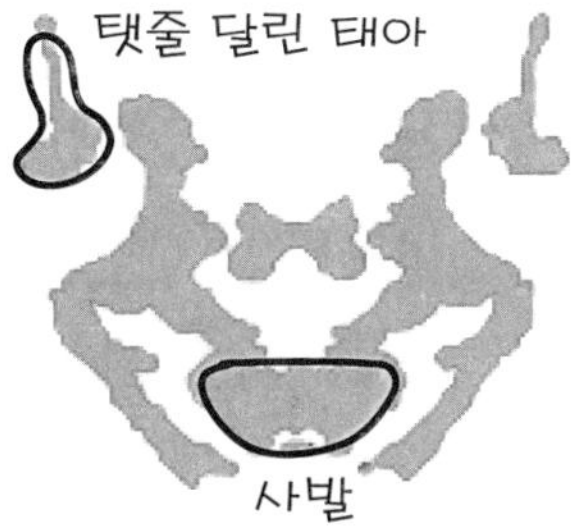

III

IV

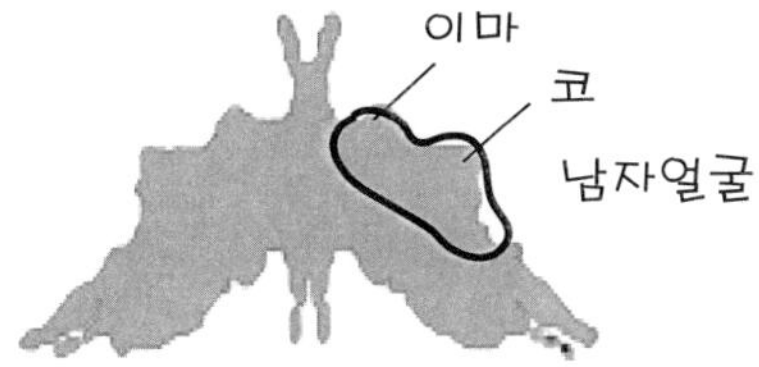

V

VI

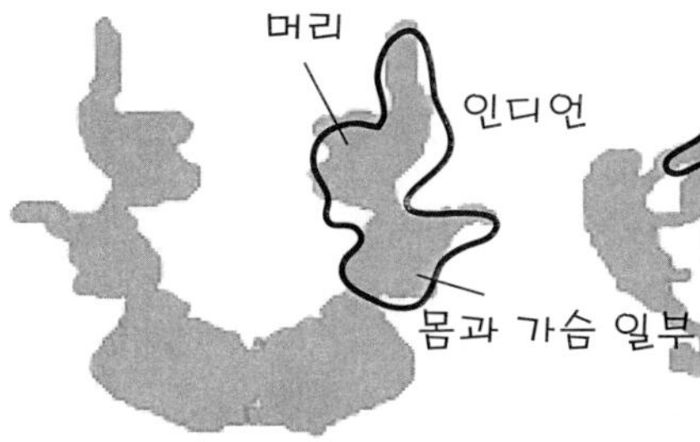

VII

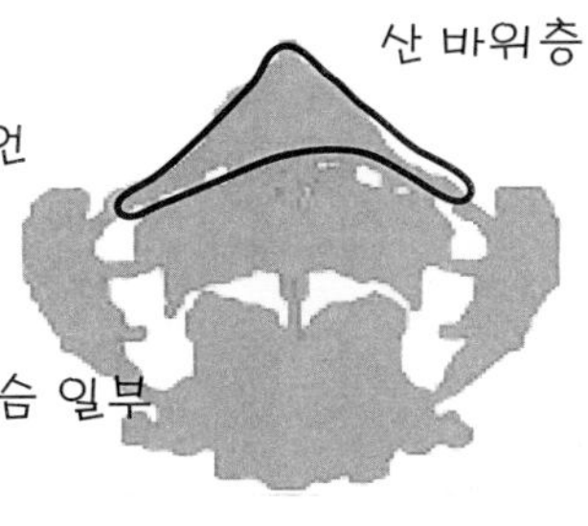

VIII

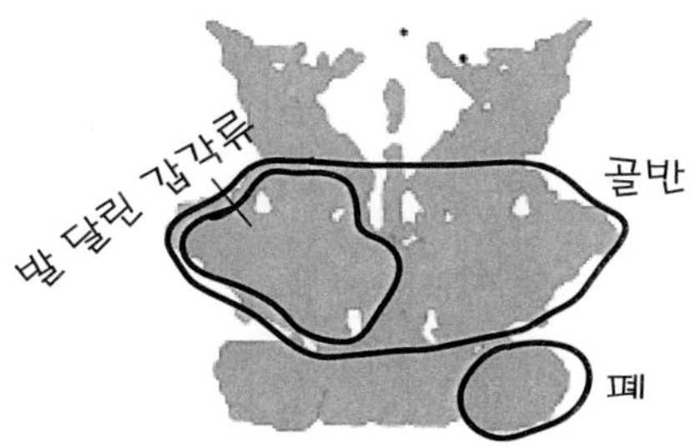

IX

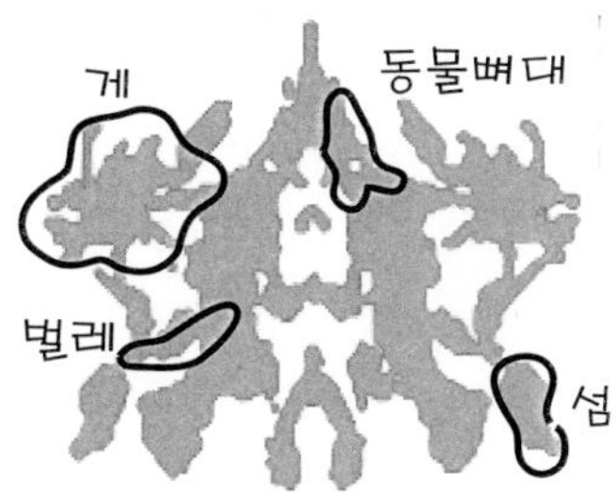

X

05
분열형 성격장애의 로샤평가

'이상함' '독특함'은 분열형 성격장애(Schizotypal personality disorder)와 관련하여 가장 흔히 쓰는 말이다. 이 성격장애는 다른 어느 성격장애보다 특징적인 만성적인 심리 사회적 기능장해뿐만 아니라 기능 손상을 불러일으키기도 한다(Skodol et al., 2002). 이러한 어려움은 청소년기나 성인기 초기부터 시작된다(APA, 2000). 분열형 성격장애 환자들의 일차적인 어려움은 인지, 지각적 왜곡, 행동적 특이성, 대인관계 문제에 놓여 있다.

'분열형'이라는 용어는 1950년대 뉴욕의학아카데미에 발표된 논문에서 Rado가 처음 사용하였다. Rado(1953)는 용어를 정의하고 확장하여 미국정신의학회에 제안하였다. 그는 장애의 유전적 요인인 유전형(genotype)과 발현된 표현형(phenotype)을 구분하였으며, '정신분열 표현형'(schizophrenic phenotype)을 줄여 '분열형'(schizotype)이라 명하였다. 그는 정신증으로 발현되었는지의 여부와 상관없이, 이들에게 아동기에서부터 시작되는 기저의 특질이 있다고 보았으며, 이러한 분열형의 정

Dana Deardeuff Foley / Veteran Affairs Medical Center, Oklahoma City

신역동적 특질을 '분열형 구조'(schizotype organization)라 정의하였다.

Rado(1953)는 분열형 환자들의 기본 구조에는 대체로 부적절한 무엇이 관여하는데, 즉 "즐거움을 통합하는 능력에 결함"이 있다고 언급하였다. 쾌락과 즐거운 감정을 경험하는 능력은 수행을 이끌어 내는 동기의 힘으로 작용한다. Rado는 분열형인 사람들은 즐거움을 경험하는 이러한 능력이 손상되어 있다고 하였고, 이에 따라서 기능 수준이 저하된다고 보았다. 이들은 다른 사람과 상호작용할 때 자신의 부적절성과 정서 경험의 결함을 인식하고 있기 때문에, 관계를 충족시키려는 욕구는 만족될 수 없다. 따라서 충족되지 않는 욕구와 관계의 문제가 축적되면서 자기 충족적 예언(self fulfilling prophecy)이 발생할 조건이 마련된다. 어떤 개인들에게 이러한 어려움은 심리적인 방어기제의 붕괴로 나타나고, 이것은 정신분열증으로 발현될 수 있다 .

Meehl(1962)은 유전적 요소로서 '분열유형'(schizotaxia)이 사회적 학습의 과거력에 따라 Rado의 '분열형'으로 발달할 수 있다고 하였다. 예를 들어, '분열유형'인 누군가가 어린 시절에 방임이나 학대를 경험하면 분열형이 될 가능성이 높다. Meehl은 분열유형이 그저 발현되는 일은 없다고 하면서, 가장 강력한 발현 요인은 정신분열을 유발하는 양육자에게 있다고 하였다. 정신분열을 유발하는 양육자가 있는 사람들은 정신분열증을 보이거나, 보다 덜 심각한 진단으로 '분열전형'(schizotypy)이 될 수 있다. 즉, 분열유형으로 명명되는 사람들은 성격 구조상 '분열전형'이지만, 성격 구조의 수준은 다른 요인의 영향을 받는다고 한다. 이를테면, 정신분열을 유발하는 양육자의 질 낮은 사회적 훈육은 방어기제를 붕괴시켜 정신분열증으로 이어질 가능성을 높인다. Meehl은 인지적 실수, 무쾌락증, 양가성, 대인관계 회피의 네 가지 분열형 특징을 제안하였다.

분열형 성격장애는 DSM-II(APA, 1980)에 이르러서야 진단 체계에 포함되었다. 이렇게 범주화되기 이전에 분열형 성격장애는 '경계선(borderline), 잠복성(latent), 일시적(ambulatory) 정신분열증'으로 진단되었다(Carr, Schwartz, & Fishler, 1989). 더하여, 분열형 성격장애는 정신분열증과 부분적으로 관련되어 있다고 정의된 최초의 성격장애였다(Siever, Bernstein, & Silverman, 1995). DSM-III(APA, 1980)에서는 이 성격장애의 핵심 특징을 일컬어 "사고, 지각, 언어, 행동에 갖가지 기묘함을 보이지만 정신분열증으로 진단될 정도의 심각한 수준은 아니다."라고 기술하였다. 분열형 성격장애가 있는 사람들이 정신증을 보일 수 있기도 하지만, 정신증은 일시적이고 극심한 스트레스 상황에서 발생하는 것으로 규정하였다.

DSM-III(APA, 1980)의 원래 진단에서는 마술적 사고, 관계사고, 사회적 고립, 반복적 착각, 기묘한 말투, 제한되고 부적절한 정동에 따른 라포 형성의 어려움, 의심과 편집증적 사고, 사회불안 중 네 가지의 증상을 요구하였다. DSM-III-R(APA, 1987)에 이르러서는 다섯 가지 증상을 요구하게 되었으며, 다음 기준을 포함시켰다. "행동이나 외모가 기묘하고, 특이하고, 이상하다." DSM-IV-TR(APA, 2000)에는 이전 기준에서 특별히 변화된 것이 없다.

저명한 성격장애 이론가인 Kernberg(1967)와 Millon(1969)은 분열형 성격장애가

〈표 5-1〉 **분열형 성격장애의 DSM-IV-TR 진단기준**

A. 가까운 대인관계에 대한 급성의 고통과 가까운 관계를 맺는 역량 저하가 특징적인 사회적 대인관계 결함, 인지 및 지각적 왜곡, 행동적 특이성의 광범위한 양상이 초기 성인기에 시작하여 여러 상황에서 나타나며, 다음 중 다섯 가지(혹은 이상)의 항목을 충족시킨다.

1. 관계사고(관계망상은 제외)
2. 하위문화 규범에 일치하지 않으며 행동에 영향을 미치는 기이한 신념 혹은 마술적 사고(예: 미신, 천리안, 텔레파시, '육감'에 대한 신념, 아동이나 청소년에게서는 기이한 환상이나 집착으로 나타남)
3. 유별난 지각 경험, 신체적 착각을 포함
4. 기이한 사고와 언어(예: 모호하고, 우원적이고, 은유적인, 과도하게 윤색된 혹은 상동증적인)
5. 의심 혹은 편집증적 사고
6. 부적절하고 제한된 정동
7. 기이하고, 독특하고, 특이한 행동 혹은 외모
8. 직계 가족을 제외하고는 가까운 친구나 마음을 털어놓을 수 있는 사이가 없음
9. 자기에 대한 부정적 판단보다는 편집증적 두려움과 관련된 사회불안으로 친근함을 통해서도 줄어들지 않음

B. 정신분열증, 정신증적 양상이 동반된 기분장애, 기타 정신증적 장애, 혹은 전반적 발달장애의 경과 중에만 나타나는 것이 아님

주: 정신분열증 발병 이전에 규준을 만족시켰을 경우, '병전'을 첨가(예: '분열형 성격장애[병전]').

가장 심각한 성격장애 중 하나라고 보았다. 그들은 분열형 성격장애가 있는 사람들의 내적 성격 역동은 너무나 손상되어 있어서, 방어의 실패를 강화하고 보강하기 위해 필요한 사회적 연결과 지지를 유지하는 것조차 손상되어 있다고 보았다.

분열형 구조에는 여러 차원이 있다. Meehl(1962)이 기술한 네 가지 분열형 특질은 최근의 기술과 거의 유사하다. Venables(1995)는 네 가지 요인을 기술하였다. 양성 분열유형(인지-지각 결함), 음성 분열유형(내향성 무쾌락증), 사회불안, 정신분열성/부적합성이다. 그는 두 가지 일반적 요인인 양성 분열유형과 음성 분열유형이 정신분열증 양성 및 음성 증상과 관련되어 있다고 언급하였다.

최근의 여러 연구들도 분열형 성격장애가 여러 요인들의 하위 유형으로 구축된 다차원적 구성개념일 수 있다고 제안하였다(Fossati et al., 2001; MacDonald, Pogue-Geile, Debski, & Manuck, 2001; Torgersen et al., 2002; Weinstein & Graves, 2001). Fossati 등(2001)은 DSM-IV 분열형 성격장애의 아형을 설명할 수 있는 세 가지 잠재적 부류를 발견하였다. 이는 분열형 성격장애가 다차원적 구성개념이라는 생각을 지지한다. 세 가지 잠재적 부류에는 다음이 포함된다. (a)군: 가까운 친구가 없다, (b)군: 기묘한 사고, 의심, 부적절한 정동, (c)군: 의심, 관계사고 및 가까운 친구가 없음. 저자들은 대부분의 참여자들이 (a)군에 속해 있다는 것을 발견하였는데, 여기에는 대인관계 어려움, 회피 및 무관심이 특징적이었다. 한편, (c)군은 분열형 성격장애의 진단적 효율성을 가장 높게 보유하고 있었다. (c)군은 기묘한 사고, 관계 무관심, 사회적 회피, 과도한 사회불안을 포함한다. 이러한 특징은 다른 연구(Kendler, McGuire, Gruenberg, & Walsh, 1995; Torgersen, 1984)에서 밝혀진 특징들과 유사하였는데, 이들 연구에서는 이러한 특징들이 정신분열증의 친족에게서 일반적으로 발견되는 특징이라는 점을 밝혔다.

Carr 등(1989)은 분열형 성격장애 진단이 생기기 이전에, 이러한 사람들에 대한 임상적 기술은 경도 혹은 잠재적 급성 정신분열증의 기술과 유사하다고 언급하였다. 사실상, 정신분열증 환자의 일차 가족에게서 분열형 성격장애가 가장 많이 발견된다(APA, 2000). 최근 들어, 분열형 성격장애가 '정신분열증 스펙트럼'으로 명명되는 스펙트럼에 놓인다는 제안이 많다(Waldeck & Miller, 2000). 이 스펙트럼은 축 I 장애로서 정신분열증과 기타 정신증 장애를 포함하며, 축 II 장애로서 A군 성격장애를 포함한다. 이러한 연속선상에서 정신분열증은 최극단에 놓인다. 하지만 현 진단 체계는 축 I 진단과 축 II 진단을 같은 선상에 연결 짓는 개념화를 인정할 수 없게 되어 있어, 이렇게 스펙트럼으로 보는 것에 대한 문제점도 제기되고 있으나(Siever et al., 1995), 많은 연구들은 이를 지지하고 있다.

분열형 성격장애와 정신분열증 연구

몇몇 연구들은 정신분열증 일가 친족과 분열형 성격장애와의 관계에 대하여 연구하였다. Torgersen, Onstad, Skre, Edvardsen과 Kringlen(1993)은 정신분열증 직계 가족의 쌍둥이와 친척들 사이에서 분열형 성격장애가 빈번하게 나타난다는 점을 발견하였다. Kendler 등(1993)은 다른 집단보다 정신분열증 일가 친족들에게서 분열형 성격장애가 다섯 배 이상 높게 나타났다고 보고하였다. 이 연구에서 분열형 성격장애는 일반 집단에서 1.4%, 정신분열증 가족에게서는 6.9%가 나왔다고 보고되었다. 따라서 이들은 분열형 성격장애가 정신분열증과 유전적으로 강한 관계가 있다고 결론지었다.

많은 연구자들은 이 장애를 정신분열증과 관련하여 개념화한다(Coleman, Levy, Lenzenweger, & Holzman, 1996; Eckblad & Chapman, 1983; Kendler, 1985; Kendler, Masterson, Ungaro, & Davis, 1984; Kernberg, 1984; Siever et al., 1991, 1995; Torgersen et al., 1993; Trestman et al., 1995). Coleman 등(1996)은 분열형 개인들이 정신분열증 환자 및 이들의 일가 친족과 사고장애 지표(Thought Disorder Index: TDI; Solovay et al., 1986; 추후 기술)에서 유사한 수준을 보였다고 하였다. 이들은 분열형 개인들이 보이는 사고장애의 질이 정신분열증 환자들과 매우 유사하다고 결론 내렸다. 마찬가지로, Trestman 등(1995)은 분열형 성격장애 환자들이 위스콘신카드분류검사(Wisconsin Card Sorting Test)와 선로찾기-B검사(Trail Making Test-B) 수행 시 어려움을 보였다고 밝혔다. 이러한 어려움은 정신분열증 환자의 어려움과 유사하였다. 더하여, 분열형 성격장애 환자들의 수행 점수는 정신분열증 환자 집단과 건강한 정상집단의 점수의 중간에 위치하였다.

Torgersen 등(2002)은 정신분열증 환자들의 일가친척 혹은 쌍둥이 형제였던 분열형 성격장애 환자들, 정신분열증 환자 가족력이 없는 분열형 성격장애 환자들, 분열형 성격장애 혹은 정신분열증 환자 가족이 없는 기타 정신과 장애 환자들, 그리고 정신과 집단 혹은 분열형 성격장애 및 정신분열증 환자 가족력이 없는 통제집단을 비교하는 연구를 진행하였다. 이 연구에서 분열형에는 정신분열증과 관련된 유전적 핵심이 있다는 점을 발견하였다. 분열형 성격장애 환자들은 모든 분열형 특징 측정치에서 통제집단보다 더 높은 점수를 보였다. 정신분열증의 가족력이 있는 분열형 성격장애 환자들은 가족력이 없는 분열형 성격장애 환자들보다 부적합한 라포, 기묘한 언어, 음성 분열형 특성에서 높은 점수를 보였다. 한편, 정신분열증의 가족력이 없는 분열형 성격장애 환자들은 가족력이 있는 분열형 성격장애 환자들보다 관계사고, 의심/편집사고, 사회불안/평가에 대한 과도한 예민성 등 양성 분열형 특징에서 높은 점수를 보였다. 또한 이들은 자기파괴적 행동, 만성적 분노/적대감, 유동 불안, 거절에 대한 민감성 등 경계선 성격장애 특질들에서도 높은 점수를 보고하였다. 이러한 경계선 특질들은 정신분열 가족 스펙트럼이 없는 분열형 성격장애 환자들에게서만 발견되었다. 정신분열증 환자의 일란성 쌍둥이로서 정신분열증이 아닌 사람들도 부적합한 라포, 기묘한 언어, 사회적 고립, 망상/환각 등의 척도에서 높은 점수를 보고하였다. Torgersen 등(2002)은 정신분열증 환자 가족으로서 분열형 성격장애 환자들의 유전적 특성의 핵심은 부적합한 라포, 기묘한 언어, 사회적 고립, 망상/환각 등을 포함한다고 결론지었다. 정신분열증 가족력이 없는 분열형 성격장애의 유전적 핵심은 착각, 이인증/비현실감, 마술적 사고를 아우르는 것으로 나타났다.

Siever 등(1995)이 진행한 연구도 분열형 성격장애와 정신분열증의 강한 연관성을 지지하였다. 이들은 정신분열증 환자의 친척 내에서 정신분열증보다는 분열형 성격장애가 더 많이 발견된다고 하였다. 더하여, 정신분열증 환자의 입양된 가족보다는 이들의 생물학적 친척에게서 분열형 성격장애가 더 일반적으로 나타난다고 보고하였다. 이는 강한 유전적 혹은 생물학적 연관성을 시사한다. 또한 분열형 성격장애 환자들은 정신분열증 환자들 치료에 사용되는 약물(예: 항정신병약물)에 양호한 반응을 보이는 경향이 있다.

분열형 성격장애의 역동과 증상

분열형 성격장애의 역동과 증상에 관한 본문의 기술은 주요 문헌(Kendler, 1985; Kernberg, 1984; Meehl, 1990; Millon, 1996; Torgersen, 1995; Torgersen et al., 2002)을 기반으로 하고 있다. 성격장애를 적응의 연속선상으로 설명했을 때, 분열형 성격장애는 사회적 관습에 가장 적응하지 못하는 극단의 부적응적인 편에 속한다. 분열형 성격장애 환자의 심리 상태가 경계선 혹은 정신증적 상태일 때가 있다. 이들은 스트레스에 압도되거나 방어기제가 붕괴되는 시기에 기괴한 행동, 단기 정신증적 증상 그리고 편집증을 보일 수 있다. 이러한 삽화는 대처 능력이 손상되어 있는 데 더하여 스트레스에 압도되는 경우에 발생한다. 이럴 때 망상적인 사고 과정과 기괴한 행동을 보일 수 있지만, 이러한 정신증적 증상은 정신분열증을 비롯한 다른 축 I 정신증적 장애를 진단할 만큼은 아니다. 분열형 성격장애의 특이한 사고는 보다 지속적이고 안정적인 데 비하여, 축 I 정신증 장애의 삽화는 보다 일시적이고 일정 시간 동안 해소될 때도 있다. 그러므로 분열형 성격장애를 진단하기 위해서는 정신증 삽화의 기간 외에도 이러한 인지적 · 지각적 왜곡이 나타나야 한다.

스트레스에 압도될 때가 아니어도, 분열형 성격장애가 있는 사람들은 매일의 과제에 대처하는 데 어려움을 보인다. 이들은 성격적으로 사회적 규범의 범위 안에서 행동하는 게 어렵다. 결국, 다른 사람들은 이들을 기묘하고 특이하다고 보며, 이들과 관계 맺기를 어려워한다. 다른 사람과 잘 어울리는 능력이 부족하기 때문에 이들의 불안은 증가하고, 결국 다른 사람과 상호작용하고 대인관계에서 대처하는 어려움이 더욱 커지는 끊임없는 악순환이 발생한다. 마침내 이들은 '소속되는' 능력이 없다고 느끼게 된다. 이들은 스스로의 실수로부터 배우거나 실수를 알아채는 데 어려움이 있기 때문에 이 악순환을 수정하기 위한 변화를 만들지 못한다. 사회적 상황에서 느끼는 불안은 시간에 따라, 혹은 익숙함이 증가함에 따라 줄어들지 않으며, 따라서 이들은 불안 수준을 감소시키기 위해서 사회적인 상황을 회피하거나 이로부터 고립되기를 택한다.

분열형 성격장애 환자들은 사회에 통합되는 것을 무척 어려워한다. 이러한 고립은 이후 사회적 규범을 효율적으로 배우고 인식하는 것조차 어렵게 만든다. 그들은 늘 주변부에 머무르며, 현실을 바탕으로 자신의 기이한 신념을 검증받지 못한다. 가족 구성원 이외의 가까운 관계를 갖는 일은 거의 없다. 사실상 대인관계나 관계 양상과 관련하여 피드백을 받을 기회가 부재한 셈이다.

분열형 성격장애 환자들은 특이한 방식으로 행동한다. 대개 자신이 속해 있는 사회에서 대체로 받아들여지지 않는 신념들을 갖고 있다. 물론 신념이 기이한 정도는 문화적 배경을 바탕으로 판단해야 한다. 이들은 사회적 기대에 걸맞지 않게 특유의 방식으로 옷을 입고 겉모습 구석구석에 그다지 관심을 두지 않는다. 그래서 단정치 않게 보이기 쉽다. 이들은 흔하지 않은 방식으로 말을 한다. 이러한 모습들은 다른 사람 눈에 쉽게 들어오기 때문에 사람들 틈에서 '튀기' 십상이다. 일시적으로 무언가를 성취할 만한 능력은 가지고 있으나, 주요한 성취를 달성하기 위해 필요한 노력을 유지하는 일은 거의 없다(Millon, 1996). 성취 욕구도 결여되어 있고 성취할 필요성도 인식하지 못할 때가 많다.

분열형 성격장애 환자들은 정서와 관련하여 어려움이 있다. Millon(1996)은 이들이 감정이 제한되어 있고 부적절한 면을 가지고 있다고 하였다. 때로 이들은 무관심하고 고립되어 보이며, 정서 표현이 거의 없어 보인다. 때로는 거부나 모욕에 대해 두려움을 느끼는 것처럼 강렬한 정서를 보이기도 한다. 어떤 때는 심각한 상황에서 웃어버리는 등 상황에 적절치 않은 기묘하고 이상한 감정을 보이기도 한다.

감별진단

분열형 성격장애는 정신분열증뿐만 아니라 회피성, 편집성, 분열성, 경계선 성격장애와 유사하다. 사회적으로 고립되어 있고 감정이 제한된 점에서는 분열성 및 편집성 성격장애와 유사하지만, 이러한 장애는 분열형 성격장애에서 나타나는 지각적, 인지적 왜곡을 보이지 않는다. 사회불안을 지닌 측면에서는 회피성 성격장애와 유사하지만, 회피성 성격장애를 가진 사람들이 가지고 있는 거절당하는 데 대한 두려움은 보이지 않는다.

분열형 성격장애와 경계선 성격장애는 발현되는 증상 면에서 겹치는 점이 있지만, 연구들은 이들이 서로 다른 진단 개념임을 지지한다(Carr, 1987; Carr et al., 1989). 경계선 성격장애 환자들은 분열형 성격장애 환자들이 보이는 정신증적 증상을 보이기도 하지만, 이들은 분열형 성격장애처럼 보다 지속적이고 정신증적인, 혹은 기괴한 특징을 보인다기보다는 정서 조절의 영역에 국한된 증상을 보인다. 분열형 성격장애는 정서 조절 영역보다는 스트레스 상황에서 화려한 정신증적 증상을 보이지만, 경계선 성격장애의 행동적, 인지적 특이성은 정서 상태에 따라 달라진다(Siever et al., 1995). 분열형 성격장애는 보다 오랜 기간에 걸쳐 나타나는 특이한 인지와 행동에 따라 경계선 성격장애와 감별할 수 있다.

인지적 실수나 경미한 수준의 사고장애는 분열형 성격장애의 대표적인 특징이다(Meehl, 1990). 사실상 기이한 사고는 분열형 성격장애의 가장 두드러진 특징이라고 할 수 있다(Fossati et al., 2001). 분열형 성격장애 환자들은 다른 성격장애 환자들보다 기능장해가 더욱 두드러진다. Skodol 등(2002)은 분열형 성격장애와 경계선 성격장애 환자들이 대학 교육을 받지 않았거나 고용 경험이 적고 기능상 장해가 있는 것으로 평가받는 경향이 다른 장애의 세 배 정도는 된다고 했다. 연구자들은 이것이 임상가의 면접 자료에서는 물론 자기-보고형 검사에서도 나타나며, 임상가 측정치 외의 다른 측정치에서도 분열형 환자들이 기능장해를 가장 많이 보고했기 때문에 신뢰로운 결과라고 보고 있다.

언급했듯이, 정신분열증과의 감별도 중요한 문제다. 분열형 성격장애 환자들도 화려한 정신증적 증상을 보이지만, 이는 정신분열증에 비해서는 일시적으로 나타난다. 정신분열증은 발병 기간 전반에 걸쳐 겉으로 정신증적 증상을 보이지만, 분열형 성격장애 환자들은 스트레스 상황에서만 그러한 모습을 보인다.

유사하게, 분열형 성격장애에서 관계사고가 나타나는데, 이와 관련해서는 망상장애에서 나타나는 망상과 감별해야 할 필요성도 있다. 감별진단을 위해서는 축 II의 성격장애가 만성적이고, 인생 전반에 걸쳐 패턴으로 나타난다는 점을 유념해야 한다. 갑자기 발병한다든가, 생애 후기에 발생한다든가, 보다 삽화적이고 발병의 경계가 뚜렷한 양상과는 다르다.

로샤검사와 분열형 성격장애

로샤검사는 사고장애와 성격 특징을 효과적으로 평가할 수 있다. 즉, 자기-보고형 검사가 측정할 수 있는 영역 이상의 평가가 가능하다(Holzman, Shenton, & Solovay, 1986; Solovay et al., 1986). 로샤검사는 매우 복잡한 문제 해결 능력을 요구하는 과제로, 환자들이 자신의 지각, 인지, 정서 차원의 자원을 활용하기를 요구한다(Perry, Minassian, Cadenhead, Sprock, & Braff, 2003). 정신분열증에서 두드러지게 나타나고 분열형 성격장애에서는 보다 덜 나타나는 사고장애의 문제는 인지 내용과 지각적 정확성의 평가, 정서적 자극을 다루는 방식을 통해서 확인할 수 있다. 다른 자기-보고형 평가 도구나 구조화된 면접, 질문지 등은 비구조화된 로샤검사만큼 분열형 성격장애의 사고장애를 감지하는 데 민감하지 못하다. 왜냐하면 분열형 성격장애 환자들은 자신의 인지적 기이함을 숨기거나 위장할 수 있고 기능 수준에 대해 보다 긍정적으로 대답할 수 있기 때문이다.

Solovay 등(1986)은 로샤검사를 통해 사고장애를 평가하는 초기 연구를 진행하였다. 이들은 Rapaport, Gill과 Schafer(1968)의 연구를 바탕으로 사고장애 지표(Thought Disorder Index: TDI)를 만들었다. 이는 심각성에 따라 가중치를 부여한 23개의 질적 범주로 구분되어 있다.

로샤검사는 DSM-IV-TR(APA, 2000)에 의거한 진단적 구분을 위한 것이 아니다(Exner, 2003; Weiner, 2000, 2003). Carr 등(1989)이 주장했듯이, DSM-IV-TR에 의거한 진단을 내리려면 다른 많은 구조화된 혹은 반구조화된 면접 도구를 사용하면 된다. 오히려 로샤는 성격적 특성을 기술하는 데 가장 훌륭하게 사용될 수 있다(Exner,

2003; Weiner, 2003).

Exner 체계의 구조적 요약은 분열형 성격장애의 진단기준을 확인하기 위한 정보를 제공해 줄 수 있다(Exner, 2003). 분열형 성격장애 환자들은 매우 혼란스럽고 통합이 잘 되지 않은 반응을 보일 것이다(Millon, 1996). 분열형 성격장애의 인지적, 지각적 기이함과 왜곡은 구조적 요약의 사고 및 중재 군집에서 비-환자군의 사람들과 비교했을 때 잘 구분되어 나타난다. 우선 그 특징들은 로샤검사의 지각적 정확성 수준에 나타날 것인데, 분열형 성격장애 환자들의 반응에서는 X-%가 증가하고 X+%가 감소하지만, 물론 이는 정신분열증의 수준만큼은 아니다. Exner(1986)의 연구는 이를 지지해 준다. 분열형 성격장애 환자집단은 통제집단보다 낮은 X+%를 보였고(69% vs 80%), 정신분열증보다는 양호했다(54%). 또한 Erdberg(2003)와 Exner(1986)는 분열형 성격장애 환자들이 통제집단보다 높은 수준의 X-%를 보였고(18% vs 6%), 정신분열증 환자보다는 낮은 수준을 보였다고 보고하였다(31%). 이는 XA%(+, o, u, 무형태의 비율로 지각 및 사고장애 지표[Perceptual Thinking Index: PTI] 영역에 포함)나 WDA%(W와 D 구역의 +, o, u) 수준에서도 마찬가지일 것이다.

인지적 실수는 로샤검사의 특수점수에서 반영된다. 기이한 언어 때문에 일탈 언어(Deviant Verbalization: DV) 및 일탈반응(Deviant Response: DR)이 증가한다. 물론 특이하고 자의적이기 때문에 특수점수가 더 높겠지만, 정신분열증만큼은 아닐 것이고, 지나치게 기괴하지는 않아서 레벨 2 수준은 덜 채점된다. 분열형 성격장애 환자들은 레벨 2 수준은 덜 보일 테지만(Erdberg, 2003; Exner, 1986), 정신분열증보다는 낮은 수준이라고 할 수 있는 사고과정의 장애가 보인다. 또한 인지와 지각의 혼란스러움 때문에 불일치 결합(Incongruous Combination: INCOM)과 비현실적 결합(Fabulized Combination: FABCOM)을 빈번히 보인다(Millon, 1996). Exner(1986)는 분열형 성격장애의 특수점수(M=5.6)는 통제집단(1.6)과 경계선 성격장애 집단(M=3.4)보다 높았지만, 정신분열증 집단(M=7.3)보다는 낮은 것으로 보고하였다.

분열형 성격장애 환자들의 총 반응 수나 람다(Lambda)값은 보통 수준인 것으로 보고되었다(Erdberg, 2003). 또한 대체로 내향성 수준이 높을 것(introversive; M>WsumC)으로 기대된다. 왜냐하면 이들은 관념적으로 정보를 처리할 것이고, 문제 해결을 위해서 직접 행동하고 시행착오를 경험하는 방법은 택하지 않을 것이기 때문이다. 이들은 문제 해결에서 행동 지향적이기보다는 관념을 활용하는 경향이 높았다(Erdberg, 2003; Exner, 1986). 내향성 양상은 보다 만연하고 보편적으로 나타나며, 비결정 프로토콜을 보일 가능성은 보다 적을 것이다.

분열형 성격장애 환자들은 D 값이 주로 0점 이상을 보이는 등 스트레스에 덜 취약한 것으로 나타났다(Erdberg, 2003; Exner, 1986). 주로 스트레스 상황을 회피하기 때문에 직접 마주하게 되는 스트레스의 양이 적기 때문으로 보인다. 또한 사고 왜곡으로 방어적인 양상을 보였을 수도 있다. 이들은 정서를 통제하려는 경향이 있어서 형태-색채(Form-Color) 비율에서 통제되지 않은 정서의 비율(CF+C)은 별로 높지 않을 것임을 보여 준다.

이들의 마술적 사고 경향과 관련하여 공상은 활발하게 나타날 것이다. 공상은 실제 사람들과 상호작용하는 것과는 반대되는 것이므로, 대인관계 양상에 문제가 있는 분열형 성격장애 개인들은 공상을 보다 선호할 것이며, 이는 수동적 인간운동반응(Mp)의 상승으로 나타날 것이다(Carr et al., 1989; Exner, 1986).

대인관계에서 보이는 어려움은 구조적 요약의 대인관계 군집(Interpersonal Cluster)에서 발견될 것이다(Exner, 2003). 자기와 타인의 내적 표상은 왜곡되고 비현실적이어서 인간반응(H)이 줄어들 것이고 부분인간반응(Hd)이나 가공인간반응((H))이 상승할 것이다. 이는 대인관계 능력의 부족함 때문에 타인으로부터 거리를 두려는 이들의 노력을 반영한다. 종종 인간운동반응에 지각적 왜곡이 상승(M-)되기도 할 것인데(Exner, 2003), 이는 실제 사회 현실에서의 부적응이 두드러지는 것과 관련된다. 이들의 지각은 기이하고 혼란스럽기 때문에, 협동반응(COP)과 공격반응(AG)이 동시에 채점되는 반응들을 보일 수 있다(Erdberg, 2003).

자아기능장해 지표(Ego Impairment Index: EII; Perry & Viglione, 1991)는 추가적인 지각 및 사고 장애를 측정하기 위한 것이다. 이는 로샤 종합체계 중 여섯 가지 요인들에 가중치를 부여한 지표다. 형태질 왜곡(FQ-), 인간운동반응 왜곡(M-), 특수점수가중치(Wsum6), 특수 내용, 부정적 인간표상반응(PHR), 긍정적 인간표상반응(GHR)이 이에 포함된다. EII는 마술적 사고 척도(Magical Ideation Scale), MMPI-2 일부 하위 척도, 간편 정신과적 평정 척도(Brief Psychiatric Rating Scale) 등과 같은 정신증적 사고 과정 측정치와 정적 상관을 보였다(Perry et al., 2003). 한 연구에서 Perry 등(2003)은 EII를 사용하여 정신분열증 스펙트럼 장애 환자들을 평가하였다. EII 점수는 정신분열증 입원 환자(M=1.21), 정신분열증 외래 환자(M=0.92), 분열형 성격장애 환자(M=0.61), 통제집단(M=0.35)의 순서로, 분열형 성격장애 환자들이 통제집단보다 높은 점수를 보였지만 정신분열증 환자보다는 낮은 점수를 보였다.

Cadenhead, Perry와 Braff(1996)는 시각적 역차폐(visual backward masking) 과제를 사용하여 분열형 성격장애 환자들의 정보처리 능력을 연구하였다. 시각적 역차폐 과제에서는 문자나 상징을 제시하면서 그 사이사이에 차폐 자극을 제시함으로써 목표 자극의 정보처리를 방해한다. 대개 시간이 지나면 차폐 자극의 방해에 익숙해진다. Cadenhead 등(1996)은 역차폐 과제에서 분열형 성격장애 환자들의 수행이 저하됨을 발견했고, 증상이 더 많을수록 보다 저하되었다고 하였다. 또한 이 과제의 점수는 EII 점수와 유의미한 상관을 보였다(r=-0.78). 저자들은 역차폐 과제에서 나타나는 결함은 기저의 지각-인지적 결함을 반영하며, 이는 EII에서도 나타난다고 결론 내렸다.

대부분의 연구들은 분열형 성격장애가 정신분열증과 관련되어 있다고 보고하고 있다. 즉, 정신분열증을 스펙트럼의 극단에 두었을 때 분열형 성격장애는 중간 정도에 위치한다고 본다. Exner(1986)는 로샤검사에 나타난 분열형 성격장애 환자의 성격 특징은 여러모로 정신분열증 환자가 보이는 특징과 유사한 면이 많지만, 그 심각도는 덜하다고 하였다. 그는 분열형 성격장애를 '경계선적 정신분열' (Borderline Schizophrenic)로 명명할 수 있다고 하였다. 한편, Edell(1987)은 정신분열증, 분열형 성격장애, 경계선 성격장애 환자들에게서 보이는 사고장애의 질적 및 양적 수준은 로샤검사를 통해서 감별되기 어렵다고 하였다. 그러나 동시에 가장 와해된 반응은 정신분열증 환자만이 보일 것이라고 언급하였다.

사례: T씨(M/19)

T씨는 19세 남성으로, 군 입대를 앞두고 군 생활에 잘 적응할 수 있을지 아버지가 몹시 염려하면서 내원하게 되었다. 중 · 고등학교 때도 학교생활에 적응하기 힘들어 하였던 T씨도 본인 성격에 문제가 있는지 골몰하면서 이미 병원에 올 생각을 하고 있던 터였다.

T씨는 아버지와 단둘이 살고 있다. 아버지는 형편이 어려웠던 시절에 꿋꿋하게 자수성가하였지만 사업이 흔들리면서 한때 빚쟁이들에게 시달린 큰 실패 경험에서 살아남은 분이었다. T씨는 아버지가 얼마나 정직하고 성실하게 살아오셨던가를 강조했다. 그리고 아버지가 실패하신 이유는 아마도 세상이 잘못되었기 때문일 거라고 말했다. 하지만 어머니에 대한 T씨의 기억은 매우 부정적이었다. 유치원 다닐 무렵 어머니가 집을 떠나 T씨는 어머니에 대한 기억은 잘 나지 않는다고 하였다. 다만 어머니에 관한 두 가지 기억이 있는데, 하나는 아주 어릴 적 놀이터에서 놀다가 넘어져 크게 다쳤는데도 어머니가 꾀병 부리지 말라고 핀잔을 주면서 병원에 데리고 가지 않아 서러웠던 기억이고, 또 다른 하나는 어머니가 맛있는 탕수육을 시켜 주시면서 "맛있게 먹으라." 하시면서 실컷 먹여 주셨던 기억이라고 했다. 커서 중학생이 되었을 때 가정 형편이 어려워져 어머니에게 도와달라고 연락한 적이 있는데, 어머니는 거절했다. 그것이 T씨가 가지고 있는 어머니에 대한 마지막 차가운 기억이었다.

T씨는 공부를 무척 잘하는 학생으로 주로 전교 1등을 했다고 한다. 실제로 지능검사에서도 T씨의 지능은 [우수] 수준에 해당되었고 여타의 객관적 검사에서는 양호한 수행을 보였다. 하지만 친구들이나 선생님과의 좋은 기억은 거의 없다고 했다. T씨는 초등학교 때 친구들이 늘 자기를 괴롭히고 해코지했다고 회상했다. 선생님들도 자신을 싫어했다고 말했다. T씨는 언제나 머리로는 매우 창의적이고 기발한 생각을 잘하곤 했는데, 자신이 생각해도 실제로 실현시키거나 행동으로 실천한 적은 없다고 했다. 선생님들이 아마 그런 자기 모습을 싫어했을 거라고 하면서도, T씨는 선생들이란 불의를 저지르는 사람들로, 자신은 부당한 것을 참을 수 없어서 "네가 선생이냐."라

고 하면서 곧잘 대항하기도 했다. 선생님들은 가난한 집 아이들을 거칠게 대하고, 공부 못하는 아이들은 잘하는 아이들과 달리 대했다고 말하면서 T씨는 치를 떨었다.

T씨는 사람들 사이에서 자꾸 예민해지고, 사소한 일들도 계속 마음에 담아두면서 곱씹게 된다고 호소했다. 특히 자기에게 해를 가한 사람이 오래도록 기억에 남는다고 하였다. 워낙 생각이 많아서 한번 그 사람에 대해 생각하다 보면 끝이 나질 않고, 쓸데없는 생각까지 담아 두느라 결국 두통이 생기고, 지나치게 예민한 나머지 소화 기능도 좋지 않다고 토로했다. 관계사고는 다른 사람들뿐만 아니라 가족들 사이에서도 나타났다. 그는 왠지 부당한 대우를 받는 것 같다고 하였는데, T씨 아버지 말에 따르면, 잘 있다가도 알 수 없이 갑자기 울음을 터뜨린다거나 난폭하고 거친 말을 쏟아낸다고 한다. 실수를 하여 아버지에게 혼이 날 때도, 자신은 잘못하지 않았는데 아버지가 자꾸 오해하시는 것 같다고 하면서 위축되는 모습을 보이기도 했다. T씨 자신 생각에도 감정이 복받치면 어찌할 줄을 모르겠다고 하면서, 서러우면 자다가도 벌떡 일어나서 크게 울기도 한다고 했다. 때로는 자기가 좋은 사람인지 나쁜 사람인지 분명치 않아 고심할 때도 있다고 하였다.

T씨는 도덕적으로 결함이 있는 사람들이나, 사람을 괴롭히는 사람을 경멸한다고 말했다. 그리고 커서 의사나 사회복지사, 성직자처럼 다른 사람을 도울 수 있는 직업을 갖고 싶다고 했다. 현재도 종종 봉사활동을 한다고 자랑스럽게 말했다. T씨는 얼굴도 아주 다부져 보이고 목이 조일 정도로 단추를 꼭 채우는 등 지나치게 단정한 차림으로 바른 일을 해야 한다고 주장하고 있었다. 하지만 때로는 눈을 잘 맞추지 못하고, 어색하고 불안한 표정이 얼굴에 스칠 때가 많았다. 도덕성에 대해 주장하는 말은 장황하기 그지없었고 질문에 답할 때는 여러 가지 예를 들어 설명하고자 하였지만 결국 질문과 상관없는 말로 빠지기 일쑤였다. T씨는 군대에 가고 싶다고 말했다. 하지만 자기 성격이 이렇다 보니 힘들 것 같다고 낙담하였다. 최근에 아르바이트를 하면서 부당한 대우를 받았다고 화가 나서 일을 그만두는 경우가 늘어나면서, 자기 성격을 어떻게 고칠 수는 없을지 걱정스레 물어 왔다.

T씨의 로샤

T씨는 K-WAIS 지능검사에서 지능지수가 121로 [우수] 수준이었고, Rey-Kim 기억검사에서 기억지수가 113의 [보통상] 수준으로 나타나는 등 객관적 검사에서는 매우 양호한 수행을 보였다. 그러나 T씨의 로샤 반응은, Millon(1996)이 Kernberg(1967, 1984)의 신경증, 경계선, 정신증 성격 구조 논의를 바탕으로 하여 설명하였고, 또한 Carr 등(1989)이 언급했던 경계선적 정신분열증(Borderline Schizophrenia)을 반영할 만큼 혼란스럽고 기이하며 부적응적인 분열형 성격 특성을 두드러지게 보여 주고 있다. 즉, 정신증이 두드러지게 나타나거나 전반적인 일상생활이 와해되는 정신분열증의 양상을 보이지는 않으나, T씨가 보이는 관계사고와 경직된 사고방식, 그리고 사람들 사이에 '소속되지' 못하고 끊임없이 대인관계를 반추하며 예민하고 부적절하게 감정을 표출하는 모습 이면의 내면세계는 정신증적 수준이라 할 만큼 걷잡을 수 없이 혼란스러워 보인다.

과도한 관념 활동과 활발한 공상

T씨의 반응 수는 27개로 다소 많은 편에 속한다. 로샤 반응 수가 늘어난 점은 지나치게 과도한 관념 활동과 더불어 인지적 통제력이 약화된 데서 기인해 보인다. 그는 가끔 자극과 직접 관련되지 않은 언급을 하였는데, 이렇듯 일탈된 반응(DR=3)은 그의 이완된 사고 체계를 반영하고 있다. 대체로 분열형 성격장애에서 나타나듯, T씨도 M 반응 수가 8개로 내향성 사고양상이 만연하였다(pervasive introversive style). Mp를 비롯하여 FM과 m 반응도 상승되어 있다(Ma:Mp=4:5, FM+m=9). 직접 행동을 취해서 문제를 해결하기보다는 매우 관념적인 그의 성향과, 공상과 반추를 많이 하고 걱정스러운 사고가 증폭된 점이 반영된 것으로 생각할 수 있다. 주지화 경향도 높은 수준으로 나타났는데(INTELL=9), 특히 독특하고 자의적인 상징과 비논리적인 추상적 개념화가 자주 반복되어 그의 기이하고 특이한 공상 세계를 짐작할 수 있었다. 더불어 상당히 원시적인 종교적 주제가 발견되고 선악을 엄격히 분열시키는 사고 양상이 나타나고 있어, 경직되고 과장되게 도덕성에 몰두하는 T씨의 모습은 내면의 원시

적인 사고와 강력한 불안감을 통제하고자 하는 방편으로 생각할 수 있을 것이다.

지각 및 인지의 기이함과 왜곡

문제는 T씨의 지각적 왜곡이 상당히 상승된 점에 있다(X-% = .41, Xu% = .30, X+% = .19). 강한 긴장감을 반영하는 해부반응을 보고하면서(An = 2) 지각적 왜곡을 보이고 있고, 특히 인간 관련 반응을 보고하면서 기이한 연상을 이어가고 있어 M-반응이 매우 증폭된 수준이다(M- = 7). T씨의 지각적 왜곡은 그의 공상 및 대인관계 왜곡 경향성과 관련이 커 보인다. 협력반응이나 재질반응이 나타나지 않고(COP = 0, T = 0), 이에 과잉경계 지표(HVI)도 양성으로 나타나며, 부정적 인간표상반응(PHR = 9, GHR = 0)이 매우 높다. 인간반응(H)이 6개로 나타나지만, 기이한 종교적 연상 과정이 지배적이고 모두 부정적 인간표상 및 지각적 왜곡과 관련되어 있어서 이것을 긍정적 대인관계의 지표로 볼 수는 없을 것이다. 또한 가면, 갑각류, 갑옷, 지도, 자연물의 내용이 자주 발견되는 점은 그의 방어와 대인관계의 소원함, 고립 성향과 일치하고 있다(Cg = 4, ISOL = .56). 더군다나 비논리적인 사고 양상과 비현실적 결합 반응이 나타나고(ALOG = 3, INC2 = 1, FAB2 = 1), 건설적으로 통합할 수 있는 역량을 넘어서 지나칠 정도로 자극을 무리하게 조직화(W:D:Dd = 23:4:0, W:M = 23:8)하는 반응 양상이 두드러져, 관계사고가 만연한 주호소처럼 일상에서 그가 무관한 단서를 근거 삼아 사회적 상황을 부정적으로 추론하고 왜곡하여 해석할 가능성을 보여 준다. 그의 호소와 마찬가지로, 사람들은 위협적인 타인으로서 자신을 해할 것이라고 지각할 여지가 커 보인다. 반면, 자기상은 매우 무력하고 취약한 동시에 고양된 측면이 있어, 고립된 고결한 희생자라는 자기표상이 내면화되었을 수 있다. 사회적 상호작용도 이러한 내면의 틀에 따라 해석할 가능성이 다분하므로, 선과 악의 구도로 분열시키고 박해자와 희생양 혹은 구원자의 환상으로 도피하면서 현실 세계에서는 대인관계를 따뜻하고 협력적으로 느끼지 못한 채 사람들로부터 단절되는 것으로 보인다. 실제 그는 타인과의 활발한 정서 교류로부터 물러서 있는 것으로 나타난다(Afr = .17). 학교에 다니거나 아르바이트를 하면서 사람들과 적절히 어울리고 뒤섞이지 못한 채, 그는 아마 반복적으로 부당한 대우를 받았다는 경직된 사고에 지나치게 몰두하면서 내면의 극심한 혼란감을 가까스로 통제하고자 했을 것이다.

대인관계 및 자기표상

특히 어린 시절 혼란스러웠던 애착관계와 버림받고 거절당했다는 기억은 긍정적인 대인관계 표상을 발달시킬 기회를 차단했을 것으로 보인다. 그리하여 그는 아마도 더욱 취약한 상황에 처하였을 것이다. 그의 내면에 자리한 아버지상은 엄하고 강직한 분이어서 다가서기 어렵고 멀리 떨어진 대상이었을 것으로 여겨진다(카드 IV: 가까이 갈 수 없는 황제, M. VF−). 내면의 어머니상은 매우 갈등적이고 잘 통합되지 않아 보인다. 어머니 표상은 버려졌다고 지각하는 데 대한 강한 분노감 및 두려움, 의존 욕구가 분열되어 있는 대상일 수 있다(카드 VII, 21. S. m. Y. Fi; 23. S. Bt). HTP 검사에서 여자를 그릴 때 그는 팔을 벌리고 사람들을 맞이하는 마리아를 그렸지만, 그 그림에는 눈, 코, 입이 없었다. 그는 표정이 있으면 이상할 것 같아서 그리지 못했다고 대답했다. 끊임없이 경직되게 선을 추구하고 사람들로부터 거리를 유지하려는 행동 이면에는 깊이 손상된 자기표상을 비롯하여, 분열된 어머니 표상과 선한 대상으로서의 아버지 표상으로부터 버림받지 않으려고 고군분투함이 얽혀 있을 수 있다. 아르바이트하면서 벌어지는 잦은 마찰과 군대 문제처럼 대인관계에서 얽히는 일 안에서 T씨는 내면의 혼란을 반복했던 것으로 보인다. 그러나 관계를 피하고 스스로를 고립시키면서 대인관계 내의 상식과 규범을 익힐 기회로부터 점점 멀어지고, 자신의 경직된 신념에 반문해 볼 여지는 더욱 없었을 것이다. 소외감이 커지면서 자신이 좋은 사람인지 나쁜 사람인지, 혹은 자신에게 문제가 있는지에 관한 정체성의 혼란감은 더 깊어졌을 수 있다.

정서 및 스트레스 대처

로샤검사에서 나타나는 그의 정서를 살펴보면 그가 매우 강렬한 부동 불안과 긴장감, 우울감, 분노, 타인을 향한 의심에 시달릴 것으로 보인다(C′=3, V=3, Y=5, S=12, MOR=1, An=2). 분열형 성격장애에 더하여 그는 만성적인 우울장애와 정체성 혼란을 겪을 수 있다. 불안정한 정서가 만연하고 분노감은 활활 타오르고 있으나 (Cl=2, Fi=3), 이를 현실적인 사고 능력을 바탕으로 잘 통합하고 스스로 완화시키고 조절하는 능력은 매우 부족하고, 만연한 자기 손상감과 고결하고 순수한 자기상 사이에서 동요하면서, 마치 불안정하게 받쳐 놓은 그의 잔처럼(II번 카드 6번 반응) 자기상이 매우 불안정할 것으로 여겨진다. 따라서 현실에서 문제를 해결할 기회와는 멀어진 채 환상과 공상의 세계로 몰입하게 될 수 있다. 대체로 분열형 성격장애의 경우 스트레스를 회피하는 경향성이 강하고 방어적이기 때문에 D 값이 보통 수준에 머물러 있다고 알려져 있으나, T씨의 경우 통제할 수 없다는 무력감과 강한 불안감과 무망감에 휩싸여 있을 것으로 여겨지는 등 현재 스트레스 상황에 압도된 것으로 보인다(m=7, Y=5, D=-4). 또한 감정을 인식하고 인지적으로 통합하는 능력은 상당히 부족한 수준으로(FC:CF+C=0:3), 주로 내면의 공상 세계에 빠져 있는 T씨가 갑작스럽게 조율되지 않은 폭발적인 정서를 표현하는 모습을 이해할 수 있다. 물론 T씨는 군 입대를 희망하고 있지만, 스트레스에 대처하는 그의 취약성과 높은 자살 잠재성 점수(S-CON=9)를 간과해서는 안 될 것으로 생각한다. 그의 로샤 점수를 EII 지표(Perry & Viglione, 1991)에 적용해 본다면 형태질 왜곡, 특수점수 상승, 인간운동반응 왜곡, 억압되지 않은 원시적 내용 반응, 부정적 인간표상반응 등 각각의 차원에 모두 부합하며 PTI상에서도 양성으로 나타나(PTI=4), 그가 스트레스 상황에서 일시적으로 정신증삽화로 악화되는 일을 피할 수 있도록 적절한 치료적 개입이 필요하다고 사료된다.

로샤검사를 통해서 분열형 성격장애를 평가할 때 최소한 세 가지 영역에서 더 많은 연구가 필요할 것이다. 첫째, 본문에서 제안하는 로샤검사 양상이 분열형 성격장애 환자에게서 나타나는지 경험적으로 검증하기 위해서는 대규모의 연구 대상자가 필요할 것이다. 더하여, 사례 연구는 분열형 성격장애 환자들에 대한 평가를 더 잘 이해할 수 있도록 도울 것이다.

둘째, 앞서 언급된 것과 같이, 선행연구들에서는 분열형 성격장애와 정신분열증의 유전적 연관성이 매우 높다고 보고 있다. 따라서 로샤검사가 분열형 성격장애와 정신분열증을 잘 감별할 수 있는지 평가할 필요가 있다. 분열형 성격장애를 다른 A군 성격장애 및 다른 정신분열 스펙트럼 장애(예: 분열정동장애)와 비교하는 연구가 필요한데, 이는 로샤검사가 감별진단에 유용한지를 알려 줄 것이다.

셋째, 로샤검사를 통해서 분열형 성격장애의 핵심 증상인 기이한 언어, 의심 및 편집증적 사고, 사회적 고립을 양적으로 측정할 수 있다면 도움이 될 것이다. 예를 들어, 언어적 효율성, 명료성, 정확성의 측정치를 바탕으로 사고, 중재, 과정 등을 평가한다면 큰 도움이 될 것이다. 또한 좋은 실험 설계 연구를 통해서 사회적 상호작용 및 고립에 관해 연구한다면 로샤검사를 사용한 사회적 고립의 측정치에 대한 외적 타당도가 입증될 것이다. 혹은, 임상가가 사회적 고립이나 사회 활동을 측정하고 이를 로샤검사의 대인관계 측정치와 비교한다면 측정치의 외적 타당도를 평가하기에 더 좋을 것이다.

마지막으로, 자기-보고형 검사나 면접에서는 검열 및 자기-보고 편향을 탐지할 수 있는 데 비해 로샤검사에서는 그렇지 못하다. 그러나 로샤검사는 자기-보고형 검사나 임상적 면접처럼 자주 사용되는 평가 도구에 비해 분열형 성격장애를 더욱 효과적으로 탐지할 수 있으므로, 로샤검사의 타당도에 관한 연구는 분열형 성격장애의 진단 평가에서 유용할 것이다.

참고문헌

American Psychiatric Association (1980). *Diagnostic and statistical manual of mental disorders* (3rd ed.). Washington, DC: American Psychiatric Association.

American Psychiatric Association (1987). *Diagnostic and statistical manual of mental disorders* (3rd ed. Rev.). Washington, DC: American Psychiatric Association.

American Psychiatric Association (2000). *Diagnostic and statistical manual of mental disorders* (4th ed. text revision). Washington, DC: American Psychiatric Association.

Cadenhead, K., Perry, W., & Braff, D. (1996). The relationship of information-processing deficits and clinical symptoms in schizotypal personality disorder. *Biological Psychiatry, 40,* 853-858.

Carr, A. (1987). Borderline defenses and Rorschach responses: A critique of Lerner, Albert, and Walsh. *Journal of Personality Assessment, 51*, 349–354.

Carr, A., Schwartz, F., & Fishler, A. (1989). The diagnosis of schizotypal personality disorder by use of psychological tests. *Journal of Personality Disorders, 3*, 36–44.

Coleman, M., Carpenter, J., Waternauz, C., Levy, D., Shenton, M., & Perry, J. et al. (1993). The Thought Disorder Index: A Reliability Study. *Psychological Assessment, 5*, 336–342.

Coleman, M., Levy, D., Lenzenweger, M., & Holzman, P. (1996). Thought disorder, perceptual aberrations, and schizotypy. *Journal of Abnormal Psychology, 105*, 469–473.

Eckblad, M., & Chapman, L. (1983). Magical ideation as an indicator of schizotypy. *Journal of Consulting and Clinical Psychology, 51*, 215–225.

Edell, W. (1987). Role of structure in disordered thinking in borderline and schizophrenic disorders. *Journal of Personality Assessment, 51*, 23–41.

Erdberg, P. (2003, March). *Rorschach assessment of personality disorders*. Symposia at the meeting of the Society for Personality Assessment, San Francisco, CA.

Exner, J. (1986). Some Rorschach data comparing schizophrenics with borderline and schizotypal personality disorders. *Journal of Personality Assessment, 50*(3), 455–471.

Exner, J. (2003). *The Rorschach: A Comprehensive System: Volume 1. Basic foundations* (4th ed.). New York: John Wiley.

Fossati, A., Maffei, C., Battaglia, M., Bagnato, M., Donati, D., & Donini, M. et al. (2001). Latent class analysis of DSM-IV schizotypal personality disorder criteria in psychicatric patients. *Schizophrenia Bulletin, 27*, 59–71.

Holzman, P., Shenton, M., & Solovay, M. (1986). Quality of thought disorder in differential diagnosis. *Schizophrenia Bulletin, 12*, 360–372.

Kendler, K. (1985). Diagnostic approaches to schizotypal personality disorder: A historical perspective. *Schizophrenia Bulletin, 11*, 538–553.

Kendler, K., Masterson, C., Ungaro, R., & Davis, K. (1984). A family history study of schizophrenia-related personality disorders. *American Journal of Psychiatry, 141*, 424–427.

Kendler, K., McGurie, M., Gruenberg, A., O'Hare, A., Spellman, M., & Walsh. D. (1993). The Roscommon family study III: Schizophrenia-related personality disorders in relatives. *Archives of General Psychiatry, 50*, 781–788.

Kendler, K., McGuire, M., Gruenberg, A., & Walsh, D. (1995). Schizotypal symptoms and sign in the Roscommon family study: Their factor structure and familial relationship with psychotic and affective disorders. *Archives of General Psychiatry, 52,* 296–303.

Kernberg, O. (1967). Borderline personality organization. *Journal of the American Psychoanalytic Association, 15,* 641–685.

Kernberg, O. (1984). *Severe personality disorders: Psychotherapeutic strategies.* New Haven, CT: Yale University Press.

MacDonald, A., Pogue-Geile, M., Debski, T., & Manuck, S. (2001). Genetic and environmental influences on schizotypt: A community-based twin study. *Schizophrenia Bulletin, 27,* 47–58.

Meehl, P. (1990). Toward an integrated theory of schizotaxia, schizotypy, and schizophrenia. *Journal of Personality Disorders, 4,* 1–99.

Meehl, P. E. (1962). Schizotaxia, schizotypy, and schizophrenia. *American Psychologist, 17,* 828–838.

Millon, T. (1969). *Modern psychopathology.* Prospect Heights, IL: Waveland Press.

Millon, T. (1996). *Disorders of personality DSM-IV and beyond.* New York: John Wiley.

Perry, W., Minassian, A., Cadenhead, K., Sprock, J., & Baraff, D. (2003). The use of the Ego Impairment Index across the schizophrenia spectrum. *Journal of Personality Assessment, 80,* 50–57.

Perry, W., & Viglione, D. (1991). The Ego Impairment Index as a predictor of outcome in melancholic depressed patients treated with tricyclic antidepressants. *Journal of Personality Assessment, 56,* 487–501.

Rado, S. (1953). Dynamics and classification of disordered behavior. *American Journal of Psychiatry, 110,* 406–416.

Raine, A. (1991). The SPQ: A scale for the assessment of schizotypal personality based on DSM-III-R criteria. *Schizophrenia Bulletin, 17,* 555–564.

Rapaport, D., Gill, M., & Schafer, R. (1968). The Rorschach test. In R. Holt (Ed.), *Diagnostic psychological testing* (pp. 268–463). New York: International Universities Press. (Original published 1945).

Siever, L., Amin, F., Coccaro, E., Bernstein, D., Kavoussi, R., & Horvath, T. et al. (1991). Plasma homovanillic acid in schizotypal personality disorder. *American Journal of Psychiatry, 148,* 1246–1248.

Siever, L., Bernstein, D., & Silverman, J. (1995). Schizotypal personality disorder. In J. Livesley (Ed.), *The DSM-IV personality disorders* (pp. 71–90). New York: NY: Guilford.

Skodol, A., Gunderson, J., McGlashan, T., Dyck, I., Stout, R., & Bender, D. et al. (2002). Functional impairment in patients with schizotypal, borderline, avoidant, or obsessive-compulsive personality disorder. *American Journal of Psychiatry, 159,* 276-283.

Solovay, M. R., Shenton, M E., Gasperretti, C., Coleman, M., Kestenbaum, E., Carpenter, J. T., & Holzman, P. S. (1986). Scoring manual for Thought Disorder Index (revised version). *Schizophrenia Bulletin, 12,* 483-496.

Torgersen, S. (1984). Genetic and nosological aspects of schizotypal and borderline personality disorder: A twin study. *Archives of General Psychiatry, 41,* 546-554.

Torgersen, S. (1988). Commentary on paranoid, schizoid, and schizotypal personality disorders. In J. Livesley (Ed.), *The DSM-IV personality disorders* (pp. 91-102). New York: Guilford.

Torgersen, S., Edvardsen, J., Oien, P., Onstad, S., Skre, I., & Lygren, S. et al. (2002). Schizotypal personality disorder inside and outside the schizophrenic spectrum. *Schizophrenia Research, 54,* 33-38.

Torgersen, S., Onstad, S., Skre, I., Edvardsen, J., & Kringlen, E. (1993). "True" schizotypal personality disorder: A study of co-twin and relatives of schizophrenia probands. *American Journal of Psychiatry, 150,* 1661-1667.

Trestman, R., Keefe, R., Mitropoulou, V., Harvey, P., deVegvar, M., & Lees-Roitman, S. et al. (1995). Cognitive function and biological correlates of cognitive performance in schizotypal personality disorder. *Psychiatry Research, 59,* 127-136.

Venables, P. (1995). Schizotypal status as a developmental stage in studies of risk for schizophrenia. In A. Raine, T. Lencz, & S. Mednick, (Eds.), *Schizotypal personality* (pp. 107-134). New York: Cambridge University Press.

Waldeck, T., & Miller, L. (2000). Social skills deficits in schizotypal personality disorder. *Psychiatry Research, 93,* 237-246.

Weiner, I. B. (2000). Using the Rorschach properly in practice and research. *Journal of Clinical Psychology, 56,* 435-438.

Weiner, I. B. (2003). *Principles of Rorschach interpretation* (2nd ed.). Mahwah, NJ: Lawrence Erlbaum Associates.

Weinstein, S., & Graves, R. (2001). Creativity, schizotypy, and laterality. *Cognitive Neuropsychiatry, 6,* 31-146.

T씨의 로샤 기록

Card	R#/ Response	Inquiry	Scoring
I	5″ ∨∧ 1. 17″ ∨가면이요.	- 위에 하얀 부분이 눈이고, 그 아래 부분이 숨구멍이에요. 둥글게 구부러진 부분이 입이에요.	WSo Fo Cg 3.5
	2. 32″ ? 지도인가요?	- 특정 지형을 표현한 거예요. 가장자리에 이 조그마한 파편들은 섬이고요. 이 큰 하얀 부분은 만이에요.	WSo Fu Ge 3.5 DV1
	3. 40″ 구름	- 전체적으로 흩어진 형상이 그래요.	Wv Y Cl
	4. 44″ 곤충	- 가운데는 껍질이에요. 동그랗게 튀어나온 부분은 입이고, 그 양쪽에 두 개는 앞다리고요. 나머진 날개예요. 갑각류 같은데요. (갑각류라고요?) 예. 집게가 있고, 날개도 있고, 몸통이 크니까요.	Wo Fo A 1.0
	5. 51″ 악마	- 형상이 그래요……. 뾰족 튀어나온 데는 뿔이고요. 가운데 작은 더듬이가 나와 있어요. 가운데 하얀 부분은 네 개의 눈이고. 아래 뾰족하게 입이 있어요.	WSo Fu (Hd) 3.5 PHR
II	12″ ∨ 6. 17″ 잔?	- 가운데 부분이 잔 형상인데요. 잔이 뾰족해서 세워 둘 수 없기 때문에 판매가 되기 전까지 까만 솜이나 스펀지 같은 것으로 고정시켜 둔 거예요. (스펀지라고 하셨나요?) 잔이 불안정해 보여서 까만 걸로 고정을 시켜 두고 아래 다리(top red)를 받쳐 놓은 거지요.	DS+ C′Fu Hh 4.5
	7. 26″ ∧ 낭떠러지가 있고, 아래 계곡이 있고요. 탑이 있어요.	- 되게 까맣고 아득해 보이니까 절벽이에요. 잘 보면 빗금이 쳐 있어서 속으로 더 들어갈 수 있게 되어 있어요. 이 하얀 바탕은 다 안개여서 잘 안 보이는 거예요. (안개?) 탑이 이상한 탑인데, 근처에 안개가 있는 건데요. 길을 제외하고는 다 하얀색이라 보이지가 않아서 그래요. 모양이 흐지부지해서 뭔가 가려져 있는 것 같아요.	WS+ VF.C′F.Yu Na,Sc 4.5

Card	R#/ Response	Inquiry	Scoring
	8. 44″ 자궁	- 하얀 공간은 태내를 말해요. 어떤 상징 비슷한 건데요. 아래 이 빨간색(bottom red)이 하트와 비슷하게 생긴 빨간색이라서요. 잘 보면 미세한 구멍이 나 있어요. 빨간색은 피일 수도 있는데, 자궁에서 아이가 나오니까, 애 나올 때 피가 나오고, 월경할 때도 피가 나오잖아요. 게다가 피가 하트 모양이니까 생명 태동, 사랑의 위대함을 상징적으로 나타낸 거죠. 그래서 자궁이에요. 주변은 자궁을 강조하기 위해서 까만색으로 사람 몸 배경을 나타냈어요. 이 두 개(top red)는 폐예요. 양쪽에 둥그란 모양이 똑같이 있으니까.	WS+ CF.C′ - An.Bl 4.5 INC2.AB
III	4″ ∨∧∨ 9. 8″ 뼈	- 인골이죠. 양쪽 기다랗게 팔뼈가 있고, 가운데 부분이 갈비뼈예요. 양쪽에 다리뼈가 일부분 있고, 가운데는 골반뼈 중 하나가 있어요. (뼈로 보이시나요?) 뾰족한 느낌이잖아요. 여기 동그랗게는 뭉툭하게 관절 같은 느낌도 들고요.	W+ F- An 5.5
	10. 19″ 나비 38″ ∧	- 가운데(middle red) 보면 양쪽에 날개가 있고, 날개 윗부분이 아래보다 커서 그래요.	Do Fo A
	11. 53″ 외길에 들어서는 문	- 가운데 하얀 부분에 길이 점점 좁아지잖아요. 멀리서 봐서 길로 들어가려고 그래요. 좁은 데는 문이 있어요. 가운데(middle red)는 길로 들어가려 하고 있는 어떤 물체가 있는데……. (물체?) 알 수 없는 건데요. 영혼일 수도 있고 형상일 수도 있고 그림자일 수도 있고. (영혼이라고요?) 알 수가 없어요. 영혼을 우리가 알 수는 없는 거잖아요. 그래서 이것도 형태를 알 수가 없는 거예요.	DS+ Mp.FDu (H).Ls.Id 4.5 DR1 PHR
	12. 60″ 깃털	- 양쪽에 가운데 부분이 까마귀거든요. 이 부분은 먹이나 알인가? (먹이? 알?) 먹이나 알이요. 나머지 부분은 깃털이 흩날리는 거예요. (까마귀라고 하셨나요?) 그냥 형상이 까마귀잖아요. 여기 하얀 부분이 눈이고, 꼬리, 부리가 있고. (T/L 까만색이라 까마귀인가요?) 어, 아뇨 그냥 새예요, 새.	WS+ mau (2) A.Fd 4.5
IV	4′″ ∨ 13. 16″ 상의	- 가운데가 옷 걸어놓는 데고요. 양쪽은 팔 부분, 나머지는 몸통 부분.	W+ mpo Cg.Hh 4.0

Card	R#/ Response	Inquiry	Scoring
	14. 22″ 갑옷	- 옷이랑 똑같아요. 입는 건데, 가운데가 투구고, 양쪽은 어깨 그 나머지는 갑옷 밑부분. (갑옷이라고요?) 어깨가 되게 넓잖아요. 위엄이 있어 보여요. (위엄?) 투구 부분에 뿔 비슷하게요, 그리고 얼굴 부분에 비해 몸이 훨씬 크잖아요.	Wo Fu Cg.Ay 2.0
	15. 29″ 황제	- 가운데 옥좌예요. 손잡이에 깃털이 장식되어 있어요. 황제가 앉아 있어서 왕관이 끝이 약간 보이네요. 옥좌가 커서 왕관 윗부분만 살짝 보이는 거고요. 황제를 중심으로 사람들이 바글바글해요. (바글바글?) 네. 황제를 중심으로 여러 사람이 모여 있어요. 황제한테 가까이 가지 못하니까 황제 바로 옆에 이 하얀색은 비어 있는 거고요.	W+ Mp.VF- H.Art.Hh 4.0 PHR
V	16. 8″ ∨ 날개	- 날개를 쫙 펴고 있는 형상이에요. 가운데 몸은 나비일 수도 있고 새일 수도 있고.	Wo FMpo A P 1.0
	17. 16″ 바람	- 구름이나 안개가 까만 형상에 위쪽으로 퍼지면서 흩날리는 것. (바람?) 흩날리고 있으니까 바람인 거죠.	Wv ma.Y Cl AB
VI	18. 4″ ∨ 폭포	- 높이가 높은 데서 폭포가 시작되고, 아래 쪽 파이면서 강이 흐르다 떨어져서 물결쳐지고 있어요. 전체적으로 산골짜기가 차지하고 있고요. 폭포를 강조하기 위해서 산을 크게 보여 주는 거예요. (물결?) 떨어지는 느낌이에요. 아래서 번지고 있고요.	W+ ma.VF.Y- Na 2.5
	19. 9″ ∧바다	- 좁은 강(top)이 흘러서 되게 넓은 바다로 가요. 사방에 물줄기가 있어요. 강이 모여서 큰 바다가 되는 건데요. 바다는 크고 웅장한데, 강줄기는 조그맣고 하찮아 보이잖아요. 그런데 또 강이 없으면 바다가 이루어질 수 없으니까.	Wv/+ F Na DR1
	20. 16″ 태양 …… 산 …… 십자가	- 십자가(top)에 천사가 달려 있어요. 십자가에 양쪽 날개가 박혀 있어요. 아래는 되게 큰 산인데, 되게 멀리서 보는 거라 형상만 보이고요. 뒤에는 다 하얀색이잖아요. 그래서 태양이 비추는 거예요. 태양이 비추고 있어서 십자가에 매달린 걸 알 수 있어요. (태양?) 태양빛이 뒤에서 비추는 거요.	WS+ Mp.C′- (H).Na.Ay 6.5 PHR

Card	R#/ Response	Inquiry	Scoring
VII	21. 4″ ∨ 횃불	- 가운데 부분이 횃불. 크고, 타오르는 듯이 위로 뻗쳐 있어요. 불은 원래 위로 올라가니까요. 타들어가서 양 옆에 재가 생긴 거예요. (재?) 색이 묽잖아요. 안으로 들어갈수록 까맣고, 횃불에 가까울수록 강한 색인 거죠.	WS+ ma.Yu Fi 4.0 DR1
	22. 14″ 잔치에 사람들	- 사람들이 서로 팔을 잡고 돌고 있는 모습이에요. 턱이 다들 위로 올라가 있어서 시선을 가운데 둔 걸 볼 수 있어요. 한 여덟 명 정도 되나? 왜냐면 아랫부분(bottom)은 두 명씩 겹쳐져 있네요.	W+ Ma- H 2.5 PHR
	23. 30″ 나무	- 그냥 나무의 형상이…….	DSo F- Bt 4.0
VIII	4″ ∧12″ ∧ 24. 14″ 사람들이 있고…… 제물이 있고. 고기? 춤…… 승천	- 이 고기가 뜯겨진 흔적이 있잖아요. 가운데 매달려 가지고요. 사람들이 서로 뜯어 먹으려고 하는 거예요. 고기는 고기인데, 종교 의식처럼 제물이 된 고기거든요. 사람들이 고기를 뜯으면서 손을 잡고 돌면서 춤을 춰요. 이 부분은 제물이 찢겨져서 영혼처럼 되어서 하늘로 올라가는 거예요. 위에 화살표 모양으로 되어 있으니까 하늘로 올라가는 느낌이잖아요.	W+Ma-H.Fd4.5 FAB2. ALOG PHR
IX	25. 3″ 불꽃…… 제물. 영혼…… 화염	- 커다란 대가 있고, 여기는 연한 불, 가운데는 강한 불. 강한 불이기 때문에 파란색이에요. 그리고 아래에서 불을 지피고 있어요. 아까 그 고기는(VIII) 동물인데, 여기는 화형하는 것처럼 사람이 불에 타는 거예요. 타들어 가서 몸만 남은 건데, 사람이 말라서 몸이 타고 한 줄만 남은 거예요. 가운데 보면 연한 파란색이잖아요. 이건 사람이 죽어서 승천하는 거예요. 영혼이 올라가는 상승 이미지거든요. 반대는 하강 이미지인데, 이건 그렇지 않아요.	W+ Mp.ma.C- H.(H).Fi 5.5 ALOG.MOR PHR
	26. 36″ 장수	- (bottom red) 얼굴. 갑옷을 입고, 팔짱을 끼면서 순찰하고 있어요. 치마 같은 갑옷이네요. 조선시대 갑옷처럼. 밑은 작고 위는 크니까 아주 위엄 있어요.	W+ Mp- H.Cg.Ay 5.5 PHR

Card	R#/ Response	Inquiry	Scoring
X	6″ ∨∧∨ 27. 16″ 예수. 영혼? 불꽃. 사슴과 말	- 로마 병사. 유태인 장군. 여기는 제일 위에 있으니까 고귀해서 예수예요. 유태인 장군은 흉물스러워요. (흉물?) 거무튀튀하고, 흰 부분 입이나 눈인데요. 근처에 근데 고귀한 거 옆에 있어서…… 근처에 빨갛고 파랗고 노란 것들이 돌아다니는데요, 예수를 죽이니까 광분하는 영혼들이에요. (광분?) 모양도 뾰족하고, 커다란 것도 있으니까요. 로마 병사가 횃불을 들고 있는데, 불을 붙이려고 가는 중이에요. 마치 타오르는 듯이 올라가고 있잖아요. (사슴과 말?) 사슴인가 말인가? 예수가 죽었으니까 영혼들도 슬퍼하고 동물들도 슬퍼서 광분하면서 뛰어다니고 있어요.	WS+ Ma-p.ma.FMa.FC′.C- (2) H.(H).Ay.A.Fi.Hx 6.0 ALOG PHR

구조적 요약표

Location Features		Determinents: Blends		Single		Contents		Approach		
						H	= 6	I	WS,WS,W,W,WS	
Zf	=23	VF.C′F.Y		M	= 3	(H)	= 4	II	DS,WS,WS	
ZSum	=91.5	CF.C′		FM	= 1	Hd	= 0	III	W,D,DS,WS	
ZEst	=77.0	M.FD		m	= 2	(Hd)	= 1	IV	W,W,W	
		M.VF		FC	= 0	Hx	= 1	V	W,W	
W	=23	m.Y		CF	= 0	A	= 5	VI	W,W,WS	
D	=4	m.VF.Y		C	= 0	(A)	= 0	VII	WS,W,DS	
W+D	=27	M.C′		Cn	= 0	Ad	= 0	VIII	W	
Dd	=0	m.Y		FC′	= 0	(Ad)	= 0	IX	W,W	
S	=12	M.m.C		C′F	= 1	An	= 2	X	WS	
		M.m.FM.FC′.CF		C′	= 0	Art	= 1	Special Scores		
				FT	= 0	Ay	= 4			
DQ				TF	= 0	Bl	= 1		Lv1	Lv2
+	=16			T	= 0	Bt	= 1	DV	= 1×1	0×2
o	=8			FV	= 0	Cg	= 4	INC	= 0×2	1×4
v/+	=1			VF	= 0	Cl	= 2	DR	= 3×3	0×6
v	=2			V	= 0	Ex	= 0	FAB	= 0×4	1×7
				FY	= 0	Fd	= 2	ALOG	= 3×5	
				YF	= 0	Fi	= 3	CON	= 0×7	
Form Quality				Y	= 1	Ge	= 1	Raw Sum6	= 9	
	FQx	MQual	W+D	Fr	= 0	Hh	= 3	Wgtd Sum6	= 36	
+	=0	=0	=0	rF	= 0	Ls	= 1			
o	=5	=0	=5	FD	= 0	Na	= 4	AB	= 2	GHR= 0
u	=8	=1	=8	F	= 9	Sc	= 1	AG	= 0	PHR = 9
-	=11	=7	=11			Sx	= 0	COP	= 0	MOR= 1
none	=3	=0	=3			Xy	= 0	CP	= 0	PER = 0
				(2)	= 2	Id	= 1			PSV = 0

Ratio, Percentages, and Derivations									
R	= 27	L	= 0.42			FC : CF+C	=0 : 3	COP= 0 AG	=0
						Pure C	=1	GHR : PHR	=0 : 9
EB	=8 : 3.5	EA	=11.5	EBPer	=2.3	SumC′ : WSumC	=3 : 3.5	a:p	=11 : 7
eb	=9 : 13	es	=22	D	=-4	Afr	=0.17	Food	=2
		Adj es	=12	Adj D	=0	S	=12	SumT	=0
FM	= 2	SumC′	=3	SumT	=0	Blends:R	=10 : 27	Human Cont	=11
m	= 7	SumV	=3	SumY	=5	CP	=0	Pure H	=6
								PER	=0
								Isol Indx	=0.56

a : p	=11 : 7	Sum6	=9	XA%	=0.48	Zf	=23	3r+(2)/R	=0.07
Ma : Mp	=4 : 5	Lv2	=2	WDA%	=0.48	W : D : Dd	=23 : 4 : 0	Fr+rF	=0
2AB+Art+Ay	=9	WSum6	=36	X-%	=0.41	W : M	=23 : 8	SumV	=3
Mor	=1	M-	=7	S-	=0.36	Zd	=14.5	FD	=1
		Mnone	=0	P	=1	PSV	=0	An+Xy	=2
				X+%	=0.19	DQ+	=16	MOR	=1
				Xu%	=0.30	DQv	=2	H : (H)+Hd+(Hd)	=6 : 5

PTI=4	DEPI=7*	CDI=3	S-CON=9*	HVI= Yes	OBS= No

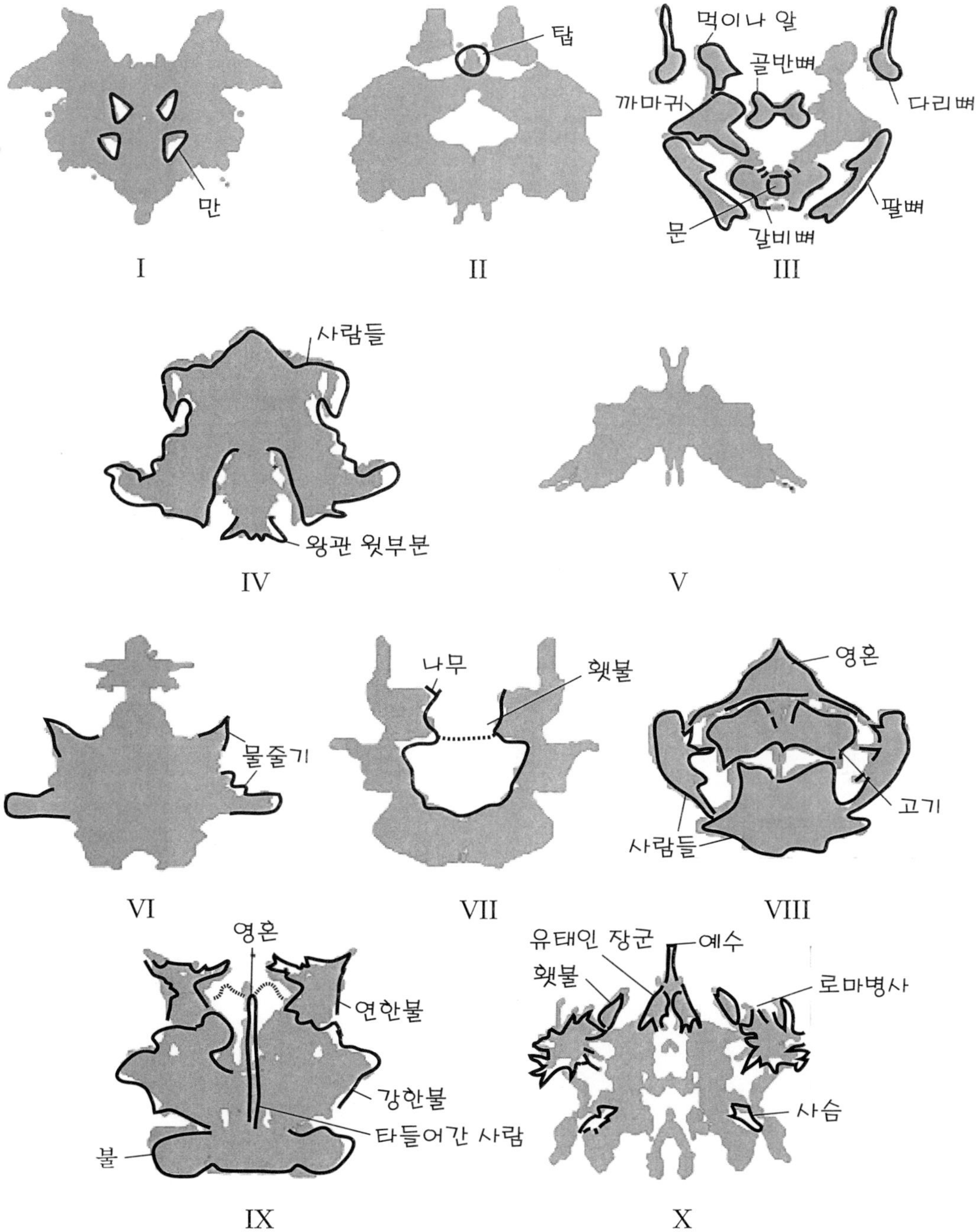
만
I
탑
II
먹이나 알
골반뼈
까마귀
다리뼈
팔뼈
문
갈비뼈
III
사람들
왕관 윗부분
IV
V
물줄기
VI
나무
횃불
VII
영혼
고기
사람들
VIII
영혼
연한불
강한불
타들어간 사람
불
IX
유태인 장군
예수
횃불
로마병사
사슴
X

III. B군 성격장애

06

반사회성 성격장애와 사이코패스의 로샤평가

반사회성 성격 혹은 사이코패스 성격(Psychopathic personality)인 사람을 평가하는 데는 많은 어려움이 따른다. 이들은 꾀병을 부리거나 속이기도 하고, 병식(病識)이 부재하거나 과도하게 방어적일 수 있으며, 대인관계 양상이 까다로울 수도 있고, 폭력을 유발시킬 위험성도 높을 수 있다. 이들은 대개 법정 문제가 걸린 상황이나 교화 시설에서 만나게 되는데, 이러한 상황적 요인 때문에 심리적, 대인관계적인 장애물이 증폭될 수 있다. 예를 들면, 명백하거나 잠재적인 이차적 이득이 관여되어 있거나, 평가하는 자-평가받는 자의 부정적 역동이 있는 경우에 이러한 가능성이 더 높아진다. 이러한 사례에서는 구조화된 면접뿐만 아니라 행동 관찰, 부수적 기록과 면접, 심리학적 평가 자료 등 다양한 자료를 통하여 평가를 해야 한다. 로샤검사는 이러한 통합적인 평가에서 매우 유용한 역할을 할 수 있다.

로샤검사를 통한 반사회성 성격장애(Antisocial personality disorder: ASPD)의 평가

James L. Loving / Private Practice, Philadelphia, Pennsylvania
Alan. J. Lee / Private Practice, Hamilton, New Jersey

는 많은 주목을 받았고, 다른 성격장애 연구만큼이나 이론적, 경험적, 비판적 관심들이 높다. 이 장에서는 이론적, 경험적 문헌을 개관하고, 법정 장면에서 로샤검사를 활용하는 데 대해 언급할 것이다. 또한 의뢰 상황에서 충분히 평가를 뒷받침할 수 있는 신중하고 통합된 해석을 강조하고 있다. 동시에, 점차 타당성을 인정받고 있지만 임상 장면에 적용하기 위해서는 더 많은 연구가 요구되는 영역에 관해 언급할 것이다. 또한 사례를 개념적으로 이해하고, 반사회성 성격장애 평가에 관한 로샤검사의 역할에 대해 결론 내리고자 한다.

반사회성 성격과 사이코패스: 중첩되면서도 변별되는 구성개념

정신병질적 성격 혹은 사이코패스 성격은 DSM-IV(APA, 2000)에서 제시하는 반사회성 성격장애와 서로 밀접히 관련되어 있기는 하지만 별도의 구성개념(construct)이다. 이 두 개념이 때로(부정확하게도) 동일하게 여겨지고 있지만, 유사점과 차이점에 대해 논의할 필요가 있다.

사이코패스 개념은 오래되고 복잡한 역사를 가지고 있다. 이는 역기능적이고 불법적인 행동을 보이는 개인들을 설명하는 포괄적인 개념으로 기술되기도 하였다. 어떤 경우는 보다 협소한 의미로 개념화되기도 하였다. 현대적인 개념은 Cleckley(1941)의 개념화 작업과 밀접하다. 그는 전형적인 사이코패스들에게서 예상되는 행동적, 대인관계적 특성들을 기술하였다. 반사회적 행동, 양심/진심의 결여, 피상적인 매력, 고통 혹은 주요 신경증 및 정신증 증상의 부재가 이에 포함된다. 최근에는 사이코패스를 설명할 때 무책임하거나 규칙을 조롱하는 행위뿐만 아니라 정서적 분리, 공격적이고 나르시시즘적인 대인관계를 포함시킨다.

이전의 DSM(APA, 1968) 체계에서는 사이코패스의 핵심을 포함하는 것으로 반사회성 성격장애를 개념화하였다. 그러나 진단의 신뢰도를 향상시키기 위해 이후 DSM에서는 보다 겉으로 드러나는 행동을 중요시하였고, 핵심이라 할 수 있는 기저의 성격 특징은 덜 강조하는 기준을 마련하였다. 현재 기준(〈표 6-1〉)은 비행 혹은 불법적

〈표 6-1〉 반사회성 성격장애의 DSM-IV-TR 진단기준(APA, 2000)

A. 타인의 권리를 경시하고 침해하는 전반적 양상이 15세부터 발생하며 다음 중 3가지(혹은 이상)의 항목을 충족시킨다.

1. 사회규범과 합법적 행동을 따르는 데 실패
2. 사기 행동
3. 충동성 혹은 미리 계획하는 데 실패
4. 과민성과 공격성
5. 자기와 타인의 안전을 무시하는 무모함
6. 일정한 직업을 갖지 못하거나 채무를 청산하지 못하는 행동으로 나타나는 지속적인 무책임성
7. 자책의 결여

B. 최소한 18세 이상이어야 한다.
C. 15세 이전에 품행장애가 발생한 증거가 있어야 한다.
D. 반사회적 행동이 정신분열증이나 조증 삽화 경과 중에만 나타나는 것이 아니어야 한다.

행동을 중심으로 하고 있으며, 따라서 교화기관의 약 75%의 사람들이 반사회성 성격장애의 진단기준에 부합한다(Hare, 1991). 같은 이유로, 교화 체계나 법망 외 장면의 알려지지 않는 사람들 중에는 반사회성 성격장애 진단기준에 맞지는 않지만 사이코패스의 대인관계적 정서적 특징을 보유하는 이들이 있을 수 있다. 따라서 일부 비판적인 학자들(Kernberg, 1992; Millon & Davis, 1996)은 반사회성 성격장애 진단이 초기의 사이코패스 개념으로부터 너무나 멀리 동떨어졌다고 주장했으며, 현재 이는 전혀 다른 부류의 사람들을 포함하고, 사이코패스의 독특하고 일관적인 구성개념을 담보하지 못한다고 하였다. 청소년에게서 보이는 반사회성을 설명하는 품행장애도 유사한 역사를 가지고 있으며 유사한 비판을 받고 있다.

반사회성 성격장애와 품행장애는 반복적으로 불법적이고 무책임한 행동을 보이는 넓은 범위의 개인들을 포함한다. Rogers, Duncan, Lynett과 Sewell(1994)은 적어도 50만 가지의 조합이 가능한 행동들이 반사회성 성격장애의 진단을 가능케 한다고 계산하였는데, 이는 상대적으로 덜 해로운 행동에서부터 보다 심각하고 공격적인 행동까지 포함한다. 대부분의 사이코패스 성인들은 반사회성 성격장애로 진단받을 수 있

지만, 반사회성 성격장애를 진단받은 성인들 중 일부는 결정화된 사이코패스 성격을 가지고 있다고 할 수 있는 모습을 보이지 않을 수 있다. 예를 들어, 반사회성 개인이 충동 조절 결함으로 반복적으로 불법 행동을 보일 수 있지만, 실제로 사이코패스에서 결여되어 있는 초자아 발달 혹은 애착 능력은 가지고 있을 수도 있다. 일차적 사이코패스들은 질적으로 다른 사람이라는 증거들이 제시되고 있다(Harris, Rice, & Quinsey, 1994). 그러나 한편 임상 장면에서는 이러한 상태가 심각도의 연속선상에서 모두 같이 다루어져야 한다고 제안되고 있다(Gacono, Loving, & Bodholdt, 2001). 즉, 어떤 반사회성 개인은 전형적인 사이코패스의 심각한 성격 특징을 보다 많이 지닌다는 점에서 심각한 사이코패스에 가까울 수 있다.

반사회성 성격장애의 구분과 관련하여, Hare(1980, 1991, 2003)는 전형적인 사이코패스를 평가하기 위한 진단 도구를 개발하였다. 사이코패스 체크리스트-개정판(Psychopathy Checklist-Revised: PCL-R)은 구체적인 임상 면접과 부수적 정보의 심층적인 검토를 기반으로 평가하는 척도로 구성되어 있다. PCL-R은 행동 척도뿐만 아니라, 전형적인 사이코패스를 기술하는 대인관계 및 정서적 요인도 포함하고 있다(Cooke & Michie, 2001). 이 도구는 강도 높은 경험적 연구에 기반하고 있으며, 최근의 표준화 자료에 근거한 것이다(Hare, 2003). PCL-R의 신뢰도 및 타당도를 검증하는 연구들은 법정 사례의 중요한 연구 결과들을 포괄하고 있다(개괄을 위해서는 Hare, 2003을 참고). 가장 중요한 점으로, PCL-R 사이코패스는 여러 집단에서 미래의 폭력 행동을 예상하는 가장 좋은 도구로 주목받았다(Hemphill, Hare, & Wong, 1998; Steadman et al., 2000). 법정 상황이 아니고서는 반사회성 성격장애는 발생비율이 낮으며, 법정 상황에서는 반사회성 성격장애 진단보다는 PCL-R 사이코패스 진단이 폭력 혹은 주요 행동적 결과를 가장 잘 예언하는 것으로 나타났다. 이에 반해 반사회성 성격장애는 예언타당도가 낮다는 점에 주목해야 한다. 왜냐하면 임상가나 법정 관계자가 사이코패스보다는 반사회성 성격장애 진단에 의거하여 예후를 평가하는 경우가 있기 때문이다(Lyon & Ogloff, 2000).

반사회성 성격장애와 사이코패스의 구분은 DSM-IV-TR의 기술에 따라 불분명해진 경향이 있다. 반사회성 성격장애의 진단기준은 보다 행동 중심적이며, 사이코패스 전형에 부합하는 것은 아니지만, 이러한 전형적인 사이코패스의 특징은 반사회성 성격장애의 '관련 특징' 에 기술되어 있다. 여기서는 두 용어가 같은 개념인 것처럼 설명하고 있으며, PCL-R 관련 문헌을 반사회성 성격장애 진단의 근거로 사용하고 있다.

> 공감이 결여되어 있고, 자기 평가를 부풀리며, 피상적인 매력을 보이는 점은 사이코패스의 전통적인 개념에 포함된 특징들로, 이 장애의 특징이며, 범죄, 비행 혹은 공격적 행동이 특징적으로 나타나지 않는 법정 장면이나 감옥에서 상습범죄의 여부를 예상하는 데 유용하다(APA, 2000, p. 703).

이 때문에 반사회성 성격장애의 진단기준에 부합하는 사례들에 사이코패스의 대인관계적 혹은 정서적 특징이 있을 것이라고 과잉 추정할 위험이 있다. 이는 재범이나 상습성의 여부를 과대평가할 위험도 있다. 개념적으로, 반사회성 성격장애와 사이코패스는 유사한 현상을 보인다(예: 공격, 약탈, 생존을 우선시하는 데서 두드러지는 자기중심적 자기상과 대인관계상). 그러나 반사회성 성격장애 연구를 다룰 때는 조심해야 하는데, 특히 표집 대상이 과포괄적일 때 사이코패스는 아니지만 행동상으로는 반사회성인 개인들을 포함시킬 수 있기 때문이다.

반사회성 성격장애와 사이코패스 평가에서 로샤검사의 역할

평가 상황에서 심각한 사이코패스 성격을 탐지하는 것은 매우 중요하다. 왜냐하면 이 장애는 치료순응도와 예후, 폭력발생의 위험, 꾀병, 그리고 다른 형태의 문제 행동과 직접적으로 관련되기 때문이다. 평가받는 이에게 반사회성 행동력이 있을 때, 이러한 행동이 기저의 사이코패스 성격특징에서 기인했는지 혹은 다른 요인(예: 물질 남용, 충동 조절 결함, 다른 정신병리에 따른 자기파괴적 행동) 때문인지를 면밀히 평가하는 것이 도움이 된다. 사이코패스와 반사회성 성격장애는 다른 장애 혹은 지능 문제와 동반될 수 있으며 서로 영향을 미칠 수 있다.

그러나 반사회성 성격장애 혹은 사이코패스를 평가할 때는 보다 복잡해진다. 이러한 반사회성 스펙트럼에 해당되는 성격을 지닌 사람들은 쉽게 속이고 병식이 부족하기로 유명하다. 따라서 다중평가가 매우 중요하며, 이러한 맥락에서 로샤검사는 평가 결과의 확신성을 최대한 높이는 수렴 및 변별 타당도를 제공하는 데 유용한 역할을 할 수 있다.

Meloy와 Gacono(2000)는 로샤검사를 통해서 다른 평가 도구 이상의 깊이 있고 포괄적인 정보를 얻을 수 있다고 주장하였다.

> 반사회성 성격(DSM-IV)의 포괄적인 범주화에서 시작된 것이 이제 PCL-R을 통해서 사이코패스의 정도를 결정할 수 있게 되었다. 또한 나아가 로샤검사를 통해서 내적 구조와 역동을 상세히 할 수 있게 되었다(p. 238).

로샤검사로 평가하면 사이코패스의 여부를 확인할 수 있다. 개인의 특징적인 장점과 약점, 그리고 행동 폭발을 보일 위험요인을 이해하는 데 로샤검사의 역할이 보다 중요할 것이다.

법정 장면에의 적용

법정 장면에서 반사회성과 사이코패스의 문제는 자주 나타나기 때문에, 법정 장면에서 로샤검사를 활용하는 것에 관한 언급이 필요해 보인다. 법정 장면에서 로샤검사와 같은 평가 도구는 전문가의 조사를 거쳐 사용된다. 법정 문제에 로샤검사를 이용하는 임상가는 최근의 경험적, 전문적인 문헌을 잘 알고 있어야 한다. Gacono, Evans와 Viglione(2002)는 이를 잘 기술하고 있다.

몇 가지로 요약하자면, 로샤검사는 법정 평가에서 요구되는 관련 규준을 충족시키고 일반적으로 사용되는 평가 도구라는 점이 주장되었다. 그러나 여러 학파에서 이를 비판해 왔으므로 관련 문헌을 잘 숙지하는 것이 필요하다. 예를 들어, McCann(1998)은 로샤검사가 허용 가능한가와 관련하여 현재의 법적, 전문적 기준을 모두 만족시키고 있다고 주장하였다. 이는 Grove와 Barden(1999; Grove, Barden, Garb, & Lilienfeld, 2000), 그리고 Ritzler, Erard와 Pettigrew(2000a, 2000b)의 연구에 정교하게 기술되어 있다.

특정 법적 기준에 따르자면, 허용 가능성의 문제는 로샤검사 자료가 실제 장면에서 대체로 받아들여지고 있는가에 따른다. 로샤검사는 석사 수준의 교육 과정에 포함되어 있고(Mihura & Weinle, 2002), 임상 장면에서 가장 널리 사용되는 평가 도구다(Archer & Newsom, 2000; 그러나 Piotrowski, Belter, & Keller, 1998를 확인할 것). 이러한 결과는 법정 장면에서도 받아들여지지만(Piotrowski, 1996), 최근 조사 중(Lally, 2003) 미국전문심리학위원회(American Board of Professional Psychology: ABPP) 법정심리학 전문가의 64개 사례에서는, 이들이 로샤검사를 많이 쓰고 있지 않으며, 법정에서 흔히 직면하는 6가지 질문에 로샤검사는 '허용 가능' 의 기준에 미치지 못하는 것으로 평가되고 있다고 보고하였다. Lally의 조사 결과가 시간에 따른 변화를 나타나는 것인지, 특정한 표준에 국한된 것인지는 계속 지켜보아야 할 것이다.

그러나 법정에서는 로샤평가를 선호하고 있다. 예를 들어, Weiner, Exner와 Sciara(1996)는 7,900건 이상의 연방/주 법정 사례에서 임상가들이 로샤검사 결과를 제시하였다고 보고하였다. 이 보고에 따르면, 로샤검사 증언은 0.1% 사례 미만의 경우에 기각되었다. 유사하게, Meloy, Hansen과 Weiner(1997)는 50년간 법정 소환장에 로샤검사가 활용된 사례들을 조사하였다. 194개의 사례에서, 법원 결정에 로샤검사는 중요하게 언급되었다. 이 중 10%의 사례에서 로샤검사 결과가 도전을 받았다. 그러나 로샤검사 결과가 문제된 사례에서, 도구 자체의 문제보다는 타당하지 못한 평가 과정이 문제가 되었다. 그러므로 최근의 법적 기준이나 전문적 문헌의 논쟁을 파악하는 것은 도움이 될 것이다. 이러한 방법으로 최근 한 예비연구에서(Owens, Patrick, Packman, & Greene, 2004) Weiner 등(1996)의 설문조사 결과를 반복 검증했으며, 로샤검사가 후기 다우버트 시대 법정에서 계속 환영받으리라는 기초적인 증거를 발견하였다. 추후 추가적인 반복검증이 요구된다.

대부분의 심리학적 도구와 마찬가지로, 로샤검사는 특정 법심리학적 질문에 정확하게 대답할 수 있는 정보를 제공하지는 않는다. 그러나 평가받는 사람에 대한 풍부한 기술적 정보를 제공할 수 있으며, 결론을 지지하는 수렴적 정보를 제공한다. 예를 들어, 재판적임문제에 관한 심리법적 질문은 로샤검사에 전적으로 의거하여 대답할 수 없다. 그러나 문제가 되는 기능적 결함에 정신증 등이 관여되었는가를 판단해야 하는 복잡한 상황에서, 로샤검사는 실제로 지각적 왜곡과 사고 과정 장해를 보이는 개인을 설명하는 정보를 제공할 수 있으며, 지각적 정확성이나 사고가 양호하지만 사이코패스 특질과 상황적 꾀병이 관여된 사람을 구분해 낼 수 있다. 로샤검사가 신중한 다중 평가적 접근 중 하나로 사용되고, 로샤검사 결과와 관련 법적 문제 사이에 직접적으로 개념적 연관성이 존재한다면, 로샤검사를 포함시키는 것은 보다 유용하다.

로샤검사 문헌

반사회성 성격과 사이코패스 성격의 구체적인 평가에 관해 논하자면, 로샤검사가 반사회성 성격장애나 사이코패스를 직접적으로 진단하거나 탐지할 수 있다고 여겨서는 안 된다. 그러나 사이코패스일 가능성을 지지하는 성격 특질과 행동 경향에 관한 정보를 제공할 수는 있다.

사이코패스를 로샤검사로 평가하는 역사는 1943년 Lindner에서부터 시작한다. 교도소의 정신의학자들이 사이코패스로 진단한 범죄자들의 로샤검사 기록을 관찰했을 때, Lindner는 이들의 검사 결과에서 폭발적이고, 충동적이고, 비사회화된 특징과 더불어 피상적인 대인관계를 발견하였다. Schafer(1948)도 선구자에 해당하는데, Schafer는 이들이 '평범한' 결과를 만들어 내려는 경향을 보임에도 불구하고, 음영(shading) 반응을 보이지 않는다거나(불안의 결여), 형태보다 색채 주도적인 반응을 한다거나(특징적인 공격성과 충동성과 관련), 모호한 전체 반응(분석 및 통합 능력의 부족)이 많은 등 일관적인 몇몇 특징적 구조를 보인다고 주장하였다. 여러 구조적 결과에 더하여, Schafer는 검사 도중에 나타나는 대인관계 양상을 정리하였다. 그의 경험에 따르면, 이들은 과도하게 협조하는 식으로 뻔히 자만하는 얼굴을 하고, 평가자를 향한 내면의 얕고 원초적이고 경멸적인 감정을 가리려 하는 경향을 보인다.

최근, 로샤검사의 종합체계(Exner, 2003) 내의 다양한 변인들이 사이코패스 관련 상태와 어떻게 연관되는지에 관하여 여러 연구가 등장하였다. Weiner(1991)는 DSM-III-R 반사회성 성격장애를 진단받은 청소년과 성인들 중 법의 판결을 받은 이들과 그렇지 않은 이들을 연구하였다. 변인들은 당시 비환자 집단의 규준(Exner, 1986)에 의거하여 비교되었다. 이 연구와 이전 연구를 종합하여, Weiner는 사이코패스와 범죄성을 평가하는 다양한 로샤검사 지표를 통합한 모델을 제안하였다. 그는 기저의 초자아 결함을 반영하는 검사 변인들이 있으며, 이것이 사이코패스 특징을 밝힐 수 있다고 제안하였다. 동시에, 자아 기능장해와 관련된 변인들은 사회 부적응과 범죄에 가담할 여지를 예상할 수 있게 한다고 보았다. 특히, Weiner는 네 가지(T=0, COP=0, pure H<2, S>2)가 사이코패스 성격을 강하게 나타내는 지표라고 보았다. 더하여 자아 기능장해와 관련된 12가지 지표를 제시하였다(EB=ambitent, L>0.99, ZD<-3.0, X+%<0.61, X-%>0.19, P<4, Mp<Ma, p>a+1, CDI>3, CF+C>FC+1, Pure C>0, FD=0). 이는 체포되거나 발각될 만한 범죄를 저지르는 행동을 예측할 수 있다고 보았다.

Exner(2003)는 반사반응에 관한 두 가지 연구를 언급하였는데, 여기서 "사회병질자(sociopath)" 혹은 "반사회성 성격장애로 진단된 범죄 성격장애"로 진단받은 사람들이 통제집단에 비하여 높은 반사반응을 보였으며, 이는 이러한 반사회성 집단의 높은 자기 몰두를 반영한다고 보았다. Exner가 진행한 다른 연구(Exner & Weiner, 1995)에서 DSM-III 품행장애로 진단받은 청소년들은 로샤 결과에서 대인관계 친밀감이나 긍정적 상호작용에 대한 기대, 사람에 대한 관심 등에 덜 열려 있다고 보고하였다. 이는 T, COP, 순수 H 반응의 부재로 나타났다. 품행장애 집단은 대인관계에서 거리를 두고 머뭇거리며 예민한 점이 보다 두드러졌다(양성 과잉경계 지표[HVI]와 고립 지표[Isolation Index]의 상승).

Kaser-Boyd(1993)는 가해자를 죽인 가정폭력 피해 여성들의 로샤 결과를 당대의 종합체계 규준(Exner, 1986)과 비교하였다. 논의에서, 그녀는 이들 중 일부에게서 '사회병질적 여성 가해자' 성향을 발견했다고 언급하였다. 연구에 참여한 많은 여성들처럼, 사회병질적 성향의 여성들은 단순하고 제한된 반응을 보였고, 외향성 양상과 정서조절 능력의 부족을 보였다. 반면, 사회병질 성향이 없는 피해 여성과 비교했을 때, 이들은 현실검증력이 더욱 양호하였으며 소극적이기보다는 적극적인 사고를 보였다. 그러나 청소년 살해범(Greco & Cornell, 1992)이나 Kaser-Boyd(1993)의 여성 피검자들처럼 겉으로는 반사회적 행동을 보여도, 실제로 다양한 집단 및 건강한 집단과 비교했을 때 특히 두드러지는 로샤검사 지표들은 발견하지 못하였다. 보다 단일하거나 의미 있는 집단을 연구한다면 특징적인 검사 양상이 드러날 가능성이 높을 것이다(Gacono et al., 2001 참고).

로샤검사와 사이코패스에 관한 가장 종합적인 적용은 Gacono와 Meloy(1994)가 실시하였다. 이는 『공격적이고 정신병질적인 성격의 로샤평가(*The Rorschach Assessment of Aggressive and Psychopathic Personalities*)』라는 방대한 책에 수록되었다. 그 전에 Meloy(1988)는 로샤검사 변인들이 사이코패스를 기술할 수 있다는 이론적 배경이 구비된 구체적인 가설을 제시하였다. 이후 여러 연구에서 Gacono, Meloy와 동료들은 로샤검사와 반사회성, 품행장애, 사이코패스 집단을 연구하였고, 특히 사이코패스 집단은 PCL이나 PCL-R을 통하여 개념화하였다.

Gacono(1990)는 반사회성 성향이 두드러진 개인들이 경계선 성격장애 수준의 성격 구조를 가지고 있다는 가설(Kernberg, 1975; Meloy, 1988)을 검증하고자 하였다. 그는 PCL을 사용하여 남성 반사회성 성격장애 수감자(n=33)를 사이코패스와 사이코패스가 아닌 사람으로 구분하였다. 사이코패스가 아닌 집단은 PCL 점수가 낮으며, 사이코패스 성향도 약하다고 볼 수 있다. 로샤검사 측정치 연구들(Cooper & Arnow, 1986; Kwawer, 1980; Lerner & Lerner, 1980) 및 독립적인 자기애성 측정치를 사용한 결과, 그는 모든 반사회성 집단에서 경계선 수준의 방어기제 양상과 대상관계, 그리고 높은 수준의 자기애성을 발견하였다. Gacono는 이러한 결과가 반사회성 개인에게 병리적 나르시시즘이 있다는 Kernberg의 기존 주장을 지지한다고 결론지었다. Gacono와 Meloy(1992)는 보다 많은 연구대상자를 통하여 이러한 결과를 재검증하였다.

사이코패스들이 높은 수준의 나르시시즘을 보인다는 결과는 사이코패스를 경도 사이코패스적인 반사회성 성격장애 범죄자들과 비교한 다른 연구에서도 나타났다

(Gacono, Meloy, & Heaven, 1990; n=42). 사이코패스 집단은 반사회성 성격장애 집단보다 높은 수준의 나르시시즘(높은 Fr), 방어적인 전지전능성(높은 PER), 병리적인 자기 초점(높은 자아중심성 지표[Egocentricity Index])을 보였다.

또한 Gacono와 Meloy(1991)는 반사회성 성격장애 남성(n=42)들의 애착과 불안 양상을 연구하였고, PCL을 통하여 이들 집단을 사이코패스와 경도 사이코패스로 구분하였다. 사이코패스들은 대인관계 결여(낮은 T), 확산 불안의 결여(낮은 Y)를 보였다. 또한 D와 Adj D 점수상에서 불편감이 덜한(높은 D와 Adj D) 경향성을 보였다. 놀랍게도, 부정적이고 고통스러운 내성을 반영하는 차원반응(V)의 빈도에서는 두 집단 간 차이가 나타나지 않았는데, 저자들은 사이코패스가 보이는 V반응은 '웅대성의 좌절' (failed grandiosity) 혹은 체포된 데 대한 자기 연민으로 해석하였다. 다른 연구에서 Gacono와 Meloy(1992)는 반사회성 성격장애 수감자 중 사이코패스와 사이코패스가 아닌 이들의 로샤를 비교하였다(n=60). Exner(1986)의 규준을 참고로 하였을 때 사이코패스들은 나르시시즘으로 간주되는 반사반응(Fr), 전능성 방어(PER), 과대한 열망(W:M)에서 높은 점수를 보였다. 또한 사이코패스들에게서 대인관계 친밀감 결여(낮은 T), 전체적이고 실제적인 인간에 대한 관심의 결여(낮은 순수 H), 상호관계 교류에서 비현실적이고 낙관적인 기대(높은 Hd와 낮은 COP)가 나타났다.

Gacono, Meloy와 Berg(1992)는 사이코패스 성격이 자기애성 성격장애의 유형이라는 가설을 검증하기 위해서 네 집단의 로샤 결과를 비교하였다(사이코패스 성인, 사이코패스가 아닌 반사회성 성격장애 중범죄자, 자기애성 성격장애로 진단받은 성인, 경계선 성격장애로 진단받은 성인). 임상적으로 자기애성 성격장애 진단을 받은 이들보다 사이코패스 반사회적 성격장애 집단은 더 높은 수준의 나르시시즘(높은 Fr과 자아중심성 지표), 더 낮은 수준의 불안(적은 수의 Y), 그리고 낮은 애착 능력(낮은 T)을 보였다. 사이코패스가 아닌 반사회성 성격장애 수감자들은 사이코패스 수감자나 자기애성 성격장애 환자들보다는 나르시시즘 수준이 낮았다. 또한 사이코패스 수감자들보다 불안 수준이 높았고 애착 능력도 좋았다. Gacono, Meloy와 Bridges(2000)는 성범죄와 살인을 저지른 사이코패스, 성범죄와 관련 없는 사이코패스, 신체적 폭력을 사용하지 않은 소아 성폭력범을 비교하였다(n=109). 사이코패스 집단은 다른 두 집단에 비하여 대인관계 관심 수준이나 애착 수준이 낮았고(순수 H, T), 스트레스 경험 수준도 낮았다. 이후 Huprich, Gacono, Schneider와 Bridges(2004)는 사이코패스들, 그리고 성범죄 및 살인을 저지른 사이코패스들이 높은 수준의 구강기적 의존과 공격성 특수점수를 보였다고 밝혔다. 종합적으로, 이 두 연구는 사이코패스가 공격적 지향을 보이는 자기애성 성격장애 환자들의 일부라는 Kernberg(1992)와 Meloy(1988)의 생각을 지지한다.

많은 연구자들이 품행장애나 사이코패스라고 지목된 청소년들의 로샤에 관하여 연구하였다. Weber, Meloy와 Gacono(1992)는 품행장애 청소년들이 우울한 청소년들에 비하여 낮은 T, 낮은 H 그리고 높은 Y를 보였다고 하였다(n = 78). Loving과 Russell(2000)은 폭력적인 청소년들(N = 66)을 PCL 청소년용 척도(Forth, Kosson, & Hare, 2003)를 사용하여 낮은, 중간, 높은 수준의 사이코패스로 나누었다. 이 연구에서 높은 수준의 사이코패스 청소년들은 높은 Fr과 낮은 T를 보였다. Smith, Gacono와 Kaufman(1997)이 품행장애 청소년 중 사이코패스와 사이코패스가 아닌 이들을 비교했을 때(n = 45), 사이코패스에게서 높은 수준의 자아중심성 지표가 나타났으며, 그 외의 주요 척도들에서는 별다른 차이점이 발견되지 않았다. 품행장애나 사이코패스 청소년들에 관한 다른 로샤 연구들은 혼합되거나 불일치한 결과를 보였다(Archer & Krishnamurthy, 1997). 추가적인 연구들을 통하여 이것이 과연 이들을 평가하는 데 로샤검사가 비효율적이기 때문인지, 혹은 집단 자체의 이질성 때문인지를 알아보아야 할 것이다. 청소년에서 사이코패스 성향은 확고하게 결정화된 수준이 아닐 수 있으므로 정확하게 평가하지 못할 수 있다.

최근 연구는 다양한 공격성 변인에 초점을 두기 시작했고, 처음으로 깊이 있게 논의한 것은 Meloy와 Gacono(1992)였다. 이들의 초기 연구에서 언급되었듯이, 생각과는 달리 사이코패스나 폭력성이 예상되는 집단에게서 오히려 낮은 수준의 공격반응(AG)이 나타난다는 사실이 발견되었다. 이러한 결과를 근간으로, 연구자들은 높은 수준의 AG는 아마도 자아이질적인 공격성 경험과 관련될 것이라고 제안하였다. 이는 AG가 공격적인 행동표출과 관련 있다는 이전의 결론과 반대되는 것이었다. Meloy와 Gacono(1992)는 이들이 평균보다 낮은 AG 점수를 보였다고 하였고, 이는 공격적 충동을 내면에서 경험하기보다는 즉각적으로 방출하기 때문이라고 주장하였다. 한편, 달리 해석하자면 AG 반응의 부족은 아마도 이들이 전체적으로 상호작용과 관련된 요인들이 부족한 데서 기인한다고 할 수 있을 것이다. 즉, 둘 이상의 생물이 외현적으로 상호작용하는 맥락에서 AG를 채점할 수 있는데, 사이코패스들은 대상관계의 이러한 상호작용 자체가 거의 결여되어 있다.

Gacono와 Meloy(1992)의 결과는 공격성 반응을 새로이 범주화하는 시도로 이어졌다. 이를 통하여 공격성 관련 경험들의 다양한 표현을 보다 정확하고 총체적으로 이해할 수 있을 것이라고 여겼다. 〈표 6-2〉는 이러한 변인을 제시한다. 이 연구자들에 이어, Baity와 Hilsenroth(1999, 2002; Bethy, McDaniel, & Hilsenroth, 2000)는 공격성 점수를 확장하였고, 공격 내용(Aggressive Content: AgC) 점수에 특별히 관심을 두었다. 이들의 결론에 따르면 이 점수는 채점할 때 신뢰도가 높고, 부분적으로만 겹쳐지며, 공격성의 내적 표상과 더불어 이를 현실적으로 표현할 가능성과 관련되어 있

〈표 6-2〉 **확장된 공격성 변인 : 채점 기준과 예시**(Meloy & Gacono, 1992)

변인	채점 기준	예시
공격적 운동 Aggressive Movement(AG)	행동이 명백히 공격적인 운동반응	게를 잡아당기고 있는 두 사람.
공격적 내용 Aggressive Content(AgC)	일반적으로 착취적인, 위험한, 악의적인, 유해한 또는 해로운 것으로 지각되는 내용(평범반응으로 채점되는 경우는 제외)	그것은 총이다.
잠재 공격성 Aggressive Pontential(AgPot)	공격적인 행동이 일어날 것 같은 반응	두 개의 작은 괴생명체다. 이들은 서로의 머리를 자르려고 한다.
행해진 공격성 Aggressive Past(AgPast)	공격적인 행동이 일어났었거나 공격적인 행동의 대상이 되는 경우	여기는 벌레 같아요. 누군가 그의 몸에 드릴을 돌렸던 것 같아요.
가학-피학성 Sado-Masochism(SM)	비하적이거나, 공격적이거나, 병적인 반응이 대상자의 즐거운 감정 경험과 동반될 때	두 마리 곰이 이 나비를 공격하면서 하이파이브를 하고 있어요/여자가 춤추다가 목이 끊어지려고 해요. (피검자가 이 반응을 하며 즐겁게 웃는다.)

〈표 6-3〉 **전형적 사이코패스의 종합체계 자료**(Meloy & Gacono, 2000)

군	변인	기준치
타당도와 접근양상	반응 수	21
	Lambda	>0.99
통제 및 정서	D와 Adj D	0
	FC:CF+C	1:4(Pure C>0)
	Afr	<0.50
	T	0
	Y	0
	S	>2
인지 지표	X+%	0.54
	X-%	0.22
	M-	1
	WSum6	17
대인관계 지각	H:(H)+Hd+(Hd)	2:2.5
	COP	0
	AG	0
	Sx	1
자기 지각	Fr	1
	PER	>2
	W:M	>3:1

다. Baity와 Hilsenroth(1999)는 "공격성 변인은 내적 표상, 대인관계, 부적응적 기능에 관한 임상적 정보를 유용하게 제공해 준다."라고 하였다(p. 108). 특히 AgC 점수의 상승은 반사회성 성격장애와 관련되었으며, 사이코패스, 성범죄 살인자, 소아 성폭력범에게 일관적으로 관찰되었다(Huprich et al., 2004). AgC 및 그 확장 변인들의 특정 진단 분할점수나 해석 시 적용하는 기준에 관한 연구는 아직 미비하다. 그러나 Mihura와 동료들(Mihura & Nathan-Montano, 2001; Mihura, Nathan-Montano, & Alperin, 2003)은 이러한 다양한 점수들의 상관치들을 탐색하기 시작했으며, 각각의 의미를 보다 세분화하여 이해할 수 있도록 하였다.

로샤검사가 최근 비판받는 점이 있거니와, 비판적인 연구자들은 사이코패스 평가에도 관심을 두고 있다. 특정 문제를 논하는 것은 본문의 내용을 벗어난 것이므로 다른 곳에서 이에 대해 찾아보기 바란다(Gacono, Loving, & Bodlholdt, 2001; Wood, Lilienfeld, Garb, & Nezworski, 2000; Wood, Lilienfeld, Nezworski, & Garb, 2001).

초기의 결과들을 근간으로 하여, Meloy와 Gacono(2000)는 전형적인 사이코패스의 로샤라고 기대되는 종합체계의 자료들을 요약하였다. 이는 〈표 6-3〉에 집약되어 있다. 물론 이러한 측정치는 가설적인 것으로 개념적 안내를 제공하는 것이다. 지난 몇십 년간 연구 결과들이 축적되면서 몇몇 변인들은 그 근거가 밝혀지기도 했지만, 다른 결과들(예: 인지적 지표)은 보다 많은 연구를 필요로 한다.

사례: S씨(M/50대)

S씨의 사례는 Loving과 Lee가 제공한 것으로, 이들의 평가 결과에서 몇 가지 해석을 덧붙였다. 법정 명령에 따라, S씨가 과연 새로 태어난 그의 아이를 돌볼 능력이 되는지, 혹은 폭력을 가할 위험이 없는지와 관련하여 심리 및 정서적 기능을 설명하기 위한 심리평가가 의뢰되었다. S씨는 50대 초반의 남성으로 결혼한 적은 없었으나 여러 명의 여성과의 관계에서 생긴 7명의 자녀들이 있었다. 최근 5년간 만나 온 사람과의 관계에서 새 아이가 태어났으나 대부분의 시간 동안 그는 감옥에 있었고 평가하기 10개월 전에 풀려난 터였다. 그에 따르면, 나머지 6명의 자녀들과도 별로 교류가 없었다.

처음에 그는 자신의 어린 시절이 평범했노라고 말했지만, 나중이 되어서야 아버지의 반복된 가정폭력과 어머니의 외도로 그가 8세 때 부모가 헤어졌다는 사실을 밝혔다. 그의 아버지는 아주 처벌적이고 엄격한 사람이었으며, 동시에 상당히 해이하고 무관심하고 냉담하고 무책임했다. S씨는 두 형들과 자신은 정반대라고 하면서, 행동이나 태도 문제가 있는 자신과는 달리 두 형은 기능 수준이 매우 높다고 하였다. 그는 아주 어렸을 적부터 자신이 아웃사이더였음을 알았다고 했고, 일부러 반항적이고 적대적이고 부정적인 행동을 했다고 말했다. 청소년기의 숱한 비행 행동에 대해 이야기하기도 했다. 자기는 머리는 무척 좋은 사람이라고 주장하면서도, 행동 문제 때문에 학업 수행이 방해받았다고 인정하고 있었다.

고등학교를 졸업하고 나서 S씨는 군에 지원했다. 그러나 얼마 있지 않아 곧 그는 불명예제대를 했으며, 그 이유에 대해서는 말해 주려 하지 않았다. 그는 주로 일용직으로 일했으며, 직업 활동 기간이 매우 짧고 불안정했다고 한다. 그중에 물질 남용 상담사로 파트타임 근무를 한 적이 있는데, 형식적인 절차에 따라서 필요한 훈련은 한 번도 받은 적이 없었다.

다섯 번에 걸쳐 장기간 동안 감옥에 가거나 수없이 구치소에 가면서 S씨의 직업 경력에는 문제가 많이 생겼다. 그는 여러 번의 약물 관련 위반행위, 무기 소지, 가중 폭행, 도둑질, 사기, 위협, 좀도둑질, 보호감찰 기간 동안의 위반 행위, 오토바이 운전 위반, 자녀 양육비 미지급, 체포 거부 등의 행위를 하였다. 짧게 말해, 그는 거의 24번 이상의 체포와 유사한 횟수의 유죄 판결을 받았다.

S씨가 받은 치료는 별로 도움이 되지 않았다. 정신성 약물을 처방받은 적은 없었지만, 성인기 대부분의 시기에 코카인과 헤로인을 비롯한 약물을 했다고 말했다. 마지막 약물 사용은 5년 전 감옥에 가기 이전이라고 했다. 예전에 그는 약물 금지 프로그램에 두 번 정도 참여했는데, 한 번은 감옥에서 참여한 것이었다. 그는 정신과 치료력은 없다고 했고, 최근에 짜증스러움과 감정 폭발로 나타난 우울 경험 말고는 여타의 정서 문제는 없었다고 했다.

S씨는 덩치가 큰 근육질의 아프리카계 미국인이었고, 실제 나이에 비해 어려 보였다. 기분에 관한 질문에 그는 이러한 평가 상황과 관련하여 슬프다고 했는데, 실제로 감정은 대단히 피상적으로 보였으며 과거를 회상하면서는 킥킥거리기까지 했다. 특히 말로 표현하는 자신의 감정과는 괴리되어 보였고, 지나치게 지적으로 보이려는 방식으로 행동했다. 그는 확실히 거만하고 자기에 대한 확신이 가득 차 보였다. 종종 나이를 언급하면서 인생의 지혜에 관해 거들먹거리곤 했다. 그는 아주 부드럽고 협조적이었으며 지나치게 장난스럽고 친근한 태도로 평가자에게 "박사 양반." 하고 부르곤 했다. 그는 자신이 특별한 사람이라고 자랑하였는데, 이를테면 장기간 감옥에 있던 일을 떠벌리는 식이었다. 지적 능력을 평가했을 때 웩슬러단축형 지능척도(Wechsler

Abbreviated Scale of Intelligence: WASI; FSIQ-2=90)나 벤더시각운동게슈탈트검사(Bender Visual Motor Gestalt Test)상에서 어떤 결함의 근거는 발견되지 않았다. 성격평가 질문지(Personality Assessment Inventory: PAI)에서도 해석 가능한 결과를 보였고(ICN, INF, NIM, PIM이 모두 정상 범위), 임상 척도에서는 유의미한 상승은 없었다. 다만 그의 공격성 하위 척도(AGG)는 상승된 경향을 보였고(T=69), 공격적 태도(AGG-A)는 T=70, 반사회성 행동(ANT-A)은 T=71점으로 나타났다. PAI는 유용한 정보를 제공하였지만, S씨가 보고한 과거력만큼 풍부하지는 못했다.

많은 문헌에서는 자기보고형 검사와 더불어 로샤검사와 같은 비구조화된 기법을 활용하는 것이 반사회성 성격장애나 사이코패스 평가에 유용하다고 밝히고 있다(Acklin, 1993; Ganellen, 1996; Lee, 1995; Lovitt, 1993; Weiner, 1993). S씨는 DSM-IV의 반사회성 성격장애 진단기준에 해당되었고, 물론 이 평가의 목적으로 PCL-R이 정확히 채점되지는 않았으나, S씨의 알려진 과거력이나 평가 상황에서의 대인관계 행동 양상, 정서, 대인관계, 행동 특징의 다양성과 심각성을 고려해 보았을 때 PCL-R의 전통적인 진단 분할점에 의거한 높은 수준의 사이코패스에 근접하리라는 데 의견 일치를 볼 수 있다. S씨의 로샤검사도 그의 과거력 정보, 관찰 그리고 다른 검사 자료를 확증하는 임상 정보를 포함하고 있었다. 다음의 논의는 종합체계 해석에 기반하였고, Meloy와 Gacono(1992)의 공격성 변인을 확장하여 통합하였으며, 앞서 언급했던 가설을 우선 로샤에서 유추하여 S씨의 다른 자료 원천과 문헌 정보의 맥락에 따라 적용하였다.

S씨의 로샤

타당도와 접근

S씨는 전반적인 접근에서 반응 수가 많은 편이었지만 단순화된 반응이 대부분이었다. 반응 수는 타당한 수준이었고(R=25), 이는 종합체계의 일반 성인 평균 R값이나 Gacono와 Meloy(1994)의 반사회성 사례에 비하여 다소 높은 수준이었다. 그러나 높은 수준의 람다값(L=1.78)은 외부 정보를 지나치게 단순화하는 양상을 두드러지게

보여 준다. 이는 프로토콜 전반에 걸쳐 그의 수행에 영향을 미치는 것으로 보이며, 주변 환경이나 정서적 자극을 대하는 그의 피상성을 암시하기도 한다.

자기 지각과 대인관계 지각

S씨는 환경의 요구에 부응하는 데 만성적이고 반복적으로 어려움이 있었을 것으로 보인다(CDI = 4). 양성 CDI를 분석해 보면, 그가 지적 기능은 원활한데도 불구하고 심리적 자원은 상대적으로 부족하다는 점이 나타난다(낮은 EA). 이는 또한 대인관계 기능의 부족함을 반영하는 요소들로 구성되어 있는데, 낮은 수준의 COP와 AG(0), 낮은 T 총합(0) 그리고 높은 ISOL(0.28) 점수가 이에 포함되며, 종합적으로 이는 사회적 이탈을 시사한다. 흥미롭게도, S씨는 전통적으로 구강기적 의존과 충족되지 못한 욕구로 해석할 수 있는 음식반응을 보고하였는데, 이 때문에 그는 만족 추구 성향으로 이끌렸을 수 있다. 이 결과는 어린아이들의 경우가 아니라면 비전형적인 것으로, 대인관계 괴리와 관련된 앞선 징후들과는 대비되어 보인다. 이론적으로 보자면, S씨는 종종 거리감 있고 괴리되어 있지만 내면에는 대인관계와 관련된 욕구가 분명 있어 보인다. 이 결과 그의 욕구 사이에는 긴장감이 나타나고, 통합적이고 상호적이고 호혜적인 관계를 적절하게 추구하는 데 큰 불편감이 이어질 수 있다. 그의 음식 반응은 이렇게 충족되지 못한 구강기적 욕구를 나타내는 것으로 보이는데, 이것이 물질 남용의 형태로 발현되었다고 생각된다.

S씨의 로샤 자료는 대인관계상에서 거리감이 있을 뿐만 아니라(T = 0) 방어적이고 심지어 권위주의적인 면도 보여 준다(PER = 3). 타인을 향한 그의 관심은 거의 결여되어 보인다(sumH = 5). 상대를 자기 욕구와 독립된 하나의 통합된 실체로 볼 수 없을 수도 있다(pureH = 1). 이러한 관점은 긍정적이고 상호적인 관계에 대한 기대가 결여된 점과 관련 있어 보인다(COP = 0). 흥미롭게도, S씨의 AG 반응도 상승되지 않았다. AG가 공격적 상호작용과 관련 있다면, AG의 부재는 분노 관리 문제나 명백한 폭력성의 과거력이 있는 개인에게서 예상되지 못한 것일 수 있다. 그러나 실제로 앞서 언급했던 것과 같이, 이는 통제집단보다 낮은 수준의 AG 반응을 보고하는 반사회성 집단 연구와 일치한다. S씨에게 공격성이란 자아동질적인 것으로 그의 프로토콜에는

유의미한 수준의 심리내적 긴장감이나 AG가 발현되지 않은 것이다.

Gacono와 Meloy(1992)의 확장된 AG 내용에 따른다면, S씨는 실상 충격적인 AgC 반응을 네 개 보이고 있으며(예: 드라큘라, 나치 휘장, 화산, 약탈자), 두 개의 AgPast 반응을 보인다(예: '작살이 난' 누군가의 피 묻은 머리, 반으로 발라내진 살점). AG = 0가 제안하는 것보다 훨씬 더, S씨의 내면세계에서 공격성은 더 확고한 위치를 차지하고 있는 것 같다. 공격성과 권력(AgC)에 관한 몰두에 더하여, 불의와 부당함의 피해자였을 수 있던 점(AgPast)을 이론적으로 적용해 보면 그러하다. 계열 분석도 언급할 만한데, S씨의 로샤 프로토콜은 두 개의 AgC 반응에서 시작하였고, 세 번째 반응인 '천사'는 이러한 공격적 표현을 보상하려는 노력으로 보인다. 이 흐름은 '취소'의 정신 역동적 방어기제와 다르지 않아 보인다. 그의 첫 두 반응(예: 드라큘라, 나치 휘장)은 또한 AB와 Ay를 포함하는 주지화, 합리화, 심리적 거리 두기를 반영하기도 한다. 그의 첫 세 반응은 PER 채점에 합당하며, 이는 그가 새로운 로샤 경험에 들어서면서 초기 반응들을 정당화할 때 개인 경험에 과하게 의존하는 점을 보여 준다. 이는 그가 일상생활에서 새로운 상황에 대면할 때 보이는 행동들과 유사할 가능성을 지시한다.

자기 지각과 관련하여, S씨의 프로토콜은 기저의 고통스러운 자기 검열(V = 1), 부정적 자기 평가(Egocentricity Index = 0.28), 비관주의와 손상감(MOR = 2), 혹은 피해자화(AgPast = 2)의 가능성을 보여 준다. 물론 그의 사례에서 음영차원반응은 새로 태어난 아이와 멀어져야 하는 상황을 포함하여, 웅대성이 좌절된 최근 환경에서 대두된 상황적 문제를 반영할 수도 있다. 그의 비관주의는 그가 불의와 부당함의 피해자였다는 그의 특징적 관점을 반영하는 것으로 보이는데, 이러한 태도는 교정대상자 혹은 범죄자 집단에서 흔하다. S씨의 자기개념은 공격자와의 동일시 개념을 포함하기도 하는데, 이는 '약탈자'와 같은 지각물과 공명하는 점에서 뒷받침된다.

그는 사이코패스가 아닌가

그의 반응 중 '발라낸 살점'을 살펴보자. '발라낸 살점' 반응은 사이코패스에게서 나타나는 공감 능력의 결여와 타인과의 정서적 차단 및 공격성을 함축하는 상당히 부적절한 반응이다. 그럼에도, 이는 손상감(MOR)과 인지적 실수를 포함한다는 점에서 더욱 주목할 만하다. 이 반응은 더불어 AgPast로 채점할 수 있다(Huprich et al., 2004).

여기에서, 그가 '구멍난 초자아'를 보이거나 '냉혈한'이라는 전형적인 사이코패스와는 상당히 다른 양상을 보인다는 점에 주목해야 할 것이다. 그의 내면에 감추어진 깊은 갈등과 불안정감은 고통이 부재하다고 여겨지는 사이코패스의 내면과는 확연히 다르다. 외견상 보이는 쾌락추구적 행동과 공격성, 거만함은 내면의 취약한 자기상과 불편한 감정을 방어하고 위장하고 이로부터 거리를 두려는 역할을 맡는다. 그는 반사회성 성격장애의 진단기준에는 확실히 부합하지만 사이코패스는 아니다. 그의 충동성과 반사회적 행동 양상의 이면은 오히려 피상성과 웅대성으로 내면의 취약함을 보상하려는 시도에서 자기애성 성격장애와 상당히 닮아 보인다. 부드럽고 시원시원하고 마치 지적인 듯 보이지만 피상적이고 얕아 쉽게 탄로 나는 부적절하고 얄팍한 그의 태도 이면에는 사이코패스에게서는 예상되지 않는 불안정한 관계에 대한 강한 두려움과 수동적이고 무력한 자기상(카드 VII의 '연기' '구름', 카드 IX의 '꽃')이 놓여 있지 않은가 싶다. 카드 VII의 반응을 살펴보면, 그가 친밀한 대인관계를 맺어 본 경험이 거의 없으며, 특히 부모-자녀 관계처럼 일차적인 관계에서 상당한 수준의 불안감과 불안정감을 겪었을 가능성을 짐작케 한다. 이는 어린 시절 양육자와 안정적인 관계를 형성하지 못했던 그의 과거력과 일치하는 결과다. 친밀한 관계 형성 경험이 거의 없는 그에게 관계란 상당한 불안감을 야기하는 것으로 보인다. 그에게 내면의 갈등이 전혀 부재하거나 그가 오로지 쾌락추구적이라고 볼 수만은 없다. 그가 보이는 외현적인 행동 문제는 분명 그가 반사회적 성격장애를 보인다고 말하고 있지만, 로샤는 그의 내면에 그가 왜 반사회적인 행동을 하게 되었는가를 일러 준다. 충족되지 못한 강한 의존욕구와 깊은 자기 손상감 및 부적절감, 친밀감에 대한 강한 불안감을 대처할 수 있는 자아 역량을 키울 기회도 없이, 그는 우월성과 거만함으로 위장하고 구강 만족적 행동과 공격성을 통해서 이러한 내면의 갈등에 대처해야 했던 것으로 여겨진다.

조절 역량과 정동

S씨의 양성 CDI 지표는 지속되어 온 대처 결함과 더불어, 과도한 스트레스를 경험

하는 상태가 아님에도(D와 Adj D = 0) 건강하게 적응할 가능성이 매우 부족하고, 연령대에 걸맞게 정서적 고통이나 상황적 요구를 다룰 만한 충분한 심리적 자원을 보유하지 못한다는 점(EA = 4.5)을 일러 준다. 오랜 기간 감옥이나 시설에 있던 사람들은 대체로 낮은 EA를 보이는 경향성이 있다.

모호하게 자기를 기술했던 면을 보충해 주는 것처럼, S씨는 기분 관련 문제가 있을 가능성이 충분해 보인다(양성 DEPI). 정서적 고통의 일부는 상황적 요인에 기인했을 수도 있으나(예: V = 1), 다른 요소들은 보다 일관적인 기질을 함축한다. S씨는 정서적인 상황에서 대체로 회피하려는 양상이 있어 보인다(Afr = 0.39). 그는 자신의 감정을 처리하고 감당하려 하지 않으며, 정서적 상황에서는 괴리되고, 피상적이고 주지화된 방식으로 접근하면서 정서적 영향력으로부터 벗어나고자 한다(INTELL = 8). 그럼에도, 피할 수 없는 감정에 직면하게 될 때는 매우 성급하게 인지적 통제력을 잃는 경향이 있고(FC:CF+C = 0:2), 때로는 폭발적으로 감정을 표출할 수 있다(pureC = 1). S씨는 감정을 즉각적으로 외현화하여 드러내기 때문에 어떤 고통스러운 감정도 일시적인 경험이 될 수 있다.

인지 요인

S씨의 높은 람다값(L = 1.78)은 정보를 취합할 때 제한되고 경직된 접근 방식을 나타내 주며, 이는 그가 정보처리할 때 활용하는 근거에 영향을 미친다. 그는 상황의 뉘앙스나 미묘한 세부사항을 보지 못할 뿐더러 보려고 하지도 않으며, 대신 성급하고 무계획적으로 정보를 받아들이면서(Zd = -5.5) 신중하게 결론 내리지 못하는 것 같다. 이런데도 그는 자신의 역량이 허용하는 것을 넘어서 더 많이 성취하고자 애쓴다(W:M = 12:2). 이는 반사회성 및 사이코패스 개인들이 충족시킬 만한 자원은 결여되었는데도 비현실적으로 웅대한 기대를 가지고 있는 것을 보여 준다. S씨의 정보처리 과정(DQv = 9)에서는 상당한 수준의 지각적 불안정성(Fluidity)과 미성숙함도 발견되는데, 그에게는 아마도 외부에서 구조나 경계가 주어지지 않으면 퇴행적이고 미성숙한 행동을 보일 위험이 있을 것이다.

S씨의 로샤에서 심각한 지각적 왜곡은 시사되지 않지만(X-% = 0.16, PTI = 0), 분명

상황을 비관습적인 방식으로 대할 경향은 나타난다. 즉, 관습에 따라 의사결정하기 보다는 자의적인 반응을 보다 선호하며(X+%=0.44; Xu%=0.28), 이는 반사회성과 사이코패스 집단에서 발견되는 것으로 나타났다(Gacono & Meloy, 1992). 중요한 점은, 명백한 상황에서는 상당히 관습적인 반응을 제공할 수 있는 능력이 있다는 것이다(P=9, WDA%=0.73). 심각한 사고 문제의 가능성도 제기되지만(sum6=8; Wsum6=19), S씨의 특수점수반응들을 살펴보면 극단적인 기이함은 드러나지 않는 수준이다. 대신, 주로 레벨 1 수준의 DV와 DR 반응으로 구성되어 있는데, 아마도 이는 그의 독특함, 자칭 위트 그리고 우월성을 표현하고자 하는 그의 욕구에서부터 기인하는 것 같다("영화 파빌리온의 광팬이었죠." '물체' '덩굴 모양' '넉넉하다').

로샤 자료 해석

앞선 기술들은 가설로 보아야 하며, 더 나아가 검사 외의 자료를 통한 확증이 요구된다. S씨에 관한 로샤검사의 기술은 풍부하고 잠재적으로 유용하나, 평가자는 특히 경험적 근거가 부족한 영역에 관해서는 해석의 타당도가 위협받을 수 있음을 예상하고 있어야 한다. 몇몇 변인들인 사이코패스와 연관되기는 하지만, 반복검증이 되어야 신뢰로운 결론을 얻을 수 있을 것이다. 그럼에도 조심스럽고 신중하게 통합해야 하는 평가 도구의 한 요소로 로샤검사를 포함하는 것이 현명한 생각이고, 이를 통해 알려진 행동 관찰 및 과거력과 밀접하게 연관시킬 수 있다.

Weiner(1991), Meloy와 Gacono(2000) 모두 사이코패스 성격과 연관된 개념적이고 경험적인 변인들을 제안하였다. 이 종합적 결과가 진단 증후군에 특정적이거나, 진단을 잡아낼 수 있다는 충분한 경험적 지지를 얻지 못했다는 점을 언급해야 하겠지만, 이 변인들은 반사회성 개인들이나 법정 장면에서의 평가 상황에서 이차적인 변별점이라고 볼 수 있다. 즉, 종합체계 일반 규준에 따라 해석한 뒤에 간단한 질적 비교를 통해 평가자의 발견을 사이코패스 집단과 비교할 수 있다. 개념적으로, 이러한 접근법은 사이코패스의 존재에 대한 평가를 뒷받침해 주며, 동시에 전형적인 사이코패스 프로토콜과는 다른 점을 확인할 수 있게 해 주어 모든 '관련 특징' 들이 특정 개인에게 성급하게 적용되지 않을 수 있게 한다. 만약 사이코패스가 심각성의 일직선에 존재한다고 본다면, 대부분 많은 개인들은 사이코패스의 부분적인 증상만을 보일 것이며, 완전히 결정화된 발현을 보이는 일은 드물 수 있다. 특징적 발견이 있느냐 없느냐는 치료나 의사결정에 직접적인 정보를 제공할 수 있다.

S씨는 Weiner(1991)가 사이코패스 성격을 나타낸다고 제안했던 4가지 요인 중 3가지를 만족하고 있고(T = 0; COP = 0; H < 2), 네 번째 요인은 대체로 만족하는 정도에 속한다(S > 2). 추가적으로, Weiner가 제안했던 자아결함 관련 기준들이 충족되었는데(예: EB = 양가적; Zd < -3.0; CDI > 3; CF+C > FC+1; FD = 0), 이는 실패율이 높은 범죄 행동을 저지를 가능성을 예상케 한다. S씨는 체포, 유죄판결, 감금 경험이 여러 번이고 이는 Weiner 기준들과 일치한다. 전형적인 사이코패스 개인에 관한 Meloy와 Gacono(2000)의 결과(〈표 6-3〉)들도 S씨의 사례에 잘 나타나 있다. 그러나 그의 프로토콜이 이론적으로 사이코패스에게서 기대되는 자료들과 다르게 나타난 점도 언급할 필요가 있다. 예를 들어, S씨는 기분 관련 문제와 우울의 징후를 보였다(예: 양성 DEPI; sumV = 1; MOR = 2). 비록 로샤검사 자료와 과거력 안에서 S씨는 불편한 정서적 경험을 대면하고 다루려 하기보다는 즉각적인 외현화에 가담하고 복잡한 방어를 작동할 경향성이 다분해 보이지만, 개입의 여지를 생각해 볼 수 있게 한다.

두 번째, 그의 자기애성 성격 특징은 양가적이며 불안정한 방어로 보강되는 것처럼 보인다. 물론 사회적 상호작용을 해 보면 보다 숨겨진, 감지되지 않는 자기애적 발현을 추론할 수 있지만 말이다. 이 가설은 실낱 같은 긍정적인 예후를 희망하게 하지만, 동시에 그의 행동화(acting out)를 야기하는 특정 촉발요인이 무엇인가에 대한 염려를 부상시킨다(예: 빈약한 웅대성이 위협받는 상황).

세 번째는 자의적인 방식으로 행동하려는 주된 경향성과 명백하게 무언가 기대되는 상황에서 관습적인 반응을 선택할 수 있는 역량 사이의 대비다. 명백한 상황이란 그의 행동이 안정적이고 적절하게 유지되는 유형의 상황을 의미한다.

전반적으로, 이 사례는 DSM-IV의 반사회성 성격장애 진단기준과 PCL-R의 사이코패스 기준을 충족하는 개인에게 법칙 정립적이면서도 개별 사례 중심적인 로샤검사를 활용하는 유용성을 보여 주고 있다. 예상했던 대로, 로샤검사는 PAI처럼 타당하고 신뢰로운 측정치를 포함하는 다른 도구에서 제공할 수 없는 유용한 정보를 제공한다. 로샤검사는 반사회성 성격장애의 성격 구조, 대인관계 및 대상관계, 감정 및 정서 양상과 조절, 지각-중재 및 사고 과정, 자기 개념, 태도 등 기능에 관한 단연 유용한 설명 자료를 제공하였다. 로샤는 전형적인 반사회성 성격장애와 사이코패스 개인이 보이는 자료들과 일치하기도 하고 또한 차이가 나기도 하는 정보를 제공하였다. 반사회성 성격장애와 사이코패스 개인들의 로샤 결과를 이론적으로 관련된 구성개념 및 경험적인 정보와 통합한다면, 특히 반사회성 성격장애의 존재와 사이코패스 증상 및 기질적 증후군을 확증할 수 있다. 더 중요하면 중요하겠지만, 로샤 자료의 차이점을 바탕으로 특히 개인의 기능에 관한 의미 있는 개별 정보를 제공받고 특정 치료나 개입 필요성을 맞출 수 있게 된다.

S씨의 사례 분석에서 어떤 경우에 그는 어린아이의 유일한 양육자로 지지될 수 없다고 할 수 있다. 로샤 자료는 물론 이 결론에 대해 단지 간접적이고 수렴적인 정보만을 제공하였다. 정서 조절 문제, 충동성, 빈약한 관계 양상, 공감형성 능력의 결여, 공격성에 관한 자아동질성은 다른 과거력 정보와 더불어, 만성적으로 굳어진 그의 반사회성 특질과 그가 자녀에게 취할 수 있는 위험에 관해 충분한 근거를 제공하고 있다. 흥미롭게도 S씨의 사례에서 PAI 결과는 상대적으로 양호하여 그의 심각한 성격병리나 행동 문제에 관한 지표를 거의 주지 못하고 있다. 그러나 자기보고식 PAI와 로샤 검사의 이러한 괴리는 S씨의 알려진 배경을 고려한다면, S씨가 스스로를 어떻게 지각하는가와 로샤라는 복잡한 지각-중재 과제에서 그의 특질이 어떻게 발현되는가의 차이점에 관한 유용한 비교점을 제공한다. 전형적인 사이코패스의 프로토콜에서 벗어난 S씨의 로샤에 반영된 정서적 불편감은 그의 좌절된 웅대성을 시사하며, 혹 그의 어린 자녀가 되돌아오도록 상황에 따라 권위자와 일시적으로 협력하려는 의지를 보일 가능성을 이해할 수 있게 해 준다. 그러나 로샤를 비롯한 여러 자료들은 S씨가 지닌 어려움의 만성적인 본질과 변화에 관한 부정적인 예후를 지지한다. 역시나, 권위자를 통해 재결합의 가능성에 근접할 수 있는 수단으로 S씨에게 다양한 재활 및 관리 서비스를 제안했는데, 그는 프로그램에 참여하기를 거부하였고 친권을 포기하였다.

많은 로샤 변인들은 사이코패스의 정서적, 대인관계적, 행동적 차원과 개념적으로 연관되어 있으며, 몇몇 변인들은 경험적 연구를 통해 지지받았다. 그러나 비판자들을 만족시킬 만한 광범위한 재검증 연구나 추후 연구가 필요하며, 이를 통해 실제 목적을 달성하는 데 로샤검사라는 평가 도구의 강점과 약점을 파악해야 할 것이다. 근래에 Gacono와 Meloy(1992)의 확장된 공격성 변인들이 주목받고 있으며, 이는 변인들에 대한 유용한 진단 분할점을 확인하고, 변인과 관련된 심리적 차원을 명료히 하는 데 도움이 될 수 있을 것이다. 그러나 이를 넘어서, 기존의 종합체계에 속해 있는 변인들에 대해 연구하는 것도 필요하다. 이는 개념화가 잘된(예를 들어, PCL-R로 측정된) 사이코패스 집단을 대상으로 하여 관련 있다고 보고된 로샤 변인들을 재검증하는 작업을 포함한다. 보다 광범위한 개념으로서 반사회적 하위집단(예: 반사회성 성격장애 집단과 품행장애 집단)도 관심의 대상이 될 수 있으며, 로샤 연구 결과가 도구 자체의 부적합성 때문으로 잘못 귀인되지 않도록 조심해서 해석해야 한다.

최근의 흐름에도 불구하고, 여러 연구들은 사이코패스와 관련된 사람들을 로샤검사로 평가하기 위한 개념적 안내를 제공하고 있다. 사이코패스를 평가할 때, 로샤검사는 사이코패스 존재 여부와 심각성을 평가하는 데 도움이 될 것이다. 상태 평가가 이미 확립된 이후라도, 로샤검사는 (1) 특정 강점과 치료 순응, 특정 약점과 관련 위험성, (2) 완전한 이해에 도달하도록 돕기 위해 동반장애의 존재를 일러 주는 등 개인에 대한 보다 구체적인 이해를 가능케 한다. 본문에서 제시하듯이 신중하고 통합적인 평가의 일부로 로샤검사를 활용한다면, 즉 풍부하게 기술된 가설적 정보를 창출하는 로샤검사를 외부 정보와 통합할 수 있다면, 임상 혹은 법정 장면에서 평가 배터리에 로샤검사를 포함시키는 것은 평가의 정확성에 크게 기여할 수 있을 것이다.

참고문헌

Acklin, M. W. (1993). Integrating the Rorschach and the MMPI in clinical assessment: Conceptual and methodological issues. *Journal of Personality Assessment, 60*, 125–131.

American Psychiatric Association (1968). *Diagnostic and statistical manual of mental disorders* (2nd ed.). Washington, DC: American Psychiatric Association.

American Psychiatric Association (2000). *Diagnostic and statistical manual of mental disorders* (4th ed. text revision). Washington, DC: American Psychiatric Association.

Archer, R., & Krishnamurthy, R. (1997). MMPI-A and Rorschach indices related to depression and conduct disorder: An evaluation of the incremental validity hypothesis. *Journal of Personality Assessment, 69*(3), 517–533.

Archer, R., & Newsom, C. (2000). Psychological test usage with adolescent clients: Survey update. *Assessment, 7*(3), 227–235.

Baity, M., & Hilsenroth, M. (1999). Rorschach aggression variables: A study of reliability and validity. *Journal of Personality Assessment, 72,* 93–110.

Baity, M., & Hilsenroth, M. (1999). Rorschach Aggressive Content (AgC) variable: A study of criterion validity. *Journal of Personality Assessment, 78,* 275–287.

Baity, M., McDaniel, P., & Hilsenroth, M. (2000). Further exploration of the Rorschach Aggressive Content (AgC) variable. *Journal of Personality Assessment, 74,* 231–241.

Cleckley, H. (1941). *The make of sanity.* St. Louis, MO: Mosby.

Cooke, D., & Michie, C. (2001). Refining the construct of psychopathy: Towards a hierarchical model. *Psychological Assessment, 13*(2), 171–188.

Cooper, S., & Arnow, D. (1986). An object relations view of the borderline defenses: A Rorschach analysis. In M. Kissen (Ed.), *Assessing object relations phenomena* (pp. 143–171). New York: International Universities Press.

Exner, J. (1986). *The Rorschach: A comprehensive system: Volume 1. Basic foundations* (2nd ed.). New York: John Wiley.

Exner, J. (2003). *The Rorschach: A comprehensive system: Volume 1. Basic foundations* (4th ed.). New York: John Wiley.

Exner, J., & Weiner, I. (1995). *The Rorschach: A comprehensive system: Volume 3. Assessment of children and adolescents* (2nd ed.). New York: John Wiley.

Forth, A., Kosson, D., & Hare, R. (2003). *The Psychopathy Checklist: Youth Version technical manual*. Toronto: Multi-Health Systems.

Gacono, C. (1990). An empirical study of object relations and defensive operations on antisocial personality disorder. *Journal of Personality Assessment, 54*(3 &4), 589-600.

Gacono, C. B., Evans, B., & Viglione, D. (2002). The Rorschach in forensic practice. *Journal of Forensic Psychology Practice, 2*(3), 33-53.

Gacono, C., Loving, J., & Bodholdt, R. (2001). The Rorschach and psychopathy: Toward a more accurate understanding of the research findings. *Journal of Personality Assessment, 77*(1), 16-38.

Gacono, C., & Meloy, J. R. (1991). A Rorschach investigation of attachment and anxiety in antisocial personality disorder. *Journal of Nervous and Mental Disease, 179*, 546-552.

Gacono, C., & Meloy, J. R. (1992). The Rorschach and the DSM-III-R antisocial personality: A tribute to Robert Lindner. *Journal of Clinical Psychology, 48*, 393-485.

Gacono, C., & Meloy, J. R. (1994). *The Rorschach assessment of aggressive and psychopathic personalities*. Hillsdale, NJ: Lawrence Erlbaum Associates.

Gacono, C., Meloy, J. R., & Berg, J. (1992). Object relations, defensive operations, and affective states in narcissistic, borderline, and antisocial personality disorder. *Journal of Personality Assessment, 59*(1) 32-49.

Gacono, C., Meloy, J. R., & Bridges, M. (2000). A Rorschach comparison of psychopaths, sexual homicide perpetrators, and pedophiles: Where angels fear to tread. *Journal of Clinical Psychology, 56*(6), 757-777.

Gacono, C., Meloy, J. R., & Heasven, T. (1990). A Rorschach investigation of narcissism and hysteria in antisocial personality disorder. *Journal of Personality Assessment, 55*, 270-279.

Ganellen, R. (1996). *Integrating the Rorschach and MMPI-2 in personality assessment*. Mahwah, NJ: Lawrence Erlbaum Associates.

Greco, C., & Cornell, D. (1992). Rorschach object relations of adolescents who committed homicide. *Journal of Personality Assessment, 59*(3), 574-583.

Grove, W., & Barden, R. (1999). Protecting the integrity of the legal system: The admissibility of testimony from mental health experts under Daubert/Kumho analyses. *Psychology, Public Policy, and Law, 5*(1), 224-242.

Grove, W., Barden, R., Garb, H., & Lilienfeld, S. (2000). Failure of Rorschach Comprehensive System-based testimony to be admissible under the Daubert-Joiner-Kumho standard. *Psychology, Public Policy, and Law, 8*(2), 216-234.

Hare, R. (1980). A research scale for the assessment of psychopathy in criminal populations. *Personality and Individual Differences, 1*, 111-117.

Hare, R. (1991). *The Hare Psychopathy Checklist+Revised*. Toronto: Multi-Health Systems.

Hare, R. (1980). *Hare Psychopathy Checklist+Revised* (2nd ed.). Toronto: Multi-Health Systems.

Harris, G., Rice, M., & Quinsey, V. (1994). Psychopathy as a taxon: Evidence that psychopathy are a discrete class. *Journal of Consulting and Clinical Psychology, 62*(2), 397-397.

Hemphill, J., Hare, R., & Wong, S. (1998). Psychopathy and recidivism: A review. *Legal and Criminological Psychology, 3,* 139-170.

Huprich, S., Gacono, C., Schneerider, R., & Bridges, M. (2004). Rorschach oral dependancy in psychopaths, sexual homicide perpetrators, and pedophiles. *Behavioral Science and the Law, 22,* 1-12.

Kaser-Boyd, N. (1993). Rorschachs of women who commit homicide. *Journal of Personality Assessment, 60*(3), 458-470.

Kernberg, O. (1975). *Borderline conditions and pathological narcissism.* New York: Aronson.

Kernberg, O. (1992). *Aggression in personality disorders and perversions.* New Haven, CT: Yale University Press.

Kwawer, J. (1980). Primitive interpersonal modes, borderline phenomena, and Rorschach content. In J. Kwawer, A. Sugarman, P. Lerner, & H. Lerner (Eds.), *Borderline phenomena and the Rorschach test* (pp. 89-105). New York: International Universities Press.

Lally, S. (2003). What tests are acceptable for use in forensic evaluations? A survey of experts. *Professional Psychology: Research and Practice, 34*(5), 491-498.

Lee, A. (1995). Relationship between the Rorschach and Minnesota Multiphasic Personality Inventory-2 in schizophrenic individuals. Unpublished doctoral dissertation, Institute for Graduate Clinical Psychology, Widener University, Chester, Pennsylvania.

Lerner, P., & Lerner, H. (1980). Rorschach assessment of primitive defenses in borderline personality structure. In J. Kwawer, A. Sugarman, P. Lerner, & H. Lerner (Eds.), *Borderline phenomena and the Rorschach test* (pp. 257-274). New York: International Universities Press.

Lindner, R. (1943). The Rorschach test and the diagnosis of psychopathic personality. *Journal of Criminal Psychopathology, 1,* 69-93.

Loving, J., & Russell, W. (2000). Selected Rorschach variables of psychopathic juvenile offenders. *Journal of Personality Assessment, 75*(1), 126-142.

Lovitt, R. (1993). A strategy for integrating a normal MMPI-2 and dysfunctional Rorschach in a severely compromised patient. *Journal of Personality Assessment, 60,* 141-147.

Lyon, D., & Ogloff, J. (2000). Legal and ethical issues in psychopathy assessment. In C. Gacono (Ed.), *The clinical and forensic assessment of psychopathy: A practitioner's guide* (pp. 139–174). Mahwah, NJ: Lawrence Erlbaum Associates.

McCann, J. (1998). Defending the Rorschach in court: An analysis of admissibility using legal and professional standards. *Journal of Personality Assessment, 70*(1), 125–144.

Meloy, J. R. (1988). *The psychopathic mind: Origins, dynamics, and treatment.* Northvale, NJ: Aronson.

Meloy, J. R., Acklin, M., Gacono, C., Murray, J., & Peterson, C. (Eds.) (1997). *Contemporary Rorschach interpretation.* Mahwah, NJ: Lawrence Erlbaum Associates.

Meloy, J. R., & Gacono, C. (1992). The aggression response and the Rorschach. *Journal of Clinical Psychology, 48*(1), 104–114.

Meloy, J. R., & Gacono, C. (2000). Assessing psychopathy: Psychological testing and report writing. In C. Gacono (Ed.), *The clinical and forensic assessment of psychopathy: A practitioner's guide.* (pp. 231–249). Mahwah, NJ: Lawrence Erlbaum Associates.

Meloy, J. R., Hnsen ,T., & Weiner, I. (1997). Authority of the Rorschach: Legal citations during the past 50 years. *Journal of Personality Assessment, 69*(1), 53–62.

Mihura, J., & Nathan-Montano, E. (2001). An interpersonal analysis of Rorschach aggression variables in a normal sample. *Psychological Reports, 89,* 617–623.

Mihura, J., Nathan-Montano, E., & Alperin, R. (2003). Rorschach measures of aggressive drive derivatives: A college student sample. *Journal of Personality Assessment, 80*(1), 41–49.

Mihura, J., & Weinle, C. (2002). Rorschach training: Doctoral students' experiences and preferences. *Journal of Personality Assessment, 79*(1), 39–52.

Millon, T., & Davis, R. (1996). *Disorders of personality: DSM-IV and beyond* (2nd ed.). New York: John Wiley.

Owens, S., Patrick, K., Packman, W., & Greene, R. (2004, March). *Is the Rorschach still welcome in the courtroom?* Poster presented at the annual meeting of the Society for Personality Assessment, Miami, FL.

Piotrowski, C. (1996). Use of the Rorschach in forensic practice. *Perceptual and Motor Skills, 82*(1), 254.

Piotrowski, C., Belter, R., & Keller, J. (1998). The impact of "managed care" on the practice of psychological testing: Preliminary findings. *Journal of Personality Assessment, 70*(3), 441–447.

Ritzler, B., Erard, R., & Pettigrew, G. (2000a). Protecting the integrity of Rorschach expert witnesses: A reply ot Grove and Barden (1999) regarding the admissibility of testimony under Daubert/Kumho analyses. *Psychology, Public Policy, and Law, 8*(2), 201–215.

Ritzler, B., Erard, R., & Pettigrew, G. (2000b). A final reply to Grove and Barden: The relevance of the Rorschach Comprehensive System for expert testimony. *Psychology, Public Policy, and Law, 8*(2), 235–246.

Rogers, R., Duncan, J., Lynett, E., & Sewell, K. (1994). Prototypical analysis of antisocial personality disorder. *Law and Human Behavior, 18*, 471–484.

Schafer, R. (1948). *The clinical application of psychological tests: Diagnostic summaries and case studies.* New York: International Universities Press.

Smith, A., Gacono, C., & Kaufman, L. (1997). A Rorschach comparison of psychopathic and nonpsychopathic conduct disordered adolescents. *Journal of Clinical Psychology, 53*, 289–330.

Steadman, H., Silver, E., Monahan, J., Appelbaum, P., Robbins, P., Mulvey, E., Grisso, T., Roth, L., & Banks, S. (2000). A classification tree approach to the development of actuarial violence risk assessment tools. *Law and Human Behavior, 24*, 83–100.

Weber, C., Meloy, J. R., & Gacono, C. (1992). A Rorschach study of attachment and anxiety in inpatient conduct disordered and dysthymic adolescents. *Journal of Personality Assessment, 58*(1), 16–26.

Weiner, I. (1991). Conceptual issues in the Rorschach assessment of criminality and antisocial personality. *Rorschachiana, 17*, 31–38.

Weiner, I. (1993). Clinical considerations in the conjoint use of the Rorschach and the MMPI. *Journal of Personality Assessment, 60*, 148–152.

Weiner, I. (2003). *Principles of Rorschach interpretation* (2nd ed.). Mahwah, NJ: Lawrence Erlbaum Associates.

Weiner, I., Exner, J., & Sciara, A. (1996). Is the Rorschach welcome in the courtroom? Journal of Personality Assessment, 67(2), 422–424.

Wood, J., Lilienfled, S., Garb, H., & Nezworski, T. (2000). The Rorschach test in clinical diagnosis: A critical review, with a backward look at Garfield (1947). *Journal of Clinical Psychology, 56*, 395–430.

Wood, J., Lilienfeld, S., Nezworski, T., & Harb, H. (2001). Coming to grips with negative evidence for the Rorschach: A comment of Gacono, Loving, and Bodholdt; Ganellen; and Bornstein. *Journal of Personality Assessment, 77*(1), 48–77.

Wood, J., Lilienfeld, S., Nezworski, T., & Garb, H. (2001). Coming to grips with negative evidence for the Rorschach: A comment on Gacono, Loving, and Bodholdt; Ganellen; and Bornstein. *Journal of Personality Assessment, 77*(1), 48–77.

S씨의 로샤 기록

Card	R#/ Response	Inquiry	Scoring
I	1. 박쥐. 드라큘라와 관련된 거 있잖아요.	- 대칭을 이루는 이 날개는, 커다란 드라큘라를 생각나게 해요. 그리고 숯검정 회색. 미스터리와 불길함을 상징해요.	Wo C′ Fo A,(H) P 1.0 AB, PER,AgC*,PHR
	2. 나치 휘장	- 2차 세계대전에 아주 매료되어 있거든요. 그 투사들과 독일군이요. 나치들은 이 번개 모양의 볼트가 있어요. (무엇 때문에 휘장으로 보이십니까?) 이 번개 모양 볼트요.	WSo Fu Ay 3.5 PER, AgC*,PHR
	3. 천사일 수 있어요. 날개 달린	- 이 날개가요. 어렸을 때 눈밭에다가 이 눈 천사를 만들었어요. 완전히 대칭이잖아요.	WSo Fu (H) 3.5 PER, GHR
II	4. 이 빨간색은 이렇게 흩뿌려진 결로는 피나 페인트일 수 있네요.	- 네. 이게 곰 머리일 수도 있고. 이 빨간색은 정말 피 색깔 같아요. 작살이 났네요. (머리요?) 아뇨. 머리보다는 그냥 피요.	Ddv C Bl MOR,DR1, AgPast*
	5. 그 안으로 올라가는 길. 아마도.	- 어둠과 빛이요. 터널 끝에 빛이 있고, 우리 인류는 빛으로 이끌립니다.	Ddv VFu Ls DR1
	6. 분화구나 화산	- 수면 상태의 분화구랑 화산이요. 그 위에 호수가 생기잖아요. 이 부분이 테두리이고, 안에 분화구 호수예요.	DdSv Fu Na AgC*
III	7. 가운데 빨간 건 나비일 수 있겠네요.	- 나비같이 생겼어요. (나비요?) 날개랑 가운데 물체가요.	Do Fo A DV1
	8. 두 사람이 이 두 뭐시기를 붙잡고 있어요.	- 포즈를 취하는 춤꾼들.	D+ Mao (2) H,Id P 3.0 GHR
IV	9. 이거는 그 약탈자 설인 예티 같아요.	- 빅풋이나 예티, 전능하고 강력한 누군가예요. (전능하고 강력하다고요?) 너무나 커다랗고, 어둡고, 불길하잖아요.	Wo C′ Fo (H) P 2.0 PHR,AgC*
V	10. 또, 박쥐네요.	- 박쥐놈. (박쥐놈?) 네, 대칭인 귀, 발, 두 개의 날개.	Wo Fo A P 1.0
	11. 이건 또 나비잖아요.	- 전 나비에 빠져 있어요. 영화 파빌리온의 광팬이었죠. 나비, 평화의 상징. 평화를 사랑하는 세대. (나비요?) 날개 말이에요.	Wo Fo A P 1.0 DR1, AB,PSV

Card	R#/ Response	Inquiry	Scoring
	12. 동물 가죽 같기도 해요.	- 동물 가죽이요. 그 깔판처럼 생겼어요. 미국 인디언들이 깔개나 옷으로 쓰려고 동물을 이렇게 한 것 같아요. (가죽?) 이 모양이 그래요.	Wv Fu Ad,Ay
VI	13. 이건 진짜로 그 가죽처럼 생겼어요.	- 이 부분은 좀 안 맞기도 한데. (가죽?) 이렇게 오려져 있잖아요.	Dv Fo Ad P
	14. 동물이나 곤충 같은 것	- 덩굴 모양처럼 되어 있어요. (덩굴?) 이 부분이요.	Do Fu A DV1
	15. 고기 살점	- 똑같아요. 발라내서 그렇지 생긴 게 훨씬 두툼하고 넉넉할 거예요. (두툼하고 넉넉하다고요?) 발라내기 전에요.	Dv F- Fd MOR,DV1,AgPast*
VII	16. 연기일 수 있겠네요.	- 거무스름한 생김새.	Wv Y Fi
	17. 구름	- 테두리가 희미하고, 가운데 뭐가 있어요. 아마도 불이 난 것 같은데.	Wv Y Cl,Fi
	18. 램프의 지니가 쌍둥이처럼 나오고 있어요.	- 쌍둥이 지니. 희미한 생김새.	W+ Mp.YFo (2) (H),Ay P 2.5 GHR
VIII	19. 다채로운 색깔. 돛대에 매달린 동물들일 것 같아요.	- 색이 좋네요. 전 색깔을 좋아해요. 대칭이네요.	W+ FMp.CFu (2) A,Sc P 4.5 FAB,DR1
IX	20. 꽃일 수 있는데. 제가 모르는 종류의 꽃	- 밑동. 그 윗부분이 있네요. 수술.	Wo Fo Bt
X	21. 뭔가 모호한 모양인데, 녹색 부분은 코끼리 같네요.	- 코에 귀, 나머지 몸. 이것도 참 모호하네요.	Do F- (2) A
	22. 이놈들은 게고요.	- 바다에 사는 바다 것들. (게?) 이 다리가요.	Do Fo (2) A P
	23. 여기는 지도의 일부. 지도의 도면	- 서로 다른 부분, 모양, 지도 면이에요.	Dv F- Ge
	24. 동물처럼 생긴 놈들	- 이 놈들 모양이.	Do F- (2) A
	25. 이것들은 게 같아요.	- 다리 많은 게요.	Do Fo (2) A

*: Meloy & Gacono(1992)의 확장된 공격성.

구조적 요약표

Location Features		Determinents: Blends		Determinents: Single		Contents		Approach		
						H	=1	I	W,WS,WS	
Zf	=9	M.YF		M	=1	(H)	=4	II	Dd,Dd,DdS	
ZSum	=22	FM.CF		FM	=0	Hd	=0	III	D,D	
ZEst	=27.5			m	=0	(Hd)	=0	IV	W	
				FC	=0	Hx	=0	V	W,W,W	
W	=12			CF	=0	A	=10	VI	D,D,D	
D	=10			C	=1	(A)	=0	VII	W,W,W	
W+D	=22			Cn	=0	Ad	=2	VIII	W	
Dd	=3			FC′	=0	(Ad)	=0	IX	W,D	
S	=3			C′F	=2	An	=0	X	D,D,D,D	
				C′	=0	Art	=0	Special Scores		
				FT	=0	Ay	=3			
DQ				TF	=0	Bl	=1		Lv1	Lv2
+	=3			T	=0	Bt	=1	DV	= 3×1	0×2
o	=13			FV	=0	Cg	=0	INC	= 0×2	0×4
v/+	=0			VF	=1	Cl	=1	DR	= 4×3	0×6
v	=9			V	=0	Ex	=0	FAB	= 1×4	0×7
				FY	=0	Fd	=1	ALOG	= 0×5	
				YF	=0	Fi	=2	CON	= 0×7	
Form Quality				Y	=2	Ge	=1	Raw Sum6	=8	
	FQx	MQual	W+D	Fr	=0	Hh	=0	Wgtd Sum6	=19	
+	=0	=0	=0	rF	=0	Ls	=1			
o	=11	=2	=11	FD	=0	Na	=1	AB	=2	GHR=3
u	=7	=0	=5	F	=16	Sc	=1	AG	=6	PHR =3
-	=4	=0	=4			Sx	=0	COP	=0	MOR=2
none	=3	=0	=2			Xy	=0	CP	=0	PER =3
				(2)	=7	Id	=1			PSV =1

Ratio, Percentages, and Derivations											
R	=25	L	=1.78			FC : CF+C	=0 : 2	COP= 0	AG*	=6	
						Pure C	=1	GHR : PHR		=3 : 3	
EB	=2 : 2.5	EA	=4.5	EBPer	=N/A	SumC′ : WSumC	=2 : 2.5	a : p		=1 : 2	
eb	=1 : 6	es	=7	D	=0	Afr	=0.39	Food		=1	
		Adj es	=5	Adj D	=0	S	=3	SumT		=0	
FM	=1	SumC′	=2	SumT	=0	Blends : R	=2 : 25	Human Cont		=5	
m	=0	SumV	=1	SumY	=3	CP	=0	Pure H		=1	
								PER		=3	
								Isol Indx		=0.28	

a : p	=1 : 2	Sum6	=8	XA%	=0.72	Zf	=9	3r+(2)/R	=0.28
Ma : Mp	=1 : 1	Lv2	=0	WDA%	=0.73	W : D : Dd	=12 : 10 : 3	Fr+rF	=0
2AB+Art+Ay	=7	WSum6	=19	X-%	=0.16	W : M	=12 : 2	SumV	=1
Mor	=0	M-	=0	S-	=0	Zd	=-5.5	FD	=0
		Mnone	=0	P	=9	PSV	=1	An+Xy	=0
				X+%	=0.44	DQ+	=3	MOR	=2
				Xu%	=0.28	DQv	=9	H : (H)+Hd+(Hd)	=1 : 4

PTI=0	DEPI=7*	CDI=4*	S-CON=7	HVI= No	OBS= No

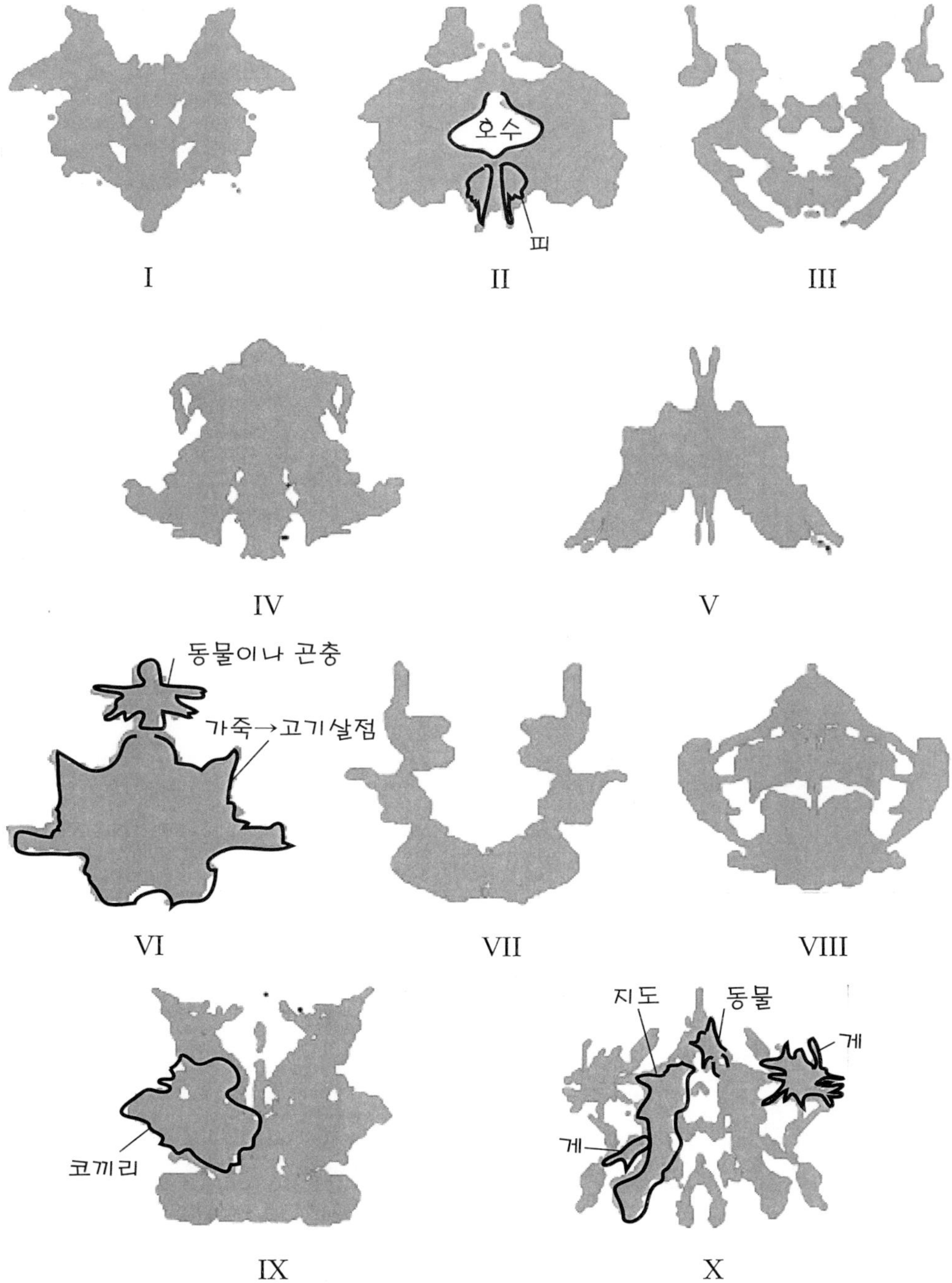
호수
피
I
II
III
IV
V
동물이나 곤충
가죽→고기살점
VI
VII
VIII
코끼리
지도
동물
게
게
IX
X

07 경계선 성격장애의 로샤평가

경계선 성격(Borderline personality)에 대한 지식은 오랜 시간에 걸쳐 잘 정의되고 합의되어 왔다. 1938년 Stern은 신경증과 정신증의 경계에 있는 환자들을 지칭하기 위해 '경계선' 이라는 용어를 처음으로 사용했다. 이후 여러 초기 문헌들에서는 핵심 정신증 혹은 잠재 정신증이라는 개념을 탐색했는데(Hoch & Polatin, 1949; Zilboorg, 1941), 이는 경계선적 정신분열증으로 불렸다(이후에 이것은 분열형 성격장애로 분류되었다; Spitzer, Endicott, & Gibbon, 1979).

경계선 진단기준의 부정확한 사용은 Knight(1953)의 '경계선 상태' 에 대한 독창적인 논의에서 도전을 받았다. 그는 경계선 환자들이 비구조화된 환경에서 퇴행하는 경향이 있음을 강조했으며(정신분석과 로샤검사와 같은 비구조화된 검사 시에), 치료적 동맹을 맺으면서 작업하는 것을 어렵게 만드는 자아 취약성 때문에 전형적인 정신분석적 치료 구조를 변경해야 할 필요가 있다고 제안하였다. Kernberg(1967)는 그의 독창적인 글에서 대상관계 및 자아심리학의 관점으로 경계선 성격 구조를 설명했다. 즉,

Joni L. Mihura / University of Toledo

Stern(1938)이 했던 원래의 개념화와 비슷하게, 경계선적 성격 구조는 신경증과 정신증 사이의 성격 수준으로 설명되며, 그것은 모든 심각한 형태의 성격장애를 포함한다. 경계선 성격의 세 가지 주요 특징은 다음과 같다. (1) 정체성 혼미, (2) 원시적인 방어(예: 분열과 투사적 동일시), (3) 불안정하게 유지되는 현실 검증력이다. Grinker, Werble과 Drye(1968)는 처음으로 경험적 연구에 근거한 경계선 성격의 기준을 제시했는데, 그것은 정체성 혼란, 의존적인 자기애적 관계, 외로움에 따른 우울, 현저하게 드러나는 분노였다.

이러한 문헌들과 더불어 다른 문헌들에 대한 검토를 기초로, Gunderson과 Singer(1975)는 경계선 성격장애(Borderline Personality Disorder: BPD)의 현대적 이해에 가장 영향을 준 경계선적 특징들을 제안하였다. 그들이 제시한 주요 경계선 성격장애 설명 요인들은 강렬하고 부정적인 정서, 충동성, 사회적 부적응, 단기적인 정신증적 경험, 로샤검사와 같이 비구조화된 검사에서 나타나는 느슨한 사고, 피상적인 관계와 지나치게 의존적인 관계 사이에서 동요하는 대인관계 등을 포함하고 있었다. 이를 기초로 Gunderson과 동료들은 경계선에 대한 진단적 면담(Diagnostic Interview for Borderlines: DIB; Gunderson, Kolb, & Austin, 1981)을 개발했으며, 이 도구는 훌륭한 감별진단 능력을 보였다(Gunderson & Kolb, 1978). DIB에서 나온 7개의 기준과

〈표 7-1〉 경계선 성격장애: DSM-IV 진단기준 요약

대인관계, 자아상 및 정동에서의 불안정성, 심한 충동성이 광범위하게 나타나며, 이러한 특징적 양상은 성인기 초기에 시작하여 여러 가지 상황에서 일어난다. 다음 중 5가지(또는 그 이상) 항목을 충족시킨다.

(1) 실제적이나 가상적인 유기를 피하기 위한 필사적인 노력
(2) 극적인 이상화와 평가절하가 반복되는, 불안정하고 강렬한 대인관계 양식
(3) 정체성 혼란
(4) 자기 손상적인 충동성
(5) 자살, 혹은 자해 행동
(6) 현저한 기분 변화에 따른 정서의 불안정성
(7) 만성적인 공허감
(8) 부적절하고 심한 분노 또는 분노 통제의 어려움.
(9) 일시적으로 스트레스에 의한 망상적 사고 또는 심한 해리 증상

Kernberg(1967)가 제안한 불안정한 정체성 기준은 DSM-III(APA, 1980)에서 경계선 성격장애를 위한 8개 진단기준을 만드는 데 영향을 미쳤다(Spitzer et al., 1979). DSM-III의 경계선 성격장애의 핵심 특징들은 여러 영역(대인관계, 정서, 자기상)에서의 '불안정성'을 강조하고 있다. DSM-IV(APA, 1994)에서는 이전의 기본적인 8개 진단기준은 유지하면서, 9번째 기준인 불안정한 인지 기능을 추가했다.

경계선 성격장애: 주요 특징

DSM-IV 경계선 성격장애 진단기준은 126개의 조합이 가능하기 때문에 핵심적인 요소를 찾아내는 것이 중요하다. 전반적으로, DSM 진단기준을 사용한 대부분의 연구는 경계선 성격장애에 대해서 세 가지 핵심 요소들을 발견해 왔는데(Blais, Hilsenroth, & Castlebury, 1997; Sanislow, Grilo, & McGlashan, 2000; Sanislow et al., 2002), 그것은 (1) 불안정한 자기 정체성 혹은 대인관계, (2) 정서적 불안정성, (3) 행동적 불안정성 및 공격적 충동성이다. 인지적인 내용과 과정들은 이러한 범주들 속에 포함되어 있으며(예: 자신과 타인에 대한 인지적 관점의 변동), DSM-IV에서는 9번째 기준에서 편집증상이나 해리와 같은 인지적 문제를 특정적으로 다루고 있다.

그러므로 경계선 성격장애에 대한 앞으로의 논의는 다음의 네 가지 주요 범주와 관련하여 진행될 것인데, 그것은 (1) 불안정한 자기 정체성 혹은 대인관계, (2) (부정적인) 정서적 불안정성, (3) 행동적 불안정성(자기파괴적인 공격적 충동성), (4) 인지적 불안정성(정신증적인 사고)의 네 범주다. 또한 이러한 주요 범주 외에 또 다른 가능성 있는 설명들이 논의될 것인데, Skodol 등(2002)이 제안한 원초적 방어, 이행 대상(transitional object)과의 관련성 그리고 퇴행 경향의 세 가지 요인도 포함한다.

불안정한 자기 정체성 혹은 대인관계(자기와 타인)

경계선 성격장애에 대한 연구들은 아동기의 성학대, 다른 유형의 학대와 유기, 부모와의 불안정한 유대와 애착, 효과적이지 못하거나 비일관적인 양육과 같은, 초기 부적응적인 대인관계 경험이 중요한 병인이 된다고 제안한다(Nickell, Waudby, & Trull, 2002; Yen et al., 2002; Zanarini et al., 2000). 이와 관련하여, 경계선 성격의 진단과 개념을 이해하기 위해서는 정상적인 자기감(sense of self)을 유지하는 데 필요한 주요 대상에 대한 욕구에서 비롯되는 대인관계 역동을 이해하는 것이 중요하다. 예를 들면, 경계선 성격장애 환자의 혼자되거나 버림받는 것에 대한 강렬한 공포는 대상항상성의 문제에서 비롯되는데, 일반적인 사람들은 대상항상성에 따라 안정적이고 현실적인 자기감을 유지한다. 대상항상성, 혹은 진실한 대상과 관계를 맺는 문제는 종종 분리-개별화 또는 분리-유기의 갈등(Mahler, Pine, & Bergman, 1975; Perry & Cooper, 1986; Reich & Zanarini, 2001) 및 이행 대상과의 관계 문제로 이해할 수 있다(Cardasis, Hachman, & Silk, 1997; Modell, 1963; Winnicott, 1953).

경계선 성격장애 환자의 자아는 잘 통합되어 있지 않고, 자기와 타인에 대한 표상이 분열(splitting)되어 있으며, 때에 따라 좋은 것(만족스럽고/보존적인)과 나쁜 것(좌절스럽고/파괴적인) 사이를 왔다 갔다 하는 경험을 한다. 그러므로 경계선 성격장애 환자들의 자기감은 불안정하며 감정도 빠르게 변화하는데, 비현실감이나 공허감과 같은 감정들뿐 아니라 주된 대상과의 관계가 단절될 때는 자신이 잠재적으로 존재하지 않는다는 느낌까지도 경험한다(Wilkinson-Ryan & Westen, 2000).

그래서 경계선 성격장애 내담자들은 주요 대상이나 현실과의 연결을 유지하기 위한 수단으로 투사적 동일시를 사용하는데, 이는 주요 대상과 심리 내적인 관계를 유지하기 위해 관계를 통제하고 조종하는 보이지 않는 수단이다(Kernberg, 1967; Perry & Cooper, 1986). 투사적 동일시에서, 그 사람은 자신이나 대상표상의 일부를 다른 이에게 투사하며 자신이 이 투사물인 것처럼 타인을 다룬다. 그리고 무의식적으로 자신을 투사물과 동일시하고 그에 맞게 행동한다. 이러한 투사의 내용은 좋은 것(이상화: 구원과 보존) 혹은 나쁜 것(평가절하: 무시와 학대)의 범주에 해당된다.

실제적이거나 가상적인 분리나 단절이 일어나면, 이전에 이상화했던 대상에 대한 평가절하가 시작된다. 이러한 평가절하와 파괴적인 공격은 타인으로부터 발생한 것으로 경험되며(투사), 경계선 성격장애 내담자들은 자신을 무기력한 희생자로 보는 가학적인 조망을 유지하게 된다. 그리고 결국 자신과 타인에 대한 강렬한 분노를 겪는다(Zanarini et al., 1998). 바깥에서 보기에 경계선 성격장애가 타인에 대한 욕구를 가지고 있다는 사실은 명확하지만, 이러한 강렬한 욕구에 대해 자각하게 되면, 겁을 먹거나 매우 불안정해질 수 있다. 그러므로 그들은 자신의 강렬한 의존적인 욕구를 부인하는 대신 적대적인 회피를 보고한다(Sack, Sperling, Fagen, & Foelsch, 1996).

정서적 불안정성(정서조절장애)

경계선 성격장애 환자의 정서는 부정적이며, 강렬하고, 불안정하다. 분노는 이러한 정서적 불안정성의 핵심 요소다. 이는 타인(특히 경계선 성격장애 환자에게 중요한 대상)에 대한 평가절하와 관련이 있을 수 있으며, 투사된 것일 수도 있다. 경계선 성격장애의 정서는 전형적으로 부정적인 정서 상태(즉, 분노, 성마름, 불안, 우울, 기분부전) 안에서 요동친다. 이들의 불안정한 정서 상태는 양극성장애에서 나타나는 행복감(euphoric)이나 웅대한(grandiose) 감정 상태는 포함하지 않는 것이 보통이며, 오히려 분노와 불안이 현저하게 나타난다(Henry et al., 2001; Koenigsberg et al., 2002). 강렬하고 과도한 분노는 자신이 갈망하는 대상과의 접촉이나 통제를 유지하면서 자신에 대한 현실적인 자기감을 유지하려는 시도로 이해될 수 있다. 우울감은 경계선 성격장애에 특이적인 부적 정서는 아니며, 이는 경계선 성격장애 환자가 확신하는 자기 자신에게 내재하는 전반적인 부정적인 모습(badness)에 대한 반응으로 이해될 수 있다. 이러한 부정적인 모습은 극단적으로는 '사악함'이 될 수도 있다. 더 오래 지속되는 기분부전 상태는 내적인 공허감과 관련될 수 있으며, 이는 경계선 성격장애를 주요 우울장애와 변별하는 데 도움을 줄 수 있다(Rippetoe, Alarcon, & Walter-Ryan, 1986; Westen et al., 1992).

행동적 불안정성/충동성

유전과 환경, 두 요인 모두에 따라 충동성(특히 공격적 충동성)은 경계선 성격장애의 핵심적 구성요인으로 나타난다(New & Siever, 2002; White, Gunderson, Zanarini, & Hudson, 2003). 경계선 성격장애 환자들은 자기파괴 및 공격적 충동성(예: 물질 남용, 위험한 성행위, 자해, 자살시도)을 주기적으로 보이는 경향이 있다. 이러한 충동적 행동들은 두 가지 목적을 가지고 있는데, 하나는 주요 대상의 상실에서 기인하는 공황과 분열을 막는 것이며, 다른 하나는 잃어버린 대상이나 새롭게 다가가고 있는 대상과의 접촉을 시도하는 것이다. 예를 들어, 약물 남용은 경계선 성격장애 환자에게 흔히 나타나는데(Trull, Sher, Minks-Brown, Durbin, & Burr, 2000), 약물을 흡입하는 것은 불안을 마비시키는 동시에, 일시적인 대상(temporary object)으로서의 역할을 할 수도 있으며, 또한 새로운 대상을 만나도록 도울 수도 있다(예: 충동적인 성적 파트너). 또한 자해 및 자살시도는 타인과의 실제적이거나 가상적인 상호 관계와 연관되는 경우가 많으며(Brown, Comtois, & Linehan, 2002; Welch & Linehan, 2002), 자신을 거절한 대상에 대한 분노가 내재화된 부정적인 대상을 향하면서 나타나기도 한다. 이러한 자기파괴적 충동 행동들(예: 자해 행동이나 자살)은 학대의 과거력을 가진 경계선 성격장애 환자들에게서 훨씬 자주 나타난다(Brodsky, Malone, Ellis, Dulit, & Mann, 1997; Sansone, Gaither, & Songer, 2002).

인지적 불안정성

경계선 성격장애의 인지적인 혼란은 종종 비구조화되어 있는 상황이나 스트레스가 심한 상황에서 현실과의 적절한 연결을 유지하지 못하는 어려움에서 비롯된다. 대부분 일시적으로 나타나는 인지적 혼란은 해리, 편집증 등을 포함하며, 때로는 다른 형태의 일시적인 유사-정신증적 상태로 나타나기도 한다. 최근에서야 DSM-IV 진단기준에 일시적인 스트레스에 따른 단기 편집증이나 해리 증상(예: 이인증)과 같은 인지적 불안정성이 포함되었다. 여기서의 '스트레스'는 보통 주요 대상과의 관계를 상실하는 것이며, 대부분은 그 상실이 매우 중요하고 비가역적이라고 느껴질 때다. 이외에도 일시적인 유사-정신증적 경험들(예: 사고주입, 사고 통제, 환시와 환청)이 경계선 성격장애 환자와 관련되기도 하는데(Dowson, Sussams, Grounds, & Taylor, 2000), 이들의 신념과 감각 경험은 심각한 정신증 환자들에 비해서는 그 정도가 매우 약하다. 몇몇 이론가와 연구자들은 대상 상실의 맥락에서 나타나는 이러한 단기 정신증이나 해리 경험을 경계선 성격장애의 징후로 중요하게 여긴다(Skodol et al., 2002). 특히 과거 정신증적 경험 여부는 반복적인 경계선 성격장애 환자의 입원을 예측하는 데 중요한 요인으로 작용한다는 사실이 보고되었는데(Hull, Yeomans, Clarkin, & Goodman, 1996), 이는 정신증적 사고가 경계선 성격장애의 특별한 취약성 요인일 수 있다는 사실을 시사한다.

경계선 성격장애에 대한 로샤 연구

경계선 성격장애와 로샤검사와의 관계에 대한 몇몇 개관 논문들이 출판되었다(Gartner, Hurt, & Gartner, 1989; Wood, Lilienfeld, Garb, & Nezworski, 2000; Zalewski & Archer, 1991). 그러나 경계선 성격장애와 로샤검사에 대한 중요한 경험적 연구들은 최근에 와서야 출판되고 있다. 게다가 이러한 개관 논문들은 연구들을 선택하는 데 특별하게 정해진 탐색 전략을 사용하지 않았으며, 그중 단 한 개의 논문만이 방법론적 문제에 대한 배제 기준을 사용했다(Wood et al., 2000). 그러므로 이제부터는 저자가 이 장에서 사용하고자 하는 개관 방법론에 대해 설명할 것이며, 그 결과를 이전의 개관과 간단하게 비교하고자 한다.

여기서의 개관은 앞에서 설명한 것과 같이 경계선 성격장애에 대한 정신역동적 이해뿐 아니라, DSM의 경계선 성격장애 진단과 관련된 로샤검사에 초점을 맞추고 있다. PsychINFO 검색은 2003년 11월 30일에 실시하였고, 1980~2003년에 출판된 논문과 책 내용들을 [경계선 성격장애 혹은 경계선 상태(피험자) 혹은 경계선(초록)] 그리고 [로샤검사(피험자 혹은 초록)]와 같은 용어들을 사용하여 검색하였다. 그 결과로부터 DSM(DSM-III, DSM-III-R, DSM-IV; APA, 1980, 1987, 1994), Gunderson의 경계선을 위한 면담(DIB; Gunderson et al., 1981; DIB-R; Zanarini, Gunderson, Frankenburg, & Chauncey, 1989), 혹은 DSM이나 DIB를 사용한 경계선 성격장애 자기보고식 척도(예: 성격평가 척도; Morey, 1991) 등을 사용한 성인 경계선 성격장애나 경계선 성격장애 특성을 평가한 경험적 연구들을 검토하였다. 연구 결과들 중에서 방법론이 오염 요인을 포함하고 있거나(예: 로샤검사 결과를 알고 있는 상태에서 진단을 내린 경우, 혹은 진단명에 대해 알고 있는 상태에서 로샤 채점을 한 경우), 분석을 위한 표본 수가 너무 작다고 판단되는 경우(N〈30)는 배제하였다. 이러한 탐색 전략은 52개의 성인을 대상으로 한 로샤검사 및 경계선 성격 관련 경험적 연구들에 적용되었는데, 그중 단 18개만이 포함 기준을 만족시켰으며, 이 연구들은 충실한 방법론으로 연구가 진행되었다고 여겨졌다. 특히 방법론은 시간에 따라 현저하게 개선되었는데, 1981～1996년에 출판된 연구 중 18%만이 포함 기준을 만족시킨 반면, 1997～2003년에 출판된 연구의 경우는 85%가 포함 기준을 만족시켰다.

본 개관에서 검토한 18개의 연구 결과들을 앞서 언급했던 개관들과 비교해 보았을 때, Gartner 등(1989)의 개관 연구와 겹치는 연구가 하나도 없었으며, Zalewski와 Archer(1991)의 개관 연구와 하나의 연구만이 중복되었다. 현재 검토된 연구들 대부분은 최근에 출판된 것들이며, 이전 개관 연구들에서 검토한 다른 연구들은 대부분 현재 연구의 포함 기준에 부합되지 않았다. Wood 등(2000)은 경계선 성격장애 진단과 준거 오염에 대한 배제 기준을 사용하였는데, 그들의 배제 기준은 표본 수에 대한 기준이 없는 것과 아동 청소년 표본을 포함했다는 것, 채점 편향 가능성이 있는 연구들을 포함시켰다는 것(즉, 연구 가설에 대해 잘 알고 있는 제1 저자가 로샤검사를 실시하고 채점을 한 경우, Wood 등[2000]도 지적한 문제임), 그리고 차트 검토에 근거한 진단을 사용한 연구를 배제시켰다는 점(즉, 진단에서 로샤 결과를 제외함)에서 본 연구와 다르다. 이 장에서 개관한 18개의 연구들과 Wood 등(2000)의 연구에 사용된 10개의 연구 사이에는 6개의 연구만 겹친다. 겹치지 않는 16개의 연구들은 포함/배제 기준의 차이(7개 연구) 및 최근에 출판된 연구라는 사실(7개 연구)에 기인한 것이며, 나머지 두 개의 연구들은 Wood 등(2000)의 모호한 탐색 전략 때문에 배제되었다.

다음의 경계선 성격장애와 로샤검사에 대한 경험적 연구 개관은 유의미한 결과와 유의미하지 않은 결과 모두를 포함하고 있다. 흥미롭게도, 대부분의 연구들은 종합체계(Exner, 2003)가 아닌 채점 체계를 따르고 있다. 이제부터 총 반응 수(R), 람다(L) 값과 관련된 연구 결과들이 먼저 논의될 것이며, 그다음에는 네 가지 경계선 성격장애 특성(불안정한 자기 정체성/대인 관계, 정서적 불안정성, 행동적 불안정성/충동성 그리고 인지적 불안정성)이 논의될 것이다. 또한 경험적 지지 근거가 강한지, 약한지, 근거가 없는지에 대한 평가가 강조될 것이다. 따라서 이 결과들은 로샤검사와 경계선 성격장애에 대한 경험적 평가가 나아가야 할 방향을 제시할 것이다.

총 반응 수와 람다(Lambda)

전반적으로, 경계선 성격장애의 로샤검사에서의 총 반응 수(R) 평균은 다른 진단 및 정상 피검자들과 차이를 보이지 않는다(Bornstein, Hilsenroth, Padawer, & Fowler, 2000; Hilsenroth, Fowler, & Padawer, 1998; Hilsenroth, Fowler, Padawer, & Handler, 1997; Hirshberg, 1989; Skinstad, Troland, & Mortensen, 1999 참조). 경계선 성격장애 로샤 기록에서의 람다값 수준에 대한 연구는 거의 없으며, 정상 프로토콜과 비교한 연구는 하나도 없다. 경계선 성격장애와 여러 성격장애의 로샤 기록상에서 람다값의 차이는 발견되지 않았으며(Skinstad et al., 1999), 경계선 성격장애, 신경증 그리고 정신증적 기록은 높은 람다값(>1.5)을 보인다는 점에서 비슷했다(Burla, Ferracuti, & Lazzari, 1997). 일반적으로, R값에 의해 경계선 성격장애와 정상인이나 다른 진단적 그룹 간에 구별은 쉽지 않으며, 람다값에 대해서도 명확한 결론이 없는 상태다.

불안정한 자기 정체성 및 대인관계

로샤검사에 반영되는 경계선 성격장애의 주요 특성은 이행 대상관계와 분리 개별화 갈등으로 특징지어지는 신경증과 정신증의 경계선에 존재하는 성격 구조 수준을 포함할 것이라고 기대할 수 있다. 또한 원시적인 방어기제는 분열(splitting)과 투사적 동일시를 포함하며, 대인관계에서는 이상화와 평가절하 사이에서의 동요, 보이지 않는 조종 및 통제 행동, 피학성 그리고 결핍을 인정하지 않는 의존성 등을 생각할 수 있다.

성격 구조 로샤검사를 사용한 '자율성의 상호성 척도(Mutuality of Autonomy Scale: MOA; Urist, 1977)'는 성격 구조 수준을 평가한다. 그 수준은 상호성과 자율성이 특징인 가장 성숙한 수준(MOA 수준 1)과 통제와 파괴성이 특징적인 병리적 수준(MOA 수준 5-7) 사이에서 평가된다. 병리적 MOA 수준은 DSM의 경계선 성격장애 진단준거와 경계선 특성 등을 포함한 경계선 성격과 관련되어 있다고 지속적으로 언급되어 왔다(Blais, Hilsenroth, Castlebury, Fowler, & Baity, 2001; Blais, Hilsenroth, Fowler, & Conboy, 1999; Mihura, Nathan-Montano, & Alperin, 2003). 또한 MOA 수준은 경계선 성격장애의 진단기준과 MMPI-2의 경계선 성격장애 척도(Blais et al., 2001)를 잘 예측할 수 있다고 보고되어 왔다. 높은 MOA 점수는 경계선 성격의 특징인 불안정한 대인관계, 자해 및 자살 행동과 같은 자기파괴적 충동 등과 관련이 있다(Blais et al., 1999; Fowler, Hilsenroth, & Nolan, 2000; Mihura et al., 2003). 그러므로 연구들은 MOA가 경계선 성격의 대상관계 특성을 측정하는 타당하고 정보가가 높은 도구라고 제안하고 있다. 또한 이 점수들은 경계선 성격 특성 중 하나인 대인관계에서의 통제와 조종, 및 그에 따른 자기파괴적 행동 특성을 잘 포착하는 것으로 보인다.

두 개의 로샤 척도들이 분리 개별화와 관련된 경계선 성격 갈등을 평가하는 데 사용되어 왔는데, 그것은 '분리-개별화 척도'(Separation-Individuation Scale: S-I; Coonerty, 1986)와 '공생적 현상 내용 척도'(Symbiotic Phenomena Content Scale: SPCS; Hirshberg, 1989)다. 각 척도를 사용한 연구에서, 경계선 성격장애 환자들의 로샤 기록은 다른 집단에 비해 분리 갈등과 관련된 내용에서 더 높은 점수를 보인다. Coonerty(1986)는 정신분열증 환자들의 로샤 기록에 비해 경계선 성격장애에서 더 높은 S-I 총점을 얻었다. Mahler의 이론에 입각하여 해석했을 때(예: Mahler et al., 1975), 경계선 성격장애 환자들의 로샤 기록은 S-I '재접근' 점수가 더 높았으며, '전분리'(정신증) 점수는 정신분열증 환자들보다 더 낮게 나타났다(또한 더 높은 S-I 자기애성 점수가 나타났으며, S-I 개별화 점수는 더 높지 않았다.). MOA에서의 결과와 마찬가지로, Hirshberg(1989)는 SPCS를 사용하여 섭식장애 환자들을 대상으로 조사했을 때, 경계선 성격장애 환자에게서 경계선 성격장애 환자가 아닌 사람들에 비해 분리 점수가 높다는 것을 발견하였다. 그러므로 S-I와 SPCS 모두는 경계선 성격장애가 로샤 기록에서 더 많은 분리 갈등을 보여 준다는 사실을 지지한다.

경계선 성격에 대한 Winnicott의 관점(1953; Modell, 1963)에 기반을 두고 있는 '이행 대상 척도'(Transitional Object Scale: TOS; Greenberg, Craig, Seidman, Cooper, & Teele, 1987) 또한 경계선 성격장애에 대한 측정 도구로 알려져 있다. TOS는 경계선 성격장애 진단과 관련되어 있으며, 반사회성 성격장애나 정신분열증 환자의 로샤 기록에서보다 경계선 성격장애 환자들에게 더 높게 나타났다(Cooper, Perry, Hoke, & Richman, 1985; Greenberg et al., 1987). 또한 TOS는 현재 이행 대상을 사용하는지, 불안정한 정체성 및 대인관계(즉, 분열[splitting]), 그리고 치료에서의 퇴행과 관련되어 있다. 그러나 Cooper 등(1985)의 연구에서 로샤 총 반응 수(R)가 통제되었을 때, 경계선 성격장애와 반사회성 성격장애 간의 TOS 점수차는 유의미하지 않았다. 이는 TOS 점수가 R에 따라 오염될 수 있음을 의미한다.

분열과 투사적 동일시 분열(splitting)과 투사적 동일시(projective identification)에 대해 측정할 수 있는 두 개의 로샤 척도가 있는데, 하나는 Lerner 방어 척도(Lerner Defense Scales: LDS; Lerner & Lerner, 1980)이며, 다른 하나는 로샤 방어 척도(Rorschach Defense Scales, RDS; Cooper, Perry, & Arnow, 1988)다. 연구 결과에 따르면, RDS와 LDS 분열 점수는 경계선 성격장애와는 관계가 있었지만, 반사회성 성격장애와는 관계가 없었다(Blais et al., 1999; Cooper et al., 1988). 또한 LDS 분열 점수는 자기애성 성격장애와 부적 상관을 나타냈다(Blais et al., 1999). Burla 등(1997)은 신경증(불안이나 신체화 장애) 환자들보다 경계선 성격장애 환자들이 더 높은 LDS 분열 점수를 보이는 경향성을 보고했다. 그러나 이 점수가 연극성 성격장애나 정신증적 장애와 경계선 성격장애를 변별하지는 못했다. 즉, Blais 등(1999)은 LDS 분열 점수가 연극성 성격장애 기준과 유의미한 관계를 보인다는 사실을 발견했으며, Burla 등(1997)

은 경계선 성격장애와 정신증 환자의 로샤 기록 사이에서 LDS 분열 점수의 차이를 발견하지 못했다. 또한 연구들은 LDS 분열 점수가 DSM 경계선 성격장애 진단에서의 불안정한 관계, 공허감과 관련이 있다고 제안하고 있으며(Blais et al., 1999), 자해를 한 적이 있는 경계선 성격장애 환자들이 더 높은 분열 점수를 보였다(Fowler et al., 2000). RDS 분열 점수는 자기상과 타인상 사이의 분열, 공허감 그리고 위기에서의 퇴행과 관련이 있다고 알려져 왔다(Cooper et al., 1988).

투사적 동일시에 대한 LDS와 RDS 척도는 DSM 경계선 성격장애 진단과 특이적인 관련성을 가지는 것은 아니라는 결과들이 있다(Blais et al., 1999; Cooper et al., 1988). 즉, LDS 투사적 동일시 점수는 신경증보다 경계선 성격장애에서 높은 것으로 나타났으나 정신증과는 차이가 없었다(Burla et al., 1997). 게다가 다른 연구자들이 진행한 두 개의 연구들에서는 신경증 환자들과 LDS의 투사적 동일시 점수는 관련이 없다는 사실을 발견했다(Burla et al., 1997; Lerner & Lerner, 1982).

분열과 투사적 동일시가 경계선 성격장애가 아닌 경계선 성격 구조에서 특이적으로 더 많이 나타난다는 제안과 일관되게 경계선과 분열형 특성 모두를 가진 환자들은 신경증이나 정신분열증 환자들에 비해 LDS 분열과 투사적 동일시 척도에서 유의미하게 더 높은 점수를 받은 것으로 나타났다(Lerner, Albert, & Walsh, 1987; Lerner & Lerner, 1982). 결국 로샤검사의 분열 및 투사적 동일시 점수는 경계선 성격 구조를 지닌 환자들에게서 기대되는 특성과 특히 더 부합하는 반면, 분열 점수는 DSM의 경계선 성격장애 진단에 더 부합한다.

평가절하와 이상화, 피학성 그리고 의존성 로샤검사에서의 평가절하 측정치와 경계선 성격장애 사이의 관계를 지지하는 근거들이 있다. LDS와 RDS 평가절하 점수는 모두 DSM 체계의 경계선 성격장애 진단기준과 관련이 있었으며, LDS의 평가절하 점수는 경계선 성격장애 진단기준을 MMPI-2의 경계선 성격장애 척도 이상으로 예측할 수 있었다(Blais et al., 1999; Blais et al., 2001; Cooper et al., 1988). 그리고 LDS 평가절하 점수는 자기애성, 반사회성 그리고 연극성 성격장애 진단기준과는 관련이 없었으며(Blais et al., 1999), RDS의 평가절하 점수는 반사회성 성격장애와 관련이 없는 것으로 나타났다(Cooper et al., 1988). 또한 LDS의 평가절하 점수는 DSM의 경계선 성격장애 진단기준 중 불안정한 대인관계와 정서적 불안정성, 자살행동과 관련되어 있었으며(Blais et al., 1999), 자해 경험이 없는 경계선 성격장애 환자보다 자해 경험이 있는 환자에게서 더 높은 점수를 보였다(Fowler et al., 2000). 마지막으로 RDS 평가절하 점수가 더 높을수록 치료 효과는 더 낮았다(Cooper, Perry, & O'Connell, 1991). 이러한 로샤검사의 평가절하 관련 연구 결과들은 경계선 성격장애 진단에 기대되는 것과 대부분 일치하였으며, 높은 수준의 평가절하로 발생할 수 있는 개인적 혹은 대인관계적 문제들과도 일치하였다.

평가절하 점수와 대조적으로 RDS와 LDS의 이상화 점수는 모두 경계선 성격장애 진단과 크게 관련이 없는 것으로 나타났다(Cooper et al., 1988; Hilsenroth et al., 1997). 그러나 LDS 이상화 점수는 경계선 성격장애의 로샤 기록에서 정상인들, 반사회성 성격장애, DSM의 A군 성격장애에 비해 높게 나왔으나, 자기애성 성격장애나 C군 성격장애와는 유의미한 차이가 없었다(Hilsenroth et al., 1997). Hilsenroth 등(1997)은 LDS 이상화 점수가 DSM-IV 자기애성 성격장애 진단기준 2번째 항목인 '성공에 대한 끝없는 공상'과 관련이 있다는 사실을 발견하였다. Fowler 등(2000)은 LDS 이상화 점수가 자해 경험이 있는 경계선 성격장애 환자들에게서 더 높다는 사실을 발견하였다.

두 가지 종류의 로샤 점수가 경계선 성격장애의 피학적 특성(즉, 희생자로서의 자기)을 측정할 수 있는데, 그것은 종합체계의 손상(MOR)반응과 Gacono와 Meloy(1994)의 행해진 공격성(Aggressive Past: AgPast) 반응이다. AgPast 반응은 MOR와 비슷하지만 우울한 내용을 담고 있지는 않다. Baity와 Hilsenroth(1999)는 로샤검사에서 여러 가지의 공격성 점수들에 대해 단계적 회귀분석을 해 본 결과, MOR는 DSM의 경계선 성격장애 진단기준과 가장 큰 정적 상관을 보였으며, DSM의 반사회성 성격장애 진단과는 부적 상관을 보였다(AgPast는 분석에 포함되지 않았다.). 그러나 Skinstad 등(1999)의 연구에서는 경계선 성격장애 환자들의 MOR 점수가 여러 성격장애 환자들보다 높지 않았다. Mihura 등(2003)의 연구에서는 AgPast가 대학생들이 스스로 보고한 경계선 특성의 전반적 수준과 유의미한 관계가 있지 않았으나, 경계선 특성 중 불안정한 대인관계 및 자기파괴적 충동성과는 관련되어 있었다. 그러므로 MOR 반응은 경계선 성격장애 환자들의 로샤 기록에서 더 많이 보일 수 있으며, AgPast는 경계선 성격장애에 국한되지 않는 피학성의 한 유형을 나타내는 것 같다.

로샤검사의 구강의존성 척도(Rorschach Oral Dependency scale: ROD; Masling, Rabie, & Blondheim, 1967)는 의존성의 암묵적인 측정도구로 잘 알려져 있다(Bornstein, 1999). 이 척도에서 높거나 낮은 점수 모두 문제가 될 수 있는데, 높은 점수는 과도한 의존 욕구를 나타내며, 낮은 점수는 역의존성(counterdependency)을 의미한다. 흥미롭게도, 경계선 성격장애를 지닌 외래 환자의 경우, 낮은 ROD 점수를 보이는 데 반해, 입원 환자의 경우는 외래 환자나 다른 진단의 환자들에 비해 높은 ROD를 나타내었다(Blais et al., 1999; Bornstein et al., 2000). 또한 ROD 점수가 DSM의 경계선 성격장애 진단준거를 예측하는 능력이 MMPI-2의 경계선 성격장애 척도보다 훌륭했다(Blais et al., 2001). 입원 환자와 외래 환자 사이에서의 ROD 점수 차가 상태(state)의 차이를 반영하는지, 혹은 특질(trait)의 차이를 반영하는지는 아직 명확하지 않다. 즉, 경계선 성격장애 환자의 방어가 무너지면서 의존 욕구가 강해지는 것인지, 혹은 경계선 성격장애 외래 환자와 입원 환자 사이에 안정적인 차이점이 존재하는지는 아직 밝혀지지 않았다. 그러나 경계선 성격장애 입원 환자에게 나타나는 높은 ROD 점수는 그들의 의존 욕구 강도가 상당히 불안정하다는 사실을 말해 주는 반면, 경계선 성격장애 외래 환자는 자신의 욕구를 성공적으로 방어하면서 비교적 안정적으로 기능한다는 사실을 말해 준다.

경계선 성격장애 환자들의 애착 욕구와 관련하여, 로샤검사를 통해 알 수 있는 촉감적 애착 욕구(재질 점수; T)와 DSM 경계선 성격장애 진단기준 간에 직접적인 연관성을 지지하는 연구는 아직까지 이루어진 게 없다(Blais, Hilsenroth, & Fowler, 1998). T 점수는 어릴 때 성적 학대 경험이 있는 사람들에게는 잘 나타나지 않는다는 이제까지의 연구 결과에 비추어 볼 때(Leavitt, 2000; Leavitt & Labott, 1996; Owens, 1984), 어린 시절 성적 학대 경험이 있는 경계선 성격장애 환자들은 자신의 촉감적 애착 욕구를 방어적으로 자각하지 않을 가능성이 있다. 그러나 이러한 사실이 어린 시절 성적 학대 경험이 있는 경계선 성격장애 환자들의 로샤 기록에서 T 반응의 존재 가능성을 배제하도록 만드는 것은 아니다. 가설적으로, 이러한 경계선 성격장애 환자들의 촉감적 애착 욕구는 자기파괴적 방식으로 경험되고 표현될 수 있기 때문에, 이들의 T 반응은 분노나 자기파괴적인 내용들(예: AG 혹은 평가절하 점수)을 포함하고 있을 가능성도 생각해 볼 수 있다. 하지만 이러한 가설을 다룬 연구는 아직까지는 없다.

정서적 불안정성

경계선 성격장애 환자들의 정서적 불안정성은 분노, 심한 불안, 우울 등으로 이루어진 강렬하고 불안정한 부적 정서 상태를 포함한다. 공허감을 동반한 기분부전은 더 안정적인 정서로 경험될 수 있다.

분노 종합체계에는 원시적인 형태의 공격성이나 분노를 평가하는 측정치가 없다. 종합체계의 공격내용(AG) 점수가 경계선 성격장애 로샤 기록에서 전형적으로 높게 나타나는지는 불확실하다. Skinstad 등(1999)은 여타 성격장애를 지닌 알코올 중독자들에 비해 경계선 성격장애 진단을 가진 알코올 중독자들에게서 더 높은 AG 점수를 발견했다. 하지만 Mihura 등(2003)은 대학생들에게 나타나는 경계선 특성과 AG 점수 사이에서 아무런 관계를 발견하지 못했다. 이 연구는 AG 점수가 자아 동질적인 분노에 대비되는 자아 이질적인 분노에 대한 측정치일 수 있다고 제안하였다(Mihura & Nathan-Montano, 2001; Mihura et al., 2003). 그러므로 경계선 성격장애 로샤 기록에서 나타나는 AG의 높은 빈도는 자아-이질적인 분노에 대한 참을 수 없는 정도를 나타내는 것일 수도 있다.

원시적인 공격성과 분노를 좀 더 특정적으로 측정하기 위해 고안된 또 다른 로샤 척도가 있다. Holt(1977)의 '원시적인 공격성 점수'(가장 심각한 수준이 A1)는 DSM의 경계선 성격장애 진단기준과 관련되어 있었지만, DSM에서의 반사회성, 자기애성, 그리고 연극성 성격장애 진단기준과는 관련이 없었다(Blais et al., 1999). 또한 자해를 한 경험이 있는 경계선 성격장애 환자들은 더 높은 A1 점수를 보였다(Fowler et al., 2000). Holt의 A2 점수로 알 수 있는 공격성의 좀 더 사회화된 유형도 경계선 성격장애와 관련되어 있을 것으로 여겨지나 더 많은 연구가 필요하다. Holt의 A1 점수는 분노 그 자체보다는 주로 공격적이거나 자기파괴적인 행동화(acting out)와 관련이 있는 것 같다.

불안정한 부적 정서 낮은 색채 형태 수준(CF, C vs. FC)은 일반적으로 감정 조절의 어려움을 평가한다고 알려져 있다. 하지만 이 점수들은 경계선 성격장애에서 보이는 부적 정서의 불안정성에만 국한되는 것은 아니다. 이제까지의 여러 연구 결과들은 경계선 성격장애와 색채반응 점수 간의 관계에 대해 혼란스러운 결과를 보여 주었다(예: Blais et al., 1998; Burla et al., 1997; Mihura et al., 2003). 일반적으로 높은 수준의 색채반응은 연극성 성격장애의 로샤 기록에서 더 많이 나타나는 경향이 있다(Blais et al., 1998). 그러나 경계선 성격장애에서 나타나는 불안정한 정서 상태는 주로 부정적인 정서들로 이루어져 있기 때문에, 경계선 성격장애 로샤 기록은 더 낮은 수준의 색채형태반응과 더불어 분노 혹은 공격성 관련 점수들이 나타날 가능성이 높다(예: A1, A2, AG, 혹은 평가절하 점수들). Blais 등(1999)은 LDS 평가절하 점수가 부적 정서의 불안정성과 관련된 경계선 성격장애 진단기준과 관련되어 있다는 사실을 발견했다.

우울과 기분부전 경계선 성격장애에서 보이는 우울이나 기분부전 유형을 특정적으로 측정하는 종합체계의 로샤 점수는 없다. 종합체계에서의 '우울 지표'(Depression Index: DEPI)는 경계선 성격장애의 우울 감정에 나타나는 공허감이나 분노 등을 특별하게 포착하는 것 같지는 않다. 경계선 성격장애 환자들의 DEPI 점수는 여타 성격장애나 정신증적 장애 환자들보다는 높지 않지만, 불안과 신체화 장애를 포함한 신경증적 장애 환자들보다는 높게 나타난다는 증거들이 있다(Burla et al., 1997; Skinstad et al., 1999). 경계선 성격장애의 공허감이 주가 되는 우울 경험과 관련하여, 로샤검사의 분열(splitting) 및 투사(projection) 측정치가 공허감과 유의한 상관을 보였다(Blais et al., 1999; Cooper et al., 1988). 하지만 이러한 점수들이 경계선 성격장애 특유의 우울이나 기분부전과 관련되어 있는지를 밝힌 연구는 아직 없다.

로샤검사로 측정할 수 있는 경계선 성격장애 환자의 여타 부적 정서 상태에 대한 연구는 거의 없으며, 확정적인 증거들이 부족하다. 물론, 정상인 집단에 비해 경계선 성격장애 환자들의 로샤 기록에는 높은 수준의 부적 정서 상태(예: C′, V, Y, 색체-음영 혼합반응)가 예상되며, 이에 대한 연구들이 필요한 실정이다.

행동적 불안정성/충동성

경계선 성격장애 환자들의 행동적인 불안정성과 충동성은 보통 자기파괴적인 충동적 행동들과 관련되어 나타난다. 그러나 종합체계에는 자기파괴적인 충동적 행동에 특이적인 척도가 없다. 일반적인 충동성은 낮은 D 점수, 낮은 Adj D 점수, 그리고 낮은 수준의 색채형태반응으로 나타난다고 알려져 있지만(Pantle, Ebner, & Hynan, 1994), 이 점수들이 경계선 성격장애의 충동성을 측정하는지에 대해 지지하는 연구는 부족한 실정이다. 그러나 상기했듯이, 종합체계 외에 이론적으로나 경험적으로 자기파괴적 충동성과 관련되는 다른 척도들이 있는데, 그것은 MOA, LDS 분열 및 평가절하 그리고 Holt의 A1이다(Blais et al., 1999; Fowler et al., 2000; Mihura et al., 2003). 그리고 경계선 성격장애 환자들을 대상으로 연구된 적은 없으나, Gacono와 Meloy (1994)의 AgPast와 잠재적 공격성(aggressive potential: AgPot)을 결합한 점수도 경계선적 특성 또는 자살 및 자해 충동을 포함한 공격적이고 자기파괴적인 충동성과 관련이 있다는 증거들이 있다(Mihura et al., 2003). 그러므로 경계선 성격장애의 자기파괴적인 충동적 행동들은 병리적인 MOA 점수, LDS 분열 및 평가절하에서의 높은 점수, Holt의 A1 점수, 그리고 AgPast + AgPot의 높은 점수와 관련되어 있을 가능성이 높다.

인지적 불안정성

인지적 불안정성과 관련된 주요 경계선 성격장애 특성은 일시적인, 그리고 스트레스에 따른 편집증적 특성과 해리 경험 등을 포함한다. 반복적인 입원 환자에게서 정신증처럼 보이는 사고 패턴이 발견될 것으로 여겨지나, 지속적으로 유지되는 정신증적 증상은 경계선 성격장애의 특성이 아니다.

정신증과 정신증적 사고 경계선 성격장애 환자들의 로샤 기록에는 일종의 사고장애가 나타나는데, 그것은 경계선 성격장애 및 경계선 성격 구조에 대한 설명에도 부합한다. 경계선 성격장애의 로샤 기록은 정상인 집단, C군 성격장애 그리고 여타 성격장애 환자들보다 더 높은 수준의 '정신분열증 지표' (Schizophrenia Index: SCZI)를 보였으며, A군 성격장애 환자들과는 비슷하고 정신증적 장애보다는 낮은 수준을 보였다(Burla et al., 1997; Hilsenroth et al., 1998; Skinstad et al., 1999). 그러나 Burla 등(1997)은 경계선 성격장애와 신경증(불안 및 신체화 장애) 간에 SCZI 차이를 발견하지 못했다. 여러 연구 결과들은 경계선 성격장애의 로샤 기록이 6개의 SCZI 기준 모두를 만족시키는 정신증의 전형적인 로샤 기록에는 미치지 못한다는 것을 보여 주었다(Hilsenroth et al., 1998). 특히 정신증 환자들의 로샤 기록은 경계선 성격장애 기록에서보다 SCZI 기준의 3번, 4번, 5번 항목을 더 많이 만족시키는 경향이 있었다(Hilsenroth et al., 1998). 즉, 경계선 성격장애 기록과 비교했을 때, 정신증 환자들의 로샤 기록은 더 낮은 현실 검증력(FQ-), 더 기괴한 사고장애, 그리고 더 많은 상황에서 전반적으로 나타나는 사고장애 등을 우세하게 나타낸다. Harris(1993)는 '사고장애 지표' (Thought Disorder Index: TDI; Johnston & Holzman, 1979)를 사용하여 다른 성격장애 집단보다 경계선 성격장애의 로샤 기록에서 더 전반적인 사고의 혼란이 나타남을 발견하였다. 하지만 경계선 성격장애와 다른 성격장애의 로샤 기록 모두에서 가장 기괴한 수준의 TDI 점수(1.0 수준)는 보이지 않았다. 현실 검증력과 관련된 종합체계(X+%, X-%)를 이용한 연구 결과, 경계선 성격장애 로샤 기록은 정상인들에 비해 더 많은 현실 검증력 문제를 나타냈으며, 신경증이나 다른 성격장애 기록과는 비슷한 수준, 그리고 정신증 환자의 기록과는 비슷하거나 더 적은 수준의 현실 검증력 문제를 보였다(Burla et al., 1997; Hilsenroth et al., 1998; Skinstad et al., 1999).

그러므로 경계선 성격장애 로샤 기록은 정상인 피험자들이나 다른 모든 성격장애들에 비해 더 많은 정신증적 사고 혼란(종합체계의 인지적 특별 점수들과 TDI 총점)을 보일 수 있다고 할 수 있다. 그러나 정신증 환자들의 로샤 기록에서보다는 더 낮은 수준의 정신증적 사고를 보인다. 현실 검증력과 관련하여(X+%, X-%), 경계선 성격장애 기록은 정상인 피험자들에 비해 더 심한 손상 수준을 나타낼 것이며, 정신증 환자들의 로샤 기록과는 비슷하거나 그보다 더 적은 손상을 보일 것이다.

편집증 Cooper 등(1988)은 RDS 투사 점수가 경계선 성격장애와 정적인 상관을 보인다는 사실을 발견했다. 또한 경계선 성격장애 환자들이 주요 대상을 상실한 시기에 편집증을 보이는 경우, 위기상황에서의 퇴행(Cooper et al., 1988) 혹은 좋지 않은 치료 결과(Cooper et al., 1991)와 더 강하게 관련된다는 사실을 발견했다. Stuart 등(1990)은 '대상개념 척도'(Concept of the Object Scale: COS; Blatt, Brenneis, Schimek, & Glick, 1976)를 사용하여 경계선 성격장애 환자들에게서 높은 수준의 편집증적 특성을 발견했다. COS의 상호작용 내용 척도에서 경계선 성격장애 환자들은 우울증 환자나 정상인들보다 더 많은 악의적 인간관계를 보고했다. 그러므로 RDS 투사 점수와 COS 악의적 내용 점수의 높은 수준은 경계선 성격장애 환자들에게 발견되는 강한 편집증적 경향을 의미한다.

해리 이 장에서 개관하고 분석한 문헌에는 로샤검사의 해리와 관련된 측정치를 경계선 성격장애와 관련지은 연구는 없었다. 로샤검사에는 두 개의 해리 관련 측정치가 있는데, Labott의 표지와 Wagner의 것이다(Labott, Leavitt, Braun, & Sachs, 1992; Wagner, Allison, & Wagner, 1983). 하지만, 이 척도들은 보통 해리성 정체감 장애를 평가하는 데 사용된다. '외상 내용 지표'(Trauma Content Index: TC/R; Armstrong & Loewenstein, 1990)는 해리 경험을 예측하는 데 유용할 것으로 보이지만, 이 지표에서의 높은 점수는 해리 경험보다 과거 외상에 따른 것일 가능성도 있다(Kamphuis, Kugeares, & Finn, 2000). 그러나 Delany(1996)의 박사 논문 결과에서는 해리 경험이 많은 경계선 성격장애 환자들은 그렇지 않은 환자들에 비해 높은 TC 점수를 보였다.

사례: B씨(F/19)

B씨는 고등학교 때부터 자주 우울했고, 폭식과 구토 등의 섭식 문제도 함께 가지고 있었으며, 대학에 입학한 후 감정 기복까지 심해졌고, 상당한 외로움과 공허감을 느끼면서 몇 개월 전에는 두 차례 손목을 그어 자살을 시도하였다. 이에 가족들의 권유로 병원에 입원하게 되었다.

예쁜 얼굴에 긴 머리를 늘어뜨린 B씨는 심리평가를 받고 있을 때 턱에 손을 괴고 새침한 표정으로 다른 곳을 쳐다볼 때가 많았다. 지겨운지 간혹 하품을 하기도 했으며, 때로는 손톱을 물어뜯기도 하였다. 검사를 위해 병실을 찾아갈 때마다 시간을 미루고 싶다는 요구를 했으며, 약속한 시간에도 잠을 자거나 외출하기 일쑤였다. 하지만 자신의 이야기를 할 때는 자신의 심경에 대해 이야기하면서 눈물을 계속 흘리기도 했으며, 평가 후반이 되어서 평가자가 잠시 자리를 비우자 자신을 혼자 남겨두고 가 버렸다며 엉엉 울기도 했다.

B씨의 어머니는 B씨가 아주 어릴 때부터 사업을 하느라 많이 바빴고, 아침에 집에서 나갈 때마다 떨어지기 싫어서 엉엉 울었다고 한다. 어렸을 때 일하는 할머니들이 B씨를 키워 주셨는데, 정이 들만 하면 할머니들이 바뀌어서 이별을 할 때마다 슬프게 울었던 기억도 있다. 초등학교 2학년 때는 유럽 여행을 갔었는데, 함께 다녔던 가이드 언니와 헤어질 때 너무 슬퍼서 계속 눈물을 흘렸던 기억도 있으며, 집에서 키우던 강아지를 알레르기 때문에 다른 집에 주려고 하는 아버지가 미워서 울었던 적도 있다. B씨는 자신이 누군가와 헤어질 때마다 헤어지기 싫은 마음에 늘 상처를 받아온 것 같다고 하며, 결국에는 모두 자신의 곁을 떠날 것만 같다고 말했다.

중학교 때까지 공부를 잘했던 B씨는 고등학교 때 성적이 떨어지기 시작했고, 부모님은 이에 대해 매우 실망하였다. 특히 아버지는 B씨에게 실망하여 거의 말도 하지 않고 없는 사람처럼 대하는 등 사이가 매우 나빠졌다. B씨는 아버지에게 한 번도 힘들다는 얘기를 한 적이 없었지만, 만약 말하더라도 "그게 무슨 말이야? 그러면 나는 벌써 죽었겠다."라고 말할 것만 같았다. 그러면서 집에서는 TV도 못 보게 했는데, 자신만 빼놓고 부모와 동생이 즐겁게 웃으면서 TV를 보던 상황이 매우 괴로웠고, 방문에 귀를 대고 밖에서 하는 얘기를 듣곤 했다. B씨의 어머니는 친구처럼 가깝고 의지가 되는 존재이기는 했지만 다툰 적도 많았다. 어머니에게 힘든 것을 이야기하면, "넌 웃는 게 좋아. 좀 웃고 밝게 살아."라면서 다그쳤고, 좀 더 길게 말하기라도 하면 "또 왜왜왜." 하면서 지겨워했다고 한다. B씨는 그냥 위로의 말 한 마디만을 바랐는데 이런 어머니의 반응에 매우 서글펐다고 한다.

대입을 준비하면서 스트레스를 심하게 받았고, 세상과 인간에 대한 회의와 우울감에 빠졌다. 자기 스스로에 대해서도 더 열심히 하지 못한다는 사실에 자괴감을 느끼면서 밥을 먹으면 체하기가 일쑤였고, 속이 불편하여 손을 넣어 토하기 시작했다. 그러면서 폭식과 구토 행동이 시작되었는데, 우울하지 않아도 무작정 폭식을 하고 살이 찔 것에 대한 걱정과 후회와 함께 토하는 것이 반복되었다.

대학에 진학한 후, 친구의 남자친구를 좋아하게 되어 잠깐 사귄 적이 있었는데, 친구들 사이에 소문이 퍼져서 그 남자뿐 아니라 모든 친구 관계가 끊어지는 일이 있었다. 어느 날 술을 마시고 난 후 갑자기 '내가 왜 사나?'라는 생각이 들면서 모든 게 힘들고 지친다는 생각이 들어 사는 게 귀찮고 싫어져서 커터칼로 손목을 여러 번 긋고 잠이 들었다. 상처가 깊지 않아서 저절로 아물었다고 하나, 그 후에도 가장 쉽고 편안하게 죽을 수 있는 방법이 무엇일까 계속해서 찾게 되었다. 그냥 누가 자신을 죽여 줬으면 좋겠다는 생각이 들기도 했고, 허무하고 공허한 느낌이 강하게 들었다. 당시 가족들에게는 자신이 정을 주면 모두 자기를 떠난다는 생각이 든다면서 아무도 사랑할 수 없다는 말을 한 적이 있다고 한다.

이후에 B씨는 다른 남자들에 대해서 좋은 마음이 생겨도 변하고 떠날 것 같아서 좋아하지 않으려고 했고, 외롭고 의지하고 싶으면 주변에 있는 아무하고나 사귀다가 헤어지곤 했다. 남자들도 자신을 그냥 꼬셔 보려는 거라고 생각했고, 더 깊은 관계로 발전하는 것은 이후에 상처받을 것이 두려워서 꺼려졌다. 또한 자신이 누군가를 정말 좋아하는지에 대한 감정을 스스로도 모르겠고, 자신이 누구인지도 모르겠다는 생각이 많이 들었다. 자신의 성격이 '관계'에 따라 달라지는 것 같아서 혼란스러웠으며, 친구들에 대해서도 집착하면서 "왜 나 빼놓고 너희들끼리 만났어? 내가 좋아, 쟤가 좋아?" 하고 물어보기 일쑤였으나, 지금은 그렇게 어울리는 것도 한때라는 생각이 든다고 한다.

대학 2학년 이후에는 더욱 우울해져서 밤에 잠을 이루기가 힘들었고, 새벽이 되어서야 잠이 들어 낮에까지 늦잠을 자는 모습이었으며, 여름의 어느 날 제정신이 아닌 상태에서 충동적으로 스스로에게 해를 입히고 싶어서 손목을 긋는 일이 있었다. 입원 하루 전에도 커피숍에 있으면서 갑자기 답답해져서 찻잔을 집어 던지고 싶은 충동을 참기가 힘들었고, 내가 할 수 있는 건 아무것도 없다는 생각에 답답해졌다고 한다. 귀가하여 방에 있다가 힘들어서 혼자 울고 소리 지르고 모든 것이 귀찮고 외롭다는 생각만 들면서 손목을 그으면 안 죽으니 목을 매야겠다는 생각이 들었지만, 기운이 없어서 그러지 못하고 부엌에서 잠이 들었다. 그리고 그다음 날 입원하게 되었다.

B씨의 로샤

B씨는 K-WAIS로 추정된 지능 지수가 93으로 보통 수준의 지능을 가지고 있었다. 특히 언어적 이해력과 표현력은 보통상 수준으로 환자의 지적 잠재력을 말해 주고 있으나, 외부 자극에 대한 객관적이고 능동적인 정보처리 능력의 저하로 지적인 잠재력이 효율적으로 발휘되지 못하고 있었다. 즉, 로샤검사와 같은 투사적 검사에서뿐만 아니라, 객관적이고 비교적 명확한 자극에 대해서도 내부의 갈등을 그대로 투사하면서 오류가 나타나는 경우가 빈번했으며, 이는 자신의 해결되지 않은 심리적 갈등 및 욕구들로 외부 자극을 오지각하거나 오해석할 가능성이 크다는 사실을 보여 준다. 이러한 경향은 낮은 람다값(L=0)으로도 알 수 있는 데, B씨는 자신의 경험에 대해 민감해져 있으며 몰두하고 있어 외부 자극들을 지나치게 자신의 경험과 관련지어 해석하고 있으며, 내적 갈등을 외부로 과도하게 투사하고 있었다.

불안정한 대인관계 및 자기 정체성

B씨는 첫 반응에서부터 '신'과 '나쁜 사람'의 양립할 수 없는 개념을 한 반응에 쏟아낸다. 이후의 계속되는 반응 속에서도 대상의 좋은 것과 나쁜 것을 동시에 보고하

고 있는데, 이는 B씨의 자아가 세상이나 자기 자신의 좋은 부분(good part)과 나쁜 부분(bad part)을 통합하지 못하고 있으며, 표상이 분열(splitting)되어 있다는 사실을 시사한다. 즉, 환자의 자기 및 대상 표상은 불안정하면서도 급격하게 변할 수 있으며, 자기 자신이나 타인에 대해 극단적인 이상화와 평가절하를 반복적으로 나타낼 수 있다. 이는 VII번 카드나 IX번 카드의 반응에서 잘 나타나고 있는데, VII번 카드에서는 순수함의 극단적 이미지로서 '막 태어난 아기천사'를 말하지만, 곧 '세상에 나와서 점차 늙어서…… 추한 모습으로' 변했다. IX번 카드에서는 '너무 아름답고 매력적인' 꽃잎이지만, '그 뿌리의 속은 썩을 대로 썩어' 있다.

이와 함께 B씨는 여러 반응에서 공격적인 주제(AG)와 손상을 입는 주제(MOR)를 동시에 보고하고 있는데, 이는 그녀가 자기 자신이나 타인을 가해자인 동시에 피해자로 지각하고 있음을 알려 준다. 즉, 앞서 기술한 대로 경계선 성격의 사람들은 파괴적인 공격성을 보이나 이는 타인으로부터 발생된 것으로 지각되며, 결국 자기 자신을 무기력한 희생자로 보는 가학적인 조망을 유지하게 된다. 이에 B씨의 자기 손상감은 심해 보이며, 낮은 자존감도 두드러진다.

B씨는 많은 수의 형태질이 나쁜 인간운동반응(M-)을 보이고 있는데, 이는 사회적 상황을 부적절하거나 비현실적으로 해석하는 경향이 강하다는 사실을 알려 주며, 그녀가 대인관계에서 타인의 의도에 대해 왜곡하여 지각할 가능성에 대해 말해 준다. 결국 B씨를 힘들게 했던 '자신이 정을 주면 모두 자기를 떠난다.'는 믿음은 대인관계 상황에서 타인의 의도나 사회적 단서들에 대한 왜곡되거나 과장된 지각으로 더욱 강화되었을 수 있다. B씨는 상당한 애정 욕구를 가지고 있으나(T=3), 친밀한 관계를 경험한 적이 없어 애정 결핍에 시달리고 있으며, 누군가가 자신을 사랑해 줄 수 있다는 근본적인 믿음이 매우 부족하여, 결국 실제적인 대인관계를 추구하지 못하고 회피해 오거나 자기만의 공상 속에서만 비현실적인 관계를 추구해 온 것으로 여겨진다((H)+Hd+(Hd)=6, GHR:PHR=1:11). 특히 애정에 대한 관심이나 욕구를 알려 주는 재질반응(T)은 II번 카드의 '피 튀기며 싸우는 곰', 그리고 IX번 카드의 '썩은 뿌리를 가진 꽃'과 같이 공격적이거나 손상되어 있는 이미지와 함께 나타나고 있어 B씨는 애정 욕구의 좌절을 지속적으로 경험해 온 것으로 보인다.

이는 친밀감과 관련된 카드의 반응 내용을 보면 더욱 명확해지는데, 주로 두 명의 사람을 보는 III번 카드에서는 '거울을 보고 있는 마녀' 라는 반응을 하고 있다. 따라서 자기 자신에게 몰두되어 있고(Fr = 1) 실제적인 대인 관계를 맺지 못하는 존재로 자신을 형상화하고 있음을 알 수 있다. 또한 재질반응(T)을 가장 빈번하게 유발시키는 VI번 카드에서는 '늪지대…… 사람들이 빠져서 허우적대고 있다……. 사람들이 계속 빠지면 다 터져 버린다…….' 라는 반응을 하고 있어, 그녀는 관계에 쉽게 '빠져' 들 수 있겠지만, 그것은 '터질 만큼' 위험하고 고통스러운 것이라는 사실을 알려 준다. 또한 이는 B씨가 그러한 관계로부터 벗어나지 못하는 무력감과 동시에 취약한 자기가 그곳에서 소멸될지도 모른다는 공포와 불안감을 동시에 경험하고 있음을 보여 준다. 특히 자신을 이해해 주지 못하는 부모와 같이, 세상 모든 사람들에 대해서는 자신을 구원해 주지 않고 그냥 걱정해 주는 척만 하는 '방관자' (V, VI번 카드) 정도로 여기고 있으며, 불신감이 만연되어 있어 성숙하고 안정된 대인관계는 유지하기 어려울 것으로 여겨진다.

정서적 불안정성 및 부정적 정서 경험

현재 환자의 주된 정서 경험은 심한 우울감과 내적 공허감이며(SumC′ = 5, DEPI = positive), 이와 동시에 자신이 다시 버림받지 않을까, 혹은 상처를 입지 않을까 하는 불안이나 두려움이 상당히 많다(SumY = 2, m = 5). 또한 내적인 분노감은 비교적 적게 나타나고 있지만(S = 2), 외적으로 표현되고 있는 외현적인 적개심이나 공격성이 두드러지며(AG = 5), 이는 B씨가 자신의 분노 감정을 자아-이질적으로 느끼고 있으며 다소 불편해하고 있다는 사실을 알려 준다.

B씨의 로샤 기록은 충동적이고 인지적으로 통제되지 않은 정서 표현이 주를 이루고 있는데(FC:CF + C = 1:6), 이러한 경향은 '불꽃' (II번 카드)이나 '다 터져 버려요.' (VI번 카드)와 같은 반응 내용에서도 확인할 수 있다. 즉, B씨는 자신의 감정을 적절히 조율하고 통제할 수 있는 능력이나 자신의 감정이 해결될 때까지 담아 두는 능력이 매우 부족하다. 특히 동일한 상황에 대해 불쾌한 감정과 긍정적인 감정을 동시에 경험할 수 있으며, 이러한 양가적인 감정 상태에 대해 스스로 혼란을 느끼면서 겉으로

는 정서적으로 불안정한 모습을 보일 수 있다(Col-Shd Blends=4). 특히 B씨는 불쾌한 감정들이 주는 불편함을 견디지 못하여 이를 쉽게 부인(denial)하거나 회피할 것으로 보이는데, 이는 자신의 내면을 보호하려는 욕구에서 비롯된 것이다. 하지만 I번 카드의 두 번째 반응에서 헛된 '희망'이 바로 '죽음'으로 결론 맺듯, 그녀의 방어 노력은 이내 무너지면서 암울한 정서가 그녀를 압도할 수 있겠다.

행동적 불안정성

B씨의 로샤 기록에서 일반적으로 충동성을 알려 주는 D와 Adj D값은 예상보다 높은 편인데, 이는 인간운동반응의 상승에서 기인했으며, 인간운동반응의 상승은 다수의 비현실적인 작화적 반응에서 기인한다. 결국, 표면적으로 보기에는 심리적 대처자원이 풍부한 것처럼 보이지만(D=0, Adj D=2, CDI=2), 자세히 살펴보면 이러한 자원들이 현실적으로 사용하기에는 제한적이며 부적절함을 알 수 있다(M-=5, CF+C=6). 특히 과도한 비현실적인 관념 활동은 상처받은 자기상을 더욱 강화하는 등 적응 능력을 저해하며 정서 및 행동을 불안정하게 만들 수 있다. 오히려 환자의 충동성을 잘 보여 주고 있는 것은 낮은 수준의 색채형태반응이다. 또한 다수의 손상되고 상처입은 반응(MOR) 및 공격적인 반응(AG)이 스스로 통제하기 어려운 관념의 활성화와 함께 나타나고 있음을 고려할 때(MOR나 AG 반응은 주로 무생물운동반응과 함께 나타나거나 M- 반응과 함께 나타나고 있다.), 공상 및 관념 활동이 활발할 때 충동적으로 자기 손상적인 공격적 행동을 보일 위험성이 커질 수 있다.

인지적 불안정성

B씨는 어느 정도의 관습적인 지각이 가능하며(P=3), 처음에는 대체로 정확하고 형태질이 좋은 반응을 보이고 있다. 하지만 이를 정교화하는 과정에서나 사고의 연상이 진행되는 과정에서 형태질이 과도하게 저하되는 경향이 나타나고 있는데, 이는 사고 과정에서 통제하기 어려운 침투 사고를 경험하기 때문일 수 있으며(FM+m=6), 또한 자신이 몰두하고 있는 내면의 갈등을 지나치게 외부로 투사하는 과정에서 연상이 이완되어 현실과 공상의 구분이 모호해지는 등 현실과의 접촉이 약화되기(loss of reality contact) 때문일 수 있다. B씨가 보이는 보속증적인 반응도 그녀가 외부 현실

세계보다는 자신의 내적인 상태나 정서에 더욱 몰두하고 있고 집착하고 있음을 보여 준다(PSV=3).

B씨의 로샤 기록에는 지각 개념 간 부적절하고 비현실적인 방식의 조합이나 자폐적인 논리와 관련된 특수점수들이 나타나는데(FABCOM=2, ALOG=2), 이는 그녀가 공상 활동을 하는 중에 현실과의 거리감을 상실하기 쉽다는 사실을 알려 주며, 현실적인 제약에는 다소 무관심할 수 있음을 보여 준다. 또한 B씨는 주변의 상황들을 과도하게 포괄적인 방식으로 지각하고 추론하는 인지 스타일을 보이고 있는데, 이에 따라 그녀에게 주어지는 외부 자극들을 개인 특유적인 방식으로 해석할 가능성이 있다(Zd=14.5). 특히 전체 반응(W=13)에 비해 부분 반응이 지나치게 적게 나타나고 있는데(D+Dd=4), 이는 외부 환경의 명확한 측면에 주의를 기울이지 못하고 피상적인 인상이나 관념에 따라 사물을 지각하는 경향성을 시사하며, 결국 자신의 경험을 명확하고 객관적인 방식으로 지각하거나 해석하는 데 어려움을 겪을 수 있다.

작화적인 반응들 때문에 인간운동반응 수가 상승되어 있는데, 이는 환자의 공상 활동이 매우 활발하게 일어나고 있음을 알려 준다. 현실로부터의 일탈적인 공상도 많으며(Mp=6), 공격적인 내용으로 인해 Ma도 높은 수준으로 나타나고 있다. 주목할 것은 X-%가 .35로 높게 나타나고 있는데, 이 중 대부분이 형태질이 좋지 않은 인간운동반응(M-)이며, 이는 B씨가 보이는 지각의 왜곡이 주로 대인관계 상황에서 일어날 수 있음을 시사한다. 지각 및 사고 장애 지표(PTI)에는 4개나 해당하지만, B씨가 보이는 지각의 왜곡은 정신분열증 환자들에게 나타나는 기괴한(bizzare) 반응보다는 자신이 몰두하고 있으며 압도되어 있는 내적인 갈등이 투사되면서 나타나는 왜곡반응이므로, 정신증적인 증상이 나타난다 하더라도 경미한 수준의 정신증적 증상(micropsychotic episode)이 나타날 것으로 예상된다. 사고 내용으로는 적개심과 공격성이 두드러지게 나타나고 있으며, 극단적인 사고 내용들이 급변하면서 제시되고 있어 혼란스러운 사고의 흐름을 반영하는 것으로 보인다.

이 장에서의 개관과 사례 연구는 경계선 성격장애에 대한 개념화와 경계선 성격장애의 로샤 연구들, 그리고 경계선 성격장애 사례 연구에 대한 개괄적인 설명을 제공하려는 의도에서 진행되었다. 로샤검사는 경계선 성격장애 진단을 결정하기 위해 고안된 것은 아니다. 오히려 로샤 결과는 한 명의 경계선 성격장애 환자의 성격적 특징에 대한 역동적 이해를 도와줄 수 있다. 경계선 성격장애를 지닌 모든 사람들이 앞서 제시한 경계선 성격장애 로샤 지표에 모두 해당할 것이라고 기대할 수는 없지만(DSM의 경계선 성격장애 진단준거도 마찬가지다), 앞서 진행되었던 연구들에 대한 개관은 경계선 성격장애의 로샤 기록에서 가장 중요한 특징들을 이해하는 데 도움이 되었을 것이다.

참고문헌

American Psychiatric Association (1980). *Diagnostic and statistical manual of mental disorders* (3rd ed.). Washington, DC: Author.

American Psychiatric Association (1987). *Diagnostic and statistical manual of mental disorders* (3rd ed. revised). Washington, DC: Author.

American Psychiatric Association (1994). *Diagnostic and statistical manual of mental disorders* (4th ed.). Washington, DC: Author.

Armstrong, J. G., & Loewenstein, R. J. (1990). Characteristics of patients with multiple personality and dissociative disorders on psychological testing. *Journal of Nervous and Mental Disease, 178,* 448-454.

Baity, M. R., & Hilsenroth, M. J. (1999). Rorschach aggression variables: A study of reliability and validity. *Journal of Personality Assessment, 72,* 93-110.

Baity, M. R., & Hilsenroth, M. J. (2002). Rorschach Aggressive Content (AgC) variable: A study of criterion validity. *Journal of Personality Assessment, 78,* 275-287.

Baity, M. R., Hilsenroth, M. J., & Castlebury, F. D. (1997). Content validity of the DSM-IV borderline and narcissistic personality disorder criteria sets. *Comprehensive Psychiatry, 38,* 31–37.

Blais, M. A., Hilsenroth, M. J., Castlebury, F., Fowler, J. C., & Baity, M. R. (2001). Predicting DSM-IV cluster B personality disorder criteria from MMPI-2 and Rorschach data: A test of incremental validity. *Journal of Personality Assessment, 76,* 150–168.

Blais, M. A., Hilsenroth, M. J., & Fowler, J. C. (1998). Rorschach correlates of the DSM-IV histrionic personality disorder. *Journal of Personality Assessment, 70,* 355–364.

Blais, M. A., Hilsenroth, M. J., Fowler, J. C., & Conboy, C. A. (1999). A Rorschach exploration of the DSM-IV borderline personality disorder. *Journal of Clinical Psychology, 55,* 563–572.

Blatt, S. J., Brenneis, C. B., Schimek, J. G., & Glick, M. (1976). Normal development and psychopathological impairment of the concept of the object on the Rorschach. *Journal of Abnormal Psychology, 85,* 364–373.

Bornstein, R. F. (1999). Criterion validity of objective and projective dependency tests: A meta-analytic assessment of behavioral prediction. *Psychological Assessment, 11,* 48–57.

Bornstein, R. F., Hilsenroth, M. J., Padawer, J. R., & Fowler, J. C. (2000). Interpersonal dependency and personality pathology: Variations in Rorschach Oral Dependency scores across Axis II disorders. *Journal of Personality Assessment, 75,* 478–491.

Brodsky, B. S., Malone, K. M., Ellis, S. P., Dulit, R. A., & Mann, J. J. (1997). Characteristics of borderline personality disorder associated with suicidal behavior. *American Journal of Psychiatry, 154,* 1715–1719.

Brown, M. Z., Comtois, K. A., & Linehan, M. M. (2002). Reasons for suicide attempts and nonsuicidal self-injury in women with borderline personality disorder. *Journal of Abnormal Psychology, 111,* 198–202.

Burla, F., Ferracuti, S., & Lazzari, R. (1997). Borderline personality disorder: Content and formal analysis of the Rorschach. In I. B. Weiner (Ed.), *Rorschachiana XXII: Yearbook of the International Rorschach Society* (pp. 149–162). Ashland, OH: Hogrefe & Huber.

Cardasis, W., Hachman, J. A., & Silk, K. R. (1997). Transitional objects and borderline personality disorder. *American Journal of Psychiatry, 154,* 250–255.

Coonerty, S. (1986). An exploration of separation-individuation themes in the borderline personality disorder. *Journal of Personality Assessment, 50,* 501–511.

Cooper, S. H., Perry, J. C., & Arnow, D. (1988). An empirical approach to the study of defense mechanisms: I. Reliability and preliminary validity of the Rorschach defense scales. *Journal of Personality Assessment, 52,* 187–203.

Cooper, S. H., Perry, J. C., Hoke, L., & Richman, N. (1985). Transitional relatedness and borderline personality disorder. *Psychoanalytic Psychology, 2,* 115–128.

Cooper, S. H., Perry, J. C., & O'Connell, M. (1991). The Rorschach Defense Scales: II. Longitudinal perspectives. *Journal of Personality Assessment, 56,* 191–201.

Delany, D. (1996). High and low dissociative patients with accompanying borderline personality symptoms: Differences on the Rorschach test. (Doctoral dissertation, University of Missouri, 1996). *Dissertation Abstracts International, 56,* 4633.

Dowson, J. H., Sussams, P., Grounds, A. T., & Taylor, J. (2000). Association of self-reported past "psychotic" phenomena with features of personality disorders. *Comprehensive Psychiatry, 41,* 42–48.

Exner, J. E. (1986). Some Rorschach data comparing schizophrenics with borderline and schizotypal personality disorders. *Journal of Personality Assessment, 50,* 455–471.

Exner, J. E. (2003). *The Rorschach: A comprehensive system: Volume 1. Basic foundations and principles of interpretation* (4th ed.). New York: John Wiley.

Fowler, J. C., Hilsenroth, M. J., & Nolan, E. (2000). Exploring the inner world of self-mutilating borderline patients: A Rorschach investigation. *Bulletin of the Menninger Clinic, 64,* 365–385.

Gacono, C. B., & Meloy, J. R. (1994). The aggression response. In C. B. Gacono & J. R. Meloy (Eds.), *The Rorschach assessment of aggressive and psychopathic personalities* (pp. 259–278). Hillsdale, NJ: Lawrence Erlbaum Associates.

Gartner, J., Hurt, S. W., & Gartner, A. (1989). Psychological test signs of borderline personality disorder: A review of the empirical literature. *Journal of Personality Assessment, 53,* 423–441.

Greenberg, R., Craig, S., Seidman, L., Cooper, S., & Teele, A. (1987). Transitional phenomena and the Rorschach: A test of a clinical theory of borderline personality organization. In J. S. Grostein, M. F. Solomon, & J. A. Lang (Eds.), *The borderline patient: Emerging concepts in diagnosis, psychodynamics, and treatment* (pp. 83–94). Hillsdale, NJ: Analytic Press.

Grinker, R., Werble, B., & Drye, R. (1968). *The borderline syndrome: A behavioral study of ego functions.* New York: Basic Books.

Gunderson, J. G., & Kolb, J. E. (1978). Discriminating features of borderline patients. *American Journal of Psychiatry, 135,* 792–796.

Gunderson, J. G., Kolb, J. E., & Austin, V. (1981). The diagnostic interview for borderline patients. *American Journal of Psychiatry, 138,* 896–903.

Gunderson, J. G., & Singer, M. T. (1975). Defining borderline patients: An overview.

American Journal of Psychiatry, 132, 1–10.

Harris, D. (1993). The prevalence of thought disorder in personality-disordered outpatients. *Journal of Personality Assessment, 61,* 112–120.

Henry, C., Mitropoulou, V., New, A. S., Koenigsberg, H. W., Silverman, J., & Siever, L. J. (2001). Affective instability and impulsivity in borderline personality and bipolar II disorders: Similarities and differences. *Journal of Psychiatric Research, 35,* 307–312.

Hilsenroth, M. J., Fowler, J. C., & Padawer, J. R. (1998). The Rorschach Schizophrenia Index (SCZI): An examination of reliability, validity, and diagnostic efficiency. *Journal of Personality Assessment, 70,* 514–534.

Hilsenroth, M. J., Fowler, J. C., Padawer, J. R., & Handler, L. (1997). Narcissism in the Rorschach revisited: Some reflections on empirical data. *Psychological Assessment, 9,* 113–121.

Hirshberg, L. M. (1989). Rorschach images of symbiosis and separation in eating-disordered and in borderline and nonborderline subjects. *Psychoanalytic Psychology, 6,* 475–493.

Hoch, P., & Polatin, P. (1949). Pseudoneurotic forms of schizophrenia. *Psychiatric Quarterly, 23,* 248–276.

Holaday, M., & Sparks, C. L. (2001). Revised guidelines for Urist's Mutuality of Autonomy scale (MOA). *Assessment, 8,* 145–155.

Holt, R. R. (1977). A method for assessing primary process manifestations and their control in Rorschach responses. In M. A. Rockers-Ovsiankina (Ed.), *Rorschach psychology* (2nd ed., pp. 375–420). Huntington, NY: Krieger.

Hull, J. W., Yeomans, F., Clarkin, J., Li, C., & Goodman, G. (1996). Factors associated with multiple hospitalizations of patients with borderline personality disorder. *Psychiatric Services, 47,* 638–641.

Johnston, M. H., & Holzman, P. S. (1979). *Assessing schizophrenia thinking: A clinical and research instrument for measuring thought disorder.* San Francisco: Jossey-Bass.

Kamphuis, J. H., Kugeares, S. L., & Finn, S. E. (2000). Rorschach correlates of sexual abuse: Trauma content and aggression indexes. *Journal of Personality Assessment, 7,* 212–224.

Kernberg, O. (1967). Borderline personality organization. *Journal of the American Psychoanalytic Association, 15,* 641–685.

Knight, R. P. (1953). Borderline states. *Bulletin of the Menninger Clinic, 17,* 1–12.

Koenigsberg, H. W., Harvey, P. D., Mitropolou, V., Schmeidler, J., New, A. S., & Goodman, M. et al. (2002). Characterizing affective instability in borderline personality disorder. *American Journal of Psychiatry, 159,* 784–788.

Labott, S. M., Leavitt, F., Braun, B. G., & Sachs, R. G. (1992). Rorschach indicators of multiple personality disorder. *Perceptual and Motor Skills, 75,* 147–158.

Leavitt, F. (2000). Texture response patterns associated with sexual trauma of childhood and adult onset: Developmental and recovered memory implications. *Child Abuse and Neglect, 24,* 251–257.

Leavitt, F., & Labott, S. M. (1996). Authenticity of recovered sexual abuse memories: A Rorschach study. *Journal of Traumatic Stress, 9,* 483–496.

Lerner, H., Albert, C., & Walsh, M. (1987). The Rorschach assessment of borderline defenses: A concurrent validity study. *Journal of Personality Assessment, 51,* 334–348.

Lerner, H. D., & Lerner, P. M. (1982). A comparative study of defensive structure in neurotic, borderline, and schizophrenic patients. *Psychoanalysis and Contemporary Thought, 5,* 77–115.

Lerner, P. M., & Lerner, H. D. (1980). Rorschach assessment of primitive defenses in borderline personality structure. In J. S. Kwawer, H. D. Lerner, P. M. Lerner, & A. Sugarman (Eds.), *Borderline phenomena and the Rorschach test* (pp. 257–274). New York: International Universities Press.

Mahler, M. S., Pine, F., & Bergman, A. (1975). *The psychological birth of the human infant: Symbiosis and individuation.* New York: Basic Books.

Masling, J. M., Rabie, L., & Blondheim, S. H. (1967). Obesity, level of aspiration, and Rorschach and TAT measures of oral dependence. *Journal of Consulting Psychology, 31,* 233–239.

Mihura, J. L., & Nathan-Montano, E. (2001). An interpersonal analysis of Rorschach aggression variables in a normal sample. *Psychological Reports, 89,* 617–623.

Mihura, J. L., Nathan-Montano, E., & Aplerin, R. J. (2003). Rorschach measures of aggressive drive derivatives: A college student sample. *Journal of Personality Assessment, 80,* 41–49.

Modell, A. H. (1963). Primitive object relationships and the predisposition to schizophrenia. *International Journal of Psychoanalysis, 44,* 282–292.

Morey, L. C. (1991). *Personality Assessment Inventory: Professional manual.* Odessa, FL: Psychological Assessment Resources.

New, A. S., & Siever, S. L. (2002). Neurobiology and genetics of borderline personality disorder. *Psychiatric Annals, 32,* 329–336.

Nickell, A. D., Waudby, C. J., & Trull, T. J. (2002). Attachment, parental bonding, and borderline personality disorder features in young adults. *Journal of Personality Disorder, 16,* 148–159.

Owens, T. H. (1984). Personality traits of female psychotherapy patients with a history of incest: A research note. *Journal of Personality Assessment, 48,* 606–608.

Pantle, M. L., Ebner, D. L., & Hynan, L. S. (1994). The Rorschach and the assessment of impulsivity. *Journal of Clinical Psychology, 50,* 633–638.

Perry, J. C., & Cooper, S. H. (1986). A preliminary report on defenses and conflicts associated with borderline personality disorder. *Journal of the American Psychoanalytic Association, 34,* 863–893.

Reich, R. D., & Zanarini, M. C. (2001). Developmental aspects of borderline personality disorder. *Harvard Review of Psychiatry, 9,* 294–301.

Rippetoe, P. A., Alarcon, R. D., & Walter-Ryan, W. G. (1986). Interactions between depression and borderline personality disorder: A pilot study. *Psychopathology, 19,* 340–346.

Sack, A., Sperling, M. B., Fagen, G., & Foelsch, P. (1996). Attachment style, history, and behavioral contrasts for a borderline and normal sample. *Journal of Personality Disorder, 10,* 88–102.

Sanislow, C. A., Grilo, C. M., & McGlashan, T. H. (2000). Factor analysis of the DSM-III-R borderline personality disorder criteria in psychiatric inpatients. *American Journal of Psychiatry, 157,* 1629–1633.

Sanislow, C. A., Grilo, C. M., Morey, L. C., Bender, D. S., Skodol, A. E., & Gunderson, J. G. et al. (2002). Confirmatory factor analysis of DSM-IV criteria for borderline personality disorder: Findings from the Collaborative Longitudinal Personality Disorders Study. *American Journal of Psychiatry, 159,* 284–290.

Sansone, R. A., Gaither, G. A., & Songer, D. A. (2002). The relationships among childhood abuse, borderline personality, and self-harm behavior in psychiatric inpatients. *Violence and Victims, 17,* 49–56.

Skinstad, A. H., Troland, K., & Mortensen, J. K. (1999). Rorschach responses in borderline personality disorder with alcohol dependence. *European Journal of Psychological Assessment, 15,* 133–142.

Skodol, A. E., Gunderson, J., Pfohl, B., Widiger, T. A., Livesley, W. J., & Siever, L. J. (2002). The borderline diagnosis I: Psychopathology, comorbidity, and personality structure. *Biological Psychiatry, 51,* 936–950.

Spitzer, R. L., Endicott, J., & Gibbon, M. (1979). Crossing the border into borderline personality and borderline schizophrenia: The development of criteria. *Archives of General Psychiatry, 36,* 17–24.

Stern, A. (1938). Psychoanalytic investigation of and therapy in the borderline group of neuroses. *Psychoanalytic Quarterly, 7,* 467–489.

Stuart, J., Westen, D., Lohr, N., Benjamin, J., Becker, S., & Vorus, N. et al. (1990). Object relations in borderlines, depressives, and normals: An examination of human responses on the Rorschach. *Journal of Personality Assessment, 55,* 296–318.

Trull, T. J., Sher, K. J., Minks-Brown, C., Durbin, J., & Burr, R. (2000). Borderline personality disorder and substance use disorders: A review and integration. *Clinical Psychology Review, 20,* 235–253.

Urist, J. (1977). The Rorschach test and the assessment of object relations. *Journal of Personality Assessment, 41,* 3–9.

Wagner, E. E., Aliison, R. B., & Wagner, C. F. (1983). Diagnosing multiple personalities with the Rorschach: A confirmation. *Journal of Personality Assessment, 47,* 143–149.

Welch, S. S., & Linehan, M. M. (2002). High-risk situations associated with parasuicide and drug use in borderline personality disorder. *Journal of Personality Disorders, 16,* 561–569.

Western, D., Moses, M. J., Silk, K. R., & Lohr, N. E., Cohen, R., & Segal, H. (1992). Quality of depressive experience in borderline personality disorder and major depression: When depression is not just depression. *Journal of Personality Disorders, 6,* 382–393.

White, C. N., Gunderson, J. G., Zanarini, M. C., & Hudson, J. I. (2003). Family studies of borderline personality disorder: A review. *Harvard Review of Psychiatry, 11,* 8–19.

Wilkinson-Ryan, T., & Westen, D. (2000). Identity disturbance in borderline personality disorder: An empirical investigation. *American Journal of Psychiatry, 157,* 528–541.

Winnicott, D. W. (1953). Transitional objects and transitional phenomena. *International Journal of Psychoanalysis, 34,* 89–97.

Wood, J. M., Lilienfeld, S. O., Garb, H. N., & Nezworski, M. T. (2000). The Rorschach in clinical diagnosis: A critical review, with a backward look at Garfield (1947). *Journal of Clinical Psychology, 56,* 395–430.

Yen, S., Sr., Shea, M. T., Battle, C. L., Johnson, D. M., Zlotnick, C., & Dolan-Sewell, R. et al. (2002). Traumatic exposure and posttraumatic stress disorder in borderline, schizotypal, avoidant and obsessive-compulsive personality disorders: Findings from the Collaborative Longitudinal Personality Disorders Study. *Journal of Nervous and Mental Disease, 190,* 510–518.

Zalewski, C., & Archer, R. P. (1991). Assessment of borderline personality disorder: A review of MMPI and Rorschach findings. *Journal of Nervous and Mental Disease, 179,* 338–345.

Zanarini, M. C., Frankenberg, F. R., DeLuca, C. J., Hennen, J., Khera, G. S., & Gunderson, J.

G. (1998). The pain of being borderline: Dysphoric states specific to borderline personality disorder. *Harvard Review of Psychiatry, 6,* 201–207.

Zanarini, M. C., Frankenberg, F. R., Reich, D., B., Marino, M. F., Lewis, R. E., & Williams, A. A. et al. (2000). Biparental failure in the childhood experiences of borderline patients. *Journal of Personality Disorders, 14,* 264–273.

Zanarini, M. C., Gunderson, J. G., Frankenberg, F. R., & Chauncey, D. L. (1989). The revised Diagnostic Interview for Borderlines: Discriminating BPD from other Axis II disorders. *Journal of Personality Disorders, 3,* 10–18.

Zilboorg, G. (1941). Ambulatory schizophrenias. *Psychiatry, 4,* 149–155.

B씨의 로샤 기록

Card	R#/ Response	Inquiry	Scoring
I	1. 충분히 보고 말해도 돼요? 시간 제한 있어요? (20″) 반지의 제왕에 나오는 나쁜 사람. 신 중의 나쁜 사람. 손을 올려서 어둠으로 세상을 덮으려고 시도하고, 준비하고 있어요. 1′10″(뒤집어 봄) 1′21″(중재) 1′26″(거꾸로 봐도 돼요?)	- 나쁜 사람(midD), 손, 얼굴, 몸, 다리. 오로라와 날개요(side D). (나쁜?) 지배하려고 하니까요. 어둠으로 다 뒤덮으려고 하니까. 야망과 욕심이 가득한 사람이에요. (어둠?) 이거 검정색이잖아요. (오로라?) 날개를 쫙 펴면 검정색 오로라가, 드문드문 나온 것도 그렇고. 날개 안쪽도 그렇고.	W+ Ma.C'Fu (H),Na, Hx 4.0 AB,AG,PHR
	2. (1′55″) ∨ 어둠의 산 같은데, 사람들이 다닥다닥 올라가려고 발버둥치고 있어요. 여기 올라가면 죽는 건데, 그것도 모르고.	- (whole) 산이에요. (어떤 점?) 모양이요. 그 나쁜 사람이 만들어 놓은 거예요. 사람들은 올라가면, 밑에서 굉장히 고통받았던 사람들인데, 올라가면 희망을 갖고 있어요. 죽을 힘을 다해서 올라가는 거예요. (사람?) 사람들이 바둥바둥 올라가는 모습 같아서요. 하지만 꼭대기에 올라가 봤자, 죽음밖에 없어요. (왜?) 나쁜 놈이 그렇게 만든 거예요. 마치 유토피아가 있는 것처럼 속이고 올라가면 다 죽이는 거예요. (밑?) 마을이 있었는데, 원래는 사람들이 잘 살고 있었어요. 그런데 위에 올라가면 먹을 것도 있다고 하고, 너희들 멍청이라고 해서요. 그래도 말을 안 들었는데, 억지로 보냈어요.	W+ Ma.FC'u H,Ls,Hx 4.0 AB,AG,MOR,PHR
II	5″ ∧∨ 3. (1′30″) 곰 두 마리가 트로피? 꼭 쟁취해야만 하는 것을 두고 피를 튀기면서 싸우고 있어요. 54″ ><	- 곰. 여기는 트로피 같은 물질적인 것을 상징하는 거예요. 손을 꼭 쥐고 서로 차지하겠다고 하고 있어요. 빨간 건 모두 피예요. (피 튀기는?) 몸에도 이미 묻어 있고, 발에도 흘러내리고. (곰?) 덩치나 몸에 털이 난 것, 검은 것, 곰의 자세…… 설 수 있고. 살짝 뒷모습이에요. (털?) 터치감이 딱딱한 것 같지 않고, 털 같은 느낌이에요.	W+ Ma.CF.mp.FTu (2) A,Bl,Id 4.5 AG,MOR,AB,FAB1,PHR
	4. (1′05″) 하얀색 우주선이 이륙 준비 중이에요. 불꽃을 뿜으면서.	- 흰 부분이 우주선, 밑에 빨간 부분이 불꽃이에요. 연료가 새는 것 같아요. 불꽃 색깔이 좋지 않고. 주황색, 노락색이어야 하는데, 거무티티해서, 오일이 좀 썩었다든지, 모양도 그렇고. 끝까지 목적지에 도착하지 못할 것 같아요.	DS+ma-p.FC'.CF.YFo Sc,Fi 4.5 MOR

Card	R#/ Response	Inquiry	Scoring
III	5. (2′49″) 마녀 같은 여자 한 명이 거울을 보면서 자신의 모습을 만족하지 못하고, 예뻐지기 위한 아름다워지기 위한 약들을 동물? 혹은 사람의 흉칙한 재료들을 모아서 쓰여져서는 안 될 재료들을 끓여서 약을 만들고 있어요. 이 여자의 모습은 되게 추악해요.	- 가운데 거울, 얼굴, 가슴, 엉덩이, 다리. 항아리(botD). 닭피(side Red). 이제 이것만 있으면 더 예뻐질 거야. 어떤 재료에 섞인 것 중의 피(mid Red). (마녀?) 앙상하고 말랐고, 동화 같은 데 보면, 마녀들이 항아리에 만들잖아요. 마녀이거나, 아니면 미친 여자이거나. 안 미쳤으면 성형외과를 갔을 텐데, 집에서 이러고 있으니까.	W+Ma.Fr.CFo(H), Hh,Bl, Hx P 5.5 GHR
	6. (2′05″) ∨ 고통스러워하고 있어요. 그 약을 쓰고도 더 아름다워지지 않고 추해진 거예요. 그래서 거울을 보지 않고 돌아선 거예요.	- 약을 바른 후인데, 더 끔찍하고 추해진 거예요. 거울을 보고선, '난 망했다. 으아~.' 하면서 돌아서는 거예요. 머리, 머리카락, 코, 목, 가슴, 등, 허리, 치마 입은 것, 팔, 손, 다리는 너무 빨리 뛰어서 안 보이는 거예요. 마녀가 지금 정신이 없거든요. 손으로 얼굴을 감싸며 '아, 맙소사.' 하는 거예요. 머리카락이 휘날릴 정도로 달리고 있는 거예요. (Red?) 앞에 있는 피들. 시간이 지나니까 벽에 묻은 게 흘러내린 거예요(mid Red). 어쩌면 이건 마녀의 심장일지도 모른다고 생각이 들었어요. 상징하는 거죠. 마녀가 심장(마음)을 잊고 살아가고 있어요. 이 심장이 마녀의 마음속에 들어가면 정상적인 사람이 되고, 상처가 치료될 것 같아요.	W+ Ma.ma-p.CFu (H),Hx,Cg,(Hd) 5.5 MOR,AB,ALOG,PSV, PHR
IV	7. (18″) 그냥 봐서는 되게 어두운 산이나 잿더미 같아 보였는데, 자세히 그 안을 보면 사람이 있어요. 그 안에 갇혀 있어요. 사람이라기보다는 영혼 같아요. 그곳을 벗어나려고 되게 애써 왔던 것 같은데, 이미 오랜 시간이 흘러 버려서 그런 어둠의 일부가 되어 버렸어요.	- 안에 사람들, 얼굴과 눈…… 여자…… 머리 묶은 여자, 아래 쳐다보고…… 옆모습도 있고……. (영혼?) 억울하게 죽거나 죽임을 당한 사람들이 계속 쌓이고, 이것도 커질 거예요. 계속 사람이, 여기의 일부가 될 테니까.	W+ Mp.C'F- (Hd),Ls 4.0 MOR,PHR

Card	R#/ Response	Inquiry	Scoring
	8. (1′ 37″) V 악마들의 성인데, 성 위에는 왠 남녀가 있는데, 그 둘은 되게 사랑하고 있어요. 이 성 주인인 것 같기도 한데, 성은 무섭고, 사람을 다 잡아먹은 것처럼 생겼는데, 주인은 착하게 생겼어요. 근데, 조만간 이 두 사람도 악한 사람이 될 것 같아요. 이 성에서 나오지 않는다면…….	- 이것도 그 나쁜 사람이 만든 건데요. 방어막이고, 남들이 자기를 보지 못하게, 그리고 자기 위상을 나타내려고 만든 거예요. 실제로 사용하는 공간은 여기에요. 이 뒤에 여자, 남자가 있는데, 사랑하는 사이에요. 때묻지 않고 순수해 보여요. 여기서 계속 지낸다면 악한 사람으로 변해요.	W+ Mp- Sc,H,Hx 4.0 AB,AG,MOR,PSV,PHR
V	(2″) ∨∧		
	9. (15″) 검은 나비. 희귀종이에요.	- 더듬이, 날개, 꼬리. (희귀종?) 외로워 보이니까요.	Wo FC'o A P 1.0
	10. (39″) 어떤 사람 둘이 마주 보고서 있어요. 터키 병정 같은 사람들. 압박을 심하게 받고 있어요. 그 병정들은 무슨 벌 같은 걸 받고 있는 것 같은데요. 그걸 밑에서 감시하거나 지켜보는 사람도 있어요.	- 터키 모자이고요. 터키 병정이에요. 여기 있는 사람들이 검은 망토에 얼굴만 내놓은 것처럼, 옆에서 밀쳐서 압박하고 있고. 고통스럽게 하는 것 같아요.	W+ Mp.FC'-(2) H,Cg, Hx2.5 AG,MOR,PHR
VI	(4″) ∨∧		
	11. (19″) V 거꾸로 보면 늪지대 같은데 어떤 사람들이 빠져서 허우적거리고 있는데, 위에 사람들은 신경도 안 쓰고 묵묵히 앉아 있어요. 이 늪으로 이 사람들이 계속 빠진다면, 다 터져 버려요, 갈기갈기. 그래서 그 사람들은 다시 늪이 돼요. 사람들이 빠져서 짓이겨져서 이 늪이 된 거예요.	- 늪지대에 사람들이 빠져서 허우적거리고, 계속 빠져서 헤어나올 수가 없어요. 주변 산, 풀, 억센 풀들이 잔뜩 있고, 밀림이나 이런 지대같이 엉클어진 풀 같은 것이 많은 거예요. (어떤 점?) 이게 뾰족뾰족하고. 늪지대가 있다는 것도…….	W+ Ma-p- H,Ls 2.5 MOR,PHR
VII	12. (14″) 아기천사, 막 태어났어요.	- 아기 천사(mid+topD) 태어난 지 막, 뱃속에서 나와서 간난애가 얼굴이 빨간 것처럼 얼마 안 됐어요. 너무 어려서 색깔이 이래요.	Do Mpo (H) CP, ALOG,PHR
	13. ∨ 그런데, 얘네들이 세상에 나와서 점차 늙어서는 이렇게 추한 모습으로 바뀌었어요. 어릴 때는 해맑게 웃고 있었는데, 늙어서는 서로 자기 앞만 보고, 상대방을 쳐다보질 못해요. (계속 돌려봄)	- 뒤집으면 얘네가 늙었는데, 나쁜 일도 많이 하고, 거짓말도 많이 해서 코도 길어졌어요. 허리도 많이 굽었고요. 등 돌리고 있어요. 서로 마주 보는 방법을 아예 몰라요. 이기심으로 가득 차 있어요.	D+ Mp- (2) H,Hx MOR,AB,PSV,PHR

Card	R#/ Response	Inquiry	Scoring
VIII	14. (8″) 자연, 분홍색 이구아나. 초록색 풀잎을 뜯어 먹으면서 평화롭게 살고 있어요. 세상에 세속적인 것들에 속하거나 찌들지 않고, 내추럴한 상태에 있는 동물들이에요.	– 분홍색 이구아나. 위에 것은(top D + mid D) 얘들이 많이 먹어서 벌레 먹은 거고, 그래서 색깔이 이래요. 원래 유기농이 벌레 먹은 게 많잖아요. (Bot) 얘네들 집일걸요. 들어가서 자고 나와서 먹고, 그러니까 나쁜 일이 생길 일이 없어요. (집?) 색깔이 같잖아요. 여기서 자면 보호색으로 다른 애들이 못찾으니까.	W+ CFu A,Bt 4.5 AB,MOR,PER
IX	15. (17″) ∨ 꽃인데요. 겉에 보이는 꽃잎은 너무너무 아름답고 매력적이지만, 그 뿌리의 속은 썩을 대로 썩어 있어요. 이 뿌리를 뽑는다면, 역한 냄새도 날 것 같아요. 하지만 위의 꽃잎은 아름답고 매력적이에요.	– pink. 꽃잎 (?) 꽃같이 생겼고, 느낌이나 감촉도 얇고 부들부들한 꽃잎. 사람들에게 보이는 건 여기까지인데, 그 밑에 줄기랑 나뭇잎이 썩었어요. 색깔이 싱싱하지 않고 썩은 색깔이에요. 밑에는 삭았어요. 누가 예뻐서 이걸 빼면, 밑에는 없어질 걸요. (orange) 나뭇잎이 썩어서 나오는 진액 같은 것. 이 나뭇잎에 색깔이 묻어 있었잖아요. 액체가 떨어지는 느낌. 줄줄줄.	Wo FT.CF.mpo Bt 5.5 MOR
X	16. (19″) ∨∧ 곤충나라. 인간의 세계가 아닌 곤충들의 세상이에요. 다툼도 없고, 굉장히 협력하고, 항상 즐겁고, 노래소리가 나요. 파티를 하고 있는 것 같아요. 항상 평화롭고 즐겁고, 파티를 하는 것 같은 행복한 곤충나라예요.	– 위에는 장수 풍뎅이, 모양 때문이에요. 곤충, 해마(botGreen), 둥둥 떠다니는 게 닮았어요. 붉은색은 미역, 후들후들거리는 미역이고요. 아니면 분홍색의 예쁜 나뭇잎이에요. 미끄러운 나뭇잎이요. 노란 색은 미니 캥거루예요. 이건 파란 꽃게고요(out Blue). 곤충들이 어울려 사는 동화예요.	W+ FC.mp.FT.Mao A,Bt,Hx P 5.5 FAB1,PHR
	17. (추가반응)	– 뒤집어 보니까 쥐 같아요. 표정이 사나워요. (Space) 눈이나 입이 뭔가를 갉아먹고 있어요.	DdSo FMa- Ad,Fd 6.0

구조적 요약표

Location Features		Determinents: Blends		Determinents: Single		Contents		Approach		
						H	= 5	I	W,W	
Zf	= 15	M.YF		M	= 4	(H)	= 4	II	W,DS	
ZSum	= 63.5	M.FC′		FM	= 1	Hd	= 0	III	W,W	
ZEst	= 49.0	M.CF.m.FT		m	= 0	(Hd)	= 2	IV	W,W	
		m.FC'.CF.YF		FC	= 0	Hx	= 8	V	W,W	
W	= 13	M.Fr.CF		CF	= 1	A	= 4	VI	W	
D	= 3	M.m.CF		C	= 0	(A)	= 0	VII	D,D	
W+D	= 16	M.C′F		Cn	= 0	Ad	= 1	VIII	W	
Dd	= 1	M.FC′		FC′	= 1	(Ad)	= 0	IX	W	
S	= 2	FT.CF.m		C'F	= 0	An	= 0	X	W,DdS	
		FC.m.FT.M		C'	= 0	Art	= 0		Special Scores	
				FT	= 0	Ay	= 0			
DQ				TF	= 0	Bl	= 2		Lv1	Lv2
+	= 13			T	= 0	Bt	= 3	DV	= 0×1	0×2
o	= 4			FV	= 0	Cg	= 2	INC	= 0×2	0×4
v/+	= 0			VF	= 0	Cl	= 0	DR	= 0×3	0×6
v	= 0			V	= 0	Ex	= 0	FAB	= 2×4	0×7
				FY	= 0	Fd	= 1	ALOG	= 2×5	
				YF	= 0	Fi	= 1	CON	= 0×7	
Form Quality				Y	= 0	Ge	= 0	Raw Sum6	= 4	
	FQx	MQual	W+D	Fr	= 0	Hh	= 1	Wgtd Sum6	= 18	
+	= 0	= 0	= 0	rF	= 0	Ls	= 3			
o	= 6	= 3	= 6	FD	= 0	Na	= 1	AB	= 7	GHR= 1
u	= 5	= 4	= 5	F	= 0	Sc	= 2	AG	= 5	PHR = 11
-	= 6	= 5	= 5			Sx	= 0	COP	= 0	MOR= 11
none	= 0	= 0	= 0			Xy	= 0	CP	= 1	PER = 1
				(2)	= 3	Id	= 1			PSV = 3

Ratio, Percentages, and Derivations									
R	= 17	L	= 0.00			FC : CF+C	= 1 : 6	COP= 0 AG	= 5
						Pure C	= 0	GHR : PHR	= 1 : 11
EB	=12 : 6.5	EA	= 18.5	EBPer	= 1.8	SumC´ : WSumC	= 5 : 6.5	a : p	=10 : 11
eb	= 6 : 10	es	= 16	D	= 0	Afr	= 0.31	Food	= 1
		Adj es	= 11	Adj D	= 2	S	= 2	SumT	= 3
FM	= 1	SumC´	= 5	SumT	= 3	Blends : R	= 10 : 17	Human Cont	= 11
m	= 5	SumV	= 0	SumY	= 2	CP	= 1	Pure H	= 5
								PER	= 1
								Isol Indx	= 0.47

a : p	=10 : 11	Sum6	= 4	XA%	= 0.65	Zf	= 15	3r+(2)/R	= 0.35
Ma : Mp	= 7 : 6	Lv2	= 0	WDA%	= 0.69	W : D : Dd	= 13 : 3 : 1	Fr+rF	= 1
2AB+Art+Ay	= 14	WSum6	= 18	X-%	= 0.35	W : M	= 13 : 12	SumV	= 0
MOR	= 11	M-	= 5	S-	= 1.00	Zd	= 14.5	FD	= 0
		Mnone	= 0	P	= 3	PSV	= 3	An+Xy	= 0
				X+%	= 0.35	DQ+	= 13	MOR	= 11
				Xu%	= 0.29	DQv	= 0	H : (H)+Hd+(Hd)	= 5:6

PTI= 4	DEPI= 5*	CDI= 2	S-CON= 5	HVI= No	OBS= No

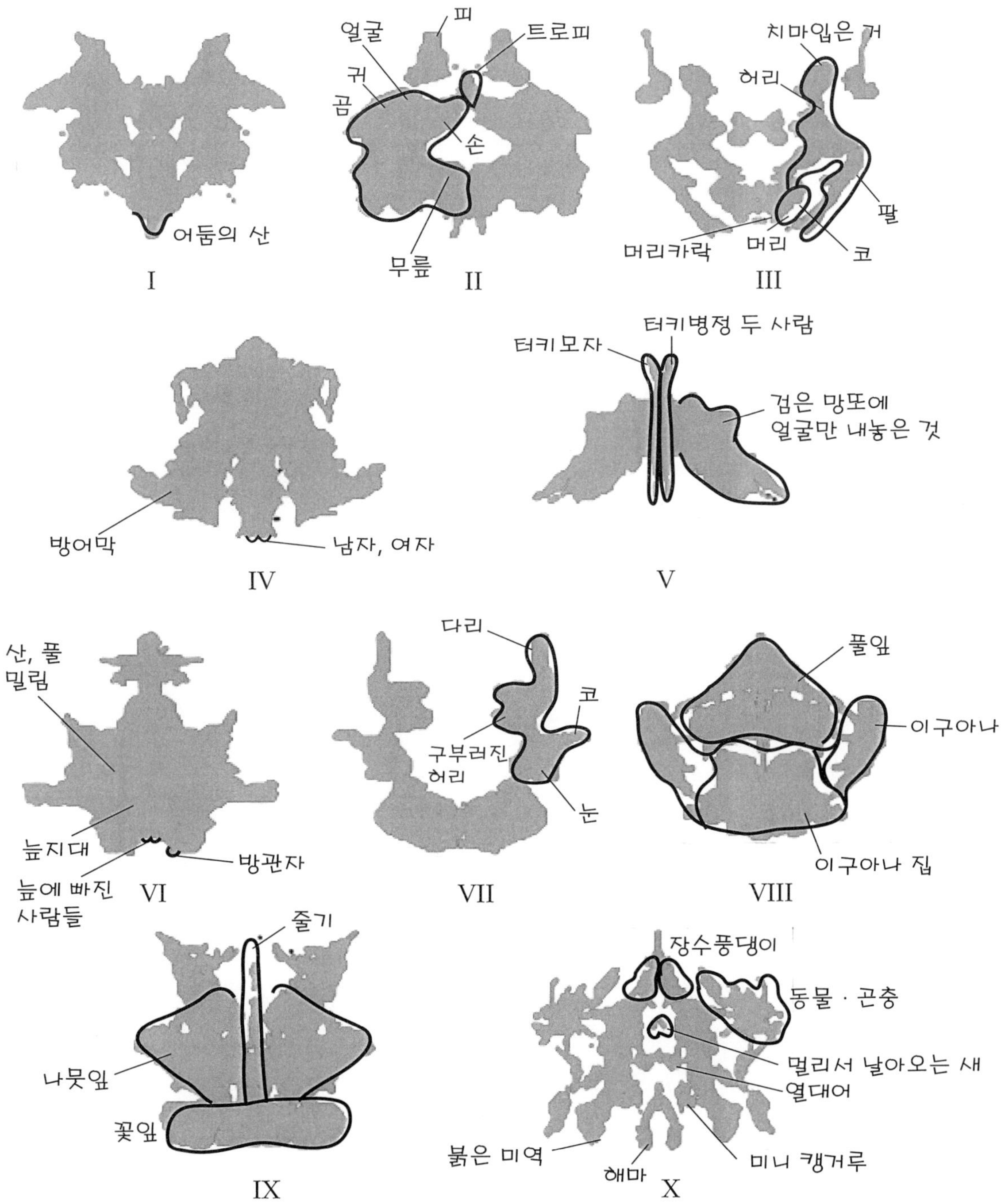
어둠의 산
I
피
얼굴
트로피
귀
곰
손
무릎
II
치마입은 거
허리
팔
머리카락
머리
코
III
방어막
남자, 여자
IV
터키병정 두 사람
터키모자
검은 망또에
얼굴만 내놓은 것
V
산, 풀
밀림
늪지대
방관자
늪에 빠진
사람들
VI
다리
코
구부러진
허리
눈
VII
풀잎
이구아나
이구아나 집
VIII
줄기
나뭇잎
꽃잎
IX
장수풍뎅이
동물 · 곤충
멀리서 날아오는 새
열대어
붉은 미역
해마
미니 캥거루
X

08

연극성 성격장애의 로샤평가

히스테리(hysteria)는 가장 오래되고 중요한 정신의학적 상태 중의 하나다. 히스테리에 대한 명확한 설명은 고대 그리스와 이집트의 의학 문헌에서도 발견된다(Veith, 1977). 히스테리는 프로이트가 이해하고 치료하고자 고군분투했던 주요 정신장애이기도 하다. 또한 히스테리에 대한 그의 임상적 경험들은 그의 정신분석 발전의 시작점을 제공하기도 했다(Breuer & Freud, 1895/1957). 정신의학에서 히스테리 연구는 매우 오래되고 두드러진 역사를 지니고 있기에, 히스테리를 로샤검사와 관련시키는 연구들도 당연히 존재해 왔다.

히스테리 및 이후의 '히스테리 성격'(hysterical character)에 대한 전통적인 정신분석에서의 사례개념화는 억압된 성욕, 과도하고 피상적인 정서성, 그리고 과도하게 활발한 공상 활동에 초점이 맞추어졌다(Fenichel, 1945). Shapiro(1965)는 히스테리의 포괄적이고, 장황하고, 인상 중심적인 인지 스타일을 강조함으로써 이러한 개념화를

Mark A. Blais · Matthew R. Baity /
Massachusetts General Hospital, and Harvard Medical School

확장하였다. 히스테리의 개념은 여러 해 동안 개정과 변화를 거듭해 왔지만, DSM-IV(APA, 1994)에서는 연극성 성격장애(Histrionic personality disorder: HPD)라는 이름으로 이전의 명칭들을 대표하게 되었다.

연극성 성격장애가 유병률이 가장 높은 성격장애에 속하는 것은 아니지만, 임상 및 비임상 집단에 매우 흔히 나타나므로, 임상가들은 연극성 성격장애의 발현 양상과 진단기준에 익숙해야 하며, 감별진단도 항상 염두에 둬야 한다. 예를 들어, Blais와 Norman(1997)은 성격장애를 주요 장애로 보이는 큰 표본 집단의 12%가 연극성 성격장애 진단에 해당된다는 사실을 발견했으며, Torgersen, Kringlen과 Cramer(2001)는 치료를 찾지 않는 지역 사회 표본의 2%가 연극성 성격장애 진단기준에 해당된다고 보고하였다.

DSM의 초판(1952)에서는 히스테리에 대한 언급이 없지만, "정서적으로 불안정한 성격"이라고 명명된 상태를 포함하고 있다. DSM-II(1968)에서는 히스테리 성격이 히스테리성 신경증으로부터 분리되었고, 그 자체가 장애로서 인식되기 시작하였다. Lazare와 동료들의 연구(Lazare, 1970; Lazare, Klerman, & Armor, 1966, 1970)는 이 장애의 특징을 명확히 하는 데 도움을 주었고, 연극성 성격 증후군 개념을 더욱 공고히 하였다. 그들은 일련의 요인분석 연구들을 통해 히스테리성 성격의 주요 특질들로서 공격성, 정서성, 노출성, 자기중심성, 성적인 도발, 의존성, 완고함 등을 확인하였다. Lazare의 연구 결과들은 DSM-III-R(APA, 1987)에서의 연극성 성격장애 진단기준에 대한 경험적 증거들을 제공하였다.

연극성 성격장애의 핵심적 특징 중 하나인 "전반적이고 과도한 정서성과 주의를 끄는 행동"(APA, 1994, p. 655)과 같은 DSM-IV 진단기준은, 히스테리 성격의 정신분석적 개념화(Easser & Lesser, 1965)와 더불어 Lazare의 특질에 대한 경험적 연구에 기초하고 있다. 흥미롭게도 DSM-IV 진단기준에서 변화된 것 중 하나는 진단에 필요한 준거의 개수가 4개에서 5개로 증가한 것이다. 이 변화의 영향을 조사한 한 연구는 DSM-III-R을 기준으로 연극성 성격장애 진단을 받는 환자 수에 비해 DSM-IV를 기준으로 연극성 성격장애 진단을 받는 환자 수가 유의미하게 줄었다는 사실을 발견했다(Blais, Hilsenroth, & Castlebury, 1997). 하지만 DSM-IV 진단에 하나의 진단기준이

〈표 8-1〉 DSM-IV 연극성 성격장애 진단기준

1. 자신이 관심의 초점이 되지 못하는 상황에서 불편해한다.
2. 다른 사람과의 관계에서 흔히 상황에 부적절하게 성적으로 유혹적이거나 도발적인 행동을 보인다.
3. 감정의 변화가 급격하고 감정 표현이 피상적이다.
4. 타인의 관심을 끌기 위해 항상 자신의 외모를 이용한다.
5. 지나치게 인상적으로 말하지만 내용은 없는 대화 스타일을 가지고 있다.
6. 자기극화, 연극조, 과장된 감정 표현을 한다.
7. 피암시성이 높다.
8. 대인관계를 실제보다도 더 친밀한 것으로 생각한다.

주: DSM-IV(APA, 1994), pp. 657-658에서 발췌.

부족한 환자(즉, DSM-III-R 기준으로는 연극성 성격장애에 해당되는)가 기능적으로 더 적게 손상되었다는 증거는 없다. 따라서 연극성 성격 특성이나 특질을 지닌 환자에 대해 연극성 성격장애의 준임상적 특징들을 확인하는 것도 중요하다고 할 수 있다.

8개의 DSM-IV 연극성 성격장애 진단기준(〈표 8-1〉 참조)은 이 장애에서 나타나는 행동적 특징들 기저에 존재하는 세 개의 더 깊은 심리 과정들(즉, 잠재 변인들)로 재구성될 수 있는데, 그것은 숨겨진 의존 욕구(기준 7, 8), 자존감을 유지하기 위해 타인의 관심에 과도하게 의지하는 것(기준 1, 2, 4) 그리고 정서 조절의 어려움(기준 3, 5, 6)이다. 이러한 기저 요인들은 연극성 성격장애의 관찰 가능한 특징들을 설명해 줄 뿐 아니라, 연극성 성격장애와 다른 B군 성격장애들, 즉 경계선 성격장애(Borderline personality disorder: BPD), 자기애성 성격장애(Narcissistic personality disorder: NPD) 사이의 강한 관련성을 설명해 준다. 예를 들어, 과도하고 불안정한 정서성은 연극성 성격장애와 경계선 성격장애를 연결시켜 주는 반면, 자존감을 유지하기 위해 타인에게 과도하게 의존하는 것은 연극성 성격장애와 자기애성 성격장애의 주요한 특징이다.

이러한 기저의 심리 과정에 초점을 맞출 때, 임상가는 기술적인 연극성 성격장애 진단기준을 로샤 변인으로 알 수 있는 잠재적인 심리 구조 및 성격 구조와 더욱 의미 있게 연결시킬 수 있을 것이다. 연극성 성격장애와 관련하여 풀리지 않는 이론적 문제들 중 하나는 의존 욕구가 연극성 성격장애 환자들의 행동을 설명하고 그에 대해 동기를 부여하는 데 어느 정도 기여하는가 하는 것이다. 특히 Millon(1996)과 Horowitz

(1991)는 의존 욕구가 굉장히 중요하다고 설명하고 있으나, DSM-IV(APA, 1994)에서는 대인관계 의존성을 직접적으로 언급하고 있지 않다. 이러한 논쟁을 해결하는 데 다음의 로샤검사 관련 연구 결과들이 도움이 될 것이다.

로샤검사와 연극성 성격장애

로샤검사는 히스테리의 정신의학적 진단 범주와 오랫동안 임상적으로 연관성을 지녀 왔다. 사실, 헤르만 로샤(Hermann Rorschach) 스스로가 30세의 히스테리성 신경증 여성에 대한 프로토콜 해석을 제공했었다. 그는 히스테리 환자의 로샤 반응 개수가 10개밖에 되지 않는다는 사실을 지적하였으며, 이는 환자가 주로 사용하는 방어적인 억압(defensive repression)을 반영하는 것이라고 해석하였다. 그는 또한 "색채 반응을 많이 하는 경향이 있는데, 이는 내향적이기보다는 외향적인 특징으로 여겨진다."라고 지적하였다(Rorschach, 1921/1942, p. 143). 게다가 그 환자의 프로토콜이 유의미한 색채 충격(color shock)을 보여 주었는데, 색채 카드에 대해 적절한 반응을 형성하지 못하는 것에 대해 "색체에 대한 현저한 회피"라고 명명하였다.

이러한 헤르만 로샤의 해석 이후에, 색채반응은 정서적 기능과 관련지어 해석되기 시작했으며, 이러한 관련성에 따라 로샤(1921/1942)는 자신의 검사가 환자의 정서적 기능을 알아보는 데 고유한 능력을 가지고 있다고 생각하게 되었다.

> 로샤검사는 피검자의 정서적 상태에 대한 정보를 제공하는데, 그것은 안정성 혹은 불안정성, 느낌의 강하고 약한 정도, 정서반응의 범위가 좁은지 혹은 넓은지, 반응에 대한 통제력이 있는지 혹은 결핍되어 있는지, 반응을 억압하는지 혹은 자유롭게 표현하는지 등에 대한 정보를 알려 준다(pp. 97-98).

게다가 그는 "색채반응의 절대적인 개수는 정서적 불안정성에 대한 좋은 측정치가 된다."라고 적고 있다(Rorschach, 1921/1942, p. 98). Schachtel(1966)은 색채반응 과정에서 환자가 잉크반점과 관련된 과제("이것이 무엇 같은지?" 물어볼 때)에 대한 수동적이고 반응적인 태도에 초점을 맞추었다. 그에 따르면, 형태-주도적인 색채반응(FC)은 외부 자극을 능동적으로 받아들여서 인지적인 작업을 하는 것인 데 반해, 색채-주도적인 반응(CF & C)은 환자가 외부 자극으로부터 충격을 받아 수동적으로 반응하는 것이라고 한다. Schachtel의 원래 저작에서 이러한 특성을 히스테리성 성격과 연결 짓지는 않았으나, 그가 설명한 로샤검사의 징후들(정서적 반응성과 표현성, 그리고 외부 환경에 대한 수동적이고 반응적인 태도 등)이 어떻게 연극성 성격장애와 연관될 수 있는지 이해하기는 쉽다. 왜냐하면 이러한 특성들이 연극성 성격장애의 특징으로 알려져 있기 때문이다.

Schafer(1948)가 저술한 심리검사와 관련된 고전적인 글에서, 그는 히스테리로 진단된 사례의 프로토콜을 자세히 제시하고 있다. 그는 히스테리 환자의 전형적인 기록에서 SumC는 반드시 인간운동반응(M)보다 커야 하고, M은 2를 넘지 말아야 한다고 제안한다. SumC는 CF+C>FC로 구성되어 있어야 한다. 헤르만 로샤가 주장한 것과 같이, 히스테리 환자들의 총 반응 수는 적을 것인데(low R), 이는 억압을 주로 사용하기 때문이다. 또한 Schafer는 보통 하나 이상의 카드에서 거절반응을 보일 것이라고 지적하고 있으며, W와 Dd 반응(Rapaport 체계에서는 DR)이 기대되는 것보다 적고, 명백한 D 영역에 과도하게 의존할 것이라고 생각했다. 그리고 과도한 해부 내용(An) 반응은 환자가 전환 증상에 몰두하고 있음을 반영한다고 생각했으며, 과도한 성적 내용(Sx)은 성적인 행동 양상을 보여 줄 것이라고 설명하였다.

Beck(1952)이 제시한 히스테리 환자의 프로토콜은 Schafer의 것과 매우 비슷하다. 두 저자들은 모두 SumC>M, 적은 총 반응 수 그리고 적은 수의 M을 히스테리 증상의 주요 표지로 고려하였다. 또한 두 저자 모두 과도한 해부반응 및 성적 내용 반응이 히스테리 환자에게 나타난다는 사실을 발견하였다. 흥미롭게도 Beck은 헤르만 로샤의 초기 관찰과 일치하게, 많은 히스테리 환자들에게서 정서적 불안정성(CF+C)과 더불어 낮은 정서반응 비율(종합체계에서는 Afr)을 발견하였다. Beck에 따르면, 이러한 조합은 환자가 보일 수 있는 피상적이고 폭발적이며, 예측 불가능한 정서적 반응들을 반영한다고 제안하였다. 앞에서 언급했듯이, 이러한 핵심적인 특징들은 연극성 성격장애에서 발견된다.

Shapiro(1965)는 히스테리의 인지 스타일을 보여 주기 위해 로샤검사를 사용하였다. 그는 자신의 로샤검사 경험에 기초하여 히스테리는 모호하고, 전반적이며, 확산적이고, 인상에 근거한 인지 스타일을 가지고 있다고 정의하였다. 그에 따르면, 이러한 인지적 특징들은 히스테리 환자가 로샤검사 시에 색채를 과도하게 사용하는 것(과제에 대한 수동적이고 인상 중심적인 접근을 보여 줌)과 질문 단계에서 구체적인 대답을 잘하지 못한다는 것으로 드러난다. 히스테리 환자에게 질문 단계에서 자신의 반응에 대해 설명하라고 요구하면, 그들은 마치 허를 찔린 것 같아 보이며, "무엇이 잉크반점을 그렇게 보이게 했는지?"에 대해 설명하는 것에 상당한 어려움을 보인다고 Shapiro는 지적하였다. 이러한 어려움 때문에 형태반응이 전형적으로 우세해지며(종합체계에서는 람다값의 상승), 이와 함께 모호한 발달질을 가진 반응도 증가한다(종합체계에서는 vague; Exner, 2003).

연극성 성격장애 평가에 대한 로샤 연구들

유감스럽게도, DSM-IV 연극성 성격장애와 로샤 변인 간의 관계를 탐구한 경험적 연구들은 극히 제한되어 있다. Blais, Hilsenroth와 Fowler(1998)는 먼저 선택된 로샤 변인들과 DSM-IV 연극성 성격장애 진단기준 간의 관계를 평가하였다. Blais 등(1998)이 선택한 로샤 변인들은 FC+CF+C(총 색체반응 수, 정서성을 측정), T(재질[texture], 미성숙한 의존성을 측정; Marsh & Viglione, 1992), R(총 반응 수, 억압 정도를 측정), DEN(Lerner[1991]의 방어적 부인을 측정) 변인 등을 포함한다. 또한 이 연구는 이러한 로샤 변인들이 연극성 성격장애와 경계선 성격장애, 자기애성 성격장애를 구별할 수 있는지 평가하였다. 그 결과, FC+CF+C와 T는 모두 연극성 성격장애와 강하고 특정적으로 높은 상관을 가졌으며, 이 두 개의 로샤 변인들은 8개의 연극성 성격장애 준거 중에서 7개와 유의미한 상관을 보였다. 즉, 색채반응의 전체 수(FC+CF+C)는 연극성 성격장애 진단기준 중 2, 3, 4, 5번과 정적인 상관을 보였다(Blais et al., 1998).

이러한 발견들은 정서성, 정서 표현 그리고 미성숙한 의존 욕구 등이 연극성 성격장애의 원형적 행동들과 강하게 관련되어 있음을 보여 준다. 흥미롭게도 방어적 부인(Lerner, 1991)에 대한 로샤검사의 측정치는 DSM-IV 연극성 성격장애 준거와는 상관을 보이지는 않았지만, MMPI-2 히스테리 척도와는 유의미한 상관을 보였다. 이에 DEN과 MMPI-2 Hy 척도 그리고 DSM-IV 연극성 성격장애 준거 사이에서 발견된 차별적인 관계는 DSM-IV 진단기준이 오랫동안 연극성 성격장애의 중요한 특징이라고 알려져 온 부인(denial)을 얼마나 잘 포착할 수 있는지에 대한 의문을 갖게 한다고 이 저자들은 지적한다. 흥미롭게도, 임상적 문헌들은 대부분 총 반응 수가 적은 것을 억압(repression)이자 히스테리의 표지로 간주하지만, 총 반응 수와 연극성 성격장애 진단기준 간의 유의미한 연관성은 발견되지 않았다.

Blais, Hilsenroth, Castlebury, Fowler와 Baity(2001)는 한 추적 연구에서 DSM-IV B군 성격장애를 예측하는데, MMPI-2 성격장애 척도(Colligan, Morey, & Offord, 1994; Morey, Waugh, & Blashfield, 1985)에 대한 로샤 변인들의 타당도를 조사하였다. 이 연구에서 두 개의 로샤 변인들(FC+CF+C와 T)은 DSM-IV 연극성 성격장애 진단기준을 확인하는 데 MMPI-2 연극성 성격장애 척도를 통제하고도 예측력을 보였다. 사실, MMPI-2 척도와 로샤 변인들을 동시에 회귀 방정식에 넣으면, 둘 중에 로샤 변인만이 DSM-IV 연극성 성격장애 진단기준의 독립적 예측 요인으로 작용하였다. 이 연구의 결과는 Blais 등(1998)이 제안한 연극성 성격장애와 로샤검사와의 관계를 직접적으로 지지하였다. 또한 이 연구는 특정 로샤 변인들과 DSM-IV 장애 간의 관계에 대한 이후 연구들을 촉진했으며, 연극성 성격장애 평가에서 정서 표현 및 숨겨진 미숙한 의존성을 중요하게 다루어야 한다는 사실을 강화하였다.

Bornstein(1998)은 '로샤 구강의존성 척도' (Rorschach Oral Dependency scale: ROD; Masling, Rabie, & Blondheim, 1967)를 사용하여 연극성 성격장애의 내현적, 외현적 의존 욕구를 탐색하였다. ROD 척도는 정신분석 이론의 구강기적 의존 욕구와 관련된 내용들로 구성된다. ROD 내용은 음식과 음료, 음식의 재료, 음식과 관련된 물건들, 음식 제공자, 수동적으로 음식을 받는 사람, 음식과 관련된 장기들, 양육자, 선물, 선물을 주는 사람, 행운에 대한 상징들, 구강 활동, 수동성과 무기력, 임신, 생식기 해부 그리고 구강 지각의 부정(예: 입이 없는 남자) 등을 포함한다. 이 연구의 피험자인 대학생들은 '대인관계 의존 척도'(Interpersonal Dependency Inventory: IDI; 의존성에 대한 자기 보고식 질문지; Hirschfeld et al., 1977), '성격 진단 질문지-개정판'(Personality Diagnostic Questionnaire-Revised: PDQ-R; DSM-III-R 성격장애 자기보고식 질문지; Hyler, Skodol, Kellman, Oldham, & Rosnick, 1990)을 완성했고, 로샤 카드 I, II, III, VIII, X에 대한 반응을 두 개씩 적었다. 이렇게 쓰인 로샤 반응들은 Masling(1986)의 ROD 준거에 따라 채점되었다. Bornstein은 PDQ-R 연극성 성격장애 점수와 로샤의 ROD 점수가 강하게 관련되어 있으나, IDI는 관련되어 있지 않다는 것을 발견하였으며, 이에 대해 저자는 연극성 성격장애 환자들이 자신들의 내면에 존재하는 의존 욕구를 의식하지 않기 위해 대치, 부인 그리고 억압 등의 심리적 방어를 사용한다는 가설을 지지하는 결과라고 해석하였다. 흥미롭게도 Bornstein은 의존성 성격장애가 ROD, IDI 모두와 유의미하게 관련되어 있다는 사실을 발견했으며, 이는 의존성 성격장애 환자들이 연극성 성격장애 환자들에 비해 자신의 의존 욕구를 더 많이 자각하고 있을 것이라는 사실을 보여 준다.

비록 경험적 연구의 수는 제한적이지만, 연구 결과들은 상당히 일관적이다. 세 개의 모든 연구들은 연극성 성격장애가 스스로 인식하지 못하는(무의식과 같이) 높은 수준의 의존 욕구와의 연관성을 보여 주며, 이러한 특질들은 일반적인 자기보고식 검사로는 포착하기 어려운 것이라는 사실을 알려 준다. 또한 두 연구에서 로샤검사의 색채 반응들은 연극성 성격장애와 강하게 연관되어 있었으며, 로샤검사 색채반응에 상응하는 MMPI-2 척도보다 더 훌륭한 진단적 가치를 지니고 있었다. 결국, 이러한 연구들은 연극성 성격장애 환자들을 평가하는 데 다양한 접근을 사용하는 것의 중요성을 알려 준다. 이러한 연극성 성격장애의 무의식적 의존 욕구의 역할과 관련된 일관적인 연구 결과들은 Millon(1996)과 Horowitz(1991)의 이론적 개념화를 지지하며, DSM-IV 연극성 성격장애 진단기준이 이러한 특징들을 좀 더 직접적으로 확인할 수 있는 기준들을 포함하는 방향으로 개선되어야 한다는 사실을 시사한다.

연구 및 임상 문헌의 요약

〈표 8-2〉는 임상 및 연구 문헌들을 저자들이 고찰한 결과이며, 이미 경험적 연구 결과에서 언급했듯이, 임상적 문헌들은 놀랍게도 일관적인 제안을 하고 있다. 거의 모든 임상적 문헌의 저자들은 히스테리와 연극성 성격장애가 로샤검사에서의 작은 총 반응 수(R), 낮은 인간운동(M)반응, SumC>M, 증가된 CF+C와 관련되어 있다고 말한다. 경험적 연구들은 연극성 성격장애 환자들을 구별하기 위해 SumC를 사용하는 것은 지지하지만, 이 장애의 표지로서 적은 총 반응 수는 지지하지 않는다. 또한 많은 수의 임상 문헌의 저자들은 히스테리 환자들이 해부 및 성 내용 반응을 하는 경향에 대해 강조해 왔으나, 이것은 경험적으로 검증되지 않았다. 또한 경험적 문헌들은 내현적인 의존 욕구들(T, ROD)이 연극성 성격장애의 DSM-III, DSM-IV 진단기준

〈표 8-2〉 연극성 성격장애와 관련된 로샤 변인들

로샤 변인들	임상적 문헌	경험적 문헌
Low R	HR, RS, SB	
FC+CF+C	HR	Blais et al., 1998
		Blais et al., 2001
SumC〉M	HR, RS, SB	
CF+C〉FC	RS & SB	
Texture		Blais et al., 1998
		Blais et al., 2002
Elevated DQ v & v/+	DS	
Elevated F%	DS	
Low affect ratio	SB	
DEN		Blais et al., 1998
ROD		Bornstein, 1998
Card rejections	RS	
Anatomy content	RS & SB	
Sexual content	RS & SB	

주: H. R. Roschach(1921/1942); R. S. Schafer(1948); S. B. Beck(1952); D. S. Shapiro(1965); DEN, Lerner 방어 척도에서의 부인(Lerner, 1991); ROD, 로샤 구강의존성 척도(Masling, Rabie, & Blonheim, 1967).

과 강하게 관련되어 있다는 사실을 확인해 왔지만, 이는 임상적 문헌들에서는 강조되지 않았다. 요약하면 임상적, 경험적 연구 간에는 상당한 일관성이 존재하지만 아직 연구가 매우 부족한 실정이므로 앞으로 탐색할 영역이 많이 남아 있다고 할 수 있다.

사례: H씨(F/24)

바이올린밖에 모르고 살아온 H씨는 대학교 2학년 때 바이올린을 그만둔 이후로 우울해지고 감정이 예민해져서 화를 자주 냈으며, 자살사고 및 충동적인 자살행동도 보였다. 이에 정신과 의원에서 우울증 진단하에 약물치료를 받았으나, 6개월 뒤에 자의로 치료를 중단하였다. 그 이후로 심한 두통 및 공황 발작으로 응급실에 여러 번 방문하였으며, 입원 전날에도 응급실에 방문하였다가 잠시 귀가 후 어지러워 쓰러질 것 같다고 하면서 휠체어를 타고 다시 외래 방문하여 "진통제 맞고 죽어버리겠다."는 자살사고를 보여 폐쇄 병동에 바로 입원하였다.

예쁘장한 외모를 가진 H씨는 심리평가를 위해 처음 만나러 갔을 때, 다소 과장된 표정을 하고 숨을 크게 쉬면서 지금 밖으로 나가지 않으면 죽을 것 같다면서 매우 불안해하였다. 그러나 치료진들이 밖에 나갈 수 없다고 하자 곧 병원 규칙에 대해 불평하면서 심하게 화를 내기도 했다. 심리평가 과정에 대해 불평하기도 했으나, 곧 협조적이고도 의욕적으로 임했으며, 면담 시에 H씨의 마음을 공감해 주자 매우 부끄러워하면서 눈맞춤을 피하기도 하였다.

H씨는 초등학교 때부터 친구들과 어울리는 것을 어려워했지만, 중학교 때는 예쁘고 바이올린도 잘하고 공부도 잘했기 때문에 주변에서 부럽다는 말을 많이 들었다. 하지만 대인관계를 맺는 걸 여전히 어려워했던 H씨는 친구에게 하고 싶은 말을 쪽지에 적어 주었다가 그런 말은 직접하라는 친구의 반응에 굉장히 당황했고, 이후로는 친구 사귀는 것이 더욱 힘들어졌다. 교복이 예쁘다는 이유로 예술 고등학교에 진학하였지만, 감정 표현이 필요한 곡들을 소화하기 힘들어서 바이올린을 그만두고 싶다는 생각을 하기도 했다. 하지만 바이올린에 대해서는 강압적이었던 H씨의 어머니는 연

습을 하라고 문을 잠가 놓기도 했으며, H씨는 방 안에서 운 적도 많았다.

H씨는 어머니가 원하는 대학은 아니었지만 대학교에 진학하게 되었고, 자신은 자기 실력에 맞게 들어갔다고 생각했다. 대학에 간 후 바이올린이 자신의 길이 아니라는 생각이 더 강해진 H씨는 진로 고민 때문에 과에 적응하지 못했고, 친구가 없어 외롭고 고독한 감정을 많이 느꼈다. 대학 1학년 때 손가락 하나가 삐뚤어져서 바이올린을 켜는 데 방해가 되는 것 같고, 연주를 하다가 손이 경직될 것 같은 느낌에 정형외과를 방문했었는데, 선생님이 황당하다는 듯이 쳐다보면서 정신과에 가 보라고 하는 일이 있었다. 대학 2학년 때 실기 시험을 망치고 더 이상 바이올린을 하기 싫다는 생각이 들어서 어머니에게 그만두겠다고 했더니 의외로 잘 받아 주셨으며, 그때부터 무엇을 할지 고민하다가 '현모양처'가 되어야겠다는 생각을 하게 되었다. 그러면서도 고민을 많이 하고 예민해져서 가족들에게 자주 화를 내게 되었다.

졸업 후에는 아르바이트를 하면서 돈을 벌기도 했지만, 부모에게 이곳 생활이 행복하지 않다면서 집을 떠나 미국으로 가겠다는 말을 하기도 했다. 평상시 유명한 여자 팝가수를 좋아했던 H씨는 그녀가 되는 공상을 하면서 말투를 따라 하기도 하고, 노래를 연습하기도 했는데, 당시에 미국에 가면 꼭 그 가수처럼 될 수 있을 것 같았다. 그래서 H씨는 가족에게 미국에 가서 에이전시를 만나 자신이 작곡한 곡을 연주하겠다고 주장하면서 미국에 당장 보내 주지 않으면 죽어버리겠다고 위협하고 소리를 지르기도 했다. 그러면서 아르바이트도 그만두었고, 대인관계도 더욱 줄어들었다. 죽고 싶은 생각이 들어서 칼로 배를 찌르려고도 해 봤으며(살짝 대 본 거라고 한다), 부모와 싸우다가 충동적으로 칼을 집으려고 한 적도 있다. 이런 모습을 보고 우울증이 의심되어 가족들이 정신과 의원에 데리고 갔으며, 약 6개월간 약물치료를 받기도 했다.

대학교 3학년 때 소개팅에서 한 남자를 만나게 되었는데, 처음에는 별로라고 생각하다가 사주상 좋다고 하여 이후 몇 번 만나기도 했지만, 열등감이 느껴지고 위축되어 그만 만나자고 했다. 헤어지고 난 후에 가슴이 많이 아팠고, 6개월 뒤에는 그 남자를 생각하며 울기도 했다. 대학 졸업 후 인터넷을 통해 다시 그 남자에게 연락도 하고, 홈페이지에 들러서 그 사람이 어떻게 지내는지 가끔 확인하기도 했다. 입원하기 한 달 전에는 그 남자를 다시 만나기도 했는데, 그 남자로부터 다시 사귈 의향이 없다는 말을 듣고 난 후 술(맥주 250cc)을 마시고 나서 심하게 토하는 일이 있었으며, 그 이후로 두통이 더욱 심해졌다. 일주일간 거의 아무것도 먹지 못했으며, 머리 근육과 세포가 터질 것같이 머리 위로 뻗쳐오르고, 뇌압이 오르는 듯한 양상의 두통이 있다고 호소했다. 이에 대학병원 응급실을 방문하여 나아졌으나, 며칠 뒤에 다시 심한 두통이 생겼고, 눈을 감으면 두통이 지속되어 뜬 눈으로 밤을 지새우다 새벽에 호흡 곤란, 손발 저림, 죽을 것 같은 느낌, 졸도할 것 같은 기분이 들기도 했다. 이에 다시 대학병원 응급실을 방문했으며, 뇌 사진까지 찍어 보았으나 아무 이상 없어 귀가했다가 도저히 나아지지 않아서 휠체어를 타고 외래 방문하였고, 자살사고를 보여 바로 입원하게 되었다.

H씨의 아버지는 차갑고 무서워서 그 앞에서는 감정 표현을 하기 어려웠다. 중학교 3학년 때는 한번 반항했다가 뺨을 맞은 적도 있으며, 그런 아버지가 미워 종이에 욕을 써서 찢어 버린 적도 있다. 어머니는 굉장히 사교적이고 활달하지만, H씨보다 더 열심히 자신의 길을 열어 주려고 노력해서 부담스러웠다고 한다. H씨의 표현에 따르면, 어머니는 "사교적이고 활달한 성격으로 갖은 포장으로 나를 무대에 등장시키려고 노력했지만, 막상 어머니가 준비한 무대에 서서 아무것도 못하면 작고 소외되고 모자란 자신을 느껴 창피한 느낌이 들었다."고 한다. H씨의 어머니는 바이올린을 배우는 것을 발벗고 도와주시기도 했지만, 기대에 미치지 못하면 무섭게 혼내고 연습하라고 8시간 동안 문을 잠가 놓을 만큼 엄한 분이었다. 하지만 대학에 가서는 더 이상 H씨의 성취에 대해 집착하지는 않고 있다. 자녀의 감정적인 면에는 관심을 별로 기울이지 않아 온 H씨의 부모는 병동에 입원한 지금도 H씨의 감정보다는 두통과 같은 신체 증상에 대해서만 걱정하고 있다.

H씨는 평상시 공상을 즐기는 편인데, 예쁜 옷 디자인이나 차 디자인, 헤어스타일 등을 상상 속에서 그려 본다고 하며, 하늘에서 자신을 지켜 주는 오빠 같은 멋있는 존재를 생각하고 하늘에서 누군가가 자신을 지켜보며 보호해 주고 있다는 생각도 자주 한다. 혼자 있을 때 그 사람과 조용히 대화하기도 하며, 자신이 되고 싶은 여성을 상상하기도 한다.

H씨의 로샤

인지적 특성

H씨는 K-WAIS로 추정된 지능 지수가 114로 보통상 수준의 지능을 가지고 있었으며, 기본 상식이나 외부 환경에 대해 기민하게 반응하는 능력이 뛰어났다. 하지만 이러한 지적 능력에 비해 총 반응 수가 너무 적으며(R=12), 이는 앞서 언급한 것과 같이 히스테리 환자들이 주로 사용하는 방어적인 억압(defensive repression)을 반영하는 것으로 여겨진다(Rorschach, 1921, 1942; Schafer, 1948; Beck, 1952).

H씨의 로샤 기록을 살펴보면 상당히 모호하면서도 구체적이지 못한 표현들을 쉽게 발견할 수 있다. 당장 앞쪽 세 개 카드의 반응만 살펴보더라도, 1번 카드에서는 구체적인 형태는 설명 못하면서 "박쥐 분위기가 나요……."라며 얼버무리고 있으며, 2번 카드에서도 "어떤 현상을 말하는 거죠……. 잘 모르겠어요……. 머리가 아파서 잘 생각이 안 나요."라고 말한다. 또한 3번 카드에서도 "알 수는 없지만 그냥 뭔가가 일어나는…… 신비하다는 생각밖에 안 들어요."라고 반응하고 있으며, 이러한 경향성은 색채 카드가 나오는 뒤쪽으로 갈수록 더욱 심해지고 있다. 특히 발달질이 v(vague)인 반응이 두 개나 되며, v로 채점되지는 않았지만 모호한 형태를 지닌 대상을 포함하는 반응들이 여럿 있어 H씨의 인지 스타일이 매우 모호하면서도 확산적이라는 사실을 보여 준다(Shapiro, 1965).

현재 H씨는 두 개의 인간운동반응(M)을 보이고 있는 반면, 5개의 색채반응을 보이고 있어 자신의 경험을 사고에 근거하여 처리하기보다는 주로 정서적인 통로를 사용하여 처리하는 것으로 보인다. 즉, H씨는 문제를 해결해 나가는 과정에서 구체적이고 현실적인 근거들을 찾기보다는 자신의 순간적인 인상(impression)이나 당시의 기분, 감정 등에만 의존할 수 있으며, 구체적이고 논리적인 사고 능력은 부족해 보인다. 또한 전체 반응(W)이 H씨의 로샤 기록의 대부분을 차지하고 있어서, 주변 환경을 구체적, 세부적으로 지각하기보다는 전반적인 인상에 근거해서 지각한다는 사실을 보여 준다(W:D:Dd=11:1:0). 특히 H씨는 정서적 자극에 쉽게 압도되고 있으며, 그러한 상황에서는 관념적 통제력이 쉽게 약화되어 정서적인 자극이 과도할 때는 현실적인 판단력도 흐려질 수 있을 것이다.

또한 심리적 갈등이 심할 때는 공상 활동을 통해 현실로부터 쉽게 도피하는 경향도 관찰된다(Ma:Mp＝0:2). 특히 VII번 카드의 '왕관' 반응에서 추측할 수 있듯이, H씨는 자기 충족적인 공상 속에서 자신이 원하는 것을 상상하면서(wishful thinking) 자신의 자존감을 고양시키려는 시도를 하고 있는 것 같다. 결국 H씨는 쉽게 만족감을 가져다주는 공상 활동에 지나치게 몰두하고 있는 것으로 보이며, 현실과의 괴리감이 점점 커지면서 대처 자원은 더욱더 고갈되어 왔을 수 있다. 결국 H씨는 현실적이고 건설적인 행동을 통해서는 주변의 기대나 자신의 소망을 성취하지 못하고 있으며, 이에 따른 자기 손상감이나 패배감에 사로잡혀 있는 것으로 보인다.

정서적 특징

자기보고형 검사인 MMPI-2 결과에서는 아무런 정서적 불편감을 나타나지 않고 있는 반면, 로샤 기록에서는 상당 수준의 심리적 고통과 우울감이 나타나고 있다(DEPI＝6, positive). 결국 H씨는 자기 내면의 감정을 진솔하게 표현하지 못하고 있으며, 주로 불편한 감정을 억압하거나 회피하고 있다. 이는 어려서부터 자신의 감정을 진솔하게 표현해서 받아들여져 본 경험이 거의 없고, 이에 따라 감정을 자각하고 표현하는 기술을 적절하게 습득하지 못했기 때문인 것으로 여겨진다. 이에 H씨가 겉으로 보여 주는 과도한 정서성은 매우 피상적인 수준에 불과하며, 그 이면에는 상당한 정서적 혼란감, 깊은 불만족감, 좌절감, 불안감 등이 자리 잡고 있는 것으로 보인다. 하지만 이러한 부정적 감정들은 적절한 정서 표현으로 방출되지 못하고, 주로 두통이나 공황 증상 등의 신체적 통로를 통해 나타나고 있는 것으로 보인다(An＝2).

H씨의 로샤 기록을 살펴보면 색채반응 5개 모두가 색채-주도적인 반응(CF＋C)이며, 색채 자극이 처음으로 주어지는 II번 카드와 VIII번 카드에서 각각 형태질이 마이너스로 저하되고 있다. 이는 H씨가 색채 자극이 주어질 경우 유의미한 충격을 받고 있음을 반영하며(color shock), 쉽게 정서적 자극에 압도되면서 감정 상태가 불안정해질 수 있음을 보여 준다. 특히 형태질이 마이너스로 저하되면서 보이는 반응은 다름 아닌 해부반응(An)이며, H씨가 심한 스트레스 상황에서 쉽게 신체화 증상을 보일 가

능성을 시사한다. 또한 H씨는 정서조절 능력이 부족하여 그녀의 정서반응에 대한 예측이 어려울 수 있으며, 충동적으로 감정을 폭발시킬 위험도 있어 보인다. 이와 더불어 색채반응과 음영반응이 하나의 카드에서 함께 나타나고 있어(Col-Shd Bld = 2), 상당한 수준의 정서적 혼란감, 양가적이고 암울한 감정 상태 등이 시사된다.

자기 지각 및 대인관계

H씨의 로샤 기록은 낮은 자기중심성 지표를 보이고 있으며(3r + (2)/R = 0.25), 낮은 자존감과 간혹 자기 비하적인 태도도 관찰되고 있다. H씨는 자신의 손상된 자존감을 보상하기 위해 타인이 선망하는 대상과 자신을 동일시하는 공상(fantasy) 활동을 즐기면서 현실로부터 도피하는 등 상당히 수동적이고 미성숙한 방식의 방어를 사용해 왔다. 결국 상상 속의 자신은 모든 사람의 관심을 받는 무대 중심에 서 있으나 현실은 그렇지 않으며, 공상에 빠져들수록 현실과의 괴리감은 더욱 깊이 느껴져서 괴로웠을 수 있다. 특히 스트레스가 심해질 때는 공상과 현실의 거리가 상실되면서 가족에게 미국에 가서 가수가 되겠다는 등의 비현실적인 요구를 했던 것으로 여겨진다.

H씨의 로샤 기록에서는 연극성 성격장애 환자들에게 흔히 예상되는 재질반응과 구강기 의존반응이 매우 적게 나타나고 있어 의존 욕구나 애정 욕구에 대한 지지 증거가 부족하기는 하지만, 대학생이 되기 전까지 어머니에게 지나치게 순응하면서 의존했던 것이나, 친구 관계에서 항상 친밀감을 원했지만 다가가기 어려웠고 그러한 상황에서 외로움과 고독감을 느꼈던 것은 H씨의 애정 욕구를 간접적으로 나타내 주고 있다. 특히 H씨는 종종 자기만의 공상 속에서 '자신을 지켜 주는 오빠와 같은 멋있는 존재'에 대한 상상을 해 왔으며, 제삼자가 볼 때는 그리 깊은 관계가 아니었던 남자와의 관계에 집착하면서 그와 헤어진 이후에 심한 좌절감과 불안을 경험하는 모습 또한 H씨의 의존 욕구와 애정 욕구를 보여 주고 있다. 하지만 H씨는 현실에서의 사회적 관계에 대한 유능감이 매우 부족하여 실제적인 대인관계는 거의 맺지 못하고 있다(H:(H) + Hd + (Hd) = 0:4). 주로 재질반응을 유발시켜 친밀감과 관련이 있다고 알려진 VI번 카드에서 H씨는 '오래된, 고대에 있을 법한 악기' 라는 반응을 하고 있어, 타인과 얼마나 심한 거리감을 느끼고 있는지 알 수 있으며, 대인관계 상황에서 좌절감, 무

력감 등을 경험해 왔을 수 있다. 또한 어머니 카드라고도 알려져 있으며 보통 두 명의 사람을 보는 VII번 카드에서도 '고대 왕관'이라는 반응을 하고 있어 H씨에게 대인관계란 고대의 유물처럼 멀리서 바라볼 수밖에 없는 것인 듯하다. 마지막으로 Schafer(1948)가 예상한 것과 같이 H씨는 하나의 성적인 반응을 하고 있으며, 면담 시에도 자신이 종종 성적인 상상을 한다고 보고하였다. 그녀에게 이러한 주제의 상상은 애정과 관심에 대한 욕구의 미성숙한 표현인 것으로 여겨진다.

H씨의 행동 및 특징들을 DSM-IV의 연극성 성격장애 진단기준에 맞추어 생각해 보면, H씨는 감정의 변화가 급격하고 불안정하며 감정 표현이 피상적이고 과장되어 있으며(기준 3), 인상적으로 말하지만 내용은 없는 대화 스타일을 가지고 있다(기준 5). 또한 과장된 감정 표현을 보이고 있으며(기준 6), 특정 대인관계를 실제보다 더 친밀한 것으로 생각하고 있었다(기준 8). 피암시성(기준 7)이나 관심의 초점이 되고 싶은 욕구(기준 4) 등에 대해서는 직접적인 증거는 없으나, H씨가 때로 공상과 현실의 거리를 잃어버리는 것이나 공상의 주된 내용이 화려하게 주목받는 대상이 되는 것이라는 사실 등은 이에 대한 간접적인 증거를 제공하고 있다. H씨는 실제적인 대인관계에서 유혹적인 모습(기준 2)을 보이거나, 관심의 초점이 되지 않는 상황을 불편해하는 모습(기준 1)을 보이지는 않고 있는데, 이는 H씨가 보통의 연극성 성격장애 환자들에 비해 사회적 기술이나 사회적 상황에서의 자신감이 부족하기 때문일 수 있다. 이에 H씨는 아직까지는 가족에게만 요구적인 행동, 그리고 과도한 정서 표현 및 주의를 끄는 행동 등을 보이고 있으며, 그 외의 관계에서는 거절에 대한 두려움이 매우 커서 자신에 대해 어떤 평가를 내릴지 매우 불안해하고 있다.

히스테리와 연극성 성격장애는 의학 관련 종사자들이 오랫동안 관심을 가져온 흥미롭고도 복잡한 장애다. 연극성 성격장애는 유병률이 비교적 높기 때문에 심리평가자들은 이 장애의 전형적인 특징을 잘 알고 있어야 한다. 연극성 성격장애 평가에 대한 연구가 아직 부족한 상태이므로, 연극성 성격장애의 특징들이 로샤검사에서 어떤 식으로 발현되는지에 대한 많은 연구들이 필요해 보인다. 이 장에서 살펴봤듯이, 이미 다양한 임상적, 이론적 기초들이 놓여 있으며, 연구 및 초기의 이론적인 작업 모두에서 이제까지의 경험적인 연구들은 놀랄 만한 일관성을 보여 왔다. 하지만 이 영역의 연구는 앞으로도 계속될 것 같다. DSM만으로 깊은 심리적 평가를 통해 얻어질 수 있는 정보의 깊이와 넓이를 제공할 수 없으며, 하나의 평가 도구나 접근도 불충분하다. 결국 다양한 방법을 사용하는 접근(자기보고형, 임상가들의 평가 그리고 투사적 검사)이 최선이다(Ganellen, 1996; Hilsenroth et al., 1996). 특히 로샤 자료들이 DSM-IV의 연극성 성격검사장애 진단을 뒷받침해 주는 타당도를 지니고 있다는 연구 결과들을 고려해 볼 때, 로샤 결과를 평가 과정에 포함시키는 것은 연극성 성격장애 환자가 보이는 행동의 동기가 되는 무의식적 의존 욕구뿐만 아니라 환자의 정서적 특징, 감정 조절 능력 등을 평가하는 데 매우 중요해 보인다.

참고문헌

American Psychiatric Association (1952). *Diagnostic and statistical manual of mental disorders* (1st ed.). Washington, DC: Author.

American Psychiatric Association (1968). *Diagnostic and statistical manual of mental disorders* (2nd ed.). Washington, DC: Author.

American Psychiatric Association (1987). *Diagnostic and statistical manual of mental disorders* (3rd ed. Revised). Washington, DC: Author.

American Psychiatric Association (1994). *Diagnostic and statistical manual of mental disorders* (4th ed.). Washington, DC: Author.

Beck, S. J. (1952). *Rorschach's test: Advances in interpretation*. New York: Grune & Stratton.

Blais, M., & Bistis, K. (2004). Projective assessment of borderline psychopathology. In M. Hilsenroth & D. Segal (Eds.), *Comprehensive handbook of psychological assessment: Volume 2 personality assessment* (pp. 485-499). Hoboken, NJ: John Wiley.

Blais, M. A., Hilsenroth, M. J., & Castlebury, F. (1997). The psychometric characteristics of the cluster B personality disorders under DSM-III-R and DSM-IV. *Journal of*

Personality Disorder, 11, 270–278.

Blais, M. A., Hilsenroth, M. J., & Castlebury, F., Fowler, J. C., & Baity, M. R. (2001). Predicting DSM–IV cluster B personality disorder criteria from MMPI–2 and Rorschach data: A test of incremental validity. *Journal of Personality Assessment, 76,* 150–168.

Blais, M. A., Hilsenroth, M. J., & Fowler, J. (1998). Rorschach correlates of the DSM–IV histrionic personality disorder. *Journal of Personality Assessment, 70,* 355–364.

Blais, M. A., McCann, J. T., Benedict, K. B., & Norman, D. K. (1997). Toward an empirical/theoretical grouping of the DSM–III–R personality disorders. *Journal of Personality Assessment, 11,* 191–198.

Blais, M. A., & Norman, D. K. (1997). A psychometric evaluation of the DSM–IV personality disorders criteria sets. *Journal of Disorders, 11,* 168–176.

Bornstein, R. F. (1998). Implicit and self–attributed dependency needs in dependent and histrionic personality disorders. *Journal of Personality Assessment, 71,* 1–14.

Breuer, J., & Freud, S. (1985/1957). *Studies in hysteria.* (Standard ed., Vol. 2). London: Hogarth Press.

Butcher, J., Dahlstrom, W., Graham, J., Tellegen, A., & Kaemmer, B. (1989). *MMPI–2: Manual for administration and scoring.* Minneapolis: University of Minnesota Press.

Colligan, R., Morey, L., & Offord, K. (1994). The MMPI/MMPI–2 personality disorder scales: Contemporary norms for adults and adolescents. *Journal of Clinical Psychology, 50,* 168–200.

Eassser, B., & Leeser, S. (1965). Hysterical character and psychoanalysis. *Psychoanalytic Quarterly, 34,* 390–405.

Exner, J. E. (2003). *The Rorschach: A comprehensive system: Volume 1. Basic foundations* (4th ed.). New York: John Wiley.

Exner, J. E., & Weiner, I. B. (2003). Rorschach Interpretation Assistance Program: Version 5 (RIPA5) [Computer software]. Lutz, FL: Psychological Assessment Resources, Inc.

Fenichel, O. (1945). *The psychoanalytic theory of neurosis.* New York: W. W. Norton.

Ganellen, R. J. (1996). *Integrating the Rorschach and the MMPI–2 in Personality Assessment.* Mahwah, NJ: Lawrence Erlbaum Associates.

Gorth–Marnat, G. (1997). *Handbook of psychological assessment.* New York: John Wiley.

Greene, R. (1999). *The MMPI–2/MMPI an interpretive manual* (2nd ed.). Boston: Allyn and Bacon.

Hilsenroth, M., Handler, L., & Blais, M. (1996). Assessment of narcissistic personality disorder: A multimethod review. *Clinical Psychology Review, 16,* 655–683.

Hirschfeld, R. M. A., Klerman, G. L., Gough, H. G., Barrett, J., Korchin, S. J., & Chodoff, P. (1977). A measure of interpersonal dependency. *Journal of Personality Assessment, 41,* 610–618.

Horowitz, M. J. (1991). *Hysterical personality style and the histrionic personality disorder.* Northvale, NJ: Aronson.

Hyler, S. E., Skodol, A. E., Kellman, D., Oldham, J. M., & Rosnick, L. (1990). Validity of the Personality Diagnostic Questionnaire–Revised: Comparison with two structured interviews. *American Journal of Psychiatry, 147,* 1043–1048.

Lazare, A. (1971). The hysterical character in psychoanalytic theory. *Archives of General Psychiatry, 25,* 131–137.

Lazare, A., Klerman, G., & Armor, D. (1966). Oral, obsessive and hysterical personality patterns. *Archives of General Psychiatry, 14,* 624–630.

Lazare, A., Klerman, G., & Armor, D. (1971). Oral, obsessive and hysterical personality patterns: Replication of factor analysis in an independent sample. *Journal of Psychiatric Research, 7,* 275–279.

Lerner, P. (1991). *Psychoanalytic theory and the Rorschach.* Hillsdale, NJ: Analytic Press.

Marsh, A., & Viglione, D. (1992). A conceptual validation study of the texture response on the Rorschach. *Journal of Personality Assessment, 58,* 571–579.

Masling, J. M. (1986). Orality, pathology, and interpersonal behavior. In J. M. Masling (Ed.), *Empirical studies of psychoanalytic theories* (Vol. 2, pp. 73–106). Hillsdale, NJ: Lawrence Erlbaum Associates.

Masling, J. M., Rabie, L., & Blondheim, S. H. (1967). Obesity, level of aspiration, and Rorschach and TAT measures of oral dependence. *Journal of Consulting Psychology, 31,* 233–239.

Millon, T. (1996). *Disorders of personality: DSM-IV and beyond.* New York: John Wiley.

Morey, L., Waugh, M., & Blashfield, R. (1985). MMPI scales for the DSM-III personality disorders: Their derivation and correlates. *Journal of Personality Assessment, 49,* 245–251.

Pfohl, B. (1995). Histrionic personality disorder. In W. J. Livesley (Ed.), *The DSM-IV personality disorders* (pp. 173–192). New York: Guilford.

Rorschach, H. (1921/1942). *Psychodiagnostics.* Berne: Hans Huber.

Schachtel, E. (1966). *Experiential foundation of Rorschach's test.* New York: Basic Books.

Schafer, R. (1948). *The clinical application of psychological tests.* New York: International Universities Press.

Shapiro, D. (1965). *Neurotic styles.* New York: Basic Books.

Torgersen, S., Kringlen, E., & Cramer, V. (2001). The prevalence of personality disorders in a community sample. *Archives of General Psychiatry, 58*, 590-596.

Veith, I. (1977). Four thousand years of hysteria. In M. Horowitz (Ed.), *Hysterical personality* (pp. 58-79). New York: Jason Aronson.

H씨의 로샤 기록

Card	R#/ Response	Inquiry	Scoring
I	1. 곤충 같아 보이는데, 날개 달린 곤충 같아 보여요.	- 일단은 대칭이잖아요. 여기 부분이 날개고, 더듬이, 눈 같고, 몸체, 꼬리. (어떤 점?) 날개 같아 보여서, 날아다니는 곤충 같아요. 일단 이 날개 부분이요.	Wo Fo A 1.0
	2. 박쥐 같기도 해요.	- 박쥐는 색깔이 검정색이라서, 박쥐 분위기가 나요. 검정색이라는 이미지 때문에 박쥐가 생각났어요. (박쥐의 각 부분들?) 없어요. 그냥 검은색. (어떤 점?) 박쥐는 아닌 것 같아요. 박쥐는 아니예요.	Wo C'Fo A P 1.0
II	3. 여자 신발이고, 여자의 하체 부분인데, 여기가 자궁 같기도 하고, 여기는 신발이에요. 신체 안을 보는 것 같아요. T/L? 모르겠다.	- top Red: 힐 같은 구두, 살색 다리에다가, 이 검정색은 뭘 의미하는지 모르겠지만, 여기는 엉덩이, 여기가 방광, 항문 그쪽의 그것인 것 같고, 정상적으로 서 있는 자세는 아니잖아요. 아기를 낳는 것 같기도 하고. (어떤 특성 때문?) 일단 빨간색이 피 색깔, 피 색깔이 방광은 아닌데…… 여기가 다리 같아 보였고, 음…… 왜 그렇게 보였을까…… 거꾸로 된 모습인데, 그럼에도 그렇게 생각이 들고요. 왜 그런 생각이 들지? 잘 모르겠어요. (구두?) 발 모양 같아서…… 또 이건 뭘까? 음…… 잠깐만요…… 모르겠어요. 검정색은 신체 자체는 아니고, 신체 안에서 일어나는 어떤 작용을 말하는데…… (작용?) 예. 어떤 현상을 말하는 거죠. (현상이요?) 잘 모르겠어요. 머리가 아파서 잘 생각이 안 나요. (어떤 특성 때문에 그렇게 본 거죠?) 일단은 검정색이고, 모양 자체가 직선이 아니고, 이글이글 그렇잖아요. 경계선이 어떤, 형태를 딱 그린 게 아니라 물건 같은 게 아니고 현상 같아 보여요.	W+Mp.CF.YF- Hd,Sx, An,Cg 4.5 FAB2,PHR
III	4. 좀…… 사람인데, 사람 두 명이 신비한 어떤 것에 손을 넣고 있는 것 같고, 빨간색은 어떤 현상이 일어나는 걸 말하는 것 같아요.	- 이거는, 그냥 딱 봤을 때, 얼굴, 몸, 다리. 숙여서 포즈 취하고 있고, 여기는 알라딘의 신비한, 만지면 빛이 나는 공처럼, 그런 것에다 손을 대고 있는 거고, 신비한 불빛 같은 게 나타나고 있는 거예요. (신비하다?) 그냥 왜 그런 생각이 들까, 그냥 이유가 없는데, 딱 든 생각인데…… 그냥 딱 보니까 그랬는데…… (신비한 현상?) 알 수는 없지만, 그냥 뭔가가 일어나는, 신비하다는 생각밖에 안 들어요. (불빛?) 빨간색이니까 그렇죠. 그러니깐 사람인데 진짜 사람같이는 안 생겼으니까, 어떤 생명체이긴 한데, 사람하고 비슷하게 생긴 어떤 생명체예요.	W+ Mp.CFo (2) (H),Id P 5.5 GHR

Card	R#/ Response	Inquiry	Scoring
IV	5. 괴물 같아 보이는데요, 꼬리, 하체, 팔, 이렇게 보여요.	- 여기 눈, 코 같고. 여기가 머리, 몸체이고. 약간 무섭게 생겼어요. 꼬리도 크게 있고, 팔은 집게 팔 같기도 해요. (어떤 점?) 이 부분이 약간 무섭고요, 얼굴 부분이 괴물 같아요, 얼굴 부분이. 눈, 코. 눈이 좀 무섭…… (무섭다?) 눈이 무섭고요, 코도 무섭고, 어…… 그냥 이렇게 무섭게 생긴 마왕 같은. 생김새가 다리도 굵고, 집게도 그렇고.	Wo Fo (H) P 2.0 GHR
V	6. 이거는 곤충, 새의 뒷모습, 뿔 같은 게 있고, 뒷모습이고 다리가 있고. (곤충, 새?) 박쥐, 뭐 그런 건데, 곤충은 아니고 동물이라고 해야겠죠.	- 뿔은 아닌 것 같고, 귀인 것 같아요. 여기 머리. 뒤통수. 여기가 다리, 날개. (어떤 동물?) 이게 차라리 박쥐 같아요. (어떤 점?) 그냥 전체적으로 그렇게 보여요. (뒷모습?) 눈, 코, 입이 지금은 안 보이니까, 앞에 있을 것 같다는 생각이 들어요.	Wo Fo A P 1.0
VI	7. 저는 이게 악기처럼 보이는데요, 여기 가운데가 줄이고, 여기 밑은 소리나는 통, 여기는 뭘까 그냥 이렇게 생긴 악기 같아요. 현악기, 옛날에 있었던 현악기 같아 보여요. 기타나 그런 종류 T/L? 단풍잎. 별	- 이건 장식 같아요. 그냥 딱 그런 생각이 들어요. 글쎄요, 특별히 생각나는 다른 거는…… 이게 앞모습은 아니고 뒷모습이다. (뒷모습?)? 앞에 모습이 구체적으로 안 보이니까, 앞에 현 같은 게 왠지 있을 것 같고. (어떤 점?) 이 부분이 현악기 같았어요. (옛날 악기?) 일단, 현재 없는 악기니까요, 나무로 된 고대에 있었을 법한 악기예요.	Wo Fu Sc,Ay 2.5
VII	8. 이거는 어떤 왕관, 고대 왕관 같아 보이는데요, 여기는 토끼 귀고, 몸이고, 여기는 모자 쓰는 부분 장식품. (?) 토끼 장식을 한 왕관 같은 거예요. T/L? 모르겠음. (사람 옆모습?) 사람 같진 않고 동물 같음	- 토끼 옆모습, 몸이고 꼬리. 여기가 모자 부분. (고대 왕관?) 그냥 박물관 같은 데 가 보면 모자 장식, 왕관 많잖아요. 그런 것 중의 하나일 것 같다는 연상이 돼요. (모자?) 그러니까 보통 왕관이 쓰는 부분과 장식이 있잖아요. 머리에 쓰는 장식 같아요. (토끼 모양?) 토끼 비슷하게 생긴 장식, 장식이 없었다면 모자라고 생각하기 어려웠을 거예요.	Wo Fu (2) Art,A,Ay 2.5 PER

Card	R#/ Response	Inquiry	Scoring
VIII	9. 사람 뇌 안의 구조 같은데요, 색깔은 각각 피 색깔 같고, 뇌 같아요. 왼쪽 뇌, 오른쪽 뇌. 그렇게 보여요. 뇌를 사진으로 찍었을 때, 아니 뇌를 이렇게 들여다 봤을 때, 피 색깔 같고, 뇌 안의 모습 같아요.	- 온도에 따라 색깔이 다르니까, 빨간 부분도 있는 거고, 초록 부분도 있는 거예요. 일단 피 같다는 생각이 들고, 색깔이 다른 거는 온도가 달라서 그렇다는 생각이 들어요. (뇌?) 뇌 안이죠. 뇌 안을 사진으로 찍어 놓은 것 같아요. 왜 그럴까? 왜 그럴까? 일단 동그란 게 머리 같고, 가운데 뼈인지 모르겠지만, 그런 것 같고……. (뇌 안의 피?) 일단 빨간 부분 때문에, 빨간색은 다 피 같아 보이고, 어떻게 얘기해야 할까? 예전에 TV에서 본 적이 있는데, 노란 부분 나타나면 스트레스 많이 받는 거라 그러고, 딱 찍어 보면 여긴 노란색이 많고, 빨간색이 많고…… 이것도 그런 것 중 하나예요. (온도 다르면?) 이 색깔이 온도에 따른 색깔인 것 같아요. 빨간색이 제일 뜨겁고, 주황색, 초록색…….	Wo CF- An,Hd 4.5 PER,PHR
IX	10. 뭐 이런 게 동물 같아 보이기도 하고…… 잘 모르겠어요.	- 그냥 언뜻 수달 같은 동물이 붙어 있다는 생각이 들어요. 여기가 팔, 여기가 다리, 머리, 몸통. (팔?) 팔이요. 아니 네 발 달린 동물인데, 네 개 다 다리예요. (어떤 점?) 그냥 그런 생각이 들어요…….	Do FMp- (2) A
	11. 어떤 시험관인데요, 밑에가 뜨거운 불이고, 불 색깔이 다르잖아요. 전부가 불인데, 밑에가 뜨겁고 위가 좀 차갑고, 이건 뭘까? 이거 자체가 기구인데, 화학적 반응 막 나오고 있는 건데, 그게 다양한 색깔로 나오는 것 같고, 여기는 물 같고. 기구 안에서 무슨 작용이 일어나고 있는 거예요. 이게 연기라고 해야 하나? 그러니까 화학작용으로 일어나는 건데…….	- 아까 뇌랑 같은데, 밑에가 제일 뜨겁고, 초록색이니까 차갑고, 주황색은 그 다음으로 뜨거워요. 여기는 물 같은 그런 거고, 이게 어떤 시험관일 수도 있고, 안에 물이 있는 거고. (불?) 불 같아요. (화학적 반응?) 이게 화학적 반응이죠. 화학적 반응이 불인가? (시험관?) 시험관이 불이나 현상에 가려 제대로 안 보이지만 안에 있을 것 같고, 하늘색은 물……. (물?) 색깔이 물 색깔 같아서. (가려 있다?) 왜냐하면 그냥 그렇게 연상이 되는 건데요, 그럴 것 같아요. (어떤 점?) 명확하게 보이는 건 아니예요.	Wv/+ mp.CF.FVu Fi,Sc 5.5

Card	R#/ Response	Inquiry	Scoring
X	12. 이거는 어…… 복잡하네 이거는. 이게 뭘까? 솔직히 잘 모르겠는데요……. 그냥 물감 해 가지고 그냥 접어 가지고 대칭이잖아요. 그냥 그린 그림 같아요. 어떤 형체를 찾기는 힘든 것 같아요. T/L 게 같아 보이기도 해요.	- 솔직히 아무 생각 없이 물감 쭉쭉 뿌려 놓은 것 같아요. 이 그림은 어떤 생각을 해내기가 힘들어요.	Wv C Art

구조적 요약표

Location Features		Determinents				Contents		Approach		
		Blends		Single						
						H	= 0	I	W,W	
Zf	= 10	M.CF.YF		M	= 0	(H)	= 2	II	W	
ZSum	= 30.0	M.CF		FM	= 1	Hd	= 2	III	W	
ZEst	= 31.0	m.CF.FV		m	= 0	(Hd)	= 0	IV	W	
				FC	= 0	Hx	= 0	V	W	
W	= 11			CF	= 1	A	= 5	VI	W	
D	= 1			C	= 1	(A)	= 0	VII	W	
W+D	= 12			Cn	= 0	Ad	= 0	VIII	W,D	
Dd	= 0			FC′	= 0	(Ad)	= 0	IX	W	
S	= 0			C′F	= 1	An	= 2	X	W	
				C′	= 0	Art	= 2		Special Scores	
				FT	= 0	Ay	= 2			
DQ				TF	= 0	Bl	= 0		Lv1	Lv2
+	= 3			T	= 0	Bt	= 0	DV	= 0×1	0×2
o	= 8			FV	= 0	Cg	= 1	INC	= 0×2	0×4
v/+	= 1			VF	= 0	Cl	= 0	DR	= 0×3	0×6
v	= 1			V	= 0	Ex	= 0	FAB	= 2×4	1×7
				FY	= 0	Fd	= 0	ALOG	= 2×5	
				YF	= 0	Fi	= 1	CON	= 0×7	
Form Quality				Y	= 0	Ge	= 0	Raw Sum6	= 1	
	FQx	MQual	W+D	Fr	= 0	Hh	= 0	Wgtd Sum6	= 7	
+	= 0	= 0	= 0	rF	= 0	Ls	= 0			
o	= 5	= 1	= 5	FD	= 0	Na	= 0	AB	= 0	GHR= 2
u	= 3	= 0	= 3	F	= 5	Sc	= 2	AG	= 0	PHR = 2
-	= 3	= 1	= 3			Sx	= 1	COP	= 0	MOR= 0
none	= 1	= 0	= 1			Xy	= 0	CP	= 0	PER = 2
				(2)	= 3	Id	= 1			PSV = 0

Ratio, Percentages, and Derivations									
R	= 12	L	= 0.71			FC : CF+C	= 0 : 5	COP= 0 AG	= 0
						Pure C.	= 1	GHR : PHR	= 2 : 2
EB	= 2 : 5.5	EA	= 7.5	EBPer	= 2.8	SumC′ : WSumC	= 1 : 5.5	a : p	= 0 : 4
eb	= 2 : 3	es	= 5	D	= 0	Afr	= 0.50	Food	= 0
		Adj es	= 5	Adj D	= 0	S	= 0	SumT	= 0
FM	= 1	SumC′	= 1	SumT	= 0	Blends : R	= 3 : 12	Human Cont	= 4
m	= 1	SumV	= 1	SumY	= 1	CP	= 0	Pure H	= 0
								PER	= 2
								Isol Indx	= 0.00

a : p	= 0 : 4	Sum6	= 1	XA%	= 0.67	Zf	= 10	3r+(2)/R	= 0.25
Ma : Mp	= 0 : 2	Lv2	= 1	WDA%	= 0.67	W : D : Dd	= 11 : 1 : 0	Fr+rF	= 0
2AB+Art+Ay	= 4	WSum6	= 7	X-%	= 0.25	W : M	= 11 : 2	SumV	= 1
MOR	= 0	M-	= 1	S-	= 0	Zd	= -1.0	FD	= 0
		Mnone	= 0	P	= 4	PSV	= 0	An+Xy	= 2
				X+%	= 0.42	DQ+	= 3	MOR	= 0
				Xu%	= 0.25	DQv	= 1	H : (H)+Hd+(Hd)	= 0 : 4

PTI= 1	DEPI= 6*	CDI= 2	S-CON= 6	HVI= No	OBS= No

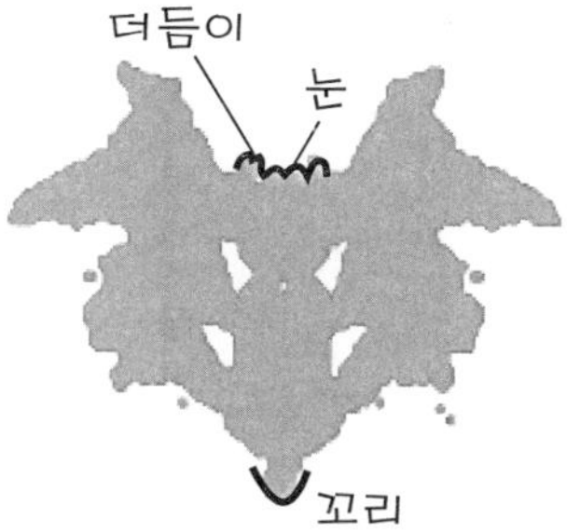

I

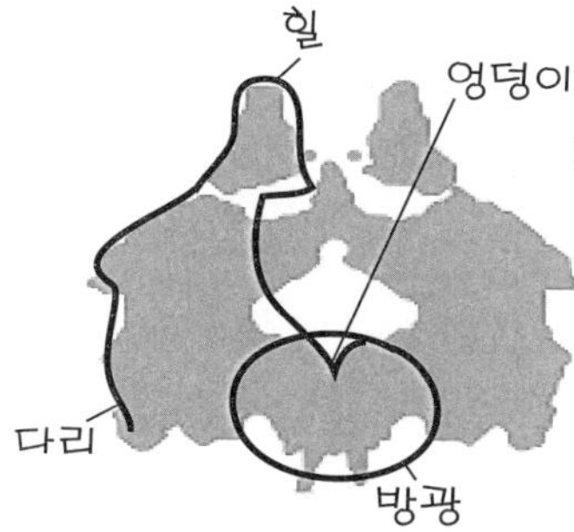

II

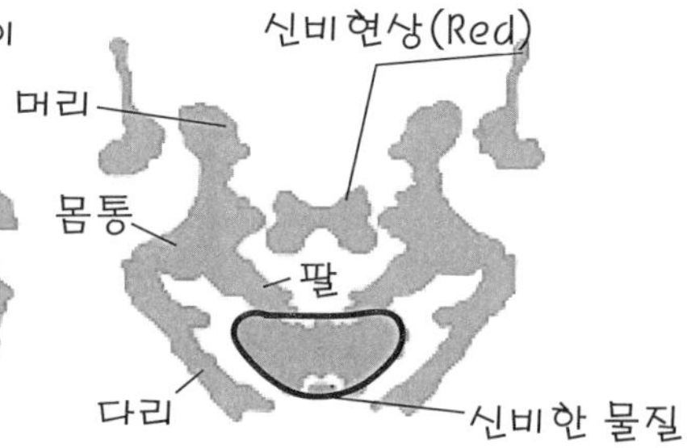

III

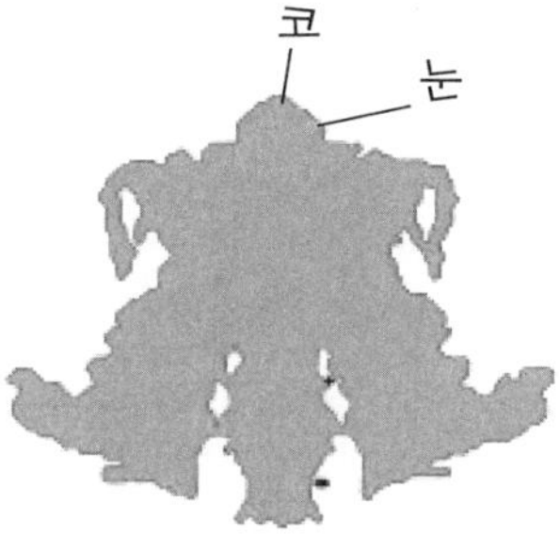

IV

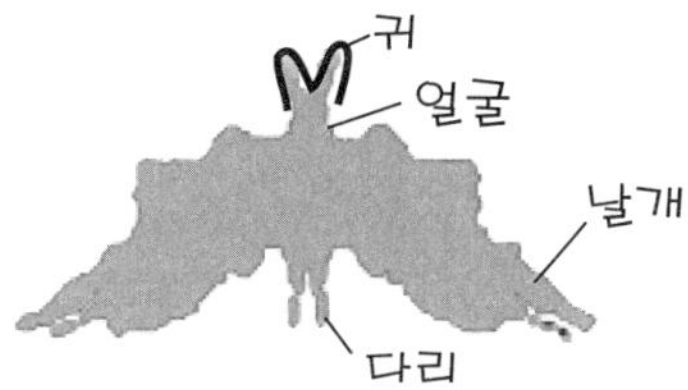

V

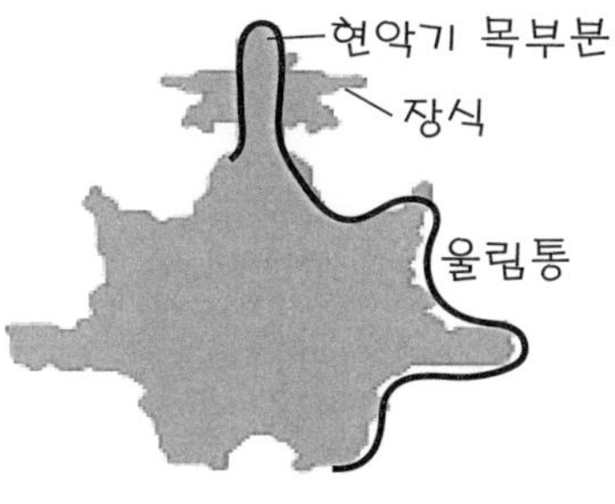

VI

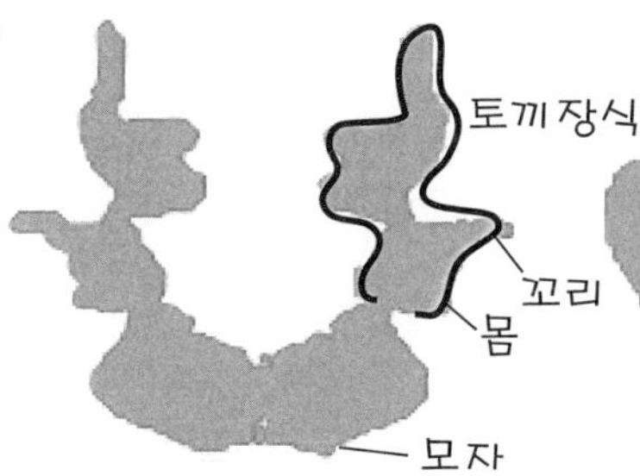

VII

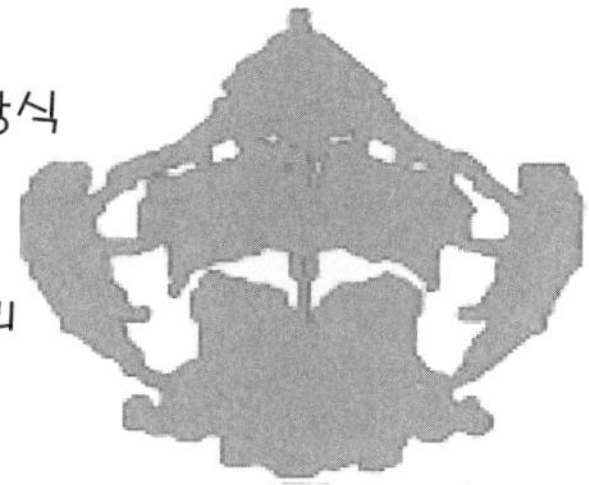

VIII

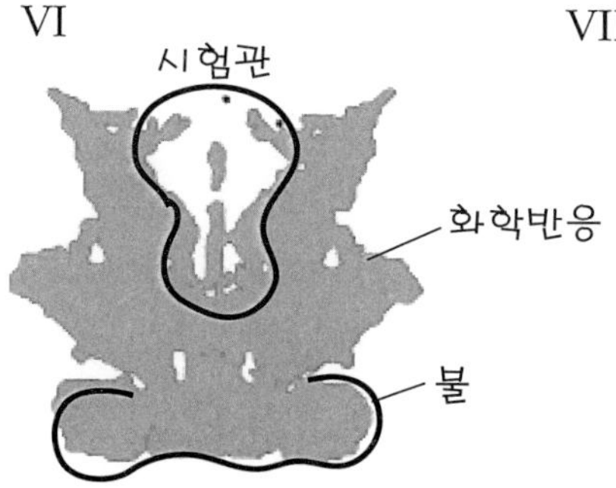

IX

X

09
자기애성 성격장애의 로샤평가

자기애성 성격장애(Narcissistic personality disorder)가 처음 진단기준에 포함된 것은 DSM-III(APA, 1980) 때 이르러서다. 이는 정신역동 심리치료자들이 자기애의 이론적, 임상적 개념에 광범위한 관심을 가지고 있었기 때문이다(Kernberg, 1970, 1975; Kohut, 1971, 1977; Pulver, 1970; Stolorow, 1975; Teicholz, 1978). Kernberg(1975)에 따르면, 자기애성 성격장애의 핵심적인 특징은 "병리적인 자기애, 병리적인 대상애 그리고 병리적인 초자아"에 놓여 있다(p. 35). 병리적인 자기애는 자기애성 성격장애를 지닌 사람들의 자기중심성, 자기 웅대성, 자기 몰입, 과도하게 자기를 관련지음, 과시적 경향성, 우월성, 타인을 개의치 않음, 그리고 "터무니없는 야망과 실제 성취 능력 사이의 괴리"에서 나타난다(p. 35). 그러나 동시에 사랑받고자 하고 선망의 대상이 되고자 하는 과도한 욕구도 가지고 있다. 이들은 신체적인 매력, 권력, 부, 잘생긴 외모 그리고 지적인 허세에 과도한 가치를 둔다. 타인의 동경을 사는 일을 필요로 하지만, 관계에

Handler, L. / University of Tennessee
Hilsenroth, M. J. / Adelphi University

서 보이는 정서성은 얕다. 자기 웅대성이 두드러지지만 불안정성과 열등감의 감정 사이에서 동요할 때도 있다. Kernberg(1975)는 병리적인 대상애가 상대를 과도하게 시기하는 모습으로 나타난다고 하였다. 자기애성 성격장애를 지닌 개인들은 시기하는 감정을 부인하기 위하여 자신의 지위를 위협하는 타인들을 평가절하한다.

이들은 타인의 삶에 관심이 없으며 타인에게 경멸을 표현할 때도 있다. Kernberg(1975)에 따르면, 이는 "무의식적으로 '제멋대로인' 행동으로 나타난다. 자기애성 성격장애인 사람들은 남을 착취하고, '타인이 가진 것을 훔치고 빼앗으려는' 소망을 가지고 있다."(p. 36) 이들의 정서적인 삶은 얕고, 타인과의 진실된 공감이란 없다. 이들은 자존심을 충족받기 전까지는 불안정하면서도 지루해한다(Lerner, 1998).

자기애성 성격장애 개인들은 타인을 이상화하기도 하지만, 이것은 곧 평가절하로 변한다. Kernberg(1975)는 "환자의 무의식 안에서 타인은 처음에 이상화되지만, 그 다음에는 적이자 멍청이가 된다."(p. 36) 따라서 타인과의 관계는 꽤 불안정하다. 타인에게 헌신하지 않고 공감할 줄을 모른다. 때문에 타인에게 상처를 주기 쉽고 둔감하며, 종종 생각 없는 못된 방식으로 행동한다.

초자아의 문제는 우울의 다른 형태로서 후회, 슬픔, 자기 탐색을 경험하지 못하는 데서 나타난다. 자기 웅대성이 좌절될 때, 타인으로부터 기대되는 찬탄을 받지 못할 때, 혹은 비판받을 때 이들의 기분은 심각한 기복을 보인다. Kernberg(1975)는 이들의 자존감이 죄책감보다는 수치심에 따라 조절된다고 보았다. 이들은 자존감을 보호하는 데 주된 가치를 둔다. Cooper(1998)는 이들이 "타인과 정서적으로 연결되는 능력이 손상되어 있고, 즐거움을 유지하는 능력이 손상되어 있으며, 애도와 슬픔을 경험하는 능력이 손상되어 있고, 내적으로 죽어 있다는 느낌과 지루함을 느낀다."고 하였다(p. 60).

자기애성 성격장애의 진단적 실재에 대하여서는 많은 논쟁이 있어 왔다(Loranger, Oldham, & Tulis, 1982; Perry & Vailant, 1989; Pope, Jonas, Hudson, Cohen, & Gunderson, 1983; Seiver & Klar, 1986). 1980년대 후반까지만 해도 자기애성 성격장애에만 초점을 두는 연구는 거의 없었다. Gunderson 등(1991)은 DSM-III-R(APA, 1987)의 자기애성 성격장애 기술을 위하여 정보를 조합하면서, "자기애성 성격장애

는 기술, 임상적 유용성, 타당성의 문제가 여전히 남아 있고 경험적 증거가 거의 없는 장애다." (p. 167)고 하였다. 이들의 언급 이후로 자기애성 성격장애를 다룬 주요 문헌들이 등장하기도 하였다(Blais, Hilsenroth, & Castlebury, 1997a, 1997b).

DSM-IV-TR의 자기애성 성격장애 진단기준(APA, 2000)

DSM-IV-TR(APA, 2000)에서는 〈표 9-1〉과 같은 자기애성 성격장애의 진단기준을 제시하고 있다.

〈표 9-1〉 DSM-IV-TR의 자기애성 성격장애 진단기준

(환상이나 행동상에서) 자기 웅대성이 만연해 있고, 칭찬에 대한 욕구, 공감 결여 등의 양상이 성인기 초기에 시작되어 다양한 상황에서 나타나고, 다음 중 5개 이상의 항목을 충족시킨다.

(1) 자신의 중요성에 대한 과장된 지각
(2) 끝없는 성공에 대한 공상, 권력, 탁월함, 아름다움, 이상적 사랑에 대한 공상
(3) 자신이 특별하고 독특하다고 믿고, 특별한 상류층 사람들만이 자신을 이해할 수 있고, 자신은 그런 사람(기관)하고만 어울려야 한다고 믿는다.
(4) 과도한 찬사를 요구
(5) 특권의식. 특별한 대우를 받을 이유가 없어도 특별한 대우나 복종을 바라는 불합리한 기대감
(6) 착취적인 대인관계. 자신의 목적을 달성하기 위해 타인을 이용
(7) 공감능력의 결여: 타인의 감정이나 욕구를 인정하지 않는다.
(8) 타인을 질투하고 타인이 자신을 질투한다고 믿음
(9) 거만하고 방자한 행동과 태도(p. 717)

자기애성 성격장애에 두 가지 하위 유형이 있는가

어떤 이론가들은 자기애성 성격장애에 두 가지 유형이 있다고 생각한다. Akhtar와 Thompson(1982), Cooper(1981), Cooper와 Ronningstam(1992), Gabbard(1989),

Masterson(1981), Wink(1991)는 두 가지 다른 유형의 자기애성 성격장애가 있다고 본다. DSM-IV-TR 진단기준에 따른 요란하고 과시적이고 자기중심적인 유형과 달리, DSM 기준과는 거의 맞지 않아 보이는 수줍고 소심하고 억제된 유형이 있다. 이러한 두 가지 유형은 독립적으로 매우 다르다기보다는 자기-표현 양상에 따라 구분된다. 자기애성 성격장애 환자의 외현적인 행동의 극단을 설명하기 위해서는 이러한 자기-표현의 양상을 살펴보는 것이 도움이 될 것이다. 자기-표현 양상이 다양한 자기애성 성격장애 환자의 환상을 탐색하면 다양한 기저의 자기애적 특징이 나타날 것이다. 수줍어하고 수동적으로 자신을 표현하는 환자들은 환상을 통하여 자기애적 활동을 이행하는데, 이들은 이러한 환상을 겉으로 드러내기에는 너무 억제되어 있다. 이들은 공감적인 사람으로 보이는데, 왜냐하면 사람들은 수줍어하는 이들의 모습을 마치 진실된 관심으로 오해하기 때문이다.

Akhtar(1989)는 외현적(overt) 자기애성 성격장애와 내현적(covert) 자기애성 성격장애를 구분하였다. 외현적 자기애에게는 자기 웅대성이 있다면, 내현적 자기애들은 자기 의심과 수치심으로 침울하며, 타인을 신뢰하거나 타인에게 의존하지 못한다. 외현적 자기애성 성격장애가 있는 이들이 매력적이고 사회적으로 성공적이라면, 내현적인 자기애성 성격장애가 있는 이들은 목표가 없고 직업적 전념 정도가 낮다. 이들은 딜레탕트와 같은 태도(dilettante-like attitude), 즉 문화예술 애호가 같은 태도를 보이지만, 만성적으로 권태감을 느끼면서 폭넓지만 피상적인 흥미를 가지고 있다. 이들은 새로운 기술을 배우는 능력이 부족하다. 반면에 외현적 자기애성 성격장애가 있는 이들은 식견이 있고, 결정을 잘하고, 자기만의 명석한 견해가 있다.

그러므로 자기애성 성격장애를 가진 사람들이 요란하고 거만하더라도 동시에 이들은 차분하고 내향적일 수 있다. 자존감의 취약성으로 비난이나 실패에 대해 자기애성 상처(narcissistic injury)를 경험하기 쉽다. 이들은 겉으로는 취약성을 보이지 않을지라도, 이러한 상처는 오랜 시간 동안 이들을 쫓아다니면서 모욕감, 격하된 느낌, 수치심, 텅 빈, 공허한 감정을 준다. 상처에 대한 이들의 반응은 대개 분노나 반격이지만, 때로는 수치심으로 사회적 상황을 회피하기도 하고, 자기 웅대성을 보호하기 위해서 겸손한 자세를 취하기도 한다.

자기애성 성격장애가 있는 이들은 야망과 신념으로 뛰어난 성취자가 되기도 하지만, 어떤 경우는 성취 수준이 낮기도 하다. 때로는 실패하여 자기애성에 상처를 입을지 모른다는 위협 때문에 위험 감수를 피하기도 한다. 이들은 사회 상황을 회피하고, 우울, 수치심, 모욕감을 느낀다. 외현적 자기애가 있는 경우는 면담으로 알 수 있지만, '조용한' 내현적 자기애를 가진 이들은 면담을 통해서 밝혀지기가 어렵다. 그러나 로샤와 같은 투사적 검사를 통해서는 알아볼 수 있다.

자기애에 관한 두 가지 정신역동 이론

정신분석 학파의 여러 저자들은 자기-관련 장애에 관하여 많은 저술을 남겼다(Jacobson, 1964; Kernberg, 1970, 1975; Kohut, 1971, 1977; Pulver, 1970; Stolotow, 1975; Teicholz, 1978). Otto Kernberg와 Heinz Kohut이 특히 이에 주목하였으며, 자기 구조, 손상된 자존감, 원시적 정서, 대상표상, 자기 웅대성에 관한 자기애의 이론을 구축하였다. Kernberg는 자기애성 성격장애 환자의 성격이 경계선 수준에서 조직화되어 있다고 보았고, Kohut은 신경증의 극단에 자기애가 놓여 있다고 보았다. Kernberg의 자기애 이론은 대상관계의 장해에 중점을 두고 있는 반면, Kohut은 이를 자기-통합의 장해로 보았다(Lerner, 1988).

Kernberg(1975)는 병리적 자기애에서 심리내적 갈등과 대상관계의 특정 장해를 중요시하였다(Lerner, 1998). 이 갈등 모델은 외부 대상에 대한 유아기의 경험이 아이의 내적 실재를 구성하는 추동과 방어형성의 근간이 되는 것으로 보고 있다. 아이가 자라면서 이러한 감정과 인지는 리비도적-공격적, 그리고 긍정적-부정적 영역으로 분리되며, 이는 부분적으로 외부 세계에 대한 만족 및 좌절 경험으로 기능한다. 이러한 영역은 유아가 환경과 상호작용한 경험을 반영하는 정신적 표상으로 발달한다. 정서적 의미와 결합되었던 자기표상과 대상표상은 실제와 이상이라는 표상의 차원에 따라 분리되며, 이는 각각 자아, 초자아의 내용이 된다. Kernberg는 이러한 개별화의 과정이 무너진다면, 결과적으로 실제 자기와 이상화된 자기, 그리고 대상표상의 병리적인 재융합이 일어난다고 보았다.

감당할 수 없는 공격성 때문에 이러한 구조가 무너지게 되며, 결과적으로 자아는 표상 내용의 개별화를 통합하기 위해서 분투하는 와중에 압도당한다. 양육자와의 고통스러운 상호작용이 있을 경우, 유아는 그들에게 리비도적 집중을 요구한다. 더하여, 유아의 충족되지 않은 의존 욕구는 대상표상을 원시적인 공격적 충동으로부터 보호하려고 한다. 이를 위해서 유아는 투사(projection)와 분열(splitting)이라는 두 가지의 과도한 방어를 사용함으로써 이러한 갈등이 유발하는 불안을 완화하려고 한다. 강렬한 공격성은 내적 세계에서 외적 세계로 투사되고, 이는 유아가 '나쁜 외부 대상'을 배제하려고 분투하는 동안 불안을 가중시킨다. '나쁜 대상' 으로부터 방어하기 위해 '좋은 대상' 의 잔여를 유지하려는 노력으로 분열이 심화되며, 결국 선하고 악한, 자기/대상 표상은 고립된 상태로 지속된다.

이러한 통합의 결여는 손상된 자기 개념, 그리고 동일하게 손상된 타인 개념으로 나타난다. 자기의 구조적 통합이 약해졌을 뿐만 아니라 긍정적인 자기상을 위한 능력도 부정적인 영향을 받는다. 이렇게 약화된 실제적, 이상적인 자기표상은 자기 웅대성이라는 원시적인 방식을 통해 보답 없는 외부 세계에 대한 고통스러운 경험과 분노에 찬 반응으로부터 자아를 보호한다. Kernberg(1975)에 따르면, 이러한 심리내적 발현은 자기 웅대성을 활용하게 만들며, 공격성을 방어하기 위한 방어 결정체의 중심에는 이 자기 웅대성이 있다.

Kernberg와 반대로, Kohut(1971, 1977)은 심리내적 갈등에 관한 설명을 버리고, 경험의 결여가 자기애성 병리의 핵심이라고 보았다. 자기애성 병리는 부모가 유아의 웅대하고 이상화된 욕구를 지지하는 데 실패한 결과라고 보았다. 무력감을 완화하기 위해서 유아는 부모가 긴장감을 다루거나 자존감을 조절해 주는 대상(자기대상, self object)이 되기를 요구한다.

건강한 발달 과정에서, 양육자는 유아의 웅대성을 공감적으로 반영해 주면서 상상적 웅대성을 강화해 준다. 또한 양육자는 부모에 대한 유아의 원시적 이상화를 버텨 내 주는 역할을 해야 한다. 이러한 이상화는 유아가 전지전능한 자기대상과 융합될 수 있게 하고, 와해에 대한 위협이나 무력감으로부터 보호해 준다. 효과적인 자기대상이 되는 부모의 능력을 통해, 아이는 부모의 기능을 점진적으로 내재화할 수 있는 환경을 제공받는다. 이와 같은 최적의 좌절에 대한 공감적 반응은 개별화를 숙달시켜 줄 수 있는 통합된 자기감을 발달시키기 위한 충분한 시간과 자원을 제공한다. 그러나 유아의 욕구에 반응하지 않는 대인관계 환경은 병리적인 자기 발달을 가져온다.

공감이 실패했을 때 유아의 건강한 웅대성은 유아기적 단계에 머무르게 된다. 유아의 전능성과 웅대성에 공감적으로 반응하지 못하면 통합적 자기와 긍정적 자기존중의 기반이 되는 효능감이 침식당한다. 아이가 자라면서 충족되지 못한 원시적 욕구들은 발달하는 자아로부터 분열된다. 이 분열된 웅대성은 남아 있는 채 실제 표상 및 이상화된 표상에 통합되지 못하고 성인기까지 자기애적인 요구를 하게 만든다.

또 다른 환경적 실패로는, 자기 대상이 너무나 환멸스러운 탓에 이상화된 강력한 자기 대상에 유아가 융합되지 못한 경우다. 이러한 고통스러운 환멸은 내적인 공허함으로 표현되고, 김 빠진 자존감으로 이어진다. 이 환경 속에서 아이는 성인기 내내 이상화된 부모 대행자를 찾게 되고, 취약한 자기를 고양하기 위한 융합을 갈망한다.

이 두 가지 경우 모두 통합된 자기감이 좌절된다. Lerner(1998)는 Kohut(1971, 1977)의 자기애적인 사람을 기술하면서 이들은 자기가 통합되어 있지 못하고, "과도한 자의식과 자기 집착이 강하며, 지속적으로 취약성을 경험하고, 웅대성을 통하여 자존감의 저하를 방어하며, 소모감, 공허감, 무존재감과 같은 우울한 종류의 감정을 경험한 사람"(p. 257)이라고 하였다. Kohut은 이들이 열정이나 열성이 없고 주관적으로 죽어 있다는 느낌을 가진 사람들이라고 묘사하였다(Lerner, 1998).

두 저자들의 이론적 차이는 성격 구조의 결함을 통해서 설명 기제를 찾을 수 있는가에 있다. 갈등 모델은 대상 세계 속에서의 좌절감, 고통스러운 경험 속의 자기 발달이 원인이라고 보았다(Kernberg, 1975, 1984). 그 결과 아이는 과도하고 감당하기 어려운 공격성을 발달시키고, 건강하게 자기표상과 대상표상을 통합하는 능력에 제한이 생긴다. 반면에, 결함 모델은 병리적 자기표상을 초기의 외상성 실패와 연결 짓고, 원시적이고 웅대한 자기표상이 자기 발달의 초기 단계에 포박되어 있는 것이라고 하였다(Kohut, 1971, 1977).

Kernberg(1975)와 Kohut(1971, 1977)의 핵심적인 차이는 병리적 자기애의 원인론에서 공격성의 1차적 중요성에 관한 것이다. Kernberg에 따르면, 강렬한 공격성이 병리적 자기 발달을 결정짓는 반면, Kohut은 부모의 공감과 이상화의 실패가 자아발달의 결함에서 주된 원인이 된다고 보았다. 물론 Kohut도 '자기애적 분노'가 자기애적 성격장애의 임상적 특징이라고 인식하였지만, 이는 부모의 공감과 이상화의 실패에 따른 이차적인 것으로 보았다. Kernberg에게 공격성은 일차적인 것이며, 그의 관점에서는 Kohut이 말하는 어긋난 기대는 환자가 분노를 합리화하는 방어기제다. 더하여, 그는 Kohut이 말하는 이상화에 대한 욕구가 이 분노의 파괴적인 힘에 대한 원시적 방어라고 하였다(Kernberg, 1975).

하지만 두 사람 모두 자기애 기저의 중심적인 방어기제는 분열이라고 하였다. 두 이론 모두에서 분열은 발달적으로 자연스러운 것이지만, 긍정적인 자기 및 타인 표상으로부터 부정적인 자기 및 타인 표상을 발생시키는 것으로 과도하게 사용된다면 병리적이 된다. 그러나 두 이론은 분열의 기능을 달리 보고 있다. Kernberg는 중요한 타인이 주는 좌절에 대한 감당할 수 없는 공격성으로부터 그 타인을 보호하기 위해서 분열을 사용한다고 보았다. 하지만 Kohut(1971)은 부모의 공감과 인정에 대한 욕구의 좌절로부터 아이 자신을 보호하기 위한 방어로서 분열을 이해했다.

Kohut과 Kernberg 모두 손상된 자기, 대상표상과 자존감의 조절에 구조적인 관계가 있다는 점에서는 동의하였다. 자존감을 조절하는 문제는 자기애성 병리의 핵심이고, 자기 구조의 이러한 어려움에 인과적으로 관련되어 있다. 또한 자기, 자기표상과 자존감의 직접적인 관계, 웅대한 겉모습의 기저에 놓인 역동, 자기가 얼마나 중요한가 하는 느낌이 무의식적인 열등감, 취약성, 무력감, 빈약한 자존감을 위장하고 방어한다는 점에 대해서도 서로 동의하였다.

정신분석 학파에서는 이 두 이론이 매우 독립적이라고 보았지만, 두 이론을 비교한 연구는(Eagle, 1984) 이 둘이 상당 부분 겹친다는 점을 보여 주었다. 두 관점은 동일한 구성, 구조, 개념들을 가지고 있다. 더불어, Glassman(1988)은 경험적으로 이 두 모델의 결함과 갈등의 구성 개념들이 중간 정도로 관련되어 있다는 점(r= .44)을 제시하였다.

자기애성 성격장애의 감별진단

연구자들은 자기애성 성격장애를 다른 성격장애들과 감별하기 위하여 특별한 진단기준을 평가할 수 있는 도구를 마련하고자 시도하였다. 특히 Gunderson과 Ronningstam (Gunderson, Ronningstam, & Bodkin, 1990; Ronningstam, 1988; Ronningstam & Gunderson, 1988, 1990, 1991)은 자기애성 성격장애 환자들의 특징을 바탕으로 '자기애의 진단 면접' (Diagnostic Interview for Narcissism: DIN)을 개발하였다. 자기-보고형 측정치들이 성격장애 진단에 유용하다는 점은 밝혀져 있고(Blais et al., 1997a, 1997b), 자기애성 성격장애를 평가하기 위한 척도들이 널리 사용되고 있으나 (Chatham, Tibbals, & Harrington, 1993; Colligan, Morey, & Offord, 1994; Millon, 1983, 1987; Morey, Waugh, & Blashfield, 1985; Wink & Gough, 1990) 이 장에서는 자기애성 성격장애를 다른 임상집단들과 구분하는 로샤검사의 능력과(Berg, 1990; Berg, Packer, & Nunno, 1993; Farris, 1988; Gacono& Meloy, 1994; Gacono, Meloy, & Berg, 1992; Gacono, Meloy, & Heaven, 1990; Hilsonroth, Hibbard, Nash, & Handler, 1993; Hilsenroth, Fowler, Padawer, & Handler, 1997), 로샤 연구를 바탕으로 자기애성 성격장애의 특질과 역동을 탐색하는 데 초점을 두고 있다.

많은 저자들은 여러 가지 유형의 성격 병리의 감별진단과 치료에 대해서 연구하였는데(Blatt & Lerner, 1983; Kernberg, 1975), 그들은 모두 성격 병리를 진단 평가하는 데 신중해야 함을 강조하였고, 특히 치료를 계획하고 전이와 역전이를 다루는 데서 심리학적 평가를 중요시하였다. 자기애성 병리를 잘 감별할 수 있다면 이들에게 보다 적절한 치료를 선택할 수 있도록 도울 것이다. 자기애의 병리적 발현과 관련된 변인을 확인하는 작업은 이제 걸음마 수준으로, 감별진단을 위해 중요한 특징들을 발견해 가고 있다(Davis, Blashfield, & McElroy, 1993; Westen, 1997; Westen & Arkowitz-Westen, 1998; Westen & Shedler, 1999a, 1999b, 2000). 자기애적인 특질은 다른 성격장애에서도 일반적으로 나타나기 때문에, 자기애성 성격장애의 임상적 특징에 대한 견해는 이론적 견해만큼 다양하다(Kernberg, 1984; Millon & Davis, 1996; Pulver, 1970;

Teicholz, 1978). 그러므로 밀접한 '극적인' B군 성격장애로부터 자기애성 성격장애를 구분하고, 밀접하지 않는 A와 C군 성격장애로부터 감별하기 위해서 자기애성 성격장애의 지표를 알아내는 것이 중요하다(Holdwick, Hilsenroth, Blais, & Castlebury, 1998).

자기애성 성격장애와 로샤검사 연구

자기애성 성격장애의 감별진단을 위해서 로샤검사를 활용하는 데 대한 여러 연구들이 있다. Farris(1988)는 자기애성 성격장애 환자들이 경계선 성격장애 환자들보다 높은 수준의 인지-지각적 기능을 가지고 있고, 신체와 관련된 자기애와 생식기(phallic stage)의 오이디푸스 갈등을 나타내는 반응을 더 많이 보인다고 하였다. 반면, 경계선 성격장애 환자들은 Lerner 방어 척도(Lerner & Lerner, 1980)에서 분열, 투사적 동일시, 원시적 대상표상을 보인다고 하였다. Berg(1990)는 자기애성 성격장애에 비해서 경계선 성격장애 환자들이 로샤 방어 척도(Cooper & Arnow, 1986)에서 비일상적인 지각과 분열반응을 더 높은 수준으로 보인다고 하였고, 자기 웅대성은 자기애성 성격장애 환자들이 더 많이 보인다고 하였다.

Gacono 등(1992)은 사이코패스 반사회성 성격장애 환자들과 자기애성 성격장애 환자들이 동등하게, 사이코패스가 아닌 반사회성 성격장애 환자들과 경계선 성격장애 환자 그리고 일반 남성(Exner, 1993)들보다 더 많은 반사반응을 보였다고 하였다. 사이코패스인 반사회성 성격장애 환자들과 자기애성 성격장애 환자들은 사이코패스가 아닌 반사회성 성격장애 환자들에 비해서 자아중심성 지표(Egocentricity Index)에서 더 높은 점수를 보였고, 개인화 반응(personalized response: PER)도 더 많았다. 경계선 성격장애 환자들과 사이코패스 반사회성 성격장애 환자들은 보다 원시적인 대상관계 반응을 보였고, 폭력적인 공생적 분열 및 융합에 관한 반응들을 더 많이 보였다. 자기애성 성격장애 환자들은 반사회성 성격장애 환자들에 비해서 더 많은 원시적 이상화 반응들을 보였고, 사이코패스 반사회성 성격장애 환자들보다 음영확산(Y) 및 음영재질(T) 반응이 더 많았다(Gacono et al., 1992). 또한 Gacono 등(1992)의 연구에서는 자기애성 성격장애 환자들이 이상화 반응이 많았고(56%), 이는 Hilsenroth 등(1993)의 연구 결과와 유사하였다.

Hilsenroth 등(1993)은 방어 구조, 공격성, 자기중심성 측면에서 경계선 성격장애와 자기애성 성격장애 환자들을 C군 성격장애 환자들과 비교했다. 경계선 성격장애 환자들은 원시적 방어구조(분열 혹은 투사적 동일시) 수준이 더 높았으며, 공격성 수준도 높았다. 자기애성 성격장애 환자들은 경계선 성격장애 환자들보다 높은 수준의 자기중심성을 보였고, C군 성격장애 집단보다 높은 수준의 이상화를 보였다.

Berg 등(1993)은 자기애성 성격장애 및 경계선 성격장애 환자들을 정신분열증 집단과 비교하였다. 이 성격장애 환자들은 외부 지지 자원을 필요로 하는 대상에 관한 반응을 보이면서 대상관계 점수가 상승하였다. 즉, 이들에게 대상은 대상의 확장이나 반사를 통해서만 존재하였다. 경계선 성격장애 환자들은 자기애성 성격장애 환자들에 비하여 불균형적이고 악의적이고 함입하는 대상관계 주제를 보다 많이 나타냈다. 자기애성 성격장애 환자들의 로샤 프로토콜에서는 상호 자율성을 바탕으로 타인과 관계하기를 어려워하는 점이 반영되었고, 이는 이들이 결과적으로 욕구를 충족시켜 주는 대상에 의존하게 되는 점을 시사한다. 이는 Kohut(1971)의 이론을 지지하는 것이다.

요컨대, 자기애성 성격장애는 경계선 성격장애나 사이코패스가 아닌 반사회성 성격장애 환자들에 비하여 높은 수준의 대상표상이 발달되어 있고, 원시적이거나 심각한 방어기제를 덜 쓰며, 심상은 보다 덜 공격적인 데 비하여, 반사반응과 개인화 반응이 더 많이 나타난다. 또한 사이코패스가 아닌 반사회성 성격장애나 C군 성격장애 환자들에 비하여 보다 원시적인 이상화 반응들을 보인다. 즉, 로샤 변인들에서 증폭된 반사반응, 개인화 반응, 이상화 반응, 자기중심성 지표의 상승은 자기애성 성격장애 진단에 유용하다.

그러나 Nezworski와 Wood(1995)는 자기애의 병리적 발현이나 자기 초점 혹은 자존감과 같은 관련된 구성개념을 로샤가 정확하게 평가할 수 있는가에 의문을 제기하였다. 이들은 『로샤: 종합체계』(Exner, 1969, 1973, 1974, 1978, 1986, 1991, 1993)에서 설명하는 자기중심성 지표, 자기 초점, 자존감, 자기애, 자아기능, 우울, 반사회적 사회병질 그리고 동성애 변인들 사이의 관계를 연구하였다.

이들에 따르면, 자기 초점은 "자기애와 밀접하게 연관되어 있고 외부 세계보다는 자기의 경험에 주의를 집중하는 경향과 관련되어 있다."고 하였다(p. 191) 또한 22개의 Exner 연구와 28편의 논문 그리고 9개의 학위 논문을 검토한 결과, 자기중심성 지표가 이러한 변인들과 가지는 상관이 낮거나 비일관적인 결과를 보고하고 있는 것으로 나타났다. 자기애성 성격장애와 반사반응의 관계를 살펴본 연구들(Berg, 1990; Gacono et al., 1992)은 명확하지 못한 진단기준이나 로샤 자료를 바탕으로 자기애성 성격장애로 진단된 집단을 사용하였기 때문에 타당하지 못하다고 지적하였다. Nezworski와 Wood(1995)는 자기중심성 지표가 진단적으로 유용한지에 대해서는 회의적이라고 결론을 내렸고, 그에 더하여 자기애성 성격장애를 진단하는 데 로샤 종합체계가 유용한가 하는 의문을 남겼다.

반면, Exner(1995)는 이에 대하여 Nezworski와 Wood(1995)가 종합체계 내에 자기애를 측정하기 위한 형식(예: 자기중심성 지표)이 포함되었다는 듯이 가정하고 있다는 점을 비판하였고, 이들의 결론이 "로샤 체계 및 그 적용에 대해 잘 알고 있는 사람이라면 내리지 않을 결론"(p. 200)이라고 반박하였다. 그는 반사반응이 자기애를 특징적으로 측정하기 위한 지표이고, 자기중심성 지표는 지나치게 높거나 낮은 경우 "자기-염려 혹은 자기-주의를 투박하게 측정하는 지표"(Exner, 1978, pp. 130-134)라고 주장하였다. 그는 자기중심성 지표가 자존감과 자기 개념을 비롯한 어떤 특정 성격 특징과 일대일의 직접적 관계를 가진다고 보는 것은 "지나치게 단순화"한 것이라고 지적하였다.

Hilsenroth 등(1997)은 DSM-IV의 축 II 장애를 지닌 91명의 환자들과 50명의 비임상군 통제집단의 로샤 변인을 비교함으로써 로샤검사가 자기애의 병리적 발현을 탐지할 수 있는지에 대해 알아보았다. 결과적으로, 병리적인 자기애성 환자들을 통제집단이나 A, C군 성격장애 환자들과 비교했을 때 반사, 개인화, 이상화 반응에서 차이를 보인다고 하였고, 이러한 반응들은 DSM-IV의 B군 성격장애 내에서도 감별진단을 도울 수 있다고 하였다. 반사 및 이상화 반응은 Minnesota Multiphasic Personality

Inventory-2(MMPI-2)에서 단독 자기애성 성격장애 척도와 관련되어 있다고 하였다(r=.31; p<.05). 또한 로샤 프로토콜에서 나타난 반사반응의 개수는 DSM-IV의 자기애성 성격장애에 부합하는 기준의 개수와 정적 상관을 보였다(r=.33; p<.001).

반사반응은 DSM-IV 진단기준 중 끝없는 성공에 대한 공상, 특권의식, 자신의 중요성에 대한 과장, 거만하고 방자한 태도와 연관되어 있었다. 또한 반사반응은 행동으로 표현되는 양상보다는 병리적 자기애에 수반되는 내적, 인지적 특징과 더 관련이 있었다. 이상화 반응은 DSM-IV 진단기준 총점과는 상관을 보이지 않았으나, 끝없는 성공에 대한 환상과 관련되었다. 반사 및 이상화 반응이 자기애성 성격장애의 심리내적인 특성들과 더욱 관련되었다는 점에서, 자기애성 성격의 외현적, 행동적 표현을 측정하는 다른 검사들과 로샤검사를 함께 활용한다면 유용할 것이다.

추가적으로, 반사 및 이상화 변인들이 자기애성 성격장애 진단에 임상적으로 의미 있는 방식으로 활용될 수 있다는 점은, 특정 로샤 변인을 통해 병리적 자기애 환자들을 다른 성격장애 환자들이나 비임상 환자들로부터 감별할 수 있다는 점을 시사한다. 자기애성 성격장애 환자들의 로샤 프로토콜은 비임상 집단의 프로토콜보다 높은 수준의 개인화 반응과 자기중심성 지표를 보였다. 물론 이 변인은 다른 장애를 지닌 집단들도 비임상 집단보다 높게 나타나는 변인들이긴 하지만, 자기애성 성격장애 집단의 상승된 자기중심성 지표를 추후 분석했을 때, 자기애성 성격장애가 구분되는 원인은 쌍반응에서 기인하지 않는다는 점이 드러났다. 다시 말해서, 반사반응이 자기중심성 지표를 상승시키는 것으로 나타났다. 이는 Exner(1995)가 Nezworski와 Wood(1995)의 비판에 대해 반박했던 주장과도 일치한다.

Gacono 등(1992)의 연구에 따르면, 로샤의 PER 반응들은 사이코패스적 반사회성 성격장애 환자들에서 보다 높게 나타났다. 이와는 반대로 Hilsenroth 등(1997)의 연구에서는 Gacono의 연구에서 보고된 것처럼 반사회성 성격장애 피험자들 집단에 심각한 사이코패스 환자들이 포함되지 않았으며, 외래 환자군과 유사한 피험자들로 구성되었다. 사이코패스 반사회성 성격장애 환자들에게서 나타나는 높은 수준의 반사반응은 아마도 자기애성 성격장애의 공존병리와 관련된 것으로 생각되었다. Gacono와 Meloy(1994)는 사이코패스 환자 연구를 확장하여, 이들 중 대부분이 반사회성 성격장애는 물론 DSM-III-R/IV의 자기애성 성격장애의 공존병리를 동반하고 있다고 하였다.

자기애성 성격장애를 다른 진단들과 변별하는 가장 정확한 변인은 로샤검사의 반사반응과 이상화 반응으로 여겨진다. 자기애성 성격장애 환자들은 A군과 C군 성격장애 및 비임상 집단들에 비해서 이들 변인이 높은 것으로 나타났다. 자기애성 성격장애 환자들은 반사회성 성격장애 혹은 경계선 성격장애 환자들보다 높은 반사반응을 보였고, 특히 반사회성 성격장애 환자들에 비하여 이상화 반응이 더 높았다. 이론적으로 뒷받침이 되고 있으며, 진단적 유용성도 갖춘 이 두 변인들은 중요하며, 자기애성 성격장애 진단을 위해 이 두 가지 점수를 적용하는 것은 추후에 논의하고자 한다.

Hilsenroth 등(1997)의 연구는 자기애성 성격장애 환자들에 관한 과거의 연구들(Gacono et al., 1992; Hilsenroth et al., 1993)을 뒷받침한다. 이러한 연구에서는 이상화 반응과 반사반응이 빈번하게 등장하고 있다. 일관적인 이러한 발견은 병리적 자기애와 반사반응의 관련성을 시사한다. 반사반응의 개수와 DSM-IV의 자기애성 성격장애 진단 규준의 상관은 중간 수준이지만($r = .33$; $p < .003$), 그렇다고 반사반응을 개념화하고 해석할 여지가 저해되지는 않는다(예: 자존감과 자기 초점의 증가; Exner, 1993; Greenwald, 1990; Sugarman, 1980; Weiner, 2003. 혹은 자기 몰입; Viglione, 1990). 반사반응은 다른 DSM-IV B군 성격장애 진단 규준에서는 유의미한 상관을 보이지 않았으며, 이는 감별진단 상황에 임상가들에게 도움을 준다.

자기애성 성격장애의 심리내적인 특성과 관련된 반사와 이상화 반응은 자기애성 성격장애의 외현적/행동적 표현을 평가하기 위한 평가 도구와 로샤검사를 함께 사용한다면 유용할 것임을 제안한다. 자기애성 성격장애의 심리내적 측면과 대인관계/행동적 측면을 평가하는 도구를 모두 사용한다면 최적의 평가가 될 것이며, 환자에 대한 보다 풍부한 이해를 얻을 수 있을 것이다. 자기애성 성격장애를 평가할 때 다차원적인 평가가 보다 유용하며, 최근 연구들도 자기-보고형 검사만을 사용해서는 안 된다고 강조하고 있다. 왜냐하면 자기-보고형 검사는 자기애성 특질을 직접적으로 확인하기 때문에 방어적인 반응을 유발시키기 쉽다(Gunderson et al., 1990). 또한 자기애성 성격장애 환자들은 스스로를 현실적인 관점에서 바라보기 어려워한다. 면접은

임상적 행동관찰을 포함하고 있으나, 반구조화된 면접은 유사한 제한점을 지닐 수 있다.[4]

로샤 점수와 MMPI-2 자기애성 성격장애 척도의 관련성에는 흥미로운 점이 있다. 이상화와 반사반응 모두 MMPI-2 자기애성 성격장애에만 해당되는 비중복 척도와 상관이 높았다. 이 척도는 MMPI-2 자기애성 성격장애에만 속하는 14개 문항들로 구성되어 있으며, Morey와 동료들이 개발한 다른 11가지 성격장애 척도들과는 겹쳐지지 않는다(Colligan et al., 1994; Morey et al., 1985). 이는 로샤 변인들과 MMPI-2 자기애성 성격장애의 중복 척도(overlapping scale)와는 유의미한 상관이 없다는 다른 연구들과 상반된다. 자기애성 성격장애 중복 척도는 31문항 중 총 17문항이 최소한 하나씩 다른 성격장애 척도들과 중복되어 있다. 즉, 이러한 결과는 로샤 변인들이 전반적인 성격장애 척도보다는, 자기애성 성격장애만을 특정적으로 측정하는 자기-보고형 측정치와 강한 관련성을 지닌다는 점을 알려준다.

더하여, 이 연구에서 반사 및 이상화 반응은 자기애성 성격장애를 다른 집단과 잘 구별해 주는 등, 진단적 효율성을 확보할 수 있었다. 전체 피험자 집단을 자기애성 성격장애 집단과 비교했을 때, 자기애성 성격장애가 없다고 확인된 사람들은 반사반응이 하나 이하였고, 이상화 점수도 5점 이하로 나타났다. 또한 이 두 가지 지표를 사용하여 집단 분류가 얼마나 잘 이루어졌는가를 보았을 때 정확도가 .63에서 .83 정도로 측정되었다. 분류 정확도가 이 정도 높다는 것은 자기애성 성격장애 환자인 사람과 아닌 사람을 판단할 때 로샤 규준이 상당히 효과적이라는 점을 시사한다. 따라서 반사반응과 이상화 로샤 변인은 자기애성 성격장애를 측정하는 데 상당히 유용한 것으

---

4) 추가적으로, 면접은 임상가들이 유의해야 할 또 다른 한계점을 가지고 있다. 과거 연구들에서는 한두 가지 축 II 장애가 확인되면 다른 동반되는 증후군을 과소평가하거나 축소할 가능성이 생긴다고 지적하였다(Widiger & Frances, 1987). 자기-보고형 검사는 의도적인 반응 조작(거짓), 증상 과장, 무작위 반응, 부인반응 등을 탐지할 수 있는 지표들을 포함하고 있지만, 임상 면접에서는 적극적으로 꾀병을 부리는 경우는 그대로 넘어가기 쉽다. 성격장애는 직접적 물음을 통해서는 평가하기 어려울 수 있다. 자기애성 성격장애 환자가 스스로가 자기중심적이고, 스스로에게 관대하며, 타인에게 착취적이고 무관심하다는 점을 인정할 수 있는가에 대해서는 의문점이 있다. 이 문제에 관한 추가적인 논의를 위해서는 Dr. Huprich와 Dr. Ganellen(이 책의 2장)의 글을 참고하라.

로 보인다.

집단을 분류하여 차이를 분석하는 것보다는 얼마나 효과적으로 진단할 수 있는지의 지표가 임상적으로 보다 타당한 정보를 줄 수 있을지라도, 단일한 지표를 중심으로 접근하는 것이 실제적인 진단적 의사결정 과정을 대표할 수 없다. 정확한 평가 과정이란 환자의 과거력, 행동 관찰, 그리고 검사 도중 임상가와의 상호작용을 통해 얻어진 정보를 고려하여 검사 점수를 통해 기능의 다양한 차원을 평가하는 것을 말한다(Benjamin, 1993; Leary, 1957; Phillips, 1992; Rapaport, Gill, & Schafer, 1945; Schafer, 1954; Sugarman, 1981, 1991). 그러므로 '로샤에서 반사반응이 하나 이상이다.' 라는 정보만을 가지고 자기애성 성격장애의 지표로 봐서는 안 된다. Hilsenroth 등(1997)의 자료가 제안하는 것은, DSM-IV 자기애성 성격장애의 9가지 진단기준 중에서 5개를 모두 만족시키지 못하더라도, 자기애성 성격장애 진단기준 몇 개에 부합한 외래환자들에게 하나 이상의 반사반응이 나타난다면 특징적인 반응이 될 수 있다는 것이다. 이와 관련하여, 자기애성 성격장애 진단 기준 중 평균 3.4개를 보인 사람들은 한 가지 이상의 반사반응을 보였다. 또한 하나 이상의 반사반응을 보일 경우 이는 자기애성 성격장애의 행동적 측면보다는 심리내적이고 인지적 특징들과 강한 관련이 있었다. 종합적인 평가 도구를 가지고 의사결정을 할 때 하나 이상의 반사반응이 있는지 혹은 없는지를 살펴본다면 임상가들은 도움을 받을 수 있을 것이다.

이와 관련하여, Gacono와 Meloy(1994)는 반사반응을 활용하는 데 두 가지 중요한 지적을 하였다. 첫 번째, 반사반응의 구조, 맥락, 내용을 분석한다면(개별적 접근) 반사반응의 의미에 대한 일반적인 가설을 적용하는 것보다 개인에 대한 좀 더 명료한 해석을 제공받을 수 있다. 두 번째, 하나의 반사반응만으로 즉각적으로 병리적 자기애를 진단해서는 안 된다. 대신, 프로토콜 전체 맥락상에서 반사반응이나 다른 병리적 지표들을 개념화해야 하며, 다른 구조적 정보(예: 위치, 결정인, 형태질) 및 내용 정보와 독립적으로 해석해서는 안 된다. 이러한 지적은 '해설서' 식 개념화를 반대하며 임상가들이 보다 노력하고 수련을 통해 충분한 임상 경험을 할 필요성을 요구한다(Hilsenroth, Handler, & Blais, 1996).

Nezworski와 Wood(1995)의 결론과는 반대로, Hilsenroth 등(1997)의 연구는 자

기애성 성격장애 평가에 로샤검사를 활용하는 이전 연구들(Berg, 1990; Berg et al., 1993; Farris, 1988; Gacono& Meloy, 1994; Gacono et al., 1992; Hilsenroth et al., 1993)을 지지한다. 그들의 연구 결과는 반사 및 이상화 반응이 DSM-IV 진단기준과 자기-보고형 측정치와 관련 있다고 보고하였다. 또한 반사(예: 반영)와 이상화 반응은 자기애성 성격장애의 이론적 문헌(Kernberg, 1970, 1975, 1984; Kohut, 1971, 1977)에서 강하게 연관 지어져 왔던 두 가지 방어 작동을 반영한다. 이는 자기애성 성격장애를 진단하는 데 로샤검사를 사용하는 것을 지지하는 일련의 증거로서, 자기애와 자기애성 병리를 개념적으로 이해하는 데 공헌할 수 있다.

Blais 등(2001)은 DSM-IV B군 성격장애를 평가하는 데 MMPI-2와 로샤검사의 타당도를 알아보았다. 두 가지 도구 사이의 관련성은 낮게 나타났지만, 위계적 회귀분석 결과 로샤검사와 MMPI-2 자기애성 성격장애에만 해당되는 비중복 척도 모두 DSM-IV B군 성격장애 진단기준과 관련된 것으로 나타났다. 로샤 반사반응과 MMPI-2 자기애성 성격장애 비중복 척도가 독립적으로 DSM-IV 자기애성 성격장애 진단기준의 총 개수를 예측하였다. 조정된 R^2 점수는 .35로, 두 가지 척도를 합친다면 DSM-IV 자기애성 성격장애 평가의 전체 변량 중 삼분의 일 이상을 예측한다고 볼 수 있다. 그러나 두 척도는 서로 유의미한 상관을 보이지 않았다($r=.18$). 이는 특정 변인을 예측하는 가장 좋은 변인들이 타당하지만 서로 상관이 높지 않다는 연구와 일치한다(Meehl, 1954). 종합하자면, 환자의 자기-보고형 평가 자료(MMPI-2)와 환자의 의식적 자각을 넘어서는 영역에서 수행된 검사 자료(로샤검사)들은 DSM-IV의 자기애성 성격장애 개념화의 중요한 요소를 반영한다고 할 수 있다. 이는 다중방법론적 평가 과정을 사용하는 것이 얼마나 중요한가를 말해 주기도 하며, 특히 성격 기능을 평가할 때 그러하다는 점을 지지한다(Hilsenroth, Handler, & Blais, 1996).

로샤 종합체계 내의 자기애성 성격장애 병리 해석

하나 이상의 반사반응이 자기애를 반영할 수 있겠지만, 반응 자체만으로는 병리적 자기애가 시사되지는 않는다. 반사반응에 더하여, 종합체계(Exner, 2003; Weiner, 2003)의 자기 지각 및 대인관계 변인을 고려해야 한다. 이러한 변인들이 자기애성 성격장애 특유의 것은 아니지만, 변인의 전체 프로토콜은 자기애성 성격장애 진단을 위한 정보를 제공할 것이다. 예를 들어 Weiner(2003)에 따르면,

> 적응적인 대인관계는 (1) 타인과의 상호작용에서 적정 수준의 관심, 관여 그리고 안정감을 유지하고(sumH, H:Hd+(H)+(Hd)와 ISOL/R), (2) 대인 상호작용에서 친밀감과 안전감을 기대하며(sumT, HVI), (3) 협동, 동의와 경쟁, 주장성의 균형(COP, AG, a:p)을 갖추고, (4) 정확하고 공감적인 방식으로 사람과 사회적 상황을 지각하는(정확한 M반응; Exner, 2003 참고) 능력에서 온다(p. 170).

기준 (1)은 대인관계에 얼마나 주의를 기울이고 편안함을 느끼는가다. Weiner (2003)는 sumH<4가 사람에 대한 관심이 제한되어 있고 성격에 문제가 있다는 점을 시사한다고 하였다(p. 170). 특히 대인관계의 안정감과 관련하여 Hd+(H)+(Hd)>H는, 동일시 문제와 '부적응적인 수준의 사회적 불편감'을 나타낸다(Exner, 2003; Weiner, 2003, p. 171). 이러한 사람들은 "실제적이고 살아 있고, 완전하게 기능하는 사람들을 대하는 데 어려움을 느낀다." (p. 171) 대인관계 고립을 보여 주는 또 다른 지표는 고립지표다(Isolation Index; Exner, 2003). 이는 사람을 회피하는 내용을 반응 수로 나눈 값으로, 사회적 고립에 관한 좋은 측정치다. Weiner는 "이 점수가 .33 이상일 경우, 사회적 상호작용의 회피, 그리고 사람과의 접촉 기회가 현저하게 부족한 것으로 볼 수 있다."고 하였다(p. 172).

대인관계를 측정하는 지표(sumT, HVI)와 관련하여, T가 없는 사람들은 T가 있는 사람들에게 불편감을 느낀다. 왜냐하면 이들은 사람들을 "사생활과 개인적 공간을 잠식하고 신체적, 심리적 친밀감에 과도하게 기대를 하는 침투적인 사람들로 경험"하기 때문이다(Weiner, 1998, p. 174). 또한 "T가 없는 사람들은 친밀한 대인관계를 기대하거나 추구하지 않는다." (p. 174)고 하였다. 같은 맥락에서, 상승된 HVI는 편집성향의 근간이 되는 대인관계 불안정성, 과잉 각성, 그리고 자존감에 위협이 되는 대

인관계에 대한 두려움을 시사한다(Exner, 2003). 예를 들어, 멋지지만 HVI가 높은 자기애 남성은 매력적인 여성에게 접근하지 않는데, 왜냐하면 거절에 따른 모욕감이 두렵기 때문이다.

Weiner(1998)는 2점 이상의 COP는 "사람들이 좋아할 만하고 외향적인, 친구나 동지로 여겨지는 사람들과 관련되어 있다."고 했다(p. 178). 반면, COP가 없을 경우 "타인과 협력적인 관계를 맺는 능력의 부적응적인 결함"을 지시한다. 이들은 "거리감 있고 동떨어져 있어서" "상승된 ISOL, 낮은 sumH와 함께 나타난다면 대인관계 회피와 철회를 시사한다."(pp. 178-179) 일반적으로 AG가 2점 이상이라면 문제적인 대인관계를 지시하는데, Weiner(1998)는 AG를 "언어적, 비언어적으로 주장적인 행동을 보이려는 의도"로 해석하는 것이 바람직하다고 하였다(p. 169). 공격적인 AG와 주장적인 AG를 비교함에 Weiner는 "싸우는 두 곰"은 공격적 AG의 한 예이고, "팔씨름하는 두 남성"은 주장적 AG의 한 예라고 하였다.

마지막으로 대인관계 공감 능력(타인의 입장에서 생각하고 타인의 느낌을 받아들이는 것)에 관하여, M+, Mo, Mu는 공감 능력을 가리키고, M-는 공감 능력의 결함을 가리킨다(Exner, 2003; Weiner, 1998). Weiner(1998)에 따르면,

> 두 개 이상의 정확한 M 지각은 공감 능력이 적절함을 보여 준다. 그러나 M->1는 사회적 지각의 손상을 지시한다. M- 반응이 많을수록, 사회적 상호작용에서 사람들을 오지각하기 때문에 적응상의 어려움을 가질 수 있다(p. 182).

로샤 내용 변인

Silverstein(1999)은 로샤의 내용 분석으로 자기애의 지표를 기술하였다. 그는 다양한 한계 검증(testing-of-the-limits) 접근을 통하여 환자들이 지각한 내용을 확보하였고, 자기애적 반응임을 확인하기 위해서는 이 과정이 필수적이라고 보았다. 그는 환자들이 과장된 권력에 관한 주제로 반응할 때 자기 웅대성을 보일 수 있다고 하였다

(예: 세상에 알려진 가장 위대한 비행기, 지구를 파괴할 만큼 강력한 세력, 왕좌에 앉아 나라를 굽어보고 있는 왕, p. 116). 이 기저에는 자존감이 극도로 결여되어 있기 때문에 이러한 반응은 부정적인 결과를 포함하고 있기도 한다. "세상에 알려진 가장 위대한 비행기로, 곧 추락한다. 혹은 강력한 왕이, 왕좌에서 물러난다." 등이다(p. 117).

장엄함의 측면을 강조하는 다른 반응들은, 예를 들면, "우주선의 장엄한 발사" "갈기가 훌륭한 강한 사자" 등 선망의 대상이 되고자 하는 환자의 소망을 반영한다(Silverstein, 1999, p. 118). 37세의 어떤 남자 환자는 V번 카드에서 "스텔스 폭격기"를 보았는데, 반응은 "넓은 날개와 매끈하게 윤이 나는 몸체, 감시기에 탐지되지 않아 가장 강력하고 최상급인"이라고 정교화하였다(p. 118). Silverstein은 "이 반응이 자신의 매끈한 외모에 대해 선망 받고 싶은 욕구를 전달한다."고 보았다. 스텔스 폭격기 반응은 '미생물' 반응 뒤에 이어 나타났는데, Silverstein은 "자기애의 정신병리 안에서 환자들은 기저의 평가절하의 지표 이후 우주선이나 스텔스 폭격기와 같은 강력하고 붕 뜬 심상을 묘사한다."고 하였다(pp. 118-119).

자기애성 성격장애 환자들은 자존감을 최적으로 유지하기 위해서 어떤 대가도 치른다는 반응을 보인다고 Silverstein(1999)은 지적하였다. II번 카드에서 한 환자는 "제가 자동차를 고치고 있는데 또 손가락을 찧었네요. 그래서 흙이랑 기름이랑 피가 난 거예요." 하고 반응하고는, 질문 단계에서 "만약 누군가가 저렇게 피가 나면, 뭔가 좀 조치를 취해야 할 텐데, 제 경우는 그냥 일을 빨리 끝내 버려요. 피는 당연 곧 멈출 것이고, 난 그냥 일을 계속 하겠죠."라고 말한다(p. 119). 이는 "아무리 허세 부리고, 고양되어 있고, 지려하지 않고, 집요하더라도, 이 사람의 반응은 자존감을 위협하는 정서의 강렬함으로부터 방어하기 위해서 치러야 했던 대가를 극적으로 보여 주고 있다."(p. 120)

자기애와 관련된 장애의 주요 발현으로 "공허감, 만성적인 지루함, 삶에 대한 환멸감과 관련된 우울감은 자기비하의 형태로 표현된다."(Silverstein, 1999, p. 128) '두 마리의 들소, 작은 뿔과 모양이 이상한 다리' '팔이 하나인 두 곰이 춤을 춤'이라고 하는 것은 열등하고 손상된 자기감, 취약함에 대한 자기애성 성격장애를 가진 사람들의 자기비하를 나타낸다. 또 다른 예로, 자살시도 때문에 입원한 16세 여자 환자는 I번 카드에서 "브리타니 스패니얼 개, 강아지, 죽은 건지 아픈 건지 불행한 건지, 개는 여기 있는데 감정은 없어요."라고 했다(Silverstein, 1999, pp. 138-139).

Arnow와 Cooper(1988)는 자기애성 성격장애를 로샤검사로 평가하는 데 Kohut의 이론을 적용하였다. 평가 상황이 환자의 원시적 욕구가 표현되는 상황이라고 했을 때, 그리고 이러한 욕구가 좌절되어 있을 때, 환자의 반응을 세 가지 차원으로 해석할 수 있다. 자기의 상태, 자기대상(self object)의 역할, 새로운 대상에 대한 기대의 차원이다. Kohut과 Wolf(1978)의 작업에 따라, Arnow와 Cooper(1988)는 평가 상황에서 나타나는 증후군을 기술하였다. "과소 고무된 자기(understimulated self)" "과잉 고무된 자기(overstimulated self)" "파편화된 자기(fragmented self)" "과잉 부하된 자기(overburdened self)"다.

'과소 고무된 자기'는 "반응이 없는 자기대상으로 인하여 내적으로 죽어 있다는 느낌을 떨치기 위해서 자극을 갈망하고(Lerner, 1991, p. 258)", 따라서 자극 추구를 위한 적극적인 시도를 하거나, 그 반대로 공허감을 느끼게 된다. 종종 환자가 평가자와의 관계를 어떻게 해석하느냐에 따라서 두 가지 반응 모두 프로토콜에 등장할 수 있다. Lerner(1991)는 '육식하는 화요일(mardi gras)' '컬러풀한 바다' '환한 색의 은하'와 같은 반응이 나타난다고 했다(p. 258). 공허감은 무생산, 죽음, 황폐함의 주제에서 나타난다.

'과잉 고무된 자기'는 평가자를 즐겁게 하기 위해 성취와 수행에 관한 주제(예: 춤추는 곰)를 보인다. Lerner(1991)는 "일반적인 지각이 정교화된 윤색을 통해서 특별한 반응들로 나타난다. 환상적인 창조물은 자기 고양을 위함이 아니라, 타인이 기대할 것에 관한 자신의 상상에 부응하기 위해 나타난다."고 하였다(p. 256). '파편화'에 대한 두려움이 있는 환자들은 대상의 통합에 대한 염려나 집착을 보이는 반응을 나타내고, 이는 건강염려증적 걱정을 반영한다. 이는 '깨진 화병' '퍼즐 조각'과 같은 이미지로 나타난다(Arnow & Cooper, 1988, p. 65).

'과잉 부하된 자기'는 보살펴 주는 전지전능한 자기대상과 통합하는 데 실패한 결과로, "이러한 자기 스스로를 보살피거나, 불안을 비롯하여 만연한 정서로부터 스스로를 보호하는 능력을 발달시키지 못한다." 그래서 이 사람의 대상관계는 정서조절 능력을 위협하는 상호작용에 자기를 노출시키는 위험과 관련되어 있다. 이들은 정서 조절에 대한 염려를 표현하는데, '겉으로는 화산이지만 그 안에 무엇이 있는지 아무도 모르게 꼭대기는 얼어붙어 있다.' (Arnow & Cooper, 1988, p. 66)

평가자-환자 상호작용

자기애성 성격장애 환자와 평가자의 상호작용은 환자들의 자기표상에 따라 매우 다르게 나타날 수 있다. 전능하고 웅대한 자기상을 지닌 환자는 특별함에 대한 욕구를 표현하고 그렇게 대우받기를 바란다. 따라서 시간 조정이 쉽지 않고, 치료자로부터 특별한 대우를 받기를 바란다. Lerner(1988)는 이들의 반응이 "무슨 의미가 있거나 함께 경험을 나누려는 의도에 따른 것이 아니다."고 했다. 오히려 이들의 반응은 "평가자에게 깊은 인상을 주고, 고양된 자기감에 걸맞은 반응을 만들어 내는 데" 자극받는다(p. 277).

그러나 어떤 자기애성 성격장애 환자들은 자존감의 영역에서 무방비한 상태로 보다 저항적이다. 이들은 로샤를 "어렵고 부담스러운 과제로 무슨 대답이든 충분치 못할 것"(p. 277)이라고 본다. 이 경우 평가자와 환자의 관계는 어려워질 뿐만 아니라, 이러한 자기표현을 반영하는 반응 내용이 나타날 수 있다. 첫 번째 사람의 경우는 자기 고양이 반영된 지각이 나타날 수 있고, 두 번째 사람인 경우 결함, 손상, 부적절감의 주제가 나올 수 있다.

더하여, 평가자로부터 반영(mirroring)받고 싶은 욕구는 여러 가지 형태로 나타난다. 대부분의 환자들은 평가자에게 호감을 주기 위해 매우 노력하고, 평가자의 인정과 선망을 받고 싶어 한다. 평가자를 즐겁게 하기 위해서 유머를 건네기도 한다. Arnow와 Cooper(1988)는 "평가자가 환자의 로샤를 마치 퍼포먼스처럼 경험하고, 환자로부터 훈계를 받거나 즐거운 시간을 가졌다는 느낌이 든다면, 환자가 반영을 극대화하기 위한 역할을 했다고 볼 수 있다."고 지적했다.

자기애성 성격장애 환자에게 평가자의 중립적인 입장은 불완전한 반영 경험으로 남는다. 그 결과 어떤 환자들은 다소 좌절할 수도 있고, 아예 짜증을 내기도 한다. 어떤 이들은 지루해하고 과제에 참여하려 하지 않고, 어떤 이들은 의심스러워한다. "환자가 과제에 대해 흥미를 잃거나 화내고 있음을 감지할 수 있는데, 이는 평가자가 환자의 수행에 환호를 보내지 못할 경우 더 두드러진다."(Arnow & Cooper, 1988) 가끔 자기애성 성격장애 환자들은 평가자를 이상화된 권력대상으로 보면서 뻔뻔스러운 아첨을 하기도 한다. 어떤 경우 평가자나 검사 자체를 평가절하하고, 이는 아마도 이상화된 대상이 실망하는 일로부터 방어하기 위함일 것이다.

사례 연구로 넘어가기에 앞서, 한 개인이 DSM 진단에 부합하는가를 판단하기 위해서는 다중적이고 다양한 평가를 통해 정보를 얻어야 하는 점이 매우 중요함을 유념해야 한다. 이 장에서는 단지 로샤검사에 관해서만 논의하고 있으므로, 로샤검사에서 얻은 정보만 기술되고 논의될 것이다.

사례: N씨(M/33)

33세 남성인 N씨는 "심각한 우울감, 동기 결여, 그리고 삶의 본래 궤도로 들어가고 싶다."고 호소하며 방문했다. 그는 부도 수표를 사용해서 감옥에 간 적이 있고, 강박적인 도박꾼이기도 했다. 14회기 동안 치료를 받았던 그는 2년 뒤 다시 나타났는데, 다른 치료자를 만나면서 단지 6회기만이 진행되었다.

N씨의 모습은 DSM의 자기애성 성격장애 진단기준 중 5개의 항목을 만족시켰다. 웅대성; 끝없는 성공, 권력, 탁월함, 아름다움에 대한 환상; 특권의식; 대인관계 착취; 공감능력 결여. 여기에 더하여, 임상자료를 통해서 나머지 항목도 충족시킨다는 점이 나타났다. '특별한 사람' 이라는 믿음, 과도한 선망에 대한 요구 그리고 거만한 태도 등이 나타났다.

본문은 외국 사례를 인용한 것이다. 국내 임상 장면에서 이렇듯 순전히 자기애성 성격장애만을 진단받는 환자를 만나기란 쉬운 일이 아니었다. 대개 연극성 성격장애 혹은 경계선 성격장애와 동반되는 경우가 흔했다. 다만, 이 외국 사례에는 개인력 자료가 충분치 않은 수준인 것이 흠이다. 그러나 앞서 언급한 로샤 변인에 근거하고 두 치료자와 N씨의 상호작용을 살펴보면 자기애성 성격장애 진단과 상당히 일치한다는 것을 알 수 있다. 본문에서는 제시된 외국 정보와 로샤 프로토콜을 근거로 N씨에 대한 해석을 시도하였다. N씨의 로샤는 만성적인 우울을 동반하는 유아적 자기애(infantile narcissism)의 성향을 두드러지게 보여 주는 것으로 생각된다.

치료자와의 상호작용 안에서 N씨는 치료적 틀에 맞추기를 거부했고, 치료비를 내지 않았으며, 시간이 다 되어서야 약속을 취소했고, 약속을 지키지 않았다. 두 번의 치료 모두에서 그는 돈을 지불하라는 말에, 그리고 애초에 합의했던 치료적 틀(정기적으로 치료에 오는 것, 돈을 내는 것)을 지켜 달라는 말에 화를 내면서 치료를 중단하였다.

기록에 따르면, N씨는 첫 치료자가 그에게 즉각적인 '도움' 을 주지 않았기 때문에 '분노에 찼다.' 그는 자신이 도움을 받아 마땅하다고 느꼈고, 치료자에게 자신이 불법 행동을 못하도록 '만들어 달라.' 고 주장하면서도 자기 스스로는 불법행동을 그만둘 만한 능력이 있다고 우겼다. 그는 한 치료자에게 자신을 '고쳐 달라.' 고 요구했다. 기록을 살펴보면, 치료자가 지난 미납 치료비를 언급하자 그는 화를 냈고, 치료비를 내야 한다는 사실에 격분했다는 것을 알 수 있다. 그는 자신이 '이렇게 심하게 힘든데…….' 치료자가 돈을 받으려 한다니 '믿을 수 없다.' 고 하였고, 자신에게 너무나 큰 문제가 생겼기 때문에 특별한 대우를 받아야 한다고 느꼈다. 물론 치료비에 대해 말을 꺼냈던 한 회기에서 그는 '당장 박차고 나가겠다.' 고 말했지만 그러지는 않았다. 그런데 치료자가 치료비를 낮추겠다고 제안하자 거절했고, 그 뒤로는 다시 나타나지 않았다.

N씨는 직업 활동을 한 적이 거의 없다고 보고했다. 그는 '자신에게 걸맞지 않은 천한 직업' 이었거나 고용주와 '잘 맞지 않았기 때문에' 일을 그만두었다고 했다. 다른 직장에서는 '흥미도 없고 동기도 없어' 해고되었다고 말했다. 그는 친구가 거의 없고 사람들로부터 고립된 편이라고 했다. 두 치료자 모두 그가 웅대성과 열등감 사이에서 동요했다고 말했고, 외모에 대해서 과도하게 염려했다고 했다. N씨는 자기가 예술 계통에 특별한 재능이 있고 '매우 지적이라서' 특별하고 남다르다고 했다. 한 회기에서 그는 치료자가 치료 시간이 한 시간이라고 말해 놓고는 50분을 진행하자 '사기를 당

한' 느낌이라고 하면서 화를 냈다.

치료자들에 따르면, N씨는 자신에 대한 사람들의 반응에 극도로 과민하게 반응했고, 타인으로부터 지속적인 관심과 확인을 요구했다. 또한 N이 '무책임하고, 자기중심적이고, 매우 충동적' 으로 치료자들을 대한다고 했다. 기록에 따르면, 치료자들은 N씨가 때에 따라 유머 있고 매력적일 수 있다는 말을 제외하고서는 그 어떤 긍정적인 언급도 하지 않았는데, 이에 대해 N씨는 치료자들에게 화를 내고 불편해했다.

N씨의 로샤

자기 지각 및 대상표상

N씨의 로샤에는 자기애성 문제 및 자기 몰두와 일관되는 3개의 반사반응이 나타났다. 이는 치료자들이 언급했던 자기중심성과 일치하는 결과다. Weiner(2003)에 따르면, 여러 개의 반사반응이 있는 사람은 '거만한' 경향이 있다. 이들은 "타인보다는 자신의 욕구와 흥미를 우위에 둔다. …… 이들은 특징적으로 실패의 책임을 외부로 돌리고, …… 자신이 처한 어려움에 남 탓을 한다. 그들은 특권의식과 우월성을 가지고 일상생활에 임한다."(pp. 160-161) 이러한 설명은 두 치료자와의 상호작용에서뿐만 아니라, 다른 사람들과의 관계에 대한 그의 보고를 특징짓는다. 반사반응은 그가 타인을 하나의 독립된 존재로 지각하지 못하고 자기의 연장선상으로 표상하는 것을 의미하기도 한다. 즉, 타인은 자신만의 욕구를 지닌 독립체가 아니라, N씨의 욕구와 감정에 따라 달리 지각되는 하나의 대상일 뿐이다. 치료자와의 관계에서 '자기는 이렇게 힘든데 치료자가 돈을 받으려 한다' 고 하는 등, N씨는 치료자를 개별 대상으로 보지 못하고 자신의 욕구에 따라 상호작용을 규정짓고 있다.

또한 Weiner(2003)는 적응상의 문제와 관련하여 이들의 이기심, 자기 선망, 특권의식, 책임 전가는 "대인관계의 문제를 가져온다. ……자기애성 개인에게 겸손함이 결여되어 있고 이타성이 부족한 것을 불쾌해하고 거슬려 하는 사람들은 부정적인 반응을 보일 수밖에 없게 된다."고 했다(p. 161) N씨의 경우도 완전히 그러했다. N씨는 친구가 거의 없고 직업 생활을 지속하기 힘들다고 말했다. 더하여 법적인 문제가 생길 때 늘 친구들을 탓했고 자기 자신의 동기는 고려하지 않았다.

N씨가 보인 6개의 M 반응 중 한 개는 M-, 세 개는 Mu, 한 개는 형태가 모호한(vague)반응이었다. 긍정적 인간표상반응과 부정적 인간표상반응의 비율(GHR:PHR)은 2:5로, 이는 비효율적이고 부적응적인 대인관계 행동 양상을 가리킨다. Exner(2003)는 이들이 "갈등과 실패로 점철된 대인관계 과거력"을 가지고 있다고 했다(p. 511). N씨의 GHR과 PHR 반응은 본질적으로 서로 다른데, 이는 그의 대인관계 행동이 비효율적이고 타인은 이를 불쾌하게 생각할 것이라는 가능성을 높인다. 실로, 두 치료자를 향한 N씨의 행동과 대인관계 문제에 관한 그의 보고는 이러한 해석의 타당성을 뒷받침한다.

M 반응의 내용은 대인관계에 대한 N씨의 태도를 보여 주기 때문에 중요하다. 예를 들어, 두 번째 카드 II에서 그는 "ET 같은 두 명의 외계인이 손을 대면서 의사소통하고 있다. …… 입으로 할 수 있는 것보다 더 많은 것을 이야기하고 있다."고 보았다. 그 다음 다섯 번째 반응에서 "다른 두 사람이 불 옆에서 이상한 자세로 서 있다. …… 대개 저렇게 서 있지 않는데, 곡예사가 아니고서야 불가능한 자세"라고 했다. 이 두 반응은 N씨의 대인관계 소외감과 고통을 반영함에도 불구하고, 동시에 러너 방어 척도(Lerner Defense Scale; Lerner, 1998)에서는 이상화로 채점된다. 이는 특별한 힘과 능력이 있는 존재를 지각하는 반응들이다. 특히 소통하고 알려지기 위한 특별한 힘에 관해 말하고 있다. 이는 사람들, 특히 치료자가 자기 욕구를 직관적으로 알고 실현시켜 주기를 원하는 것과 관련될 수도 있다. 아닌 게 아니라, 곡예사의 능력은 법적인 문제와 대인관계 상황에서 자신을 구해 내기 위해 유용할 수 있다. 더불어 '대개 사람들은 저렇게 서 있지 않아요.' 하는 반응은, 외부 세계를 지각하는 근거를 외적 자극에 두지 않고 자기 자신을 기반으로 하는 양상을 특징짓는다. 즉, 자기가 참조의 근거가 된다. 외부 자극에 맞춰 자신을 조절하지 못하고 자신의 틀에 따라 외부 세계를 곡해하는 N씨의 모습은 이와 일치한다.

VI번 카드에서 N씨는 "화가 난 두 사람, 투덜거리면서 반대 반향을 보고 있다."고 하고, X번 카드에서 "떼쓰는 아이"를 본다. 이러한 지각은 특히 그의 M 반응이 하나를 제외하고는 모두 형태질이 -와 u, vague 반응이며, 또한 M 반응 중 두 개가 AG와 연관되어 있다는 점을 고려했을 때, 그가 다른 사람들과 공감적으로 성의껏 관계하는 능력이 없고, 나아가 사회적 상황이나 대인관계 상황에서 적응하지 못할 것임을 알 수 있다. 이 결과는 N씨가 타인의 태도나 의도를 왜곡하여 판단할 수 있고, 대인관계 상황에서 부정확한 인상을 형성할 수 있다고 제안한다(Weiner, 2003). 치료자와의 관계나 N씨의 일상생활에 관한 치료 기록은 이러한 가설을 명백하게 지지한다. Weiner(2003)는 이러한 적응법은 사회적 상황에서 부적절하게 대응하는 결과를 초래한다고 언급하였고, 이도 N씨의 기록에 보고되어 있다. N씨는 인생의 모든 단계에 걸쳐 나타난 대인관계 적응의 어려움을 기술하였다. 예를 들어, 의아스럽게도 그는 자신이 관계에서 '너무나 많이 베푸는 사람'이라고 생각하였다. 그는 늘 베푸는 사람이 되고 싶지만 베풀고 나서 꼭 분개하게 된다고 하였다. 베푸는 것이 그에게 통제 및 거리 두기와 관련될 수 있지만, 또한 이 '베푸는' 지각이 대인관계에 대한 그의 지각적 왜곡일 가능성도 크다. AG 반응들과 개인특유적 혹은 왜곡된 지각의 근거(S-%, X-%, Xu%, F+%)와 동반되는 이 문제적인 M 반응들은, 그가 자신의 부적절한 행동을 언어적 혹은 비언어적인 방식으로 표현할 수 있다고 제안한다(Weiner, 2003). 세상을 악의적으로 지각하고, 부정적이고 반대적인 상호작용을 예상하며, 공격적이고 호전적이고 지배적인 방식으로 행동하면서 대인관계가 평화로울 가능성은 침식당한다.

앞서 언급했던 변인들과 결합하여, 자기애성 성격장애 진단에서 고려할 또 다른 중요한 로샤 변인은 T다. T의 부재는 타인과 가까운 관계를 형성하지 못하는 어려움, 친밀감에 대한 반감, 나아가 적응 문제를 보일 수 있는 지표로 알려져 있다(Weiner, 2003). 분명, 치료 기록은 N씨가 가까운 관계로부터 해를 입을 것이라고 예상할 가능성을 뒷받침한다. 그는 치료자들과의 관계에서도 자신이 피해자라고 보았으며, 이는 대인관계 불안정성과 위험에 대한 과잉경계를 반영한다.

N씨는 다른 사람들에게 주의를 기울이고 있는 것처럼 보이지만(sumH=5), H 반응은 오직 2개뿐이었다. 즉, 하나는 (H), 또 다른 두 개는 Hd 반응이었다. 이는 그가 대인관계를 편하게 여기지 못하고, "철회와 회피 행동의 부적응적인 패턴으로 대인관계 고립과 사회적 무관심 그리고 불편감을 극대화시킬"(Weiner, 1998, p. 163) 가능성을 보여 준다. 마찬가지로, N씨는 항상 사람 만나는 게 고통스러움으로 귀결되기 때

문에 관계를 피할 때가 있다고 말했다. 더하여, 하나의 COP 반응은 반-인간 형태와 형태질 u와 함께 나타난다.

취약성에 대한 방어로서의 웅대성

그러나 간과하지 말아야 할 점은, 로샤 전반에서 나타나는 N씨의 존재감에 대한 깊은 불안이다. 앞서 언급한 내용에 따르면, Akhtar(1989)의 내현적 자기애성 성격장애가 N씨의 진단에 보다 타당할 것 같다.

첫 번째 반응에서 "무슨 동물인지 모르겠네요." 하거나, 이어 두 번째 반응에서 "동물에 대해서는 별로 관심이 없어요." 하고 말하는 점, 빨간 자극의 의미에 대해 집착하는 반응은 로샤라는 모호하고 두려운 과제에 직면하게 되었을 때 대면하게 되는 자기에 대한 불확실성과 수행 불안이 발현된 것으로 보인다. 실제로 그는 일상생활이나 직업 활동 중에 완벽한 자기상에 걸맞지 않는 자기 모습을 마주하게 되면서 자기애성에 상처를 입었던 것으로 여겨지고, 이러한 깊은 손상감과 불확실감에 대한 통제반응으로 대상에 대해 거리를 두고 평가절하하는 반응을 보였을 수 있다. 특히 다섯 번째 반응에서 곡예사는 특별한 힘과 능력에 대한 추구를 반영하기도 하지만, 현실 세계에서 곡예사란 정착지가 없는 이들로서, 이는 불확실한 자기표상이나 대상관계 표상에 대한 은유이기도 하다. 또한 7번 반응으로 '나무' 를 보고, 8번 반응에서 '폭포' , 13번 반응에서 '꽃' 을 보는데, 이는 내면의 깊은 수동성과 존재감에 대한 긴장감을, 24번 반응의 '눈물' 은 내면의 취약한 자기 모습에 대한 고통스러운 몰입과 공허감을 반영하는 것으로 여겨진다.

요컨대, N씨가 보이는 증상은 일차적 자기애보다는, 내면의 불확실감과 취약함을 위장하려는 이차적 자기애가 발현된 것으로 생각된다. 반응 내용을 살펴보았을 때, 의존의 주제가 반복되어 나타나는 점도 이와 관련된다. 21번 반응의 '산을 타는' , 28번 반응의 '부채와 손잡이' , 29번 반응의 '전구와 갓' 은 서로 연결되고 상호의존적인 사물에 관한 주제들이다. 가장 높은 수준의 대상관계를 상호 자율성에 둔다면, 그의 대상표상은 경계가 형성되지 못한 불안정성으로 점철되어 있다. 16번 반응의 '커다란 무엇을 삼킨 뱀' 은 N씨의 함입 공포(engulfment fear)를 표상하는 것으로, 분리되지 않은 그의 자기표상과 대상표상을 짐작하게 한다.

깊은 자기 불안정성을 위장하기 위한 이차적 자기애가 발현된 N씨의 웅대성은 VII번 카드의 반응인 "로마 황제의 머리 장식"에서 발견된다. IX번 카드에서 그는 "브로드웨이 뮤지컬을 위한 화려한 무대 의상, 여자 옷, 위에 리본이 있고 부풀려진 소매, 화려함과 색깔"을 본다. 유사하게, VIII번 카드에서는 '정교한 모양에 다채로운 샹들리에'를 지각하였다. 이러한 반응은 집중적인 관심을 받기 원하는 과시 욕구를 묘사한다. 치료자는 내면의 취약한 자기표상 및 대인관계 표상을 과잉보상하는 방식으로 다루는 그의 웅대성을 다음과 같이 기록하였다. "그는 이 방 안의 거대한 존재가 되고자 한다." 그러나 그것이 충족되지 못했을 때, 마치 좌절한 아이처럼(카드 X) 그는 통제력을 상실하고 도박에 빠지거나 부도 수표를 쓰는 등 위험하고 과시적인 행동을 하게 되는 것 같다.

원시적 공격성 혹은 이차적 공격성

그는 Kernberg(1975)가 설명하는 경계선 수준에서 조직화된 자기애성 성격장애를 보이는 것으로 여겨진다. 그러나 그의 로샤에서는 어떤 원시적 수준의 분노감이 발견되지 않고 있다. 오히려 웅대성으로 위장한 모습 이면에 아주 취약한 유아적 의존성과 침울함, 공허감, 무력감, 열등감이 주로 발견되는 양상이다. 이는 과거 N씨가 적절한 자기대상이 결여된 환경에서 자랐을 가능성을 추측하게 한다. 자기대상의 공감과 이상화의 실패에 따른 좌절감은 그에게 '투덜투덜거리고(카드 VI)' '아이가 떼쓰는(카드 X)' '화산이 폭발하는(카드 IX)' 이차적인 공격성을 부여했을 수 있다. N씨는 좌절된 욕구로부터 스스로를 보호하기 위해서 웅대성과 열등감 사이가 분열된다고 말한 Kohut(1971)의 이론과 일치하는 모습을 보인다. 아마도 그가 치료자들에게 무리한 요구를 지속했던 점은 치료자를 향한 융합의 소망과 관련이 있을 것으로 여겨진다. 불행히도, 그가 치료자들을 평가절하하면서 치료를 그만두었지만 말이다. 그럼에도, N씨의 마지막 반응(sign out)은 양호한 형태질에 정서적 자극이 적절히 통합된 반응으로 구성되어 있다. 그는 아마도 좌절감에서 오는 분노감을 어느 정도 인식하고 있을 것으로 여겨지며, 웅대성과 과시적 행동으로 위장된 자기의 취약성과 우울감을 깨달으면서 치료 장면을 찾아 '삶의 본래 궤도로 들어가고 싶다.'는 말을 남겼던 것이 아닐까 생각한다.

자기애성 성격장애를 정확하게 진단하기 위해서는 정보를 수집할 때 다중특질측정치에 근거한 다중 방법론적 평가가 요구된다(예: 자기-보고형 평가, 투사 검사, 면접 정보, 관찰, 의뢰기관으로부터의 정보 등; Hilsenroth et al., 1996 참고). 다중특질-다중방법론 평가에 관해서는 Handler와 Meyer(1998), Handler와 Clemence(2003)를 참고할 수 있다.

로샤검사 자료를 타당하게 해석하고, 자기애성 성격장애를 진단하기 위해서도 유사한 접근이 필요하다. 자기애성 성격장애 혹은 다른 DSM 진단을 단일하게 정의하는 로샤 변인은 없었으며, 반사반응과 이상화 반응이 자기애 구조를 가장 잘 나타낸다는 경험적 근거들이 가장 많았다. 더불어, 다른 다양한 구조적 요약 변인들도 중요하다: 자존감 변인(Fr + rF, 3r + (2)/R); 긍정적 자기상과 관련된 측정치(V, MOR); 자각(FD); 안정된 정체성(H:Hd + (H) + (Hd)), 대인관계 관심, 관여, 안정감(sumH, H:Hd + (H) + (Hd), ISOL); 대인관계 친밀감 및 안정감과 관련된 측정치(sumT, HVI); 대인관계 협동, 경쟁성과 주장성과의 균형(COP, AG, a:p); 정확한 공감능력(정확한 M; Weiner, 2003). 추가적으로, 반응 내용을 분석하는 것도 중요하며, 이는 반응 양상 혹은 평가자와의 관계 양상의 평가와 함께 이루어질 수 있다. 로샤검사와 자기애성 성격장애와 관련된 훌륭한 참고문헌으로는 H. Lerner(1988), P. Lerner(1988), Arnow & Cooper(1988), Silverstein(1999)이 있다. 각 변인과 관련된 연구 자료를 고려하여 정보를 수집하고 통합하려는 노력을 하지 않는다면, 평가에서 심각한 오류가 발생할 수 있다.

참고문헌

Akhtar, S. (1989). Narcissistic personality disorder: Descriptive features and differential diagnosis. *Psychiatric Clinics of North America, 12,* 505-530.

Akhtar, S., & Thompson, J. (1982). Overview: Narcissistic personality disorder. *American Journal of Psychiatry, 139,* 12-20.

American Psychiatric Association (1980). *Diagnostic and statistical manual of mental disorders* (3rd ed.). Washington, DC: Author.

American Psychiatric Association (1987). *Diagnostic and statistical manual of mental disorders* (3rd ed. rev.). Washington, DC: Author.

American Psychiatric Association (1994). *Diagnostic and statistical manual of mental disorders* (4th ed.). Washington, DC: Author.

American Psychiatric Association (2000). *Diagnostic and statistical manual of mental disorders* (4th ed. Text Revision: TR). Washington, DC: Author.

Arnow, D., & Cooper, S. (1988). Toward a Rorschach psychology of the self. In H. Lerner & P. Lerner (Eds.), *Primitive mental states and the Rorschach* (pp. 53-70). New York: International Universities Press.

Benjamin, L. (1993). *Interpersonal diagnosis and treatment of personality disorders.* New York: Guilford.

Berg, J. (1990). Differentiating ego functions of borderline and narcissistic personalities. *Journal of Personality Assessment, 55,* 537-548.

Berg, J., Packer, A., & Nunno, V. (1993). A Rorschach analysis: Parallel disturbance in thought and in self/object representation. *Journal of Personality Assessment, 61,* 311-323.

Blais, M., Hilsenroth, M., & Castlebury, F. (1997a). Psychometric characteristics of the cluster B personality disorders under DSM-III-R and DSM-IV. *Journal of Personality Disorders, 11,* 270-278.

Blais, M., Hilsenrith, M., & Castlebury, F. (1997b). The content validity of the DSM-IV borderline and narcissistic personality disorder criteria sets. *Comprehensive Psychiatry, 38,* 31-37.

Blais, M., Hilsenrith, M., Castlebury, F., Fowler, J., & Baity, M. (2001). Predicting DSM-IV Cluster B personality disorder criteria from MMPI-2 and Rorschach data: A test of incremental validity. *Journal of Personality Assessment, 76,* 150-168.

Blatt, S., & Lerner, H. (1983). The psychological assessment of object representations. *Journal of Personality Assessment, 47,* 7–28.

Castlebury, F., Hilsenrith, M., Handler, L., & Durham, T. (1997). The use of the MMPI-2 Personality Disorder Scales in the assessment of DSM-IV antisocial, borderline, and narcissistic personality disorders. *Assessment, 4*(2), 155–168.

Chatham, P., Tibbals, C., & Harrington, M. (1993). The MMPI and the MCMI in the evaluation of narcissism in a clinical sample. *Journal of Personality Assessment, 60,* 239–251.

Colligan, R., Morey, L., & Offord, K. (1994). The MMPI/MMPI-2 personality disorder scales: Contemporary norms for adults and adolescents. *Journal of Clinical Psychology, 50,* 168–200.

Cooper, A. (1981). Narcissism. In S. Arieti, H. Keith, & H. Brodie (Eds.), *American Handbook of Psychiatry* (Vol 4, pp. 297–316). New York: Basic Books.

Cooper, A. (1998). Further developments in the clinical diagnosis of narcissistic personality disorder. In E. Ronningstam (Ed.), *Disorders of narcissism: Diagnostic, clinical and empirical findings* (pp. 53–74). Washington, DC: American Psychiatric Association.

Cooper, A., & Ronningstam, E. (1992). Narcissistic personality disorder. *American Psychiatric Press Review of Psychiatry, 11,* 80–97.

Davis, R., Blashfield, R., & McElroy, R. (1993). Weighting criteria in the diagnosis of a personality disorder: A demonstration. *Journal of Abnormal Psychology, 102,* 319–322.

Eagle, M. (1984). *Recent developments in psychoanalysis: A critical evaluation.* New York: McGraw-Hill.

Exner, J. (1969). Rorschach responses as an index of narcissism. *Journal of Personality Assessment, 33,* 324–330.

Exner, J. (1973). The self-focus sentence completion: A study of egocentricity. *Journal of Personality Assessment, 37,* 437–455.

Exner, J. (1974). *The Rorschach: A comprehensive system: Volume 1. Basic foundations.* New York: John Wiley.

Exner, J. (1978). *The Rorschach: A comprehensive system: Volume 2. Current research and advanced interpretation.* New York: John Wiley.

Exner, J. (1986). *The Rorschach: A comprehensive system: Volume 1. Basic foundations.* (2nd ed.). New York: John Wiley.

Exner, J. (1991). *The Rorschach: A comprehensive system: Volume 2. Current research and advanced interpretation* (2nd ed.). New York: John Wiley.

Exner, J. (1993). *The Rorschach: A comprehensive system: Volume 1. Basic foundations.* (3rd ed.). New York: John Wiley.

Exner, J. (1995). Comment on Narcissism in the Comprehensive System for the Rorschach. *Clinical Psychology: Science and Practice, 2,* 200–206.

Exner, J. (2003). *The Rorschach: A comprehensive system: Volume 1. Basic foundations.* (4th ed.). New York: John Wiley.

Farris, M. (1988). Differential diagnosis of borderline and narcissistic personality disorders. In H. Lerner & P, Lerner (Eds.), *Primitive mental states and the Rorschach* (pp. 299–338). New York: International Universities Press.

Gabbard, G. (1989). Two subtypes of narcissistic personality disorder. *Bulletin of the Menninger Clinic, 53,* 527–532.

Gacono, C., & Meloy, J. (1994). *The Rorschach assessment of aggressive and psychopathic personalities.* Hillsdale, NJ: Lawrence Erlbaum Associates.

Gacono, C., Meloy, J., & Berg, J. (1992). Object relations, defensive operations, and affective states in narcissistic, borderline and antisocial personality disorder. *Journal of Personality Assessment, 59,* 32–49.

Gacono, C., Meloy, J., & Heaven, T. (1990). A Rorschach investigation of narcissism and hysteria in antisocial personality disorder. *Journal of Personality Assessment, 55,* 270–279.

Glassman, M. (1988). Kernberg and Kohut: A test of competing psychoanalytic models of narcissism. *Journal of the American Psychoanalytic Association, 36,* 597–625.

Greenwald, D. (1990). An external construct validity study of Rorschach personality variables. *Journal of Personality Assessment, 55,* 768–780.

Gunderson, J., Ronningstam, E., & Bodkin, A. (1990). The Diagnostic Interview for Narcissistic Patients. *Archives of General Psychiatry, 47,* 676–680.

Gunderson, J., Ronningstam, E., & Smith, L. (1991). Narcissistic personality disorder: A review of data on DSM-III-R descriptions. *Journal of Personality Disorders, 5,* 167–177.

Handler, L., & Meyer, G. (1998). The importance of teaching and learning personality assessment. In L. Handler & M. Hilsenroth (Eds.), *Teaching and learning personality assessment* (pp. 3–30). Mahwah, NJ: Lawrence Erlbaum Associates.

Handler, L., & Clemence, A. (2003). Education and training in psychological assessment. In J. Graham & J. Naglieri (Eds.), *Handbook of psychology: Assessment* (Vol. 10, pp. 181–209). New York: John Wiley.

Hilsenroth, M., Fowler, C., Padawer, J., & Handler, L. (1997). Narcissism in the Rorschach revisited: Some reflections on empirical data. *Psychological Assessment, 9,* 113–121.

Hilsenroth, M., Handler, L., & Blais, M. (1996). Assessment of narcissistic personality disorder: A multimethod review. *Clinical Psychology Review, 16,* 655–684.

Hilsenroth, M., Hibbard, S., Nash, M., & Handler, L. (1993). A Rorschach study of narcissism, defense, and aggression in borderline, narcissistic and cluster C personality disorders. *Journal of Personality Assessment, 60,* 346–361.

Holdwick, D., Hilsenroth, M., Blais, M., & Castlebury, F. (1998). Identifying the unique and common characteristics among the DSM-IV antisocial, borderline, and narcissistic personality disorders. *Comprehensive Psychiatry, 39,* 277–286.

Jacobson, E. (1964). *Self and the object world.* New York: International Universities Press.

Kernberg, O. (1970). Factors in the psychoanalytic treatment of narcissistic personalities. *Journal of the American Psychoanalytic Association, 18,* 51–85.

Kernberg, O. (1975). *Borderline conditions and pathological narcissism.* New York: Aronson.

Kernberg, O. (1984). *The treatment of severe character disorders.* New Haven: Yale University Press.

Kohut, H. (1971). *The analysis of the self.* New York: International Universities Press.

Kohut, H. (1977). The restoration of the self. New York: International Universities Press.

Kohut, H., & Wolf, E. (1978). The disorders of the self and their treatment: An outline. *International Journal of Psycho-Analysis, 59,* 413–425.

Leary, T. (1957). *Interpersonal diagnosis of personality.* New York: Ronald.

Lerner, H. (1988). The narcissistic personality as expressed through psychological tests. In H. Lerner & P. Lerner (Eds.), *Primitive mental states and the Rorschach* (pp. 257–298). New York: International Universities Press.

Lerner, P. (1988). Rorschach measures of depression, the false self, and projective identification in patients with narcissistic personality disorders. In H. Lerner & P. Lerner (Eds.), *Primitive mental states and the Rorschach* (pp. 71–94). Madison, CT: International Universities Press.

Lerner, P. (1998). *Psychoanalytic perspectives on the Rorschach.* Hillsdale, NJ: The Analytic Press.

Lerner, P., & Lerner, H. (1980). Rorschach assessment of primitive defenses in borderline personality structure. In J. Kwawer, H. Lerner, P. Lerner, & A. Sugarman (Eds.), *Borderline phenomena and the Rorschach test* (pp. 257–274). New York: International Universities Press.

Loranger, A., Oldham, J., & Tulis, E. (1982). Familial transmission of DSM-III borderline personality disorder. *Archives of General Psychiatry, 39,* 795-799.

Masterson, J. (1981). *The narcissistic and borderline disorders.* New York: Brunner/Mazel.

Meehl, P. (1954). *Clinical versus statistical prediction.* Minneapolis: University of Minnesota Press.

Millon, T. (1983). *Millon clinical multiaxial inventory manual.* Minneapolis: National Computer Systems.

Millon, T. (1987). *Millon clinical multiaxial inventory manual* (2nd ed.). Minneapolis: National Computer Systems.

Millon, T., & Davis, R. (1996). *Disorders of personality: DSM-IV and beyond* (2nd ed.). Oxford, England: Wiley.

Morey, L., Waugh, M., & Blashfield, R. (1985). MMPI scales for DSM-III personality disorders: Their derivation and correlates. *Journal of Personality Assessment, 49,* 245-251.

Nezworski, T., & Wood, J. (1995). Narcissism in the Comprehensive System for the Rorschach. *Clinical Psychology: Science and Practice, 2,* 179-199.

Perry, J., & Vaillant, G. (1989). Personality disorders. In H. Kaplan & B. Sadock (Eds.), *Comprehensive textbook of psychiatry* (Vol. 2, 5th ed., pp. 1352-1383). Baltimore: Williams & Wilkins.

Phillips, L. (1992). A commentary on the relationship between assessment and the conduct of psychotherapy. *Journal of Training and Practice in Professional Psychology, 6,* 46-52.

Pope, H., Jonas, J., Hudson, J., Cohen, B., & Gudnerson, J. (1983). The validity of DSM-III borderline personality disorder. *Archives of General Psychiatry, 40,* 23-30.

Pulver, S. (1970). Narcissism: The term and the concept. *Journal of the American Psychoanalytic Association, 18,* 319-341.

Rapaport, D., Gill, M., & Schafer, R. (1945). *Diagnostic psychological testing* (Vol. 1). Oxford, England: Year Book Publishers.

Ronningstam, E. (1988). Comparing three system for diagnosing narcissistic personality disorder. *Psychiatry: Journal for the Study of Interpersonal Processes, 51,* 300-311.

Ronningstam, E., & Gudnerson, J. (1988). Narcissistic traits in psychiatric patients. *Comprehensive Psychiatry, 29,* 545-549.

Ronningstam, E., & Gudnerson, J. (1990). Identifying criteria for narcissistic personality disorder. *American Journal of Psychiatry, 147,* 918-922.

Ronningstam, E., & Gudnerson, J. (1991). Differentiating borderline personality from narcissistic personality disorder. *Journal of Personality Disorders, 5,* 225-232.

Schafer, R. (1954). *Psychoanalytic interpretation in Rorschach testing.* New York: Grune &

Stratton.

Siever, L., & Klar, H. (1986). A review of DSM-III criteria for the personality disorders. In A. Frances & R. Hales (Eds.), *American Psychiatric Association Annual Review* (Vol. 5, pp. 99-301). Washington, DC: American Psychiatric Association.

Silverstein, M. (1999). *Self psychology and diagnostic assessment: Identifying self-object functions through psychological testing.* Mahwah, NJ: Lawrence Erlbaum Associates.

Stolorow, R. (1975). Toward a functional definition of narcissism. *International Journal of Psycho-Analysis, 56,* 179-185.

Sugarman, A. (1980). The borderline personality organization as manifested on psychological tests. In J. Kwawer, H. Lerner, P. Lerner, & A. Sugarman (Eds.), *Borderline phenomena and the Rorschach test* (pp. 39-57). New York: International Universities Press.

Sugarman, A. (1981). The diagnostic use of countertransference reactions in psychological testing. *Bulletin of the Menninger Clinic, 45,* 473-490.

Sugarman, A. (1991). Where's the beef? Putting personality assessment back into personality assessment. *Journal of Personality Assessment, 56,* 130-144.

Teicholz, J. (1978). A selective review of the psychoanalytic literature on theoretical conceptualizations of narcissism. *Journal of the American Psychoanalytic Association, 26,* 831-861.

Viglione, D. (1990). Severe disturbance or trauma-induced adaptive reaction: A Rorschach child case study. *Journal of Personality Assessment, 55,* 280-295.

Weiner, I. (1998). *Principles of Rorschach interpretation.* Mahwah, NJ: Lawrence Erlbaum Associates.

Weiner, I. (2003). *Principles of Rorschach interpretation* (2nd ed.). Mahwah, NJ: Lawrence Erlbaum Associates.

Western, D. (1997). Divergences between clinical and research methods for assessing personality disorders: Implications for research and the evolution of Axis II. *American Journal of Psychiatry, 154,* 895-903.

Western, D., & Arkowitz-Western, L. (1998). Limitations of Axis II in diagnosing personality pathology in clinical practice. *American Journal of Psychiatry, 155,* 1767-1771.

Western, D., & Shedler, J. (1999a). Revising and assessing Axis II, Part I: Developing a clinically and empirically valid assessment method. *American Journal of Psychiatry, 156,* 258-272.

Western, D., & Shedler, J. (1999b). Revising and assessing Axis II, Part II: Toward an empirically based and clinically useful classification of personality disorders.

American Journal of Psychiatry, 156, 273-285.

Western, D., & Shedler, J. (2000). A prototype-matching approach to diagnosing personality disorders toward DSM-V. *Journal of Personality Disorders, 14*(2), 109-126.

Widiger, T., & Frances, A. (1987). Interviews and inventories for the measurement of personality disorders. *Clinical Psychology Review, 7,* 49-75.

Wink, P. (1991). Two faces of narcissism. *Journal of Personality and Social Psychology, 61,* 590-597.

Wink, P., & Gough, H. (1990). New narcissism scales for the California Psychological Inventory. *Journal of Personality Assessment, 54,* 446-462.

N씨의 로샤기록

Card	R#/ Response	Inquiry	Scoring
I	1. 이런, 만약 하나도 못 보면요? (천천히 보세요.) 동물 얼굴이 보이는데요. 무슨 동물인지는 모르겠네요. (대부분 하나 이상을 보곤 합니다.) 아, 그래요. 멋지네요……. 음……. (카드를 돌림) 동물 얼굴은 확실히 보이는데, 다른 건 안 보여요.	- 눈, 코, 입, 귀가 있어요. (전체 동물?) 얼굴만 보이는데요. 여기 턱이 있어요.	WSo Fo Ad 3.5
	2. 날아가는 박쥐를 닮을 수도 있네요. 그런데 박쥐가 어떻게 생겼는지 까먹었어요. 동물에 대해서는 별로 관심이 없어요.	- 박쥐처럼 보이는 것 같기도 해요. (날라?) 날개가 펴져 있고 박쥐 머리는 저렇게 작죠. 날개를 펼친 것 같아요.	Wo FMao A P 1.0
II	3. 아 이런 세상에나. (웃음) 두 외계인 같은 게, 서로 의사소통하고 있어요…… 몸이 있을 것도 같고……, 손을 대고 있는 것도 같고……. 아, 이제 보이네요.	- 아랫부분은 발처럼 보여요. 눈과 눈썹이 있고. (의사소통?) 언어적으로 말고, ET들은 입으로 할 수 있는 것보다 더 많은 이야기를 해요. 여기요. 손을 대면서 의사소통하고 있잖아요. 이 빨간 부분은 뭔지 모르겠네요.	D+ Mau (2) (H) 3.0 GHR,COP
	4. (v) 이렇게 뒤집어 보면 생물체나 동물 같아요. 눈, 코, 머리 쪽에 이상한 입이 있어요. (카드 돌림) 다른 건 안 보여요. 저 빨간 게 진짜 뭐지?	- 더듬이가 입에서 나오는데, 뿔인가? 아니면 말고요. (눈?) 생물체 중에서 눈이 밑에 있는 게 있어요.	DSo F- (A) 4.5
III	5. 사람 두 명이 도대체 뭘 하고 있는 거지? 모르겠는데, 이상한 자세로 서서 무슨 불이나 뭐를 둘러싸고 있는 것 같기도 하고. 이 빨간 게 불이었을지도 몰라요. 전부 거울상인데, 그럼 같은 사람이겠죠.	- 검은 부분이 머리, 가슴, 손, 발(손가락으로 지시) (사람?) 이상해요. 좀 달라요. 여자? 대개 사람들은 저렇게 서 있지 않아요. 곡예사가 아니고는 신체적으로 불가능한 자세예요. 아마도 불에 손을 쬐고 있는 것 같은데. (불?) 불꽃이고 이것이 불.	W+ Mp.CF.Fro H.Fi P 5.5 GHR

Card	R#/ Response	Inquiry	Scoring
	6. 갑각류. 집게와 커다란 두 개의 눈. 맞아요, 그거예요. 집게발이 있어요. 빨간 게 무슨 의미인지는 모르겠어요. 빨갛고 까만데 어떤 의미가 있나요? (보이시는 대로요.) 심장? 이건 지난번 것과 똑같아요. 바로 보면 사람이고 뒤집어 보면 생물체.	- 집게발. 빨간 부분을 빼고 전체요. (심장?) 빨간 부분이고 몸 중심에 있어요. 갑각류 중에는 심장이 정확하게 중심에 있는 것들이 있어요.	DSo FCu A.An FAB2 4.5
IV	7. 이번엔 빨간 게 없네요. 나무 종류. 또렷하게 구분되어서 보여요. 나무 형태 혹은 나무 비슷한 형태. 생명체 중에는 이런 게 없어요. 진짜 나무처럼 똑같이 생겼냐면, 여기서는 진짜 안 보여요.	- 나무 기둥이고 나머지는 잎. (잎?) 여기가 기둥이라면, 억지로 말하자면.	Wo Fo Bt 2.0
	8. 폭포일지도 모르겠어요……. 이런 거 말고, 샤워기처럼 물이 아래로 내려오는. 백화점 건물 가운데 있는 것같이 말이죠.	- 나무와 같은 위치. 이 부분이 물을 위로 뿜어내는 거고, 여기가 물이 떨어지는 거예요. (떨어지는?) 스프레이 같은 게 위로 올라가고 내려오는. 다른 건 안 보여요.	Wv mau Na
V	9. 박쥐. 지난번보다 더 박쥐 같네요. 거꾸로 보던 바로 보던 다 박쥐예요.	- 전체요. 생긴 대로.	Wo Fo A P 1.0
	10. (여러 번 카드를 돌림) 억지로 보자면, 세 명의 싱크로나이즈 수영 선수. 아, 네 명 같아요. 다리 네 짝.	- 다리가 네 짝. 싱크로나이즈 수영 선수처럼. 다리를 먼저 보면 수영선수처럼 보여요. 거울상처럼 보여요. 그래서 그래요. (다리?) 다리처럼 보여요.	Wo Fr.Ma- Hd 1.0 PHR
	11. 나빈데 미국산이 아닌가 봐요. 날개 펼친 거나 안테나가 미국 거와 달라요.	- 거꾸로, 큰 날개와 더듬이. 나비 몸체 같아요.	Wo Fo A P 1.0
VI	12. 부채. 부칠 수 있는, 오래된 골동품	- 손잡이, 여기를 잡고 부채를 부쳐요. (골동품?) 오래돼 보여요. 보통 부채 모양이 아니죠. (오래된?) 오늘날 부채 같지 않아요.	Wo Fo Art 2.5

Card	R#/ Response	Inquiry	Scoring
	13. (v) 꽃일 수도 있겠네요.	- 꽃 모양. 잎 모양처럼 보여요. 이 부분은 아닌 거 같고.	Do Fu Bt
	14. 아니면 전등갓. 아주 특이한.	- 이 부분이 전등이고, 전구 그리고 갓.	Wo F- Hh.Sc 2.5
	15. (v) 아, 두 명의 화난 사람. 투덜거리는 두 사람이 반대편을 보고, 머리가 반대 방향을 보고 있어요. 이 얼굴이랑 긴 코에 투덜투덜하는 게 보여요.	- 눈, 튀어나온 이마, 입, 긴 코, 턱. (투덜?) 얼굴 표정이요. 그리고 반대편을 보고 있잖아요.	D+ Mpu (2) Hx.H 2.5 AG.PHR
	(카드 돌림) 다른 건 안 보여요. (자세히 본다.)		
	16. (>)뭔가 커다란 무엇을 삼킨 뱀의 한쪽이 보여요. 이 중 삼분의 일이 뱀 같고. 대충 보면 그래요.	- 전체가요. 옆에 달린 것이 눈처럼 보이고, 긴 형태. (삼켜?) 모양이 이상해서, 마치 이상한 모양의 뭔가를 삼킨 것 같아요.	Wo F- A 2.5
VII	17. (카드를 계속 돌림) 어느 방향으로 보든, 무슨 머리 장식 같아요. 남자건데 로마 황제 같은.	- 철로 만든 머리 장식 같아요. 모양이.	Wo Fu Ay.Cg 2.5
	18. (v) 무희의 모자 같은 건데.	- 이게 다 깃털이고. 여긴 비어 있는 부분.	Wo Fu Cg.Art 2.5
	19. 유리제품. 이상하게 생긴 그릇, 아주 이상하게 생긴.	- 여기가 여는 부분이고, 이 전체가 이상하게 생긴 그릇이에요. 그래서 이 방향으로 뭔가를 넣을 수 있어요.	Wo Fu Hh 2.5
VIII	20. 산맥이 보여요. 산꼭대기 앞에는 다양한 색깔의 숲	- 녹색, 주황색, 빨강. (숲?) 색이 그렇고 산에 있으니까. (앞?) 산이 그 뒤에 있어요.	Do FC.FDo Ls INC1
	21. (v) 이렇게 보면 다양한 색깔의 꽃	- 윗 부분은 잎 같은 거. 그냥 색이 그래요.	Wo CFo Bt
	22. (v) 아니면 샹털리에? 등 있잖아요. 그렇게 부르는 것 같던데, 아닌가?	- 모양이 너무나 정교하고 색이 다양해요.	Wo FCu Hh.Art 4.5 DV1

Card	R#/ Response	Inquiry	Scoring
	23. (>) 이렇게 보면 멋져요. 이 동물, 제가 산 탄다고 했던 거. 아랫부분은 반사된 거고. 이 생물체, 시라소니가 이 지역을 어슬렁거리고, 아랫부분은 물에 비친 거예요.	- 여기가 윗부분이고 나머지는 전부 물에 비친 거죠. (시라소니?) 몰라요. (어슬렁?) 위로 가면서 다리가 움직이잖아요. (산?) 녹색 부분이 산 같고 아래 단풍 색깔의 나무 같아요.	W+ FMa.FC.Fro A.Na P 4.5 PSV
	24. (v) 눈물 같아 보인다고 말하고 싶어요. 얼굴은 보이지 않지만 눈물방울이 생각나요. 그냥 눈물, 흐르는 물이 마치 많은 눈물 같아요.	- 이 부분만, 눈물이 떨어지고, 아래로. 얼굴은 안 보여요. 왜 이런 말을 했지?	Dv Mp.mp (2) Hx.Id PHR
IX	25. 음. 아주 화려한 무대 의상 같아요. 브로드웨이 뮤지컬의 여자를 위한. 위에 리본이 있고. 부풀린 소매, 녹색 부분 있잖아요.	- 리본, 부풀린 소매, 드레스 밑단. (의상?) 화려하고, 색도 그렇고. 브로드웨이의 색깔을 생각해 보세요. 아마 손을 허리에 대고 있을 것 같아요. 의상이에요.	Wo FCu Cg 5.5
	26. (v) 폭발하는 화산 같아요. 위쪽의 빨간 부분은 아마…… 빨간 부분은 화산 같지 않은데.	- 중앙 부분이 위로 올라가고 나중에 나와요. 중심 그리고 빨간 부분. 여기서 나와서 분출해요. 다른 건 안 보여요.	Wo ma- Ex 5.5
X	27. (v) 다 합친다면, 부채. 손잡이가 있어요, 다 합친다면. 무슨 말을 하려는 건지 모르겠네요.	- 여기가 손잡이고, 이게 전부 부채예요. 여기만 손잡이고 나머지는 색이 다양한 부채	Wo FC- Art 5.5
	28. (v) 전등갓	- 여기가 전구를 끼는 곳이고, 이것이 갓이에요.	Wo F- Hh.Sc 5.5
	29. (v) 얼굴이 보여요. 눈, 코, 입, 악을 뜻할 수 있어요.	- 이 부분 다요. 악처럼 보여요, 전체가. 눈 좀 보세요.	DdSo F- Hd.Hx 6.0 AG.AB.PHR
	30. 불꽃놀이. 하늘이 불꽃으로 가득해요.	- 이 모든 색이 멀리 퍼져 있어요.	Wv ma.C Ex

Card	R#/ Response	Inquiry	Scoring
	31. 아니면 방에서 떼를 쓰는 아이	- 모든 게 다 펼쳐져 있기 때문이에요. 바닥 한가운데 앉은 아이가 물건을 던지고 있어요. 애는 없는데, 물건이 사방에 널려 있어요.	W+ Mp.mpu Hh.Hx 5.5 AG.PHR
	32. 바다 밑일 수 있겠네요. 모양이 생물체 같아요. 다양한 해저 생물, 색이 있는 식물, 돌 같은 것. 산호가 형성되고 있는 건지도 몰라요.	- 노랑과 녹색이 무슨 해조류 종류고, 이게 산호예요. 이건 게이고요.	Wo FCo Na.A 5.5

구조적 요약표

Location Features		Determinents: Blends		Determinents: Single		Contents		Approach		
						H	=2	I	WS,W	
Zf	=25	M.CF.Fr		M	=2	(H)	=1	II	D,DS	
ZSum	=88	Fr.M		FM	=1	Hd	=2	III	W,DS	
ZEst	=84.5	FC.FD		m	=2	(Hd)	=0	IV	W,W	
		FM.FC.Fr		FC	=5	Hx	=4	V	W,W,W	
W	=24	M.m		CF	=1	A	=7	VI	W,D,W,D,W	
D	=7	m.C		C	=0	(A)	=1	VII	W,W,W	
W+D	=31	M.m		Cn	=0	Ad	=1	VIII	D,W,W,W,D	
Dd	=1			FC′	=0	(Ad)	=0	IX	W,W	
S	=4			C′F	=0	An	=1	X	W,W,DdS,W,W,W	
				C′	=0	Art	=4		Special Scores	
				FT	=0	Ay	=1			
DQ				TF	=0	Bl	=0		Lv1	Lv2
+	=5			T	=0	Bt	=3	DV	= 1×1	0×2
o	=24			FV	=0	Cg	=3	INC	= 1×2	0×4
v/+	=0			VF	=0	Cl	=0	DR	= 0×3	0×6
v	=3			V	=0	Ex	=2	FAB	= 0×4	1×7
				FY	=0	Fd	=0	ALOG	= 0×5	
				YF	=0	Fi	=1	CON	= 0×7	
Form Quality				Y	=0	Ge	=0	Raw Sum6	=3	
	FQx	MQual	W+D	Fr	=0	Hh	=5	Wgtd Sum6	=10	
+	=0	=0	=0	rF	=0	Ls	=1			
o	=11	=1	=11	FD	=0	Na	=3	AB	=1	GHR=2
u	=11	=3	=11	F	=14	Sc	=2	AG	=3	PHR=5
-	=8	=1	=7			Sx	=0	COP	=1	MOR=0
none	=2	=1	=0			Xy	=0	CP	=0	PER =0
				(2)	=3	Id	=1			PSV =1

Ratio, Percentages, and Derivations									
R	=32	L	=0.78			FC : CF+C	=7 : 3	COP= 0 AG	=3
						Pure C	=1	GHR : PHR	=2 : 5
EB	=6 : 7	EA	=13	EBPer	=N/A	SumC′ : WSumC	=0 : 7	a : p	=7 : 6
eb	=7 : 0	es	=7	D	=2	Afr	=0.68	Food	=0
		Adj es	=3	Adj D	=3	S	=4	SumT	=0
FM	=2	SumC'	=0	SumT	=0	Blends : R	=7 : 32	Human Cont	=5
m	=5	SumV	=0	SumY	=0	CP	=0	Pure H	=2
								PER	=0
								Isol Indx	=0.31

a : p	=7 : 6	Sum6	=3	XA%	=0.69	Zf	=25	3r+(2)/R	=0.38
Ma : Mp	=2 : 4	Lv2	=1	WDA%	=0.71	W : D : Dd	=24 : 7 : 1	Fr+rF	=1
2AB+Art+Ay	=7	WSum6	=10	X-%	=0.25	W : M	=24 : 6	SumV	=0
Mor	=1	M-	=1	S-	=0.25	Zd	=3.5	FD	=1
		Mnone	=1	P	=5	PSV	=1	An+Xy	=1
				X+%	=0.34	DQ+	=5	MOR	=0
				Xu%	=0.34	DQv	=3	H : (H)+Hd+(Hd)	=2 : 3

PTI=1	DEPI=3	CDI=1	S-CON=2	HVI= No	OBS= No

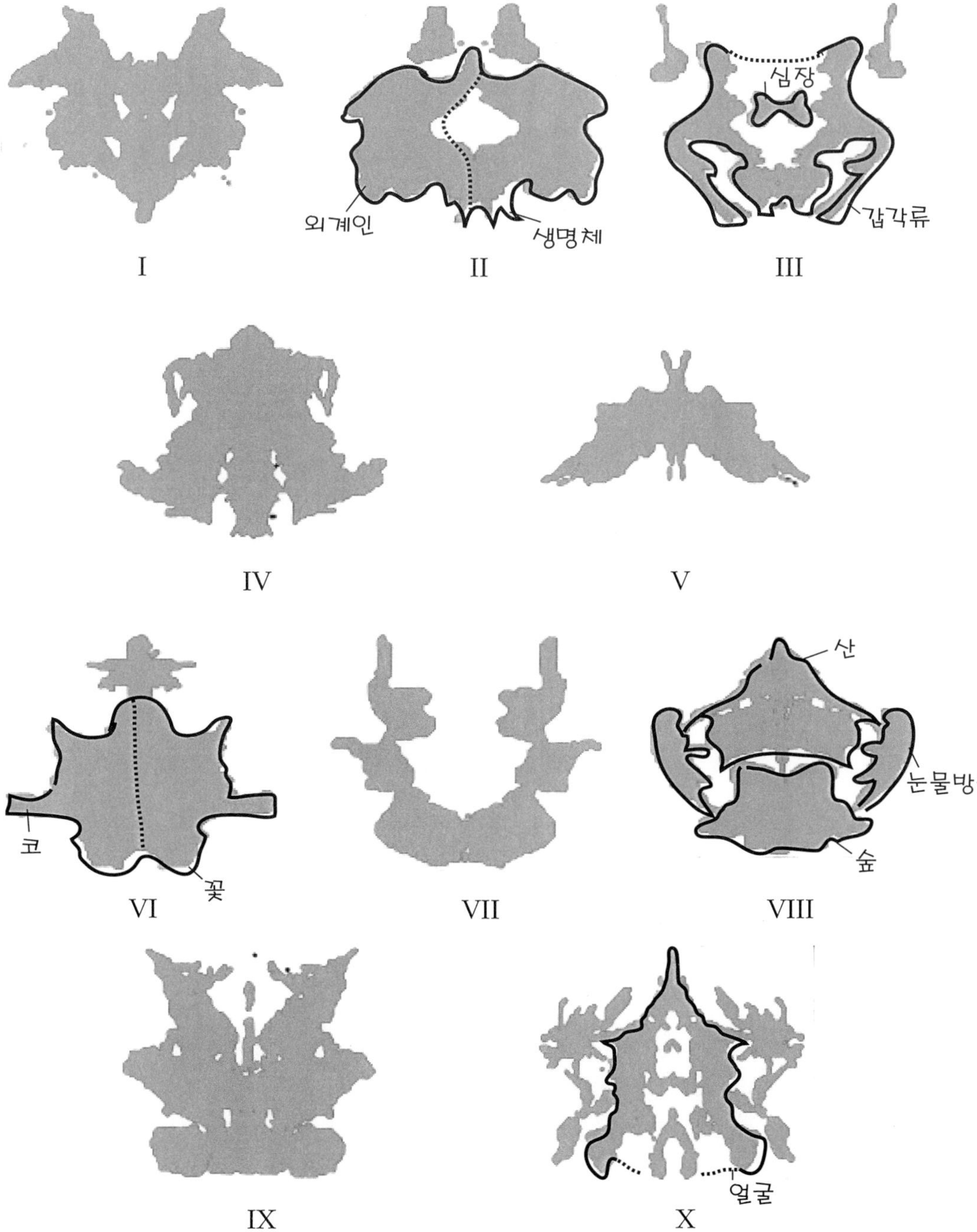
I
외계인
생명체
II
심장
갑각류
III
IV
V
코
꽃
VI
VII
산
눈물방울
숲
VIII
IX
얼굴
X

IV. C군 성격장애

10
회피성 성격장애의 로샤평가

회피성 성격장애(Avoidant personality disorder)에 대한 개념화와 진단기준은 DSM-III(APA, 1980)에서 처음 등장하였다. 이전 이론가들이 회피성 성격장애에 관한 특징들을 기술하긴 하였으나, DSM-III 이전에 회피성 성격장애가 공식적인 진단으로 포함된 적은 없었다. 예를 들어, Fenichel(1945)은 공포증 성격을 기술하였다. 이들은 전반적인 활동에 대해 억제를 보이는 긴장하고, 걱정이 많고, 겁 많은 사람들이다(Frances & Widiger, 1987). 정신분석 전통을 취하는 학자들은 다른 사람과 함께하는 데 갈등을 보이며, 관계를 발전시키고자 하는 바람과 피하고자 하는 바람 사이에서 오락가락하는 사람들에 관하여 언급하였다. 이는 분열성 성격에 관한 정신분석적 관점과 관련되는 부분이다. 예를 들어, Guntrip(1968)은 분열성 성격이 있는 사람들의 접근-회피 갈등을 '안팎'(in-out) 패러다임으로 보았다.

Millon(1981)은 Guntrip과 같은 정신역동 이론가들이 가까운 대인관계를 회피하는 사람들과, 행동적으로 서투른 경향이 있고 사회적 상호작용에서 억제되어 있는 사람

Ronald J. Ganellen / Northwestern University

의 두 가지 유형을 구별하지 못한다고 반박하였다. Millon은 다른 사람과 가까워지는 것에 흥미가 없어 다른 사람과의 접촉이 제한적인 개인들과, 다른 사람과 함께하길 바라지만 사회적 상호작용에 대한 불안으로 관계를 발전시키기 어려운 개인들의 역동과 개인력을 대조하였다. Millon의 개념화에 따르면, 분열성 성격장애가 있는 사람들은 전자에 속하고, 회피성 성격장애가 있는 사람들은 후자에 속한다.

성격 5요인 모델을 지지하는 연구자들은 DSM-IV 회피성 성격장애 진단기준과 5요인의 특정 차원을 관련지었다(Widiger, Trull, Clarkin, Sanderson, & Costa, 2002). 그들은 회피성 성격장애 환자는 외향성 차원에서 낮은 점수를, 신경증 차원에서는 높은 점수를 받는 것이 특징적이라고 하였다. 또한 신경증 차원 내의 자의식, 불안, 취약성에서 점수가 상승하고 외향성 차원 내의 주장성과 자극 추구에서는 낮은 점수를 받을 것이라고 예측하였다. Widiger 등(2002)은 회피성 성격장애 개인들이 전형적으로 보이는 사회적 억제와 조심스러운 태도가 이러한 양상을 예측한다고 보았다. 이러한 가설에 대한 예비 연구는 경험적으로 지지를 받았다(Dyce & O' Connor, 1998; Huprich, 2003; Reynolds & Clark, 2001; Trull, Widiger, & Burr, 2001; Wilberg, Urnes, Friis, Pedersen, & Karterud, 1999).

어떤 연구자들은 임상 장면에서 회피성 성격장애와 분열성 성격장애를 구별하는 데 대한 어려움과 중요성 모두를 지적하였다(Livesley & West, 1986; Trull, Widiger, & Frances, 1987). Widiger 등(1995)은 DSM-III-R 진단기준에서 이 두 장애 사이에 겹치는 항목이 있으므로 이를 이용하여 감별하는 것은 문제가 된다고 하였다. 한 예로, DSM-III-R에서 "가까운 친구가 없는(또는 한 명뿐인)" 개인에 대한 기술은 회피성 성격장애와 분열성 성격장애 진단기준에 모두 포함되어 있다. 이 항목은 진단적 명확성에 도움이 되지 않을뿐더러, 친밀한 관계에 대한 강렬한 바람과 이러한 관계를 발전시키지 못하는 것에 대한 고통 모두를 가지고 있는 회피성 성격장애의 역동을 정확히 반영하지도 않기 때문에 DSM-IV의 회피성 성격장애 진단기준에서는 제외되었다.

5요인 모델의 관점에서 볼 때 분열성 성격장애와 회피성 성격장애 모두 상당한 사회적 내향성과 관련이 있다. 5요인 모델은 Millon(1981)의 이론과 마찬가지로, 두 장애는 내향성의 본질에서 차이가 난다고 예상한다. Widiger 등(2002)은 분열성 성격장애에서 따뜻함이 적고 긍정적인 정서의 정도가 낮은 점이 특징이라고 가정하였고, 이러한 개인들은 행동상에서 차갑고 거리감이 느껴지며, 대인관계 상호작용에서 만족이나 흥미를 경험할 역량이 적다. 반면, 회피성 성격장애 개인들은, 비록 정서를 표현하는 데 조심스럽고 억제되어 있긴 하지만, 다른 사람과 접촉할 때 감정을 표현하고 따뜻함과 즐거움을 경험하는 모습이다.

회피성 성격장애와 사회 공포증의 일치점

임상가들이 임상 장면에서 종종 부딪히는 어려운 점 한 가지는 일반화된 사회 공포증과 회피성 성격장애를 구별하는 데서 발생한다. 예를 들어, Reich(2001)는 경험적인 증거에서 볼 때 증상이나 치료반응에 기초하여 사회 공포증과 회피성 성격장애를 구별할 수 없다고 주장하였다. 부분적으로 두 장애 간에 겹쳐지는 영역이 있는데, 왜냐하면 DSM-IV 진단기준상에서 이 두 가지 장애가 상당히 중복되기 때문이다. 따라서 회피성 성격장애, 일반화된 사회불안장애 혹은 사회 공포증의 공병률은 높다. DSM-IV에서는 이러한 장애들이 상호 배타적이지 않으며, 필요할 때 두 진단 모두를 내릴 수 있음을 제안하였다.

어떤 연구자들은 일반화된 사회 공포증으로부터 회피성 성격장애를 감별할 때, 구체적인 개인력을 탐색하고 사회성 장애의 발달적 궤적을 주의 깊게 살핀다면 도움이 될 수 있다고 하였다. Widiger 등(1995)은 전반적으로 사회적 상황에서 겁이 많고 대인관계를 맺는 데 불안정성이 높은 양상이 후기 아동기나 초기 청소년기부터 나타났다면 사회 공포증보다는 회피성 성격장애에 더 부합한다고 주장하였다.

또한 Widiger 등(1995)은 회피성 성격장애 개인이 DSM-IV 진단기준 6번("스스로를 사회적으로 무능하고 개인적인 매력이 없으며 열등하다고 생각한다.")에서 나타나듯이 전반적인 부정적 자기상으로 종종 고통받는다는 점을 지적하였다. 대조적으로, 사회 공포증이 있다면 사회적 상호작용과 관련없는 삶의 영역에서는 자부심을 느끼지만, 공포와 관련된 특정 상황에 닥쳤을 때만 자신을 문제 삼는다. 이 장의 저자는 큰 규모의 청중들로부터 관심의 초점이 되는 상황을 두려워했던 일반화된 사회 공포증 환자를 치료한 적이 있다. 그는 책임감 있게 일하고, 윗사람을 적절히 보조하고, 몸이 약한 부모를 돌보는 능력에 대해 자부하고 있었지만, 결혼식 날 군중들 앞에 서고 식이 끝난 후 사람들에게 인사할 것을 생각하니 불안감이 들어 온몸이 마비되는 증상이 나타나 치료를 받게 되었다. 사회 공포증이 있는 개인들은 어떤 특정한 유형의 상황과 관련된 자의식과 당혹감 때문에 고통을 받는 반면, 회피성 성격장애가 있는 사람들은 좀 더 근본적인 부적절감 및 무가치감이 특징적이며, 따라서 사회적 상황에 참여하는 데 전반적인 억제를 보인다.

다른 연구자들은 회피성 성격장애와 일반화된 사회 공포증 사이의 높은 공병률은 두 장애의 공통적인 유전적 소인을 시사한다고 주장한다(Alpert, Uebelacker, McLean, & Nierenberg, 1997; Reich, 2002). 이러한 주장을 기반으로 하여, 몇몇 이론가들은 사회 공포증과 회피성 성격장애가 사회불안과 관련된 장애들의 스펙트럼의 각기 다른 지점에 위치한다고 제안하였다(Reich, 2001; Schneider, Blanco, Antia, & Liebowitz, 2002).

몇몇 가족 연구에서는 회피성 성격장애와 사회 공포증이 독립적인 장애라기보단 같은 장애의 변형이라는 가설에 부합되는 자료를 제공하였다. 한 가족 연구에서는 일반화된 사회 공포증이 있는 집단과 없는 집단의 친족에서 사회 공포증과 회피성 성격장애가 발생하는 비율을 탐색하였다. Stein 등(1998)은 전자의 집단에서 일반화된 사회 공포증과 회피성 성격장애 모두 발생한 비율이 현저히 높아진다는 점을 발견하고, 두 장애가 유전적 취약성을 공유한다고 제안하였다.

한 역학 연구에서는 일반 인구를 대상으로 사회 공포증, 회피성 성격장애, 사회불안의 가족력 양상을 연구하였다. 이 연구 결과 역시 회피성 성격장애와 사회 공포증이 동일한 생물학적 기반을 공유함을 보여 주었다(Tillfors, Furmark, Ekselius, & Fredrikson, 2001). 사회 공포증이나 회피성 장애 중 하나가 있다면 사회불안이 있을 가능성은 2~3배로 증가하였다. 두 장애가 결합한 경우나 증상의 심각성에 따라서는 사회불안의 위험성이 증가하지 않았다. 다른 연구자들의 주장과 마찬가지로, Tillfors 등(2001)은 사회 공포증과 회피성 성격장애는 각기 다른 장애라기보다는 사회불안이라는 보다 일반적인 차원의 변형일 수 있다고 제안하였다. 이 주장이 맞다면, 사회 공포증이 있는 사람들이 사회적, 직업적 기능에 장해를 보인다는 점(Lochner et al., 2003)은 회피성 성격장애에도 적용될 수 있다. 왜냐하면 두 장애 모두 개인이 타인의 비난에 놓이는 상황에 대해 두려워하는 점과 관련되어 있고, 이는 사회적 상황을 피한다거나, 심각한 불안으로 사회적 상황을 견디기 어렵게 하거나 불편감을 일으키는 결과를 야기하기 때문이다.

이러한 연구들은 임상가들이 회피성 성격장애와 일반화된 사회공포증을 감별할 때 직면하게 되는 몇몇 개념적, 실질적 어려움들을 조명하였다. 어떤 연구자들은 이 장애들은 두 가지 독립된 장애이므로, 임상적 양상과 개인력에 근거하여 구분할 수 있다고 제안하였다. 또 다른 연구자들은 진단기준, 높은 공병률, 동일한 생물학적 취약성에 관한 근거에서 상당히 중복되기 때문에, 회피성 성격장애와 일반화된 사회 공포증의 두 장애를 사회불안을 수반하는 공통된 특질의 변형으로 보는 좀 더 엄격한 입장을 취하고 있다.

임상 실제에서 이러한 다양한 조망은 몇 가지 점들을 암시한다. 임상가들은 회피성 성격장애와 일반화된 사회 공포증이 종종 같이 발생한다는 점을 알아야 한다. DSM-IV에 따르면, 필요하다면 축 I에 일반화된 사회 공포증 진단을, 축 II에 회피성 성격장애 진단을 같이 내릴 수 있다고 하였다. Widiger 등(1995)이 제시한 내용에 따르면, 임상가들은 임상 병력, 발병 연령, 자존감 평가치, 사회불안 증상의 만성적인 정도를 주의 깊게 조사하여 한 진단을 내릴지, 두 진단 모두를 내릴지를 결정해야 한다. 또한 사회적 상호작용에 대한 불안인지, 좀 더 일반적인 부적절감이나 무가치감이 관련된 정도인지에 대해서도 관심을 두어야 한다.

회피성 성격장애의 임상 특징

DSM-IV에서는 회피성 성격장애를 진단하기 위한 기준을 제시하고 있다. 그러나 이를 살펴보기보다는 회피성 성격장애와 관련된 몇몇 주요 심리학적 차원에 대해 논의하겠다. 이러한 특질들은 보통 한 개 이상의 진단기준과 관련되어 있지만, DSM-IV에서 포함된 기준에 한정된 것만은 아니다.

DSM-IV에 따르면, 회피성 성격장애는 초기 성인기 전후로 시작되고, 다양한 사회적 상황에서 개인의 기능에 영향을 미치는 "사회적 억제, 부적절감, 부정적 평가에 대한 과민함이 만연한 패턴으로 나타나는 것이 특징적이다."(APA, 1994, p. 62) 예를 들면, 회피성 성격장애 개인들은 사회적 상황에서 다른 사람이 말하는 동안 뒤에 물러서 있길 좋아하고, 잘 알지 못하는 사람과 대화하는 것을 어려워하며, 어색해하고, 남을 많이 의식하며, 자신에 대한 확신이 없다. 그들은 전형적으로 나서서 말하여 관심을 얻거나 관심의 중심이 되는 상황을 달가워하지 않는다.

부정적 평가에 대한 공포

회피성 성격장애의 진단기준과 임상 기술은 사회적, 직업적 장면에서 비판이나 비난을 받거나 거절당할까 봐 사회적, 직업적 상황에서 다른 사람과의 접촉을 피하는 양상을 강조하고 있다. 이는 DSM-IV의 첫 번째 진단기준에 잘 드러나 있다. 두 번째, 네 번째 기준에도 포함되는데, 이는 비판받거나 거절당하거나 모욕당할까 봐 두려워 사회적 활동에 참여하기를 주저하는 양상을 가리키고 있다.

비판이나 비난에 대한 과도한 예민성이 회피성 성격장애의 핵심 특질이긴 하지만, 이는 회피성 성격장애에서만 나타나는 것은 아니다. 의존성 성격장애나 자기애성 성격장애가 있는 사람들도 비난에 예민하기 때문이다. Widiger 등(1995)은 회피성 성격장애 환자들이 보이는 비판에 대한 우려는 거절당하는데 대한 걱정과 관련되어 있지만, 자기애성 성격장애는 승인과 비난이 대개 사회적으로 거절당하는 데 대한 염려와는 상관없이 자기 가치감의 증폭이나 수축으로 이어진다. 자기애성 성격장애 환자들이 비판에 보이는 반응은 다른 사람의 반응, 즉 타인의 지지와 열망을 획득했는가, 혹은 타인의 부정, 비판, 무관심을 받았는가에 따라 자존감이 동요하는 양상을 반영한다. 회피성 성격장애 환자들은 관심이나 동경을 받고자 하는 욕구로 동기화되지 않는다는 점에서 다르다. 더 나아가, 자기애성 개인들은 비판에 대해 분개하고 분노하는 방식으로 저항하고 자기의 결점을 부인하는 데 비해서, 회피성 성격장애가 있는 사람들은 일이 잘 돌아가지 않을 때 받는 비난을 쉽게 받아들이고 타인과의 오해나 갈등이 생길 때 스스로가 바보 같고 멍청하고 무가치하다는 쪽으로 결론짓는다.

Widiger 등(1995)은 비판, 비난, 거절받는 데 대한 두려움이 있는지의 여부는 회피성 성격장애, 분열성 성격장애, 분열형 성격장애를 구분하는 데 특히 중요하다고 지적하였다. 회피성 성격장애와 분열성 성격장애인 경우 모두 사회적 상호작용을 회피하지만, 회피성 성격장애의 경우 이는 부정적 평가에 대한 두려움과 그에 따른 고통으로 동기화된다. 반면, 분열성 성격장애는 타인이 자신을 어떻게 바라볼 것인가에 대해 무관심하다. 분열형 성격장애가 있는 사람들은 사회불안 때문에 괴롭다고 인식하고 있으며, 무능력하고 매력적이지 않고 받아들여지지 않을까에 대한 두려움보다는 비현실적이고 편집증적인 공포와 연관될 경우가 더 많다.

회피성 성격장애나 의존성 성격장애가 있는 사람들은 특징적으로 비판이나 비난에 예민하다. 그러나 Widiger 등(1995)은 의존성 성격장애에 관한 최근의 기준은 비판에 대한 예민성을 이 장애의 핵심 특징으로 간주하지 않는다고 하였다. 예를 들어, DSM-III-R에서 "비판이나 비난에 쉽게 상처받는다."는 의존성 성격장애의 진단기준은 DSM-IV에서는 누락되었다. 그 대신 보살핌을 향한 지속적인 욕구, 타인에 대한 의존, 수동적이고 복종적인 역할을 기꺼이 맡으려는 점, 타인의 조언 없이는 무력하고 불확실해하는 취약성이 강조되었다. Widiger 등(1995)은 의존성 성격장애가 있는 사람들은 승인과 비난을 각기 보살핌을 제공할지, 안 할지에 대한 신호로 받아들인다고 언급하였다. 달리 말해서, 의존성 성격장애가 있는 사람들은 승인을 마치 필요한 도움, 관심, 안내를 타인이 제공할 수 있는지로 해석하는 반면, 회피성 성격장애가 있는 사람들은 자기 가치감에 대한 승인으로 받아들인다.

부정적인 자기상

타인의 반응에 대한 걱정, 두려움은 부적절감이라는 감정과 함께 공존한다. 예를 들어, 회피성 개인들은 상대가 어떻게 반응할지 불확실하기 때문임과 동시에, 타인이 자기를 지루하고, 매력 없고, 흥미 없는 사람으로 바라볼 것이라는 확신 때문에 타인에게 접근하기를 꺼려 한다. 이는 낮은 자존감과 자기 비난 경향성이 회피성 성격장애의 핵심 특질이라는 점을 강조한다. 타인을 과도하게 의식하고, 바보처럼 느껴진다거나 창피나 모욕을 당할까 봐 두려워서 이들은 다른 사람과 자유롭고 자연스럽게 상호작용하는 능력을 제한받게 된다.

Widiger 등(1995)은 몇몇 개인에게 사회적으로 적절치 못하고, 매력 없으며, 열등하다는 느낌은 과장되어 있을 수 있지만, 어떤 이들에게는 이러한 염려가 현실적일 수 있다는 점을 관찰하였다. 연구자들은 누군가가 다른 사람과 있을 때 어색하고 매력 없는 사람처럼 느껴진다고 하면, 이것이 스스로를 정확히 지각하는 것인지 아닌지 생각해 보아야 한다고 말했다. 예를 들어, 뇌성마비가 있는 사람이 자기 또래들이 자신의 외모 때문에 자기를 피한다고 말하는 경우다. Widiger 등(1995)은 사회적으로 부적절하고 대인관계상에서 매력을 주지 못하고 열등하다는 개인의 믿음은 이 믿음이 부정확하고 과장되어 있거나, 사회적 활동에 대한 개인의 자기상과 의지에 영향을 주는 경우에만 회피성 성격장애의 신호로 간주해야 한다고 보았다.

정서 억제

회피성 성격장애를 지닌 개인이 자신에 대해 갖고 있는 염려와 타인이 자신에게 어떻게 반응할지에 대한 걱정은 이들의 자의식과 억제 경향에 기여한다. 자기를 표현할 때 조심스럽고 주의하며 억제하는 모습은 사회적 상호작용과 사적 관계에 영향을 준다. 사회적 상호작용에서 회피성 개인들은 조용하고, 뒤로 물러나 있으며, 억제되어 있다. 이들은 자기 견해나 감정을 표현하는 걸 마음 내켜 하지 않으며, 조롱받거나 창피당할까 봐 두려워 이미 관계가 형성된 사람과 있을 때도 그러한 행동을 보인다. 이는 DSM-IV의 세 번째 진단기준인 연애와 같은 관계에서도 사적인 이야기를 밝히거나 친밀감을 표현하기를 주저하는 경향의 기반이 된다.

DSM-IV에서 회피성 성격장애의 진단기준이 개정되었을 때, 회피성 성격장애를 일반화된 사회 공포증과 감별하려는 노력이 있었다(Millon, 1991). DSM-III-R의 진단기준 중 하나에서 바보처럼 보일까 봐 사회적 상황을 꺼린다는 내용이 포함되었지만, 이 내용은 DSM-IV에서 "창피당하거나 조롱을 받을까 봐 두려워 친밀한 관계 내에서 억제하는 경향"으로 구체화되었다. 대중 앞에서 발언하는 데 대한 두려움처럼 일반적인 사회 상황에서 경험하는 불안과 억제는 가까운 대인관계 안에서의 억제로 바뀌었다. 이는 사회 공포증의 특징이라 할 수 있는 대중 앞에서 행동하는 데 대한 두려움을, 익숙한 사람들에게도 편안하고 자유롭게 스스로를 표현하지 못하는 불안과 감별하려는 시도를 반영한다. 하지만 회피성 성격장애가 있는 사람들이 대중 앞에서나 가까운 관계 내에서 모두 긴장하고 어색해하고 억제되어 있을 수 있음과 동시에, 일반화된 사회 공포증이 있는 사람도 대중 앞에서의 행동은 물론 사회적 관계의 상호작용에 대해 불안해하고 두려워할 수 있다. 따라서 회피성 성격장애와 일반화된 사회 공포증을 감별하기는 여전히 어렵다.

친밀한 관계에서 조심스럽고 억제된 경향성은 회피성 성격장애에서만 나타나는 것은 아니다. Widiger 등(1995)은 의존성 성격장애가 있는 사람들이 자기를 표현하는 데 주저하고, 감정을 잘 밝히지 않으려 한다고 기술하였다. 의존성 개인들이 의존하는 누군가와의 관계를 위험에 빠뜨리지 않기 위해서 말을 통제하는 것이라면, 회피성 개인들은 자기 공개를 할 때 창피당하거나 모욕을 받는 데 대한 두려움으로 주로 동기화된다. 바보 같고 우습고 주목받을 만한 가치가 없다고 보는 두려움은 은근슬쩍 지나가려 하고 말하지 않으려는 모습으로 나타나는데, 이는 오히려 부정적인 주목을 유발하며 불편해지고 창피해지는 결과를 가져오기도 한다.

부정적 감정

앞서 지적한 것과 같이, 회피성 성격장애 개인들의 특징은 타인에게 자신이 어떻게 보일까에 대해 걱정하고 의식하며, 타인이 어떻게 반응할지 걱정하고, 비난, 비판, 거절에 대한 염려에 집착한다는 데 있다. 친구나 동료처럼 이미 실제적 사회관계를 형성한 사람들과의 상호작용에서만 이러한 문제가 나타나는 것이 아니라, 다시 볼 일이 없는 낯선 사람에게도 그럴 수 있다. 예를 들어, 레스토랑에서 주문할 때 웨이터에게 무능력하고 어색하고 세련되지 못하게 보일까 봐 걱정하고, 대화를 할 때 주변에 가까이 앉아 있던 낯선 사람이 대화를 엿들으면서 자신을 바보 같고 경박하고 지루한 사람으로 볼까 봐 걱정한다.

이러한 특징은 이들이 걱정, 불행, 괴로움과 같은 감정에 취약하다는 점을 제안한다. 이들이 DSM-IV의 기분장애나 불안장애의 진단기준에 부합하지 않더라도, 이들은 타인과의 관계에서 긴장되어 있고 거북스럽고 낙담할 때가 잦다. 많은 연구들은 회피성 성격장애와 DSM-IV의 축 I 기분장애 및 불안장애와 공병률이 높다고 보고한다(Alpert et al., 1997; Docherty, Fiester, & Shea, 1986; Millon & Kotik, 1985).

회피성 성격장애와 기분 및 불안과 같은 정서적 고통과의 연관성은 DSM-IV의 진단기준이 개정되면서 더욱 높아졌다. 예를 들어, Widiger 등(1995)은 DSM-III-R에서 "비판이나 비난에 쉽게 상처 받는다."는 기준이 DSM-IV에서 "사회적 상황에서 비판받거나 거절당하는 걱정에 몰두되어 있다."로 바뀌었다고 언급한다. 이러한 변화는 비판이나 거절에 대한 취약성의 기준을 비난이나 거절을 예상하고, 걱정하며, 반추하는 기준으로 그 역치를 올려 놓은 것이다.

회피성 성격장애의 로샤 지표

경험적 연구를 통해서 회피성 성격장애에 특징적인 로샤검사 양상이 확인된 것은 없다. 앞서 기술하였던 회피성 성격장애의 핵심적인 임상 양상에 따르면, 다음의 로샤 변인들은 회피성 성격장애를 평가할 때 특히 개념적인 관련성을 가지고 있을 것이다. 다만 이는 자료에 근거하기보다는 이론적인 논의임을 밝혀 둔다. 이론적으로 관련 있는 변인들과 회피성 성격장애의 핵심 특징과의 관계를 평가하려면 많은 연구가 필요할 것이다. 또한 이 변인들은 단지 회피성 성격장애에만 관련된 것도 아니다. 그럼에도, 회피성 성격장애를 지닌 사람들이 경험하는 특정한 걱정과 어려움을 탐지하는 데 로샤 결과는 유용할 수 있다.

내향성

내향성은 회피성 성격장애의 핵심 특징에 속한다. 몇몇 로샤 결과는 내향성과 사회적 상황의 불편감에 관한 정보를 제공할 수 있다. 분열성 성격장애와 달리, 회피성 성격장애인 사람들은 사람에게 관심이 있지만, 상당한 불편감을 느낀다. 그러므로 분열성 사람들과 회피성 사람들은 인간내용반응에서 꽤 다른 반응을 보일 것으로 예상된다. 분열성 성격장애가 있는 사람들은 타인에 대한 흥미가 적으므로 인간내용반응의 수도 적을 것이다(SumH<4). 반면, 회피성 개인들은 평균 수준 혹은 그 이상의 인간내용반응을 보일 것이다. 만약 인간내용반응이 평균 수준으로 나타나면, 전체인간반응보다는 부분인간반응이 더 많을 것으로 예상된다. 이러한 양상은 사회적 상황이나 사람들과의 상호작용에 대한 불편감과 걱정을 의미한다. 인간내용반응의 상승은 때로는 불신감이나 타인에 대한 경계에 몰두하는 모습과 관련된 경우도 있다.

회피성 성격장애의 로샤 프로파일에서 예상되는 또 다른 변인은 재질반응(T)에서의 문제다. 사회적 상호작용에서 느끼는 불편감, 그리고 타인이 자신을 염려하고 받아들여 줄까에 대한 불확실성, 그리고 타인에 대한 불신으로 T 반응이 0으로 나타날 수 있다. 이들은 다른 사람에 비해서 자기 드러내기를 주저하고, 받아들여진다는 확신이 들어야 마음을 여는 경향이 있는데, T의 부재는 이러한 양상을 반영한다. 달리 말하면, T의 부재는 관계에서 거리를 두고 분리되려는 경향을 보여 준다. 그러나 어떤 회피성 개인들은 T 점수가 상승되기도 하는데, 왜냐하면 정서적 박탈감, 외로움 그리고 타인과 가깝지 않은 데서 실망감을 느끼기 때문이다. T 반응의 상승은 개인적인 삶에서 최근의 상실 경험이 없을 경우에 이런 방식으로 해석할 수 있다.

회피성 성격장애 개인들의 내향성, 관계에서 느끼는 불편감, 사회적 상호작용을 회피하는 경향성은 고립지표(Isolation Index: ISOL)에도 반영될 수 있다. ISOL 점수가 높은 경우, 사회적 상호작용이 제한되어 있고 대인관계 상황을 확연하게 회피하며 외로움과 소외감을 느낄 수 있다.

사회적 상황에서 불편감을 느끼고 사람들과 거리를 두며, 타인의 긍정적인 반응을 예상하지 못하는 사람들은 로샤에서 협동반응(COP)이 부족하다. COP가 낮은 사람들은 사교적이지 않고 사람들이 모이는 자리에서 주변부에 머무르는 모습을 보인다. 이러한 행동과 태도는 다른 사람이 보기에 거리감 있고 사회 활동에 참여하지 않으며 관심 없는 사람으로 여겨질 수 있다. 이와 관련하여 회피성 성격장애 개인들이 낮은 COP 반응을 보일 것으로 예상된다.

부정적인 자기 개념

앞서 언급한 대로, 걱정과 자기의심이 많고, 타인이 자기를 거절할 것이라고 예상하는 회피성 성격장애 사람들은 괴로울 수 있다. 로샤검사의 관점에서 보자면, 자기상에 대한 고민과 부적절감은 자기중심성 지표의 하강으로 나타날 수 있다(3r+(2)/R<.33). 자기중심성 지표가 낮은 사람들은 다른 사람에 비해 자기가 덜 매력적이고 무능력하다고 평가하며, 자신을 평가절하하고, 무가치함과 열등감을 느끼기 쉽다.

손상반응(MOR)의 상승도 부정적인 자기상을 반영한다. 이는 자신에 대해 부정적인 태도를 지니고 있음을 시사한다. 어떤 사례에서, MOR의 상승은 신체에 대한 부정적인 지각, 그리고 신체적으로 매력 없다는 느낌을 가리키기도 한다.

더불어, 형태차원반응(FD>2)과 음영차원반응(V>0)의 상승은 부정적인 자기 평가와 자기 비난을 반영한다. 최근에 실패나 좌절 경험을 한 일이 명료치 않은데도 V 반응이 상승되어 있다면 그러한 가능성은 더 높아진다. 대개 좌절 경험이 있을 때 V 반응이 하나 이상으로 상승하는데, 이렇게 분명한 실패의 과거력이 없이 V 반응의 수가 증가한다면, 만성적으로 자기 자신에 대해 불만족스러워하고 스스로를 무능력하고 부적절하고 무가치하다고 보는 것일 수 있다. 회피성 성격장애 개인들은 스스로를 받아들이지 못하고 평가절하하기 때문에 로샤에서 MOR, FD, V가 상승할 수 있고, 자기중심성 지표는 낮을 것으로 여겨진다.

회피성 성격장애 개인들이 비판에 예민하다는 점에서 과잉경계 지표(HVI)가 양성으로 나타날지는 의문이다. Exner(1993)는 경계하고, 방심하지 않으며, 타인에 대해 의심이 많은 사람들을 확인하기 위해서 HVI 지표를 개발하였고, 이는 비판에 대한 예민성과 관련될 수 있다. HVI와 관련된 몇몇 특징들은 회피성 양상과 관련될 수 있지만 몇몇은 그렇지 않다. 예를 들어, 양성 HVI에 회피성 양상을 보이는 사람들 중 다른 사람과 관계하는 데 취약한 사람들은 부정적인 상호작용을 염려하면서 이를 미리 예상하고자 하기 때문에 다른 사람을 불신하기 쉽다(예: T = 0, H content > 6).

반면, 어떤 경우 높은 HVI 점수는 위험 신호를 감지하기 위해서 최대한 많은 정보를 쌓고 이해해 두려는 정보처리 양상의 특징을 시사하기도 한다(예: Zf > 12; Zd > +3.5). 그런데 이는 회피성 개인들에게 특징적이지는 않다. 또한 양성 HVI를 보이는 어떤 사람들은 개인 공간을 보호하는 데 몰두되어 있고 대인관계 상황에서 통제감을 느낄 때 편안해하기도 한다. 회피성 성격장애 개인들은 비판받고 놀림감이 되며 거절당할까 봐 대인관계를 걱정하는 것이지, 통제감을 획득하려 하거나 타인이 개인 공간을 침해하지 못하도록 하지는 않는다. 그러므로 회피성 성격장애 개인들이 대인관계에서 불신과 불편감을 보이는 점이 로샤 프로토콜 내에 반영될 수 있으나, 항상 양성 HVI 프로토콜이 나타나지는 않을 것이다.

정서적 억제

회피성 성격장애 개인들이 보이는 정서적 억제는 로샤 내에서 여러 가지 양상으로 발견된다. 감정을 표현하는 데 억제적인 경향성은 억제 비율을 통해 확인할 수 있는데, 무채색반응 수가 유채색반응 수보다 많을 때 그러하다(C′ ≧ WSumC). 이러한 결과는 정서적으로 '목까지 차오르는' 정도로 감정을 억제하고 안으로 담아 두는 사람임을 시사한다.

감정 표현을 억제하는 것과 관련된 두 번째 지표는 낮은 정동 비율이다(Afr < .46). Afr 점수가 낮은 사람들은 감정을 개방하고 교류하는 상황을 불편해한다. 이 불편감은 좋은 감정이든 나쁜 감정이든 상관없이 감정을 직접 표현하는 데 대한 불편감이다. 그 결과, Afr이 낮은 사람들은 정서적으로 충만한 상황을 피하고, 따뜻함과 애정 표현하기를 피하며, 내면의 생각과 감정을 드러내기를 주저한다. 따라서 다른 사람들은 이들이 정서적으로 거리감 있고 감정을 억제하는 사람으로 본다.

세 번째 로샤 지표는 FC 개수가 CF + C 개수를 웃도는 FC:CF + C 비율의 불균형이다. 보통은 FC가 CF+C의 두 배이며, 순수 C 반응이 하나도 없다. 이 결과는 겉으로 정서적으로 분리되어 있고, 멀고, 알기 힘든 사람으로 보일 만큼 감정 표현을 억누르는 사람들을 의미한다. 억제 비율, Afr, FC:CF+C의 점수들이 자의식, 억제 그리고 개인 정보를 표현하는 데 대한 어려움을 잘 포착할 수 있을 것으로 보인다.

정서적 고통

물론 DSM-IV를 바탕으로 회피성 성격장애를 진단할 때 정서적 고통을 특별히 고려하지는 않지만, 회피성 개인들은 상당한 정서적 고통을 자주 경험하며, 임상집단만큼 심각하지 않을 수도 있지만 때로는 기분 혹은 불안장애와 공병을 보이기도 한다. 정서적 고통을 겪을 취약성은 몇몇 로샤 변인을 통해서 확인할 수 있다. 예를 들어, 지속적인 걱정, 낙담, 실패에 대한 염려는 -1의 조정된 D 점수(Adj D)로 나타날 수 있다. C′과 V 점수가 상승하기 때문에 이러한 결과가 발생하기 쉽다. Adj D 점수가 마이너스 이하로 저하될 때 회피성 성격장애 개인들의 만성적인 고통, 자기 불만족 그리고 걱정이 반영되는 것으로 해석할 수 있다.

회피성 성격장애 개인들은 5점 이상으로 상승한 우울 지표(DEPI)를 보일 수도 있다. DEPI의 상승은 기분장애를 지시하지만, 이는 삶의 어려움에 대처하는 데 대한 어려움과 상당한 정서적 고통을 반영하기도 한다(Exner, 2003; Weiner, 2003). 회피성 성격장애 개인들이 반복적으로 실망하고, 기분이 저조하며, 긴장되어 있고, 불안하고 낙담하거나 불행해할 가능성은 DEPI의 상승과 관련될 수 있다.

부정적인 감정과 관련된 또 다른 로샤 변인으로는 대처 결함 지표(CDI)가 있다. Exner(2003)가 설명했듯이, 양성 CDI는 만족스러운 대인관계를 형성하고 유지하는 데 대한 어려움을 나타내는데, 이는 사회기술이 결여되어 있고 타인에 대한 민감성이 부족한 측면에 기인할 수 있다. 회피성 성격장애 개인들은 타인과 편안한 관계 맺기를 어려워하며, 따뜻하고 긍정적인 관계를 맺는 것조차도 어려워하는데, 이는 사회기술이 부족하기 때문이 아니라 관계가 제한되어 있고, 타인을 의식하며, 정서적으로 억제되어 있기 때문이다. 따라서 회피성 개인들이 높은 CDI를 보일 수도 있지만 늘 그렇다고 여길 수는 없다.

정서적 고통을 지시하는 다른 지표들도 회피성 성격장애 개인들의 로샤 기록에서 발견된다. 이러한 변인들은 앞서 언급된 변인들보다 이론에 근거하는 경향이 높기 때문에 실제 해석에 적용할 때는 경험적 연구 근거가 마련될 때까지 신중을 기해야 할 것이다. 예를 들어, 회피성 성격장애 개인들이 eb의 오른쪽 측면(C′, V, T, Y)이 더 높을 것으로 예상할 수 있다. 이들은 전부 음영반응으로 여러 가지 고통스러운 감정에 관한 것이다. 또한 평균 이상으로 이러한 반응이 드러날 때는 겉으로 고통을 보이지 않거나 긴장감, 걱정, 자기 비난, 낙담 등을 표현하지 않더라도 내면에는 부정적인 감정으로 고통스러울 가능성이 높다.

앞서 논의한 것과 같이, 회피성 성격장애 개인들은 타인이 자기를 좋아하고 받아들였으면 좋겠다는 욕구를 가지고 사회적 상황에 접근하는 동시에, 비판받거나 무시되거나 받아들여지지 않는 사람이라는 부적절감에 대한 걱정과 두려움을 지니고 있다. 관계가 매끄럽게 잘 되어 가더라도, 창피당하거나 무시당할 것이라는 부정적인 결과를 예상하는 경우가 많다. 이러한 갈등 감정이 고통스럽게 혼합된 양상은 로샤 내에서는 색채-음영 혼합반응(col-shd bld)의 상승으로 나타날 수 있다. 그러므로 회피성 성격장애 환자들은 환자가 아닌 사람들에 비하여 높은 수준의 색채-음영 혼합반응이 나타날 것으로 예상할 수 있다.

사례: A씨(M/25)

A씨는 25세 남성으로, 어려서부터 발달이 늦고 소심하고 위축된 아이로 또래와 잘 어울리지 못했다고 한다. 대체로 혼자서 지내던 그는 최근 두통, 어지럼증, 메스꺼움이 심해져서 병원을 찾게 되었다. 여러 병원을 전전했는데도 몸에는 아무런 이상도 발견되지 않았다. 그러나 신체적 고통이 심화된 경황은 그가 새로이 직장 생활을 시작하는 시기와 맞물려 있었다. 그는 직장 생활을 하면서 불안감이 증폭되었다고 호소하였다.

여드름이 많고 수더분한 얼굴의 그는 평가 상황에서도 상당히 위축된 몸짓으로 고개를 숙이고 있을 때가 많았고, 몹시도 수줍어했다. 그가 너무 어색해하여 평가자도 불편함이 들 정도였다. 검사 시에는 손을 많이 떨어 매우 불안해 보였고, 말이 많지는 않았으나 속도가 꽤 빠르고 발음이 부정확하여 그의 말을 알아듣기란 쉬운 일이 아니었다. 평가자가 재차 물으면, 마치 '빨리 말해 버리고 나는 숨어 버릴 테야.' 하는 태세로 몰아붙이듯 재빠르게 말하곤 했다. 그렇지만 시간이 흐르자 눈 맞춤도 점차 편안해졌고, 기꺼이 자신이 겪고 있는 여러 어려움을 잘 전달했다.

A씨는 일반화된 사회 공포증과 더불어 회피성 성격장애가 있는 것으로 생각된다. 앞서 Widiger 등(1995)이 제시하였듯이 개인력과 만성적인 정도, 사회적 상호작용에 대한 불안감과 더불어 일반적인 부적절감과 무가치감의 수준을 바탕으로, 축 I에는 일반화된 사회 공포증을, 축 II에는 회피성 성격장애를 진단 내릴 수 있다.

A씨는 자신의 신체적 증상이, 실은 직장에 나가 불안감이 점점 심해지면서 생겼다는 사실을 잘 인식하고 있는 듯하였다. 새 직장에서 사람들이 많은 곳에 가거나 자주 사람들과 마주치고 일해야만 하는 것이 가장 큰 스트레스였다. 특히 직장 동료에게 괜히 피해를 주는 것 같고 동료들이 자신을 이상하게 볼까 봐 제일 두렵다고 했다. 사람들이 혹시 자기에게 뭐라고 하지는 않을까, 제대로 하는 일이 하나도 없다고 말할까 봐 혼자서 지레 겁먹게 된다고 하였다. 덧붙여, 사람이 아주 많거나 반대로 거의 없는 곳에 들어가기가 몹시도 힘들다고 말했다. 사람들과 있으면 아주 불안하고 초조해진다고 호소하였다. 학교 다닐 때는 발표 수업 때 사람들이 자기를 쳐다보는 것만으로도 어질어질해져서 준비해 간 내용을 전부 말아먹기 일쑤였으므로, 발표 수업은 쥐약이었다고 했다. 결국 대학에 가서는 발표가 있는 수업에 들어가지 않았다.

A씨의 어머니는 그가 모든 발달상에서 늦되었다고 회상했다. 17개월이 되어서야 겨우 걷기 시작했고, 또래보다 학습도 늦어서 부모가 너무도 걱정스러운 나머지 초, 중, 고, 대학교에 들어갈 때마다 심리검사도 하고 사회성 훈련도 여러 번 시키면서 점차 전에 비해 나아져 갔다고 말했다. 어머니 말에 따르면, 그는 늘 혼자서 책으로 집짓기를 하면서 놀았고, 식탐이 매우 강했다. 또 겁 많은 A씨의 성격이 자신을 닮은 것 같다고 말했다. 어머니 자신도 내성적인 데다가 예민해서 쉽게 겁내고 짜증내는 성

격이라고 했다. A씨의 아버지도 내성적인데, 가정적이지만 매우 보수적이고 완벽주의적이라고 한다. 어머니 말에 따르면, A씨 아버지는 성격에 모난 구석이 있어서 A씨에게 가끔 "육하원칙에 따라 말하라." 고 재촉할 때가 있다고 한다.

오래전부터, 사람 사귀기기는 A씨에게 가장 어려운 일이었다. 지금은 주로 혼자서 텔레비전을 보면서 웃기도 하고 혼잣말을 하기도 하며 논다고 한다. 친구들과도 어울려 놀 줄을 몰라 여태 친구가 없고, 어릴 때는 늘 주변 아이들이 A씨를 괴롭히고 놀린 기억이 많다고 했다. 사람 앞에서는 말 한번 제대로 못할 것 같고, 눈치도 보이고, 무슨 말을 꺼내야 할지 모르겠다고 하는데, 사람을 대하려면 긴장되고 땀이 나서 정신이 없을 정도다. 활발한 성격인 사람들을 만나면, 자신이 너무도 소극적이어서 그 사람이 짜증을 내지 않을까 걱정된다고 하였다. 때로는 자신이 너무 말이 없고 반응이 없어서, 상대방 입장에서는 A씨가 자기를 싫어해서 그런가 보다 하고 오해하면서 멀어질 때도 많이 생긴다고 걱정하였다.

A씨의 로샤

부정적 자기상 및 부정적 평가에 대한 공포

A씨의 로샤 반응 수는 38개로 다소 높은 편인데, 그의 과잉된 사고 활동과 예민성이 이와 관련되어 보인다. 내향성 사고 양상(introversive style, EBPer=3.3)을 보이는 그는 행동하기보다는 주로 생각을 통해서 문제를 해결하려고 할 것이고, 특히 예상되는 대로 고통스러운 사건을 곱씹고 반추하는 양상이 매우 증폭되어 있다(FM+m=12). 대인관계 사건과 관련하여 혹시 자신이 잘못하지 않을까, 타인이 자기를 나쁘게 평가하지는 않을까 하는 걱정스러운 사고가 잘 드러나는 것으로 보인다. 더군다나 세부반응이 상승된 편에 속하고(Dd=6), 조직화 점수도 높은데(Zd=4.5), 이는 주변 환경의 사소한 단서에 지나치게 몰두하고 걱정스럽게 모든 위험 신호의 가능성을 탐지하려는 경향성을 보여 준다. 대인관계에서 지나치게 조심스럽고 예민하며 위축되어 있는 그의 모습은 이에 잘 반영된다. 특히 조직화 점수의 상승은 S 반응의 상승과 상당 부분 겹치는 것으로 여겨진다. S 반응은 특징적으로 I번 카드의 '괴물 눈과 입', III번 카드의

'못생긴 두꺼비', VIII번 카드의 '모기', X번 카드의 '괴물 얼굴' 등에 나타난다. 마찬가지로 Dd 반응의 내용을 살펴보면, V번 카드의 '귀신 얼굴' '할머니 얼굴', VIII번 카드의 '모기', IX번 카드의 '눈가면을 쓴 사람'이 특징적이다. 대인관계와 관련된 과잉경계성과 두려움, 부정적인 자기상이 Dd 반응 및 S 반응에 반영되어 있어, 그가 관계에서 부정적인 평가를 받는 것에 대해서 상당히 예민하게 주의를 기울이며 과도하게 조심스러운 동시에, 성장 과정과 관련하여 누적된 좌절감과 분노가 그의 과잉경계적인 대인 지각에 반영되어 있을 가능성을 제안할 수 있다. 아마도 발달이 늦어 항상 평가받기만 하고, '늦되고 더디다는' 꾸지람을 내사해 왔을 것으로 생각되고, 친구들에게도 괴롭힘을 당하면서 주변 환경이 비난적이고 공격적이라고 지각할 수밖에 없었을 것으로 여겨진다.

이러한 고통스러운 내사는 그에게 깊이 박힌 부정적인 자기 평가와 자기 비난에 고스란히 자리한다(V=2, FD=5, MOR=2). 이러한 측면은 그가 단순히 축 I의 사회 공포증뿐만 아니라, 보다 깊이 성격으로 자리매김한 부정적 자기상에 만성적으로 시달려 온 점을 말해 준다. 잘못했다는 어떤 근거 없이 자신이 혹시 직장 동료에게 피해를 주지 않을까 걱정할 정도로, 자신이 부적절하고 가치 없는 사람이라는 그의 고통스러운 인식은 꽤 뿌리 깊어 보인다. 또한 가까운 대인관계에서도 혹시 자기 존재가 타인에게 짜증을 유발시키거나 거절이나 거부감을 불러일으키지 않을까 하는 의기소침함에서 회피성 성격장애의 특징인 깊은 자기 손상감이 드러나고 있다. 그는 스스로를 III번 카드의 '우둘투둘하고 못생긴 두꺼비', IX번 카드의 '뚱뚱한 돼지'로 지각하는 것이 아닌가 싶다. 그렇다면 다양한 사회 작용 속에서 오래도록 그가 얼마나 열등감에 고통스럽고 위축되고 회피적일 수밖에 없는가를 생각해 볼 수 있을 것이다. 또한 VI번 카드의 '배를 갈라 펼쳐진 가죽' 반응은 상당히 공격적이면서도 손상되어 있는 반응인 동시에, 통제할 수 없는 긴장감과 깊은 자기 비난의 반응이 동반되어 있다(mp.VFo). 그는 관계를 상당히 공격적으로 지각하면서 상당한 불안감과 부적절감을 경험할 것으로 보인다. 그의 VI번 카드 반응은 '새벽녘의 지평선' 반응으로 끝나는데, 대인관계 친밀감에 대한 이러한 두려움은 결국 그가 관계를 피하면서 고립되고 외로워지고 우울해지는 결과를 야기하는 과정을 보여 주는 듯하다(YF.C'F,Ls). 그의 외로운 달은 '숨었다'. 대인관계 상호작용을 반영한다고 알려진 II번과 III번 카드에서 단편적이고 파편화된 반응이 위주가 된다는 점은 특징적이다. 이 또한 관계에 관해서 주의 폭을 좁히려 하는 그의 두려움과 회피적 경향을 잘 보여 주는 것이라 하겠다. II번 카드에서도 단편적인 반응을 지속하다가 마지막에 '도망가는 도둑' 을 보는데, VI번 카드와 마찬가지로 관계에서 부적절감에 휩싸인 채 도망을 가고 우울감을 느끼는 그의 자기 지각이 비추어지는 것 같다.

동시에, A씨는 T 반응이 상승되어 있고 음식반응도 나타난다(T=2, Fd=1). 이와 더불어 VIII번 카드의 '꽃' 반응, X번 카드에서 '나뭇가지에 붙은' 등의 반응은 관계에서 상당히 수동적인 점을 반영하는 동시에 친밀감과 대인관계에 대한 그의 증폭된 욕구를 짐작케 해 준다. 또한 VII번에서도 '강아지와 사람이 뽀뽀한다.' 와 같은 순수한 애정 욕구가 발견되고 있다. 관계에 관심이 없고 철회를 일삼는 분열성 성격장애와는 달리, 그리고 의존과 애정 욕구를 충족시키기 위해서 관계를 추구하는 의존성 성격장애와는 달리, A씨는 간절히 친밀함과 애정을 원하면서도 자신이 무가치한 존재라는 인식에 휩싸여 거절당할까 봐 두려워 주저하고 있는 것이다.

정서적 고통 및 정서 억제

A씨의 상승된 음영반응과 상당한 수준으로 저하된 D값은 그의 현재적 스트레스를 여실히 보여 준다(C′=3, V=2, T=2, Y=2, D=−5). 그는 우울하고, 자기 비난적이고, 외롭고, 불안하며, 사람들과 가깝지 못하다는 데 박탈감을 느낄 수 있다. 이에 비하여 그의 색채반응은 아주 저조하다(WumC=1.5). 그는 내면에 존재하는 극도의 고통스러운 감정을 거의 내색하거나 표현하지 않은 채 안으로 삭히거나, 앞서 언급했던 대로 반추사고를 통해 처리하고자 분투할 수 있다. 특히 그가 호소하는 여러 신체화 증상은, 그의 암울한 감정들과 극도의 긴장감이 정서로 인식되고 표현되지 못하면서 신체적 통로를 통해 표출되는 것으로 이해할 수 있다. 이러한 정서적 억제 경향성은 회피성 성격장애의 특징을 잘 보여 준다. 그는 사람들 앞에 나서려고 하지 않고 언제나 뒤로 물러서 있으며, 자신을 표현하지 않고 억제한다. 활발하고 감정 표현이 적극적인 사람들을 불편하게 느끼는 것도 이와 관련될 것으로 보인다. 그는 정서적인 상

황이 매우 어색할 것이다. X번의 마지막 반응을 보면 '노란색, 주황색 천을 휘날리며 춤추는 사람' 이 나타난다. 지각적 정확성이 저하된 인간반응인 데 더하여(Mu), 정서를 통제할 수 없는 것에 대한 긴장감이 반영되고 있다(Mp). 그는 정서적인 대인관계에 이렇듯 긴장감으로 반응할 것이다. H 반응에 비하여 (H)+Hd+(Hd) 반응이 높은 그의 로샤 특징도 마찬가지다. 예상된 대로 그는 사람에 대한 관심은 충분히 갖고 있지만, 실제로 사람들과 상호 교류할 때는 매우 불편해할 것이고, 애정과 관심을 표현하지 않으려 할 것이다(H:(H)+Hd+(Hd)=3:6, Afr=.46). 만족스러운 대인관계를 유지하는 데 요구되는 심리적 자원이나 대처 기술, 적극성과 자율성이 부족한 점은 그의 양성 CDI에 집약되어 나타나고 있다. 다른 사람들이 오히려 A씨가 자신에게 관심이 없다고 생각하고 멀어지는 경우는 그리 예상치 못할 법한 결과는 아닌 것이다.

그러나 A씨는 긍정적인 인간표상 능력을 갖추고 있고(GHR:PHR=6:2), 따뜻한 대인관계 상호작용과 애정을 향한 욕구도 지니고 있다. 평가자와의 짧은 만남에서 편안함을 되찾아간 것처럼, 충분한 치료적 경험과 지지환경 속에서 더 이상 '도망치고' '숨기' 보다는 내면의 이러한 자원과 욕구를 통합할 수 있기를 기대해 본다.

참고문헌

Alpert, J. E., Uebelacker, L A., McLean, N. E., & Nirenberg, A. A. et al. (1997). Social phobia, avoidant personality disorder, and atypical depression: Co-occurrence and clinical implications. *Psychological Medicine, 27,* 627-633.

American Psychiatric Association (1980). *Diagnostic and statistical manual of mental disorders* (3rd ed.). Washington, DC: Author.

American Psychiatric Association (1994). *Diagnostic and statistical manual of mental disorders* (4th ed.). Washington, DC: Author.

Docherty, J. P., Fiester, S. J., & Shea, T. (1986). Syndrome diagnosis and personality disorder. In A. Frances & R. Hales (Eds.), *Psychiatry update: The American Psychiatric Association annual review* (Vol. 5, pp. 315-355). Washington, DC:

American Psychiatric Press.

Dyce, J. A., & O'Connor, B. P. (1998). Personality disorders and the five-factor model: A test of facet-level predictions. *Journal of Personality Disorders, 12,* 31-45.

Exner, J. E. (1993). *The Rorschach: A comprehensive system, Volume 1* (3rd ed.). New York: John Wiley.

Exner, J. E. (2003). *The Rorschach: A comprehensive system, Volume 1* (4th ed.). New York: John Wiley.

Fenichel, O. (1945). *The psychoanalytic theory of neurosis.* New York: Norton.

Frances, A. J. (1980). The DSM-III personality disorder section: A commentary. *American Journal of Psychiatry, 137,* 1050-1054.

Frances, A. J., & Widiger, T. A. (1987). A critical review of four DSM-III personality disorders: Borderline, avoidant, dependent, and passive-aggressive. In G. Tischler (Ed.), *Diagnosis and classification in psychiatry* (pp. 269-289). New York: Cambridge University Press.

Guntrip, H. (1968). *Schizoid phenomena, object relations, and the self.* New York: International Universities Press.

Huprich, S. K. (2003). A SCID-II evaluation of NEO-PI-R profiles of veterans with personality disorders. *Journal of Personality Disorders, 17,* 33-44.

Liversley, W. J., & West, M. (1986). The DSM-III distinction between schizoid and avoidant personality disorders. *American Journal of Psychiatry, 31,* 59-61.

Lochner, C., Mogotsi, M., du Toit, P. L., Kaminer, D., Niehaus, D. J., & Stein, D. J. (2003). Quality of life in anxiety disorders: A comparison of obsessive compulsive disorder, social anxiety disorder, and panic disorder. *Psychopathology, 36,* 255-262.

Millon, T. (1981). *Disorders of personality: DSM-III: Axis II.* New York: John Wiley.

Millon, T. (1991). Avoidant personality disorder: A brief review of issues and data. *Journal of Personality Disorder, 5,* 353-362.

Millon, T., & Kotik, D. (1985). The relationship of depression to disorders of personality. In E. Beckham & W. Leber (Eds.), *Handbook of depression* (pp. 700-744). Homewood, IL: Dorsey Press.

Reich, J. (2001). The relationship of social phobia to avoidant personality disorder. In S. G. Hofmann & P. Dibartolo (Eds.), *From social anxiety to social phobia: Multiple perspectives* (pp. 148-161). Needham Heights, MA: Allyn & Bacon.

Reynolds, S. K., & Clark, L. A. (2001). Predicting dimensions of personality disorder from domains and facets of the Five-Factor Model. *Journal of Personality, 69,* 199-222.

Schneider, F. R., Blanco, C., Antia, S., & Liebowits, M. R. (2002). The social anxiety spectrum. *Psychiatric Clinics of North America, 25*(4), 757–774.

Stein, M. B., Chartier, M. J., Hazen, A. L., Kozak, M. V., Tancer, M. E., & Lander, S. et al. (1998). A direct-interview family study of generalized social phobia. *American Journal of Psychiatry, 155,* 90–97.

Tillfors, M., Furmark, T., Ekselius, L., & Fredrikson, M. (2001). Social phobia and avoidant personality disorder as related to parental history of social anxiety: A general population study. *Behavior Research & Therapy, 39,* 289–298.

Trull, T. J., Widiger, T. A., & Burr, R. (2001). A structured interview for the assessment of the five-factor model of personality: Facet-level relations to the Axis II personality disorders. *Journal of Personality, 69,* 175–198.

Trull, T. J., Widiger, T. A., & Frances, A. J. (1987). Covariation of avoidant, schizoid, and dependent personality disorder criteria sets. *American Journal of Psychiatry, 144,* 767–771.

Weiner, I. B. (2003). *Principles of Rorschach Interpretation* (2nd ed.). Mahwah, NJ: Lawrence Erlbaum Associates.

Widiger, A. T., Mangine, S., Corbitt, E. M., Ellis, C. G., & Thomas, G. V. (1995). *Personality Disorder Interview-IV: A semistructured interview for the assessment of personality disorders.* Odessa, FL: Psychological Assessment Resources.

Widiger, A. T., Trull, T. J., Clarkin, J. F., Sanderson, C., & Costa, P. T. (2002). A description of the DSM-IV personality disorders with the Five-Factor Model of personality. In P. T. Costa & T. A. Widiger (Eds.), *Personality Disorders and the Five-Factor Model of personality.* Washington, DC: American Psychological Association.

Wilberg, T., Urnes, O., Friis, S., Pedersen, G., & Karterud, S. (1999). Borderline and avoidant personality disorders and the Five-Factor Model of personality: A comparison between DSM-IV diagnoses and NEO-PI-R. *Journal of Personality Disorders, 13,* 226–240.

A씨의 로샤 기록

Card	R#/ Response	Inquiry	Scoring
I	1. 늑대 두 마리	- 귀와 다리와 팔. 하늘을 보면서 울부짖고 있어요.	Do FMp- (2) A
	2. 독수리 새 한 마리. 아, 두 마리, 두 마리가 날아가는 거요.	- 부리, 발톱이 여기 있어요. 하늘을 날아가는 날개예요.	Do FMao (2) A
	∨∧ 3. 눈만 보면 괴물 같은데…….	- 위에 흰 부분이 눈, 아래가 입. 가운데 혀가 있어요. (혀?) 가운데 이 부분이 튀어나와 있잖아요. 이 뒤 허연 데가 입구멍이고요.	WSo FDu (Ad) 3.5
	∨ 4. 통닭. 머리 없는.	- 다리가 있고, 몸통이 이건데요. 머리만 없어요. 튀기면 한 마리 나오는 그런 거 있잖아요. 삼계탕 그런 것.	Ddo Fu Fd
II	5. 코끼리 두 마리	- 귀, 코, 다리.	Do Fo (2) A P
	6. 종 한 개	- 가운데 추가 있어요.	DSo Fu Sc 4.5
	7. 낙타 한 마리	- 걸어가는 거예요. 머리가 있고, 여기가 혹이에요.	Do FMau A
	8. 도둑이 도망가는 것	- 손, 머리, 상의, 하의 그리고 발. 뒤돌아서 도망가는 거예요. 검은 옷을 입고요. (뒤돌아요?) 쫓기는 거예요. 한쪽 발은 뒤편으로 올라가 있잖아요. 두 명이 뭔가를 훔쳤는데 누가 신고해서 도망가는 거예요.	Wo Ma.FD.FC′u (2) H 4.5 PHR
III	9. 고양이 두 마리	- 머리, 목, 다리.	Do Fu (2) A
	10. 리본 하나 있고.	- 하트 두 개처럼 되어 있고, 중간에 고리가 있어요. 하트 모양 하트 리본.	Do Fo Art
	11. 물고기 두 마리	- 머리, 지느러미, 꼬리.	Do Fo (2) A
	>∨ 12. 해마 두 마리	- 꼬리고, 몸통, 머리.	Do Fu (2) A

Card	R#/ Response	Inquiry	Scoring
	13. 두꺼비 한 마리 ∨	- 몸, 눈, 입, 팔. 피부가 우둘투둘하고요, 팔도 못 생겼어요. (우둘투둘?) 삐죽삐죽 튀어나와 있잖아요.	DSo FTu A 4.5 MOR
IV	14. 용 머리. 용 한 마리가 날아가고 있어요.	- 용머리, 날개, 몸통. 앞면이네요.	Wo FMau (A) 2.0
	15. 거인을 아래서 보는 것 같은데요.	- 이렇게 점점 좁아지잖아요. 발이 여기 있고, 머리와 팔.	Do FDo (H) P GHR
	16. >강아지	- 머리, 꼬리.	Do Fo A
V	17. 박쥐 한 마리	- 머리 있고, 날개가 있어요. 끝에 발톱 같은 것이 있고.	Wo Fo A P 1.0
	18. > 귀신 얼굴	- 옆면인데, 코와 입이 보이고. (귀신?) 그림자처럼, 확실하지 않고, 정확히 보이지 않고 흐릿하게 보이잖아요.	Ddo FY- (Hd) PHR
	19. 할머니 모습. 코와 턱이 보여요.	- 머리카락, 코와 입. (할머니?) 나이 든 외국 할머니요, 코가 삐죽 튀어나와 있고, 머리숱이 많아요. (머리숱?) 뾰족뾰족 튀어나오고, 꺼먼 것이 수두룩해서요.	Ddo TFo Hd GHR
VI	20. 늑대 가죽 벗긴 것	- 늑대 얼굴, 목, 팔다리가 있고, 배를 가른 상태에서 가죽을 벗긴 것 같아요. 칼로 잘라서 펼쳐 놓은 거예요. (칼로 자른?) 이렇게 선 같은 게 쫙 째져 가지고.	Wo mp.VFo Ad P 2.5 MOR
	21. 악기 같은데, 팔다리 빼면요.	- 기타 같기도 하고, 바이올린 같기도 하고.	Do Fu Sc
	22. 나비처럼 생겼네요. 나방? 나방이요.	- 더듬이, 날개, 날개가 두 쌍.	Do Fo A
	23. <바닷가 지평선에 구름. 바닷가에 산이 있고, 멀리 보면 지평선에, 해가, 달이 뜨는 노을이 질 때 있잖아요.	- 거뭇한 산이 있고, 해 뜨려고, 노을 진 어둑어둑한 새벽녘. (노을이요?) 예, 새벽에요. 해가 뜨고, 달은 숨었고, 별 같은 검은 게 점점이 찍힌 거고, 구름이 솟아올랐고요. 여기 반쪽만요.	Dv YF.C′F Ls DV1

Card	R#/ Response	Inquiry	Scoring
VII	24. 조그마한 강아지 두 마리	- 귀가 길고, 꼬리, 몸통, 머리.	Do Fo (2) A
	25. > 강아지랑 사람이 뽀뽀하는 느낌	- 여기 아래가 사람 얼굴인데요, 이 강아지랑 뽀뽀하고 있어요. 여기가 입.	D+ Mp.FMpu (2) Hd.A 3.0 GHR
	26. 사람이 엎드려 있는 거요. 여자 같긴 한데…….	- 무릎을 꿇고 팔을 펴고 엎드려 있어요. 머리 부분, 팔, 다리.	Do Mpu H GHR
VIII	27. 표범 두 마리	- 다리. 사냥하려고 뒷다리 뻗은 모습.	Do FMpo (2) A P
	28. 새 한 마리	- 날개가 있고요, 여기가 꼬리, 부리.	DdSo Fo A 4.0
	29. > 꽃	- 아랫부분하고 윗부분이 펴 있고, 둥글둥글 이런 모양을 해서. 겉은 빨갛고 속은 노란색이에요.	Do FCo Bt
	30. ∨ 모기	- 딱 꽂아서 피를 빨아먹는 입, 다리.	DdSo F- A 4.0
IX	31. 눈만 가린 눈가면 쓴 사람이요.	- 눈이 있는데, 얼굴을 가려서요.	Ddo FDo Cg.Hd
	32. 마법사. 두 명이요.	- 모자를 쓰고, 옷을 걸쳤어요. (옷?) 얼굴이 안 나와 있고 망토를 이렇게 걸쳐 가지고요. 손으로 뭘 하고 있는데, 뭘 만들고 있어요. (망토?) 몸을 감싸는 느낌이 이렇게 아래로.	D+ Mp.mp.FDo (2) (H).Cg P 2.5 GHR
	33. 돼지요. 뚱뚱한 동물 한 마리	- (뚱뚱?) 배도 쳐졌고요, 등도 많이 구부러져 있고. 많이 먹어서 다리가 짧아 보여요.	Do FVu A
X	34. 괴물처럼 생긴 게 두 마리가 나무에 붙어 있어요. 여긴 괴물이 많네요.	- (괴물?) 꺼매가지고요, 이게. 나뭇가지가 곧게 뻗은 데 붙어 있어요.	D+ FMp.mp.FC′o (2) (A).Bt 4.0
	35. 해마도 있고.	- 머리, 꼬리. 서 있는 모습이에요.	Do FMpo (2) A
	36. 괴물이 두 마리가 있어요.	- 머리가 되게…… 눈도 되게 크고요.	Do Fu (2) (A)
	37. 이것도 얼굴을 보면요, 괴물 얼굴이에요.	- 눈, 입. 삐죽하고 마구 튀어나왔어요.	DSo Fu (A) 6.0
	38. 사람이 양쪽에서 천을 들고 춤추는 듯한.	- 노란색, 주황색 천을 휘날리고 춤을 추고 있어요.	D+ Ma.mp.CFu H.Art 4.0 GHR

구조적 요약표

Location Features				Determinents: Blends	Determinents: Single		Contents		Approach		
							H	=3	I	D,D,WS,Dd	
Zf	=14				M	=1	(H)	=2	II	D,DS,D,W	
ZSum	=50				FM	=6	Hd	=3	III	D,D,D,D,DS	
ZEst	=45.5				m	=0	(Hd)	=1	IV	W,D,D	
					FC	=1	Hx	=0	V	W,Dd,Dd	
W	=5				CF	=0	A	=18	VI	W,D,D,D	
D	=27				C	=0	(A)	=4	VII	D,D,D	
W+D	=32				Cn	=0	Ad	=1	VIII	D,DdS,D,DdS	
Dd	=6				FC′	=0	(Ad)	=1	IX	Dd,D,D	
S	=6				C′F	=0	An	=0	X	D,D,D,DS,D	
					C′	=0	Art	=2	Special Scores		
					FT	=1	Ay	=0			
DQ					TF	=1	Bl	=0		Lv1	Lv2
+	=4				T	=0	Bt	=2	DV	= 1×1	0×2
o	=33				FV	=1	Cg	=2	INC	= 0×2	0×4
v/+	=0				VF	=0	Cl	=0	DR	= 0×3	0×6
v	=1				V	=0	Ex	=0	FAB	= 0×4	0×7
					FY	=1	Fd	=1	ALOG	= 0×5	
					YF	=0	Fi	=0	CON	= 0×7	
Form Quality					Y	=0	Ge	=0	Raw Sum6	=1	
	FQx	MQual	W+D		Fr	=0	Hh	=0	Wgtd Sum6	=1	
+	=0	=0	=0		rF	=0	Ls	=1			
o	=18	=1	=15		FD	=3	Na	=0	AB	=0	GHR=6
u	=16	=4	=15		F	=16	Sc	=2	AG	=0	PHR=2
-	=3	=0	=1				Sx	=0	COP	=0	MOR=2
none	=1	=0	=1				Xy	=0	CP	=0	PER =0
					(2)	=14	Id	=0			PSV =0

Ratio, Percentages, and Derivations									
R	=38	L	=0.73			FC : CF+C	=1 : 1	COP= 0 AG	=0
						Pure C	=0	GHR : PHR	=6 : 2
EB	=5 : 1.5	EA	=6.5	EBPer	=3.3	SumC′ : WSumC	=3 : 1.5	a : p	=5 : 12
eb	=12 : 9	es	=21	D	=-5	Afr	=0.46	Food	=1
		Adj es	=17	Adj D	=-4	S	=6	SumT	=2
FM	=8	SumC′	=3	SumT	=2	Blends:R	=7 : 38	Human Cont	=9
m	=4	SumV	=2	SumY	=2	CP	=0	Pure H	=3
								PER	=0
								Isol Indx	=0.08

a : p	=5 : 12	Sum6	=1	XA%	=0.89	Zf	=14	3r+(2)/R	=0.37
Ma : Mp	=2 : 3	Lv2	=0	WDA%	=0.94	W : D : Dd	=5 : 27 : 6	Fr+rF	=0
2AB+Art+Ay	=2	WSum6	=1	X-%	=0.08	W : M	=5 : 5	SumV	=2
Mor	=2	M-	=0	S-	=0.33	Zd	=4.5	FD	=5
		Mnone	=0	P	=6	PSV	=0	An+Xy	=0
				X+%	=0.47	DQ+	=4	MOR	=2
				Xu%	=0.42	DQv	=1	H : (H)+Hd+(Hd)	=3 : 6

PTI=0	DEPI=4	CDI=5*	S-CON=5	HVI= No	OBS= No

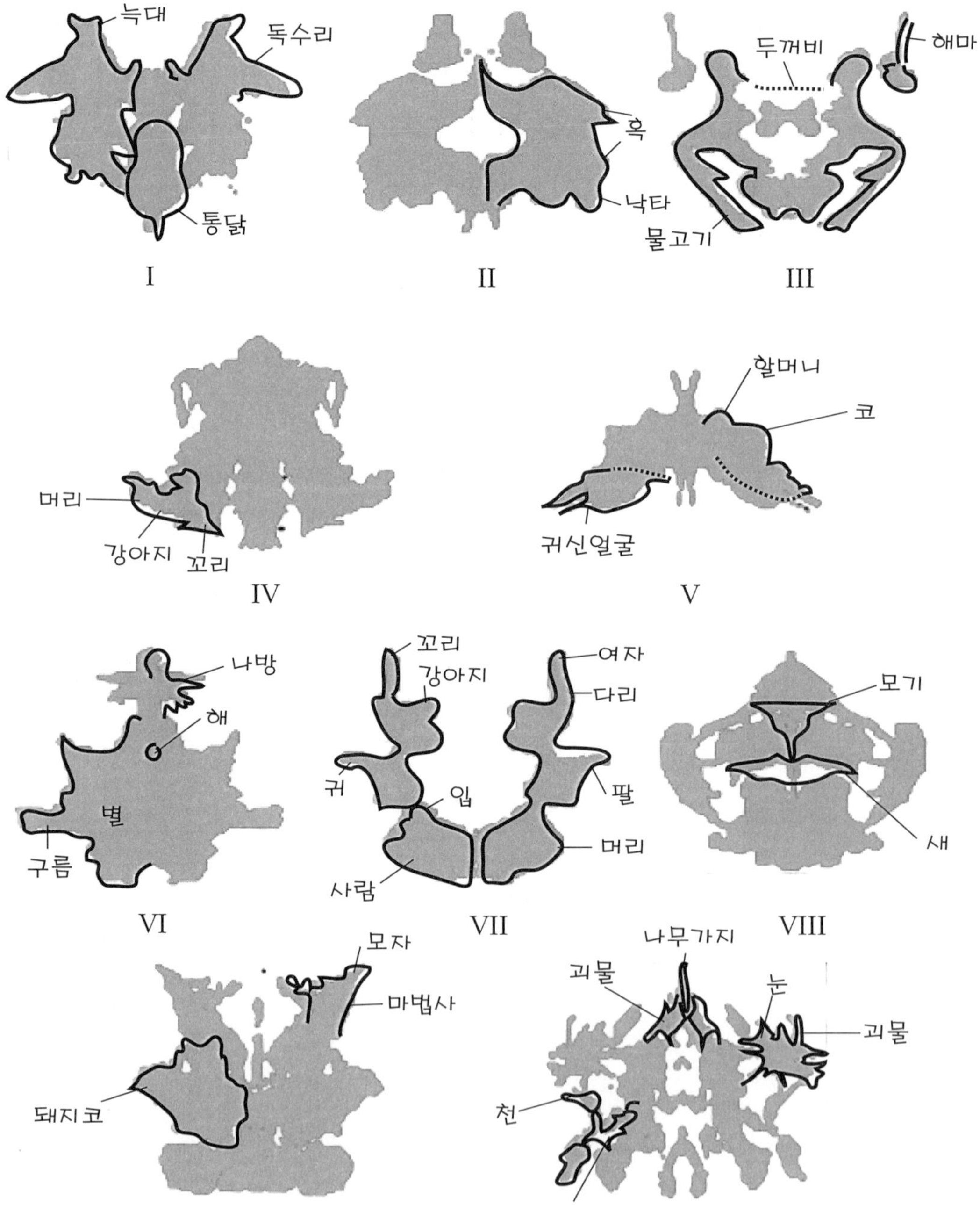
늑대
독수리
통닭
I
혹
낙타
II
두꺼비
해마
물고기
III
머리
강아지
꼬리
IV
할머니
코
귀신얼굴
V
나방
해
별
구름
VI
꼬리
강아지
귀
입
사람
여자
다리
팔
머리
VII
모기
새
VIII
모자
마법사
돼지코
IX
나무가지
괴물
눈
괴물
천
사람
X

11
의존성 성격장애의 로샤평가

지난 50년간 의존성 특질(trait dependency)과 의존성 성격장애(Dependent personality disorder: DPD)에 관해 대략 600개의 연구들이 출판되었다. 양쪽 분야의 연구들은 정신분석 이론, 특히 성격이나 정신병리에 관한 대상관계 이론의 영향을 강하게 받았다(Bornstein, 1993, 2005). 그러나 정신역동에 기반을 두는 점은 같더라도, 의존성 특질과 의존성 성격장애의 개념은 최근 분리되는 추세를 보인다. 의존성 특질에 관한 최근 연구들은 다양한 상황과 장면에서 달리 나타나는 의존성 행동(Pincus & Wilson, 2001)과, 의존성 특질의 적응성과 부적응성을 확인하는 데 초점을 두고 있다(Bornstein & Languirand, 2003). 의존성 성격장애에 관한 연구들은 꽤 다른 방향으로 가고 있고, 대체로 다른 축 I 및 축 II 장애와의 공존병리에 대한 연구나, 심리치료 과정이나 결과상에서 의존성 성격장애가 매개하는 특정 양상에 대한 연구가 대부분이다(Bornstein, 1997).

의존성 특질과 의존성 성격장애 연구는 다양한 연구 결과와 진단 체계의 변화에 따

Robert F. Bornstein / Gettysburg College

라 발전해 가고 있으며, 이러한 구성개념을 평가하는 기법도 발전하고 있다. 이 장에서는 의존성 특질과 의존성 성격장애 연구를 기반으로, 로샤검사를 활용하여 의존성 성격을 평가하는 것에 대해 논하고자 한다. 우선 이 두 가지 개념의 유사점과 차이점을 설명하고, 로샤검사를 통해 의존성 성격을 평가할 때 로샤 구강의존성 척도(Rorschach Oral Dependency Scale: ROD scale; Masling, Rabie, & Blondheim, 1967)를 활용하는 데 초점을 둘 것이다. 구강의존성 척도의 타당도와 유용성, 구강의존성 척도 자료를 효과적으로 활용하는 방법을 소개할 것이며, 추후 작업을 위한 제안점을 제시하고자 한다.

의존성 특질과 의존성 성격장애: 유사점과 차이점

최근 들어서는 의존성 특질에 관하여 다음의 네 가지 핵심 요소를 강조하여 개념화한다(Bornstein, 1996a; Pincus & Gurtman, 1995): (1) 인지적 요소(자기는 약하고 무력하며, 타인은 강력하고 유능하다는 지각), (2) 동기적 요소(타인으로부터의 인도, 지지, 확인을 명백히 필요로 함), (3) 행동적 요소(훗날 지지자와의 유대를 위해서 관계를 촉진하는 자기표현), (4) 정서적 요소(유기에 대한 두려움, 수행 불안). 어떤 연구에서는 자기와 타인표상과 같은 인지적 구조가 의존성 성격의 핵심 요소라고 하며, 이 때문에 의존과 관련된 동기, 행동, 정서 반응이 형성된다고 하였다(Bornstein, 1996a 참고).

그러나 이러한 의존성 특질 모형과는 달리, DSM-IV-TR(APA, 2000)의 의존성 성격장애 진단기준은 의존과 관련된 행동과 정서를 강조하는 반면, 의존성 성격 특질 기저의 인지적 요소에 주의를 기울이지 않는다. 행동 영역에서도 특히 복종과 수동성에 초점을 두고, 상황에 따른 행동의 변동 가능성을 고려하지 않는다. 의존성 성격장애의 핵심 증상은 의사결정의 어려움(진단기준 1), 다른 의견을 표현하는 데 어려움(진단기준 3), 일을 시작하는 데 어려움(진단기준 4), 대부분의 영역에 걸쳐 타인의 책임을 필요로 함(진단기준 2), 보호와 지지를 얻기 위해서 무슨 일이든 함(진단기준 5, 7), 혼자 있을 때 불편감을 느낌(진단기준 6), 그리고 이와 동시에 유기 불안에 집착하는 데 있다(진단기준 8).

Bornstein(2005)은 의존성 특질과 의존성 성격장애가 보호와 지지에 관한 기본적인 욕구를 동시에 다루고 있지만, 다음의 영역에서 서로 다르다고 하였다.

강 도: 의존성 성격장애 사람들은 임상적으로 중요한 수준 이하의 의존성 특질을 가진 사람에 비하여 보호와 지지를 필요로 하는 욕구의 정도가 더 강하다.

전반성: 의존성 성격장애의 부적응적인 의존 관련 행동은 상황이나 장면과 상관없이 표출되지만, 의존성 특질은 특정 상황에서 표현되는 경향이 있다.

경직성: 의존성 특질을 가진 사람들은 상황적 요구에 따라 자기표현의 기제를 변화시키지만, 의존성 성격장애를 가진 사람들의 대처 기제는 융통성이 더 결여되어 있다.

기능결함: 이러한 강도, 일관성, 경직성 때문에 의존성 성격장애는 기능상에서 더 큰 문제를 보인다.

의존성 성격장애의 로샤평가

Exner 종합체계(Exner, 1993, 2000)에서는 의존과 관련된 변인들이 몇 가지 있지만(예: food, T, Mp), 이를 의존성 행동과 관련지은 연구는 없다. 대부분의 연구는 로샤 구강의존성 척도 점수와 다양한 자기-보고형 측정치, 투사적, 행동적 측정치의 연관성과 관련되어 있다(Bornstein, 1996b, 1998b, 1999).

로샤 구강의존성 척도: 실시, 측정, 해석

ROD(Rorschach Oral Dependency) 척도는 Schafer(1954)가 구성한 구강의존성 내용에 입각하여 Masling 등(1967)이 처음 개발하였다. ROD 척도는 채점과 해석이 명료하다는 장점을 지녔고, 절차가 잘 규정되어 있어 활용도가 높다.

로샤 구강의존성 점수는 기존 로샤 프로토콜에서 도출할 수 있다. 표준화된 방법으로 개별적으로 실시한 로샤 프로토콜을 활용하거나, 집단으로 로샤검사를 실시한(집단으로 로샤를 실시하는 데 대한 자세한 논의는 Bornstein, 1996b 참고) 정보를 바탕으로 이용할 수 있다. 집단으로 실시한 경우 자유 연상만 활용한다(집단 실시에는 질문 단계가 없다.). 개별적으로 로샤를 실시했을 때 ROD 점수는 일차적으로 자유 연상 단계의 자료만 활용하지만 질문 단계의 자료를 포함할 수도 있다. 자유 연상 단계에 등장하는 구강의존성 지각은 바로 채점하고, 모호한 상황에서는 질문 단계에서 명료화하여 보완한다. 즉, 질문 단계에서 처음 등장한 구강의존성 반응은 채점하지 않지만, 자유 연상 단계에서 모호했던 내용(예: 냄비요)이 질문 단계에서 명쾌해질 때(예: 네, 요리할 때 쓰는 냄비요)에는 채점을 한다. ROD 채점은 어휘를 바탕으로 하며, 〈표 11-1〉에 제시된 반응을 지각할 때마다 1점씩 받는다. 이를 합산한 뒤 반응 수로 나눔으로써 반응 수에 따른 차이를 통제한다.

대체로 비임상 참여자를 대상으로 할 때는 집단으로 실시하고, 정신과 입원 및 외래 환자를 대상으로 실시할 때는 개인별로 실시하는 경우가 많다. 이렇게 다른 방식으로 얻은 자료에 차이가 있는가를 확인하기 위해서 Bornstein 등(1997)은 개인 및 집단 실시에서 수집된 ROD 점수의 평균과 표준편차를 비교하였다. 다른 실험 설계법을 바탕으로 하는 두 연구에서, Bornstein 등(1997)은 개별 혹은 집단으로 실시했을 때 각기 평균과 편차에서 유의미한 차이를 보이지 않았다고 하였다. 또한 ROD 점수의 분포 양상도 유사하게 나타났다.

Bornstein과 Masling(2005)은 여러 연구의 결과를 종합하고 ROD 척도의 임상집단 및 비임상집단의 규준을 마련하기 위해서 메타분석 기법을 기반으로 연구하였다. 대학생을 대상으로 하여 연구하였을 때, 구강의존성 반응을 보인 비율은 .13(N=21)이었고, 성별 차이는 없었다. 정신과 환자를 대상으로 했을 때의 비율은 .11(N=11)이었고, 남성이 평균 .12로 평균 .10의 여성보다 높은 점수를 나타냈다.

대체로 ROD 점수는 0~.40점의 범위를 보이며, 의존성 집단과 비의존성 집단을 구분하기 위한 명확한 진단분할점은 확인되지 않았다. 연구자들은 다양한 방법으로 집단을 구분하는데(Masling, Weiss, & Rothschild, 1968; Sprohge, Handler, Plant, &

〈표 11-1〉 로샤 구강의존성 척도(ROD)의 채점 반응 범주

범주	반응 예시
1. 음식물 및 마실거리	우유, 위스키, 젖은 바닷가재
2. 음식 원천	레스토랑, 살롱, 가슴
3. 식기	주전자, 식기, 물잔
4. 음식 제공자	웨이터, 바텐더, 요리사
5. 수동적으로 음식을 받는 대상	둥지 속 새, 뚱뚱하거나 마른 사람
6. 빌거나 기도하기	낑낑대는 개, 기도하는 사람
7. 음식 관련 신체기관	입, 배, 입술, 이
8. 구강과 관련된 도구	립스틱, 담배, 튜바(대형 금관악기)
9. 양육자	예수, 어머니, 아버지, 의사, 신
10. 선물, 선물 주는 사람	크리스마스 나무, 풍요의 뿔
11. 행운과 관련된 물건	행운의 뼈 조각, 네잎 클로버
12. 구강 활동	먹기, 말하기, 노래하기, 키스하기
13. 수동성 및 무력감	혼란스러운 사람, 길 잃은 사람
14. 임신 및 출산 기관	태반, 자궁, 난소, 태아
15. 아기말투로 반응	멍멍이, 야옹이
16. 구강의존 지각물의 부정	입이 없음, 가슴 없는 여성

주: 범주 1에서 음식과 관련된 동물만 채점한다(음식과 관련된 표현이 없는 '오리' '칠면조'는 채점하지 않는다. 다만 '훈제 오리' '칠면조 다리'는 채점한다.). 범주 3에서 '냄비'나 '솥' 등은 요리 활동이 언급되었을 때만 채점한다. 범주 13에서 '아기' 같은 경우는 수동성이나 약하다는 언급이 있을 경우만 채점한다. 범주 14에서 골반, 페니스, 질과 같은 성기관은 채점하지 않는다.

출처: R. F. Bornstein (1996). Construct Validity of the Rorschach Oral Dependency Scale: 1967-1995. *Psychological Assessment*, *8*, 200-205.

Wicker, 2002 참고), 어떤 경우는 평균이나 중앙값을 기준으로 구분하기도 하고, 어떤 경우는 20%ile을 기준으로 상위집단과 하위집단을 구분하기도 하였다. 또 많은 연구자들은 ROD 점수와 이론적으로 관련된 척도의 상관을 이용한 차원 분석을 하였다(예: Duberstein & Talbot, 1993).

의존성 집단과 비의존성 집단을 구분하면서 ROD 점수를 활용하고자 한다면, 성별에 따라 평균 및 중앙값을 달리 사용해야 한다. 기존 연구는 유의미한 성별 차이를 도출하기 위해 요구되는 충분한 표집 수를 충족시키지 못했지만, 남성이 여성에 비해 다소 높은 수준의 ROD 점수를 보이는 경향이 발견되었다. 성별 차이는 대체로 적은

편이었지만, 임상집단에서는 평균치에서 차이가 있었고(남성이 .12, 여성이 .10), 사실상 성별 차이는 20%에 이르는 것으로 보인다. Bornstein(1995)이 성별 차이를 고려하여 ROD 점수 결과를 통합했을 때, 남성에게 높은 ROD 점수가 나타났으며 성차의 효과크기도(effect size)도 유의미하였다($d = .17$; $z = 2.08$; $p < .02$).

ROD 척도의 구성타당도

ROD 척도의 구성타당도를 검증하기 위해 많은 연구들이 이루어졌다. 평정자 간 신뢰도, 검사-재검사 신뢰도, 내적 일치도, 변별 및 수렴타당도 결과들은 다음과 같다.

평정자 간 신뢰도

ROD의 평정자 간 신뢰도는 우수하다. 두 평정자가 서로의 판단을 모른 채 ROD 프로토콜 점수를 채점했을 때 85~95%의 일치율을 보였다(Bornstein, Manning, Krukonis, Rossner, & Mastrosimone, 1993; Weiss & Masling, 1970). 두 평정치의 Pearson 상관계수는 대체로 .90을 넘는 편으로, 임상 및 비임상 집단에서 모두 유사하였다(Gordon & Tegtemeyer, 1983; Juni, Masling, & Brannon, 1979). Spitzer 등(1967)은 Kappa 계수를 사용하여 ROD 신뢰도를 측정했을 때, Kappa 값이 .80으로 나타났다(Duberstein & Talbot, 1993; O' Neill & Bornstein, 1990). Kappa 값은 신뢰도가 증폭되어 측정되는 경우를 통제한 수치로, .80은 심리검사의 신뢰도로서 받아들일 만한 수준이며, 투사법 검사 신뢰도로는 높은 편이다(Nunnally & Bernstein, 1994).

검사-재검사 신뢰도

ROD 점수의 검사-재검사 신뢰도를 측정한 연구는 하나다. Bornstein 등(1994)은 대학생 집단을 대상으로 ROD 점수를 수집하였다. 참여자의 1/3은 16주 후에 재검사하였으며, 1/3은 28주, 나머지는 60주 후에 재검사하였다. 그 결과, 검사-재검사 신뢰도 계수는 16주 결과가 .67, 28주 결과가 .48, 60주 결과가 .46으로 나타났다.

내적 일치도

ROD 점수의 내적 일치도 신뢰도 계수를 산출하기 위해서 두 가지 접근법이 활용되었다. Bornstein 등(1996)은 남녀 대학생 집단을 대상으로 로샤를 실시하여 ROD 점수를 산출한 후, 각 로샤 카드를 전체 ROD 점수에 기여하는 단일 검사 문항처럼 간주하여 신뢰도 계수 alpha 값을 산출하였다(Parker, 1983). 여성집단의 내적 일치도 신뢰도 계수는 .61, 남성은 .62였다.

다른 연구들은 ROD 프로토콜에서 구강기적 반응(예: 음식이나 입과 관련된)과 의존성 반응을 비교했는데, 그 결과는 비일관적이었다. 한 연구는 남성(r=.44)과 여성(r=.35)에서 각각 ROD 의존성 점수와 구강기 점수의 정적 상관을 발견하였다(Bornstein et al., 1993). 그러나 유사한 다른 연구(Bornstein & Greenberg, 1991; Shilkret & Masling, 1981)에서는 의존성과 구강기성의 상관이 나타나지 않았다. 세 연구의 상관 계수를 산출했을 때, ROD 구강기성과 의존성의 상관은 중간 정도를 유지했다(r=.10).

변별타당도

모든 심리검사에서 그렇듯이 연구자들은 변별타당도보다는 수렴타당도에 더 주의를 기울였다(Bornstein, 1996b). 그러나 몇 가지 주목할 만한 연구가 최근에 등장하였다. Gordon과 Tegtemeyer(1983), 그리고 Bornstein과 O' Neill(1997)은 아동이나 성인에게서 ROD 점수와 IQ 점수는 상관없음을 밝혔다. Bornstein 등(1994)은 16주, 28주, 60주 간격으로 알아본 결과, 스트레스 생활 사건의 발생이나 심각도가 ROD 점수에 영향을 미치지 않음을 발견하였다. Bornstein 등(1994)은 ROD 점수가 의존성을 조작하는 실험 상황에 따라 영향을 받지 않았다고 하였다. Bornstein, Bowers와

Bonner(1996)도 ROD 점수가 자기-보고형 남성성 및 여성성 점수와 관련이 없었다고 보고하였다.

수렴타당도: 의존성 특질

Bornstein(1999)은 ROD 점수와 측정 가능한 의존성 행동의 관계를 평가하기 위해 메타 분석 기법을 활용하였다(독립 표본의 수=21). 연구에 포함된 의존성 행동은 피암시성, 사회적/의료적 도움 요청 행동, 실험과제에서의 인내력 등이었다. Bornstein (1999)은 전반적 타당도 계수 .37을 보고하였는데(combined Z=8.49; p <.001), 이는 ROD와 의존성 행동과의 연관성이 유의미하게 신뢰롭다는 것을 시사하는 결과다. 이러한 로샤 ROD 점수의 준거-관련 타당도 계수는 자기-보고형 의존성 검사의 타당도 계수보다 더 높았다. 다만 Beck, Epstein, Harrison과 Emery(1983)의 자기-보고형 '사회성-자율성' 척도는 타당도 계수가 높은 편이었다(r=.46).

ROD 점수의 수렴타당도와 관련된 추가 정보는 〈표 11-2〉에 제시되어 있다. 높은

〈표 11-2〉 임상집단에서 로샤 구강의존성 점수의 경험적으로 확립된 상관계수

임상적 변인과 상관	집단	크기(r)
섭식장애	입원-외래	.23-.28
알코올 남용/의존	입원-외래	.18-.58
우울	입원-외래	.08-.50
경계선 성격장애	입원	.19
아동기 내재화 장애	외래	.30
MMPI* 도움추구 반응(예: 높은 F와 낮은 K)	입원	.29
의학 자문의 수	입원	.51
의학 처방의 수	입원	.25
치료자의 태도와 신념을 추론하는 능력	외래	.32
입원일 수	입원	.46

*: MMPI, Minnesota Multiphasic Personality Inventory

주: 구체적인 기술은 Bornstein(1996b, 1999), Bornstein & Masling(2005)에서 제공. 모든 통계는 ROD 점수와 종속변인의 상관 정도를 나타내는 상관계수로 산출하였다. 여러 연구에서 진행한 경우 상관계수의 범위를 제시하였다.

ROD 점수는 섭식장애, 알코올 남용/의존, 우울, 경계선 성격장애, 아동의 내재화 장애와 관련성이 높았다. 또한 높은 ROD 점수는 도움이나 지지를 추구하는 행동과 임상적으로 상관이 높았고, 치료자의 미묘한 대인관계 단서에 예민하거나, 입원 기간이 긴 경우와도 상관이 높았다(Bornstein, 1996b, 1999; Bornstein & Masling, 2005 참고).

수렴타당도: 의존성 성격장애

ROD 점수와 의존성 성격장애 증상 및 진단과의 관련성을 평가한 두 개의 연구가 있다. Bornstein(1998a)은 ROD 척도와 '성격 진단 질문지' (Personality Diagnostic Questionnaire: PDQ-R; Hyler et al., 1988)를 활용하여 대학생을 대상으로 연구한 결과, 여성($r=.30$)과 남성($r=.35$) 각 집단에서 각각 정적 상관이 있는 것으로 나타났다. PDQ-R 점수상에서 의존성 성격장애 진단의 역치를 넘어서는 높은 점수를 받은 피험자와, 하나 이상의 다른 성격장애 진단 역치를 넘은 피험자들, 그리고 성격장애 진단 역치 미만의 점수를 받은 피험자들의 ROD 평균을 비교했을 때, 의존성 성격장애로 진단받은 사람(M=.16)이 다른 성격장애로 진단받은 사람(M=.12)이나 성격장애가 아닌 사람들(M=.09)에 비해 높은 ROD 점수를 보였다. 높은 ROD 점수와 관련된 다른 성격장애는 유일하게 연극성 성격장애뿐이었다(M=.16).

Bornstein 등(2000)은 정신과에 입원한 60명의 성격장애 환자와 58명의 외래 성격장애 환자를 대상으로 ROD 점수를 비교하였다. 그 결과, 경계선 성격장애 입원 환자들이 다른 성격장애 환자들에 비해 유의미하게 높은 ROD 점수를 보였다(M=.27). 이는 경계선 성격장애 외래 환자(M=.11)나 의존-회피성 성격장애 환자(M=.20)보다 높았다. 정신증 환자의 경우 평균은 .19, 자기애성 성격장애 외래 환자는 .20, 반사회성 성격장애 외래 환자는 .12였다.

수렴타당도: ROD와 종합체계

ROD 점수와 의존성 및 이론적으로 관련된 종합체계 변인들 간의 관계를 알아본 연구는 하나뿐이다. Huprich 등(2003)은 정신과 환자 중에서 ROD 점수에 근거하여 12명의 의존성 환자와 12명의 비의존성 환자를 비교하였다. ROD 점수를 Exner(1993, 2000)의 대인관계 군집(Interpersonal Cluster: IC) 중 14개 변인과 비교했을 때, COP, 쌍이 있는 M 반응, PHR 변인이 의존성-비의존성 집단을 유의미하게 변별하였다. 메타 분석을 활용하여 14개 변인의 효과크기를 산출했을 때 전반적인 ROD-IC 효과크기는 $r=.32$였다.

Huprich 등(2003)의 연구 결과는 두 가지 측면에서 주목할 만하다. 첫째로, 의존성-비의존성 환자는 로샤 종합체계의 이론적으로 관련된 몇 개 변인상에서 실제적으로 다른 양상을 보인다. 두 번째로, ROD 점수가 대인관계 관련 종합체계 변인과 어느 정도 공변량을 갖지만, 두 지표는 성격과 대인관계의 서로 다른 측면을 측정한다는 점을 알려 준다. 대부분의 ROD 점수 변량은 종합체계 대인관계 관련 변인 군으로 설명되지 않았다.

임상 및 연구 장면에서 ROD 자료의 효과적 활용

의존성을 측정하는 자기-보고형 척도와 ROD 점수의 상관을 메타 분석 기법으로 측정했을 때(독립 표본 수=11), Bornstein(2002)은 전체집단의 상관은 .29, 남성집단은 .24, 여성집단은 .30으로 여성이 더 높은 상관을 보이는 경향이 있다고 보고하였다. 분명히 로샤검사와 자기-보고형 검사의 의존성 점수는 의존의 각기 다른 측면을 평가한다. McClelland, Koestner와 Weinberger(1989)의 이론적 틀에 따라, Bornstein(2002)은 ROD 점수가 암묵적(무의식적) 의존 욕구를 평가하는 반면, 자기-보고형 검사 점수는 의식적인 의존 욕구(공개적으로 물었을 때 승인하는 의존 욕구)를 평가하는 것으로 해석하였다.

ROD와 자기-보고형 의존성 검사 점수의 관계는 임상가와 연구자들이 이들 점수를 통합하고 비교함으로써 환자의 기능에 대해 알 수 있게 해 주었다. [그림 11-1]은 두 점수들을 통합함으로써 기저에 놓여 있거나 겉으로 표현하는 의존 욕구에 관한 독특한 정보를 제공받을 수 있음을 보여 준다. 그림에서 상단의 왼쪽과 하단의 오른쪽 영역은 양 척도 모두에서 높거나 낮은 점수를 받는 경우다. 다른 두 영역은 암묵적 의존성과 의식적 의존성이 불일치하는 측면을 가리킨다. 투사적 의존성 점수가 높고 자기-보고형 의존성 점수가 낮을 경우(하단의 왼쪽), 이 사람은 암묵적인 의존 욕구는 높지만 이를 잘 의식하지 못할 것이다. 그러한 사람은 인식되지 않은 의존 갈등을 지닌다고 할 수 있다. 투사적 의존성 점수가 낮고 자기-보고형 의존성 점수가 높은 사람(상단의 오른쪽)은 암묵적인 의존 욕구는 낮지만 스스로를 매우 의존적인 사람이라고 표현하는 경우다. 이 사람은 의존적 자기표상을 가지고 있다고 설명할 수 있다.

Bornstein(2002)이 언급한 대로, 점수 간의 불일치를 탐색하면 개인의 성격 구조와 대인관계 양상에 관한 중요한 정보를 알 수 있다. 앞서 언급한 Bornstein(1998a)의 연구에서 대학생들 중 유의미한 의존성 성격장애 증상이 있는 사람들은 ROD 점수도 높았고, 의존성을 평가할 때 자주 쓰이는 자기-보고형 질문지인 '대인 의존성 질문지' (Interpersonal Dependency Inventory: IDI; Hirschfeld et al., 1977) 점수도 높았다. 반면, 연극성 성격장애 증상이 있는 학생들은 ROD 점수는 높았지만 IDI 점수는 낮았다. [그림 11-1]의 네 가지 영역을 활용한다면, 의존성 성격장애 대학생들은 의존성이 높다고 볼 수 있고, 연극성 성격장애 대학생들은 인식되지 않은 의존성 영역에 해당된다고 볼 수 있다.

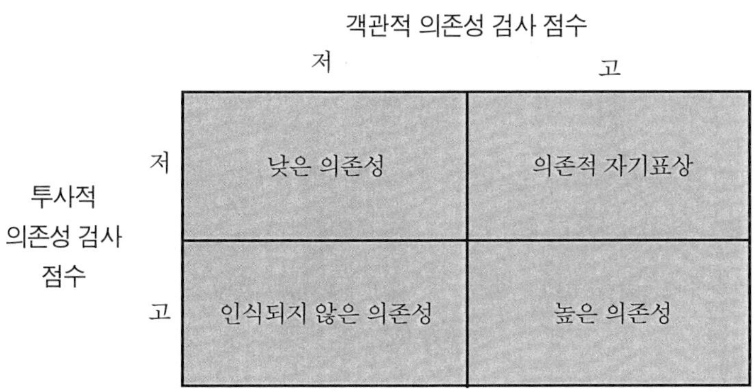

[그림 11-1] 암묵적 욕구와 의식적 욕구의 일치와 불일치: 네 가지 영역 모형

출처: Bornstein, R. F. (1998b). Implicit and self-attributed dependency needs: Differential relationships to laboratory and field measures of help seeking. *Journal of Personality and Social Psychology, 75*, 778-787.

사례: D씨(F/34)

34세 여성 D씨는 4년 전에 양극성장애 진단을 받고 입원치료를 한 경험이 있다. 퇴원 이후 외래를 계속 다니면서도 약을 잘 먹지 않곤 했는데, 이번에는 추석 연휴 직전에 친척들을 부른 뒤 무작정 집을 나가 버리는 일이 생기면서 병원에 다시 입원하게 되었다. D씨는 의욕이 들쑥날쑥하고 죽고 싶은 생각이 들다가도 또 금세 기분이 들뜨기도 한다고 했다. 사소한 일에 예민해지기도 하고, 화를 잘 내고, 변덕스럽다고 했다.

D씨는 입원 당시에 우울하고 무기력하다고 호소했다. 작은 체구에 목소리도 마치 애기 같았고, 방금 드나든 검사실을 찾지 못하는 등 어딘지 서툴러 보였다. 지능검사를 하고 있을 때는 갑자기 "내가 너무 멍청해 보여서 울고만 싶어요." 하고 다소 칭얼거리듯 말하면서 눈물을 글썽이기도 했다. 실제로 D씨는 무슨 일이 닥쳐오면 혼자서 처리하지 못하고 무조건 포기하다가 잘 안 되면 울고불고하고, 아무것도 먹지 못하여 결국 드러눕게 된다고 했다. 이번에도 D씨는 추석 때 친척들을 맞이할 준비를 해야 하는 상황에 압도되어 집을 나가 버린 것이었다. D씨는 농부였던 아버지는 농한기 때마다 술로만 지내면서 툭하면 울어 어머니를 괴롭히는 사람이었다고 회상했다. 어머니는 아버지가 외상으로 처리한 술값을 메우느라 늘 애쓰셔야 했던, 집안의 꿋꿋한 가장이셨다고 했다. 어머니는 씩씩하면서도 다정다감한 분이었다. 지금까지도 D씨를 '우리 아가.' 라고 부르면서 D씨가 드러누울 때마다 집안 살림을 다 관리해 주시고, D씨가 시댁과 갈등이 생길 때마다 나서서 처리해 주셨다. D씨는 "다시 태어나도 우리 엄마 딸로 태어나고 싶을 정도로 엄마를 사랑한다." 고 말했다.

D씨는 여러 차례의 연애 경험이 있다. 그러나 대부분 상대 남성이 가정을 꾸릴 만큼 직장이 안정적이질 못했고 책임감이 없는 것 같아 헤어지고, 곧 다른 사람을 다시 만나기를 반복했다. 결국 D씨는 '나를 외롭지 않게 하고 따뜻한 가정을 꾸려 줄 것 같은' 남자와 결혼을 했다. 남편은 늘 '울고불고하면서 죽네 사네.' 하는 D씨가 안쓰러워 결혼하게 되었다고 말했다. D씨의 시어머니는 철두철미하고 꼼꼼한 분으로 D씨를 마음에 들어 하지 않았고, 시어머니에게 미움을 받으면서 D씨는 밥도 먹지 않고

잠도 못 자는 모습을 보이다가 결국 병원에 입원을 하게 되었던 것이다. 병원에서는 항상 누군가가 할 일을 정해 주고 '이끌어 주고 챙겨 주므로' D씨는 쉽게 적응할 수 있었다고 했다. 그래서 금세 좋아져 퇴원을 했지만, D씨는 바로 다시 죽고 싶은 생각이 들었고, 결국 수면제 한 통을 구해 와서 한꺼번에 털어 넣게 되었다. 갑자기 무서워진 D씨는 두려운 나머지 남편에게 전화를 했고, 남편이 허둥지둥 응급실로 데려가서 처치를 받을 수 있었다.

D씨의 남편과 시댁식구들은 처음에 D씨가 꾀병을 부린다고 생각했지만, 결국 D씨를 돌봐야만 했다. 그들은 D씨의 살림을 맡아 주고 아이들을 보살펴 주는 등 뒤치다꺼리를 하느라 모두 지쳤다고 호소했다. 그런데 D씨가 자주 집을 나가 버리고 시시때때로 '죽고 싶다.' 고 말하니까 '아무것도 하지 않아도 되니까 제발 집에만 있어 달라.' 라고 말할 수밖에 없다고 했다. D씨는 언제나, '누가 내 마음을 잡아 주었으면, 억지로 나를 이끌어 주었으면' 하는 바람이 마음속에 있지만, 한편으로 자기 안에 마치 아버지 같은 모습이 있는 것 같아 자신이 몹시도 싫어진다고 털어놓았다.

D씨의 로샤

ROD 측정치와 의존 욕구

D씨의 모습은 DSM-IV-TR(APA, 2000)의 의존성 성격장애 진단기준에 대체로 일치하는 것으로 보인다. D씨는 다른 사람 없이는 아무것도 할 수 없다는 생각으로 혼자 남겨지는 것을 두려워하고, 의사결정을 하거나 책임질 상황을 회피하며, 자율적으로 일을 시작하는 데 어려움을 겪고, 늘 자신을 돌봐 주고 이끌어 줄 누군가에게 매달리려 한다. D씨의 ROD 점수는 .24다. 진단분할점이 제시되지 않았기 때문에 정확한 측정은 불가능하나, 임상집단을 대상으로 했을 때 여성의 ROD 점수 평균이 .10이었던 연구(Bornstein, 1995)를 고려한다면, 높은 수준에 해당되는 것으로 추정된다. D씨의 ROD 점수가 반영하는 것을 적용해 본다면 D씨는 내현적, 암묵적 수준에서도 상당한 수준의 의존 욕구를 지니는 것으로 생각할 수 있다. II번 카드의 '딸기' '사과'는 범주 1의 '음식물 및 마실거리' 에, III번 카드의 '떡을 찧는 두 여자와 절구통' 은

범주 3의 '식기' 와 범주 4의 '음식 제공자' 에, IX번 카드의 '유리컵' 은 범주 3의 '식기' 에 속한다(〈표 11-1〉 참고).

정서 및 행동

한편, 연극성 성격장애에서도 ROD가 높은 수준으로 나타난다고 알려져 있으므로(Bornstein, 1998a), 연극성 성격장애를 감별할 필요가 있다. 대개 의존성 성격장애와 연극성 성격장애를 구분할 때, 정서성(예: American Psychiatric Association, 2000)과 더불어 내면의 의존 욕구에 대한 방어기제(예: Bornstein, 1998a)를 기준으로 판단할 수 있다.

D씨에게는 의존성 양상 이외에 연극성 성격의 요소들이 로샤에 잘 나타나 있다. 첫 번째, D씨의 정서성이나 행동 양상을 살펴보았을 때, 의존성 성격장애에서 기대되는 방식이라 할 수 있는 수동적이고 복종적으로 자기 존재를 숨기려 한다거나 유순한 방식으로 의존을 획득하는 모습은 발견되지 않는다. 오히려 극적 정서 표현과 극단의 제스처로 적극적으로 타인의 보호와 지원을 얻어내는 성향이 두드러져 보인다. D씨의 이러한 행동 및 정서 양상은 로샤 프로토콜에서도 잘 나타난다. D씨는 로샤에서 색채 자극을 적절히 통제하지 못하는 양상을 보인다. 색채 자극을 인지적으로 통합하여 개념화하는 데 실패하고 있으며, 색채를 과도하게 활용하면서 주로 인상에 따라서 과잉 포괄하여 개념화하고 있다(SumC>M, FC:CF+C=3:3, Zd=-3.5, W:M=17:3). 정서 자극을 다루는 것과 관련된 이러한 특징은 연극성 성격장애의 프로토콜과 유사한 부분으로, '울고불고' 하는 강한 정서 표현이나 '변덕스러움' 으로 표현되는 정서적 불안정성, 자살이나 가출과 같은 위협적인 제스처를 통해 타인을 조정하면서 의존 욕구를 만족시키는 D씨의 패턴과 일치해 보인다. 물론 이는 D씨의 양극성장애를 반영하는 지표로도 볼 수 있으나, 반응 내용 중 '액세서리가 달린 왕관' (카드 III), '예쁜 유리컵' (카드 IX), '동화적인 여왕님의 왕관' (카드 IX)과 같은 관심과 애정을 요구하는 현란한 주제에서 볼 수 있듯이, 축 I 문제 이외에 여전히 연극성 성격 특질이 반영되는 것을 알 수 있다. '화려한 날개옷을 입고 춤추는 여자' (카드 V)와 같은 과시적 반응도 연극성 성격장애에서 흔히 관찰되는 반응으로 볼 수 있다. 평가 상황에서 평가자

와의 상호작용을 살펴보아도, D씨가 귀엽고 예쁘고 약한 아기처럼 대꾸하려 하고 있는 모습을 느낄 수 있을 것이다.

두 번째, 연극성 성격장애에서는 의존 욕구를 인식하지 못하고 주로 대치, 부인, 억압의 방어가 우세한 측면이 특징적이다(Bornstein, 1998a). 이에 비해 D씨는 자신의 의존 욕구를 깊이 인식하는 것으로 여겨지는데, 따라서 연극성 성격 특질보다는 의존성 성격 특질이 우세한 것으로 보인다. 이는 이어서 인지 도식 및 대상표상의 측면에서 구체적으로 살펴볼 것이다.

인지 도식, 자기 및 타인 지각

이러한 행동 및 정서적 측면의 기반에는 앞서 언급했던 의존성 특질의 요소들이 나타나 있다. D씨의 인지 도식에는 '나는 아무것도 할 수 없다.' 는 취약하고 부적절한 자기상과 자기 능력에 대한 의심이 깊게 깔려 있다. 또한 며느리의 역할에 만족스러워하지 못하는 시어머니를 과도하게 '무서운 대상' 으로 지각하고 있으며, 안쓰럽게 느껴 결혼할 정도로 늘 남편에게 '죽네 사네 매달린' 과거력에서 볼 수 있듯이, 실제 성인으로서 성인 대 성인의 관계 맺기 어려워한다. 여기서 D씨가 자신은 유아 수준에 고착된 채 상대를 강력하고 굳건한 대상으로 지각하는 등 상당히 미성숙한 대상표상을 지니고 있는 것을 알 수 있다. II번 카드의 '딸기' '사과' 와 같은 음식반응은 상당히 유아적이고 미성숙한 반응이라고 볼 수 있으며, 특히 '꿀 박힌' 사과는 구강기적 의존 욕구와 관련지어 참 흥미로운 반응이다. 그런데 반응을 구체적으로 살펴보면, 모두 '울퉁불퉁하고 못난' 것으로 손상반응(MOR)이 포함되어 있다. 이는 못나고 취약하고 여전히 아기 같은 자기 모습일 수 있다. 흥미로운 점은, 이 두 반응에는 분노반응을 반영하는 공백반응(S)과 더불어 '반으로 가른' 내용이 결합되어 있다는 것이다. 특징적이게도 D씨의 로샤 반응에는 '반으로 가른' '반으로 잘라 펼쳐 놓은' '단면' 반응이 반복되고 있다. 게다가 '어릴 때 다 자르고 헤집어 놓고 싶은 욕심이 있었다.' 는 일탈반응(DR)을 덧붙이고 있다. 결국, D씨의 내면에는 절박한 의존 및 애정 욕구와 더불어 강한 적개심과 분노감도 혼재되어 있는 것으로 보이며, 애정 욕구를 위협하는 이 강렬한 자아 이질적 분노 감정을 세계 및 대상표상에 투사하는 방어기제를 통해 은폐하는 것 같다. D씨에게 세상은 위협적인 도전의 연속이며, 불친절하고 적대적이다. 때로 D씨는 외부 세계를 실제보다 더 악의적이고 부정적으로 지각할 수 있으며, 취약한 피해자로서의 정체성을 키울 수 있다. 위협적인 세상 앞에 D씨는 양식과 보살핌의 공급처를 잃은 '이름 없는 나무 꼭지 맨 끝에서 톡 떨어진 나뭇잎(카드 VI)' 에 불과할 것이다.

대인관계 의존성 대처 전략

한편, 친밀감을 형성하는 능력을 반영하는 VI번 카드에서 D씨는 형태질의 저하와 더불어 공격성과 분노감, 그리고 이어 좌절감을 반영하는 주제의 반응들을 보이고 있다. 한계 검증 시 '여우 가죽' 이라는 평범반응(P)을 볼 수는 있었지만, 전체적으로 T 반응이 부재한 프로토콜을 보이고 있다는 점은, 대개 T 반응의 상승이 예상되는 의존성 성격장애의 로샤를 고려했을 때와는 사뭇 다른 양상이다. III번 카드에서 '둘이서 쿵짝을 맞추는' COP 반응도 등장하고 있지만, 이는 '식기' 와 '음식 제공자' 라는 ROD 반응과 동시에 나타난다. 이러한 반응은 상대를 자기와 분리되고 독립된 대상으로 지각하거나 친밀감과 애정을 성숙하게 교류할 능력이 상당히 부족할 가능성을 시사한다. D씨의 대상표상은 분리되어 있기보다는 자신에게 보살핌과 안정을 일방적으로 제공해 주는 대상으로 구성되어 있는 것으로 보인다. 마지막 X번 카드에서도 협력반응이 나타나지만 이는 우화적인 내용('손잡고 춤추는 해마')을 주로 하고 고양된 정서('경쾌하고 발랄한')로 채색되어 있으며, 수동성 및 의존성('꽃')도 결합되어 있어, D씨가 성숙하게 타인의 감정이나 상황을 이해하고 인정하기 매우 어려워할 것으로 생각된다. 그렇기 때문에 문제를 해결해야 하는 상황에 처할 때마다 실질적인 대처 방안을 내놓거나 실천하지 못하고, 외부 귀인하거나 걱정스러운 생각을 반추하면서 대책 없이 도망치거나 유아처럼 타인에게 전적으로 의존하는 것으로 보인다. 그에게는 VII 번 카드의 '시소' 반응에서처럼, 자신을 보호해 주는 어떤 장치가 필요하다. 때로 이러한 자기 및 대상 표상은 수동 공격적으로 행동화하고 '울고불고하면서 아무것도 먹지 않고 누워 버리는' 혹은 가출해 버리는 회피적이고 책임이 결여된 자기 행동을 정당화하거나 지속하게 하는 여지를 주는 것으로 여겨진다. 그런 D씨에게는 '밑부분을 받쳐 주어 흔들려도 쓰러지지 않게 할(가장 선호하는 카드: IX번 카드)' 누군가가 늘 필요할 수밖에 없다. 그러면서 한편으로는 V번 카드의 '힘 있는 호랑나비' 반응처럼, 의존을 빌미로 타인을 조정하고 좌지우지할 수 있는 힘이 있는 것은 아닌가 생각한다.

진단 명료화

이를 바탕으로, D씨에게는 축 II에 의존성-연극성 성격장애의 진단을 내릴 수 있을 것 같다. 더하여, 축 I에는 제2형 양극성장애를 덧붙일 수 있다. D씨의 과거력에는 성격적 취약성과 연결되는 특징적인 스트레스 사건과는 무관하게 진행되는 정서적 양극성이 발견되고 있다. 로샤에서도 성격적 특질을 반영하는 지표와 더불어, 우울감과 손상된 자기상을 반영하는 주제와 함께 상당히 쾌활하고 장난스러운 주제가 뒤섞여 나타나고 있으며, 색체-투사 반응(CP)과 같이 암울한 감정을 즐겁고 고양된 감정으로 반동 형성하는 지표들이 발견되고 있다. 이와 관련하여 내면의 정서적 변화에 이끌려 외부 세계를 곡해할 가능성이 높아 보이며, 이 때문에 감정 기복을 통제하지 못하고 쉬이 변덕스러운 행동을 보일 수 있다.

Bornstein(1998a)과 Bornstein 등(2000)의 연구 결과는 ROD 점수를 활용하여 정신과적 진단을 검토하고 유사한 증후군을 변별 진단할 때 정확도를 증진시킬 수 있음을 시사한다. 그러나 다른 연구자들이 언급했던 대로, 로샤검사는 그 하나만으로 진단 도구가 될 수 없으며 다른 정보 없이 로샤 결과만으로 DSM 진단을 내려서는 안 된다(Bornstein, 2001; Weiner, 2000 참고). 이러한 제한점은 ROD 점수에도 마찬가지로 적용된다. ROD 점수는 의존성을 평가하는 데 유용하지만 임상 및 비임상 집단에서 의존성 성격장애를 진단해 주지는 않는다.

외래 및 입원 환자에게 ROD 점수를 가장 바르게 사용하려면 의존 관련 행동에 관한 임상 판단 시 보조로 ROD 점수를 사용하는 것이 좋다. 〈표 11-2〉의 연구 결과에서 제시하듯, ROD 점수는 자문 빈도, 정신성 약물 사용, 치료 기간, 그리고 다른 유의미한 임상 변인을 예측하는 데 도움이 된다. ROD 척도가 예측하는 여러 행동들은 치료 효과, 기간, 비용에 영향을 주기 때문에, 이 척도를 현재의 치료적 환경에 유용하게 활용할 수 있다.

현재, ROD 척도는 의존성을 평가할 때 여러 로샤 변인 중 선택하여 활용할 수 있는 척도다. 한편, 다른 로샤 종합체계 변인들도 이 분야에서 잠재적으로 유용하다(Huprich et al., 2003). 그러므로 임상 및 비임상 집단에서 의존 관련 특질을 평가할 때 어떤 종합체계 지표를 통합하여 사용하는 것이 가장 효과적인지를 평가하는 연구가 필요하다. 또한 ROD 연구는 대개 의존성 성격장애보다는 의존성 특질 평가를 목표로 했기 때문에, 여러 임상집단과 상황에서 ROD 점수와 의존성 성격장애 증상이 공변하는 정도를 확인하는 추후 연구가 이루어져야 한다.

연구 및 임상 장면에서 ROD 점수를 효과적으로 활용하기 위해서는 자기-보고형 의존성 검사나 진단 면접에서 얻은 정보를 통합해야 한다(관련 논의로는 Meyer, 1997 참고). 특히 Hirschfeld 등(1977)의 IDI가 유용해 보인다. IDI는 입원 및 외래 환자를 대상으로 적절한 규준을 가지고 있으며, ROD와 IDI 점수 간의 수렴 및 변별타당도를 검증한 많은 연구들이 있다(Bornstein, 2005 참고). IDI와 ROD 점수는 자살과 같은 다른 임상적 행동을 예측하는 데 유용할 수 있다(Bornstein & O' Neil, 2000). 의존 점수의 암묵적이고 의식적인 측정치와 임상 관련 변인과의 관계를 계속 연구한다면 앞으로 DSM의 의존성 성격장애 진단기준의 질을 향상시킬 수 있을 것이다.

참고문헌

American Psychiatric Association (2000). *Diagnostic and statistical manual of mental disorders* (4th ed. Text Revision). Washington, DC: Author.

Beck, A. T., Epstein, N., Harriso, R. P., & Emery, G. (1983). Development of the Sociotropy-Autonomy Scales: A measure of personality factors in psychopathology.

Unpublished manuscript, University of Pennsylvania School of Medicine, Philadelphia.

Bornstein, R. F. (1993). *The dependent personality*. New York: Guilford.

Bornstein, R. F. (1995). Sex differences in objective and projective dependency tests: A meta-analytic review. *Assessment, 2*, 319-331.

Bornstein, R. F. (1996a). Beyond orality: Toward an object relations/interactionist reconceptualization of the etiology and dynamics of dependency. *Psychoanalytic Psychology, 13,* 177-203.

Bornstein, R. F. (1996b). Construct validity of the Rorschach Oral Dependency Scale: 1967-1995. *Psychological Assessment, 8,* 200-205.

Bornstein, R. F. (1997). Dependent personality disorder in the DSM-IV and beyond. *Clinical Psychology: Science and Practice, 4,* 175-187.

Bornstein, R. F. (1998a). Implicit and self-attributed dependency needs in dependent and histrionic personality disorders. *Journal of Personality Assessment, 71,* 1-14.

Bornstein, R. F. (1998b). Implicit and self-attributed dependency strivings: Differential relationships to laboratory and field measures of help-seeking. *Journal of Personality and Social Psychology, 75,* 778-787.

Bornstein, R. F. (1999). Criterion validity of objective and projective dependency tests: A meta-analytic assessment of behavioral prediction. *Psychological Assessment, 11,* 48-57.

Bornstein, R. F. (2001). Clinical utility of the Rorschach Inkblot Method: Reframing the debate. *Journal of Personality Assessment, 77,* 39-47.

Bornstein, R. F. (2002). A process dissociation approach to objective-projective test score interrelationships. *Journal of Personality Assessment, 78,* 47-68.

Bornstein, R. F. (2005). *The dependent patient: A practitioners's guide.* Washington, DC: American Psychological Association.

Bornstein, R. F., Bonner, S., Kildow, A. M., & McCall, C. A. (1997). Effects of individual versus group test administration on Rorschach Oral Dependency scores. *Journal of Personality Assessment, 69,* 215-228.

Bornstein, R. F., Bowers, K. S., & Bonner, S. (1996). Relationships of objective and projective dependency scores to sex role orientation in college students subjects. *Journal of Personality Assessment, 66,* 555-568.

Bornstein, R. F., & Greenberg, R. P. (1991). Dependency and eating disorders in female psychiatric inpatients. *Journal of Nervous and Mental Disease, 179,* 148-152.

Bornstein, R. F., Hill, E. L., Robonson, K. J., Calabrese, C., & Bowers, K. S. (1996). Internal reliability of Rorschach Oral Dependency Scale scores. *Educational and*

Psychological Measurement, 56, 145-153.

Bornstein, R. F., Hilsenroth, M. J., Padawer, J. R., & Fowler, J. C. (2000). Interpersonal dependency and personality pathology: Variations in Rorschach Oral Dependency scores across Axis II diagnoses. *Journal of Personality Assessment, 75,* 478-491.

Bornstein, R. F., & Languirand, M. A. (2003). *Healthy dependency.* New York: Newmarket Press.

Bornstein, R. F., Manning, K. A., Krukonis, A. B., Rossner, S. C., & Mastrosimone, C. C. (1993). Sex differences in dependency: A comparison of objective and projective measures. *Journal of Personality Assessment, 61,* 169-181.

Bornstein, R. F., & Masling, J. M. (2005). The Rorschach Oral Dependency Scale. In R. F. Bornstein & J. M. Masling (Eds.), *Scoring the Rorschach: Seven validated systems.* Mahwah, NJ: Lawrence Erlbaum Associates.

Bornstein, R. F., & O'Neill, R. M. (1997). Construct validity of the Rorschach Oral Dependency (ROD) scale: Relationship of ROD scores to WAIS-R scores in a psychiatric inpatient sample. *Journal of Clinical Psychology, 53,* 99-105.

Bornstein, R. F., & O'Neill, R. M. (2000). Dependency and suicidality in psychiatric inpatients. *Journal of Clinical Psychology, 56,* 463-473.

Bornstein, R. F., Rossner, S. C., & Hill, E. L. (1994). Retest reliability of scores on objective and projective measures of dependency: Relationship to life events and intertest interval. *Journal of Personality Assessment, 62,* 398-415.

Bornstein, R. F., Rossner, S. C., Hill, E. L., & Stepanian, M. L. (1994). Face validity and fakability of objective and projective measures of dependency. *Journal of Personality Assessment, 63,* 363-386.

Duberstein, P. R., & Talbot, N. L. (1993). Rorschach oral imagery, attachment style and interpersonal relatedness. *Journal of Personality Assessment, 61,* 294-310.

Exner, J. E. (1993). *The Rorschach: A comprehensive system: Volume 1. Basic foundations* (3rd ed.). New York: John Wiley.

Exner, J. E. (2000). *A primary for Rorschach interpretation.* Asheville, NC: Rorschach Workshops.

Gordon, M., & Tegtemeyer, P. E. (1983). Oral-dependent content in children's Rorschach protocols. *Perceptual and Motor Skills, 57,* 1163-1168.

Hilsenroth, M. J., Fowler, J C., & Padawer, J. R. (1997). Narcissism in the Rorschach revisited: Some reflections on empirical data. *Psychological Assessment, 9,* 113-121.

Hirschfeld, R. M. A., Klerman, G. L., Gough, H. G., Barrett, J., Korchin, S. J., & Chodoff, P. (1977). A measure of interpersonal dependency. *Journal of Personality Assessment,*

41, 610–618.

Huprich, S. K., O'Neill, R. M., Bornstein, R. F., Kusaj, C., & Smith, P. Q. (2003). Rorschach Interpersonal Cluster variables distinguish dependent from nondependent patients. *Individual Differences Research, 1,* 64–72.

Hyler, S. E., Rieder, R. O., Williams, J. B. W., Spitzer, R. L., Hendler, J., & Lunos, M. (1988). The Personality Diagnostic Questionnaire. *Journal of Personality Disorders, 2,* 229–237.

Juni, S., Masling, J. M., & Brannon, R. (1979). Interpersonal touching and orality. *Journal of Personality Assessment, 43,* 235–237.

Masling, J. M., Rabie, L., & Blondhei, S. H. (1967). Obesity, level of aspiration, and Rorschach and TAT measures of oral dependence. *Journal of Consulting Psychology, 31,* 233–239.

Masling, J. M., Weiss, L., & Rorhschild, B. (1968). Relationships of oral imagery to yielding behavior and birth order. *Journal of Consulting and Clinical Psychology, 32,* 89–91.

McClelland, D. C., Koestner, R., & Weinberger, J. (1989). How do self-attributed and implicit motives differ? *Psychological Review, 96,* 690–702.

Meyer, G. J. (1997). On the integration of personality assessment methods: The Rorschach and MMPI. *Journal of Personality Assessment, 68,* 297–330.

Nunnally, J. C., & Bernstein, I. H. (1994). *Psychometric theory.* New York: McGraw-Hill.

O'Neill, R. M., & Bronstein, R. F. (1990). Oral dependence and gender: Factors in help-seeking responses set and self-reported psychopathology in psychiatric inpatients. *Journal of Personality Assessment, 55,* 28–40.

Parker, K. C. H. (1983). A meta-analysis of the reliability and validity of the Rorschach. *Journal of Personality Assessment, 47,* 227–231.

Pincus, A. L., & Gurtman, M. B. (1995). The three faces of interpersonal dependency: Structural analysis of self-report dependency measures. *Journal of Personality and Social Psychology, 69,* 744–758.

Pincus, A. L., & Wilson, K. R. (2001). Interpersonal variability in dependent personality. *Journal of Personality, 69,* 223–251.

Schafer, R. (1954). *Psychoanalytic interpretation in Rorschach testing.* New York: Grune & Stratton.

Shilkret, C. J., & Masling, J. M. (1981). Oral dependency and dependent behavior. *Journal of Personality Assessment, 45,* 125–129.

Spitzer, R. L., Cohen, J., Fliess, J. L., & Endicott, J. (1967). Quantification of agreement in psychiatric diagnosis. *Archives of General Psychiatry, 17,* 83–87.

Sprohge, E., Handler, L., Pant, D. D., & Wicker, D. (2002). A Rorschach study of oral dependence in alcoholics and depressives. *Journal of Personality Assessment, 79,* 142–160.

Weiner, I. B. (2000). Using the Rorschach properly in practice and research. *Journal of Clinical Psychology, 56,* 435–438.

Weiss, L. R., & Masling, J. M. (1970). Further validation of a Rorschach measure of oral imagery: A study of six clinical groups. *Journal of Abnormal Psychology, 76,* 83–87.

D씨의 로샤 기록

Card	R#/ Response	Inquiry	Scoring
I	1. 박쥐	- 몸통이고요. 양쪽이 날개예요.	Wo Fo A P 1.0
	2. 나비	- 나비도 똑같아요. 몸통, 양쪽이 날개	Wo Fo A P 1.0 PSV
	3. 단풍잎 같기도 하네요.	- 이렇게 삐죽한 테두리 선이 단풍잎	Wo Fo Bt 1.0
II	4. 딸기?	- 딸기를 반으로 갈라놓은 거예요. 울퉁불퉁 못난이 딸기. 딸기를 반으로 가르면 송송송 딸기 색이 부분적으로 이렇게 있잖아요. 여기 흰 부분은 속이 빈 것.	WSo CF- Fd 4.5 MOR
	5. 사과	- 사과도 그런 뜻인데. 동그란 사과가 아니라 울퉁불퉁한 사과. 이 공백은 씨가 있다고 상상했어요. 불긋한 부분은 꿀 박힌 사과.	WSo CF- Fd 4.5 MOR.PSV
	6. 코끼리!	- 둘이 코를 맞대는데 너무 귀여웠어요. 코, 귀, 눈, 양 발. 앞발을 들고 있어요. 왜 한복 입은 여자들이 머리에 뭐 쓰잖아요. 그렇게 머리에 뭘 얹어 놓았네요.	D+ FMpo (2) A.Cg P 3.0
III	7. 사람들이 뭘 만들고 있는 것 같아요. 둘이서 절구통인지.	- 여자 둘. 얼굴, 목, 가슴, 손, 엉덩이, 다리. 가운데 절구통인지 뭘 만들고 있어요. (절구통?) 떡 찧는 절구통 같아요, 그냥. 둘이서 쿵짝을 맞춰서 하는 게 떡 종류.	D+ Mao (2) H.Hh P 3.0 COP.GHR
	8. 왕관	- 빨갛게 액세서리가 달려 있어요.	Wo FCu Art 5.5
IV	9. 이건 뭐야? 장수 벌레를 얹어 놓은 것 같아요.	- 이것도 단면인데요. 벌레를 반으로 잘라서 펼쳐 놓은 것처럼요. (잘라요?) 제가 해부하는 걸 좋아해서 그럴까요? 어릴 때 제가 다 헤집고 잘라 보고 싶은 욕심이 있었어요.	Wo F- A 2.0 MOR. DR1
	10. 악마	- 머리, 양쪽 팔. 몸통, 발. 못됐으니까 못난 꼬리가 있어요. (못난?) 뾰족뾰족하잖아요.	Wo Fo (A) 2.0 AG
V	11. 호랑나비 같아요.	- 나비 얼굴. (얼굴?) 네. 그리고 날개, 몸통, 예쁜 다리. (다리요?) 네. (호랑나비?) 강해 보여서요. 색깔이 강해 보여요. 검정색. 힘이 있을 것 같아요.	Wo FC′ o A P 1.0

Card	R#/ Response	Inquiry	Scoring
	12. 뭐죠, 왜 막 화려하게 날개옷 입고 춤추는 여자분, 에버랜드에 놀러 가면 있잖아요.	- 상상해 봤어요. 에버랜드 갔었는데, 여자들이 깃털 옷을 입고서 퍼레이드를 했었거든요. 머리띠를 이렇게 하고요. 여기는 깃털로 이루어진 꼬리예요. 오색 가지 깃털. (오색?) 여자 얼굴이 정말 이뻐 보여서요. 그래서 이쁜 여자는 까만 옷을 입히기 싫어서 화려한 오색인 거예요. 팔랑팔랑 춤을 추고 있어요.	W+ Ma.mao H.Cg 2.5 CP.DR1.GHR
VI	13. 사마귀 같아요.	- 이것도 단면이에요. 머리가 사마귀고, 앞다리, 뒷다리. 얍삽하게 생긴 얼굴이 있네요.	Wo F- A 2.5
	14. 나뭇잎 같아요. 그냥 이름 없는 나무의.	- 꼭지 맨 끝에서 톡 떨어진 나뭇잎. 여기가 이렇게 울퉁불퉁한 나뭇잎.	Wo Fu Bt 2.5
VII	15. 와! 이건 여자 아이 두 명 얼굴	- 머리를 묶고서 위로 올리고 있고, 얼굴, 몸통.	Do Fo (2) Hd P GHR
	16. 토끼 같기도 해요.	- 머리가 아니라 이번엔 쫑긋 귀. 꼬리.	Do Fo (2) A
	17. 애들이 타는 시소 같기도 하고요.	- 여기 앞에는 사람 얼굴 인형처럼 액세서리를 붙여 놓았어요. 밋밋한 건 싫으니까요. 그리고 아이들 가슴을 받쳐서 시소 타면서 튀어나가지 않게 막는 장치예요.	Wo Fu Sc 2.5
VIII	그림이 다 기하학적인 무늬네! 18. 호랑이 두 마리가, 깊은 산 언덕에. 그렇게만 보이네요.	- 머리, 길쭉한 몸통. 힘쓸 것 같은 다리. 무늬만 넣으면 호랑이인데 무늬가 없네요. 뾰족한 산이 있고요. 이 위에는 먼 산이에요. (먼 산?) 흐리고, 이 아래쪽은 가까운 산이니까 색이 진해요.	W+ FVo (2) A.Ls P 4.5
IX	19. 예쁜 유리컵 같아요.	- 정말 예뻐요. 전체적으로 모양을 내서 이쁜데요. 투명하면서도. (예뻐요?) 색감이요.	Wo FCo Art.Hh 5.5
	20. 이것도 왕관 같은데. 여자 왕관. 여왕 것	- 전체적으로 왕관인데요. 액세서리로 해도 예쁠 것 같아요. 너무 큰 왕관 말고 조그마하게 올려놓는, 우리 옛날에 신랑 신부 족두리만큼의 그 아기자기한 왕관이요. (예뻐?) 여성스러움이 느껴져요. (여성스러움이요?) 분홍색이잖아요. (여왕의 것이요?) 여왕님이 쓰면 좋을 거예요. 저는 동화적인 게 좋아요.	Wo FCo Art 5.5 DR1

Card	R#/ Response	Inquiry	Scoring
X	21. 여러 가지 벌레들이 있고. 바닷속에 해마가 춤추고 있어요. 파란 것은 집게벌레인가? 아, 아니다. 가재다! 노란 것은 꽃을 피운 거고요. 바닷속의 축제같이 보여요!	– 경쾌해 보였어요. 색감도 그렇고 활동적이잖아요. 경직되지 않고 발랄한 느낌. 해마가 둘이 손잡고 춤추고 있고요. 꽃들도 와 있어요. 바닷속에 꽃은 이해가 잘 안 가기는 한데 노란 프리지아 꽃 같다.	W+ Ma.CFo (2) A.Bt 5.5 FAB1.COP.PHR

like: IX 전체적으로 맑고 안정감 있어 보인다. 떠 있는 것이 아니라 밑부분이 받치고 있어서 흔들려도 쓰러지지 않는다.
dislike: VI 사마귀 같다.

구조적 요약표

Location Features		Determinents: Blends		Determinents: Single		Contents		Approach		
						H	=2	I	W,W,W	
Zf	=19	M.m		M	=1	(H)	=0	II	WS,WS,D	
ZSum	=59.5	M.CF		FM	=1	Hd	=1	III	D,W	
ZEst	=63			m	=0	(Hd)	=0	IV	W,W	
				FC	=3	Hx	=0	V	W,W	
W	=17			CF	=2	A	=9	VI	W,W	
D	=4			C	=0	(A)	=1	VII	D,D,W	
W+D	=21			Cn	=0	Ad	=0	VIII	W	
Dd	=0			FC′	=1	(Ad)	=0	IX	W,W	
S	=2			C′F	=0	An	=0	X	W	
				C′	=0	Art	=3		Special Scores	
				FT	=0	Ay	=0			
DQ				TF	=0	Bl	=0		Lv1	Lv2
+	=5			T	=0	Bt	=3	DV	= 0×1	0×2
o	=16			FV	=1	Cg	=2	INC	= 0×2	0×4
v/+	=0			VF	=0	Cl	=0	DR	= 3×3	0×6
v	=0			V	=0	Ex	=0	FAB	= 1×4	0×7
				FY	=0	Fd	=2	ALOG	= 0×5	
				YF	=0	Fi	=0	CON	= 0×7	
Form Quality				Y	=0	Ge	=0	Raw Sum6	=4	
	FQx	MQual	W+D	Fr	=0	Hh	=2	Wgtd Sum6	=13	
+	=0	=0	=0	rF	=0	Ls	=1			
o	=14	=3	=14	FD	=0	Na	=0	AB	=0	GHR=3
u	=3	=0	=3	F	=10	Sc	=1	AG	=1	PHR=1
-	=4	=0	=4			Sx	=0	COP	=2	MOR=3
none	=0	=0	=0			Xy	=0	CP	=1	PER =0
				(2)	=6	Id	=0			PSV =2

Ratio, Percentages, and Derivations

R	=21	L	=0.91			FC : CF+C	=3 : 3	COP=2	AG	=1	
						Pure C	=0	GHR : PHR		=3 : 1	
EB	=3 : 4.5	EA	=7.5	EBPer	=N/A	SumC′ : WSumC	=1 : 4.5	a : p		=4 : 1	
eb	=2 : 2	es	=4	D	=1	Afr	=0.24	Food		=2	
		Adj es	=4	Adj D	=1	S	=2	SumT		=0	
FM	=1	SumC′	=1	SumT	=0	Blends:R	=2 : 21	Human Cont		=3	
m	=1	SumV	=1	SumY	=0	CP	=1	Pure H		=2	
								PER		=0	
								Isol Indx		=0.19	

a : p	=4 : 1	Sum6	=4	XA%	=0.81	Zf	=19	3r+(2)/R	=0.29
Ma : Mp	=3 : 0	Lv2	=0	WDA%	=0.81	W : D : Dd	=17 : 4 : 0	Fr+rF	=0
2AB+Art+Ay	=3	WSum6	=13	X-%	=0.19	W : M	=17 : 3	SumV	=1
Mor	=3	M-	=0	S-	=0.50	Zd	=-3.5	FD	=0
		Mnone	=0	P	=7	PSV	=2	An+Xy	=0
				X+%	=0.67	DQ+	=5	MOR	=3
				Xu%	=0.14	DQv	=0	H : (H)+Hd+(Hd)	=2 : 1

PTI=0	DEPI=4	CDI=2	S-CON=2	HVI= No	OBS= No

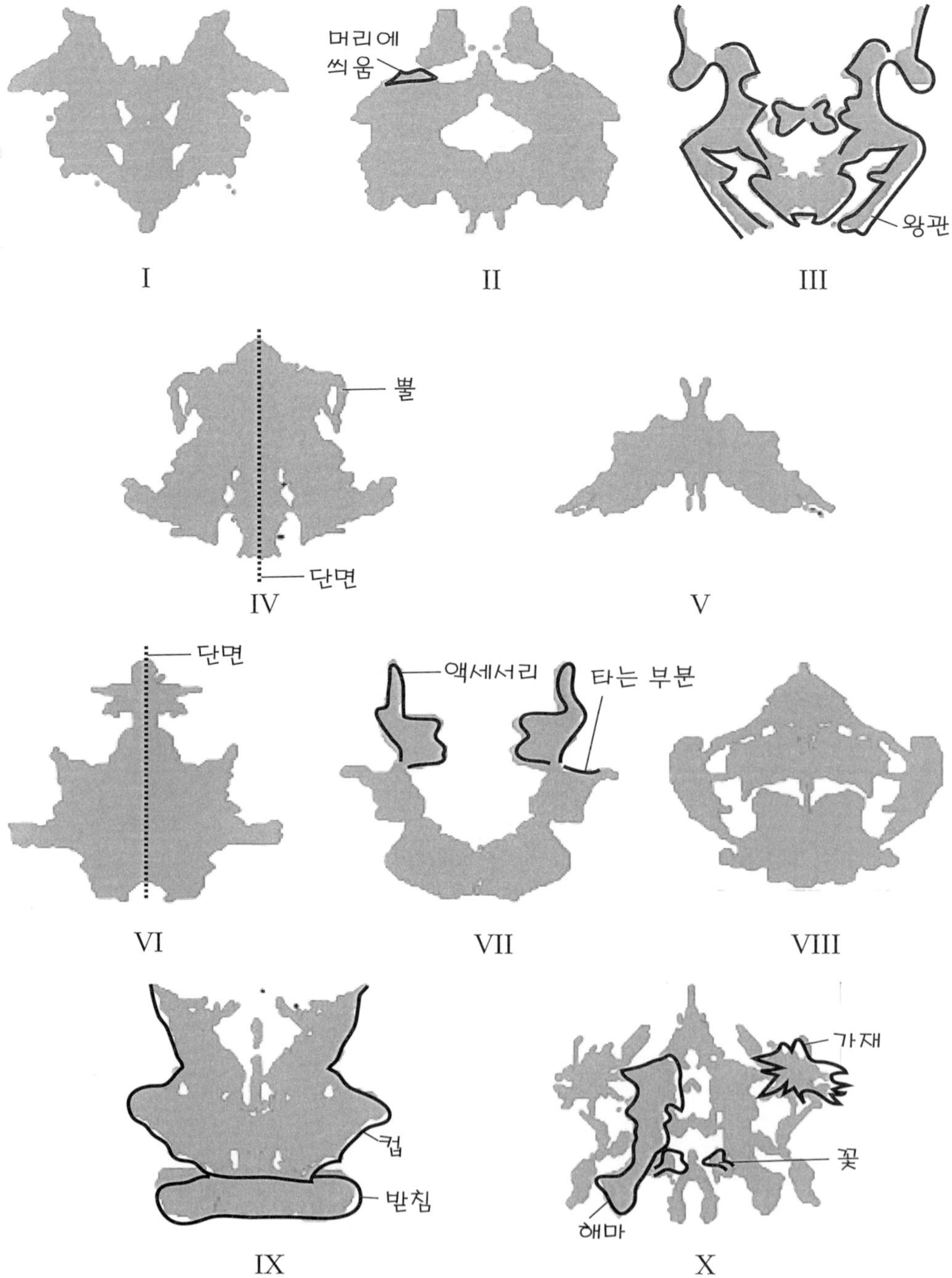

머리에 씌움
왕관
I
II
III
뿔
단면
IV
V
단면
액세서리
타는 부분
VI
VII
VIII
컵
받침
가재
꽃
해마
IX
X

12
강박성 성격장애의 로샤평가

한때는 급진적이었던 정신분석적 용어들이 현재는 일상생활에서 흔히 발견된다는 사실에서 프로이트가 아직도 문화에 꾸준히 영향을 미치고 있다는 것을 쉽게 알 수 있다. 가장 좋은 예들 중 하나는 일상생활에서 강박성 성격 특질을 설명하기 위해 '항문기' 라는 용어를 흔히 사용한다는 것이다. 실제로, 정신분석학적 이론은 강박성 성격 스타일에 대한 체계적인 기술과 설명을 처음으로 제공하였다. 프로이트(1908/1963)는 항문기적 성격이 질서정연함(신체적 청결과 꼼꼼한 일처리에 대한 관심), 완고함(완강함과 냉담함), 인색함(지나치게 검소함)의 세 가지 핵심 특징으로 구분된다고 주장하였다. 그의 이론은 이러한 특성들이 배변훈련의 문제로부터 기인하며, 항문기 동안의 힘, 통제, 분노에 대한 갈등과 관련이 있다고 보았다(McWilliams, 1994; Mitchell & Black, 1995). Fenichel(1945)은 강박장애(Obsessive-Compulsive Disorder: OCD)와 강박성 성격장애를 구분하기 위해 증상적/성격적 구분을 만들었으며, 이러한 관점은 아직도 현재의 DSM에 남아 있다. 그는 항문기적 성격 특성도 종종 반복적인 생각들이나 의식

Robert B. Schneider / VA Northern California Health Care System-Martinez

적(ritualistic) 행동들을 보이기는 하지만, 이 성격 특성은 단순히 전단계로의 퇴행이 아니라, 실제로 발달 과정의 정지를 나타낸다고 생각하였다(Pollak, 1987; Simon & Meyer, 1990). Gabbard(2000)와 Pollak(1987)이 지적하고 있는 강박장애의 자아 이질적인 강박사고와 강박행동, 그리고 강박성 성격장애의 자아동질적인 특성 간에 대조되는 특성은 앞에서의 강박장애와 강박성 성격장애 간의 병인론적 구분을 지지하는 것으로 보인다.

Sullivan(1956)과 같은 신정신분석 이론가들은 성격적인 강박증의 대인관계적 기원에 눈을 돌렸다. 즉, Sullivan은 부모의 겉으로 드러나는 양육 이면에 숨겨진 거절과 학대의 혼란스러운 초기경험으로부터 기인된 강박적인 사람들의 깊은 불안전감에 초점을 두었다. 이러한 양육환경에서 아동은 자신의 분노와 기타 부정적 감정들을 숨기는 것을 배우게 되고, 자기-통제와 환경의 질서정연함 모두에 대한 전반적인 욕구를 키워 나간다. 이러한 불안 성향은 반사적인 정서 억제, 완곡한 언어 표현, 규칙에 대한 현학적인 관심, 그리고 완벽주의와 같은 성격적인 '안전 기제 작동(security operation)'을 유발시킨다. Salzman(1968)은 이와 비슷하게 내면의 무기력감에 기인하는 자신과 환경을 통제하는 것에 대한 몰두를 강조하였다. Gabbard(2000)는 항문기적 성격에서 주로 발견되는 반동형성, 전치, 취소, 정서적 고립 등의 정신분석적 강조점을 다시 한번 지적하면서, 겉으로 통제되어 보이는 강박성 성격장애 환자들은 도덕적으로는 매우 강압적이며 정서적이지 않은 부모에 대한 '누적된 분노'를 숨기고 있다고 주장하였다.

Shapiro(1965)는 강박성 성격 기능의 전반적인 '스타일'의 세 가지 주요 특징에 대한 연구에서 추동, 갈등, 고착 등은 중요하게 생각하지 않으면서, 항문기 성격에 대한 프로이트의 초기 관점을 다시 강조하여 수정하였다. 즉, 경직성(rigidity), 자율성 경험에 대한 왜곡, 현실감 상실이 그것이다. Shapiro에 따르면, 첫 번째와 세 번째 특징은 주로 인지 현상에 관한 것이다. 즉, 강박적인 사람들은 몇 가지 일이나 생각에 협소하게 집중하는 경향이 있고, 따라서 폭넓은 조망이나 대안적인 관점을 획득하지 못한다. 또한 즐거움을 느끼지 못하고 도덕적으로 고집스러운 특성으로 일상생활 속에서 직관적이고 인상에 근거한 경험을 할 수 없으며, 자신들이 독단적으로 고집하는 신념 때문에 어떠한 정서적인 애착도 불가능해진다. Schafer(1954)가 지적했듯이, 이러한 사람들은 '정서적인 확신'이 부족하다.

두 번째 특성은 냉혹하게 '몰아붙여진' 경험과 관련된다. 즉, 강박적인 이들은 적절한 자율성을 획득하기 위해서, 평균 이상의 의지력을 발휘해야 하며, 그들이 하는 모든 일에 신중을 기해야 한다고 느낀다. 즉, 그들은 정서적이고 정신적인 자기 통제에서 전능해야 하며 모든 활동은 진정으로 목적 추구적이어야 한다. 의지는 욕구나 필요를 채우기 위해 사용되기보다는 자신의 충동을 주의 깊게 감찰하고 통제하기 위해 사용된다. 전통적인 정신분석적 입장에서는 과도하게 엄격한 초자아가 핵심적인 문제로 간주된다. Fairbairn이 말하는 "비대한 반 리비도적 자아"(hypertrophic antilibidinal ego)라는 개념, 즉 냉담하고 만족스럽지 못한 초기 대인관계 환경에서 나타나는 내재화된 '거절하는 대상'에 대한 과도한 집착(Fairbairn, 1952; Mitchell & Black, 1995)은 강박적인 성격에서 광범위하게 작용하는 '긴장된 신중성'(tense deliberateness)을 설명할 수 있다. 이들은 냉담하지만 자신에게 매우 중요한 대상에 대해 내적으로 초점을 맞추면서, 정서적인 흥분이나 자발성은 위험한 반역으로 느끼는 반면, 잔인할 정도로 지속적이고 비쾌락적인 근면함은 안정감을 가져다준다.

이러한 신정신분석, 대인관계적 그리고 최초의 인지적 개념화 등의 본질적인 요소들은 모두 DSM-IV-TR(APA, 2000)의 강박성 성격장애 진단기준에 반영되었다. 프로이트와 Shapiro의 개념화에 따르면, DSM-IV-TR은 강박성 성격장애를 "유연함이나 개방성, 효율성 등을 희생하면서까지 질서 정연함이나 완벽주의, 정신적이거나 대인관계적인 통제에 몰두하는 특성"으로 정의한다(p. 729). 강박성 성격장애 진단에서 이러한 패턴은 적어도 다음의 여덟 가지 진단기준 중 적어도 네 가지에서 나타난다. (1) 사소한 세부 사항, 규칙, 목록, 순서 등에 대한 몰두; (2) 일의 완수를 방해하는 완벽주의; (3) 사회적 활동이나 여가 활동을 희생하고 일에 과도하게 헌신함; (4) 도덕적 완고함과 지나치게 양심적임; (5) 닳거나 무가치한 물건들을 버리지 못함; (6) 일을 위임하거나 같이 일하기 어려워함; (7) 인색함; (8) 완고함이다.

명백하게 첫 번째 그리고 마지막 두 개의 진단기준은 프로이트의 세 가지 항문기적 특성을 반영한다. 또한 대부분의 진단기준들은 Shapiro(1965)의 설명을 반영하며,

Sullivan의 대인관계적 차원에 대한 관점도 포함한다. 강박성 성격장애는 질서 정연함과 통제에 대한 핵심적 관심이 두드러지며, 이러한 욕구는 여러 기능적 측면에서 나타난다.

강박성 성격장애 평가에 대한 연구

강박성 성격장애에 대한 경험적 연구들은 제한적이다. Simon과 Meyer(1990)가 지적했듯이, 오래된 요인 분석 연구들(Hill, 1976; Lazare, Klerman, & Armor, 1966; Torgersen, 1980)은 강박성 성격장애 특성을 몇 가지 요인에 따른 군집으로 나눌 수 있다고 제안해 왔다. 하지만 'NEO 성격 질문지 개정판' (NEO-PI-R)을 사용하여 강박성 성격장애를 예측하고자 한 이후의 몇몇 경험적 연구들은(Huprich, 2003; Reynolds & Clark, 2001; Trull, Widiger, & Burr, 2001) 여타 성격장애에 비해 강박성 성격장애는 요인 수준을 예측하는 것에 대한 명확한 증거를 찾기가 어렵다는 결과를 보여 주었다. 즉, 차원적 성격평가(예: 5요인 모델)와 범주적 DSM 체계 사이에 존재하는 불일치는 강박성 성격장애의 경우에서도 발견되며, 최근까지의 연구는 NEO-PI-R과 같은 5요인 모델에서 유래된 측정치들이 DSM을 통해 설명되고 있는 강박성 성격장애의 주요 특징들을 평가하는 데 좋은 결과를 산출하지 못할 가능성이 있음을 제시하였다.

강박성 성격장애에 대한 또 다른 입장의 최근 연구들은 세 가지 주요 영역에서 이루어졌는데, 그것은 인지 스타일, 심리사회적 기능, 불안이나 우울과 같은 축 I 장애와의 공존병리다. 사실상 모든 강박성 성격장애 연구는 자기-보고형 평가 도구나 진단적 면담 혹은 둘 다를 사용해 왔으며, 많은 연구들이 비임상 대학생 표본을 대상으로 이루어져 왔다. 이러한 연구방법들도 가치가 있기는 하나, 스스로 인식하지 못하며 임상적으로 좀 더 중요한 강박성 성격장애의 측면들을 감지해 내는 데는 부족할 수 있다. 예를 들어, 자기-보고나 면담 등은 강박성 성격장애를 이해하는 데 핵심적일 수 있는 방어 기능과 대상관계에 대한 미묘한 뉘앙스를 감지해 내기에는 어려울 수 있다. 왜냐하면 강박성 성격장애는 자기 자신과 대인관계 모두에 대한 엄격한 통제와 관련되어 있기 때문이다. 그러므로 로샤검사와 같은 투사적인 측정 방법을 사용함으로써, 정서조절이나 대인관계와 같은 성격 기능의 무의식적 측면들을 밝혀낼 수 있으며, 이는 근래에 인지적인 측면에만 초점이 맞추어져 있는 강박성 성격장애 평가와 연구를 훨씬 더 풍요롭게 만들 수 있는 잠재성을 지닌다.

최근까지의 인지 연구들은 주로 강박성 성격장애의 주의 과정에 관심을 기울여 왔다. Gallagher, South와 Oltmanns(2003)는 강박성 성격장애 환자들이 자아-위협적인 경험을 접할 때(이 연구에서는 인지 능력 검사 상황) 불확실성에 대한 인내가 부족하다는 사실을 연구하였다. 저자들은 성격 진단 질문지-4(PDQ-4; Hyler, 1994)를 사용하여 대학생들을 세 집단으로 나누었다. 즉, 강박성 성격장애 진단기준에 부합되는 집단, 회피성 성격장애 진단기준에 해당되는 집단 그리고 어떤 성격장애에도 속하지 않는 집단으로 구분하였다. 정상 및 회피성 집단과 비교했을 때, 강박성 성격장애 집단은 수행 전에 사전정보를 더 적극적으로 요구했으며, 수행 후에도 더 많은 피드백을 원하였다. 결국 그들은 다른 집단에 비해 유의하게 더 높은 수준의(잠재적인 환경적 위협에 주의를 기울이는) '기질적인 감찰 성향'을 나타냈다. 연구자들은 강박적인 사람들이 불안을 야기하는 모호함을 줄이려고 더 적극적으로 노력한다고 결론 내렸으며, 이러한 발견은 강박성 성격장애에서 발견되는 위협 관련 완벽주의가 항상 아무것도 못하게 하거나, 지연 혹은 적응적인 기능의 방해 등을 초래하는 것은 아니라는 사실을 알려준다.

다른 한편, Starcevic(1990)은 강박성 성격장애의 더 원초적이고 무능력한 형태에서는 핵심적인 취약감이 신체로 향해질 수 있으며, 이는 건강염려증으로 발전할 수 있다는 임상적 관찰을 제공하였다(경험적 연구는 없었지만). 최근의 여러 성격장애의 기능적 손상에 대한 연구들의 개관(Smith & Benjamin, 2002)에서는 이러한 관계에 대한 경험적 증거들을 제시하였는데, 강박성 성격장애는 다른 성격장애에 비해 신체형 장애와의 공병률이 2배나 높았다. 신체화 증상을 보이는 강박성 성격장애는 지각된 위협에 대처하는 행동의 증가가 반복적으로 의료적 도움을 찾는 행동으로 표현될 수 있다. 표면적으로는 '능동적인 의존성' 개념(Bornstein, 1995)과 유사해 보이는 이러한 현상은 강박성 성격장애의 의존적 차원의 가능성을 시사하며, 이는 일반적으로 강박성 성격장애에서 정신병리의 내사적(introjective) 측면이 우세한 유형으로 보인다 (Blatt & Shichman, 1983).

Sacco와 Olczak(1996)은 강박적인 인지 스타일이 상황에 따라 적응적일 수 있음을 제안하였다. 연구자들은 정신분석적인 자기-보고형 측정 도구인 Lazare-Klerman 기질 척도(Lazare et al., 1966)를 대학생들에게 사용하여, 강박성이 높은 집단(완고함, 인색함, 반복, 정서 억제, 과도한 초자아, 질서정연함 등의 특성을 포함)과 전통적으로 이와는 반대 성격 스타일로 여겨지는 히스테리성이 높은 집단(정서성, 공격성, 구강기적 공격성, 성적으로 도발적임, 자아중심성, 과시성 등의 특성을 포함)으로 나누었다. 연구자들은 인지적인 유연성과 주의 집중력을 평가하기 위해 이들에게 Breskin 경직성 검사(Breskin, 1968)와 변형된 스트룹 색채 단어 검사(Stroop, 1935)를 실시하였다.

그 결과, 강박적인 경향을 지닌 사람들이 히스테리 특성을 가진 사람들에 비해 더 높은 수준의 인지적 경직성을 보였으나, 주의 용량은 더 크지 않았다. 그러나 Shapiro(1965)의 관찰과 일관되게 강박집단은 입학시험에서는 별 차이가 없더라도, 이후에는 더 높은 학업성취도(고등학교와 대학교)를 보였다. 즉, 인지적 경직성은 정서적 자발성이나 인상에 근거하여 경험을 즐기는 것이나 대인관계의 따뜻함을 제한하여 정서적, 대인관계적인 기능을 저하시키기는 하지만, 그것은 학업적 성취를 촉진하는 지적 끈기라는 한 가지 현저한 보상과 관련이 있다. 더 오래된 생리적 연구(Smokler & Shevrin, 1979)에서 강박적인 사람은 좌반구 우세를 보이며, 히스테리적인 사람은 이와 반대로 우반구 우세를 보인다는 사실을 발견했는데, 이는 강박적인 사람이 언어와 논리에 더 많이 의존할 수 있다는 가능성을 시사한다. 결국 적절한 강박적 성향은 성격적인 강점이 될 수 있지만, '심각한' 강박성 성격장애의 경우는 불균형적인 강점이 오히려 약점이 된다.

최근에 행해진 한 연구에서 Skodol 등(2002)은 '심각한' 성격장애 환자들(A군의 분열형 성격장애와 B군의 경계선 성격장애)과 표면상으로 좀 더 약한 수준의 성격장애 환자들(C군의 회피성 성격장애와 강박성 성격장애), 그리고 주요 우울 장애 환자들이 보이는 심리사회적 손상을 비교하였다. 진단적 면접(DSM-IV 축 I 장애에 대한 구조화된 임상 면접, Patient Edition [First, Spitzer, Gibbon, & Williams, 1996] 그리고 DSM-IV 성격장애를 위한 진단적 면접 [Zanarini, Frankenburg, Sickel, & Yong, 1996])을 통해 모든 집단 환자들의 진단을 확인했으며, 부적응과 적응 성격에 대한 자기-보고형 평가(Clark, 1993), 혹은 임상가들의 독립적인 평정에 따라 진단 분류를 재확인하였다. 그 후 면접자들은 여러 영역에서의 심리사회적 기능(예: 취직, 집안일, 학업 수행, 대인관계, 오락)을 종단적 시간 간격의 사후 평가-Baseline 버전(Keller et al., 1987) 및 자기-보고형 사회 적응 척도(Weissman & Bothwell, 1976)를 사용하여 평가하였다. 또한 전반적인 기능을 전반적인 만족도, 전반적인 사회 적응, 그리고 DSM-IV의 기능에 대한 전반적 평가(GAF)를 이용하여 평가하였다. 그 결과, 강박성 성격장애 환자들은 전반적으로 다른 집단에 비해 낮은 수준의 손상을 보였고, 특히 일과 교육에서 손상이 적었다. 그러나 강박성 성격장애 환자들의 거의 90%가 적어도 한 영역에서 '중간 이상'의 손상을 나타내거나 GAF에서 60점 이하를 나타냈다. 또한 전반적인 만족도에서는 다른 집단에 비해 간신히 나은 정도를 보였는데, 이는 고통스러운 완벽주의가 강박성 성격장애에 핵심적이라는 이론적 관점과 일치한다. 그러므로 강박성 성격장애는 중간 수준의 성격장애일 수 있으나, 심리사회적 손상이나 주관적 고통은 심할 수 있다. 또한 이 연구에서 기능 손상에 대한 모든 정보가 자기-보고형 평가를 통해 얻어진 것을 지적할 필요가 있다. 즉, 강박성 성격장애에 특징적인 완벽주의를 고려한다면, 강박적인 사람들은 다른 집단의 사람들에 비해 중요한 특정 영역에서의 수행(예: 일과 교육)이나 전반적인 기능의 저하를 받아들이기가 더 힘들 수 있다. 앞서 지적했듯이, 투사적 측정 방법들은 이러한 손상 정도를 과소평가하는 것에 영향을 덜 받을 것이다.

강박성 성격장애 연구의 세 번째 영역은 축 I 장애와의 공존병리다. 만성적인 긴장과 실망을 야기하기 쉬운 강박성 성격장애의 완벽주의적인 특성을 고려한다면, 대부분의 결과들이 불안 및 우울과 관련된다는 사실은 놀랄 만한 일이 아니다. 1981~1995년의 외래 환자와 입원 환자 모두에서 성격장애와 주요 우울 사이의 공병을 조사한 연구들을 검토한 결과, Corruble, Ginestet와 Guelfi(1996)는 C군 성격장애와 우울 사이의 공병률이 매우 다양하게 나타난다는 사실을 발견했으나, 예외적으로 강박성 성격장애의 경우는 일관적으로 매우 높은 공병률(20% 이상)을 보였다. 저자들이 지적했듯이, 이 연구들에는 매우 다양한 반구조화된 면접 및 자기-보고형 측정 도구들이 사용되었다.

또 다른 개관 논문에서 Bienvenu와 Stein(2003)은 C군 성격 특질과 사회 공포증, 강박장애, 외상후 스트레스 장애를 포함한 축 I 불안장애 사이에서 유의미한 관계를 발견하였다. 특히 강박성 성격장애 특성과 신경증은 강박증 진단을 받은 환자들의 직계 친척들 사이에서 유의미하게 상승되어 있었다. 저자들은 유전과 환경의 상대적인 영향 정도를 그러한 연구들을 통해서는 확인할 수 없음을 지적하였다. 하지만 불안장애의 유전성이 제한적이라는 이전 연구 결과들에 기초할 때(그리고 강박성 성격장애의 원인에 대한 역동적-대인관계적 설명과 일관적으로), 그들은 강박장애와 강박성 성격장애에 대한 잠재적이고 공통적인 발달 경로에서 환경적 요인의 중요성을 강조하였다.

Rees, Hardy와 Barkham(1996)은 구조화된 면접인 '성격장애 조사' (Personality Disorder Examination; Loranger, Susman, Oldham, & Russakoff, 1985)를 사용하여 외래 환자들의 C군 성격장애를 확인한 결과, 강박성 성격 특성이 우울증상보다는 불안증상과 더 강하게 관련되어 있음을 제시하였다. 여기에서 우울과 불안은 DSM 체계에서 설명된 것을 따랐으며, 자기-보고형 검사인 벡 우울 척도, 그리고 '현재 상태 조사' (Present State Examination; Wing, Cooper, & Sartorius, 1974)와 '진단적 면접 스케줄' (Diagnostic Interview Schedule; Robins, Helzer, Croughan, & Ratliff, 1981)을 결합한 구조화된 면접을 통해 측정되었다. 강박성 성격장애 특질을 지닌 환자들, 특히 '자기만의 방식대로 일을 추진하는 완고한 고집' 이라고 명명된 요인은 높은 수준의 자율신경계 각성과 결정을 방해하는 인지적 비효율성에 취약한 것으로 나타났고, 이는 우울보다는 불안과 관련되었다. 하지만 저자들이 지적한 바와 같이 그들 연구의 표본집단에서 외래 환자들은 경미한 우울증상을 보이고 있는 비교적 높은 기능 수준을 보이는 사람들이었으며, 연구가 진행될 당시 심한 손상을 보이지 않았으므로 강박성 성격장애와 주요 우울증상 간의 관계는 적절하게 평가되었다고 할 수 없을 것이다.

그럼에도, 오랫동안 논쟁거리가 되어 온 강박성 성격장애와 강박장애의 관계에 대한 임상적이고 경험적인 문헌들을 개관하면서 Pollak(1987)은 강박성 성격장애와 불안 간의 중요한 관계를 재차 제안하였다. Pollak은 두 장애는 별개로 나타나며, 강박성 성격장애 특성이 강박장애 발달의 필요조건이나 충분조건이 모두 아닌 것으로 생각되지만, 강박장애의 병전 성격으로 강박적 특성이 다른 성격 유형보다 더 흔히 나타난다고 결론지었다. 하지만 역의 관계, 즉 어린 시절에 강박장애 증상을 보이던 사람이 이후에 강박성 성격장애로 진단되는 경우는 경험적으로 지지되지 않았다. 아직 두 장애 사이의 병인론적 관계는 밝혀지지 않았다. 예를 들면, 두 장애가 어떤 유전적 혹은 환경적인 공통 요인을 공유하는지는 아직 명확하지 않다. 하지만 강박장애로 진단되는 사람들의 50% 이상이 병전에 강박성 성격장애 특성을 지니고 있었다는 연구 결과는 다음의 정신역동적인 설명을 지지한다. 즉, 축 I 장애는 성격적 방어가 어떤 이유에서든 실패할 때, 그리고 의식적 통제(ritualistic control)에 대한 급성적이고 자아 이질적인 욕구가 폭발할 때 발달한다(Fenichel, 1945; Millon, 1981).

더 최근에 Serpell, Livingstone, Neiderman과 Lask(2002)는 강박장애, 강박성 성격장애 그리고 신경성 식욕부진증 간의 가능한 관계에 대한 경험적 연구들을 개관한 논문에서, 강박장애-신경성 식욕부진증 공존병리에 대한 일관적인 증거와 더불어 강박성 성격장애-신경성 식욕부진증 공존병리에 대한 증거들도 매우 다양하게 밝혀냈다(3.3~60%). 그리고 강박성 성격장애와 신경성 식욕부진증의 공통적인 특징은 완고한 자기 통제와 강박적인 사고로 나타났다. 더불어 이 연구자들은 강박성 성격장애-강박장애 공존병리에 대한 가족 연구에서 다소 비일관적인 결과를 발견하였는데, 최근 연구 결과에서는 강박장애 중 하나의 하위유형—강박적인 씻기보다는 강박적인 확인에 몰두하는 유형—이 강박성 성격 특성과 더 강하게 관련되어 있을 수 있다고 언급하였다. 하지만 이 세 장애 간의 관계와 관련된 병인을 밝히려는 연구는 아직까지 진행된 것이 거의 없다(예: 쌍둥이와 입양 연구 및 종단적 연구들).

종합적으로, 이러한 연구들은 강박성 성격장애에 중요한 인지, 행동, 정서적 측면들을 제시하고 있지만, 포괄적이고 다차원적인 평가를 사용하지는 않았다. 경험적 연구들은 주로 다양한 영역에서 강박적인 사람들의 개별적인 특징에 주로 초점을 맞춰왔다. 그렇다면 분리되어 있는 그러한 차원들을 어떻게 더 통합적으로 평가할 수 있을까? 만약 Shapiro(1965)가 제시한 최근 연구를 통해 어느 정도 지지되고 있는 강박적인 '스타일' 의 핵심적인 인지적 측면이 옳다면, 강박성 성격에 대한 평가는 반드시 환경에 대한 이들의 탐색, 지각, 해석에 초점을 맞추어야 할 것이며, 질서정연함을 중요시 여기는 정도를 측정할 필요가 있을 것이다. 이와 동시에 신정신분석 작업과 DSM-IV 진단기준은 정서, 자기-지각, 대인관계에서 경직된 통제 경향성의 영향을 면밀하게 조사해야 한다고 제안하고 있다. 또한 강박적인 사람들이 정서를 엄격한 방식으로 통제한다는 사실을 고려한다면, 최적의 평가는 이러한 방어들을 넘어서서 숨겨진 분노나 불안, 우울 등을 밝혀낼 수 있어야 한다. 로샤검사 종합체계(CS)는 Exner(2003)가 "인지 삼제"라고 부른 정보처리, 중재, 관념 영역을 포함한 성격 기능의 다각적인 영역을 포함하고 있으며, 인지적 정보에 집중하면서도 정서나 대인관계에 대한 정보도 제공하기 때문에 이러한 평가에 매우 적합해 보인다. 실제로, 임상적 문헌들은 '경직성의 여러 가지 측면들' 이라고 불리기도 하는 강박성 성격장애의 여러 특성들이 로샤검사를 통해 정서, 자기 및 타인 지각, 성격적인 사고 패턴, 그리고 무엇보다도 주변 환경에 대한 처리과정 등을 통해 잘 평가될 수 있다고 제안하고 있다.

강박성 성격장애의 로샤 프로토콜

강박성 성격장애의 로샤평가에 대한 체계적인 연구는, 물론 몇몇 다른 성격장애(특히 B 군집)에 비해서는 양이 매우 적지만, 결코 새로운 것은 아니다. 종합체계가 나오기 20년 정도 전에 Schafer(1954)는 로샤검사를 통해 강박성 성격을 평가하는 것에 대해서 중요한 정신분석학적 공헌을 하였다. 그는 퇴행이나 고립(그리고 주지화), 반동형성, 취소 등을 포함한 성격적 방어에 초점을 맞추어 강박성 성격의 로샤 프로토콜이 어떠한지에 대해 설명하였다.

Schafer(1954)는 강박성 성향에 대한 여러 개의 로샤검사 지표를 설명하였는데, 이는 내용, 영역, 결정인, 수검태도 등을 포함하며, 종합체계 측정치에도 거의 직접적으로 해당될 수 있다. 내용에서는 항문기적 주제와 심상(비록 적대적이고 지저분한 이미지는 '취소(undoing)'의 노력으로 염려와 통제의 주제로 '포장'될 수 있다), 기계 혹은 기계 같은 인간 행동(강박적인 사람의 기계적인 기능과 잘 부합하는), 그리고 추상적인 개념이나 예술, 과학의 불가사의에 지적으로 몰두하는 것 등이 기대된다. 또한 현저한 반동 형성으로 의존성과 적대감 대신 자율성과 양심의 주제를 나타낼 수도 있다. 영역 지표에 대해서는 작고 세부적인 잉크반점에 초점을 맞추는 것(지각적인 보수성과 명확하지 않은 통합 반응에서 겪을 수 있는 의사결정의 스트레스를 피하려는 것을 반영한다), 그리고 S의 증가(아마도 지나치게 꼼꼼히 잉크반점을 탐색하는 것이나 검사 받는 것에 대한 언짢은 반항심에서 기인된 것일 수 있다)가 기대된다. 결정인에서는 색채와 음영보다 형태를 강조함으로써 정서를 통제하려는 시도를 할 수 있으며, 주의 깊은 태도로 인상에 근거한 반응을 피하기 때문에 형태질이 전반적으로 좋으며, 상대적으로 M 반응이 많고(정서적 고립을 돕는 숙고하는 능력을 보여 주며, 내성의 '위험을 중화할' 수 있다), 결국 내향적인 경향성을 보인다. 수검 태도에서는 냉담하고 거만한 '관찰자' 같아 보일 수 있으며, 명백히 과제로부터 정서적 거리를 둠에도 상대적으로 R이 높을 수 있는데, 이는 남을 기쁘게 하려는 양심과 열망, 수행 불안, 지적인 허영과 자기 과시 등에서 기인된 것일 수 있으며, 굴욕적으로 평가받는 상황에 따라 유발된 분노에 이끌려 '항문-추방적인' (anal-expulsive) 언어적인 복잡함(예: 불필요하게 장황한 설명, 배설물이나 오염물을 포함한 심상, 무질서한 물건이나 물질)을 보이는 것일 수도 있다.

Schafer(1954)는 방어가 실패할 때는 현저하게 다른 반응들이 나타날 수 있음을 지적하였다. 예를 들어, 반동 형성에 몰두함에도 스트레스 시에 공격적인 충동이 로샤 프로토콜에 '침투' 할 수 있다. 임상 장면에서는 이러한 스트레스가 매우 클 수 있으며, 특히 모호한 로샤검사 중에 받는 스트레스가 크다. 강박성 성격장애의 원형적인 로샤 기록을 확인하려고 시도할 때 Schafer의 지적을 잘 기억해야 한다. 즉, 검사 시에 수검자의 자아 방어기제가 어느 정도로 정상적으로 작동하고 있어 보이는지를 함께 논하는 것이 매우 중요하다.

Schafer(1954)의 관찰은 종합체계에 기반한 경험적 근거가 부족하다. 또한 그의 분석은 매우 유연하며 개별사례적인 면이 강조되어 보편적인 명확성은 다소 떨어진다. 그러나 그의 철저한 탐색은 강박성 성격장애에 대한 종합체계 연구에 영향력 있는 역사적 서곡을 제공하였다. 게다가 Schafer는 적절한 로샤 해석을 통해 그가 "심리적 상형문자"라 불렀던 점수 이상의 것들을 볼 수 있어야 한다고 강조하였지만(Viglione, Brager, & Haller, 1991), 강박성 성격장애와 로샤검사에 대한 그의 관찰은 Exner의 규준에 근거한 경험적 연구와 대부분 일치한다.

이론적 구성개념으로서 강박성 성격장애의 오랜 역사를 고려할 때, Exner의 작업 외에는 로샤검사에 대한 경험적 연구들이 거의 없다는 것은 놀랄 만한 일이다. 그러한 주제를 다룬 얼마 안 되는 연구들 중 하나로, Kates(1950)는 '불안반응' 을 보이는 환자들(DSM-IV에서는 범불안장애)과 강박적 환자들(강박장애나 강박성 성격장애; 환자들은 두 가지 모두의 특성을 보였다)을 비교하였다. Kates(1950)는 두 집단 간에 주목할 만한 차이를 발견하였다. 즉, 강박적인 사람은 불안반응을 보이는 환자들에 비해 훨씬 더 많은 로샤 반응 수를 보였으며, 이는 '적절성을 드러내려는 욕구가 더 크다.' 는 것을 보여 준다. 불안반응 환자들은 카드에 반응하기를 거절하는 경우가 유의하게 더 많았으며 전반적으로 부적응 관련 점수가 더 높았다. Kates는 강박적인 사람들이 외현적인 불안뿐만 아니라, 다양한 상황에서 '완벽하고자 하는 욕구' 에 대해 더 효과적으로 방어하고 있는 것이라고 가설을 세웠으며, 불확실성에 대한 인내에 관한 최근 연구 결과들이 이를 지지한다(Gallagher et al., 2003). 또한 그들은 자신들이 더 꼼꼼하다는 사실을 반영하듯이 더 많은 Dd 반응을 보였으며, 더 많은 색채를 사용하였다. Kates는 그들이 '내면의 긴장' 이 큼에도 불안에 대한 강박적인 방어는 비록 주의 깊게 통제된 방식이기는 하지만 어느 정도의 정서 경험을 허용하기에 충분히 효과적이라고 결론 내렸다. 그러한 결론은 강박성 성격장애를 상대적으로 고기능 성격장애, 즉 "보편적이고 고전적인 신경증적 수준의 구조" (McWilliams, 1994)로 여겨 온, 오랫동안 지속된 역동적 관점과 일치한다.

종합체계 내에서 강박적 성향은 정보처리 군집 및 변인들로 구성된 지표인 강박적 스타일 지표(Obsessive Style Index: OBS)로 측정할 수 있다. OBS는 1990년 정신분열 지표(SCZI)와 우울 지표(DEPI) 간의 교차 타당화를 위해 강박성 성격장애 환자들과 강박적인 행동을 보이는 사람들로 구성된 비교집단을 포함한 연구를 진행하는 동안 만들어졌다. 여섯 개의 변인들(네 개로 조합 가능)이 강박적 성향과 강한 상관을 보였다: Dd > 3; Zf > 12; Zd > +3.0; Populars > 7; FQ+ > 1(혹은 두 개가 조합된 경우 3개 이상); X+% > 0.89(Exner, 1993, 2001, 2003). 이들 중에서 FQ+와 X+%가 가장 중요하다(Exner, 2003).

1990년에 진행된 연구 이후로, OBS를 이용한 연구는 별로 없다. 또한 Exner의 2003년 개정판에는 1993년 판에 비해 OBS에 대해 추가된 설명이 거의 없다. 아직 OBS는 낮은 긍정 오류(false positive) 비율을 보이며(Ganellen, 1996), 원래 연구에서 강박장애와 강박성 성격장애 환자들 모두를 포함시켰음에도 OBS는 강박적 성향의 견고한 지표인 것으로 여겨진다. OBS에서 양성인 경우는 현저한 완벽주의, 세부에 대한 집착, 환경에 대한 처리과정에서의 신중함, 우유부단함(Exner, 2003)을 드러낼 뿐 아니라 감정표현의 어려움도 나타낸다(Ganellen, 1996).

OBS가 제안하듯이, 강박성 성격장애의 로샤 기록은 반드시 세부에 대한 반응들, 특히 비일상적인 부분반응이 증가되어 있어야 한다. 형태가 없는 잉크반점의 고유한 특징은 강박적인 사람들에게 상당한 심리적 불편감을 일으킬 것이다. 임상적 문헌은 강박성 성격장애 환자들이 두 가지 주요 방법 중 한 가지로 이 과제를 깔끔하게 하려는 시도를 한다고 제안한다. Shapiro(1965)와 McWilliams(1994)가 지적했듯이, 그들의 주의 범위는 좁기 때문에 많은 수의 D 반응과 Dd 반응을 보인다. 하지만 반대로 그들은 부분들을 의미 있는 방식으로 결합하려고 많은 노력을 기울이기도 하는데, 잉크반점들 속에 있는 혼돈에 질서를 부여하려는 욕구는 높은 수준의 조직화 활동으로 나타날 수 있다(Zf>12; Zd> +3.0). '과통합' (Zd> +3.0)은 중요하거나 중요하지 않은 환경적 요소들에 대해 꼼꼼함, 비효율성 그리고 괴로울 정도의 우유부단함 등과 관련이 있다(Weiner, 2003; Wilson, 1994). 또한 강박적인 사람들은 '딱 맞는' 지각을 설명하려는 노력 때문에 길고 정교화된 형태반응을 보이기도 한다. 특히 FQ+반응의 상승은 OBS 양성의 핵심적인 기준이다.[1] 높은 R은 순응과 완벽주의 성향의 결합 때문에 나타날 수 있다(Kates, 1950; Schafer, 1954). 하지만 프로이트의 항문기 성격에 대한 개념대로 화가 나 있거나 불안한 환자들이라면 반응 수가 매우 적을 수 있다. 말을 산만하게 늘어놓는 '과포괄적 사고' 특성은 자신의 감정을 숨기고, 장황한 말과 같은 '마취시키는 구름' 을 통해 비판적인 질문자를 무능력하게 만들고 싶어 하는 무

1) 임상가들이 FQ+를 잘 채점하지 않는 성향(Wilson, 1994)은 임상 장면에서 로샤검사를 통해 강박성 성격장애 진단하는 것에 방해가 될 수 있다.

의식적 소망으로 나타날 수 있으며, 이에 따라 일탈된 반응(DR)이 상승될 수도 있다. 마지막으로, 강박적인 사람들은 좋은 형태질(X+%)과 다수의 평범반응을 보일 가능성이 있는데, 이는 강박적인 사람들에게 전형적으로 나타나는 정상적인 현실 검증력 및 지각적 보수주의에 부합된다.

정보처리 군집에서, 완벽주의적인 과다 통합 외에도 다른 강박성 성격장애 지표들을 볼 수 있다. W:D:Dd 비율에서는 비일상적인 세부 영역 반응(Dd)이 우세하다. 한편, 충동적으로 완전하고 깔끔하게 만들고 싶어 하는 욕구로 W 반응이 높아질 수 있으며, 이는 W:M 비율에서 과도한 욕심을 시사할 수 있다. 강박성 성격장애의 특징적인 완벽주의를 고려할 때, 보통은 세부적인 것에 초점을 맞추다가 때때로 끈질긴 완벽주의적 야망이 나타날 수 있기 때문에, '과도한 통합에 이르는' 경우가 그리 놀랄 일은 아니다. 마지막으로 이들은 보속반응(PSV)을 보일 수도 있는데, 특히 강박성 성격장애 환자들이 강박장애 증상을 보이는 경우에 그럴 수 있다.

과도하게 노력을 기울이는 비효율적인 정보처리는 중재와 관념 영역, 즉 '인지 삼제' (Exner, 2003)로 묶인 나머지 두 개의 군집에도 영향을 미칠 수 있다. 힘들 정도로 노력을 기울인 정보처리는 일반적으로 좋은 형태질(높은 XA%, WDA%, X+%; 낮은 X-%) 및 현저하게 관습적으로 지각하는 경향(증가된 평범반응과 평균보다 낮은 Xu%)과 연관되어 있다. 또한 이론 및 임상적 연구에서는 강박성 성격장애의 방어가 실패하는 경우에 숨겨진 분노가 로샤 기록에 '침투' 할 수 있다고 제안한다(Gabbard, 2000; Schafer, 1954). 그러므로 더 많은 고통감을 경험하는 강박성 성격장애의 경우 S- 반응이 상승할 수 있다.

관념 영역에서는 두 개의 강박성 성격장애 지표가 눈에 띈다. 가장 두드러지는 지표들 중 하나는 현저하게 상승된 '주지화 지표' 다. 주지화 방어가 강박성 성격장애에만 나타나는 것은 아니지만, 이론적, 임상적, 경험적 관찰은 모두 이 지표가 강박적인 사람들에게 상승될 수 있다는 사실에 대해 일치하는 견해를 보인다(Gabbard, 2000; Schafer, 1954; Sullivan, 1956; Weiner, 2003). 이 군집에서 또 다른 주요 강박성 성격장애 변인은 능동 대 수동(a : p) 비율이다. 강박적인 사람들은 근본적으로 통제에 관심이 있으며, 이는 모든 연구자들이 동의하고 있는 것이다. 따라서 그들은 '능동' 반응만을 고집스럽게 보일 것이며, 심리적인 안정에 대한 잠재적인 위협을 미리 잠재우려는 집요한 욕구에 몰두되어 있을 것이다. 이렇게 원형적으로 내사적인 성격장애(Blatt & Schichman, 1983)의 경우에, '부적응적인 한 가지 생각' (Wilson, 1994)은 끊임없으며 속박되어 있는 정신 활동을 만들어 내며, 불안하게 만드는 주변 환경의 모호함을 감소시키는 데만 몰두하게 만들 것이다(Gallagher et al., 2003). 그와 동시에 강박적인 사람들은 '긴장된 신중함' 으로 이완이 필요한 공상과 같은 활동에는 빠지지 않을 것으로 여겨지므로 능동인간운동반응(Ma)이 수동인간운동반응(Mp)보다 클 것임에 틀림없다.

문제해결 및 스트레스 대처 방략에서, 강박적인 사람들은 과도한 반추(rumination)에 의존하는 경향이 있다. 그들은 힘들게 조건들을 따지고 또 따진다. 그러나 지치지 않는 것 같은 관념 활동은 생산적이거나 효율적이지 못한데, 특히 의사결정에서 그렇다(Gabbard, 2000; Shapiro, 1965). 결정을 하기까지 이들이 보이는 만성적이고도 마비시키는 듯한 과도한 고민으로 강박적인 사람들은 로샤검사에서 내향성(introversive)으로 나타날 것이다. 그러나 모두 확실히 내향성만 나오는 것은 아니다. 최근 비환자성인 표준화 집단(Exner, 2001)에는 OBS 양성 기록이 8개가 있었는데(전체의 1%), 그들 중 4개는 내향성, 하나는 외향성, 그리고 둘은 양가적 유형(ambitent)으로 나타났다. OBS에서 양성을 보인 외래 환자 44명(8%) 중에서는 35명이 내향성, 2명이 외향성, 6명이 양가적 유형, 그리고 한 명이 회피적인 성향을 보였다. McWilliams(1994)가 지적했듯이, 강박성 성격장애에서 강박적인 사고와 행동을 연결 지어 생각하는 것은 발견법적으로 유용하기 때문이며, 더 중요하게는 정신 역동적 이론이 공통적인 병인론을 가정하기 때문이다. 하지만 사고와 행동 모두가 감정을 피하는 방법으로 사용될 수 있는 반면, 둘 중 하나가 다른 것에 비해 훨씬 더 많이 사용될 수 있다. 우유부단한 특성을 가진 강박성 성격장애에서는 '무언가를 하려는' 필사적인 압력이 불안을 만들어 내면서 반추로 이끈다. 그러므로 대부분의 강박성 성격장애는 로샤검사에서 내향적 스타일을 보일 것으로 여겨지지만, 일부 강박적인 사람들의 경우, 자신을 지치게 만드는 끊임없는 반추와 좌절감이 촉진시키는 행동에 대한 충동 사이에서 흔들리다가 양가적 유형을 보이기도 한다.

또한 주변 환경을 경계하면서 신중하게 다루려는 욕구와 그러한 고통스러운 압력으로부터 자유로워지고 싶은 갈망 사이에 존재하는 긴장은 매우 높거나 매우 낮은 람다값으로 나타날 수 있다. 강박성 성격장애의 특징 중 하나는 비정상적으로 균형잡힌 양가성이다(Gabbard, 2000; Shapiro, 1965). Weiner(2003)는 경험에 대해 불충분하게 개방되어 있는 사람(람다값이 높은)과 과도하게 개방되어 있는 사람(람다값이 낮은) 사이를 명확히 대조시키고 있다. 그러나 그러한 명확한 이분법은 경험적 개방성에 대해 두 세상의 단점만으로 구성되어 있는 강박성 성격장애의 현상적 특성을 담아내기에는 부족해 보인다. 여기에서 두 세상의 단점이란 협소한 조망 및 경직된 조망이 옳은지에 대한 고통스러운 불확실감, 즉 '정서적 확신' 의 부족을 가리킨다(Schafer, 1954). 가능한 한 모든 각도에서 그들의 세상을 세밀히 조사하게 만드는 이러한 불확실감으로 과포괄적인 강박 환자들은 자극으로부터 '거리를 두지 못하는' 특성을 보일 수 있으며(Exner, 1993), 이에 평균 이하의 람다값이 나타나기도 한다. 로샤검사 시 잠시 나타나는 극단적인 방어적 태도로 높은 람다값이 나타날 수 있지만, 전형적인 강박성 성격장애에서 보이는 방어는 침투당할 가능성이 현저히 높다. 즉, 불안을 유발하는 반추와 침투적이면서 정서적 색채를 띤 사고들은 주지화된 자기 통제의 방어선을 반복적으로 공격할 수 있다. 이러한 경험으로 강박적인 사람들은 만성적으로 스트레스를 받지만, 또한 역설적으로 이들의 통제감은 긴장과 이에 따라 나타나는 경계적인 태도를 통해 획득될 수 있다. 그러므로 조정된 D 값(adjusted D)이 0 이상인 경우가 많다. 그러나 로샤검사 자체, 혹은 임상적 평가를 받게 한 급성적인 심리적 고통으로 상황적 스트레스 지표인 Y, m 등이 상승될 수도 있으며, 마이너스 값을 가지는 D가 나타날 수도 있다. 또한 강박성 성격장애는 불안장애와 함께 나타나는 경우가 많으므로(APA, 2000; Bienvenu & stein, 2003; Rees et al., 1996), 특히 Y값이 현저하게 상승될 수 있다.

강박성 성격장애에서 일반적으로 나타나는 극단적인 정서적 고통은 고립이나 주지화와 같은 여러 방어기제를 사용하여 이성적으로 잘 통제된다. 이들에게 강한 부정적 정서 중 하나는 분노, 특히 의분이며(McWilliams, 1994), 이는 특정 맥락에서 좀 더 쉽게 드러난다(예: 직업적 위계에서의 파워 관계). 로샤검사에서 만약 피검자가 검사받는 것에 대해 굴욕감을 느끼거나 화가 났다면, S 반응이 어느 정도 상승할 것이다. 이들에게 나타나는 특징적인 정서적 회피는 낮은 정서반응 비율(Afr)로 나타날 것이며, 정서가 경험되더라도 잘 통제되어 있을 것이다(FC:CF+C는 2:1보다 높을 것이다.). 이 비율의 역전이나 순수 색채 반응(pure C)은 거의 나타나지 않을 것이다. 하지만 자아 발달이 빈약한 강박 성향의 사람이 위기에 처했을 때는 그러한 특징이 일시적으로 나타날 수도 있다. 스트레스의 상승은 C′을 증가시킬 수 있는데, C′은 강박적인 사람들에게서 일반적으로 높게 나타나며, 특히 심리적으로 '입술을 꽉 깨무는' 사람들에게서 만성적으로 나타나는 경향이 있다. 혼합반응, 특히 색채와 음영을 둘 다 포함하는 반응이 상승될 수 있는데, 이는 강박적인 사람들이 보이는 환경적 모호함과 감정적 양가성 사이에서 벌어지는 끊임없는 정신적 씨름을 반영한다(Gabbard, 2000; Weiner, 2003). 강박성 성격장애의 암묵적 비관주의는 위기 상황에서 우울증상으로 드러날 수 있기 때문에, 우울 지표에서 양성이 나타날 수 있다(Corruble et al., 1996).

우울성 성격장애와 마찬가지로 강박성 성격장애에서도 정서적인 고통은 부정적인 자기 지각과 관련될 수 있다(McWilliams, 1994). 강박성 성격장애의 주요한 특징인 완벽주의는 자기 자신에 대한 만성적이고 전반적인 불만족감을 가져올 수 있다(Skodol et al., 2002). 또한 잠재적인 실패를 감지하는 데 초점이 맞춰진 렌즈를 통해서 지각되는 경험들은 가까스로 피하고 있는 끊임없는 재앙의 연속으로 느껴지기 쉽다. 그러므로 주변 환경이 적절한 통제 아래 있는 것처럼 보일 때는 긴장은 되지만 견딜 수 있는 항상성이 유지되지만, 외부 스트레스 요인이 몰아칠 때, 혹은 '중년의 위기' 와 같은 발달적 변화가 오는 시기에는 자존감의 붕괴가 초래될 수도 있다. 그러한 때 병원에 오게 된 강박성 환자들은 부정적인 자기 평가와 관련된 우울 로샤 지표들이 상승될 수 있다. 위기를 겪을 때는 음영차원(Vista) 반응과 손상 내용(MOR)이 현저하게 상승되며, 자기중심성 지표는 보통의 강박성 성격장애들에 비해 훨씬 낮아질 것이다. 이는 지각된 실패(perceived failure)에 대한 죄책감과 수치심이 자신에게는 특별히 높은 기준을 적용해 온 방어적인 '개인적 허영심'을 파괴하기 때문이다(McWilliams, 1994). 고통 중에도 강박적인 사람들의 강한 반추 성향은 형태차원(FD)을 통해 나타날 수 있지만, 통찰이 비관적으로 편향되어 있을 가능성이 많기 때문에 이 반응은 Vista나

MOR, 혹은 둘 다와 함께 묶일 수 있다. Exner(2003)가 지적했듯이, 이러한 자기 자신에 대한 과도한 성찰은 인생의 위기나 전환기에 있는 사람들에게 흔히 나타난다. 하지만 강박성 성격장애의 경우는 음울한 자기 성찰이 특히 더욱 가혹하고 우울을 유발할 수 있다. 강박성 성격장애와 신체적으로 초점이 맞춰진 축 I 병리(건강염려증이나 거식증과 같은) 사이의 관계에 대한 연구들(Serpell et al., 2002; Smith & Benjamin, 2002; Starcevic, 1990)은 이러한 암울한 반추가 신체적 관심의 상승(An + Xy)과도 관련이 있다는 제안을 하고 있다. 특히 좀 더 '원시적인' 형태의 강박성 성격장애에서는, 자신이 깊이 손상되었다는 육감적인 느낌이 상처를 받거나 실망할 위험이 있는 진솔하고 친밀한 관계에 대한 두려움과 함께 나타날 수 있다. 그러므로 이런 경우에 로샤검사에서는 전체인간반응보다 부분인간반응이 더 많이 나타날 수 있다. 이와 비슷하게 '확실한 것(sure thing)'에 대한 욕구에 얽매어 있는 자신을 위안하고 싶은 강한 충동 때문에 동물 내용 반응 수가 증가할 수 있다.

비록 강박성 성격장애는 명칭 자체가 현저한 대인관계 문제를 반영하고 있는 여타 성격장애(예: 의존성, 회피성, 자기애성, 반사회성)에 비해서는 대인관계와 관련된 직접적 함의는 적은 편이지만, 강박적인 사람들의 로샤검사는 대인관계 영역에서도 몇 가지 눈에 띄는 결과를 보여 줄 수 있다. 아마도 주 양육자의 숨겨진 적개심을 초기에 반복적으로 경험하며 생겨났을 것으로 간주되는 분노는 엄격하게 통제되지만 때로 '침투하므로' (McWilliams, 1994; Schafer, 1954; Sullivan, 1956), 로샤검사에서 평균 이상의 공격반응(AG) 수를 초래할 수 있다. 오랫동안 엄격하게 분노를 통제하여 생긴 피곤함 때문에 MOR 반응이 AG와 함께 나타날 수 있다. 타인에 대한 반사적인 불신은 협동반응(COP)을 억제하지만, 분노에 대한 방어(특히 평가 맥락에서 나타날 수 있는 반동 형성)로 일종의 친화 충동이 나타날 수도 있다. 그러므로 AG와 COP가 둘 다 관찰될 수 있으며, 특히 효과를 상쇄하는 방식(동시에 나타나거나 번갈아 가면서 나타나는 식)으로 나타날 가능성이 있다. 비록 AG와 COP가 함께 나타나는 것은 경쟁적인 직업과 위계적인 조직 구조에서 적응적일 수 있다고 주장되어 왔지만(Weiner, 2003), 이것은 취소(undoing) 혹은 불안정한 원초아(id)와 초자아(superego) 간의 균형을 맞추려는 불안한 노력을 보여 주는 것일 수 있다(Schafer, 1954). 강박성 성격장애의 냉담한 대인관계 및 경직된 자율성과 일관적으로, 다른 사람에게 도움이나 지지를 받는 것, 그리고 타인을 만나는 것 등에 대한 의식적 충동은 억제되어 있으며(적은 수의 T), 원시적인 의존 욕구(Fd)도 일반적으로 나타나지 않는다. 물론 강박적인 사람들에게 대인관계가 중요하지 않다고 말하는 것은 아니다. 사실, 약간의 편집적 성향을 가지고 있는 강박성 성격장애는 타인의 관점, 의견, 잠재적인 행동에 관심이 집중되어 있다. 그러므로 인간내용반응이 많을 수 있으며, 고립지표(Isolation Index)도 정상 범위일 것이다. 하지만 앞서 논의했듯이 순수한 인간반응(pure H)은 거의 나타나지 않을 것이며, 따라서 긍정적 인간반응과 부정적 인간반응 비율(GHR:PHR)도 좋지 않을 것이다. 마지막으로 자신의 지각 개념을 정당화하려는 불안한 욕구 때문에 개인화된 반응 수가 증가될 수 있다(PER).

다음의 사례는 저자가 소개하는 외국 사례로, 강박성 성격장애의 로샤평가를 보여준다. 이 환자의 경우는 우울도 함께 있는데, 비록 공병하는 축 I 장애가 임상 양상을 복잡하게 만들 수는 있지만, 실제로 많은 저자들이 제안했듯이 강박적인 방어가 실패할 경우 우울은 흔히 나타난다.

사례: O씨(M/67)

O씨는 67세의 기혼한 백인 남성이며, 심혈관계 질환으로 혈관조형술 및 심박조절장치 삽입 수술 후, 우울 수준 및 심리적 적응 수준을 평가하기 위해 내과 전문의로부터 의뢰되었다. 이러한 시술들은 무서운 합병증들을 가져왔다. O씨는 가슴 내에 체액이 축적되면서 생명이 위험했었고, 응급처치를 받는 동안 자신이 죽을 수도 있다는 의사의 말을 우연히 듣기도 했다. 이후에 그는 회복되었지만, "죽음에 가까이 갔던 생생한 기억"들로 심한 충격을 받았다고 말했다. 이 경험 이후로 그는 죽음에 집착하게 되었고 미래에 대해 계획 세우는 것을 멈추었다. 그는 생리적인 수준의 우울증상들을 보고하지 않았고 자살사고도 부인했다. 하지만 죽음에 대한 생각으로 집중하는 데 어려움이 있었으며, 자신의 대처 능력에 대해서도 상당한 의심을 보이고 있었다.

또한 O씨는 만성적인 삶의 어려움들을 호소했는데, 수년 동안 이어진 아내와의 갈등도 포함되어 있다. 그는 아내에 대해 불만족스러워하고 있었지만, 헤어지지는 않고 있었다. 그는 마지막으로 성관계를 가진 것이 언제인지 기억하지 못했는데, 이러한 상태는 병을 얻기 수년 전부터 지속되어 온 것이다. 그는 부인에게 화를 자주 냈고, 특히 최근 몇 달 동안은 아내가 그의 건강을 걱정하거나 의견을 물을 때 강렬한 분노를 나타냈다. 서로에게 폭력을 가한 적도 있으며(찰싹 때리거나 미는 등), 그가 던진 물건에 맞아서 아내가 다친 적도 있으나(그는 우발적인 일이었다고 말했다), 경찰에 체포되거나 법적인 문제로까지 불거진 적은 없다.

정치학 석사학위를 지닌 O씨는 스스로를 자유주의자라 불렀으며, 수년간 공무원으로 일했고, 주로 시민권과 관련된 정책을 시행하는 일을 해 왔다. 그는 일을 잘해서 여러 차례 상을 받았으며, 직장 동료들과 좋은 관계를 유지해 왔다. 그는 7년 전 즈음 퇴직했는데, 은퇴 후에도 파트타임으로 꾸준히 일해 왔으며, 가장 최근에는 지역사회 봉사센터에서 자신이 지닌 자원들(지역사회에서의 덕망과 좋은 관계들)을 사용하면서 일해 왔다. O씨는 센터의 부진한 경영에 대해 불평하곤 했는데, 자신이 하면 훨씬 더 잘할 수 있다고 말하곤 했다.

O씨는 스스로가 생각하는 자기상과 타인이 자신에 대해 가지는 견해 간의 차이에 대해 설명한 적이 있다. 그는 자신이 친절하고, 자신감 있으며, 유능한 리더로 보일 거라고 했으며, 몸이 아플 때도 주변 친구와 지인들에게 많은 도움을 받았다고 했다. 하지만 그와 동시에 사소한 결정을 할 때조차도 내면에서는 만성적으로 '조용한 논쟁' (silent debate)이 일어나고 있으며 여러 가지 번민으로 매우 괴롭다고 설명했다. 그러한 끝없는 번민이 얼마나 비효율적인지 알면서도 멈출 수 없었다고 했으며, 대부분의 시간 동안 감정 없이 경직되고 로봇 같은 존재로 살아왔다고 호소했다. 그는 이런 오래된 경향 때문에 20대가 우울했던 것이라고 설명했다. 계속되는 심리치료로 어느 정도 도움을 받기는 했으나, 이러한 반추 성향과 의사결정의 어려움은 평생 동안 지속되었다고 한다.

O씨의 로샤

O씨의 로샤는 여러 면에서 고통을 겪고 있는 강박적인 사람의 기록을 명확히 보여 주고 있다. 그의 로샤 기록은 짧지만(R=15), 심혈을 기울인 기록이었다. 그는 주의 깊게 형태를 정교화하였는데(FQ+ =5), 총 반응 수가 적은 것에 비해 그가 보인 FQ+ 수는 매우 많은 것이었다. 이러한 특징으로 그의 로샤 기록은 OBS 양성에 해당하였다. O씨의 OBS를 살펴보면, 과도하게 통합하는 경향(Zd= +3.5)과 함께 주의 깊게 살펴보고 안전하게 반응하는 경향을 발견할 수 있다(P=9; X+%=0.93). O씨는 OBS의 4가지 조건 중 3가지를 만족시키고 있으며, 내면에서 지속적으로 '조용한 논쟁' 이 진행되고 있다는 스스로의 보고와 일관적으로 매우 강박적이고 완벽주의적인 경향을 나타내고 있다.

인지적 특성

비록 몇몇 기대되는 특징들은 나타나지 않고 있으나(아마도 그의 로샤 기록이 짧기 때문일 것이다), O씨의 '인지 삼제' (정보처리, 중재, 관념 군집)는 강박성 성격장애의 특징들을 잘 보여 주고 있다. 그는 작고 비일상적인 부분에 몰두하고 있지는 않으나, 부분들 간의 관계를 체계적으로 지각하면서 반점들을 조합하려고 열심히 노력하고 있다(W〉D+Dd; DQ+ =8; Zd= +3.5). 앞서 언급했듯이, 그는 좋은 형태질 반응들을 보이고 있으며(높은 XA%, WDA%, X+%와 낮은 X-%), 관습적인 지각 경향이 두드러지는데(P=9), 이는 O씨가 사회적 적절성에 매우 예민하다는 사실을 반영한다.

그의 관념 군집에는 눈에 띄는 여러 변인들이 존재하는데, 이는 O씨가 잉크반점들을 처리하기 위해 기울이는 엄청난 노력이 인지 스타일에 끼치는 영향을 보여 주고 있다. 앞서 예상했듯이 O씨의 주지화 지표는 매우 높았다(비환자 평균보다 3 표준편차가 높다.). 이렇게 강렬한 감정에 대해 방어하려는 시도는 그가 자기 자신에 대해 "로봇" 같다고 묘사하는 것과 일치하며, 결혼생활에서 화내는 것 말고는 감정적인 요소들이 지나치게 부족하다는 보고와도 일맥상통한다. O씨의 능동 대 수동(a:p) 비율도 강박적 스타일에 부합하는데, 7:2로 나타난 비율은 O씨의 주의 범위가 과도하게 경직되고 협소하다는 사실을 알려 주며, 무언가에 대해 과도하게 집착할 가능성을 보여 준다. 하지만 이러한 특징이 영향을 줄 수 있는 친구 및 직장 동료들과의 관계에서 기대되는 만큼의 대인관계 어려움은 겪지 않고 있는데, 이는 그의 직장이 정치적 견해가 상대적으로 비슷한 사람들끼리 모인 곳이기 때문일 수 있겠으며, 이 때문에 O씨의 독단적인 태도가 초래할 수 있는 대인관계에서의 충돌 가능성이 적어진 것으로 여겨진다. 하지만 그의 견해가 도전받을 때(예: 아내가 그의 의견에 대해 묻는 것과 같이), 그는 호의적이지 않은 모습을 보이고 있다. 하지만 이러한 모습은 Schafer(1954)와 Shapiro(1965)가 강박성 성격장애에 대해 지적했던 취약한 신념을 잘 보여 주는 것이다. 이와 더불어 그는 약간의 인지적 특이성(cognitive peculiarity)을 보이고 있는데(WSum6 = 13), 이는 3개의 일탈된 반응(DR) 때문이다. 그의 DR 반응은 강박성 성격장애들이 심리적 고통을 방어하기 위해 과도한 언어화에 의존하는 특성을 반영하는 것이다(Gabbard, 2000; Sullivan, 1956). 이러한 우원성 및 비현실적 결합반응(FABCOM)이 보여 주는 연상의 이완은 근래의 힘든 상황에서 이례적으로 나타나는 정신적인 부주의를 나타내는 것일 수 있으며, 검사 과제로부터 방어적인 거리 두기로 초래된 것일 수도 있다(Exner, 2003; Wilson, 1994). 그럼에도 O씨는 공상 활동을 통해 위안을 얻으려는 시도를 거의 하지 않고 있다(Ma:Mp = 3:1). O씨의 극도로 낮은 람다 값은 강박성 성격장애환자에게 전형적인 것으로 여겨진다. 사물을 될 수 있는 한 다양한 각도에서 세밀하고 철저하게 조사하려는 욕구로 인해 그의 지각적 세계는 정서적인 뉘앙스로 채색될 수 있었다.

정서적 특성

죽음에 대한 생각에 잠겨 있고 작은 결정에도 괴롭게 고민한다는 자기 보고와 일관적으로, O씨는 뿌리 깊은 주지화 경향에도 반추하는 성향을 억제하지 못하고 있으며, 특히 감정적인 주제에 대해서 그러하다. 그의 문제해결 방식(EB)은 양가적이며, 의사결정에서 지나치게 동요할 수 있음을 보여 준다. 그의 내면에는 음울하고 고통스러운 감정이 존재하는 것으로 보인다(SumC′ = 2). 그는 어떤 주제에 대해 끊임없이 고민하지만 만족스러운 결론에 이르지 못하고 결국에는 성급하게 행동할 수 있다. 이렇게 도발적이고 성급한 행동 양상은, 증가하는 집중력 문제(m=3)와 불안(SumY=5)에 직면하여 느끼는 무력감과 함께, 아내에 대한 간헐적인 폭력을 부추기는 것 같다. 비록 그가 대부분의 강박적인 사람들과 마찬가지로 만성적인 스트레스의 과부하로 고통받지는 않지만(AdjD=0), 현재 그는 자신의 통제를 산산이 부숴 버렸던 의학적인 두려움 때문에 이례적으로 심리적 고통을 경험하고 있는 것으로 보인다(D=-1).

O씨는 우울 지표에서 양성을 보였으며, 이는 스스로 보고했던 비관적인 생각, 죽음에 대한 몰두, 무쾌감증, 집중의 어려움 그리고 낮아진 자신감 등의 우울증상과 일치한다. 감정에 대한 혐오에도 불구하고(Afr=0.25), 감정을 조절하는 데 상당한 어려움이 시사되며(FC:CF+C=2:3; pure C=1), 현재는 우울한 감정의 소용돌이 가운데 있는 것으로 보인다(blends:R=8:15, 또한 음영반응이 매우 많이 나타남). 그의 방어적 분투는 9번 카드에 대한 반응에 잘 나타나고 있는데, 이 반응에서 '희망' (오렌지색)으로 '불길한 예감' (초록색)을 극복하려는 시도는 곧 죽느냐 사느냐의 전쟁(빨간 피)이 된다. 결국 주지화(AB, Art)는 정서적인 자극의 격렬한 폭발(pure C, Bl)을 막는 데 실패하고 만다. 이것은 자신을 혼란스럽게 만드는 죽음에 대한 집착을 반영하고 있으며, 현재 그는 분노를 느끼기보다는(S=1) 풀이 죽고 고갈되어 있는 것으로 보인다(V=1; MOR=3; m=3, Y=5). 하지만 그는 전반적으로 실의에 차 있으면서도 밝은 겉모습을 보여 주기 위해 소박하면서도 헛된 노력을 하고 있는 것 같다(CP=1, 이 색채 투사 반응은 불안에 압도되어 나타난 ma와 YF 반응을 동반하고 있으며 MOR와 FY 반응 뒤에 바로 나타나고 있다.).

강박적인 사람이 우울에 빠질 때 예상되듯이, O씨가 보이는 현재의 붕괴 상태는 손상된 자기 지각과 강하게 연결되어 있는 것 같다. 놀랍게도 그의 자기중심성 지표는 평균 이상인데, 이는 그가 여전히 자신을 높게 평가하는 것이라기보다는 그의 직업적 성공이 낮은 자존감에 대한 완충 역할을 하고 있는 것으로 여겨진다. 하지만 폭력을 사용한 전력이나 로샤검사에서 나타나는 여러 자기 지각 관련 지표들을 고려할 때, 약간의 웅대성은 대부분 방어적인 노력에서 비롯된 것으로 보인다. 그는 어느 정도의 내성과 통찰 능력을 지니고 있지만(FD=1), 이러한 능력은 종종 비관적으로 편향되어 자기 자신이 결함을 가지고 있다는 느낌과 관련되는 것 같다(V=1; MOR=3). 이는

O씨의 내면에서 오랫동안 지속되어 온 '조용한 논쟁' 과도 부합된다. 놀랍게도, 최근의 의학적인 어려움에도 신체적 염려가 나타나지 않고 있는데(An + Xy = 0), 이것은 방어가 비교적 잘 개발되어 있어 심리적인 문제를 신체적인 통로로 나타내지는 않을 것이라는 사실을 알려 준다(Starcevic, 1990). 그럼에도 그의 불안전감은 타인을 온전하고 자율적인 존재로 대하는 것을 어렵게 만드는 것 같다(H:[H] + Hd + [Hd] = 3:3). 이러한 어려움은 그의 결혼 문제, 특히 성적인 친밀감의 결여와 연관지어 생각해 볼 수 있으며, 항문기에서의 전성기기적 성적 결벽증에 대한 정신분석적 강조에 따라 해석해 볼 수 있다.

자기 지각 및 대인관계

O씨의 대인관계 관련 지표들은 다소 혼란스럽다. 즉, 직장에서의 조화로운 관계를 누리고 있는 사실과 일관적으로 그는 공감 능력(M = 4)을 지니고 있으며, 전반적으로 사회적 기술도 좋아 보인다(GHR:PHR = 5:1). 하지만 낮은 H:(H) + Hd + (Hd) 비율과 많은 수의 동물반응(A + Ad = 7)에서 시사되는 미성숙함은 이러한 사회 적응성이 진실로 친밀한 대인관계를 의미하지는 않는 것 같다. 직장에서는 멋있고 자신감이 있는 사람이 집에서는 훨씬 무뚝뚝하고 방어적일 수 있다. 따라서 그는 대인관계에 대한 기대에서 양가성을 보이고 있으며, 협력과 공격적인 모습이 번갈아 가며 나타날 것으로 여겨진다(AG = 2; COP = 2). 특히 그는 대체로 공격성은 동물에게 귀속시키고 있으며, 협력적인 특성은 인간에게 귀속시키고 있어, 강박적인 사람들이 흔히 보이는 겉으로 도덕적인 모습만을 보이고자 하는 노력을 관찰할 수 있다. 그는 또한 Schafer (1954)가 설명한 항문기적 공격성을 취소하려는 특징을 보인다(예: 3번 반응에서 그는 코끼리들의 피 튀기는 싸움을 설명한 뒤, 자신의 지각이 그럴듯해 보이는지 묻고 있다.). 당연하게도 이렇게 습관적으로 스스로를 의지하는 '리더' 는 지지를 받기 위해 다른 사람에게까지 손을 뻗을 것 같지 않다(SumT = 0, Fd = 0). 하지만 그가 사회적 접촉을 피하지 않는다는 것은 확실하다(Isol Index = 0.13; SumH = 6). 결국, 자기 의심과 타인의 명백한 존경, 그리고 직장에서의 조화로운 관계와 집에서의 갈등 관계 간의 이분화가 시사하듯이, O씨의 대인관계적 기능은 피상적인 수준에서는 적당할지 몰라도 좀 더

친밀한 수준에서는 빈약할 수 있다. 특히 그러한 대조적 현상은 전형적인 강박성 성격 환자의 초기 가정 환경에 대한 Sullivan(1956)의 설명과 전적으로 일치한다. 즉, 좋아 보이는 겉모습은 심한 고통과 부적응을 만성적으로 은폐한다.

요약하자면, 앞서 제시한 사례는 강박적 성격 특유의 로샤 특징들이 존재함을 보여준다. 즉, 비효율적으로 높은 수준의 조직화 활동; 형태에 대한 완벽주의적인 관심; 지나치게 관습적인 지각; 관념적인 경직성; 내향적이거나 양가적인 문제해결 스타일; 심하게 억제된 분노를 포함한 정서적인 억제; 취약한 자존감; 심하게 병리적인 대상관계까지 발전하지는 않지만 어느 정도 존재하는 미성숙함; 그리고 전반적으로 긴장된 안정성과 현저한 상황적 고통, 특히 불안감, 무기력감 그리고 실패감 등이 그 특징에 포함된다.

사례를 통해 알 수 있는 로샤검사의 타당성에도 불구하고, 강박성 성격장애의 로샤 평가에 대한 실험적 연구들은 놀라울 정도로 거의 이루어진 것이 없다. 로샤검사를 통해 얻을 수 있는 인지적, 정서적 그리고 대인관계적인 강박성 성격장애 특유의 특징들을 대상으로 진행될 수 있는 풍부한 연구 주제들 중에서, 특히 대인관계 차원에 대해서는 더 많은 연구가 필요할 것으로 보인다. 여러 이론적 접근들은 강박성 성격장애의 관계적 기원을 상당히 강조한 반면, 강박적인 성향을 평가하기 위한 종합체계에서는 대인관계 요인에 비교적 적은 관심만을 보여왔다. 이렇게 강조가 되지 않은 것은 부분적으로는 종합체계의 대인관계 군집과 관련된 '일반성' (generality) 문제 때문이다. 즉, Exner(2003)가 언급했듯이, "개인의 대인관계적 기능에 대한 로샤검사의 가설은 다른 어떤 종합체계 군집보다도 더욱 고차적인 추론과정에 근거해야만 한다." 그리고 "종종 바라는 것보다 더 개략적인 수준에 그칠 것이다." (p. 489) 대인관계 군집 변인들과 특정 행동 간의 관계에 대한 연구들(예: 전반적인 인간표상 변인인 PHR과 GHR, 이것들은 주로 정신증과 우울증 간의 관계를 조사하는 데 사용되어 왔다)은 강박적인 사람들의 대인관계 기능에 대한 좀 더 상세하고 미묘한 특징들을 이해할 수 있게 해줄 것이다.

또한 잠재적인 강박성 성격장애 특이적 지표들 가운데, OBS에 대한 연구가 특히 더 필요해 보인다. 특히 강박성 성격장애를 강박장애나 다른 C군집 성격장애로부터 구분할 수 있는 OBS의 능력을 조사하는 것이 중요해 보이는데, 이는 이전 연구들 중 많은 수의 연구가 강박장애와 강박성 성격장애를 구별하지 않은 표본집단을 대상으로 이루어졌기 때문이다. 또한 축 I, 축 II 장애의 공병 연구에서의 강박장애, 강박성 성격장애, 그리고 다른 C군집 성격장애 사이에 잠재적으로 존재하는 중복 영역과 관련된 방법론적 문제뿐 아니라 강박성 성격장애를 구별하는 문제를 다루기 위해서는 강박성 성격장애에 대한 대규모 규준 자료를 수집하는 것이 중요해 보인다. 강박성 성격장애 및 관련 장애들을 확인하기 위해 큰 표본집단을 대상으로 타당화가 잘 되어 있는 자기-보고형 측정치, 혹은 반구조화되어 있는 면접법을 사용하는 것, 그리고 이것과 로샤검사의 결과를 비교하는 것은 관련된 진단적 그룹들을 어떻게 더 상세하게 구별하고 특징지을 수 있는지에 대한 방향을 제공할 것이다. 또한 이러한 접근법은 암묵적인 경향과 스스로에게 귀인하는 경향을 동시에 살펴볼 때에만 얻어질 수 있는 게슈탈트적 정보의 통합을 성취할 수 있을 것이다(Bornstein, 2002; Ganellen, 1996; McClelland, Koestner, & Weinberger, 1989). 심리장애에 대한 더 명확하고 세분화된 그림을 얻기 위해 무의식적인 기능(예: 자아의 방어 기능과 대상관계)을 겉으로 드러나는 심리적 고통이나 관찰 가능한 부적응과 함께 조사할 필요가 있는데, 겉으로 나타나는 만성적인 불안이나 긴장이 현저할 수 있지만, 같은 이유로 그렇지 않을 수도 있다.

참고문헌

American Psychiatric Association (2000). *Diagnostic and statistical manual of mental disorders* (4th ed. text revision). Washington, DC: Author.

Beck, A. T., Ward, C. H., Mendelson, M., Mock, J., & Erbaugh, J. (1961). An inventory for measuring depression. *Archives of General Psychiatry, 4,* 561–571.

Bienvenu, O. J., & Stein, M. B. (2003). Personality and anxiety disorders: A review. *Journal of Personality Disorders, 17,* 139–151.

Blatt, S. J., & Shichman, S. (1983). Two primary configurations of psychopathology. *Psychoanalysis and Contemporary Thoght, 6,* 187–254.

Bornstein, R. F. (1995). Active dependency. *Journal of Nervous and Mental Disease, 183,* 64–77.

Bornstein, R. F. (2002). A process dissociation approach to objective-projective test score interrelationships. *Journal of Personality Assessment, 78,* 47–68.

Breskin, S. (1968). Measurement of rigidity, a non-verbal test. *Perceptual and Motor Skills, 27,* 1203–1206.

Clark, L. A. (1993). *Schedule for Nonadaptive and Adaptive Personality* (SNAP). Minneapolis, MN: University of Minnesota Press.

Corruble, E., Ginestet, D., & Guelfi, J. D. (1996). Comorbidity of personality disorders and unipolar major depression: A review. *Journal of Affective Disorders, 37,* 157–170.

Exner, J. E., Jr. (1993). *The Rorschach: A comprehensive system: Volume 1. Basic foundations* (3rd ed.). New York: John Wiley.

Exner, J. E., Jr. (2001). *A Rorschach workbook for the comprehensive system* (5th ed.). Asheville, NC: Rorschach Workshops.

Exner, J. E., Jr. (2003). *The Rorschach: A comprehensive system* (4th ed.). Hoboken, NJ: John Wiley.

Fairbairn, W. R. D. (1952). *An object-relations theory of the personality.* New York: Basic Books.

Fenichel, O. (1945). *The psychoanalytic theory of neurosis.* New York: W. W. Norton.

First, M. B., Spitzer, R. L., Gibbon, M., & Williams, J. B. W. (1996). *Structured Clinical Interview for DSM-IV Axis I Disorders, Patient Edition* (SCID-P). New York: New York State Psychiatric Institute, Biometrics Research.

Freud, S. (1908/1963). Character and anal eroticism. In P. Reiff (Ed.), *Collected papers of Sigmund Freud* (Vol. 10). New York: Collier.

Gabbard, G. O. (2000). *Psychodynamic psychiatry in clinical practice* (3rd ed.). Washington, DC: American Psychiatric Press.

Gallagher, N. G., South, S. C., & Oltmanns, T. F. (2003). Attentional coping style in obsessive-compulsive personality disorder: A test of the intolerance of uncertainty hypothesis. *Personality and Individual Differences, 34,* 41–57.

Ganellen, R. J. (1996). *Integrating the Rorschach and the MMPI-2 in personality assessment.* Mahwah, NJ: Lawrence Erlbaum Associates.

Hill, A. B. (1976). Methodological problems in the use of factor analysis: A critical review of the experimental evidence for the anal character. *British Journal of Medical Psychology, 49,* 145-159.

Huprich, S. K. (2003). Evaluating NEO Personality Inventory-Revised profiles in veterans with personality disorders. *Journal of Personality Disorders, 17,* 33-44.

Hyler, S. E. (1994). *Personality Diagnostic Questionnaire-4* (PDQ-4). New York: New York State Psychiatric Institute.

Kates, S. L. (1950). Objective Rorschach response patterns differentiating anxiety reactions from obsessive-compulsive reactions. *Journal of Consulting Psychology, 14,* 226-229.

Keller, M. B., Lavori, P. W., Friedman, B., Nielsen, E., Endicott, J., McDonald-Scott, P., & Andreasen, N. C. (1987). The Longitudinal Interval Follow-Up Evaluation: A comprehensive method for assessing outcome in prospective longitudinal studies. *Archives of General Psychiatry, 44,* 540-548.

Lazare, A., Klerman, G. L., & Armor, D. J. (1966). Oral, obsessive, and hysterical personality patterns: An investigation of psychoanalytic concepts by means of actor analysis. *Archives of General Psychiatry, 14,* 624-630.

Loranger, A. W., Susman, V. L., Oldham, J. M., & Russakoff, L. M. (1985). *Personality Disorder Examination (PDE): A structured interview for DSM-III-R personality disorders.* White Plains, NY: New York Hospital-Cornell Medical Center, Westchester Division.

McClelland, D. C., Koestner, R., & Weinberger, J. (1989). How do self-attributed and implicit motives differ? *Psychological Review, 96,* 690-702.

McWilliams, N. (1994). *Psychoanalytic diagnosis.* New York: Guilford.

Millon, T. (1981). *Disorders of personality, DSM-III: Axis II.* New York: John Wiley.

Mitchell, S., & Black, M. (1995). *Freud and beyond: A history of modern psychoanalytic thought.* New York: Basic Books.

Pollak, J. (1987). Relationship of obsessive-compulsive personality to obsessive-compulsive disorder: A review of the literature. *Journal of Psychology, 121,* 137-148.

Rees, A., Hardy, G. E., & Barkham, M. (1996). Covariance in the measurement of depression/anxiety and three cluster C personality disorders (aviodant, dependent, obsessive-compulsive). *Journal of Affective Disorders, 45,* 143-153.

Reynolds, S. K., & Clark, L. A. (2001). Predicting dimensions of personality disorder from domains and facets of the five-factor model. *Journal of Personality, 69,* 199-222.

Robins, L., Helzer, J. E., Croughan, J., & Ratliff, K. S. (1981). National Institute of Mental Health Diagnostic Interview Schedule: Its history, characteristics, and validity.

Archives of General Psychiatry, 38, 381–389.

Sacco, J. M., & Olczak, P. V. (1996). Personality and cognition: Obsessivity, hystericism, and some correlates. *Journal of Social Behavior and Personality, 11,* 165–176.

Salzman, L. (1968). *The obsessive personality: Origins, dynamics, and therapy.* New York: Science House.

Schafer, R. (1954). *Psychoanalytic interpretation in Rorschach testing.* New York: Grune & Stratton.

Serpell, L., Livingstone, A., Neiderman, M., & Lask, B. (2002). Anorexia nervosa: Obsessive-compulsive disorder, obsessive-compulsive personality disorder, or neither? *Clinical Psychology Review, 22,* 647–669.

Shapiro, D. (1965). *Neurosis styles.* New York: Basic Books.

Simon, K. M., & Meyer, J. (1990). Obsessive-compulsive personality disorder. In A. T. Beck & A. Freeman (Eds.), *Cognitive therapy of personality disorders* (pp. 309–332). New York: Guilford.

Skodol, A. E., Gunderson, J. G., McGlashan, T. H., Dyck, I. R., Stout, R. L., & Bender, D. S. et al. (2002). Functional impairment in patients with schizotypal, borderline, avoidant, or obsessive-compulsive personality disorder. *American Journal of Psychiatry, 159,* 276–283.

Smith, T. L., & Benjamin, L. S. (2002). The functional impairment associated with personality disorders. *Current Opinion in Psychiatry, 15,* 135–141.

Smokler, I. A., & Shevrin, H. (1979). Cerebral lateralization and personality style. *Archives of General Psychiatry, 36,* 949–954.

Starcevic, V. (1990). Relationship between hypochondriasis and obsessive-compulsive personality disorder: Close relatives separated by nosological schemes? American *Journal of Psychotherapy, 44,* 340–347.

Stroop, J. R. (1935). Studies of interference in serial verbal reactions. *Journal of Experimental Psychology, 6,* 643–661.

Sullivan, H. S. (1956). *Clinical studies in psychiatry.* New York: Norton.

Torgersen, S. (1980). The oral, obsessive, and hysterical personality syndromes. *Archives of General Psychiatry, 37,* 1272–1277.

Trull, T. J., Widiger, T. A., & Burr, R. (2001). A structured interview for the assessment of the Five-Factor Model of Personality: Facet-level relations to the Axis II personality disorders. *Journal of Personality, 69,* 175–198.

Viglione, D. J., Brager, R., & Haller, N. (1991). Psychoanalytic interpretation of the Rorschach: Do we have better hieroglyphics? *Journal of Personality Assessment, 57,*

1–9.

Weiner, I. B. (2003). *Principles of Rorschach interpretation* (2nd ed.). Mahwah, NJ: Lawrence Erlbaum Associates.

Weissman, M., & Bothwell, S. (1976). The assessment of social adjustment by patient self-report. *Archives of General Psychiatry, 33,* 1111–1115.

Wilson, S. (1994). *Interpretive guide to the comprehensive Rorschach system* (5th revision). Laguna Beach, CA: Author.

Wing, J. K., Cooper, J. E., & Sartorius, N. (1974). *The measurement and classification of psychiatric symptoms.* Cambridge: Cambridge University Press.

Zanarini, M. C., Frankenburg, F. R., Sickel, A. E., & Yong, L. (1996). *The Diagnostic Interview for DSM-IV Personality Disorders* (DIPD-IV). Belmont, MA: McLean Hospital.

O씨의 로샤 기록

Card	R#/ Response	Inquiry	Scoring
I	1. 이국적인 나비요.	- 그게 아니에요. (당신은 처음에 이걸 이국적인 나비라고 했어요.) 아…… 예…… 맞아요. 양 옆에 있는 두 그림은 검은 날개맥(vein)이 있는 거대하고 얇은 나비날개 같아 보여요. 날개맥이 아니고, 연결하는 맥(rib)들이에요. 그리고 작은 촉수(feeler)에요. 아…… 촉수가 아니라 더듬이에요. (얇아요?) 왜냐하면 반투명하게 보이기 때문이에요. (반투명?) 어떤 부분들이 다른 부분들보다 밝기 때문이에요. (날개가 거대하다고 하셨어요.) 음. 전체를 볼 때 반 이상을 차지해요, 공간의 반을 넘게 차지해요. 중간 부분은 몸으로 봤는데, 양쪽의 두 부분이 몸보다 커요.	Wo FV.FC′ + A P 1.0
	2. 하나보다 더 많이 볼 수 있나요? (대부분의 경우 그렇습니다.) 처음에는 이국적인 나비를 봤고요, 다른 한편으로는 이 두 그림이 여자들처럼 보여요. 조각상의 한 종류 같아요. 서로 붙어 있는 날개 모양이에요. 팔을 펄럭이고 있어요. 가운데는 그들을 붙잡고 있는 또 다른 사람이에요.	- 네. 두 팔을 펄럭이고 있어요. 여기가 서로를 붙들고 있는 곳이에요. 중간에는 다른 사람이 그들을 붙잡고 있어 서로 뭉쳐진 모양입니다. 밝은 부분과 어두운 부분을 구분해 보면, 여기가 가운데 사람의 다리, 몸통, 팔들이고, 날개 달린 사람들이 팔에 붙어 있어요. (밝고 어두운 부분이라고요?) 여기, 가운데, 옷같이 보이네요, 밝은 부분 안에 몸이 있어요.	W+ Ma.FYo(2) (H), H, Cg 4.0 COP,GHR
II	3. (웃음) 딱 봤을 때 두 마리의 코끼리 같아요. 코를 맞대고 있어요. 그들은 무언가와 싸우고 있는 것 같아요. 빨간 반점은 피 같아요. 이상하게도 아기 코끼리 같네요. 그런데? 없네요. 코끼리가 아니라 무언가와 싸우고 있는 조그마한 동물일 수도 있겠어요.	- 네. 생각을 또 바꿨어요. (당신이 처음 본 것은 두 마리의 코끼리였어요.) 여기 뻗어 있는 두 개가 엄니 같고, 이것 때문에 코끼리처럼 보여요. (싸운다고 하셨는데?) 빨간 반점 때문이에요. 엄니가 없으면 어떻게 서로 피나게 싸울 수 있나요?	D+ FMa.CFo (2) A,Bl P 3.0 AG,MOR,DR, PHR
	4. 한편으로는 춤의 일종 같아요. 손뼉을 치는 거요. 빨간 점들은 뭘 의미하는지 모르겠습니다.	- 맞아요. (어디서 보셨는지 알려 주세요.) 음, 이게 (직접 손뼉을 치면서) 두 명의 댄서가 모여서 손뼉을 치며 뒤로 갔다가 다시 앞으로 모였다가 하는 것 같아요. 포크댄스를 추는 것 같네요. 다시 봐도 빨간 반점은 뭔지 모르겠군요.	W+ Mao (2) H 4.5 COP,GHR

Card	R#/ Response	Inquiry	Scoring
III	5. 글쎄요……. 이건 두 명의 남자예요. 서로에게 모자를 벗고 있고, 가운데 사이에는 빨간 매듭이 있어요. 뭔지는 명확하지 않으나 빨간 매듭 모양이에요.	- 여기 한 남자 모양이 있고, 다른 남자도 있어요. 이게 내려놓은 모자인데, 고풍스러운 중산모(top hat)나 중절모(bowler hat) 같아요. 서로 인사하는 모양 같네요. (중산모라구요?) 음…… 딱 봤을 때 둥근 모양이라 중산모 같았어요. 둥글고 털이 있는……. (털이요?) 음, 아니에요, 그냥 모자의 평범한 모양 같아요. 만약 털이 있는 중산모라면 좀 더 불규칙적인 모양이었을 거예요. 확실히 모피는 아니에요. 털이라면 흐트러져 보일 거예요. (빨간 매듭은요?) 그건 이해하기 어렵네요. 배경의 일부분인지, 뒤에 매듭을 단 고풍스러운 드레스를 입고 걸어가는 여자인지 잘 모르겠어요. 아니면 앞에 있는 매듭을 단 남자들을 향해 걸어가는 여자일 수도 있어요.	D+ Ma.CF+ (2) H,Cg P 4.0 DR,GHR
	6. 모자를 벗은 두 남자의 배경에 있는 이건, 아마…… 음…… 잘 모르겠지만, 죽은 고양이들 같아 보여요. 아니 죽지 않았어요. 장식의 일종 같아요.	- 죽은 고양이라고 말했는데, 생각이 바뀌었어요. 하지만 처음 생각에는 죽은 고양이가 창밖으로 던져진 것 같았어요. (그걸 설명해 주세요.) 여기가 꼬리인데 죽은 것 같아요. 머리가 움직이지 않아요. 고양이들은 활동적이잖습니까(장식이라고도 했는데요?). 아니요. 그건 보이지 않네요.	Do mao (2) A MOR, AG
IV	7. 오, 아이들 이야기에 나오는 괴물 같은 것이 왕좌에 앉아 있어요. 수행원들을 기다리고 있어요. 그는 움직일 수 없어요. 다리가 매우 크고 거대합니다. 몸은 두툼하고 팔은 매우 약해요. 그래서 수행원들을 의지하는 것 같아요. 아이들 이야기에 나오는 괴물 같고, 뇌가 작은 지 머리가 작아요.	- 맞아요. 전체가 괴물이에요. 이건 그가 앉아 있는 왕좌에요. (다리가 매우 크다고 했어요.) 음, 이게 신발인데, 넓은 부분이 신발이나 부츠에요. 몸에 비해 더 커 보이네요. 몸보다 더 가까이 있는 것 같아요. 이건 바지이고 신발이 딱 맞네요. (그리고 작은 머리를 가지고 있다고 했어요.) 예. 여기가 머리예요. 목도리나 옷깃 위쪽에 있는 거고, 작은 코와 머리가 보입니다.	W+ Mp.FD+ (H),Hh P 4.0 GHR
V	8. 나비예요. 아름다운 나비예요. 거대한 나비! 아마 아프리카나 이국적인 열대 지방에나 있을 법한 나비예요…… 날고 있는데…… 어떤 먹이 새가 이걸 본다면 잡아 먹을 거예요.	- 네, 맞아요. (이국적이요?) 여기가 날개, 펼쳐져 있고요, 더듬이와 몸이에요. 얼룩덜룩한 종류, 어둡고 밝은 거예요. 제가 본 것 중에 가장 큰 나비네요! 제가 나비를 채집하는데요, 아프리카 같이 열대 기후의 것들이 북구에 있는 것들보다 크다고요.	Wo FMa.FY+ A P 1.0

Card	R#/ Response	Inquiry	Scoring
VI	9. 어떤 것들의 조합. 이건 곰 가죽이에요.	- 평평하고, 곰 다리, 아니면 곰의 가죽. 곰 가죽처럼 황갈색입니다. 갈색 곰 같아요. 여기가 찢어진 것처럼 보이네요. 벽난로 옆에 있는 곰 가죽 같아요. (황갈색이라고요?) 음영이 달라요. (찢어졌다고요?) 여기요. 가운데가 더 어둡고 여기는 더 밝아요. 예전에 봤던 사진이 생각납니다.	Do FYo Ad P MOR, PER
	10. 이건 이륙하는 로켓 같아 보여요. (웃음) 예. 이것은 우주를 향해 발사된 로켓에서 나오는 불꽃이 폭발하는 거예요. 또 NASA에서 헛수고를 하네요. 여기 큰 소리를 내면서 이륙하고 있어요. 이건 뒤에 있는 붉은 불꽃이에요.	- 이건 우주선이에요. 곰가죽 부분이 뿜어져 나오는 불꽃입니다. 이건 우주선의 앞부분이에요. (뒤에 있는 붉은 불꽃을 말씀하셨는데요.) 음, 이게 빨간 색으로 보였고, 어두운 부분이 진한 빨간색, 불꽃으로 보입니다.	W+ ma.YF+ Sc,Fi 2.5 CP
VII	11. 많은 것들을 볼 수 있어요. 이것들은 구름 같고요. 이건 양털같이 부드러운 구름이에요. 평화로운 초원에 누워 위를 바라보면 구름 속에서 어떤 모양이든 원하는 모양을 만들 수 있을 거예요. 아무튼 매우 평화롭고 고요해 보이네요.	- 네. 전체가요. 전체가 구름처럼 얇고 폭신해 보입니다. 얇게 비춰 보이는 건 음영 때문에 그렇고요. (평화롭고 고요하다고요?) 폭력적인 활동이 없어요. 기껏해야 떠다니는 것의 일종이에요. 적어도 정적인 것입니다.	WSv/+ mp.C′F.YFo Cl 4.0
	12. 두 여자의 얼굴이 있는데, 서로 마주 보고 머리는 올렸어요.	- 여기 한 명, 여기 한 명. 마주 보고 있어요. (머리?) 여기 올린 머리가 있네요.	Do Fo (2) Hd P GHR
VIII	13. (머리를 흔들며) 절대 모르겠어요. 글쎄. 이건…… 장식품의 일부분 같은데요……. 양 바깥쪽은 곰이에요. 가운데는 인디언 작품의 일종입니다. 인디언의 상징을 잘 모르지만 특정 개인의 이야기를 보여 주는 것 같아요. 그의 상징은 곰인데, 제가 알기론 인디언의 상징 중 하나예요. 그의 부족 이야기를 알려 주는 겁니다. 매우 다채롭습니다. 어떤 무용담이에요.	- 맞습니다. 양쪽에는 두 마리의 곰이 있어요. 저에게는 인디언이 떠오르는데, 정치적으로 정확히 말하면 아메리카 원주민이죠. 이들은 늘 자연과 친밀하고 자연과 어떻게 더불어 사는지를 압니다. 그들은 동물적인 상징을 채용했죠. 제 생각에 곰은 사람이나 부족을 상징하는 것이고, 가운데에 있는 건 개인이나 부족의 무용담이에요. 저는 그 이야기가 무엇인지 알 수는 없지만, 인디언 풍의 상형문자 같은 거예요.	W+ FCo (2) Art,A P 4.5 AB

Card	R#/ Response	Inquiry	Scoring
IX	14. 추상적인 표현이나 그림의 일부예요. 작가가 거의 수채화로 그렸어요. 다른 색깔은 각각 다른 기분을 반영해요. 녹색 빛깔이나 물 빛깔은 꺼림찍하거나 불길한 것을 말해요. 오렌지색은 희망을 나타내고, 앞으로 예상되는 불길한 어떤 것 위에 있네요. 맨 밑에는 빨간색, 빨간 피예요. 제 추측에 사람들이 가지는 감정들입니다.	- 예. 초록색은 꺼림찍하거나 불길한 것을 나타내요. 오렌지색은 제 생각에 태양이 뜨는 것이 연상되고요, 태양은 희망과 관련되어 있어요. 아마도 이건 인생의 이야기인 것 같습니다. 두 양극단 간의 싸움이요.	Wv/+ C Art,Bl AB
X	15. 이것은 바다생물 같아 보여요. 게, 새우, 가재. 모두가 바다의 바닥에서 평생 살아갑니다. 바닥에 있는, 모든 것들이 먹는 걸 뭐라 그러죠? 해초와 게가 있어요. 위에 이건 어부의 낚시 바늘일 것 같고, 뭔지 잘 모르겠는 이 두 개와 성게는 미끼예요. 이것들은 스쿠버 다이버들이 볼 수 있는 바닷속의 다채로운 광경 같아요.	- 맞아요. 게와 새우가 있네요. 이건 바닷가재 같아요. 바닷가재를 본 적은 없지만, 별로 관심이 없어요. 몇 가지 이유로 '해초' (kelp)라는 단어가 떠올랐어요. 아마 해초를 이용해 바닷가재를 잡는 것 같아요. 실제로는 통발로 바닷가재를 잡는다고 알고 있는데, 이건 실제와는 상관이 없어요. 이건 다른 바다 생물들이 먹는 플랑크톤 같아 보여요. 이것들은 바다 생물들의 광경인 것 같고요, 사람들이 방해하고 있는 것 같아요.	W+ FCo (2) A P 5.5 DR,FAB

구조적 요약표

Location Features		Determinents Blends		Single		Contents		Approach		
						H	= 3	I		W,W
Zf	= 11	FV.FC′		M	= 1	(H)	= 2	II	D,W	
ZSum	= 38.0	M.FY		FM	= 0	Hd	= 1	III	D,D	
ZEst	= 34.5	FM.CF		m	= 1	(Hd)	= 0	IV	W	
		M.CF		FC	= 2	Hx	= 0	V	W	
W	= 10	M.FD		CF	= 0	A	= 6	VI	D,W	
D	= 5	FM.FY		C	= 1	(A)	= 0	VII	WS,D	
W+D	= 15	m.YF		Cn	= 0	Ad	= 1	VIII	W	
Dd	= 0	m.C′F.YF		FC′	= 0	(Ad)	= 0	IX	W	
S	= 1			C′F	= 0	An	= 0	X	W	
				C′	= 0	Art	= 2	Special Scores		
				FT	= 0	Ay	= 0			
DQ				TF	= 0	Bl	= 2		Lv1	Lv2
+	= 8			T	= 0	Bt	= 0	DV	= 0×1	0×2
o	= 5			FV	= 0	Cg	= 2	INC	= 0×2	0×4
v/+	= 0			VF	= 0	Cl	= 1	DR	= 3×3	0×6
v	= 2			V	= 0	Ex	= 0	FAB	= 1×4	0×7
				FY	= 1	Fd	= 0	ALOG	= 0×5	
				YF	= 0	Fi	= 1	CON	= 0×7	
Form Quality				Y	= 0	Ge	= 0	Raw Sum6	= 4	
	FQx	MQual	W+D	Fr	= 0	Hh	= 1	Wgtd Sum6	= 13	
+	= 5	= 2	= 5	rF	= 0	Ls	= 0			
o	= 9	= 2	= 9	FD	= 0	Na	= 0	AB	= 2	GHR= 5
u	= 0	= 0	= 0	F	= 1	Sc	= 1	AG	= 2	PHR = 1
-	= 0	= 0	= 0			Sx	= 0	COP	= 2	MOR= 3
none	= 1	= 0	= 1			Xy	= 0	CP	= 1	PER = 1
				(2)	= 8	Id	= 0			PSV = 0

Ratio, Percentages, and Derivations

R	= 15	L	= 0.07			FC : CF+C	= 2 : 3	COP= 2 AG	= 2
						Pure C	= 1	GHR : PHR	= 5 : 1
EB	= 4 : 4.5	EA	= 8.5	EBPer	=N/A	SumC′ : WSumC	= 2 : 4.5	a : p	= 7 : 2
eb	= 5 : 8	es	= 13	D	= -1	Afr	= 0.25	Food	= 0
		Adj es	= 7	Adj D	= 0	S	= 1	SumT	= 0
FM	= 2	SumC′	= 2	SumT	= 0	Blends:R	= 8 : 15	Human Cont	= 6
m	= 3	SumV	= 1	SumY	= 5	CP	= 1	Pure H	= 3
								PER	= 1
								Isol Indx	= 0.13

a : p	= 7 : 2	Sum6	= 4	XA%	= 0.93	Zf	= 11	3r+(2)/R	= 0.53
Ma : Mp	= 3 : 1	Lv2	= 0	WDA%	= 0.93	W : D : Dd	= 10 : 5 : 0	Fr+rF	= 0
2AB+Art+Ay	= 6	WSum6	= 13	X-%	= 0.00	W : M	= 10 : 4	SumV	= 1
MOR	= 3	M-	= 0	S-	= 0	Zd	= +3.5	FD	= 1
		Mnone	= 0	P	= 9	PSV	= 0	An+Xy	= 0
				X+%	= 0.93	DQ+	= 8	MOR	= 3
				Xu%	= 0.00	DQv	= 0	H : (H)+Hd+(Hd)	= 3 : 3

PTI= 1	DEPI= 5	CDI= 1	S-CON= 5	HVI= No	OBS= Yes

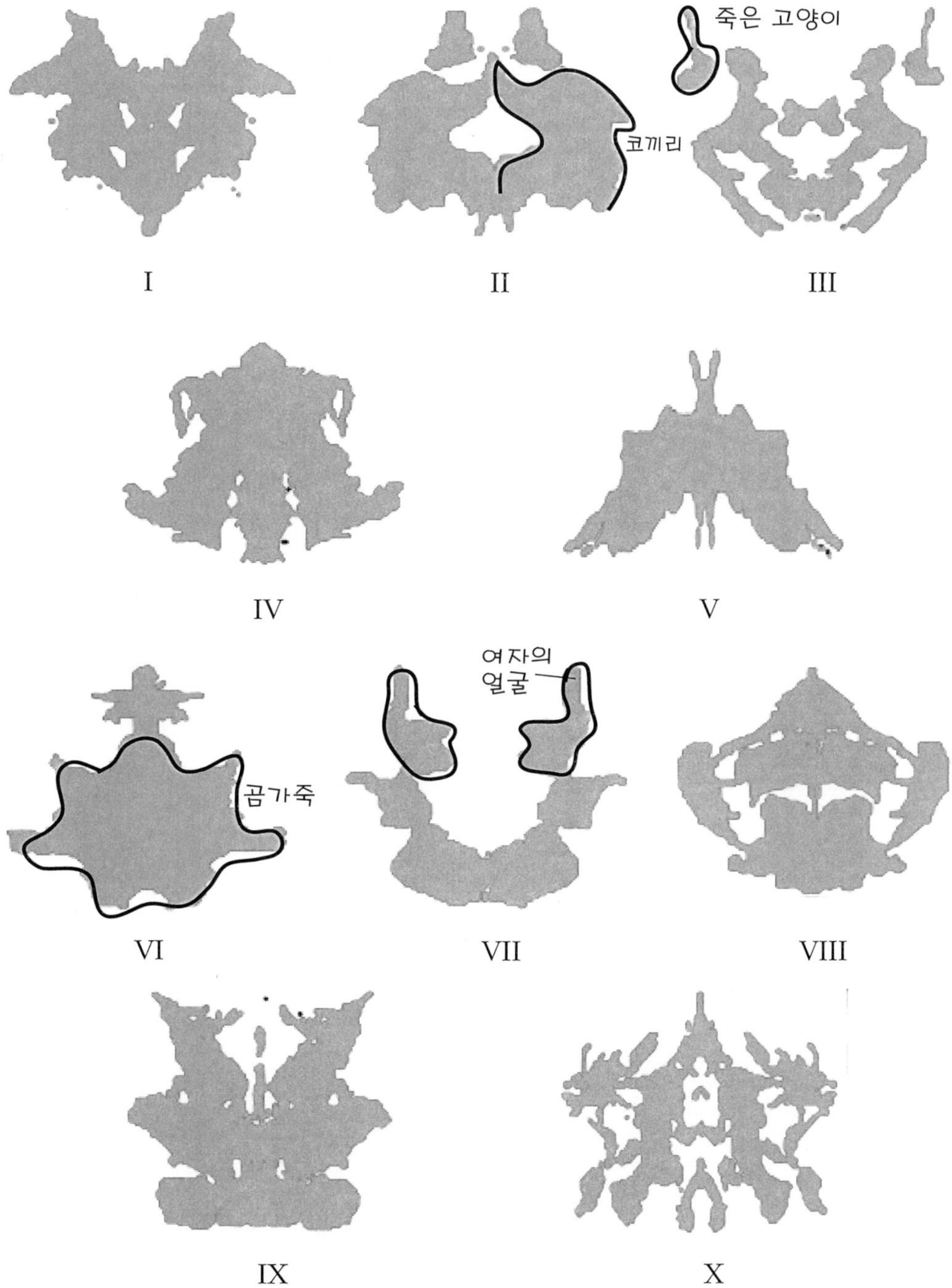
죽은 고양이
코끼리
I
II
III
IV
V
곰가죽
여자의
얼굴
VI
VII
VIII
IX
X

13 수동-공격성 성격장애의 로샤평가

수동-공격성 성격장애(Passive-aggressive personality disorder: PAPD)는 "사회적 상황 및 직업 장면에서 적절한 성취를 위해 요구되는 것에 대한 부정적인 태도와 수동적인 저항이 초기 성인기에 시작되어 다양한 상황에서 현저하게 나타나는 패턴"(APA, 2000, p. 733)으로 설명된다. DSM의 초기 버전에서는 수동-공격성 성격장애 환자들이 그들의 생각, 감정, 행동, 대인관계의 모든 영역에 걸쳐 현저하게 보이는 반항적 특성 때문에 수동-공격성 성격장애를 부정적 성격장애라고 부르기도 했었다. DSM-IV-TR(APA, 2001)에서의 진단기준 목록은 〈표 13-1〉에 제시되어 있다.

DSM의 수동-공격성 성격장애에 대한 경험적인 연구들은 혼재된, 때로는 모순된 결과들을 보여 왔다. McCann(1988)은 수동-공격성 성격장애 구성개념을 개관하면서 이 진단적 범주의 문제는 계속 변해 온 진단기준에 기인한다고 결론지었다. 그 후 그는 DSM-III-R(APA, 1987)에서의 수동-공격성 성격장애 진단기준이 더 신뢰성 있는 진단을 보장한다고 제안했다. 그러나 DSM-IV-TR(APA, 2001)과 개정된 진단기준

Barry Ritzler · Galit Gerevitz-Stern / Long Island University

〈표 13-1〉 DSM-IV-TR의 수동-공격성 성격장애 진단기준

A. 사회생활이나 직장생활을 하면서 요구받는 일들에 대해서 부정적 혹은 수동적인 저항의 행동패턴을 보인다. 초기 성인기에 시작해서 여러 상황에서 나타나며, 다음 중 네 가지(또는 그 이상) 항목으로 나타난다.

1. 일상적인 사회적, 직업적 과제를 완수하는 데 수동적으로 저항함.
2. 타인으로부터 자신의 진가를 인정받지 못한다고 불평함.
3. 뚱하고 논쟁적임.
4. 권위에 대해 비이성적으로 비난하거나 멸시함.
5. 자신보다 운이 좋아 보이는 이들에 대해 시기와 분노를 표현함.
6. 과장되고 지속적으로 자신의 불행에 대해 불평함.
7. 적대적 반항과 후회 사이를 왔다 갔다 함.

B. 주요 우울 삽화 동안에만 일어난 것은 제외해야 하며, 기분부전장애로 잘 설명되지 않아야 한다.

이 출판된 이후에도 임상 장면에서 환자에게 수동-공격성 성격장애 진단을 내리는 일은 흔치 않은데, 이는 그 진단 자체의 특성 때문이 아닌가 싶다. 왜냐하면 수동적으로 저항하는 사람들은 치료를 받으러 오지 않을 것이기 때문이다. 또한 수동-공격성 성격장애는 다른 축 II 장애들에 비해 경험적 연구에서도 주의를 받지 못했으며, 로샤와 관련된 연구는 더욱 그러하다. 이제까지의 수동-공격성 성격장애 연구들은 대부분 '객관적' 인 자기-보고형, 정보제공자 보고형 측정치에 초점이 맞춰져 있었다. 지금부터 이러한 연구 결과를 살펴보고 수동-공격성 성격장애 진단의 유용성과 타당성에 대해 논하고자 한다.

자기-보고 및 정보제공자 보고를 이용한 수동-공격성 성격의 평가

Millon 임상 다축 질문지

Millon 임상 다축 질문지(Millon Clinical Multiaxial Inventory: MCMI; Millon, 1983,

1987, 1994) 수동-공격성 척도의 타당도에 대한 초기 연구들은 혼재된 결과를 보여 주었다. Craig, Verinis와 Wexler(1985)는 알코올 중독자들과 아편 중독자들의 MCMI 점수들을 비교하였다. 그들은 알코올 중독자들이 아편 중독자들보다 수동-공격성 척도에서 더 높은 점수를 보였지만, 알코올 중독자들은 여러 다른 성격장애 척도에서도 높은 점수를 받았다.

더 최근에 Fernandez-Montalvo 등(2002)이 실시한 연구에서는 알코올 중독자 70명의 MCMI-II 프로파일을 평가했는데, 알코올 중독자들은 알코올 중독자가 아닌 환자들에 비해 다른 세 개의 척도와 더불어 수동-공격성 척도에서 유의미하게 높은 점수를 보였다. 다른 MCMI-II 연구에서는 26명의 경계선 성격장애 입원 환자들과 42명의 다른 입원 환자들을 비교했는데, 수동-공격성 척도는 두 집단을 변별하는 여섯 개 척도 중 하나였다(Torgersen & Alnaes, 1990).

다른 여러 연구들도 수동-공격성 성격장애를 평가하는 데 MCMI의 타당도와 민감도에 의문을 던지고 있다. Widiger와 Sanderson(1987)은 DSM-III 성격장애 진단을 가진 42명의 입원 환자들을 대상으로 연구를 수행하여 MCMI의 수렴타당도가 낮다는 사실을 보고하였다. 또한 McCann, Flynn과 Gersh(1992)는 MCMI의 수동-공격성 척도가 DSM-III의 수동-공격성 성격장애 진단기준과 일치하지 않으며, 오히려 다른 여러 성격장애 진단과 상관을 보인다고 지적하였다. Lall(1995)은 군인들을 대상으로 자살사고와 정신병리 간의 관계를 평가하였는데, MCMI의 수동-공격성 척도는 자살사고를 보이지 않는 집단(n=89)보다 자살사고 집단(n=42)에서 유의하게 더 높은 점수를 보인 아홉 개 척도 중 하나였다. MCMI-III로 자살 위험이 있는 입원 환자들을 평가했을 때도 비슷한 결과가 얻어졌다. Craig와 Bivens(2000)의 연구에서는 자살시도를 한 사람이(n=68) 자살시도를 한 적이 없는 340명의 환자들보다 수동-공격성 척도와 일곱 개의 다른 성격장애 척도에서 유의하게 높은 점수를 얻었다. 또한 최근 이루어진 Joiner와 Rudd(2002)의 연구에서도 자살 위험이 있다고 판단되는 250명의 환자들이 자살 위험이 없는 환자들에 비해 MCMI-III의 수동-공격성 척도에서 높은 점수를 보였다.

MCMI는 다른 심리적 문제들에 초점을 맞춘 연구들에서 더 높은 특이성을 보여 왔다. 예를 들어, Berman과 McCann(1995)은 방어기제 질문지(Gleser & Ihilevich, 1979)로 평가한 대치(displacement) 성향이 수동-공격성 척도와 유의미하게 관련되어 있음을 발견하였다. King(1998)은 32명의 대학생들을 대상으로 연구하여 MCMI-II의 수동-공격성 척도와 반사회성 척도가 대학생들의 학업 수행 수준을 예측하는 가장 좋은 요인이라는 점을 발견하였다. 또한 이 척도는 만성적인 권위에 대한 갈등을 가지고 있는 젊은 성인 남성들의 경우에, 여자나 나이가 많은 남자, 그리고 다른 갈등 문제를 가진 사람들의 경우에서보다 더 빈번하게 상승된다고 알려져 있다(Vereycken, Vertommen, & Corveleyn, 2002).

종합적으로, 이러한 연구 결과들은 MCMI가 수동-공격성 성격장애를 평가하는 데 국한되지 않고, 오히려 여러 종류의 정신병리 및 심리적 문제들과 더 깊이 관련되어 있음을 보여 주었다. 이러한 연구 결과들을 설명할 수 있는 몇 가지 가능성들을 살펴보면 다음과 같다. 첫 번째, Widiger와 Sanderson(1987)이 지적했듯이, MCMI는 수동-공격성 성격장애 자체보다 수동-공격적 성향에 관한 정보를 제공할 수 있다. 두 번째, 수동-공격성 성격장애 정신병리의 역동으로 인해 수동-공격성 성격장애 환자들은 자신의 수동-공격적 성향을 정확히 보고하지 않을 수 있다. 세 번째, McCann(1988)이 지적했듯이, 수동-공격성 성격장애 환자들은 자신의 방어성이나 수동-공격적 행동을 자각하지 못할 수 있으며, 이에 자신의 행동을 부정확하게 보고할 수 있다. 네 번째, 이 역시 McCann이 지적한 것인데, DSM 체계의 비일관적인 진단기준과 수동-공격성 성격장애 평가의 비일관성이 수동-공격성 성격장애를 일관적이고 정확하게 평가하는 것을 저해할 수 있다. 하지만 적어도 MCMI 수동-공격성 척도는 정신 병리의 전반적인 수준을 파악하는 데는 민감하다고 할 수 있다.

MMPI와 MMPI-2

MMPI와 MMPI-2를 사용했던 대부분의 연구에서는 2, 4, 7번 척도가 수동-공격적 특성과 관련이 있는 것으로 나타났다. 더 구체적으로는, 여러 MMPI 연구들은 수동-

공격성 특성이 알코올 중독과 관련되어 있다고 제안해 왔다(Nerviano & Gross, 1983). 이러한 연구 결과들은 Overall(1973)도 설명하였는데, 그는 알코올 중독자가 2-4-7 상승척도쌍을 보일 가능성이 높다는 사실을 발견했으며, "수동-공격적인 특성을 지닌 우울"로 이를 설명하였다.

MMPI 성격장애 척도

MMPI 성격장애 척도는 Morey, Waugh와 Blashfield(1985)가 만들었는데, 그들은 수동-공격성 성격장애를 포함한 성격장애에 대한 DSM-III의 설명에 기초하여 문항을 만들었다. 수동-공격성 성격장애 척도는 14개 문항으로 구성되었다. 475명의 정신과 환자들을 대상으로 이를 실시해 본 결과, 타당도 및 신뢰도에 대해 긍정적인 결과를 얻었다. 하지만 이를 반복한 연구에서는 더 이상 긍정적인 결과가 나오지 않았다. Schuler, Snibbe와 Buchwalter(1994)도 수동-공격성 척도의 타당도를 지지할 만한 증거를 발견하지 못하였다.

14개의 수동-공격성 성격장애 문항들을 면밀하게 조사해 보면 그 이유를 알 수 있는데, 14문항 중 5개의 문항만이 안면타당도를 가지고 있었으며, 한 방향으로 채점이 가능하였다. 하지만 다른 문항들은 안면타당도 자체가 매우 낮으며, 수동-공격성 성격장애 환자들이 좌절 및 분노와 관련된 문제들을 부인하는 경향 때문에 이 문항들에 대해 솔직하게 반응하지 않았을 가능성이 있다. 하지만 수동-공격성 척도 자체가 단순히 타당하지 않아서일 수도 있다.

기타 자기-보고형 평가 도구와 반구조화된 면담

Coolidge와 Merwin(1992)은 성격장애들을 평가하기 위해, '예-아니요' 면접 방식으로 되어 있는 Coolidge '축 II 질문지'를 개발했다. 그들은 수동-공격성 성격장애 척도의 신뢰도에 대한 예비 분석에서 긍정적인 결과를 얻었지만, DSM-III 성격장애와는 중간 정도의 일치도(50%)만을 얻었다. 이 질문지는 24명의 성격장애 환자들을 대상으로 타당화한 것이지만, MCMI-II 수동-공격성 척도와는 높은 상관을 보였다 (r=.86).

몇몇 연구들은 수동-공격성 성격장애를 평가하기 위해 면접 방식을 선택하였다. Klein(2003)은 '성격장애 검사'(Personality Disorder Examination: PDE; Loranger, 1988)를 사용하여 환자와 보호자를 평가하였다. 이 면담법은 우울, 전반적 기능, 사회적 적응에 대한 세 가지 측정치들을 산출한다. 그 결과, 수동-공격성 증상들에 대한 환자의 보고는 세 가지 결과 측정치와 아무 관련이 없다고 나온 반면, 보호자들의 보고는 모든 결과 측정치들을 유의하게 예측하였다. 이에 Klein(2003)은 환자의 보고에 비해 보호자의 보고가 더 훌륭한 타당도를 지니며, 특히 수동-공격성 성격장애의 경우에 더욱 그러하다고 지적하였다.

Driessen 등(1998)은 알코올 의존을 공존병리로 진단받은 정신과 환자 250명에 대해 '복합적인 국제 진단 면접'(Composite International Diagnostic Interview; Perters et al., 1996)과 '국제 성격장애 조사'(International Personality Disorder Examination; Loranger et al., 1994)를 사용하여 평가하였다. 그들은 알코올 중독 환자들이 비알코올 중독 환자들에 비해 더 많은 수동-공격성 특성을 나타낸다는 사실을 발견하였다.

Axelrod, Widiger, Trull과 Corbett(1997)은 5요인 모델(Five-Factor Moder: FFM; Costa & McCrae, 1992; Trull & Widiger, 1997)을 기초로 수동-공격성 성격장애에 대한 자기-보고형 검사 및 진단적 면접 측정치 간의 관계를 살펴보았다. 자기-보고형 질문지로는 성격 진단 질문지-개정판(PDQ-R; Hyler & Rieder, 1987)과 MMPI의 성격장애 척도를 사용하였으며, PDQ-R과 MMPI 성격장애 척도 점수를 사용하여 합성 점수를 산출하였다. 그 결과, Axelrod 등(1997)은 합성 점수와 수동-공격성 성격장애를 측정하기 위해 FFM에 기초를 둔 반구조화된 면접 사이에는 유의미한 상관을 발견했으나, FFM 자기-보고형 검사와 그 합성 점수 사이에서는 아무런 관계를 발견하지 못하였다. 이러한 연구 결과들은 수동-공격성 성격장애를 평가하는 방법이 수동-공격성 성격장애를 확인하는 데 매우 중요한 요인이라는 사실을 알려 준다. 즉, 수동-공격성 성격장애를 발견하기 위해서는 면접자의 평가가 환자 스스로의 보고에 비해서 더 유용한 방법이라는 사실을 나타내 준다.

PDQ-R을 사용한 다른 연구들도 있지만, 그 결과들은 다소 제한적이다. 예를 들어, Yeung, Lyons, Waternaux와 Faraone(1993)은 정신장애를 지닌 194명 환자들의 가족을 평가하였는데, 그 결과 친척들 중 상당수가 수동-공격적 특성을 가진 것으로 나타났다.

투사적 검사

주제 통각 검사

주제 통각 검사(Thematic Apperception Test: TAT)를 이용하여 임상 및 비임상 집단의 수동-공격 특성들을 평가한 연구는 거의 없다. Wolowitz와 Shorkey(1969)는 TAT로 10명의 편집증적 정신분열증 환자, 10명의 비편집증적인 정신분열증 환자, 20명의 수동-공격성 환자들을 평가하였다. 이 연구자들은 수동-공격성 환자들의 반응에서 수동-공격적인 주제의 내용이 더 많이 발견된다고 지적하였다. 흥미롭게도 다른 연구는 주제 통각 검사의 자극 카드를 평가하였다. Goldfried와 Zax(1965)는 대학생들에게 10개의 상반되는 형용사를 제시한 후 30개의 TAT 카드 모두에 대해 평가하도록 요구한 결과, 몇 개의 카드에서 분명한 수동-공격적 내용을 확인할 수 있었다. 하지만 연구자들은 TAT를 이용하여 수동-공격적 특성을 살펴보려는 시도는 하지 않았다.

수동-공격성 성격장애 평가와 관련된 여러 혼재된 연구 결과들을 살펴볼 때, 수동-공격성 성격장애가 정말 존재하는지, 아니면 수동-공격성 성격장애를 성격 구조의 중요한 차원으로만 보아야 하는 것인지 고민되는 것은 당연한 일이다. 그러나 일부 연구들은 수동-공격성 성격장애가 신뢰성 있고 타당하게 평가될 수 있다고 제안하고 있으며, 수동-공격성 성격장애 환자들은 다른 장애에 비해 심리 치료 장면에 정기적으로 나타나지 않을 가능성이 높기 때문에, 이 증후군에 대해서 더 연구할 가치가 있다고 여겨진다.

로샤 연구

수동-공격성 성격장애, 그리고 이와 관련된 특성들에 대한 로샤 연구 또한 거의 존재하지 않는다. 이는 연구에 필요한 충분한 피험자를 확보하기 어렵기 때문일 수 있으나, 또 다른 이유는 로샤검사가 이 장애를 연구하는 데 유용한 도구라고 생각하지 않았기 때문일 수도 있다.

Wiener(1956)는 수동-공격성 성격 특성이 구강기 고착과 관련되어 있다고 제안하였다. 그는 하나의 임상집단에서 이 가설을 확인해 본 결과, 수동-공격성 성격장애와 알코올 중독 진단기준을 모두 만족하는 환자들의 로샤 기록에는 적대적인 구강 관련 반응이 더 적었으며, 긍정적인 구강 관련 반응은 더 많이 나타났다(예: '솜사탕' vs. '물어뜯는 괴물'). 유감스럽게도, 이 연구의 설계에서는 이 차이가 수동-공격적 특성, 혹은 알코올 중독 중에서 무슨 요인과 가장 관련이 있는지를 밝혀내는 것이 불가능하였다.

로샤와 수동-공격성 성격장애의 관계를 언급하고 있는 또 다른 유일한 연구는 Abram, Meixel, Webb과 Scott(1976)이 수행한 것이다. 그들은 위장 절제 수술을 앞둔 비만 환자들을 대상으로 로샤검사, 웩슬러 지능 검사(WAIS), 벤더-게슈탈트 검사, MMPI, 테네시 자기 개념 척도 등을 실시하였다. 그 결과, 34명의 환자들 중 9명에게서 중등도의 수동-공격적 특성을 발견하였다. 하지만 이 연구에서 사용된 성격 측정치들을 가지고 어떻게 이러한 특성을 발견할 수 있었는지에 대한 자세한 정보는 나와 있지 않다.

수동-공격성 성격장애에서 기대되는 로샤 패턴

앞서 언급했듯이, 수동-공격성 성격장애 진단을 받은 환자들을 대상으로 이루어진 로샤 연구는 거의 없다. 결과적으로 다음의 논의는 사변적인 것이다. 그러므로 수동-공격성 성격장애 환자들의 로샤 패턴에 대해 더 이상의 결론을 내리기 전에 이 가설들을 평가하는 연구들을 수행하는 것이 반드시 필요하다. 그럼에도, 로샤검사는 수동-공격성 성격장애 평가에 의미 있는 정보를 제공해 줄 것으로 보이는데, 이는 특히 자기 스스로 보고할 때와 관찰자가 보고할 때 측정치들의 타당도에 대해 상이한 결과가 도출되기 때문에 더욱 그러하다.

다음 논의에서 제안되는 로샤 패턴은 DSM-IV-TR(APA, 2001)의 수동-공격성 성격장애에 대한 설명 및 진단기준에 근거하였다(〈표 13-1〉 참조). 여기서는 "(수동-공격성 성격장애의) 핵심 특성은 사회적 상황 및 직업 장면에서 적절한 성취를 위해 요구되는 것들에 대한 부정적인 태도와 수동적인 저항의 현저한 패턴"(p. 790)이라고 명시하고 있다. 종합체계에서 그러한 태도들은 공백반응(S)과 관련되어 있다. Exner(2000)는 세 개 이상의 S 반응을 보이는 환자들은 "다른 사람들보다 자신의 환경에 대해 더 부정적이거나 반항적인 태도를 보이는 경향이 있다."(p. 106)고 보았다. 게다가 종합체계에서 수동적인 성격 스타일은 수동 운동>능동 운동+1(p>a+1)과 관련되어 있다. 이러한 발견에 대해 Exner(2000)는 "이러한 사람은 일반적으로 대인관계에서 더 수동적인 역할(반드시 복종적일 필요는 없다)을 하는 경향이 있다."고 언급하였다(p. 313).

DSM-IV-TR에서는 수동-공격성 성격장애 환자들이 "겉으로 보이는 모습은 대체로 양가적이며……, 타인에 대한 의존과 피상적인 허세임에도 불구하고 자기주장이나 자신감에 대한 열망 사이에서 강렬한 갈등을 경험한다. 그들은 대부분의 상황에서 가능한 최악의 상황을 예견한다."(p. 790)는 기술을 덧붙이고 있다. 종합체계에서 이러한 정서적 양가성은 색채-음영 혼합반응과 관련된다. Exner(2003)가 제안했듯이, 확산 음영을 제외한 색채-음영 혼합반응은 "자신의 감정으로 혼란스러워하며, 같은 자극 상황에 대해 긍정적이고 부정적인 감정 모두를 종종 경험하는 특성"(p. 504)을 알려 준다. 이러한 정서적 불안정성 및 양가성은 M:WSumC 비율이 거의 1:1이 되는 것과도 관련되는데, 이는 Exner(2003)에 따르면, "대처 행동에 대한 일관적인 선호나 스타일을 발전시키지 못했기 때문에 효과적이지 못하거나 동요가 더욱 심할 수 있다."(p. 413)는 것을 나타낸다고 한다. 이러한 경향은 의존과 관련된 로샤검사의 지표들(예: 음식반응), 그리고 비일상적인 형태질 반응(FQu)을 통해 확인할 수 있는 '자기주장에 대한 갈망' 에서도 발견될 수 있다. Exner(2003)는 FQu 반응은 "자신에 대한 과도한 몰두와 더불어, 관습적인 기준에 따르지 않으려는 경향을 보여 준다."(p. 471)

고 지적한다. 그러한 특징들은 또한 개인화(PER) 반응에서도 발견될 수 있는데, PER이 상승된 사람은 "자신에 대한 도전으로 느껴지는 대인관계 상황에서 권위적이거나 논쟁적"(p. 527)인 경향이 있기 때문이다.

낮은 자신감은 자기중심성 지표(egocentricity index)로 평가할 수 있다. 이 변인에서의 낮은 점수는 "자기 자신에 대한 현저한 불만족감"(Exner, 2003, p. 506)을 나타낸다. 이와 마찬가지로 수동-공격성 성격장애 환자들에게서 보이는 비관적인 특징은 손상반응(MOR)의 상승으로 탐지할 수 있다. "만약 MOR 값이 3 이상이면, 피검자의 생각은 주로 비관적인 내용이 많을 것이며, 이에 따라 대인관계에서 의심이나 낙심이 주로 나타날 것이다."(p. 478)

DSM-IV-TR은 수동-공격성 성격장애를 진단할 때 주요 우울 삽화나 기분부전장애의 존재에 주의를 기울여야 한다고 명시하고 있는데, 우울과 관련된 중요한 문제들은 '우울 지표'(DEPI)로 확인해 볼 수 있다(Exner, 2003). 즉, DEPI에 해당된다면, 수동-공격성 성격장애나 그와 관련된 특성들과는 모순되는 것이라고 생각해 볼 수 있다.

요약하면, 수동-공격성 성격장애는 종합체계에서 다음 변인들에 따라 특징지어진다고 가설을 세워 볼 수 있다. 즉, 그것은 높은 S 반응, 음식반응, FQu, PER, MOR의 상승; 자기중심성 지표의 상대적 저하; $p > a+1$; M≒WSumC; 양가적 감정(색채-음영 혼합반응≥1)이다.

사례: G씨(M/42)

G씨는 42세 기혼 남성으로 같이 사업하는 선배와의 관계에서 어려움을 겪다가 자신에게 문제가 있는 것 같아 정신과 의원에 방문하게 되었다. G씨는 자기 성격이 특이해서 의사소통이 어렵고, 현실 도피적인 성향 때문에 같이 일하는 선배와 트러블이 많다고 했다. 자신에게 문제가 있는 것 같은데, 무엇이 문제인지 확실히 모르겠다고 호소했다.

G씨는 지적인 인상의 건장한 남자 환자로, 심리평가 예약 시간 전부터 와서 기다리

고 있었다. 검사 중에 '글쎄요…….' 라는 말을 많이 했으며, 면담 시에는 장황하게 자신의 이야기를 늘어놓지만 핵심이 무엇인지 파악하기 힘들 때가 많았다. 로샤검사 시에도 자신의 반응을 명확하게 결정하여 이야기하거나 구체적으로 설명하지 못하고 주변을 빙빙 도는 느낌을 받았다.

G씨는 초등학생 때 잔병치레를 많이 했으며, 건강 때문에 약을 먹다가 살이 쪄서 뚱뚱해졌고, 그러면서 성격도 수동적이고, 내성적이며, 우울하게 변했다고 한다. 또한 그 시기에 집안의 경제 상황이 나빠져서 학교에 공납금을 내지 못한 적이 있는데, 그때 손을 들어서 공개적으로 망신을 당한 적도 있다. 아버지는 가부장적이었고, 어머니에게 폭력을 행사할 때도 있었으며, 때로 상을 뒤집기도 하고 비합리적이고 자기중심적인 모습을 많이 보였다. 이에 G씨는 항상 불안해했고, 부모님이 싫었다고 한다. 중학생이 되면서 집안 분위기는 조금씩 괜찮아졌지만, 초등학교 때의 내성적이고 소극적, 수동적인 성격은 지속되었다고 한다.

G씨는 중학교 때부터 친구 관계를 유지하는 데 어려움을 겪었는데, 친구를 새로 사귀는 건 어렵지 않았지만, 지속적으로 관계를 맺지는 못했다고 한다. 이는 G씨가 혼자 있는 걸 좋아해 연락을 잘 하지 않기 때문이라고 한다. G씨는 고등학교 때까지 별 문제 없이 지냈고, 어머니가 요구하는 것에 대해 그냥 수동적으로 따랐다. 한 예로, 과외가 필요 없는데도 시키면 그냥 하는 식이었고, 그러면서 과외를 그만두고 다시 시작하고를 여러 번 반복했다. 어머니에게 책임을 지우려고 한 건지, 귀찮아서 그런 건지는 몰라도 싫다고 말한 적은 한 번도 없다고 한다. 그런데도 속에는 불만이 많았고, 어머니와 사이가 나쁜 건 아니지만 좋은 것도 아니라고 한다. 언젠가부터는 어머니 말을 아예 듣지 않았다.

현재 동업하는 선배는 대학 때 처음 만났다. 인사만 하는 사이로 지내다가 군대에 다녀와서 친해졌다고 한다. 각자 졸업하고 회사에 취직하여 다니다가 같이 사업을 해 보자고 의견이 모아져 10년 전에 사업을 시작하게 되었다. 하지만 G씨는 이 사업에 목표 의식 없이 수동적으로 따라간 것이라고 말했다. 사업을 처음 시작하는 것이기 때문에 일이 매우 많았는데, 수동적으로 따라가다 보니 힘이 들었다고 한다. 집에서는 G씨가 하는 일에 대해 못마땅해했으며, 자신도 하기 싫은데 배신하는 것 같아서 하기 싫다는 얘기는 꺼내지 못하고 힘들어하기만 했다. 그러다 보니 일에 집중하기 힘들었다. 걸레질하다가 갑자기 서류 정리를 하는 등, 계획적이지 못하고 산만하여 선배에게 혼이 많이 났다. 그런데 선배가 옆에서 혼을 내고 있는데도 G씨는 졸 때가 많았다고 하며, 그러다 보니 상대방은 더욱 심하게 화를 내곤 했다. G씨는 일이 힘들고 선배의 질타에 대해 자신을 보호하기 위해서 1~2주 동안 휴대폰을 아예 끄고 잠수한 적도 여러 번 되고, 월요일 아침에 늦게 일어나면 회사에 출근하지 않은 적도 있다.

또한 G씨는 의사소통의 어려움도 호소하고 있는데, 종종 딴 생각을 하다가 다른 사람의 말을 이해하지 못하거나 뜬금없는 동문서답을 하기도 한다. 또 다른 문제는 자신에게 목표가 없고 하고 싶은 게 없다는 것이다. 취미도 없다. 편한 상태를 너무 좋아해서 고민거리가 있어도 자꾸 피하게 된다. 피하는 정도가 심해서 집에 가면 생각하는 전원을 아예 꺼 버리는 식이다. 동업하는 선배와의 관계에서도 선배가 요구하는 바에 대해 회피하는 게 버릇이 되어서 변하지 않고 늘 같은 문제나 실수를 반복한다. 사실, G씨는 자신은 많이 힘들지 않은데, 선배가 힘들었을 거라고 말하고 있다. G씨는 자신에 대해 "사람에 대해서 무관심한 편이고, 성의가 없다. 늘 내 위주로 생각하고 일을 처리한다. 상대방은 짜증날 것이다."라고 말한다. 상대방에게 맞춰 주려는 노력을 하면 관계가 잘될 것 같은데, 자신은 대놓고 그런 노력을 하지 않으니까 문제가 생기고, 이런 게 계속 쌓이면서 결국 파국에 이르는 것 같다고 한다. 사실 아쉬운 사람은 G씨 자신이기 때문에, 요즘에는 미안해서 고쳐 봐야겠다는 생각이 든다고 하며, 이를 해결해 보려고 정신과를 방문하게 되었다.

수동-공격성 성격장애 환자들에게 가장 특징적으로 나타나는 수동적인 저항과 반항적인 태도가 G씨의 행동에서 명확하게 나타나고 있다. 그는 타인이 원하는 것을 수동적으로 따라가지는 하지만, 꾸물거리거나 비협조적인 태도를 보이고, 늦거나 잠수해 버리며, 엉뚱한 반응을 보이면서 의사 진행을 방해하는 식으로 타인에게 저항한다. 즉, 그는 타인의 기대에 부응하지 않으려는 만성적인 경향(Wetzler & Morey, 1999)을 보여 주고 있다. 또한 그는 주변 사람들(특히, 선배)에게 의존하고 묵종하면서도 동시에 거부적인 태도를 보이는 상반된 대인관계 양상을 보이고 있는데, 이러한 양상은 의존과 자율성에 대한 강렬한 모순적인 욕구가 공존하면서 갈등을 일으키는 수동-공격성 성격장애 사람들의 전형적인 특징을 보여 준다. 이렇게 갈등을 일으키는 모순적인 욕구 및 강렬한 양가감정들로 G씨는 "나에게 문제가 있는 것 같기는 한데, 무엇이 문제인지 확실히 모르겠다."고 호소하고 있다. 스스로도 자신의 강렬한 양가감정을 이해하기 힘들기 때문에, '나도 내가 뭐를 원하는지 모르겠다.'는 식의 괴로움을 토로하고 있는 것이다. 결국 자신의 뚱하고 거부적인 감정들, 그냥 왠지 하기 싫고, 거부하고 싶은 욕구들로 그는 타인이 객관적으로 기대하는 성취 수준에 이르지 못하고 있으며, 이에 대해서는 스스로도 불만족할 수밖에 없다. 하지만 수동-공격성 성격장애 사람들은 그들 때문에 괴로워하는 타인에 비해서는 힘들지 않은 것이 보통이다. G씨도 자신은 "그렇게 많이 힘들지 않았지만", 그에 따라 지치고 힘든 선배의 권유로 병원을 찾게 되었다. 이는 치료 장면을 찾는 수동-공격성 성격장애 사람들에게 전형적으로 나타나는 양상이다(Freeman, 2002; Ottaviani, 1990). 그럼 G씨의 로샤 특징을 살펴보도록 하자.

G씨의 로샤

인지적 특성

K-WAIS로 측정한 G씨의 지능지수는 126으로 전체 인구 중 상위 7% 이내의 우수한 지능을 가지고 있었다. 수동-공격성 성격장애 환자들은 그들의 거부적인 태도로 기대되는 것보다 낮게 성취하는(underachieve) 경향이 있으며, G씨도 그러한 경우에 해당하는 것 같다. 이러한 특징은 그의 로샤 기록에서도 잘 나타나고 있다. 즉, G씨의 주의 범위는 매우 협소해져 있으며, 주어진 자극의 다양한 측면을 주의 깊게 살펴보지 못하여 중요한 정보들을 쉽게 간과하고 있다. 주어진 정보들을 의미 있게 통합하는 데 실패하고 있으며, 이러한 이유로 성취에 대한 목표 달성이 어려울 수 있을 것이다(L=1.75, Zd=-4.0). 대인관계 상황에서 타인의 의도나 뉘앙스를 쉽게 놓칠 수 있으며, 이는 G씨가 스스로 보고했던 '타인에 대한 관심 부족'과 관련지어 생각해 볼 수 있을 것이다.

또한 그는 심한 우유부단성(indecisiveness)을 보여 주고 있는데, 이는 검사 중에 '글쎄요…….' 라는 말을 많이 하는 모습이나, 이랬다 저랬다를 반복하면서 한 가지를 결정하지 못하는 모습에서 확인할 수 있다. 이러한 우유부단성은 그가 문제를 해결하기 위해 주어진 상황에 전념(commit)하지 않기 때문에 나타나는 것일 수 있으며, 거부적이고 저항적인 태도가 검사 상황에서 나타난 것이라고 해석해 볼 수 있다. 즉, 그는 주변을 빙빙 돌면서 질문에 대한 핵심적인 대답을 피하고 있으며, 이러한 과정에서 평가자는 괴롭고 짜증나는 감정을 가질 수 있다. 이러한 특성은 G씨가 호소했던 의사소통의 어려움과 관련지어 생각해 볼 수 있는데, 그가 서로 대화하고 있는 공통적인 문제에 전념하지 않는다면, 엉뚱하거나 뜬금없는 얘기를 할 수밖에 없을 것이고, 함께 대화하는 사람은 쉽게 화가 날 것이다.

이와 함께 그는 문제해결에 필요한 다양한 자원들을 제대로 습득하지 못해 온 것으로 보이며, 이에 따라 현실에 대한 대처 및 적응 능력이 매우 부족할 수 있다(Coping Deficit Index = 5*). 그는 이제껏 스트레스 요인들에 직면하여 해결하려고 노력을 기울이기보다는 주로 문제 상황을 회피해 온 것으로 여겨지며, 이와 동시에 자신이 마땅히 져야 하는 책임조차도 외부로 돌리면서 회피해 온 것으로 보인다(PER = 1). G씨는 심하지는 않지만 때로 논쟁적이고 비판적인 모습을 보여 주었다. 이러한 특징은 그의 로샤 기록에서 관찰할 수 있는 과도하게 관습적으로 반응하는 양상과 관련지어 생각해 볼 수 있는데, 이는 그가 지니고 있는 사회적 바람직성에 대한 경직된 관점을 반영하는 것으로 여겨지며, 이러한 관점이 그가 타인을 평가하고 비판하는 잣대로 사용되고 있는 듯하다. 특히 자기 자신은 그 비판의 잣대에서 제외하는 등, 그에게는 이중 기준(double standard)이 만성화되어 있는 것 같다(P = 8, X + % = 0.55).

마지막으로, 그의 로샤 기록에는 능동운동반응은 하나도 없는 반면, 수동운동반응은 네 개 씩이나 나타나고 있다(a : p = 0 : 4). 이는 그의 사고가 경직되어 있다는 사실을 알려 주며, 대인관계에서도 수동적인 태도만을 보일 수 있음을 시사한다. 요약하면, 지적인 능력은 뛰어나지만 거부적이고 회피적인 태도로 문제 해결 능력을 습득하지 못한 G씨는 결국에는 자기 스스로를 좌절시킬 수 있으며, 기대할 수 있는 것보다 낮게 성취할 것으로 여겨진다.

정서적 특성

그의 자기중심성 지표는 예상대로 낮은 편이며(3r+(2)/R=0.23), 이는 '자기 자신에 대한 불만족감'을 나타낸다. G씨에게는 자신의 욕구를 스스로 충족시킬 수 있다는 자신감이 부족해 보이며, 이에 능동적으로 욕구를 충족시키기보다는 수동적으로 자신의 욕구를 표출하고 있는 것으로 여겨진다. 또한 타인에게 과도하게 의존적인 모습을 보이는 것도 낮은 자존감과 관련이 있을 수 있다. 특히 그의 로샤 기록에는 색채 반응이 한 개도 나타나지 않고 있다. VIII, IX, X번으로 이어지는 색깔 카드에서 그는 '어려웠다' '안 떠오른다'는 말을 하는 등, 정서적 자극에 대해 상당한 불편감을 표시하고 있다. 즉, 그는 이제까지 자신의 감정을 적극적인 방식으로 표현하기보다는 주로 회피, 억압, 주지화 등을 통해 차단시켜 온 것으로 여겨진다. G씨에게 이러한 회피적이고 억압적인 특징은 문제해결이나 대인관계 영역에서도 매우 두드러진다. 즉, 그는 '집에 가면 생각하는 전원을 아예 꺼 버린다.'고 표현하고 있으며, 결국 같은 문제나 실수가 계속 반복되어 어려움을 겪고 있다고 호소하고 있다. 이와 동시에 그는 선배가 혼낼 때 자주 졸았다고 말하고 있는데, 이러한 행동은 상대방과의 갈등 상황을 피하거나 이로부터 자신을 차단시키고 싶은 욕구를 극적으로 보여 주고 있다.

G씨의 로샤 기록에는 수동-공격성 성격장애 사람들에게 흔히 발견되는 공간반응(S)이 나타나지 않고 있는데, 그는 분노의 감정조차 완전히 차단하고 있는 것으로 보인다. Millon과 Davis(1996)는 DSM-IV의 수동-공격성 성격장애에 해당하는 부정적 성격(negativistic personality)을 몇 가지 유형으로 나누고 있는데, 그중 하나는 거친 유형(abrasive negativist)이며, 다른 하나는 우회적 유형(circuitous negativist)이다. 거친 유형은 타인의 기대에 순응하는 것과 그렇지 않은 것 사이의 갈등을 겉으로 보이는 사람들이며, 우회적 유형에 비해 더 직접적이고 논쟁적인 모습을 보인다. 이에 비해 우회적 유형은 수동적이고 간접적인 방식으로만 저항과 거부적인 태도를 나타내는 사람들이며, 직접적인 방식으로는 이를 드러내지 않는다. G씨는 이 두 유형 중에 우회적 유형에 속하는 것으로 여겨지는데, 그는 부정적인 감정은 모두 차단한 채 지나치게 수동적이며 간접적인 방식으로만 자신의 저항적이고 거부적인 태도를 드러내고 있다. 아마도 거친 유형의 수동-공격성 성격장애 사람들은 S 반응 및 S-%가 상승되

어 있을 가능성이 높으며, 색채가 우세한 반응(color dominant response)도 많이 나타날 것으로 예상해 볼 수 있다.

대인관계 측면

G씨의 대상관계적인 특성들을 조사하기 위해 몇 개의 반응을 구체적으로 살펴보면, II번 카드(4번 반응)에서 그는 손을 부딪치고 있는 두 사람을 보고 있다. 한 사람은 상대방을 보고 있지만, 다른 쪽의 사람은 바닥을 보고 있으며 움츠리고 있다. 이 반점 영역(D6)에서 이런 반응을 보이는 경우는 드문 데다가(FQ minus), 거의 비슷한 양쪽 반점을 다른 행동을 하고 있는 두 사람으로 보고 있기 때문에, 이 반응에는 G씨의 개인적인 특성이 더 많이 투사되어 있음을 알 수 있다. 즉, G씨의 대인관계에 대한 심상은 매우 갈등적이며, 둘 중 하나는 움츠리고 있거나 위축되어 있음을 알 수 있다. 아버지 카드라고도 알려져 있는 IV번 카드에서 G씨는 '밑에서 바라본 거인' 반응을 하면서 위압적인 이미지를 보고했으며(7번 반응), 바로 뒤이어서 얼굴까지 털옷을 뒤집어 쓴 사냥꾼 반응을 했다(8번 반응). 즉, 그는 아버지가 투사된 위압적인 존재 앞에서 위축되는 자신을 느끼고 있으며, 두려움을 보상하기 위하여 털옷 안에 숨어서 스스로를 보호하면서 여차하면 공격할 수 있는 태도를 취하고 있는 듯하다. 그 뒤에 바로 이어서 V번 카드에서는 상단 일부분(Dd34)으로 주의 범위를 좁히면서 '달팽이' 라는 반응을 하고 있어 달팽이집 안에 움츠리고 있는 수동적이고도 위축된 이미지를 다시 보여 주고 있다(9번 반응).

G씨는 구강의존적인 반응은 하지 않고 있으나, 그 대신 재질반응을 세 개나 보이고 있어 대인관계에서 느끼는 애정 욕구나 의존 욕구가 상당하다는 사실을 보여 준다. 하지만 I번 카드의 첫 반응(sign-in 반응)을 살펴보면, 의존 욕구와 자율성에 대한 욕구가 G씨의 내면에서 얼마나 갈등하고 있는지 알 수 있다. 즉, 그는 천사를 보고 있는데, "하나라고 할 수도 있고 둘 같기도 하다……. 어떻게 보면 하나인데, 머리는 둘이다……." 라는 식으로 지리하게 말을 이어 가면서 하나인지 둘인지 결정을 못하고 있다. 그러다가 마지막에는 굳이 자의적으로 선을 그어가면서 "맨 처음에 하나로 봤다가 금이 있길래 두 개로 본 거" 라고 말하고 있는데, 이는 하나이고자 하는 욕구(의존 욕

구)와 둘이고 싶은 욕구(자율성에 대한 욕구)가 서로 치열하게 갈등하고 있다는 사실을 알려 주며, 자율성에 대한 욕구가 좀 더 강하다는 사실을 암시적으로 표현하고 있다.

G씨는 어렸을 때부터 부모와의 관계에서 수동적으로 순응해 왔을지 몰라도, 다른 한편으로는 저항적이고 부정적인 태도를 통해 자율성(autonomy)을 획득하려고 노력해 왔던 것으로 보인다. 그리고 이러한 관계 양상이 현재까지 이어져 부모 외의 관계에서도 나타나고 있는 것으로 여겨진다. 결국 G씨에게는 상당한 애정 및 의존 욕구가 발견되는 동시에 상당히 회피적이고 방어적인 모습이 나타나며, 수동–공격적인 모습이 나타나는 동시에 버림 받을 것에 대한 두려움도 나타나고 있는 등 매우 양가적인 특성들이 발견되고 있다. 이러한 양가적인 특징은 G씨에게나 G씨 주변의 사람들에게 상당한 혼란감을 안겨 줄 수 있을 것이다.

수동–공격성 환자를 대상으로 이루어진 평가에 대한 연구는 거의 없다. 현재 되어 있는 연구들도 이질적인 표본(예: 알코올 중독자)에서 수동–공격적인 특성을 알아보는 것이 대부분이며, 수동–공격성 성격장애 자체를 대상으로 이루어진 연구는 거의 없다. 또한 몇몇 척도들(자기-보고형 혹은 면접)이 수동–공격성 성격을 평가하기 위해 개발되었지만, 아직까지 타당화가 분명하게 되어 있지 않다. 로샤검사에서 제안된 수동–공격성 성격장애 특정적인 양상은 수동–공격성 성격장애나 수동–공격성 성격 특성을 평가하는 데 좋은 도구가 될 것으로 예상된다. 그러나 이러한 특성을 지닌 환자의 수가 부족하여 로샤 연구가 어려울 수 있다.

앞으로의 연구들은 DSM 진단기준과 함께 수동–공격적 특성들을 체계적으로 평가해야 할 것이다. 또한 수동–공격적 특성을 지닌 사람들을 대상으로 MMPI-2, MMPI 성격장애 척도, MCMI 등을 실시한 연구들은 수동–공격적 특성과 외적으로 타당도가 확보된 지표들 간의 관계를 밝히는 데 도움이 될 것이다. 특히 투사적 검사와 객관적 검사를 타당화하고 이 둘의 관계를 밝히기 위해서는 앞서 제안된 로샤 변인들과 이 척도들 간의 관계를 살펴보는 것이 필요할 것이다. 예를 들어, 5요인 모델에 근거하여 수동-공격성 성격장애를 측정한 측정치들은 같은 사람을 대상으로 산출한 결과에서조차 상이한 결과를 보여 주고 있는데(Axelrod et al., 1997), 이는 수동-공격성 성격장애와 그 특성을 발견하는 데 어떤 방법을 사용하느냐가 중요한 요인일 수 있음을 보여 준다. 로샤검사가 성격에 대한 내현적인 측정치임을 고려할 때(McClelland, Koestner, & Wienberger, 1989), 이는 의식적인 통제를 하지 않은 수동-공격적 특성의 실제 모습을 파악하는 데 좋은 수단이 될 것이다. 이러한 주제는 수동-공격성이라는 구성개념을 평가하는 데 매우 중요하면서도 가능성이 있는 분야다. 여기에 제시된 사례 또한 로샤검사가 수동-공격성 성격을 확인하고 타당화하기 위해 유용한 도구일 수 있다는 사실을 잘 보여 준다.

참고문헌

Abram, H., Merixel, S., Webb, W., & Scott, H. (1976). Psychological adaptation to jejuinoileal bypass for morbid obesity. *Journal of Nervous and Mental Disease, 162,* 151-157.

American Psychiatric Association (1969). *Diagnostic and statistical manual of mental disorders* (3rd ed.). Washington, DC: Author.

American Psychiatric Association (1987). *Diagnostic and statistical manual of mental disorders* (3rd ed.). Washington, DC: Author.

American Psychiatric Association (2000). *Diagnostic and statistical manual of mental disorders* (4th ed. Text Revision). Washington, DC: Author.

Awelrod, S., Widiger, T., Trull, T., & Corbett, E. (1997). Relations of Five-Factor Model antagonism facets with personality disorder symptomatology. *Journal of Personality Assessment, 69,* 297-313.

Berman, S., & McCann, J. (1995). Defense mechanisms and personality disorders: An empirical test of Millon's theory. *Journal of Personality Assessment, 64,* 132-144.

Coolidge, F., & Merwin, M. (1992). Reliability and validity of the Coolidge Axis II Inventory: A new inventory for the assessment of personality disorders. *Journal of Personality Assessment, 59,* 223-228.

Costa, P. T., Jr., & McCrae, R. R. (1992). *The NEO PI-R Professional Manual.* Odessa, FL: Psychological Assessment Resources.

Craig, R., & Bivens, A. (2000). MCMI-III scores on substance abuse with and without histories of suicide attempts. *Substance Abuse, 21,* 155-161.

Craig, R., Verinis, S., & Wexler, S. (1985). Personality characteristics of drug addicts and alcoholics on the Millon Clinical Multiaxial Inventory. *Journal of Personality Assessment, 49,* 156-160.

Driessen, M., Veltrup, C., Wetterling, T., John, U., & Dilling, H. (1998). Axis I and Axis II comorbidity in alcohol dependence and the two types of alcoholism. *Alcoholism: Clinical and Experimental Research, 22,* 77-86.

Exner, J. (2000). *A primer for Rorschach interpretation.* Asheville, NC: Rorschach Workshops.

Exner, J. (2003). *The Rorschach: A comprehensive system: Volume 1* (4th ed.). New York: John Wiley.

Fernandez-Mantalvo, J., Lander, N., Lopez-Goni, J., Lorea, I., & Zarzuela, A. (2002). Personality disorder in alcoholics: A descriptive study. *Revista de Psiopathologia y Psiologia Clinica, 7,* 215-225.

Freeman, A. (2002). Cognitive-behavioral therapy for severe personality disorders. In S. G. Hofmann & M. C. Thompson (Eds.), *Treating chronic and severe mental disorders* (pp. 382-402). New York: Guilford Press

Gleser, G., & Ihelevich, D. (1979). Personality factors an ego defenses. *Academic Psychology Bulletin, 1,* 171-179.

Goldfried, M., & Zax, M. (1965). The stimulus value of the TAT. *Journal of Projective Techniques and Personality Assessment, 29,* 46-57.

Hyler, S., & Rieder, R. (1987). *PDQ-R: Personality Diagnostic Questionnaire+Revised.* New York: New York State Psychiatric Institute.

Joiner, T., & Rudd, M. (2002). The incremental validity of passive aggressive personality symptoms rivals or exceeds that of other personality symptoms in suicidal outpatients. *Journal of Personality Assessment, 79,* 161-170.

King, A. (1998). Relations between MCMI-II personality variables and measures of academic performance. *Journal of Personality Assessment, 71,* 253-268.

Klein, D. N. (2003). Patients' versus informants' reports of personality disorders in predicting 71/2 year outcome in outpatients with depressive disorders. *Psychological Assessment, 15,* 216-222.

Lall, R. (1995). Prototypal personality traits of military personnel with suicide ideation on the Millon Clinical Multiaxial Inventory-II. *Dissertation Abstracts International, 56* (1-b), 0529.

Loranger, A., Sartorious, N., Andreoli, A., & Berger, P. (1994). The composite international diagnostic interview. *Archives of General Psychiatry, 51,* 215-224.

Loranger, A. W. (1988). *Personality Disorder Examination (PDE) manual.* Yonkers, NY: DV Communications.

McCann, J. (1988). Passive-aggressive personality disorder: A review. *Journal of Personality Disorders, 2,* 170-179.

McCann, J., Flynn, P., & Gersh, D. (1992). MCMI-II diagnosis of borderline personality disorder: Base rates versus prototypic items. *Journal of Personality Assessment, 58,* 105-114.

McClelland, D., Koestner, R., & Wienberger, J. (1989). How do self-attributed and implicit motives differ? In F. Halisch & J. van den Bercken (Eds.), *International perspectives on achievement and motivation.* (pp. 259-289). Bristol, PA: Swetz & Zeitlinger.

Millon, T. (1983). *Millon clinical multiaxial inventory manual.* Minneapolis: National Computer Systems.

Millon, T. (1987). *Millon clinical multiaxial inventory.* Minneapolis: National Computer Systems.

Millon, T. (1994). MCMI-III manual. Minneapolis: National Computer Systems. Morey, L, Waugh, M., & Blashfield, P. (1985). MMPI scales for DSM-III personality disorders: Their derivation and correlates. *Journal of Personality Assessment, 49,* 245-251.

Millon, T., & Davis, R. (1996). Negativistic personality disorders: The vacillating pattern. In T. Millon (Eds.), *Disorders of personality: DSM-IV and Beyond* (2nd ed., pp. 541-574). New York: Wiley

Nerviano, V., & Gross, H. (1983). Personality types of alcoholics on objective inventories: A review. *Journal of Studies on Alcohol, 44,* 837-851.

Ottaviani, R. (1990). Passive-aggressive personality disorder. In A. T. Beck, A. Freeman, & Associates (Eds.), *Cognitive therapy of personality disorders* (pp. 333-349). New York: Guilford Press

Overall, J. (1973). MMPI personality patterns of alcoholics and narcotic addicts. *Quarterly Journal of Studies on Alcoholism, 34,* 104-111.

Peters, L., Andrews, G., Cottler, L., & CHatterji, S. et al. (1996). The International Personality Disorder Examination. *International Journal of Methods in Psychiatric Research, 6,* 167-174.

Schuler, C., Snibbe, J., & Buchwalter, J. (1994). Validity of the MMPI personality disorder scales (MMPI–PD). *Journal of Clinical Psychology, 50,* 220–227.

Torgersen, S., & Alnaes, R. (1990). The relationship between the MCMI personality scales and DSM–III, Axis II. *Journal of Personality Assessment, 55,* 698–702.

Trull, T., & Widiger, T. (1997). *Structured interview for the Five–Factor Model of personality (SIFFM).* Odessa, FL: Psychological Assessment Resources.

Vereychen, J., Vertommen, H., & Corveleyn, J. (2002). Authority conflicts and personality disorders. *Journal of Personality Disorders, 16,* 41–51.

Wetzler, S., & Morey, L. (1999). Passive–aggressive personality disorder: The demise of a syndrome. *Psychiatry, 62*(1), 49–59

Widiger, T., & Sadnerson, C. (1987). The convergent and discriminant validity of the MCMI as a measure of the DSM–III personality disorders. *Journal of Personality Assessment, 51,* 228–242.

Wiener, G. (1956). Neurotic depressives' and alcoholics' oral Rorschach percepts. *Journal of Projective Techniques, 20,* 453–455.

Wolowitz, H., & Shorkey, C. (1969). Power motivation in male paranoid children. *Psychiatry: Journal for the Study of Interpersonal Processes, 32,* 459–466.

Yeung, A., Lyons, M., Waternaux, C., & Faraone, S. (1993). Empirical determination of thresholds for case identification: Validation of the Personality Diagnostic Questionnaire–Revised. *Comprehensive Psychiatry, 34,* 388–391.

G씨의 로샤 기록

Card	R#/ Response	Inquiry	Scoring
I	1. 글쎄요……. 천사. 계속 말해야 돼요?	- 여기 날개가 있고, 두 쪽으로 나뉜 건데, 손 같고요. 옷 같고. 다리 있고요. (두 쪽으로?) 하나라고 할 수도 있고, 둘 같기도 하다. 어떻게 보면 하나인데, 머리는 둘이네요. 어떻게 보면 천사 둘이 마주보고 있는 것 같기도 하고. 어떻게 보면 하나처럼 보이기도 하다. (머리 둘?) 나도 이것 때문에 조금 그렇긴 했는데…… 두 개로 봐도 되고요……. 맨 처음에 하나로 봤다가 금이 있길래 두 개로 본 거죠. (어떤 점?) 아무래도 날개겠죠. 우리가 보아 왔던, 영화나 교회 그림이나 비슷하게 닮았다는 느낌.	W+ Mpu (2) (H) 4.0 PER,GHR
	2. 나비	- 글쎄요. 그냥. 나비는 큰 모양에서 비슷하다는 느낌. (어떤 점?) 글쎄. 날개.	Wo Fo A P 1.0
II	3. 이게…… 뭐…… 곰 같기도 하고요…….	- 여기 이렇게(side Black) 곰이 웅크리고 서로 마주보고 있다는 느낌. (각 부분 위치?) 글쎄요. 팔이야 이걸 거고, 몸통은 이걸 거고, 머리는 이걸 수도 있고, 가리고 있을 수도 있고……. 어떻게 보면 top Red가 사람 머리 같기도 하고. (웅크리고?) 무릎 꿇고 앉아 있는 건데, 손을 마주치고 있는 거다. (곰은 어떤 점?) 몸집 같은 거. 풍만하고 크다는 느낌.	D+ FMpo (2) A P 3.0
	4. 사람이 손을 마주 부딪히고 있네요…….	- 사람도 똑같이 그냥 봤어요. 이게 사람일 수도 있고, 곰일 수도 있고. 근데, 빨간 게 사람 얼굴 같기도 하고, 빨간 게 없어도 사람으로 봤을 것 같다. 중요한 건 아니다. 이것도 두 사람이 손 부딪히고 있는……. (빨간 게 없으면 사람?) 머리를 숙이고 있거나, 없을 수도 있다. 이쪽(오른쪽)은 숙이고 있는 느낌인데, 왼쪽은 없는 것 같다. (없다?) 없다는 느낌은 안 들어요. 숙이고 있다는 느낌이 더 강한 것 같다. (왼쪽?) 없는 게 더 강한 것 같다. (없다?) 방향을 달리 보고 있는 것 같은 느낌도 드네요. 손뼉치고 있는데 한쪽은 다른 쪽을 보고 있는 것 같다. 오른쪽은 상대방을 보지만, 왼쪽은 바닥을 보고 있다. 움츠리고 있다.	D+ Mp- (2) H 3.0 PHR
III	5. 글쎄. 짐을 든 여자	- 이것도 좀, 아리까리 한데…… 이게 짐이고요(bot D). 이게 구두를 신은 것 같고, 이게 머리, 가슴. 그냥 그런 것 같다. (어떤 점?) 글쎄요. 가슴이 일단 나왔고, 형태가 여자 같다는 느낌. 장바구니 같다. 아니면 백…….	D+ Mpo (2) H,Cg,Id P 3.0 GHR

Card	R#/ Response	Inquiry	Scoring
IV	6. 나무	- 그냥…… 뭐 큰 나무 같기도 하고. 기둥 있고요, 큰 잎이고……. (어떤 점?) 글쎄요, 일단 큰 기둥이 쭉 뻗어 있고, 울창한 세모…….	Wo Fo Bt 2.0
	7. 거인	- 밑에서 봤을 때 발이고, 쭉 위로 올라가는 큰 물건을 봤을 때 밑에서 봤을 때 팔이고, 얼굴……. (bot D?) 생략한 거다. 아니면 여러 가지로 상상할 수도 있다. 옷 망토나 뒤에 배경 등…….	Do FDo H P GHR
	8. 사냥꾼. 그 정도	- 털옷 같은 걸 입었다는 느낌 때문에. 전부다. 뒤집어쓴 것 같다. (?) 질감 같은 게, 얼굴까지도 뒤집어썼다는 느낌이다. 겨울 사냥꾼들이 모피 옷을 입은 것 같다는 느낌이 드네요.	Wo FTo H,Cg P 2.0 GHR
V	9. 달팽이 같기도 하고.	- 닮았네요. 가운데 윗부분만 본 거다. (어떤 점?) 모양이 비슷하다. 더듬이 눈.	Ddo Fu Ad
	10. 나방 같기도 하고.	- 날개가 이렇게 되어 있으니까. 더듬이가 크고, 몸집이 크고.	Wo Fo A 1.0
VI	11. 뭘까. 무슨 가죽 같네요. 동물 가죽	- 동물 가죽을 벗겨 놓은 것 같다는 느낌. 뒷다리, 앞다리가 조그맣게 나와 있고, 얼굴 부분인데, 좀 이상한 동물이네요. (이상한?) 얼굴이 길고, 목이 나와 있다. 앞다리 뒷다리 균형이 안 맞는다. 하여튼 느낌은 가죽 질감이 나니까 동물 모피 같은……. (털 부분을 말함.)	Wo FTo Ad 2.5
VII	12. 그냥 토끼	- 이게 튀어 나와 있는 부분. 귀 같고, 뭐 그냥…… 느낌으로만 그렇게 말한 거다. 굳이 어디가 어딘 거 같지 않고, 떠오르는 처음 느낌만 얘기한 거다.	Ddo Fu Ad
	13. 어린애	- 형상 자체가 애들 같기도 하고, 강아지 같기도 하고. 얼굴 모습이 머리를 위로 올린(topD)…… 여기(midD)는 개 같네요. 개가 손을 이렇게 하고 있는 것 같다. 그런 형상. (강아지? 애?) 굳이 표현하자면…… mid D는 삐에로 같기도…… 괴물스러운 모습도 보이네요.	애: Do Fo (2) Hd P GHR (추가) 괴물: Do Fu (Hd) GHR
		- mid D만 보면, 판타지에 나오는 괴물 같기도 하고. top+mid D를 보면 애 같기도 하고. 위에만 보면 토끼 같고…… 위의 일부분. 귀가 엄청 큰 토끼. (강아지?) 강아지는 손만 본 거다.	(추가) 강아지손: Ddo Fu Ad

Card	R#/ Response	Inquiry	Scoring
VIII	14. 여자 내의 같기도 하고. 이거는 잘 안 떠오르네요.	- 이게 좀 어려웠었는데……, 지금 보니까 여기가(botD) 코르셋인가 닮았고. (어떤 점?) 글쎄요, 그냥 느낌이…… 모양이 닮았다.	Do Fu Cg
		- (추가반응) sideD는 지금 보니까 개미핥기, 고슴도치 등과 같이 닮았다. 동물 같이 생겼다. 네 발 달린 짐승. 너구리라고 해야 하나…… 뭐가 비슷한지는 잘 모르겠다.	Do Fo A P
		- (추가반응) 위에는 잘 모르겠다. 갑각류 같기도 하다. 한 요정도…… (?) 단단하다는 느낌을 받는다. 질감에서…….	Ddo FT- A
IX	15. 사람 장기 같기도 하고, 뼈 같기도 하고…… 엉덩이 뼈 같기도…… 잘 모르겠다.	- 예전에 도감에서 봤던 것 같은 느낌. (Green) 골반 뼈…… 척추 같고. 장기도 이 위에 것들…… 밑에는 신장 같은데 밑으로 내려왔네요……. 그렇게 느꼈어요. (어떤 특징?) 이것도 약간 모양이 비슷하고요. (신장?) 딱히 닮았다고 표현하긴 좀 그런데…… 위치적인 부분이 비슷하다고 생각해야……. (orange) (Red?) 무시하긴 했는데…… 여자 자궁 같기도 하다. (신장이라고 했는데……?) 기억이 안 나네…… (자궁?) 거꾸로 봐서……? 그냥…… 느낌이 그래요.	Wo F- An,Hd 5.5 PHR
X	16. 안 떠오르는 것도 있어요? 게 같기도 하고.	- out Blue (어떤 점?) 모양이 비슷하다고 해야 하나. 다리가 많고, 집게 같기도 하고, 다리 같고.	Do Fo A P
	17. 곤충 같기도 하고.	- top D 이런 거 진드기 같다.	Do Fo A
	18. 사람 모양 같기도 하고…….	- 빨간 쪽 이런 거……. (?) 글쎄요…… 다리고, 우주복 입은 사람 같다. 팔, 얼굴인데 잘 안 보이고…… 그런 식으로.	Do Fu H,Cg GHR

구조적 요약표

Location Features				Determinents			Contents		Approach		
				Blends	Single						
							H	= 5	I	W,W	
Zf	= 10				M	= 3	(H)	= 1	II	D,D	
ZSum	= 27.0				FM	= 1	Hd	= 2	III	D	
ZEst	= 31.0				m	= 0	(Hd)	= 1	IV	W,D,W	
					FC	= 0	Hx	= 0	V	D,W	
W	= 7				CF	= 0	A	= 7	VI	W	
D	= 11				C	= 0	(A)	= 0	VII	Dd,D,D,Dd	
W+D	= 18				Cn	= 0	Ad	= 4	VIII	D,D,Dd	
Dd	= 4				FC′	= 0	(Ad)	= 0	IX	W	
S	= 0				C′F	= 0	An	= 1	X	D,D,D	
					C′	= 0	Art	= 0	Special Scores		
					FT	= 3	Ay	= 0			
DQ					TF	= 0	Bl	= 0		Lv1	Lv2
+	= 4				T	= 0	Bt	= 1	DV	= 0×1	0×2
o	= 18				FV	= 0	Cg	= 4	INC	= 0×2	0×4
v/+	= 0				VF	= 0	Cl	= 0	DR	= 0×3	0×6
v	= 0				V	= 0	Ex	= 0	FAB	= 0×4	0×7
					FY	= 0	Fd	= 0	ALOG	= 0×5	
					YF	= 0	Fi	= 0	CON	= 0×7	
Form Quality					Y	= 1	Ge	= 0	Raw Sum6	= 0	
	FQx	MQual	W+D		Fr	= 1	Hh	= 0	Wgtd Sum6	= 0	
+	= 0	= 0	= 0		rF	= 0	Ls	= 0			
o	= 12	= 1	= 12		FD	= 1	Na	= 0	AB	= 0	GHR= 7
u	= 7	= 1	= 4		F	= 14	Sc	= 0	AG	= 0	PHR = 2
-	= 3	= 1	= 2				Sx	= 0	COP	= 0	MOR= 0
none	= 0	= 0	= 0				Xy	= 0	CP	= 0	PER = 1
					(2)	= 5	Id	= 1			PSV = 0

Ratio, Percentages, and Derivations

R	= 22	L	= 1.75			FC : CF+C	= 0 : 0	COP= 0 AG	= 0
						Pure C	= 0	GHR : PHR	= 7 : 2
EB	= 3 : 0	EA	= 3.0	EBPer	=N/A	SumC′ : WSumC	= 0 : 0	a : p	= 0 : 4
eb	= 1 : 3	es	= 4	D	= 0	Afr	= 0.47	Food	= 0
		Adj es	= 4	Adj D	= 0	S	= 0	SumT	= 3
FM	= 1	SumC′	= 0	SumT	= 3	Blends : R	= 0 : 22	Human Cont	= 9
m	= 0	SumV	= 0	SumY	= 0	CP	= 0	Pure H	= 5
								PER	= 1
								Isol Indx	= 0.05

a : p	= 0 : 4	Sum6	= 0	XA%	= 0.86	Zf	= 10	3r+(2)/R	= 0.23
Ma : Mp	= 0 : 3	Lv2	= 0	WDA%	= 0.89	W : D : Dd	= 7 : 11 : 4	Fr+rF	= 0
2AB+Art+Ay	= 0	WSum6	= 0	X-%	= 0.14	W : M	= 7 : 3	SumV	= 0
MOR	= 1	M-	= 1	S-	= 0	Zd	= -4.0	FD	= 1
		Mnone	= 0	P	= 8	PSV	= 0	An+Xy	= 1
				X+%	= 0.55	DQ+	= 4	MOR	= 0
				Xu%	= 0.32	DQv	= 0	H : (H)Hd(Hd)	= 5 : 4

PTI= 0	DEPI= 4	CDI= 5*	S-CON= 4	HVI= No	OBS= No

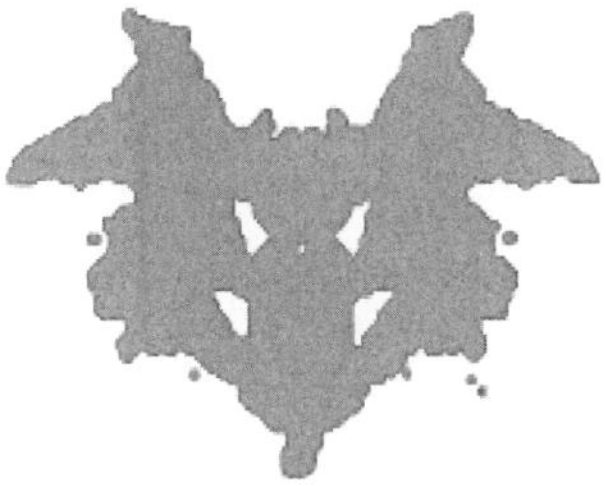

I

II

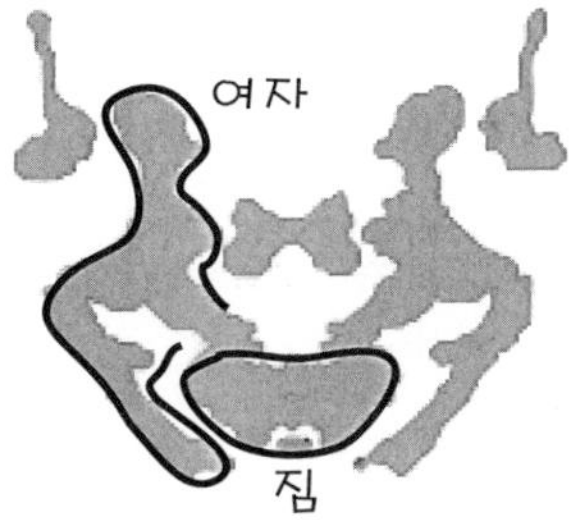

III

IV

V

VI

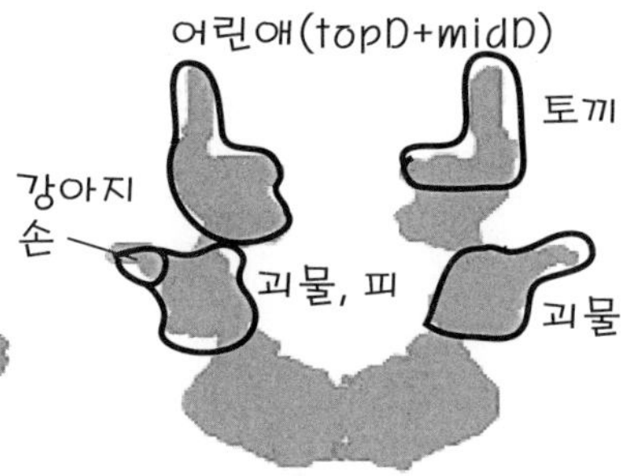

VII

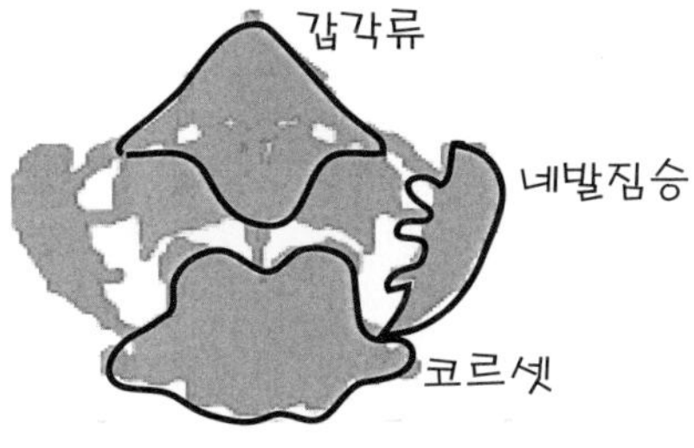

VIII

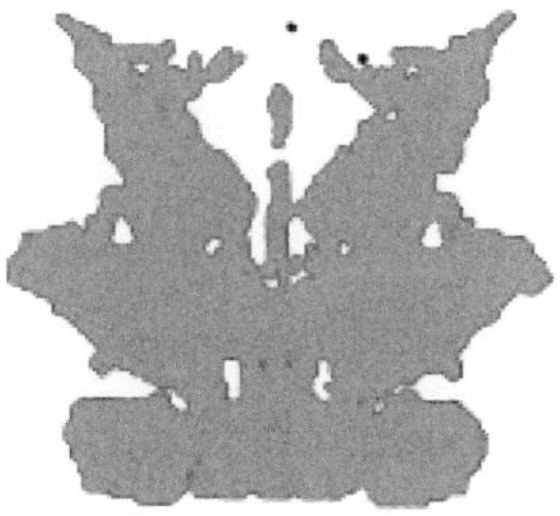

IX

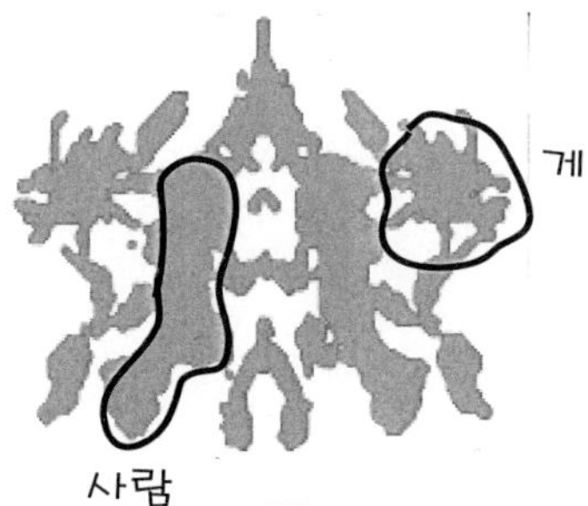

X

14
우울성 성격장애의 로샤평가

DSM-IV(APA, 1994)에서는 우울성 성격장애(Depressive personality disorder)를 다음과 같이 기술한다(〈표 14-1〉 참조).

〈표 14-1〉 DSM-IV 우울성 성격장애 진단기준

초기 성인기에 시작하는 우울성 인지와 행동이 만연한 양상으로 드러나며, 다음의 기준 다섯 가지 이상을 만족시키는 다양한 발현을 보인다. (1) 우울, 암울, 생기 부족, 즐거움 부족, 불행감 등이 대체로 지배한다. (2) 자기 개념은 부적절감, 무가치감, 낮은 자존감이 핵심을 이룬다. (3) 비판적이고, 자기 탓하며, 스스로를 경멸한다. (4) 시무룩하고 걱정이 많다. (5) 타인에 대해 부정적이고 비판적이고 판단적이다. (6) 비관적이다. (7) 후회와 죄책감을 자주 느낀다(p. 733).

Steven K. Huprich / Eastern Michigan University

우울성 성격장애가 DSM에 포함된 것은 최근이지만, 관심의 대상이 된 지는 오래 전부터다(Huprich, 1998 참고). Schneider(1958)는 우울성 성격인 자들을 일컬어 조용하고, 심각하며, 지속적으로 비관적이고, 즐거움을 느낄 역량이 없는 사람들이라고 하였다. Laughlin(1956)은 우울성 성격을 가진 사람들은, (1) 지나치게 심각하고, 양심적이며, 의존적이고, (2) 좌절과 실망에 취약하고, 이는 아동-부모 관계의 실망감에 기인하며, (3) 적대감을 부인하고, (4) 경직되고, 소심하며 완벽주의적이고, (5) 피학적으로 자기와 타인에게 과도하게 높은 기준을 들이대고, 타인과 자기에게 분노적 태도를 가지며, 자기 자신을 포함하여 이러한 높은 기준에 도달하지 못할 경우에 처벌하는 경향을 보인다고 설명했다.

Berliner(1966)는 우울성 성격을 도덕주의적 피학증이라고 보았다. 이 사람들은 사랑받고 보살핌을 받고자 하는 강한 욕구를 지니지만, 동시에 그러한 지지를 받을 수 있다고 믿지 못한 채 사랑하는 사람들에게 실망감과 미움을 잠재적으로 가지고 있다. 그렇기 때문에 대인관계에서 만족감을 추구하는 이들의 노력은 고통과 처벌의 욕구를 동반한다. 처벌의 욕구는 타인을 실망시키고자 하는 무의식적 공격성으로서직접적으로 표출되지는 못하며, 암묵적으로 자기 자신에게로 향한다. 우울성 성격의 피학성은 Kernberg(1984, 1987, 1990)와 Simons(1987)가 설명하였다.

Kahn(1975)과 Bemporad(1973, 1976)는 우울성 성격의 의존 경향을 강조하였다. 이러한 사람들은 자존감이 낮고, 타인과의 관계에서 좌절감을 느낄 때 더 악화되며, 관계 내에서 자율성을 갖지 못하고 의존적이고, 사랑하는 대상을 향한 과도한 적대감에서 오는 죄책감 때문에 만성적인 피학적 관계와 자기 비하가 두드러진다.

생물학을 지향하는 연구자들과 이론가들은 우울성 성격장애가 기분장애의 연속선 안에 놓인다고 보았다. Klein과 동료들(Klein, 1990, 1999; Klein & Miller, 1993; Klein & Shih, 1990) 그리고 Akiskal(1989, 1997)은 우울성 성격장애는 기분장애 기저에 놓인 생물학적 기질의 산물이라고 주장하면서 Kretschmer(1925)와 Kraepelin(1921)의 생각을 뒤이었다. Klein, Akiskal과 그의 동료들은 우울성 성격장애로 진단받은 개인의 친척들이 축 I 기분장애를 보이는 비율이 높다고 하였다. Klein(1999)은 기분부전증이 있는 사람들의 친척에서 우울성 서격장애가 높은 비율로 나타난다고 하였다.

우울성 성격장애가 진단 범주에 해당된다는 생각에는 사실 논란이 많다. 어떤 이들은 우울성 성격장애가 기분 질환의 변이이며, 성격장애는 아니라고 주장한다(Klein, 1999; Ryder & Bagby, 1999). 또한 우울성 성격장애와 기분부전은 겹치는 양상이 많아 임상적 혹은 경험적 연구에서 이들이 구분된다는 증거를 얻지 못하였다(Ryder & Bagby, 1999). 그러나 여러 연구들은 우울성 성격장애를 기분부전이나 다른 기분 및 성격장애와 변별할 수 있다고 주장한다. 이러한 근거들은 우울성 성격장애를 성격장애로 개념화할 수 있는 타당성을 높이고 있다.

우울성 성격장애 평가에 관한 연구들

우울성 성격장애라는 구성개념은 두 가지 측면에서 연구되어 왔다. 하나는 우울성 성격장애를 기분부전 및 다른 기분장애와 구별하는 연구다. 이 연구들은 정신과 환자(Hirschfeld & Holzer, 1994; Klein, 1990; Klein & Shih, 1998; McDermutt, Zimmerman, & Chelminski, 2003; Phillips et al., 1998)와 우울성 성격장애 및 기분부전 기준을 만족시키는 대학생(Huprich, 2000, 2001b; Klein & Miller, 1993)을 대상으로 수행되었다. 대체로 그러한 연구 결과들은 유사 기분장애와 겹쳐지는 부분이 있음에도 우울성 성격장애가 변별될 수 있음을 보여 주었다. 즉, 우울성 성격장애 진단을 받은 사람들이라고 모두 기분부전 기준을 만족시키지 않으며, 그 역도 마찬가지였다. 겹쳐지는 비율은 평균 50%(Huprich, 2001a)로, 범위는 19%(Klein & Miller, 1993)에서 73%(Klein, 1999)였다.

우울성 성격장애와 기분부전장애의 감별에 대해서 Huprich(2001b)는 우울성 성격을 지닌(면담 도구를 활용하여 진단한) 비임상집단의 대학생들이 기분부전장애로 진단된 통제집단보다 대상관계에서 장해가 더 크다는 점을 밝혔다. '사회 인지 및 대상관계 척도' (Social Cognition and Object Relations Scale; Westen, 1995)를 사용하여 대상관계를 평가했을 때, Huprich(2001b)는 우울성 성격을 지닌 집단은 기분부전장애 및 통제집단에 비해 타인에 대한 표상이 더 단순하다는 점을 발견하였다. 또한 기분부전장애 및 우울성 성격장애 피험자들은 타인에 대한 감정 표상이 보다 부정적으로 나타났다. 같은 집단을 대상으로, Huprich(2000)는 우울성 성격장애 집단과 기분부전장애 집단을 성격 5요인 모형(FFM; Costa & McCrae, 1992; Widiger, Trull, Clarkin, Sanderson, & Costa, 1994)에 따라 비교하였다. 우울성 성격장애 집단은 분노, 적대감 그리고 자의식이 높은 반면, 외향성, 사교성 그리고 개방성은 낮았다. 이 연구는 우울성 성격장애 이론과 일관된 결과를 보였다.

다른 연구들은 우울성 성격장애와 관련된 성격 특질과 심리사회적 변인들에 초점을 두었다. Klein(1990)은 Schneider(1958)의 우울성 성격장애 개념을 근거로 하여, 우울성 성격을 가진 사람들이 보다 자기 비판적이고, 외향성이 낮으며, 스트레스 민감성이 높고, 부정적 귀인이 높다는 점을 보여 주었다. Hartlage, Arduino와 Alloy (1998)는 기분장애와 비교했을 때 우울성 성격에서 의존에 대한 두려움, 압도된 느낌, 낮은 자존감, 높은 자기비판이 두드러진다고 하였다. 특히 이러한 특징들은 상태 우울과는 독립적으로 나타나는 특질이기 때문에 우울성 성격장애의 특징이라고 할 수 있다고 보았다.

Huprich(2003a)는 정신과 외래 환자 중 참전군인의 우울성 성격장애를 평가하였다. '우울성 성격장애 질문지' (Depressive Personality Disorder Inventory: DPDI; Huprich, Margrett, Barthelemy, & Fine, 1996; Huprich, Sanford, & Smith, 2002)로 우울성 성격장애 집단을 분류하여, 우울성 성격장애 환자들이 다른 정신과 환자 통제집단에 비하여 우울, 완벽주의, 고립, 불완전 애착 수준이 높고, 실수에 대한 염려가 크며, 부모를 보다 비판적이고 덜 지지적이라 지각하고, 친구들도 덜 지지적으로 지각하며, 자기 행동에 대한 염려가 크다는 점을 발견하였다. 상관 분석에서는 상태 우울을 통제하고 나서도 DPDI 점수가 이와 같은 변인들과 높은 상관을 보였다. 다만 친구로부터의 지지가 낮다고 지각하거나 자기 행동에 대해 염려하는 측면은 유의미한 상관을 보이지 않았다. Huprich(2003a)는 이러한 결과가 우울성 성격장애의 이론을 지지하였다고 결론짓고, 상실 경험과 완벽주의 지향성은 우울성 성격장애로 이어질 수 있다고 하였다.

앞서 언급한 대로, 5요인 모델이 우울성 성격을 평가할 수 있는가에 관한 연구들이 있었다(Costa & McCrae, 1992). Widiger 등(1994)은 우울성 성격이 있는 사람들이 일반 통제집단에 비하여 불안, 우울, 자의식이 높고, 상냥함은 적다고 가정하였다. 다른 연구들은 우울성 성격장애의 진단을 충족시키는 개인들의 첫 세 측면-수준 요인의 예언에 관한 경험적 근거를 제시하였다(Dyce & O' Connor 1998; Huprich, 2000, 2003b). 이 세 연구는 우울성 성격장애의 다른 특징들을 발견하기도 하였다. 여기에는 긍정 정서, 사교성, 주장성, 성취에 대한 갈망, 행동 실행 및 신뢰가 낮은 점이 포함된다. 이러한 연구 결과들은 서로 일치할 뿐만 아니라 의존성 성격장애의 이론적 개념과도 일관된 것이다.

관련 로샤 연구

우울성 성격장애와 로샤검사를 다룬 연구는 출판되지 않았는데, DSM-IV(APA, 1994)에 우울성 성격장애가 포함된 것이 최근이기 때문이다. 따라서 관련 연구를 간략하게 언급할 것이며, 우울성 성격장애 평가가 지니는 함의도 제시할 것이다.

가장 관련성이 높은 변인은 아마도 '우울 지표' (Depression Index: DEPI)일 것이다. 이는 우울성 성격장애를 특징짓는 여러 변인들로 구성되어 있다. 음영차원(V), 형태차원(FD), 공간(S), 색채-음영 혼합(col-shd bld), 자기중심성 지표, 정동 비율(Afr.), 혼합(blends), 음영 총합(sum shd), 무채색(C′), 손상(MOR), 협동(COP), 주지화 지표(INTELL)가 이에 해당된다(Exner, 2003).[1] DEPI는 우울한 환자와 그렇지 않은 환자를 변별하고자 구성되었다(Exner, 1986). 이는 기분부전장애와 주요 우울장애를 가진 환자를 70% 정도 변별할 수 있으나, 긍정오류(false positive) 비율도 30%였다. DEPI에 관한 추가적인 연구는 우울한 성인(Ball, Archer, Gordon, & French, 1991; Carlson, Kula, & St. Laurent, 1997; Viglione, Brager, & Haller, 1988)과 청소년(Archer & Gordon, 1988; Carter & Dacey, 1996; Lipovsky, Finch, & Belter, 1989)을 잘 변별하지

---

1) 이 변인들은 현재 DEPI(Exner, 2003)에 반영되어 있고 이전 판(Exner, 1986)과는 다르다.

못한다고 밝혔다. 따라서 DEPI를 개정한 결과, 진단 적중률은 증가하였다(Exner, 1993). 긍정오류 비율은 비임상 성인집단에서 3%, 정신분열증 환자 집단에서 19%로 나타났다. 그러나 이러한 결과는 반복 검증되지 못하였다(Ball et al., 1991; Exner, 2003; Krishnamurthy & Archer, 2001; Meyer, 1993). 이에 Exner(2003)는 DEPI가 '정서적 문제를 반영' 하는 정도로만 해석해야 하며(p. 312), 특정 진단을 함축하는 것으로 여겨서는 안 된다고 주장하였다.

DEPI 개발 과정을 살펴보면 예측력이 왜 낮은지 알 수 있다. Exner(1993)는 DSM-III에서 기분장애의 정의와 증상 범위를 수정함에 따라 기존 진단기준에서 기분장애의 개념이 많이 변화되었다고 보았다. 이러한 변화에 맞추기 위해서 Exner(1993)는 우울한 개인을, (1) 정서적 고통이 있는 사람, (2) 비관적 인지, 무기력, 자기 패배적 행동이 있는 사람, (3) 무기력감을 느끼는 사람(이러한 구분에도 Exner 연구 집단의 우울한 환자들은 대개 모든 특징을 다 가지고 있었다)의 세 군으로 구분하였다. Exner는 (1), (2) 집단을 통합하여 (3)집단[2]과 비교하면서 DEPI를 개정하였다. 두 집단을 통합하면서 예측력은 증가하였지만, (3)집단의 예측력은 낮았다. 그러므로 축 I 우울장애를 평가하는 데 DEPI가 유용하지 못한 이유는 우울한 환자들이 보고하는 증상의 복잡성과 관련 있는 것으로 여겨지며, 이는 교차타당화 시에 축소 현상(shrinkage phenomena)을 불러일으킨다(Dies, 1995). DSM-III-R이 정의하는 기분부전장애에 해당되는 사람을 구분할 때 256가지의 증상 교합이 있다고 주장한 Weiner(1989)를 인용하여, Exner(1993)는 이 가능성을 확인하였다.

DEPI가 축 I 우울장애를 변별하는 데 실패하는 이유는 DEPI를 구성하는 변인 내에서도 발견할 수 있다. DEPI에 포함된 변인들은 장기적인 시간적 안정성을 지닌다. 변인들의 3년 후 일관성 계수는 V가 .81, 자기중심성 지표가 .87, Afr이 .90, FM이 .72, T가 .87, C′ 이 .67이었다. 즉, 이러한 변인들은 특질과 관련된 현상을 측정하는 것으로 보인다. 하지만 대부분의 DEPI 연구는 우울장애 진단을 충족시키는 개인들의 참

2) 기분부전장애가 있는 사람들도 표본에 포함되었지만, 대개 일시적 기분장애가 있는 사람들이 변별되지 않은 채 포함되었다. 물론 우울성 성격장애 환자에 대한 로샤 연구는 이루어지지 않았다.

여로 이루어졌는데, 우울성 성격장애는 개념적으로 안정적인 구성개념인 반면(Klein & Shih, 1998), 많은 우울장애는 시간에 따라 완화되기 때문에 DEPI 점수는 아마도 축 I 우울장애보다는 우울성 성격장애와 더 밀접할 것으로 보인다. 즉, DEPI는 우울 삽화가 종결되면 자연히 완화되는 축 I 우울장애의 상태적 특징에서도 나타나는, 우울성 성격장애 특질을 평가하는 것 같다. DEPI로 우울성 성격장애를 평가하는 유용성을 밝히려면 더 많은 연구가 필요해 보인다.

우울성 성격장애의 로샤 프로토콜

우울성 성격장애 환자들의 전형적 로샤 반응 패턴에 대해 논하고자 한다. 이러한 반응 패턴은 기술적인 것이지 진단적인 것이 아니다. 진단이란 모든 가용 정보를 검토한 뒤에 내려지는 것이기 때문이다(Meyer et al., 1998; Weiner, 2003).

우울성 성격장애 프로토콜은 V, C′, S 반응이 특징적이다. 이들은 자기 및 타인에 대해 부정적이고, 반추를 많이 하며, 비판적이다(APA, 1994; Huprich 1998, 2000, 2003a, 2003b). 자기와 타인에게 '완벽주의적 잣대'를 들이대면서, 삶의 부정적인 측면에만 주목하는 경향이 있다. 따라서 V 반응이 상승한다. S 반응은 적대성을 시사하며, 반응이 2개 이상일 때 자기 기대를 충족시키지 못한 상대에 대한 분노와 적개심을 담고 있을 가능성이 크다(Weiner, 2003). 이들은 초기에 대인관계 상실을 경험했거나 양육자나 의미 있는 타인에게 실망한 경험이 있을 것으로 여겨진다. 따라서 인간 반응과 S 반응이 동반될 수 있다. C′ 반응도 상승되는데, 이는 DSM-IV에서 언급한 대로 우울 정동이 상승된 점과 관련이 있을 것이다(Huprich, 2003a, 2003c; Klein, 1999).

정서 군집(affect cluster)에서 우울성 성격장애 환자들은 SumC′ ≧ WSumC의 양상을 보일 것이다. 정서적 자극에 대해 반응을 보임에도(WSumC뿐 아니라 Afr.에서도 반영되는), 암울한 감정을 보고할 가능성이 크다. 그러나 C′ 변인이 다른 정동 관련 변인에 비해서 시간적 안정성이 낮다는 점을 고려해야 할 것이다(3년 간격의 검사-재검사 신뢰도가 $r = .67$; Exner, 1999). 그러므로 임상적으로 유의미한 우울이 없는 우울성 성격장애의 경우는 다른 양상을 보일 수 있다.

대체로 우울성 성격장애 환자들은 부정적 감정 말고는 감정 표현이 제한되어 있으며, 따라서 순수 C 반응을 거의 보이지 않을 것이다. 또한 일반 규준에 비해서 혼합반응이 많을 것인데, 부정성과 비관성이 만연하여 단순 명쾌한 지각(예: '박쥐')보다는 암울한 빛이 드리워진 지각반응(예: "짙은 회색 음영이 할로윈의 박쥐가 생각나게 하네요.")이 나타날 것이다. 그러나 혼합반응도 3년 간격의 검사-재검사 동안 기복을 보일 수 있으므로 주의해야 한다($r = .67$; Exner, 1999).

우울성 성격장애와 DEPI 변인의 관계는 특별히 주의할 필요가 있다. DEPI는 우울을 탐지하는 데 도움이 된다. Exner(2003)는 "양성 DEPI는 특정 진단과 직접 관련되기보다는 정서적 문제를 반영한다."(p. 312)고 했다. 그러나 해당 변인(V, S, C′, col-shd bld, 3r+2/R, 혼합반응, INTELL 및 ISOL 지표)은 우울성 성격장애와 관련이 있다는 가정이 우세하다. 이 모든 변인이 상승한다면 DEPI 점수는 6점이다. 그런 경우 DEPI 양성에 해당된다. 그러나 C′과 혼합반응의 시간적 안정성이 낮은 등의 여러 측면을 고려했을 때, 이러한 지표는 임시적인 것으로 받아들여야 한다. CDI는 DEPI를 개정하면서(Exner, 1999) 등장하였고, 대처 자원이 부족하여 무력한 개인들을 반영해 준다. 우울성 성격장애에서 우울과 암울함이 두드러지기 때문에 대인관계 위기나 실망 혹은 좌절하는 시기에는 CDI가 상승될 수 있다.

자기 지각 군집(self-perception cluster) 내에서 우울성 성격장애와 관련된 변인은 여럿이다. 우울성 성격장애 개인들은 자존감이 낮고 부정적 자기 지각이 높기 때문에 자기중심성 지표는 상대적으로 낮고, 음영 차원 반응이 증가할 것이다. Exner(2003)와 Weiner(2003)는 3r+(2)/R은 상대적으로 안정적인 특질로서, 자기 초점과 타인 초점 간의 건강한 균형을 다룬다고 하였다. 우울성 성격장애 개인들은 부정적 자기 초점이 과하고(예: V 상승), 타인에게 쉽게 실망한다. Weiner(2003)가 언급한 대로, 상승된 V와 자기중심성 지표의 하락은 만성적이고 반복적인 우울과 관련이 있다. 또한 이 군집 내에서 우울성 성격장애 환자들은 FD>2와 인간부분반응(Hd)>인간전체반응(H)의 양상을 보일 수 있다. FD 반응이 객관적인 자기 평가를 의미하기도 하지만, Weiner(2003)는 FD가 2 이상일 때 사람은 자기를 지나치게 평가하고 탓할 수 있다고 하였고, 모든 실수에 주목하게 된다고 하였다. H : Hd + (H) + (Hd) 비율은 우울성 성격장애 개인의 대인관계에 관해 말해 줄 수 있다. 우울성 성격장애 개인들은 대인관계에 대한 욕구가 강하기 때문에(Bemporad, 1973, 1976; Kahn, 1975), 이들의 관계 양상은 지나치게 가까워지지 않은 채 대인관계 욕구를 충족하는 데 초점을 두고 있다. 그러므로 Hd, (H), (Hd) 반응 수는 H 반응 수보다 클 수 있다. 마찬가지로 인간 내용보다 동물 내용 반응이 우세할 수 있으며 이는 우울성 성격장애 환자들이 관계에서 가까워지는 것을 불편해하고 실망할 가능성으로부터 스스로를 보호하려 하는 점을 반영한다.

대인관계 군집(interpersonal cluster) 내에서 우울성 성격장애 환자들은 COP 반응이 적을 수 있고, AG 반응은 많을 수 있다. 이들은 타인에게 상처받기를 예상하기 때문이다. Gacono와 Meloy(1992)의 AG 특수점수도 유용할 수 있다. 이는 공격적 내용, 행해진 공격성, 잠재 공격성, 가학-피학성 공격성으로 구분된다. 관련된 변인은 '행해진 공격성'과 '잠재 공격성' 변인이다. 공격 행동이 일어난 직후의 반응이 '행해진 공격성'이고(예: "총 맞은 곰이 있다."), 공격성이 일어나려는 조짐이 보이는 반응(예: "먹이를 공격하려 다가서는 괴물이 있다.")이 '잠재 공격성'을 측정한다. 우울성 성격장애 환자의 경우는 두 가지 반응을 모두 보일 수 있다. 이는 타인이 자기를 해칠 수 있다는 생각이나 타인과 관련된 상실감과 실망감에 집착하는 양상을 반영할 수 있다.

T 반응은 우울성 성격장애 프로토콜에 등장할 가능성이 낮다. Weiner(2003)는 T 반응이 없다고 해서 반드시 "대인관계를 회피한다고 볼 수 없다. ……그러나 관계는 거리감 있고 유리될 수 있으며, 가깝거나 친밀하지 못할 수 있다."고 했다(p. 174). 또한 T 반응이 없는 사람들은 관계를 기대하거나 추구하지 않으며, 관계를 불편해한다고 말했다.

통제 군집(control cluster) 내에서 우울성 성격장애 환자들의 심리적 자원은 적절할 수 있다. 상황적 감정 상태가 D 점수를 상승시킬 수 있고, 만성적인 정서적 고통과 자기 지각 및 대인관계 문제로 조정된 D 점수는 마이너스로 저하될 수 있다. 우울성 성격장애는 전통적으로 '고위 기능' 성격장애로 개념화되어 왔다(Kernberg, 1984, 1990). 특히 만성적으로 불행하고 비관적이고 자기 비판적일지라도, 심각한 충동 통제 문제나 입원이 요구될 만큼의 심각한 정서조절 문제는 보이지 않는다. 이들은 삶이 실망스럽다는 운명을 받아들인 사람들이다(Millon, 1996). 우울성 성격장애 개인들이 심리 내적 고통과 대인관계 방어성으로부터 만족을 얻으려고 하는 한(Berliner, 1966; Kernberg, 1984, 1987, 1990; Simons, 1987), 불행한 삶은 계속될 수 있다.

우울성 성격장애는 현실검증력이나 지각적 부정확성과는 관련이 없다. 따라서 중재, 사고 및 처리 군집(mediation, ideation, and processing clusters) 내에서는 현저한 상승이나 저하를 보이지 않을 것이다. 그러나 우울성 성격장애 개인들은 대체로 심각한 현실주의자들로 알려져 있다(APA, 1994; Kernberg, 1984, 1987, 1990; Millon, 1996). '고위 기능' 성격장애로서 우울성 성격장애는 주지화와 억압 방어를 주로 사용한다. 따라서 주지화 지표가 상승될 수 있다. 추가적으로, 과거 연구들은 이들이 완벽주의적 특성을 가진다고 하였다(Hartlage et al., 1998; Huprich, 2003a; Klein, 1990). 이러한 특징은 자기와 타인에 대한 과도한 비판을 포함한다. 따라서 Dd 반응이 상승할 수 있고, 이는 평가자를 실망시켜 거절당할 위협에서 벗어나기 위해서 자극의 그 무엇도 놓치지 않으려는 노력을 반영한다. 이들은 과도하게 완전성을 추구할 수 있다(Zd>3.0). 또한 W 반응의 상승은 자극 전체를 포함하려는 완벽주의적 욕구를 반영할 수도 있다(Weiner, 2003). 만약 평가 당시 우울하지 않다면, 총 반응 수(R)도 상승할 수 있다. 그러나 우울 정서가 두드러질수록 R은 감소할 것이다.

다음은 외국 사례로 DSM-IV의 우울성 성격장애 진단기준을 충족하는 한 환자를 보여 준다. 이 사례는 두 가지 이유로 선택되었다. 그의 프로토콜은 우울성 성격장애에서 나타난다고 여겨지는 많은 특징들을 보이고 있지만, 그럼에도 이 환자의 사례가 대부분의 임상적 상황의 현실을 반영하는 '교과서' 사례라고 할 수는 없다. 오히려, 그는 광대한 과거력과 더불어 현재하는 문제들의 세트를 잘 보여 준다. 즉, 이 사례는 임상 장면과 로샤의 우울성 성격장애 평가에서 나타나는 우울성 성격장애의 법칙정립적 특징들뿐만 아니라, 환자의 개별사례적 설명들을 제시하기도 한다.

사례: R씨(M/66)

본 사례는 Huprich가 제공하였다. R씨는 66세의 백인으로 항우울제와 항불안제 약물치료가 잘 듣지 않아 심리학적 평가에 의뢰되었다. 그는 자주 자신의 정신과적 증상이 '바보 같고' '분별력 없다' 고 칭했고, 자신의 문제를 극복하는 데 실패했다는 이유로 스스로를 탓하곤 했다. 또한 두 번의 실패한 결혼에 대해 자책하였고, '이중 실패' 를 저지른 자신을 비난하였다. 그러나 그는 결혼하여 얻은 자녀들과 만남을 지속하고 있었고 대개 좋은 관계를 맺고 있었다. 또한 그는 반복해서 신의 처벌에 대해, 그리고 신의 심판을 견뎌야만 했던 사람들에게 얼마나 연민을 느끼는가를 언급했다. 때때로 R씨는 신에게 매우 화를 내기도 하면서, 곧 자신이 너무 '분별력이 없다.' 는 자기 처벌에 빠지곤 했다.

R씨는 삶의 대부분 동안 외로웠다고 말했고, 과거에 대해서 누군가에게 말하는 것에 두려움을 표현하였다. 참전 군인이었던 그는 특별히 전투 경험에 자책하였고, 그의 말에 따르면 자신이 전투에 훈련이 덜 되어서 그의 책임하에 있던 많은 군인들이 죽었다고 하였다. 그를 힐난하듯이 쳐다보며 죽어 간 사람들의 얼굴을 자주 떠올리는 점에서 그의 생존자 죄책감은 주목할 만했다. 확연한 전투 관련 트라우마를 경험함에도 그는 어떤 정신증적 경험이나 현실검증력의 상실은 부정하였다.

R씨는 양부모와 누이 한 명(자살로 사망)이 있는 가정에서 자랐다. 어머니는 '건강염려증적' 이었으며, 아버지는 자주 부재했고 정서적으로 소원했다고 기술하였다. 또한 그는 아버지가 칭찬 한번 해 주지 않고 비판에는 능한 완벽주의자라고 했다. 그 결과, R씨는 스스로를 돌보아야 했다고 말했다.

R씨는 초기에 외상후 스트레스 장애로 치료를 시작했다. 그는 반복적으로 플래시백, 전투 경험의 파편화된 기억, 악몽, 전반적인 과잉경계성, 전쟁 관련 자극에 대한 회피를 경험했다. 그는 자주 전쟁터에서의 무력감을 이야기했는데, 이는 마치 항상 곁에 없었던 엄마에게 느꼈던 무력감 같았다고 했다. 그는 또한 그 자신, 정부 그리고 신을 향해 자라나는 분노감을 인식하였다. 그는 자신의 분노가 '이중적' 이라고 하였

다. 다시 말해, 분노가 자기 자신과 타인에게 향하고 있는 것 같다고 했다.

R씨의 로샤

우울 정서 및 외상후 스트레스의 영향력

R씨의 로샤는 전형적인 우울성 성격의 특징을 많이 지닌다. 로샤 결과는 그의 정서적 삶이 부정성, 비관성, 적대감, 불안으로 가득하다는 것을 제안한다(C′, V, S, Y의 상승). 혼합반응의 수도 높았는데, 이는 우울 혹은 불안과 관련된 정서적 복잡성을 시사한다. 그는 만성적으로 분노하고(S=3), 부정적이고 비판적인 내성 경향성이 과도하다(V=1, FD=4). 그의 DEPI 결과는 양성인데, 이는 정서적 문제를 지닐 가능성을 제안한다. 로샤는 그가 상황적 스트레스를 겪고 있다고 제안하지만(D=−1), 그의 장기적 대처 능력은 적절한 수준으로 보인다(Adj D=0). 그러므로 R씨는 전반적이고 만성적인 부정성과 유별난 자기 성찰 경향을 지닌 개인이며, 이는 우울성 성격장애의 특징이다.

R씨 로샤 결과의 정서 군집 중에서는 예상치 못한 결과들이 있다. 이는 그가 축 I에 해당되는 만성 외상후 스트레스 장애의 요소들을 동시에 지니고 있기 때문이다. II번 카드 및 VI번 카드의 반응은 그의 플래시백 반응으로 볼 수 있을 만큼 강렬한 정서와 손상감, 고통스러운 내성이 나타난다. 그는 우울성 성격장애에서는 예상할 수 없는 수준의 CF 반응을 보이는데, 이는 다분히 외상후 스트레스와 관련된 것으로 보인다. 그가 보고한 4개 중 3개는 마지막 세 카드에서 나타난다. 여기서 정서적 자극이 상당 수준이었던 것 같다. 그의 CF 반응은 과도한 신체적 염려 및 손상감과 관련된 불안과 충족되지 못한 욕구 상태의 지표들과 혼합되어 있다. 여기서 그의 지각적 정확성은 심각하게 저해되어 있고, 이는 개인적 경험을 통해 뒷받침되고 있었다. 아마도 이러한 양상은 그에게 지속적으로 남아 있는 외상후 스트레스 장애 갈등을 반영하는 것으로 보인다. 그의 외상후 스트레스 장애가 적절하게 다루어질 경우 CF 반응의 빈도는 감소되어, 결과적으로는 우울성 성격에서 예상되는 SumC′>WSumC의 양상이 드러날 수 있다. 더 나아가, 훗날 검사한다면 문제해결 양상이 보다 양가적이거나 내향적

인 양상으로 드러날 수 있을 것이다. V번 카드에서 '언제든 하고 싶었는데 그럴 배짱이 전혀 없었다.'는 그의 자기 비하적인 일탈반응(DR)은 외상후 스트레스 장애 이면에 놓여 있는 성격의 흔적을 보여 준다.

로샤 자살 지표(S-CON)가 양성으로 나타난 것 또한 축 I의 외상후 스트레스 장애를 고려한다면 이해될 수 있다. R씨가 자살사고를 보고하지는 않았지만, 그의 현재적 고통과 적합한 대처 자원의 결여는 자기 파괴의 위험을 증가시켰다. 자살에 관한 가족력이 있으므로, 치료자는 이 발견을 숙고해야 할 것이다.

자기 지각 및 대인관계

R씨의 자기 지각에는 특징적인 부분이 있다. 한편으로 그는 자기 초점이 지나치게 높고, 부정적이며, 자기 비판적이고, 신체적 통합과 기능에 대해 과도하게 염려하고 있다(V=1, FD=4, An+Xy=3, MOR=5). 다른 한편으로 그는 두 개의 반사반응을 보였으며, 이에 따라 자아중심성 지표가 상승되었다. 그가 욕구를 충족시킬 수 있다고 믿는 사람들과 부분적으로 관계하는 경향성도 마찬가지다(H<(H)+Hd+(Hd)).

이러한 결과의 불일치에는 최소한 세 개의 가능성이 관여할 수 있다. 첫 번째, R씨의 자기애적 분투는 그의 낮은 자존감을 보상하기 위한 노력을 시사할 수 있다. 즉, 그는 자기감의 위협과 대면할 때에 자신을 과장하는 방식으로 대응할 수 있다. R씨의 치료자에 따르면, R씨는 자신의 취약한 자존감을 드높이기 위한 방법으로 자기를 인정해 주는 언급에 편들 때가 있었다. 사실 R씨는 다른 사람에게 화가 날 때 종종 '독선적인' 태도를 취했다. 그러나 그의 자기 정당성은 곧 이은 자기 평가절하로 쉽게 사라졌다.

두 번째, 상승된 반사반응은 권위적인 대상으로부터 비판받을 때 드는 부정적 감정을 떨쳐내기 위한 그의 방어적 노력을 지시할 수 있으며, 이는 아버지와의 경험과 유사하다. 카드 IV의 혼합반응은 권위적 대상과의 맥락에서 경험하는 불안 및 부정성과 동시에, 자존감을 유지하려는 노력을 제안한다(FY.FV.Fru).

세 번째, R씨의 자기애적 분투는 내향적 우울성과 불일치하지는 않는다. Blatt과 Shichman(1983)에 따르면, 내향적(자기비판적) 우울을 보이는 개인들은 내향적 우울과 성기기적 자기애성 지향 사이에서 동요할 수 있다. 성기기적 자기애성은 특히 신체를 통해서 우월성과 성취를 실현하는 것과 관련된다. R씨의 과거력은 전투 단위에서 지휘관의 역할을 맡으면서 우월성을 성취했다는 점을 알려 준다. 그러나 R씨는 또한 스스로가 만성적으로 부정적이고 자기 비판적이라고 보고했는데, 그의 치료자도 이를 관찰할 수 있었다. 그는 손상감과 신체적 취약성에 관해 과도하게 염려하였다(MOR=5; An+Xy=3). R씨의 반사반응과 유별나게 높은 자기 초점은 아마도 자신을 보다 긍정적으로 보려는 욕구와 더불어, 만연하게 악함과 결함을 느끼는 것 사이에서 나타나는 반복적인 긴장 경험을 지시할 수 있다.

대인관계 측면에서, R씨는 우울성 성격장애 개인들에게서 흔히 관찰되는 어려움을 보이고 있다. 그는 사람들 사이의 긍정적 상호작용을 보지 못하는 경향이 있고(COP=0), 적대감이나 갈등을 주로 예상할 수 있다(AG=1). 또한 그는 의존 욕구를 표현하지 않는데(T=0, Food=0), 이는 아마도 타인이 그를 실망시키거나 그에게 비판적일 것에 대한 두려움 때문일 수 있다. 그럼에도, R씨는 특별히 인간관계에서 고립된 편은 아니다(ISOL이 정상범위). 그보다도 그는 자존감에 위협을 가하지 않는 방식으로 관계하는 경향을 보이고, 이는 관계에서 그가 원하는 것을 제공해 주는 듯하다(A=4, (H)+Hd+(Hd)=4, H=1). 그는 생활 양상에서도 자녀들과 긍정적인 관계를 맺고 있으며 주변 사람들에게 연민을 느끼고 있다.

한편, 그의 성격적 특성이 외상후 스트레스에 미치는 영향력을 살펴볼 수 있다. 비판에는 능했던 완벽주의자 아버지 때문에 그는 자기 가치감을 발달시키는 데 큰 어려움을 겪었을 수 있다. 또한 건강염려증적이고 불안한 어머니에게서 안전한 기반을 느끼지 못하고 매우 불안정했을 수 있다. VII번 카드에서 그는 공백반응(S), 운동반응(m)과 더불어 '순수한' 얼굴과 '악마 같은 얼굴'을 보는 등 긍정적 인간반응을 부정적 인간반응과 잘 통합하지 못하고 있다. 부모에게서 느끼는 좌절감, 분노감, 불안정감이 여기에 잘 나타나는 것으로 보인다. 전쟁터 안에서 그는 어머니의 부재로부터 느꼈던 것과 같은 무력감을 느꼈다고 했다. 그러면서도 자기 지휘 아래 있던 많은 군인들의 죽음이 마치 자기 책임인 것처럼 깊은 죄책감을 겪었다. 부모의 부재에 대해 그는 분노하면서도, 부모의 역할에 동일시하고 있었을 것으로 생각된다. 그래서 안정을 주지 못했던 부모에 대한 분노감이 자기 자신에게로 돌아와, 그는 깊은 죄책감과 지나친 책임감에 고통스러워하는 것이 아닌가 여겨진다. VII번 카드 반응에서 나타나는 분노감과 통제할 수 없다는 긴장감은 이러한 그의 자기 비난과 죄책감을 잘 드러내 주고 있으며, 전쟁이라는 참혹한 상황에서 그는 어쩌면 더욱 고통스러웠을 수 있다.

인지 지표

인지 지표에서도 우울성 성격의 몇몇 전형적인 양상을 탐색해 볼 수 있다. R씨는 명백하게 주지화를 활용한다(INTELL = 3). 이러한 과정은 평가 초기에 사고, 자기 관찰, 부정성이 공존하면서 두드러졌다(Mp.FD.FC′o와 Art 내용). 대부분 R씨는 그의 부정성과 자기 관찰을 주지화하는 방식으로 그러한 고통스러운 감정으로부터 거리를 둔다. 또한 권위자나 부모의 주제를 야기하는 자극에 대면하였을 때 주지화를 쓴다(카드 IV). 이는 카드가 유발하는 심상으로부터 자신을 보호하려는 그의 욕구를 가리킨다. 마지막으로, 카드 VII에서 주지화가 발견되며, 여기서는 운동반응(mp.Mp)과 적대성(WS)이 주된 역할을 차지한다. 이 카드 또한 대인관계를 이끌어 내는데, R씨가 자신의 자원을 의미 있는 결과로 이끌어 낼 수 있을지라도 그는 자신의 행동이 궁극적으로는 통제 밖에 놓여 있다고 믿을 수 있다(m 수동반응).

예상했던 것과 반대로, R씨는 과소 조직화하는 경향을 보였고(Zd = -2.0), 구체화하는 대신에 전체반응으로 처리할 때가 종종 있었다. 또한 전체 16개 반응에 비하여 W 반응 수(n = 13)가 과도한 경향을 보였다. 이는 그가 성취할 수 있는 것을 넘어서 더 많은 것을 추구하려는 점을 보여 준다(W:M = 13:3). 이러한 성취 갈망은 그의 완벽주의적 욕구와 관련될 수 있다. 그러나 그가 '완전한' 반응을 제공하려고 했음에도, 그는 자극 장 안의 중요한 요소들을 간과하기도 했다. 그 결과, 그의 중재능력도 고통을 받는다. 즉, 대답할 때는 '완전' 할 수 있을지라도, 그는 환경의 요구에 가장 적응적으로 반응하는 능력에서 불완전하며 그것을 지각하는 능력도 부정확하다.

R씨에게서 또 언급할 만한 점은 두 개의 보속반응(Perseveration: PSV) 점수다. PSV는 인지적 기능 저하, 경직성 혹은 집착을 제안할 수 있다. 이 사례에서 첫 번째 PSV는 잠재적 촉발을 유발시키는 카드 IV의 뒤에 나타나는 카드 V에서 나타난다. 아마도

이 PSV는 우울성 성격에서 흔히 나타나는 강박적 방어와 정보처리의 예시일 수 있다(Huprich, 1998). 두 번째 PSV는 카드 VIII과 IX 사이에서 발생하였다. CF.YF-와 An, Bl도 동반되었다. 이 경우 두 카드에서 유발되는 정서적 자극이 손상감과 불안감에 대한 R씨의 집착을 일으켰을 수 있다. R씨가 정서가 유발되는 상황에서 자기통합과 관련하여 불안과 부정적 사고를 경험하리라는 점은 충분히 예상되는 일이다. 아마도 이는 부하 군인들의 죽음에 책임이 있음에도 긍정적인 감정을 느끼는 자신을 처벌하려는 그의 욕구에서 나타났을 것이다.

우울성 성격장애는 로샤검사로 평가할 수 있다. 구조적 요약표의 많은 변인들은 우울성 성격장애의 특질과 같은 특성들을 평가한다. 특질로는 만연한 부정성과 비관성, 주지화, 완벽주의적 경향성 그리고 대인관계 불편감이 있다. 또한 과거 이론 및 연구와 일관되며, 개인력과 일관되는 개별 현상을 포함하는 우울성 성격장애의 전형을 묘사하는 로샤검사 사례를 제시하였다. 앞으로 이러한 결과의 타당성을 높이고 우울성 성격장애를 다른 여러 수준의 기분장애와 감별진단 평가하는 연구들이 이루어져야 할 것이다.

참고문헌

Akiskal, H. S. (1989). Validating affective personality types. In L. Robbins & J. Barrett (Eds.), *The validity of psychiatric diagnosis* (pp. 217–227). New York: Raven Press.

Akiskal, H. S. (1997). Overview of chronic depressions and their clinical management. In H. S. Akiskal & G. B. Cassano (Eds.), *Dysthymia and the spectrum of chronic depressions* (pp. 1–34). New York: Guilford.

American Psychiatric Association (1994). *Diagnostic and statistical manual of mental*

disorders (4th ed.). Washington, DC: Author.

Archer, R. P., & Gordon, R. A. (1988). MMPI and Rorschach indices of schizophrenic and depressive diagnoses among adolescent inpatients. *Journal of Personality Assessment, 52,* 276-287.

Ball, J. D., Archer, R. P., Gordon, R. A., & French, J. (1991). Rorschach depression indices with children and adolescents: Concurrent validity findings. *Journal of Personality Assessment, 57,* 465-476.

Bemporad, J. R. (1973). New views on the psychodynamics of the depressive character. In S. Arieti (Ed.), *World biennial of psychiatry* (pp. 219-243). New York: Basic Books.

Bemporad, J. R. (1976). Psychotherapy of the depressive character. *Journal of the American Academy of Psychoanalysis, 4,* 347-352.

Berliner, B. (1966). Psychodynamics of the depressive character. *Psychoanalytic Forum, 1,* 244-251.

Blatt, S. J. (1974). Levels of object representation in anaclitic and introjective depression. *The Psychoanalytic Study of the Child, 29,* 107-157.

Baltt, S. J., & Schichman, S. (1983). Two primary configurations of psychopathology. *Psychoanalysis and Contemporary Thought, 6,* 187-254.

Carlson, C. F., Kula, M. L., & St-Laurent, C. M. (1997). Rorschach revised DEPI and CDI with inpatient major depressive and borderline personality disorder with major depression. *Journal of Clinical Psychology, 53,* 51-58.

Carter, C. L., & Dacey, C. M. (1996). Validity of the Beck Depression Inventory, MMPI, and Rorschach in assessing adolescent depression. *Journal of Adolescence, 19,* 223-231.

Costa, P. T., Jr., & McCrae, R. R. (1992). *The NEO PI-R Professional Manual.* Odessa, FL: Psychological Assessment Resources.

Dies, R. R. (1995). Conceptual issues in Rorschach research. In J. E. Exner, Jr. (Ed.), *Issues and methods in Rorschach research* (pp. 25-52). Hillsdale, NJ: Lawrence Erlbaum Associates.

Dyce, J. A., & O'Connor, B. P. (1998). Personality disorders and the Five-Factor Model: A test of facet-level predictions. *Journal of Personality Disorders, 12,* 31-45.

Exner, J. A. (1986). *The Rorschach: A comprehensive system: Volume 1. Basic Foundations* (2nd ed.). New York: John Wiley.

Exner, J. A. (1993). *The Rorschach: A comprehensive system: Volume 1. Basic Foundations* (3rd ed.). New York: John Wiley.

Exner, J. A. (1999). The Rorschach: Measurement concepts and issues of validity. In S. B. Embretston & S. L. Hershberger (Eds.), *The new rules of measurement.* Mahwah, NJ:

Lawrence Erlbaum Associates.

Exner, J. A. (2003). *The Rorschach: A comprehensive system: Volume 1. Basic Foundations* (4th ed.). New York: John Wiley.

Gacono, C. B., & Meloy, J. R. (1992). *The Rorschach assessment of aggressive and psychopathic personalities*. Hillsdale, NJ: Lawrence Erlbaum Associates.

Hartlage, S., Arduino, K., & Alloy, L. B. (1998). Depressive personality characteristics: State dependent concomitants of depressive disorder and traits independent of current depression. *Journal of Abnormal Psychology, 107,* 349–354.

Hirschfeld, R. M. A., & Holzer, C. E. (1994). Depressive personality disorder: Clinical implications. *Journal of Clinical Psychiatry, 55* (Suppl), 10–17.

Huprich, S. K. (1998). Depressive personality disorder: Theoretical issues, clinical findings, and future research questions. *Clinical Psychology Review, 18,* 477–500.

Huprich, S. K. (2000). Describing depressive personality analogues and dysthymics on the NEO-Personality Inventory-Revised. *Journal of Clinical Psychology, 56,* 1521–1534.

Huprich, S. K. (2001a). The overlap of depressive personality disorder and dysthymia, revisited. *Harvard Review of Psychiatry, 9,* 158–168.

Huprich, S. K. (2001b). Object loss and object relations in the depressive personality. *Bulletin of the Menninger Clinic, 65,* 549–559.

Huprich, S. K. (2003a). Depressive personality and its relationship to depressed mood, interpersonal loss, negative parental perceptions, and perfectionism. *Journal of Nervous and Mental Disease, 191,* 1–7.

Huprich, S. K. (2003b). Testing facet level predictions and construct validity of depressive personality disorder. *Journal of Personality Disorders, 17,* 219–232.

Huprich, S. K. (2003c). Testing the theoretical underpinnings of major depression and depressive personality disorder. Unpublished manuscript. Ypsilanti, MI: Eastern Michigan University.

Huprich, S. K., Margrett, J. E., Barthelemy, K. J., & Fine, M. A. (1996). The Depressive Personality Disorder Inventory: An initial investigation of its psychometric properties. *Journal of Clinical Psychology, 52,* 153–159.

Huprich, S. K., Sanford, K., & Smith, M. (2002). Further psychometric evaluation of the Depressive Personality Disorder Inventory. *Journal of Personality Disorders, 16,* 255–269.

Kahn, E. (1975). The depressive character. *Folia Psychiatrica et Neurologica Japonica, 29,* 291–303.

Kernberg, O. F. (1984). *Severe personality disorders*. New Haven, CT: Yale University Press.

Kernberg, O. F. (1987). Clinical dimensions of masochism. In R. A. Glick & D. I. Meyers (Eds.), *Masochism: Current and psychotherapeutic contributions*. Hillsdale, NJ: Analytic Press.

Kernberg, O. F. (1990, May 16). *Differential diagnosis of the depressive-masochistic personality disorder.* Paper presented at the 143rd Annual Meeting of the American Psychiatric Association, New York, NY.

Klein, D. N. (1990). Depressive personality: Reliability, validity, and relation to dysthymia. *Journal of Abnormal Psychology, 99*, 412–421.

Klein, D. N. (1999). Depressive personality in relatives of outpatients with dysthymic disorder and episodic major depressive disorder and normal controls. *Journal of Affective Disorder, 55*, 19–27.

Klein, D. N., & Miller, G. A. (1993). Depressive personality in a nonclinical sample. *American Journal of Psychiatry, 150,* 1718–1724.

Klein, D. N., & Shih, J. H. (1998). Depressive personality: Associations with DSM-III-R mood and personality disorders and negative and positive affectivity, 30-month stability, and prediction of course of Axis I depressive disorders. *Journal of Abnormal Psychology, 107,* 319–327.

Kraepelin, E. (1921). *Manic-depressive insanity and paranoia.* Edinburgh, Scotland: E. & S. Livingstone.

Kretschmer, E. (1925). *Physique and character.* New York: Harcourt and Brace.

Krishnamurthy, R., & Archer, R. P. (2001). An evaluation of the effects of Rorschach EB style on the diagnostic utility of the Depression Index. *Assessment, 8,* 105–109.

Laughlin, H. P. (1956). *The neuroses in clinical practice.* Philadelphia: W. B. Saunders.

Lipovsky, J. A., Finch, A. J., Jr., & Belter, R. W. (1989). Assessment of depression in adolescents: Objective and projective measures. *Journal of Personality Assessment, 53,* 449–458.

McDermut, W., Zimmerman, M., & Chelminski, I. (2003). The construct validity of depressive personality disorder. *Journal of Abnormal Psychology, 112,* 49–60.

Meyer, G. J. (1993). The impact of response frequency on the Rorschach constellation incides and on their validity with diagnostic and MMPI-2 criteria. *Journal of Personality Assessment, 60,* 153–180.

Meyer, G. J., Finn, S. E., Dude, L. D., Kay, G. G., Kubiszyn, T. W., Moreland, K. L., Eisman, E. J., & Dies, R. R. (1998). *Benefits and costs of psychological assessment in healthcare delivery: Report of the Board of Professional Affairs Psychological Assessment Workgroup, Part I.* Washington, DC: American Psychological Association.

Millon, T. (1996). *Disorders of personality* (2nd ed.). New York: Wiley-Interscience.

Phillips, K. A., Gunderson, J. G., Triewasser, J., Kimble, C. R., Faedda, G., & Lyoo, I. K. et al. (1998). Reliability and validity of depressive personality disorder. *American Journal of Psychiatry, 155,* 1044-1048.

Ryder, A. G., & Bagby, R. M. (1999). Diagnostic viability of depressive personality disorder: Theoretical and conceptual issues. *Journal of Personality Disorders, 13,* 99-117.

Schneider, K. (1958). *Psychopathic personalities.* London, England: Cassell.

Simons, R. C. (1987). Psychoanalytic contributions to psychiatric nosology: Forms of masochistic behavior. *Journal of the American Psychoanalytic Association, 35,* 583-608.

Viglione, D. J., Jr., Brager, R. C., & Haller, N. (1988). Usefulness of structural Rorschach data in identifying inpatients with depressive symptoms: A preliminary study. *Journal of Personality Assessment, 52,* 524-529.

Weiner, I. B. (2003). *Principles of Rorschach interpretation* (2nd ed.). Mahwah, NJ: Lawrence Erlbaum Associates.

Wiener, M. (1989). Psychopathology reconsidered: Depression interpreted as psychosocial transactions. *Clinical Psychology Review, 9,* 295-321.

Westen, D. (1995). *Social Cognition and Object Relations Manual.* Boston, MA: Harvard University.

Widiger, T. A., Trull, T. J., Clarkin, J. F., Sanderson, C., & Costa, P. T., Jr. (2002). A description of the DSM-IV personality disorders with the Five-Factor Model of personality. In P. T. Costa, Jr. & T. A. Widiger (Eds.), *Personality disorders and the five factor model of personality* (2nd ed., pp. 89-99). Washington, DC: American Psychiatric Press.

R씨의 로샤 기록

Card	R#/ Response	Inquiry	Scoring
I	1. 반지의 제왕에서 마치 막 나온 것처럼 생겼어요. 간달프를 뒤쫓는 어두운 물체, 날개 달린 생명체요. 여기가 손이고, 이게 나를 향해 보든가, 아니면 180도 떨어져서 보이는 것 같네요.	- 손, 흉근, 여기 몸체, 머리가 나를 향해 숙여져 있고, 여기 날개가 있어요. 산속에 사는 악마예요. (악마?) 색이요. 저는 어둠을 악과 연관 짓지요.	Wo Mp.FD.FC′ o (H).Art 1.0 PHR
	2. 단풍 나뭇잎인데 폭풍우의 지옥 속을 거쳐 왔어요.	- 네, 들쭉날쭉한 가장자리, 줄기가 여기요. 단풍나무는 항상 맨 끝 부분부터 찢어지지요.	Wo Fo Bt 1.0 MOR
II	3. 폭발이 일어난 것 같아요. 테러리스트 폭격과 비슷해요. 여기 피가 있고, 광장, 양 측면이 파괴되어 있어요.	- 네, 베트남의 도시들, 폐허 같아요. 검정색은 선함의 반대를 말하지요. 텔레비전에 나오는 것처럼요. 길거리에 시신들이 널려 있고, 사방 군데 피가 있어요. 빨간색은 정말 나를 놀래켜요. 이것은 여기서부터 시작되는 길의 차원처럼 보여요.	WS+ C′F.CF.FDu Bl.Ls 4.5 MOR
III	4. 거꾸로 보면, 딱정벌레 일부 같아요. 빨간 부분은 무슨 표시가 아니고서는 뭔지를 잘 모르겠네요. 그런데 외골격이 있고, 배쪽에 표시가 있고, 앞다리가 눈과 갈고리 바로 앞에 있어요.	- 예: 앞발이 여기 있고, 눈, 수갑, 외골격의 일부가 있어요. 다른 다리는 안 보여요. 그리고 여기 빨간 표시가 있어요.	DdSo FC- Ad DV1
IV	5. 이런 세상에!(한숨) 이 안에 많은 얼굴들을 볼 수 있어요. 코, 눈, 입, 턱. 뒤편에는 그림자가 져서 숨겨져 있고, 여기에는 거울상이 반사되어 있어요. 이 안에 여섯 개의 다른 얼굴들이 있어요. 그런데 이런 똑같은 것들을 화장실 벽에서도 본 적이 있어요. 심지어 여러 번이요(웃음).	- 눈, 눈썹, 머리가 각기 다른 음영으로 있고요, 여기 턱선이 여기, 여기 그리고 여기요. 마치 추상그림처럼 말이죠.	Wo FY.FV.Fru Hd.Art 2.0 DR1.PHR
	6. 양쪽에 신발인가 부츠인가. 다리와 발도 있어요. 그런데 몸통과 나머지 몸은 없어요.	- 네, 신발이나 부츠, 양쪽에 다리가 올라가 있잖아요. 그냥 이 모양이요.	D+ Fo (2) Hd.Cg 4.0 PHR

Card	R#/ Response	Inquiry	Scoring
V	7. 박쥐	- 큰 박쥐나 흡혈귀 박쥐요. 긴 귀와 날개.	Wo Fo A P1.0
	8. 아니면, 호랑나비. 호랑나비는 이 작은 꼬리가 있어요.	- 흠. 꼬리, 더듬이, 날개.	Wo Fo A P 1.0 PSV
	9. 행글라이딩을 하려는 바보, 제 생각에는요.	- 행글라이더를 위에서 본다면요. 허벅지에 장치가 있고, 다리가 뻗어 나와요. 전 공군이라서 언제든 하고 싶었는데, 그럴 배짱이 전혀 없었어요.	W+ Mp.FDo H.Sc 2.5 DR1.PHR
VI	10. 폭발한 네이팜탄처럼 보여요. F-4 팬텀 전폭기에 탄 조종사가 기억나요. 딱 이렇게 보였어요. 그는 내 정면으로 다가오고 있었어요.	- 폭탄이 터져서 양쪽으로 퍼지는 연기 기둥이 만들어지고, 텅 빈 케이싱 헤드가 정면으로 날아와요. 제 경우에는 오른쪽 대열로 날아왔었어요. 단지 이 모양이 그 기억을 떠올리게 하네요.	W+ ma.FD.YFu Sc.Fi 2.5 DR1.PER
VII	11. 우와! 예쁜 그림이네요. 얼굴 네 개가 보여요. 이 두 개는 청소년인가 아이이고, 모자나 머리나 스카프가 위로 날리고 있어요. 마치 이 부분은 순수하고, 이 밑 부분은 타락한 것 같아요. 그런 끔찍한 말을 써도 된다면요. 여기 아래 얼굴은 윗 얼굴의 반대처럼 보여요. 이 부분은 이 머리의 몸통이 아니면 뭔지 모르겠어요. 여기 눈, 으르렁거리는 입. 아마도 상반신이 여기에서부터 시작하는 것 같아요. 동상이 있었다면 아래 뭔가 받칠 것이 필요한데 그렇지 않으면.	- 네, 바람이 머린지 스카픈지를 이렇게 위에 두는 것 같아요. 순수해 보여요. 그런데 여기 눈, 코, 으르렁거리는 입은 악마 같은 생김새예요, 이 눈과 입과 여기 이빨 같은 것이. 만화가들이 이런 걸 많이 하죠. 둥그런 코는 순수와도 같고, 뾰족한 코는 악과도 같아요. 사탄을 뿔과 뾰족한 코로 표현하잖아요.	WS+ mp.Mpu (2) Hd.Cg.Art.Hx P 4.0 DV1.AG.GHR
VIII	12. 두 도마뱀 같아요. 그런데 나머지 모양은 뭔지 잘 모르겠네요.	- 걸어가는 도마뱀. 눈 부분이 여기 있고, 꼬리는 없네요.	Do FMau (2) A P
	13. 물 같아요. 바위 위를 지나가는 동물을 거울상과 분리해 놓고 있는데, 만약 이것이 동물이라면, 못생긴 새끼.	- 예, 바위, 어쩌면 산호일 수 있어요. 색이, 그리고 여기 거울상이 반사되어 있어요. 못생긴 몸이네요.	W+ FMa.FC.Fro A.Na P 4.5 DR1

Card	R#/ Response	Inquiry	Scoring
	14. 거꾸로 보면, 누군가가 폭파된 거예요. 폐 부분, 흉강, 항상이 윗부분에 지방조직이 있고, 내장이 밑에 있고, 척수. 폭파된 사람 본 적 있어요? 봤다면, 절대로 잊지 못할 거예요, 특히 자기가 죽어 가는 걸 알면서 당신을 쳐다보고 있다면요. (카드를 내려놓는다.) 보고 싶지 않네요. 이쪽 뒷골이 아파요.	- 폐는 산소를 잃기 전에는 아주 예쁜 분홍색이에요. 폭파되기 직전에는요. 몸 안의 피는 산소가 얼마나 첨가되었는가에 따라서 다양한 색으로 변해요. 그리고 창자는 뭘 먹었고 얼마나 소화되었는가에 따라 모양이 다 달라요.	Wo CF.YF- An.Bl 4.5 MOR.DR1
IX	15. 아까 전 것의 아랫부분 같아요. 정말 같은 거고, 더 이상 보고 싶지 않아요(카드를 내려놓음). 아니, 왜 저는 그걸 보는 거죠? 빨간 것은 알겠는데 초록색은 그렇지 않아요. 아마도 피가 응고된 것 같은데 그렇다면 같이 있지 않거든요. 나는 너무나 많은 사람들의 내장을 보았건만, 그 안의 영혼은 본 적이 없어요(울음).	- 다리, 내장, 상체 부분. 위도 예쁜 분홍색이네요. 그런데 사람이 죽을 때는 산소에 굶주려서는 끔찍한 푸르스름한 음영으로 변해요.	Wo CF.YF- An.Bl 5.5 PSV.MOR.DR1.PER
X	16. 정신이 온통 시신에 가 있어요. 배 위에 10명이 누워 있네요. 어떤 것을 보고 싶으세요? 여기에 기관지가 있고, 폐가 있고, 나머지는 그냥 다 튀어 있어요.	- 네, 다 튀어 있어요. 기관지와 분홍색 폐가 보이지요. 여기가 방광 부분일 테고, 여기가 성대, 다 퍼져 있어요.	Wo CF- An 5.5 DR1. MOR

구조적 요약표

Location Features		Determinents Blends	Single		Contents		Approach	
					H	=1	I	W,W
Zf	=14	M.FD.FC′	M	=0	(H)	=1	II	WS
ZSum	=43.5	C′F.CF.FD	FM	=1	Hd	=3	III	Dd
ZEst	=43.5	FY.FV.Fr	m	=0	(Hd)	=0	IV	W,D
		FD.M	FC	=1	Hx	=0	V	W,W,W
W	=13	m.FD.FC′	CF	=1	A	=4	VI	W
D	=2	m.M	C	=0	(A)	=0	VII	WS
W+D	=14	FM.FC.Fr	Cn	=0	Ad	=1	VIII	D,W,W
Dd	=1	CF.YF	FC′	=0	(Ad)	=0	IX	W
S	=2	CF.YF	C′F	=0	An	=3	X	W
			C′	=0	Art	=3		
			FT	=0	Ay	=0		
			TF	=0	Bl	=3		
			T	=0	Bt	=1		
			FV	=0	Cg	=2		
			VF	=0	Cl	=0		
			V	=0	Ex	=0		
			FY	=0	Fd	=0		
			YF	=0	Fi	=1		
			Y	=0	Ge	=0		
			Fr	=0	Hh	=0		
			rF	=0	Ls	=0		
			FD	=0	Na	=1		
			F	=4	Sc	=3		
					Sx	=0		
					Xy	=0		
			(2)	=3	Id	=0		

DQ

+	=6
o	=10
v/+	=0
v	=0

Form Quality

	FQx	MQual	W+D
+	=0	=0	= 0
o	=7	=2	=7
u	=5	=1	=5
-	=4	=0	=3
none	=0	=0	=0

Special Scores

	Lv1	Lv2
DV	= 2×1	0×2
INC	= 0×2	0×4
DR	= 7×3	0×6
FAB	= 0×4	0×7
ALOG	= 0×5	
CON	= 0×7	
Raw Sum6	=9	
Wgtd Sum6	=23	

AB	=0	GHR=1
AG	=1	PHR =4
COP	=0	MOR=5
CP	=0	PER =2
		PSV =2

Ratio, Percentages, and Derivations									
R	=16	L	=0.33			FC:CF+C	=2 : 4	COP= 0 AG	=1
						Pure C	=0	GHR : PHR	=1 : 4
EB	=3 : 5	EA	=8	EBPer	=N/A	SumC′ : WSumC	=2 : 5	a : p	=3 : 4
eb	=4 : 7	es	=11	D	=-1	Afr	=0.14	Food	=0
		Adj es	=7	Adj D	=0	S	=3	SumT	=0
FM	=2	SumC′	=2	SumT	=0	Blends : R	=9 : 16	Human Cont	=5
m	=2	SumV	=1	SumY	=4	CP	=0	Pure H	=1
								PER	=2
								Isol Indx	=0.25

a : p	=3 : 4	Sum6	=9	XA%	=0.75	Zf	=14	3r+(2)/R	=0.56
Ma : Mp	=0 : 3	Lv2	=0	WDA%	=0.80	W : D : Dd	=13 : 2 : 1	Fr+rF	=2
2AB+Art+Ay	=3	WSum6	=23	X-%	=0.25	W : M	=13 : 3	SumV	=1
Mor	=5	M-	=0	S-	=0.25	Zd	=-2	FD	=4
		Mnone	=0	P	=5	PSV	=2	An+Xy	=3
				X+%	=0.44	DQ+	=6	MOR	=5
				Xu%	=0.31	DQv	=0	H : (H)+Hd+(Hd)	=1 : 4

PTI=1	DEPI=6*	CDI=4*	S-CON=9*	HVI= No	OBS= No

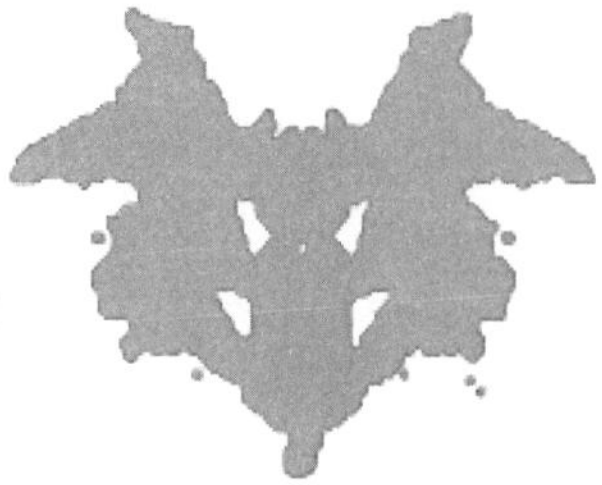

I

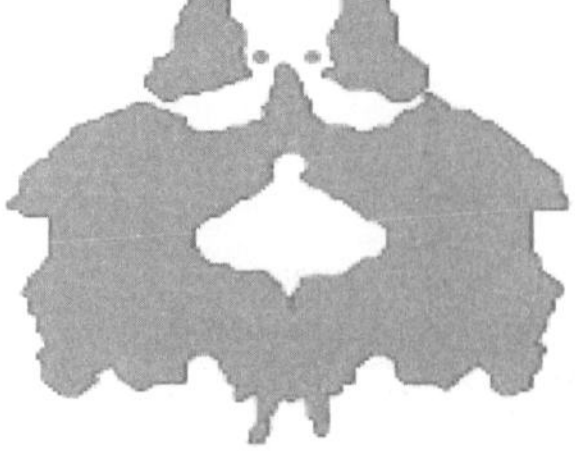

II

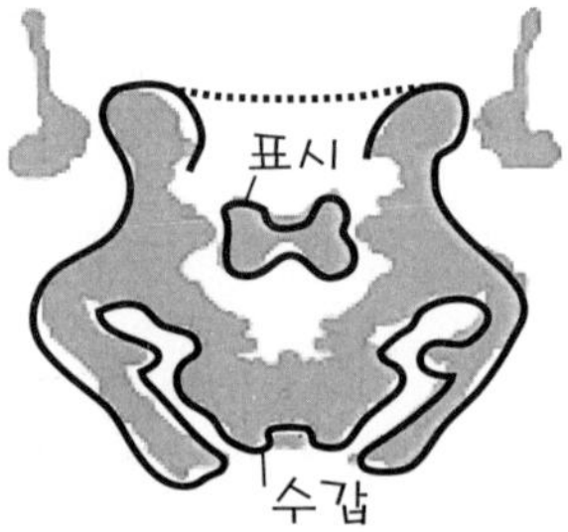

III

IV

V

VI

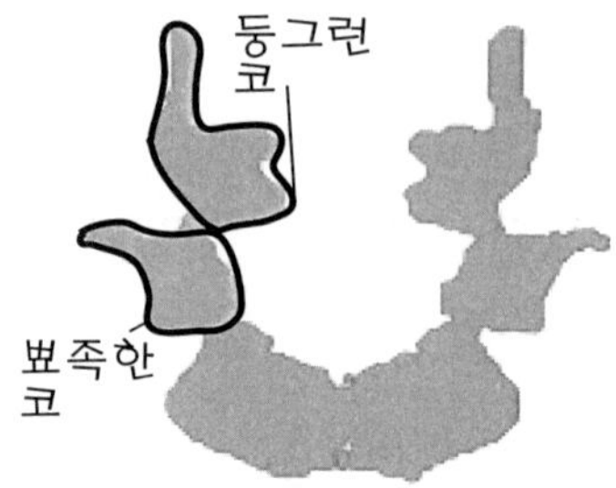

VII

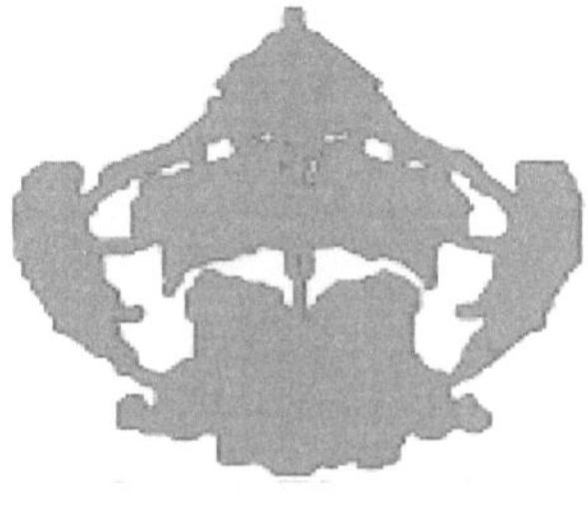

VIII

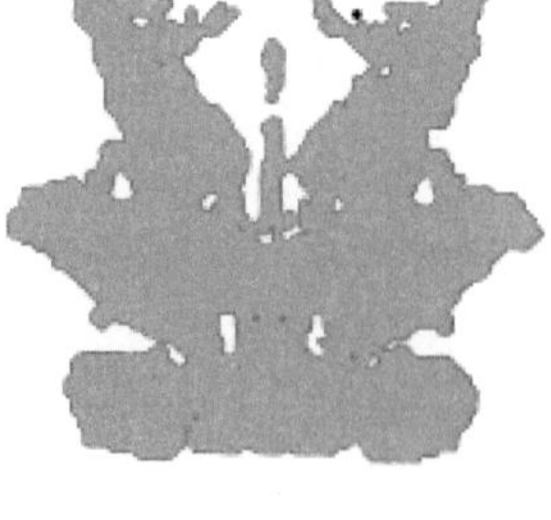

IX

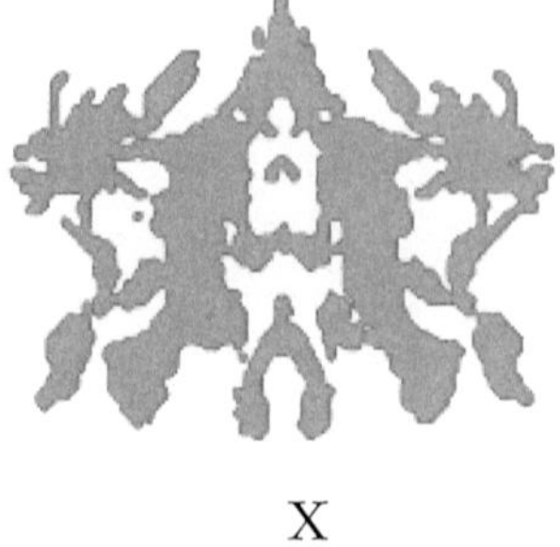

X

VI. 성격장애, 정신분석학, 로샤

15
대상관계의 로샤평가
성격장애

임상가와 연구자는 성격장애를 포함한 모든 정신병리의 발달 및 발현에 대상관계 문제가 매우 중요함을 잘 인식하고 있다. 이와 함께 로샤검사 연구자들(Blatt, 1990; Lerner, 1998; Mayman, 1967)도 내면화된 대상관계 및 자기(self)와 외부 대상 간의 관계의 구분을 중요하게 여기면서 내적 대상관계 개념 혹은 Sandler와 Rosenblatt (1962)이 "표상 세계"(representational world)라고 명명했던 것에 관심을 갖게 되었다.

Melanie Klein은 내적 대상을 무의식의 내용으로 여겨야 한다고 제안하면서, 자기와 대상 간의 내적 관계에 대한 연구의 개념적 기초를 다졌다. Klein(1926, 1927)은 자신이 수행한 아동 분석을 기초로 하여 내적 대상의 개념을 소개하였다. 즉, 내적 대상을 부모에 대한 내적인 공상적 심상(inner fantasy images)이라고 설명하였다. 프로이트(1917)는 『애도와 멜랑콜리(*Mourning and Melancholia*)』에서 어떻게 상실된 실제 대상이 점차로 내적 실재로 변화되는지에 대해 설명하였는데, Klein은 "실제 상실이 일어나지 않을 때도 공상적 대상의 내적 세계는 심리적 세계 속 어디에나 존재하는 힘이

Paul M. Lerner / Private Practice, Camden, Maine

었다."라고 지적하면서 프로이트의 이러한 개념화를 확장시켰다(Brown, 1996, p. 23).

Fairbairn(1952)은 내적 대상의 개념화와 관련된 Klein의 의견을 여러 가지 중요하고도 독특한 방법으로 확장시켰다. Grotstein(1991)이 지적했듯이, "정신내적 구조들과 그것들 사이의 관계에 대한 그의 개념은 Klein의 이론을 포함한 내적 대상의 구조와 기능에 대한 다른 이론들과 부합하지만, 새로운 것들을 알려 준다."(p. 37) 또한 Grotstein은 Fairbairn(1952)이 내적 세상으로 이루어져 있는 구조들(즉, 내적 대상)과 그 기능을 설명함으로써 지금까지 이해하기 어려웠던 Klein 개념들 중 몇 가지를 설명했다는 사실을 지적하고 있다.

Klein과 Fairbairn의 선구적인 저작들 이후로, 내적 대상 세계를 구성하고 있을 것이라고 여겨지는 여러 특성들을 소개하기 위해 엄청난 양의 용어들이 소개되어 왔다. 그 중 일부를 소개하면, 자기 및 대상 표상(self and object representations), 내적 대상(internal objects), 내사물(introjects), 동일시(identifications), 자기-대상(Self-objects), 자폐적 대상(autistic objects), 공생적 대상(symbiotic objects), 선한 대상(good objects), 악한 대상(bad objects)이다. Brown(1996)은 그의 논문「표상적 세상에 대해 제안된 인구통계학(A Proposed Demography of the Representational World)」에서 이러한 여러 개념들의 조직, 상호 관계, 위치 등에 대한 전체적인 조망을 제안하였다.

다음의 논의에서는 먼저 대상표상 개념을 정의하고 설명하기 위해 Brown의 표상적 세상의 인구통계학적 분석을 살펴볼 것이다. 그다음에는 다섯 명의 로샤검사 연구자들의 작업을 논의할 것인데, 그들 각각은 다양한 환자집단의 대상관계를 연구하기 위해 대상표상 개념을 사용해 왔다. 이들의 작업을 여러 사람들이 개발해 온 연구 척도와 함께 살펴보면서 성격장애 환자들과 관련된 연구 결과들도 함께 논의할 것이다.

내적 대상관계

Kernberg(1976)와 Ogden(1983)은 무의식적 자기표상 및 대상표상으로 이루어진 내적 대상관계의 기본단위(unit)가 정신 구조의 본질적인 요소들을 구성한다는 사실에 동의하였다. Brown(1996)은 Kernberg와 Ogden의 작업과 좀 더 최근에 쓰인 Hamilton(1995)의 글을 통합하면서 다섯 개의 내적 대상관계 기본단위를 서술하였다.

첫 번째 특성은 자기 및 타인 표상 간의 분리(Separateness) 정도를 포함한다. 연속선의 한쪽 극단에는 자기와 타인 사이의 분화가 거의 존재하지 않으며, 이와 반대로 다른 쪽 극단에는 자기 및 타인 표상 사이에 명확하고 확고한 구분이 존재한다. 특히 Mahler(1968)는 자기와 대상이 점진적이고 연속적으로 분화되는 단계를 설명하였다.

Kernberg(1982)가 강조한 두 번째 특성은 자기표상과 타인표상 간의 정서적인 연결이다. 내적 대상관계 기본단위에서 자기를 대상과 연결하는 정서적인 끈은 긍정적이거나 부정적일 수 있으며, 해가 없거나 있을 수 있고(Blatt, Tuber, & Auerbach, 1990), 명확하거나 혼란스러울 수 있으며, 신체화되어 있을 수도 있고(Krystal, 1988), 존재하지 않을 수도 있다.

세 번째 특성은 표상의 인지적 수준이다. Blatt(1974)은 이 차원에 대해 광범위하게 설명하고 있는데, 그는 정신분석적 대상관계 이론을 Piaget와 Werner의 발달 이론과 통합하는 그의 논의에 기초하여 표상이 모호하게 퍼져 있는 상태, 혹은 쾌와 불쾌의 감각운동적 경험으로 시작해서, 점차 자기와 대상 세상에 대해 잘 분화되어 있고 일관적이며, 비교적 현실적인 표상으로 어떻게 확장되고 발전되어 가는지를 설명한다. Blatt에 따르면, 표상의 초기 형태는 욕구 만족을 위한 일련의 행동에 근거한다. 또한 표상의 중간 형태는 명확한 지각 및 기능적 특징 등에 근거하며, 좀 더 발전된 형태의 표상은 상징적이고 개념적이다.

네 번째 특성은 각각의 내적 대상관계 기본단위와 연결되어 있는 자아 기능의 수준이다. 예를 들어, 어떤 기본단위들은 강한 퇴행적 요소를 가질 수 있는데, 이는 자기와 타인 간 경계의 견고성 및 현실에 대한 충실성으로 확인될 수 있다. 이러한 측면은 방어 과정에 주의를 기울이지 않고도 각각의 기본단위 안에서 의미가 어떻게 만들어질 수 있는지 설명해 줄 뿐만 아니라, 내적 대상들은 그들만의 마음을 갖고 있다는 Ogden의 주장을 명확하게 해 준다.

Brown(1996)이 제안하고 있는 다섯 번째이자 마지막 차원은 정신적 표상의 기능적 측면이다. 이것은 정신적 표상이 개인의 성격 안에서 담당하는 정신적 기능에 대한 언급이다. 예를 들어, 그것들은 스스로의 감정을 누그러뜨리고, 초자아의 역할을 강화시켜 주며, 한 개인의 정체감을 강화시켜 주는 역할을 할 수 있다.

Brown(1996)은 대상관계 기본단위에 대한 다섯 가지 차원을 설명한 후에, 내적 대상관계 기본단위의 네 가지 일반적인 층위 또한 기술하고 있다.

첫 번째 층은 '자폐적 대상들과 관련된 자기'로 언급된다. 이 용어는 "대상이 의지하고 있는 일차적인 감각 경험을 나타내기 위해 사용되며, 이는 표피로 둘러싸여 있는 자기를 최초로 정의하기 위한 시도로 볼 수 있다."(p. 31) Grotstein(1987)은 자폐적 대상이 향후 자기 발달의 기초가 될 수 있는 '감각의 땅'을 어떻게 제공하는지 논의하였다. Brown의 용어인 '자폐적 대상'은 감각적 대상(sensation object; Tustin, 1981), 단단한 대상(hard object; Tustin, 1984), 전조적 대상(precursor object; Gaddini, 1975) 그리고 혼합적 대상(confusional object; Tustin, 1981)과 같은 다른 관련 개념들을 포함한다.

발달적으로 좀 더 상위에 있는 두 번째 층은 공생적 대상과 관련된 자기다. Mahler, Pine과 Bergman(1975)에 따르면, 영아는 생후 2개월에 욕구를 충족시켜 주는 대상에 대해 인식하기 시작하면서 공생적 단계로 들어간다. 타고난 자극 장벽에 금이 가기 시작하고, 감각적 말단으로 정신적 에너지가 이동하면서 영아는 마치 영아와 어머니가 공통적인 보호 장벽으로 둘러싸인 하나의 전능한 이중적 단일체(dual unity)로 융합된 것처럼 행동하고 기능한다. 공생적 대상은 '안전한 배경'(Sandler, 1960)을 제공하며, 이를 통해 아동은 점차적으로 분리되고 개별화되어 간다. Kohut(1977)은 이후에 공생적 대상과 비슷한 방식으로 발달에 사용되는 자기-대상관계의 한 유형을 설명하고 있다. 즉, 그 관계 유형 속에서 자기는 대상과 융합하게 되는데, 이는 자기 응집성에 대한 감각을 유지하고 분열을 막기 위한 것이다.

대상관계의 세 번째 층은 내적인 이행 대상과의 관계 속에서의 자기다. 이것은 "한 대상과의 관계 속에서 자기가 존재하는 방식"을 언급하는데, "그 안에서 자기와 대상은 결합되는 동시에 분리된다."(Brown, 1996, p. 37) 이러한 관계 유형은 Mahler 등(1975)이 공생적 관계로부터 '부화하는' 것으로 묘사한 것이나, Klein(1957)이 '우울한 위치'(depressive position)에서 발생하는 것이라고 설명했던 것과 비슷하다. 여러 저자들(Kernberg, 1976)은 내적인 이행 대상을 설명하기 위해 '내사'(introject)라는 용어를 소개하였다.

마지막 층인 대상표상과의 관계 속에서의 자기는 정신적 표상의 가장 높은 수준, 즉 표상적 세계 형성의 정점을 나타낸다. 여기에서 대상표상들은 진정한 상징들이다. 즉, 그들은 개념적 수준에서 잘 분화되어 있고 현실적인 방식으로 외적 대상을 표상한다. Brown(1996)은 다른 저자에 비해 더 협소한 의미로 '대상표상'(object representation)이라는 용어를 사용하고 있는데, Blatt(1974), Kernberg(1976) 그리고 Mayman(1967) 등은 모든 수준에서의 정신적인 표상을 포괄하는 훨씬 더 넓은 의미로 이 용어를 사용한다.

학술적 척도와 연구들

여기에서는 로샤검사를 사용하여 대상표상이라는 구성개념에 대한 체계적인 연구에 기여해 온 다섯 저자들의 연구들을 개관할 것이다.

Mayman의 연구

로샤검사의 실시 및 연구에 좀 더 현상학적이고 대상관계적 차원을 제기한 진정한 선구자는 Mayman이었다. Mayman(1967)은 Jacobon과 Erickson이 이론에, 그리고 Schachtel이 검사에 기여한 내용을 통해 대상표상을 주형(template) 혹은 자기와 타인에 대한 지속적인 내재화된 심상으로 개념화하였는데, 그 주변에서 현상학적 세계가 구조화되며, 그 속으로 타인에 대한 새로운 경험들이 동화된다고 하였다. Mayman은 로샤검사의 내용이 꿈이나 초기 기억의 명백한 내용과 같이 무의식적 의미의 깊고 심오한 수준을 감추면서도 암시하는 윤색된 스크린 그 이상이라고 주장하였다. 그러한 반응 내용들은 그 자체만으로도 자아 기능의 수준, 대상관계에 대한 상대적인 역량, 그리고 대인관계 갈등의 특성 등을 반영할 수 있다고 그는 주장하였다.

Mayman(1967)에 따르면, "그러한 비구조화된 조건하에서 나타나는, 한 사람이 가장 쉽게 접근할 수 있는 대상표상들은 대상과 관련된 내적 세계 및 이러한 내적 대상과의 관계 질에 대해 많은 것을 말해 준다."(p. 17)

Mayman(1967)은 다음의 질문들에 대답하려는 목적으로 로샤 반응의 내용을 평가할 수 있는 여러 차원들을 설명하였다.

> 각 사람들은 잉크반점으로 만들어진 환경 속에서 어떤 종류의 세계를 재창조하는가? 어떤 종류의 생물 및 무생물 대상들이 마음속에 가장 쉽게 떠오르는가? 사람들과 사물들이 어떤 방식으로 그 자신을 둘러싸는가? 예를 들어, 그는 사람이 없는 무생물을 대상으로 이루어진 세계를 구성하는가? 만약 그렇다면, 어떤 대상들이 그에게 특히 중요한가? 그 대상들이 세계에 작용하는, 혹은 대상들을 통해 작용되는 특정한 상태를 암시하는가? 예를 들어, 그 대상이 치아 관련 장치인가? 아니면, 남근을 상징하는 침투적인 대상인가? 부패하거나 기형적인 대상인가?(p. 17)

Mayman은 로샤 반응에서 심리성적 발달 수준이나 인간과의 관련성에 초점을 맞추는 것 외에도, 분리나 상실과 관련된 한 개인의 취약성에 대한 표현뿐 아니라 타인에 대한 서술에 갈등이나 분노가 어느 정도로 스며들어 있는지를 함께 고려하였다.

또한 Mayman(1977)은 로샤검사에서의 인간반응을 하나의 창문으로 보았으며, 그 창문을 통해서 "타인과 공감적 관계를 형성할 수 있는 개인의 역량"에 대한 "중요하고 개인적인 의미"(p. 244)를 발견할 수 있다고 하였다.

이러한 이론적 개념 및 투사적 검사에 대한 임상적, 공감적, 직관적인 접근에 기초하여 이루어진 한 초기 연구에서, Mayman(1967)은 Menninger 심리치료 연구 프로젝트에 사용된 로샤 기록들을 선택하여 각각의 기록으로부터 '내용 파편들'에 대한 축어록 군집을 추출하였으며, 이 기록들이 자기표상, 대상표상 그리고 갈등표상을 반영한다고 간주하였다. 모든 환자들은 광범위한 임상적 변인들뿐 아니라 건강-질병 평정 척도(Health-Sickness Rating Scale; Lubersky, 1962)를 통해 다시 한번 평가되었다. 건강-질병 척도는 건강과 질병 차원의 일반적 설명과 더불어 척도 점수를 평정할 수 있는 짧고 다양한 사례에 대한 설명으로 이루어져 있다. 또한 Mayman은 치료 전에 실시된 로샤검사로부터 얻어진 표상 내용에만 근거하여 정신병리의 정도를 조사하였다. Mayman은 형태 수준이나 결정인 등과 같은 기존의 로샤 점수들에 대한 모든 자료는 없앤 후에, 대학원생 및 실습생들에게 각 환자들의 로샤 반응에 그들이 '몰입하도록', 환자의 내적 세계를 상상하도록, 그리고 표상적 내용에 내재하는 정신병리의 정도를 평정하도록 요구하였다. Mayman은 이렇게 상대적으로 경험이 없는 사람들의 판단을 통해서 다른 독립적인 정신과적 평가에 근거한 평정치를 성공적으로 예측할 수 있음을 발견하였다($r=.86$). 가장 중요한 것은, 로샤 내용에 대한 대상관계적 접근이 정신병리에 대한 독립적인 평정과 유의미하게 관련되어 있음을 Mayman이 보여 주었다는 것이다. 그는 또한 상대적으로 경험이 없지만, 임상적 방법론으로 훈련을 받은 평정자들이 연구에 중요한 기여를 할 수 있다는 것을 보여 주었다.

Mayman의 로샤 연구에 대한 본질적인 기여는 그 이후로 다수의 대상표상 척도들과 개념을 정교화한 구성타당도 연구들을 양산했다는 것이다(Urist, 1973). 또한 주제 분석을 통한 대상표상의 분석을 꿈(Krohn, 1974), 자전적 자료(Urist, 1973), 통찰 지향적 심리치료를 통해 유익을 얻을 수 있는 개인의 역량을 평가하는 연구(Hatcher & Krohn, 1980; Ryan, 1973)에 이르기까지 확장시켰다. 발달적 연속선 위에서 대상표상의 수준을 평가하도록 고안된 다른 척도들도 꿈, 로샤검사, 초기기억 그리고 건강-질병 척도 등을 포함한 다양한 자료들과 비교되고 적용되었다(Krohn & Mayman, 1974). 종합하면, 이러한 연구들은 주제 내용에 대한 집중된 관심, 공감과 직관의 역할을 강조했던 Mayman만의 고유하고 뛰어난 투사적 검사에 대한 임상적 접근, 그리고 그의 정신분석 이론과 관련된 변인들에 대한 평생의 관심 등을 반영한다.

상호 자율성 척도

Urist(1973)는 Mayman의 임상적 방법론을 따르면서, Kernberg와 Kohut의 이론적 개념들을 통합하였다. 그는 대상표상 개념들의 다차원적인 질적 측면들을 성인 입원 환자 40명의 로샤 평정치들과 관련지어 조사하였으며, 자전적 기록에 대한 독립적 평정을 포함하여 넓은 스펙트럼의 정신병리 환자들을 대상으로 조사하였다. Urist가 개발한 특정 척도들은 상호 자율성, 신체 통합성, 활동성, 융합, 사고장애, 부유함과 복잡성 그리고 분리-개별화 등을 포함한 다수의 중복되는 차원에 따라 전개되는 대상관계 발달 단계의 순서를 반영한다. Urist는 여러 대상관계 측정치들(로샤 평정치와 자전적 기록들) 간의 유의미하게 높은 상관을 발견했으며, 이러한 높은 상관을 자기 및 타인 표상이 다양한 상황에 걸쳐서 얼마나 일관적으로 나타나는지를 보여 주는 것이라고 해석하였다.

또한 Urist(1973)는 대상관계가 단일 차원의 자아 기능이 아니라는 것을 보여 주었다. 그는 요인 분석을 통해 관련되어 있지만, 구분되는 두 가지 종류의 구조적 기초들이 있음을 보여 주었다. 그것은 자기와 타인 간의 분리, 안정성, 일관성과 관련된 '통합 요인' (integrity factor), 그리고 다른 하나는 융합 경향에서의 발달 단계 및 자기와 타인 혹은 한 대상과 다른 대상 간의 경계에 대한 개념적인 감각을 유지하지 못하는 사고장애 발달 단계와 관련된 '경계 요인' (boundary factor)이다.

이 연구에 기초하여, Urist(1977)는 '상호 자율성(Mutuality of Autonomy: MOA) 척도' 를 개발하였다. MOA 척도는 로샤검사의 심상을 통해 어머니와의 관계 속에서 변화하는 아동의 자기감 변화를 평가하는 척도다. MOA 척도는 로샤검사의 반응 내용에서 표현된 모든 관계(인간, 동물, 자연적 힘 등의 관계)에 적용된다. 일련의 척도 점수들은 분리된 범주로 간주되지 않으며, 발달의 연속적이고 일관된 방향에 따라 분화하는 것으로 간주된다. 이 척도의 낮고 원초적인 극단에서는 미분화된 신체부분과 공생적인 융합의 주제를 반영하는 로샤 심상들이 발견된다. 다음으로 높은 단계에서는 자기와 어머니에 대한 아동기 경험과 관련된 주제들이 발견되는데, 이는 그 혹은 그녀 각자의 몸에 대한 물리적 소유권을 갖는 주제를 포함한다. 하지만 몸은 타인의 통제 아래에서 감각된다.

세 번째 단계에서는 반사 주제들이 발견된다. 여기에서 아동의 관계성은 자신의 욕구 상태의 확장으로 간주되는 타인을 포함한다. 분리의 표지들은 네 번째 단계에서 나타나지만, 의존적 심상의 우세함은 주로 욕구 충족적인 의미에서의 대상관계를 보여 준다. 더 높은 척도 점수는 대상 항상성을 지향하는 움직임을 나타내는데, 이는 점차적으로 타인을 분리되어 있고 그들만의 가치를 지닌 존재로 간주한다는 것을 의미한다. 가장 높은 단계는 공감 능력, 즉 타인의 상호 자율성을 존중해 주면서 타인의 주관적 세계에 들어갈 수 있는 역량을 포함한다. 결국 이 척도는 다음의 일곱 가지 상향적 점수들로 구성되는데, 그것은 포함-결합(envelopment-incorporation), 마술적 통제-강압(magical control-coercion), 반사-반영(reflection-mirroring), 의탁-의존(anaclitic-dependent), 단순한 상호작용(simple interaction), 협조-협동(collaboration-cooperation) 그리고 호혜-상호성(reciprocity-mutuality)이다.

Urist(1977)는 초기 연구에서 이 척도를 광범위한 정신병리 수준을 보이는 환자 60명의 로샤 기록에 적용하였다. Urist는 대상관계에 대한 독립적인 측정치로서 치료자 평정 및 다른 임상적 평정을 사용하여 MOA 척도가 여타의 평정치들과 유의미한 상관을 보인다는 사실을 발견하였다.

로샤 기록 전체에 이 척도를 적용했던 첫 번째 연구와는 대조적으로 Urist와 Shill(1982)은 훨씬 더 엄밀하게 발췌된 일부 로샤 반응, 즉 관계가 포함된 반응(예: "차에 치인 고양이")에만 이 척도를 적용하였다. 이 연구에서 대상관계에 대한 독립적인 평정치들은 다양한 진단을 보이는 청소년 입원 및 외래 환자 60명의 임상 기록을 대상으로 MOA 척도의 임상적 버전을 적용함으로써 얻어졌다. 저자들은 로샤 및 신뢰할 수 있는 다른 기록들로부터 얻어진 척도 점수들 사이에서 유의미한 상관을 발견하였다.

Harder, Greenwald, Wechsler와 Ritzler(1984)는 MOA 척도가 복합 증상-차원 평정척도 및 DSM-III(APA, 1980) 진단기준에 기초한 독립적인 진단 평가를 통해 측정한 정신병리 평정치와 유의미하게 관련되어 있음을 발견하였다. 네 개의 로샤 카드만으로 평가된 평균 MOA 척도 점수는 정신분열증, 기분장애 그리고 비정신증적 장애 간에서 차이를 보였다. 더 심각한 정신과적 장애일수록 더 좋지 않은 MOA 척도 점수를 보였다.

Blatt 등(1990)은 오랜 기간 동안 입원 치료 시설에서 강도 높은 치료를 받고 있는 청소년 및 젊은 성인 환자들로 이루어진 집단을 대상으로, MOA 척도 점수가 임상 증상과 사고장애 존재 유무에 대한 독립적인 평정치와 유의미하게 관련되어 있음을 보고하였다. 하지만 예상 외로 MOA 척도는 사회적 행동 및 대인관계에 대한 독립적인 평정치와는 관련되어 있지 않았다. 이러한 결과 패턴에 따라 저자들은 이 척도가 대상관계를 우선적으로 평가하는 것인지, 아니면 정신병리의 전반적 수준을 평가하는 것인지에 대해 의문을 가지게 되었다.

이 저자들이 제기한 의문은 매우 중요하지만, 그것은 매우 복잡한 문제다(Lerner, 1998). 그럼에도, MOA 척도가 대상관계의 측정치라는 사실을 지지하는 더 최근의 연구가 있다. 57명의 DSM-IV 진단이 내려진 외래 환자들을 대상으로 Ackerman, Hilsenroth, Clemence, Weatherill과 Fowler(2001)는 MOA 척도와 사회 인지 및 대상관계 척도(Social Cognition and Object Relations Scale: SCORS) 간의 수렴타당도를 조사하였다. SCORS는 7점으로 채점될 수 있는 8개의 변인으로 이루어져 있다. 로샤 반응에 적용하는 MOA 척도와는 다르게 SCORS는 주제 통각 검사(TAT) 이야기에 적용된다. 그 결과, 두 척도 점수 간의 수렴타당도를 지지하는 증거가 발견되었다. 예측한 대로, SCORS에서의 더 높은 점수(인자한-건강한)는 MOA 척도의 수준 1 점수와 유의미하게 관련되어 있었다. 예를 들어, SCORS에서 관계에 대한 긍정적 기대를 가지고 있다고 평가된 사람은 MOA 척도에서도 자기-타인 대상표상이 더 많이 분화되어 있는 것으로 나타난다.

간단히 요약하자면, MOA 척도는 여러 정신과적 집단 간을 변별하는 데 효과적이었으며, 정신병리, 임상 증상, 대상관계에 대한 독립적인 평정치들과 관련이 있었다. 하지만 MOA 척도가 대상관계를 우선적으로 평가하는지, 아니면 전반적인 정신병리의 심각성을 평가하는지에 대한 의문이 제기되었다. Lerner(1998)가 지적했듯이, 이것은 복잡한 질문인데 이 변인들은 서로 얽혀 있기 때문이다. 그럼에도 MOA 척도는 임상적으로나 연구상에서 좋은 도구인 것 같다. 이 도구를 사용한 더 많은 연구를 통해 이 척도가 종합체계에 대해 추가적인 정보를 제공하는지, 또한 전형적인 DSM-IV에 따르는 범주 이상의 정신병리를 평가할 수 있는지에 대한 검증이 이루어져야 할 것이다.

다음으로, MOA 척도를 성격장애 집단에 적용한 여러 연구들을 살펴보고자 한다. Spear(1980)는 Kernberg(1975)의 작업을 기초로 경계선 환자들의 두 가지 다른 유형, 즉 강박-편집증적 경계선 환자와 유아-히스테리 경계선 환자 간의 차이를 살펴보았다. 또한 Spear와 Sugarman(1984)은 경계선 환자의 이 하위 유형 및 정신분열증 환자를 대표하는 집단의 로샤 기록에 MOA 척도의 수정된 버전을 적용하여 다음과 같은 결과를 얻었다. MOA 척도 점수가 두 군의 경계선 집단을 서로 구분시켜 주며, 유아-히스테리 경계선 환자 집단을 정신분열증 환자 집단과 구분한다는 사실을 발견하였다. 특히 유아-히스테리 경계선 환자들은 더 높은 수준의 대상관계 수준에서 기능하며 강박-편집증적 경계선 환자들은 더 낮은 수준, 즉 정신분열증 환자와 비슷한 수준에서 기능한다는 사실을 발견하였다.

Blais, Hilsenroth, Fowler와 Conboy(1999)는 DSM-IV에 입각하여 경계선 성격장애로 진단된 대학생 외래환자 집단을 대상으로 연구하였다. 그들은 MOA 척도를 포함한 다양한 정신분석적인 근거를 지닌 평가 방법들을 사용하여, MOA 척도의 임상적 평정치가 경계선 증상과 유의미하게 관련되어 있는 유일한 평정치라는 사실을 발견하였다. 뿐만 아니라, 연구자들은 MOA 척도가 불안정한 대인관계와 자살행동을 포함한 DSM-IV 경계선 성격장애 진단기준과 연관되어 있음을 발견하였다.

MOA 척도의 이론적 기초 및 대상관계와 관련된 다른 로샤 측정치들은 성인집단에 적용하기 위해 고안되었지만, MOA 척도는 성격장애를 지닌 아동을 대상으로 한 연구에서도 상당한 관심을 받아 왔다.

Coates와 Tuber(1988)는 성 정체감 장애로 진단된 14명의 남자 아동의 내적 대상세계를 탐색하고 설명하기 위해 MOA 척도 점수를 사용하였는데, 각각의 아이들은 로샤검사에서 상호적인 지각 개념 간에 유의미한 불균형이나 파괴를 가리키는 MOA 척도 점수를 적어도 하나 이상 보였다. 이들은 긍정적인 상호 작용을 보여 주는 반응을 11개 보였는데, 그중 9개 반응이 여자를 포함하고 있었다. 이와 대조적으로 부정적으로 채점되는 34개의 반응을 보였는데, 단 1개만이 여자를 포함했으며, 나머지 33개는 남자를 포함하고 있었다. 종합하면, 이들은 여자에 대한 이상화, 그리고 남자에 대한 부정적인 관점을 포함하는 명확한 패턴을 보여 주고 있다. 연구자들은 이러한 패턴을 다음과 같이 해석하였다. 즉, 성 정체감 장애를 지닌 아이들은 자신의 분노로부터 어머니를 보호하기 위해서 어머니와 강한 내적 유대를 유지하고자 한다는 것이다. 비록 아이들이 나타내는 분노의 원천은 자료만을 통해서는 알기 힘들지만, 이론적으로 볼 때, 아이가 감지하는 어떤 단계에서 어머니가 그 아이를 여성화시켰다는 것을 추측할 수 있을 것이다.

추후 연구에서 Tuber와 Coates(1989)는 성 정체감 혼란을 보이는(gender identity disturbed) 26명의 남자 아이들의 로샤 기록을 18명의 통제집단과 비교하였다. 그 결과, 성 정체감 혼란장애 피험자들은 MOA 척도로 판단할 때 통제집단에 비해 유의미하게 더 많은 부정적 상호작용 반응을 보였다. 즉, 통제집단은 MOA 척도 점수에서 긍정적인 방향의 중간값을 보인 반면, 성 정체감 혼란장애 피험자들은 부정적인 방향의 MOA 척도 중간값을 보였으며, 통제집단에 비해 혼란스러운 MOA 척도 점수 분포를 보였다.

Goddard와 Tuber(1989)는 분리불안장애에 대한 DSM-III-R 진단기준에 해당하는 남아집단이 인구통계학적으로 비슷한 통제집단에 비해 MOA 척도 점수에서 유의미하게 더욱 혼란스러운 수준의 평균값을 보인다는 사실을 발견하였다. Tuber(1992)에 따르면, "분리불안장애 아동들이 타인에게 매달리는 행동 증상과 매달리고 의존적인 MOA 반응 사이에 명백한 일관성이 존재하며…… 이는 내적 표상과 겉으로 드러나는 행동 사이에 중요한 연결점을 시사"(p. 185)한다.

Thomas(1987)는 다음 세 개의 임상집단들, 즉 DSM-III에 따라 주의력결핍 과잉행동장애 진단을 가진 아동들, 주의력결핍 과잉행동장애와 경계선 성격장애 진단을 모두 가진 아동들, 그리고 경계선 성격장애 진단을 가진 아동들의 MOA 척도 점수를 비교하였다. 그 결과, 세 개 집단 모두에서 부정적인 MOA 척도 점수가 빈번히 나타남을 발견하였다. 또한 흥미롭게도 주의력결핍 과잉행동장애 진단을 지닌 두 집단의 아동들은 부정적인 범위의 점수 비율이 경계선 성격장애 집단에 비해 더 높았다.

Meyer와 Tuber(1989)는 상상의 친구를 지닌 4~5세 아동들의 MOA 척도 점수를 조사하였다. 상상의 친구 현상은 공상 속에 존재하는 표상과 '실제' 동료의 두 가지 기능을 모두 담당하기 때문에 대상관계 및 대상표상을 연구하는 사람들의 관심을 끌었다. 먼저 연구자들은 이러한 아동들의 로샤검사 결과를 Ames, Metraux, Rodell과 Walker(1974)가 제공한 비슷한 나이의 아동 규준과 비교하였다. 상상의 친구를 지닌 집단의 로샤 반응에는 규준집단에 비해 다섯 배나 많은 인간운동반응이 포함되어 있었으며, 동물운동반응도 네 배나 많았고, 무생물운동반응은 여덟 배 많았다.

Meyer와 Tuber(1989)는 다음으로 그들의 대상관계 특성을 더 자세히 이해하기 위해서 상상의 친구를 가진 집단의 전체운동반응에 MOA 척도를 적용한 결과, 인간, 동물 혹은 무생물의 운동반응의 MOA 척도 점수에서 유의미한 차이를 발견하였다. 인간 내용을 포함한 점수들은 대체로 긍정적이고 상호호혜적인 특성을 보였으며, 동물운동반응에서는 통제하거나 위협적인 상호 작용 반응이 훨씬 두드러졌다. 뿐만 아니라, 공격적이거나 매우 폭력적인 상호작용을 포함하는 MOA 척도 반응은 무생물운동반응에서만 나타났다. 이러한 반응패턴에 대한 결과로부터 추론해 보면, 상상의 친구를 가진 아동들은 관계에서 느껴지는 심한 갈등에 거리를 두고, 다른 것으로 대치하며, 자기 것이 아니라고 부인하는 등의 경향이 있다는 사실을 알 수 있다. Nagera(1969)와 Fraiberg(1959)의 글을 고려해 본다면, '좋은' 사람과 '나쁜' 동물 및 무생물 반응 간의 두드러진 이분법은 "상상의 친구가 '좋은' 자기표상을 유지하면서 '나쁜' 자기표상은 거부하는 수단으로 작용한다." (Meyer & Tuber, 1989, p. 166)는 사실을 반영한다.

요약하면, MOA 척도는 아동 성격의 정상적이고 병리적인 측면의 중요한 특징들을 설명하는 데 유용하다고 볼 수 있다. 또한 성 정체감 혼란, 분리불안 및 주의력결핍장애 아동들이 지닌 내적 경험의 중요한 특징들을 명확하게 해주고, 정신과 집단 및 정상 통제집단 간을 변별해 준다. 또한 연구 결과들은 MOA 척도가 상상의 친구를 지닌 아동들의 내적 경험의 중요한 특징들을 설명하는 데 유용하다는 사실을 보여 주었다.

대상개념 척도(Concept of the Object Scale)

Blatt, Brenneis, Schimek과 Glick(1976)은 경계 혼란에 대한 초기 연구에 기초하여 로샤 기록에 나타난 대상표상을 평가할 수 있는 매우 포괄적이고 정교한 매뉴얼을 개발하였다. 이 매뉴얼 체계는 Werner(1940)의 발달 이론 및 자아에 대한 정신분석 이론에 기초하여 인간반응을 '분화(differentiation)' '정교화(articulation)' '통합

(integration)' 이라는 세 가지 발달적 차원에 따라 채점하도록 되어 있다. 각각의 영역 안에서 발달적 수준에 근거하여 연속적인 범주가 결정된다. '분화' 는 지각된 반응 내용의 유형을 언급하는데, 그 대상이 가공부분인간반응((Hd)), 부분인간반응(Hd), 가공인간반응((H)) 그리고 온전한 인간반응(H)인지에 따라 채점된다. '정교화' 차원은 각 반응의 내용을 결정짓는 데 영향을 준 특징의 수와 유형에 따라 채점된다. 반응의 '통합' 차원은 행동이 얼마나 내면적인지, 대상 및 그 행동의 통합 정도, 그리고 다른 대상과의 상호작용에 대한 통합 수준의 세 가지 방향으로 채점된다. 또한 반응들은 긍정적-부정적 내용 차원에 따라 채점된다.

초기의 한 연구에서 Blatt 등(1976)은 이러한 채점 체계를 네 곳의 독립적인 장소에서 20년 동안 얻어진 37명의 정상 피험자들의 로샤 기록에 적용하였다. 이러한 종단적 연구로부터 얻어진 결과들은 로샤검사에서의 인간반응은 발달 수준에 따라 차이를 나타낸다는 사실을 보여 주었다. 좀 더 구체적으로 말하자면, 발달 수준이 높아짐에 따라 잘 분화되고, 정교화되며, 잘 통합된 인간반응의 수가 두드러지게 증가하였다. 또한 반응 대상의 중요한 특징과 일관된 활동을 보이는 반응의 증가 및 건설적이고 긍정적인 상호작용을 보이는 인간 대상 반응의 증가도 관찰되었다.

대상개념 척도는 성격장애로 진단된 환자들을 포함한 광범위한 정신병리에도 적용되어 왔다. Blatt과 Lerner(1983)는 특정 정신장애들의 전형적인 사례로 선택된 환자들의 로샤 기록에 이 척도를 적용하여 분석한 결과, 각 장애의 고유한 대상표상 특징들을 발견할 수 있었다. 또한 로샤검사 기록에 기초한 결과들은 임상적인 예측과 상당한 일치를 보였다.

비편집증적 정신분열증 환자는 로샤 반응에서 부정확한 지각 및 낮은 수준의 분화를 포함한 대상표상을 보였다(예: 온전한 인간반응보다는 가공인간반응). 이 표상들은 부정확하게 표현되었으며, 활기가 없어 보였고, 동기가 결핍된 활동을 나타냈다. 또한 대상들 간의 상호작용이 거의 없었으며, 로샤 반응 내용들은 본질적으로 지루하였다.

경계선 수준의 성격 구조를 보이는 자기애성 환자의 경우, 로샤검사에서 표현된 대상표상은 스트레스가 커지거나 시간이 지남에 따라 점차적으로 악화되었다. 온전하고 정확한 전체인간반응은 부정확하고, 부적절하게 설명된 가공인간반응으로 변해 갔다. 초기 반응들은 피상적이지만 온전한 형태질을 지니고 있었으며, 반응 대상들 간의 관계는 긍정적이고 관습적이었다. 하지만 대상들 간의 행동에는 내적인 경험이 부족했으며, 행동의 원인이 되는 의미가 거의 없었다. 표상이 전체인간반응에서 가공 인간반응 혹은 부분인간반응으로 변화되면서 대상개념의 질도 악화되었다. 또한 반응들은 점차적으로 더 부정확하게 지각되고 부적절하게 조합되었다.

유아적 성격과 의존적 우울 특성으로 진단된 한 환자는 정확하게 지각되고 잘 분화된 표상을 나타냈지만, 이에 대한 설명은 부족하였다. 대상 간의 상호작용도 지각했지만, 대부분 능동-수동 혼합반응을 포함하였다. 즉, 하나의 대상은 취약해 보였으며, 착취하고 거절하며 신뢰하기 어려운 다른 대상과 관계를 맺고 있었다.

깊은 자기 비난 및 죄책감을 보이는 내사적 우울을 지니고, 심각한 자살시도를 했던 한 명의 환자는 높은 발달 수준에 있는 대상표상과 심각하게 손상된 표상 사이에서 심한 변동을 보였으며, 그 안에서 보이는 활동은 파괴적이었고 악한 의도를 가지고 있었다(Blatt, 1974).

마지막으로 히스테리 진단을 받은 한 환자의 대상표상은 정확하게 지각되고, 잘 분화되었으며, 상세히 설명되었다. 하지만 이에 대한 설명은 내적이고 개인적인 이유보다는 피상적인 외적, 신체적 특징에 치우쳐 있었다. 또한 대상 간의 행동이나 동기에 대한 내적 설명이 거의 이루어지지 않았고, 오히려 어떤 일들이 단순히 일어난 것처럼 말하였다.

Blatt과 Lerner(1983)는 전형적인 사례에 대한 이러한 임상 분석에 기초하여 여러 가지 다른 정신병리를 지닌 환자들의 대상표상의 구조와 내용에서 중요하고 일관적인 차이가 존재한다고 결론지었다. 또한 대상표상은 로샤검사의 인간반응에 대한 체계적인 평가를 통해서 타당하게 평가될 수 있다고 결론지었다. 이러한 임상적 발견은 우울(Fibel, 1979), 아편 중독(Blatt et al., 1984) 그리고 거식증(Sugarman, Quinlan, & Devenis, 1982) 환자를 포함한 다양한 임상집단을 대상으로 이루어진 많은 연구에서 구체화되었다.

Blatt과 Lerner(1983)의 작업에 기초하여, 많은 연구자들은 경계선 환자들의 손상된 대상표상을 연구하기 위해 대상개념 척도를 사용하였다. 한 예로, Farris(1988)는 경계선 환자의 로샤 기록과 자기애성 환자의 로샤 기록을 비교하였는데, 경계선 환자들이 자기애성 환자들에 비해 더 낮은 수준의 대상 분화, 정교화, 통합을 보인다는 사실을 발견하였다.

Stuart 등(1990)은 입원한 경계선 환자와 우울증 환자들, 그리고 정상 통제집단의 대상관계를 비교하기 위해 대상개념 척도를 사용하였다. 그 결과, 인간 행동 및 상호작용에 대한 개인의 경험을 평가하는 부분에서 세 집단 간에 차이를 보였다. 또한 연구자들은 대상관계의 인지적인 요소를 정서적인 요소로부터 분리시키고 난 후, 경계선 환자들이 다른 두 집단에 비해 대상관계적으로 복잡한 반응을 더 많이 나타내며, 인간 행동을 상당히 동기화된 것으로 간주하고, 대인관계 경험을 악한 것으로 경험하는 경향이 매우 강하다는 사실들을 발견하였다.

경계선 환자들의 대상표상 손상 수준에 대한 가장 포괄적인 연구는 Lerner와 St. Peter(1984)의 연구다. 그들은 Blatt 척도를 네 집단, 즉 신경증적 장애를 지닌 외래 환자, 경계선 장애를 지닌 외래 환자, 경계선 장애를 지닌 입원 환자, 입원한 정신분열증 환자에게 적용하였다. 그 결과, 로샤검사에서 인간반응에 대한 발달적, 구조적 특성 평가를 통해 알 수 있는 대상표상의 손상 수준은 정신병리의 유형과 심각성 정도가 다른 집단들 사이에서 명확하게 차이가 난다는 강한 지지 증거를 발견하였다.

Lerner와 St. Peter(1984) 연구에서는 흥미롭고 예상치 못했던 결과들도 발견되었다. 연구자들은 피험자들의 반응을 정확하게 지각된 반응과 부정확하게 지각된 반응으로 나누어 살펴보았는데, 정확하게 지각된 반응에서는 대상개념의 발달 수준과 정신병리 심각성 사이에서 부적 상관을 발견할 수 있었다. 즉, 정신병리가 덜 심각할수록, 그 환자의 대상개념의 발달 수준은 더 높았다. 하지만 이러한 부적상관 관계는 부정확하게 지각된 반응들에 대해서는 적용되지 않았다. 놀랍게도, 경계선 장애를 지닌 입원 환자 집단은 부정확하게 지각된 반응에 한하여 분화, 정교화, 통합에서 가장 높은 수준을 보였다. 반응의 정확성은 현실 검증에 대한 질을 보여 주는 지표로 여겨지므로, 이러한 결과들에 따라 연구자들은 현실 검증력과 대상관계 사이의 관련성 관계에 대해 의문을 갖게 되었다. 이후에 그들은 경계선 환자로 이루어진 두 집단의 로샤 기록을 비교하였다.

비록 경계선 장애를 지닌 외래 환자들이 입원한 경계선 환자들에 비해 더 정확한 인간반응을 보였지만, 전체인간반응보다는 가공인간반응을 보이는 경향을 관찰할 수 있었다. 즉, 경계선 장애 외래 환자들은 대상을 정확하게 지각할 수는 있었지만(즉, 온전한 현실검증력), 그들의 지각은 대상에 대한 거리 두기 혹은 비인간화를 동반하였다. 이에 반해, 경계선 장애 입원 환자들은 대상과 거리를 유지하지 못했으며, 그 결과 현실 검증력의 손상을 보였다. 만약 대상에 대해 거리를 두거나 평가절하할 수 있는 능력을 분리와 근본적 평가절하에 대한 방어로, 그리고 대상으로부터 거리를 두거나 평가 절하할 수 있는 능력의 결핍을 이러한 방어의 부재 혹은 실패를 보여 주는 것으로 개념화한다면, 이 결과는 현실검증의 질, 방어 구조의 특성, 그리고 내면화된 대상관계의 구조가 서로 매우 긴밀하게 연결되어 있다고 가정한 Kernberg(1975)의 주장을 지지하는 것으로 이해할 수 있다.

마지막으로 연구자들은 인간반응의 주제를 살펴보면서, 경계선 장애 입원 환자들이 다른 세 집단에 비해 더 많은 악의적 내용을 보였으며, 부정확하게 지각된 악의적 반응 내용을 보인 유일한 집단임을 발견하였다. 개념적으로 생각해 보면, 이 환자들은 내적인 악의적 대상에 대해 방어하지 못하고 그로부터 벗어나는 것도 실패한 것으로 이해할 수 있다.

요약하면, Blatt 등(1976)은 지속적으로 대상표상의 손상 정도를 평가하는 것의 중요성에 대해 주장해 왔으며, 그것은 한 개인이 특정 정신병리로 발전할 수 있는 취약성으로서 중요한 역할을 한다고 제안해 왔다. 그들은 발달 이론 및 자아 심리학을 기초로, 로샤 기록을 이용하여 대상표상을 평가할 수 있는 포괄적인 척도를 개발하였다. 이 척도를 전형적인 사례의 로샤 기록에 적용했을 때, 임상적 예측과 매우 일관적인 결과를 얻을 수 있었다. 경계선 환자와 관련된 연구 결과들을 살펴보면 다음과 같은 여러 가지 흥미로운 결론을 도출해 낼 수 있다. (1) 경계선 환자들의 대상표상은 신경증 환자들이나 자기애성 환자들에 비해 더 많이 손상되었으며, 낮은 발달 수준을 보인다는 일관적인 증거들이 있다. (2) 구조적 관점에서 보면, 경계선 환자들의 대상표상은 정신분열증 환자들의 대상표상과 다르며, 더 높은 발달 수준을 보인다. (3) 주제적 관점에서 보면, 더 심각한 경계선 환자일수록 더욱 악의적인 대상표상이 나타난다.

분리-개별화에 대한 Coonerty 척도

Margaret Mahler의 발달 이론을 로샤검사에 가장 직접적으로 적용한 연구는 Coonerty(1986)의 연구라고 할 수 있다. Coonerty는 Mahler 등(1975)의 설명에 기반하여 분리-개별화 과정의 전분리 단계 및 각 분리-개별화 단계들과 관련된 관심과 쟁점들을 반영하는 로샤 반응을 확인하고 범주화할 수 있는 척도를 개발하였다. 내장 반응들(예: 피, 심장, 폐)과 경계가 없는 반응들(예: 우화적 결합)은 전분리 단계와 관련된다. 융합, 함입, 부화와 관련된 로샤 심상은 분리-개별화 하위 단계 중에서 초기 분화 단계의 관심을 나타낸다고 간주된다. 연습 단계(practicing subphase)와 관련된 주제들은 자기애적 관심과 관련된다. 그러므로 이 단계를 반영하는 로샤 반응은 거울 반응, 짝 반응, 전능함과 관련된 반응 그리고 무의미한 창조 반응을 포함한다. 재접근 단계를 알려 주는 지각 내용은 하나의 존재 혹은 둘 다에게 해를 입히는 분리나 회합을 포함하고 있는 형상, 밀고 당기는 싸움을 하고 있는 형상, 형태가 변하는 형상, 감정이 변하는 형상 그리고 옭아매어 분리되기 힘든 형상 등을 포함한다.

Coonerty(1986)는 이 척도를 대학 병원의 검사 자료에서 얻은 50명의 경계선 환자들과 50명의 정신분열증 환자들의 로샤 기록에 적용하였다. 피험자들은 상세한 심리학적, 의학적, 발달적, 사회적, 정신의학적 과거력 조사를 포함한 초기 선별 검사에 근거하여 DSM-III 진단기준에 부합하는 18~65세의 성인 환자로 이루어졌다. 이 척도는 두 명의 평정자 간에 96%의 일치도를 보이고 있어 신뢰도가 높은 것으로 보인다. 예측된 대로, 정신분열증 집단에 비해 경계선 집단은 분리-개별화 주제들을 반영하는 반응들을 유의하게 더 많이 나타냈으며, 정신분열증 환자들은 더 많은 전분리 반응들을 보였다.

Van-Der Keshet(1988)은 Coonerty의 척도를 거식증 환자, 거식증을 보이는 발레 학생들, 거식증을 보이지 않는 발레 학생들, 그리고 정상 통제 피험자들에게 적용하였다. 거식증 환자 집단은 음식을 제한하는 특징을 보이는 환자들과 폭식 증상을 보이는 환자들로 더 세분화되었다. 이 척도를 사용한 집단 간 비교는 여러 흥미로운 결과들을 보여 주었다. 비록 전분리 척도에서 집단 간 주 효과는 나타나지 않았으나, 분리-개별화 점수에서는 여러 중요한 결과들을 얻었다. 즉, 폭식을 보이는 거식증 환자들은 다른 집단에 비해 유의하게 더 많은 함입 반응을 나타냈다. 거울 반응은 다른 집단보다 거식증을 보이는 발레 학생들에게서 많이 나타났다. 또한 통제집단은 다른 네 집단에 비해 유의한 수준으로 더 적은 수의 재접근 반응을 나타냈다. 이러한 결과들의 전체적인 패턴은 Coonerty 척도의 구성타당도를 확인시켜 줄 뿐 아니라, 이 척도가 특정 임상집단과 관련된 중요한 역동적 특징들을 확인하는 데 유용함을 보여 주는 것이다.

폭식증을 보이는 거식증 환자와 관련된 Van-Der Keshet(1988)의 발견과 일치하는 결과는 Parmer(1991)의 연구에서도 보고되었다. 이 연구에서는 폭식증을 보이는 13명의 여대생들의 로샤 기록에 대해 Coonerty 척도를 포함한 여러 측정치들을 폭식하지 않는 통제집단의 로샤 기록과 비교하였다. 폭식증 환자들은 통제집단에 비해 유의하게 더 많은 분화 단계 반응들, 즉 융합, 함입, 부화의 주제를 나타냈다.

또한 Coonerty 척도는 치료와 관련된 주제의 연구에도 사용되었다. Horner와 Diamond(1996)는 경계선 외래 환자들로 이루어진 집단 심리치료를 중간에 그만둔 환자들과 지속하고 있는 환자들 간에 이 척도 점수를 비교하였는데, 유의미한 차이를 발견하였다. 심리치료를 중간에 그만둔 환자들은 자기애적 주제를 포함한 반응들을 더 많이 보였다. 특히 그러한 반응들은 재접근 주제를 포함한 반응에 비해 네 배 정도로 많이 나타났다. 이와 대조적으로 치료를 지속하고 있는 환자들은 모든 주제에 걸친 반응들을 고르게 보였으며, 자기애적 주제와 높은 수준의 재접근 주제들이 비슷한 비율로 나타났다.

Diamond, Kaslow, Coonerty와 Blatt(1990)은 입원 환자들을 대상으로 실시하는 장기간의 정신역동적 치료에 따른 자기와 타인에 대한 표상의 변화를 평가하기 위해 Coonerty 척도를 수정한 버전을 사용하였다. 저자들은 두 개의 더 높은 발달 수준(대상 항상성과 상호주관성)을 첨가했고, 기존의 척도 점수를 좀 더 상세하게 만들어서 이 척도를 확장하였다. 이렇게 수정된 척도를 네 명의 환자에게 입원 및 퇴원 시에 실시하였던 로샤평가 기록에 적용한 결과, 더 높은 수준의 분리-개별화 및 상호 주관성으로의 변화가 각각의 사례에서 발견되었다. 그리고 로샤 자료에 근거한 변화는 자기 자신과 중요한 타인에 대해 평가하는 10점 척도로 이루어진 대상표상 질문지 결과와도 일치하였다.

다른 측정 도구들에 비해 많이 보급되지는 않았지만, Coonerty(1986)의 분리-개별화 척도는 경계선 환자와 정신분열증 환자를 구별하고 폭식증 환자와 관련된 중요한 발달적 문제를 확인하는 데 효과적이라는 사실이 입증되었다. 또한 이 척도는 치료를 중간에 그만둔 경계선 환자들의 특징을 잘 보여 주며, 장기간의 치료에 따른 내적 변화를 반영하는 것으로 보인다.

경계선 대인 관계 척도

경계선 성격을 초래한다고 알려진 초기 대상관계의 문제를 연구하기 위해, Kwawer(1980)는 주요 양육자로부터의 분화를 통해 자기됨(selfhood)을 발전시켜 가는 관계성의 수준을 평가할 수 있는 로샤 척도를 고안하였다. 이 척도의 기저에는 경계선적 병리가 공생적 단계에서 화합과 불화의 원초적 양식으로 재현되리라는 가정이 깔려 있다. Kwawer의 척도는 대상과의 관계에서 더욱 원초적인 양식에 강조점을 두고 있기 때문에 상호 자율성 척도보다 더 협소하며, 또한 로샤 반응의 내용에만 의존한다.

초기 단계인 '자기애적 반영'은 거울이나 반사반응을 포함하며 그것들이 두드러진 역할을 담당한다. 이 수준의 반응들은 고양된 자기 몰입 상태를 드러내는 것으로 여겨지는데, 그 속에서 다른 사람은 자기 자신의 확장으로만 경험되고, 자신을 반영하고 높이려는 목적으로만 사용된다. 두 번째 단계인 '공생적 융합'은 융합과 재결합을 향한 강한 압력을 반영하는 반응들로 구성된다. 세 번째 단계인 '대인관계적 분화'는 분리와 분할 반응에서 발견된다. 이 단계에서의 로샤 심상은 생물학에서의 세포 분열을 생각나게 하며, 이는 다음 반응에서 잘 나타난다. "이 두 가지 것들은 한때는 연결되어 있었지만, 현재는 깨져 있어요." 네 번째와 마지막 단계인 '변형과 변모'는 자기에 대한 초보적인 초기의 감각을 반영한다. 이 단계에 나타나는 초기 단계의 자기됨은 유기체, 태아, 배아 등으로 불리는 주제들을 통해 나타난다.

Kwawer(1980)는 사전 연구를 통해 16명의 경계선 환자들의 로샤 반응은 이러한 점수 범주에서 통제집단과 유의미한 차이를 보인다는 사실을 발견하였다. 좀 더 구체적으로는, 모든 경계선 환자들은 적어도 하나의 채점 가능한 반응을 보였지만, 통제집단의 피험자들은 그렇지 않았다.

Kwawer의 척도를 가장 폭넓게 적용한 예는 Gacono와 Meloy(1994)의 연구다. 그들은 공격적인 사이코패스 성격장애 환자들의 내적 작용을 설명하기 위해 품행장애 청소년들, 정신분열증이 수반되거나 수반되지 않은 반사회적 성격장애 남자들, 반사회적인 성인 여자들, 그리고 성폭행 및 살인 사건의 가해자인 남녀와 같은 반사회적 집단을 대상으로 로샤 자료를 수집하였다.

그 결과, 연구에 포함된 모든 집단이 타인과 원초적인 방식으로 관계를 맺는다는 사실을 발견했으며, Kwawer(1980) 척도는 이러한 원초적인 양식에 민감하다는 사실을 알 수 있었다. 이러한 결과는 반사회적 성격장애 환자들을 대인관계적 관점에서 보면 경계선 성격 구조의 하위 변형물로 간주할 수 있을 것이라는 Kernberg(1976)의 주장을 지지한다. 모든 집단에 걸쳐 자기애적 반영 범주가 나타나는 것은 반사회적인 사람들이 타인과 자기애적 방식으로 관계 맺으며, 자신의 이익에 상당히 몰두하는 것을 보여 준다. 또한 품행장애 청소년들과 반사회성 성격장애 성인 남자들 간에는 반응 범주의 순서 및 사용에서 유사성이 발견되었다. 이러한 발견은 정신병리의 발달 및 예후에 대해 중요한 함의를 지닌다. 성폭행과 살인을 저지른 사람들이 가장 흔하게 보인 Kwawer 범주는 경계 혼란이었으며, 이는 성적인 살인 행위에는 Meloy, Gacono와 Kenny(1994)가 확인했던 다섯 개의 범주에 덧붙여 자기와 타인 간의 경계를 유지하는 것에 대한 어려움이 추가되어야 한다는 함의를 지닌다.

논의

지난 수십 년간 정신분석 이론에는 극적인 변화가 있어 왔다. 추동, 에너지 그리고 구조에 대한 초기의 관심은 자기, 대상관계, 경험 그리고 주관적 의미에 대한 관심으로 옮겨 갔다. 이러한 이론적 변화와 함께 비인격적인 구성개념의 기계적인 틀로 표현되어 온, 경험과는 거리가 있는 메타 심리학으로부터 경험에 근접한 임상적 이론을 향한 움직임도 있어 왔다. 이 장에서 살펴본 척도들 각각은 정신역동 이론에 기초하고 있을 뿐만 아니라, 이러한 개념적 변화를 반영하고 있다.

이러한 변화에도 불구하고 정신분석 이론에 근본적으로 남아 있는 것은 내적 대상관계, 내적 세계 그리고 외부 세계의 타인과 자기와의 관계 사이에 존재하는 구분에 대한 인식이다. 이것은 이 책에서 고찰한 척도들에 잘 반영되어 있는데, 특히 척도 개발의 기초가 되는 개념화 과정이나, 결과들이 해석되고 논의되는 방식에 반영되어 있다.

이러한 로샤 채점 체계는 정신분석 이론에 기초하고 있으므로, 최근 흔히 사용되고 있는 DSM 체계와는 몇 가지 중요한 점에서 구별되는 진단 분류 체계를 사용한다. 정신분석 임상가 및 연구자들이 보기에 DSM-IV는 심각한 한계점들을 지니고 있다 (Francis & Cooper, 1981; Kernberg, 1984). 이전 버전에서와 마찬가지로 DSM 체계는 관찰가능하고 설명할 수 있느냐 하는 것을 가장 중요하게 여기며, 잘 보이지 않는 기저의 구조나 역동에는 관심이 거의 없다. 정신분석적 관점에서 보면, 이러한 DSM의 접근 방식은 기능의 외적 영역과 내적 영역 사이에 현저한 모순점이 존재하는 사람들을 개념화하기 어렵다.

그뿐 아니라, DSM은 차원적이고 맥락적인 도식이 아닌 범주적인 도식을 사용한다. 정의상, 정신병리의 여러 유형들은 분리되고 불연속적인 것으로 간주되어 왔고, 정상과 장애 간의 구별도 정도의 차가 아닌 범주의 차이로 여겨졌다. 각각의 진단은 구분되는 장애를 의미한다는 함축적 전제를 가지고 이중 혹은 다중적 진단을 통해 타협하려는 시도는, 여러 종류의 외적 표현들(예: 증상, 호소문제)이 공통적인 내적 원인에 의해 일어날 수 있다고 여기는 정신분석적 임상가들의 견해와는 전혀 다르다.

이러한 난점들 때문에 DSM 구조는 역동적 형태의 치료에 거의 아무 정보도 줄 수 없으며, 앞서 기술하였듯이, 정신분석적 지향을 가진 연구자는 Fenichel(1945)이나 Kernberg(1970)와 같은 대안적인 진단 도식을 사용한다. Kernberg의 진단 체계는 두 개의 상대적인 독립된 차원에 따라 환자들을 평가한다. 첫 번째 차원은 성격 구조의 관점에서 본 기술적인 성격 진단이다. 히스테리적 성격, 강박적 성격, 자기애적 성격,

분열성 성격 등이 가장 대표적이고 흔히 언급되는 성격 구조들이다. 이 성격들에 대한 개념 논의와 더불어 성격 구조에 대한 상세한 설명을 알기 원하면 Lerner(1998)를 참고하면 된다.

Kernberg(1970)는 이러한 기술적인 성격 진단이 필요조건이지 충분조건은 아니라고 지적하면서 두 번째 차원을 설명한다. '성격 조직의 수준'이라고 언급되는 이 차원은 기저하는 심리 구조에 대한 체계적인 평가를 말한다. 특정 구조들은 본능 발달, 자아 취약성의 징후들, 내면화된 대상관계의 질, 초자아의 발달 수준, 그리고 자아 정체성의 수준을 포함하여 평가되며, 구조들 각각은 가장 높은 수준으로부터 중간 수준, 가장 낮은 수준에 이르는 연속선 위에 놓여 있다.

Kernberg(1976)의 분류 체계를 자세히 설명하는 이유는 다음과 같다. 이 장에서 살펴본 연구들을 주의 깊게 보면 척도에 상관없이 많은 연구들이 경계선 환자 집단을 포함하고 있다는 사실을 알 수 있을 것이다. 연구자들은 DSM 진단 준거에 기초하여 경계선 환자 표본을 선택하고 있지만, 그들은 기술적인 관점에서 경계선 개념을 바라보기보다는, 오히려 Kernberg의 입장에서 경계선 개념을 바라보고 있다. Kernberg(1975)에 따르면, 경계선은 성격 진단을 구성하는 요소가 아니라, 두 번째 차원에 해당하는 것이며, 성격 구조에서 높은 신경증적 수준과 낮은 정신증적 수준 사이에 끼인 중간 수준을 표현하는 것이다.

Kernberg(1975)에 따르면, 성격 구조의 중간 수준을 나타내는 경계선 병리는 구강기적 갈등, 불안에 대한 낮은 내성, 불안정한 현실 검증력, 충동성을 포함한 자아 취약성, 정체감 혼란이 우세하다는 특징을 갖는다. 또한 경계선 환자들은 분열, 평가절하, 투사적 동일시를 포함한 원초적인 방어기제를 사용하고, 인과 응보적이고 통합되지 않은 초자아를 지니며, 분열로 점철된 내면화된 대상관계들 때문에 혼란스럽고 불안정한 대상관계를 보인다.

이 장에서 살펴봤던 연구들은 경계선 환자들, 반사회성 성격장애자들, 거식증 환자들, 성 정체감 장애 아동들, 그리고 분리장애를 지닌 아동들을 포함한 많은 수의 다양한 임상집단을 포괄하고 있다. Kernberg의 이론과 그의 경계선 병리의 맥락에서 볼 때, 여러 연구들의 종합적인 결과를 통해 이러한 개인들은 표면적으로 나타나는 특징들의 차이에도 불구하고 상당히 비슷한 구조적 특징들을 공유하고 있다는 사실을 알 수 있다. 그들의 외적 대상관계는 갈등적이고 불안정하며, 욕구 충족적 혹은 위협적인 기초 위에 세워져 있고, 통제 욕구로 점철되어 있다. 그들의 내적 대상 세계는 손상된 대상표상들, 대상의 긍정적이고 부정적인 면들을 통합하지 못하는 무능력함, 그리고 양가적인 상황을 견디려는 몸부림을 특징으로 한다.

이 장을 끝내기 전에 한 가지 중요한 사실을 지적하고자 한다. 정신분석 이론은 경험과는 거리가 먼 에너지와 힘 등에 대한 관심으로부터, 관계와 의미를 강조하는 경험에 근접한 이론에 대한 관심으로 이동하고 있다고 앞서 언급하였다. 이러한 논의는 사실 대상관계 개념에만 제한적으로 초점을 맞춘 것이지만, 정신분석 이론에서 대상관계는 따로 떼어 내어 볼 수 없으며, 오히려 성격의 모든 면과 긴밀하게 연관되어 있다고 봐야 할 것이다. 예를 들어, Blatt 등(1976)의 연구는 손상된 대상표상 기저에는 정신병리가 존재하며, 이 손상의 특성으로 한 개인은 특정 유형의 심리적 장애에 취약해진다고 제안하였다. 이러한 제안에는 대상표상의 질과 특성이 퇴행의 증상이나 특징들(즉, 정서 및 인지적 혼란의 특성)과 관련되어 있다는 인식이 암묵적으로 깔려 있다.

이와 비슷하게 Kernberg(1976)는 자신이 정립한 "발달에 대한 대상관계 중심적 모델"을 참조하여 내면화된 대상관계가 자아와 초자아 발달을 조직화하는 중요한 요인으로 작용한다고 지적하였다. 예를 들면, 초자아 발달의 기초는 부모의 질책(즉, 혼내는 부모)과 부모의 승인(즉, 사랑을 주는 부모)의 초기 내면화로 간주할 수 있다. 역으로 초자아 기능이 결핍된 사람들(즉, 반사회성 성격)에 대해서는 내면화된 대상관계에 심한 장애가 있다고 추측할 수 있다.

특히 성격 발달과 기능에서 대상관계의 중심성은 방어기제에 대한 최근의 개념화에서 더욱 명백해졌다. 방어기제에 대한 초기 이론들은 충동과 정서를 조절하는 역할을 강조하지만, 좀 더 최근의 이론들은 대상관계에서 방어의 역할에 주의를 기울이고 있다. Melanie Klein(1926)은 이러한 입장의 이론을 만든 대표적인 인물인데, 특히 투사적 동일시 개념에서 그러하다. Klein은 투사적 동일시를 "자기의 부분들과 내면화된 대상이 분리되고, 외적 대상으로 투사되는 방어 과정"이라고 설명한다. 하지만 "외적 대상은 분리된 것으로 느껴지지 않고 오히려 투사된 부분들과 동일하다고 간주되기 때문에, 결국 이 과정을 통해 그 대상에 대한 소유와 통제가 가능해진다."(Segal, 1973, p. 27)

또한 Modell(1984)의 작업은 방어에 대한 새로운 관점을 대표한다. 그는 방어기제들이 대상들 간의 정서를 직접적으로 매개한다고 제안하면서 새로운 맥락인 이자관계 속에 방어를 위치시켰다. 그는 "정서가 매개물이며, 그것을 통하여 대상에 대한 방어가 일어난다."(p. 41)고 주장하였다. 즉, 정서가 대상과 연결되면, "본능 방어의 과정은 대상에 대한 방어 과정이 된다."(p. 41) 말하자면, 그 개인은 감정을 일으키고 전달하는 대상을 통제함으로써 정서를 다스린다.

내면화된 대상개념이 고립되어 있는 현상이 아니고 오히려 성격 발달에 매우 결정적인 조직화 요인이라는 개념화는 임상 장면이나 연구에서 매우 중요한 함의를 갖는다. 만약 대상관계가 발달이라는 천을 짜는 실이라면, 임상적 평가와 관련하여, 대상관계는 평가자로 하여금 발달의 다른 영역들도 추론할 수 있게 해 주는 변인으로서 간주될 수 있을 것이다(Lerner, 1998). 즉, 정서 발달이나 초자아 발달, 방어 양식 그리고 인지적 발달까지도 대상관계의 평가로부터 추측할 수 있을 것이다. 또한 치료는 다양한 유형의 관계를 포함하므로, 대상관계는 로샤검사와 치료계획을 연결해 주는 중간 변인으로 다시 한번 사용될 수 있을 것이다.

연구 관점에서 보면, 이 장에서 살펴본 연구들은 대상표상과 내면화된 대상관계를 체계적으로 평가할 수 있는 신뢰성 있고 타당한 방법들이 존재한다는 사실을 보여 주었다. 현재까지 이루어진 많은 연구들은 정신병리 수준이 상이한 집단들을 대상으로 대상관계의 손상 수준을 조사하고 비교하기 위하여 이러한 측정치들을 사용해 왔다. 그러나 이러한 절차들은 광범위한 이론적 개념을 검증하기 위한 수단도 제공할 수 있다. 예를 들면, 방어(Lerner & Lerner, 1980), 자아 손상(Perry & Viglione, 1991) 그리고 경험의 구조화(Peebles, 1975)와 같이 성격의 여러 가지 차원들을 평가할 수 있는 혁신적인 로샤 척도들이 개발되었으므로, 여러 임상집단과 정상집단을 대상으로 이 척도들의 상호 관계를 탐구하는 연구들이 필요한 시점에 이르렀다. 또한 내면화된 대상관계와 표상세계는 인지적, 정서적, 대인관계적, 사회적 힘들의 상호작용으로부터 출현하기 때문에, 그것들은 정상적인 심리 발달, 정신병리를 일으키는 손상들, 그리고 치료에 따른 변화에 영향을 주는 다양한 요인들을 탐색해 나가는 핵심적인 구조로 간주할 수 있을 것이다.

정신분석 이론 내의 강조점 변화로 대상표상과 내면화된 대상관계와 같은 새로운 개념들은 평가와 관련된 정신분석 문헌들 속에서 상당한 관심을 받고 있다. 이러한 개념들은 임상 장면으로부터 동떨어져 있지 않기 때문에 오래되고 추상적인 개념들과는 다르게 조작적으로 정의될 수 있다.

이 장에서 살펴본 연구들은 대상표상과 내면화된 대상관계를 체계적으로 평가하고 조사할 수 있는 신뢰성 있고 타당한 척도가 존재한다는 사실을 보여 주었다. 또한 네 가지 종류의 개념적 기초를 지닌 채점 체계를 살펴보았고, 이에 대해 논의하였다. 여러 연구들의 결과를 종합해 보면, 대상표상과 내면화된 대상관계라는 구성개념이 성격 조직의 차원들을 잘 담아낼 수 있다는 주장이 지지된다. 이 구성개념들은 개념적으로나 임상적으로 성격 발달 수준에 대한 의미 있는 정보를 제공할 수 있는 중요한 원천으로 여겨지며, 이러한 발견들은 앞으로의 연구가 나아가야 할 방향에 대해 알려주고 있다.

참고문헌

Ackerman, S., Hilsenroth, M., Clemence, A., Weatherill, R., & Fowler, C. (2001). Convergent validity of Rorschach and TAT scales of object relations. *Journal of Personality Assessment, 77*, 295-306.

American Psychiatric Association (1980). *Diagnostic and statistical manual of mental disorders* (3rd ed.). Washington, DC: American Psychiatric Association.

American Psychiatric Association (1994). *Diagnostic and statistical manual of mental*

disorders (4th ed.). Washington, DC: American Psychiatric Association.

Ames, L., Metraux, R., Rodell, J., & Walker, R. (1974). *Child Rorschach responses* (2nd ed.). New York: Bruner/Mazel.

Blais, M., Hilsenroth, M., Fowler, J., & Conboy, C. (1999). A Rorschach exploration of the DSM-IV borderline personality disorder. *Journal of Clinical Psychology, 55,* 563-572.

Blatt, S. (1974). Levels of object representation in anaclitic and introjective depression. *The Psychoanalytic Study of the Child, 29,* 107-157.

Baltt, S. (1990). The Rorschach: A test of perception or an evaluation of representation. *Journal of Personality Assessment, 55,* 394-416.

Blatt, S., Berman, W., Bloom-Feshbach, S., Sugarman, A., Wilber, C., & Kleber, H. (1984). Psychological assessment in opiate addicts. *Journal of Nervous and Mental Disease, 172,* 156-165.

Blatt, S., Brenneis, C., Schimek, J., & Glick, M. (1976). A developmental analysis of the concept of the object on the Rorschach. Unpublished manuscript, Department of Psychology, Yale University, New Haven, CT.

Baltt, S., & Lerner, H. (1983). The psychological assessment of object representation. *Journal of Personality Assessment, 47,* 7-28.

Baltt, S., Tuber, S., & Auerbach, J. (1990). Representation of interpersonal interactions on the Rorschach and level of psychopathology. *Journal of Personality Assessment, 54,* 711-728.

Brown, L. (1996). A proposed demography of the representational world. *Melanie Klein and Object Relations, 14,* 21-60.

Coates, S., & Tuber, S. (1988). The representation of object relations in the Rorschachs of extremely feminine boys. In H. Lerner & P. Lerner (Eds.), *Primitive mental states and the Rorschach* (pp. 647-664). Madison, CT: International Universities Press.

Cohen, C., & Sherwood, V. (1991). *Becoming a constant object.* Northvale, NJ: Jason Aronson.

Coonerty, S. (1986). An exploration of separation-individuation themes in the borderline personality disorder. *Journal of Personality Assessment, 50,* 501-511.

Diamond, D., Kaslow, N., Coonerty, S., & Baltt, S. (1990). Changes in separation-individuation and inter-subjectivity in long-term treatment. *Psychoanalytic Psychology, 7,* 363-397.

Fairbairn, W. (1952). *Psychoanalytic studies of the personality.* London: Tavistock.

Farris, M. (1988). Differential diagnosis of borderline and narcissistic personality disorder. In H. Lerner & P. Lerner (Eds.), *Primitive mental states and the Rorschach* (pp. 199-

238). Madison, CT: International Universities Press.

Fenichel, O. (1945). *Psychoanalytic theory of neurosis*. New York: Norton.

Fibel, B. (1979). Toward a developmental model of depression: Object representation and object loss in adolescent and adult psychiatric patients. Unpublished doctoral dissertation, Department of Psychology, University of Massachusetts, Amherst, MA.

Fraiberg, S. (1959). *The magic years*. New York: Scribners.

Francis, A., & Cooper, A. (1981). Descriptive and dynamic psychiatry: A perspective of DSM-III. *American Journal of Psychiatry, 137*, 1050-1054.

Freud, S. (1917). Mourning and melancholia. *Standard Edition, 14*, 237-260.

Gacono, C., & Meloy, J. R. (1994). *The Rorschach assessment of aggressive and psychopathic personalities*. Hillsdale, NJ: Lawrence Erlbaum Associates.

Gaddini, R. (1975). The concept of transitional object. *Journal of the Academy of Child Psychiatry, 4*, 731-736.

Goddard, R., & Tuber, S. (1989). Boyhood separation anxiety disorder. *Journal of Personality Assessment, 53*, 239-252.

Grotstein, J. (1987). *Schizophrenia as a disorder of self-regulation and interactional regulation*. Presented at the Boyer House Foundation Conference "The Regressed Patient." San Francisco, CA.

Grotstein, J. (1991). An American view of the British psychoanalytic experience: Psychoanalysis in counterpoint. *Melanie Klein and Object Relations, 9*, 1-62.

Hamilton, N. (1995). Object relation units and the ego. *Bulletin of the Menninger Clinic, 59*, 416-426.

Harder, D., Greenwald, D., Wechsler, S., & Ritzler, B. (1984). The Urist mutuality of autonomy scale as an indicator of psychopathology. *Journal of Clinical Psychology, 40*, 1078-1082.

Hatcher, R., & Krohn, A. (1980). Level of object representation and capacity for intensive psychotherapy in neurotics and borderlines. In J. Kwawer, H. Lerner, P. Lerner, & A. Sugarman (Eds.), *Borderline phenomena and the Rorschach test* (pp. 299-320). New York: International Universities Press.

Horner, M., & Diamond, D. (1996). Object relations development and psychotherapy dropout in borderline outpatients. *Psychoanalytic Psychology, 13*, 205-224.

Kernberg, O. (1970). A psychoanalytic classification of character pathology. *Journal of the American Psychoanalytic Association, 18*, 800-822.

Kernberg, O. (1975). *Borderline conditions and pathological narcissism*. New York: Jason Aronson.

Kernberg, O. (1976). *Object relations theory and clinical psychoanalysis*. New York: Jason Aronson.

Kernberg, O. (1982). Self, ego, affects, and drives. *Journal of the American Psychoanalytic Association, 30,* 893–917.

Kernberg, O. (1984). *Severe personality disorders*. New Haven: Yale Press.

Klein, M. (1926/1975). The psychological principles of early analysis. In *Love, guilt, and reparation* (pp. 128–138). New York: Delacorte Press.

Klein, M. (1927/1975). Symposium on child analysis. In *Love guilt, and reparation* (pp. 139–169). New York: Delacorte Press.

Klein, M. (1957/1975). Envy and gratitude. In *Envy and gratitude and other works: 1946–1963* (pp. 176–235). New York: Delacorte Pres.

Kohut, M. (1977). *The restoration of the self*. New York: International University Press.

Krohn, A. (1974). Borderline empathy and differentiation of object representations: A contribution to the psychology of object relations. *International Journal of Psychoanalytic Psychotherapy, 3,* 142–165.

Krohn, A., & Mayman, M. (1974). Object representations in dreams and projective tests. *Bulletin of the Menninger Clinic, 38,* 445–466.

Krystal, H. (1988). *Integration and self-healing*. Hillsdale, NJ: The Analytic Press.

Kwawer, J. (1980). Primitive interpersonal modes, borderline phenomena, and the Rorschach test. In J. Kwawer, H. Lerner, P. Lerner, & A. Sugarman (Eds.), *Borderline phenomena and the Rorschach test* (pp. 89–106). New York: International Universities Press.

Lerner, P. (1998). *Psychoanalytic perspectives on the Rorschach*. Hillsdale, NJ: The Analytic Press.

Lerner, P., & Lerner, H. (1980). Rorschach assessment of primitive defenses in borderline personality structure. In J. Kwawer, H. Lerner, P. Lerner, & A. Sugarman (Eds.), *Borderline phenomena and the Rorschach test* (pp. 257–274). New York: International Universities Press.

Lerner, H., & St. Peter, S. (1984). Patterns of object relations in neurotic, borderline, and schizophrenic patients. *Psychiatry, 47,* 77–92.

Luborsky, L. (1962). Clinicians' judgments of mental health. *Archives of General Psychiatry, 7,* 407–417.

Mahler, M. (1968). *On human symbiosis and vicissitudes of individuation: Volume 1. Infantile psychosis*. New York: Basic Books.

Mahler, M., Pine, F., & Bergman, A. (1975). *The psychological birth of the human infant.*

New York: Basic Books.

Mayman, M. (1967). Object representations and object relationships in Rorschach responses. *Journal of Projective Techniques and Personality Assessment, 31,* 17–24.

Mayman, M. (1977). A multidimensional view of the Rorschach movement response. In M. Rickers-Ovsiankina (Ed.), *Rorschach psychology* (2nd ed., pp. 229–250). Huntington, NY: Krieger.

Meloy, J. R., Gacono, C., & Kenny, L. (1994). A Rorschach investigation of sexual homicide. *Journal of Personality Assessment, 62,* 58–67.

Meyer, J., & Tuber, S. (1989). Intrapsychic and behavioral correlates of the phenomenon of imaginary companions in young children. *Psychoanalytic Psychology, 6,* 151–168.

Modell, A. (1984). *Psychoanalysis in a new context.* Madison, CT: International Universities Press.

Nagera, H. (1969). The imaginary companion: Its significance for ego development and conflict resolution. *The Psychoanalytic Study of the Child, 24,* 165–195.

Ogden, T. (1983). The concept of internal object relations. *International Journal of Psychoanalysis, 64,* 227–243.

Parmer, J. (1991). Bulimia and object relations: MMPI and Rorschach variables. *Journal of Personality Assessment, 56,* 266–276.

Peebles, R. (1975). Rorschach as self-system in the telophasic theory of personality development. In P. Lerner (Ed.), *Handbook of Rorschach scales* (pp. 71–136). New York: International Universities Press.

Perry, W., & Viglione, D. (1991). The Ego-Impairment Index as a predictor of outcome in melancholic depressed patients treated with tricyclic anti-depressants. *Journal of Personality Assessment, 56,* 487–501.

Ryan, E. (1973). The capacity of the patient to enter on elementary therapeutic relationship in the initial psychotherapy interview. Unpublished doctoral dissertation, Department of Psychology, University of Michigan, Ann Arbor, MI.

Sandler, J. (1960). The background of safety. *International Journal of Psychoanalysis, 41,* 352–356.

Sandler, J., & Rosenblatt, B. (1962). The concept of the representational world. *The Psychoanalytic Study of the Child, 15,* 128–162.

Segal, H. (1973). *Introduction to the work of Melanie Klein.* London: Hogarth Press.

Spear, W. (1980). The psychological assessment of structural and thematic object representations in borderline and schizophrenic patients. In J. Kwawer, H. Lerner, P. Lerner, & A. Sugarman (Eds.), *Borderline phenomena and the Rorschach test* (pp.

321–342). New York: International Universities Press.

Spear, W., & Sugarman, A. (1984). Dimensions of internalized object relations in borderline and schizophrenic patients. *Psychoanalytic Psychology, 1,* 113–130.

Stuart, J., Westen, D., Lohr, N., Benjamin, J., Becker, S., Vorus, N., & Silk, K. (1990). Object relations in borderlines, depressive, and normals: An examination of human responses on the Rorschach. *Journal of Personality Assessment, 55,* 296–318.

Sugarman, A., Quinlan, D., & Devenis, L. (1982). Ego boundary disturbance in juvenile anorexia nervosa. *Journal of Personality Assessment, 46,* 455–461.

Thomas, T. (1987). *A Rorschach investigation of borderline and attention deficit disorder children.* Paper presented to the Society for Personality Assessment, San Francisco, CA.

Tuber, S. (1992). Empirical and clinical assessments of children's object relations and object representations. *Journal of Personality Assessment, 58,* 179–197.

Tuber, S., & Coates, S. (1989). Indices of psychopathology in the Rorschachs of boys with severe gender identity disorder. *Journal of Personality Assessment, 57,* 100–112.

Tustin, F. (1981). *Autistic states in children.* Boston: Routledge and Keegan Paul.

Tustin, F. (1984). Autistic shapes. *International Review of Psychoanalysis, 11,* 279–290.

Urist, J. (1973). The Rorschach test as a multidimensional measure of object relations. Unpublished doctoral dissertation, Department of Psychology, University of Michigan, Ann Arbor, MI.

Urist, J. (1977). The Rorschach test and the assessment of object relations. *Journal of Personality Assessment, 41,* 3–9.

Urist, J., & Shill, M. (1982). Validity of the Rorschach Mutuality of Autonomy Scale: A replication using excerpted responses. *Journal of Personality Assessment, 46,* 451–454.

Van-Der Keshet, J. (1988). Anorexic patients and ballet students: A Rorschach analysis. Unpublished doctoral dissertation, Department of Applied Psychology, University of Toronto, Toronto, Ontario.

Werner, H. (1940). *The comparative psychology of mental development.* New York: International Universities Press.

Westen, D. (1995). Social Cognition and Object Relations Scale: Q-sort for projective stories (SCORS-Q). Unpublished manuscript, Cambridge Hospital and Harvard Medical School, Cambridge, MA.

16

성격장애의 로샤평가
임상 과학과 정신분석 이론

로샤검사의 천재성과 영속적 가치는 근원적인 마음의 언어로 말할 수 있는 능력을 심리평가자에게 부여하는 데 있다(Acklin & Oliveira-Berry, 1996).

DSM-IV-TR(APA, 2000)은 성격 특질을 일컬어 "광범위한 사회적 대인관계 맥락에서 환경과 자기 자신을 지각하고, 관련짓고, 사고하는 지속적인 양상"이라고 기술하고 있다. 성격 특질은 "개인의 기능을 특징짓는다."(p. 686) 경험하고 행동하는 특정 방식들이 경직되고 부적응적이거나 역기능을 불러일으킬 때 "유의미한 기능 결함과 주관적 고통"이 초래되며, 이를 성격장애라고 정의할 수 있다(p. 686). DSM-IV-TR 성격장애 진단기준에서는 이러한 지속적인 패턴은 "광범위한 개인적, 사회적 상황에서 인지, 정동, 대인관계 기능, 충동 조절에 만연하게 나타나 유의미한 고통과 기능 장해를 유발하고 안정적으로 장기간 지속된다."라고 설명한다. 성격장애 평가는 "개인의 장기적인 기능 패턴에 대한 평가"를 요구하고(p. 686), "이러한 특징적인 성격

Marvin W. Acklin / John A. Burns School of Medicine University of Hawaii at Manoa
Susan H. S. Li · James Tyson / Argosy University, Honolulu

특질은 초기 성인기부터 확연해야 한다."(p. 686)

성격과 성격장애에 관한 DSM-IV의 개념화는 성격 발달과 기능에 대해 생각해 왔던 오랜 전통에서 비롯되었다(McWilliams, 1994; Tyson & Tyson, 1990). 이 전통은 프로이트의 심리성적 발달 단계와 구조 이론, 정신분석 자아 심리학과 성격이론의 발달 그리고 대상관계 이론에 그 기원을 두며, 표준화와 심리측정적 요소를 강조하게 되면서 관찰가능한 행동과 대인관계 측면도 아우르게 되었다. 이제 성격장애를 평가하는 데 중요한 개념적, 방법론적 문제점들을 논의할 것이다. 개인의 주관적 경험, 성격 구조, 장애를 이해할 수 있게 해 주는 정신분석 이론과 로샤검사를 소개하고자 한다. 이러한 정보를 성격평가의 통합적인 다중방법론적 접근법 내에서 보편적이면서도 개별 중심적인 접근을 통해 평가할 것이다. 결론적으로, 로샤검사는 개인의 성격 구조, 기능, 경험과 내적 심리역동을 포착하는 가치 있는 도구임이 시사되었다.

성격평가와 진단: 평가 도구의 본질과 원리

미국심리학회(APA)의 전문가 직무 분과에서는 심리학적 평가 작업 그룹을 설립하여 (1) 심리학 및 신경심리학 서비스가 처한 위험을 평가하고, (2) 임상 장면에서 평가의 유용성에 관한 근거를 수집하고자 하였다. 이들의 보고서에서 Meyer 등(2001)은 심리학적 평가의 목적과 올바른 적용을 설명하고 측정과 평가 타당도의 전반적인 개괄을 제공하고 있다. 이들은 심리학적 평가의 영역과 목표를 다음과 같이 기술하였다.

1. 인지 능력, 장해의 심각성, 자립 역량과 같은 현재 기능 수준을 설명
2. 환자들과 구조화되지 않은 상호작용에서 형성된 임상가의 진단적 인상을 확증, 반박, 수정
3. 치료 필요성을 확인하고, 치료에서 발생 가능한 문제들을 드러내고, 개입 형태를 제안하며, 가능한 결과를 안내
4. 정서, 행동, 인지 장애의 감별진단을 도움

5. 치료 효과를 모니터하고, 개입 성공 여부를 평가하며, 원래 문제가 해결되고 나서 새로이 주목해야 할 문제들을 확인
6. 잠재적 법률상 책임을 최소화하고 부적절한 치료 반응을 확인하는 등 위험성을 다룸
7. 평가 자체가 치료적 개입으로서 능숙하고 공감적인 평가 피드백을 제공(p. 129)

성격평가 영역 내에서 1～4의 항목은 특히 심리 진단가에게 중요하다.

Meyer 등(2001)은 '심리학적 검사'와 '심리학적 평가'를 뚜렷하게 구분하였다.

> 심리학적 검사는 특정 점수(예: 웩슬러 검사의 하위검사 측정치)를 얻기 위해서 특정한 척도를 사용하는 상대적으로 직접적인 절차에 속한다. 이어 표준화 점수에 기반하여 점수의 의미를 설명할 수 있다. 반면, 심리학적 평가는 여러 가지 검사 기법에서 획득한 다양한 검사 점수를 임상가가 활용하여 개인력, 의뢰 정보 그리고 행동 관찰 맥락에서 자료를 검토하면서 평가받는 사람을 이해하고, 의뢰 질문에 응답하며, 환자와 보호자, 의뢰인에게 결과를 전달하는 것이다(p. 143).

심리학적 평가란 검사로 수집한 정보를 환자의 개인 정보, 주 호소, 면담 결과, 행동 관찰 및 타인으로부터 수집한 정보와 통합하여 감별진단하기 위한 과제와도 같다. 이 과정은 "단순함과는 거리가 멀며, 제대로 실시하기 위해서는 높은 수준의 능력과 정교함이 요구된다."(p. 144)

심리평가는 여러 가지 다른 유형의 정보를 제공해 주는 광범위한 정보 원천을 포괄한다(McClelland, 1980). 기법과 한계는 〈표 16-1〉에 요약되어 있다. 로샤검사처럼 수행을 기반으로 하는 성격 검사는 구조화되지 않은 장면에서 나타나는 행동에 관한 정보나, 지각 및 동기에 관한 이해를 제공하는 암묵적 역동에 관한 정보를 드러내 준다. 그러나 이러한 유형의 검사는 과제에 얼마나 관여하는지와 과제가 사용하는 특정 자극에 의존한다는 한계가 있다.

그러므로 평가를 주로 하는 임상가는 다양한 정보 원천과 기법을 활용하여 내담자

〈표 16-1〉 다양한 평가 기법과 한계점

기법	한계
비구조화된 면담	광범위한 주제를 다루고 정보를 해석하는 데 모호함이 있다.
구조화된 면담과 자기 보고	솔직하게 의사소통하려는 환자의 동기, 정확히 판단하는 능력에 좌우된다.
수행 기반 성격 검사(예: 로샤검사, TAT)	과제에 참여하는 정도와 자극의 특성에 좌우된다.
수행 기반 인지기능 검사	환자의 동기, 과제 참여도, 장면에 좌우된다.
관찰자 평가 척도	특정 관계 유형(예: 배우자, 동료, 치료자)과 관찰된 장면에 좌우된다.

출처: Meyer et al. (2001). Psychological testing and psychological assessment: A review of evidence and issues. *American Psychologist*, *56*, 128-165에서 인용.

의 성격 기능을 알려 주는 정보를 체계적으로 진전시키는 평가 틀을 확립한다. 어떤 원천이나 기법도 결점이 없지는 않다. 추후 논의하겠지만, 원천과 기법의 일치도는 낮은 편이다. 평가의 다양한 원천과 기법은 내담자에 관한 각기 독립적이고 변별적인 정보를 제공하기 때문이다. 이러한 정보들이 어떻게 의미 있게 성격을 설명하고, 평가와 진단으로 통합될 수 있는지 이해할 수 있어야 한다.

응용 임상 과학으로서 심리학적 평가

심리평가에 관한 과학자-임상가 접근법(Boulder 모형)은 과학적 절차에 기반을 두고 있으며 경험적 연구 결과에 따른다. Shakow(1976)는 과학자-임상가로서의 심리학자를 다음과 같이 설명한다.

> 그는 실제 상황에서 얻은 사람에 관한 체계적인 정보에 기반을 두고 심리학적 이론과 정보를 통합하고, 과학자로서 질문하는 태도로 이를 다룬다. 이 모습에서 임상 심리

> 학자들은 양자가 다 유의미한 개별 중심적이고도 법칙정립적인 접근법을 통합할 수 있다(p. 554).

이 맥락에서 임상 실제란 "엄격한 응용과학 활동으로, 실제는 과학적 지식체계에 따른다."(Stricker & Trierweiler, 1991, p. 996) "임상 장면은 실험실과 같으며 임상가는 똑같은 규율과 비판적 사고, 상상력, 오류에 대한 개방성, 엄숙함 등 전통적 실험실 과학자의 특징을 지녀야 한다."(p. 998) 발견하는 맥락(Reichenbach, 1938)에서, 의뢰된 사유에서 초기 가설을 이끌어 내고 평가 도구를 선택하고 실시한다(Acklin, 2002). 그 결과에 입각하여 가설을 검증하고 이를 받아들이거나 기각한다. 정당화의 엄격한 논리에 따라(Reichenbach, 1938), 보편성에 근거하고 개별적으로 적용한 종합적 접근법을 활용하여 재료를 신중하게 통합한다면(Stricker & Gold, 1999), 추론을 정교화하고 결론에 이를 수 있다. 과학적 가치와 사고 양식을 통합하면, "부분적 측면과 전체적 측면을 아울러, 외부 대상과 일치하는 내적으로 일관된 개념화를 달성할 수 있게 된다."(Stricker & Trierweile, 1995, p. 998)

과학에 근거한 평가는 최소한 세 가지 요소를 포함하고 있다. 첫째, 평가받는 개인의 임상 관련 정보의 원천과 기법을 통합하여 하나의 설명을 가능하게 하는 다중기법 절차적 방법론을 적용한다(Stricker & Gold, 1999). 둘째, 과학에 기반을 둔 평가는 법칙정립적 분석과 개별중심적 분석을 모두 고려한다.

> 평가 안에서 법칙정립적 접근법은 인간 행동의 규칙을 탐구하려는 심리과학의 일부다. ……개별중심적 접근은 한 개인에게 삶의 맥락 내에서 여러 특징들이 조화를 이루는 단일한 방법들을 이해하는 데 목표를 둔다(p. 240).

과학에 기반을 둔 평가 심리학을 통해 성격평가와 진단 시 여러 정보 원천이 서로 관련성이 낮다는 점을 인식하기 시작하였다. Meyer(2002)는 "섬세한 임상가와 연구자들은 서로 다른 자료 원천 사이의 관련성을 .20～.30 정도로 예상해야 한다. 그러므로 환자를 정확하게 이해하기 위해서는 다중의 독립적인 원천에서 정보를 체계적으로 수집하려는 노력을 기울여야 한다." (p. 89)고 지적한다. 더 나아가 다음과 같이 언급한다.

> Cook과 Campbell(1979)은 법칙정립적 연구 접근법이 단일기법에 의존하거나 하나의 조작적 정의에 편향될 때 구성타당도에 심각한 결함이 가해질 것이라고 지적하였다. 최적의 법칙정립적 연구는 다양한 정보 원천과 여러 가지 기법을 통해 정보를 수집하고, 구성개념의 여러 가지 조작적 정의를 마련할 경우 구성타당도를 최대화할 수 있다(p. 90).

셋째, 비판적 사고는 과학 원칙에 따르는 심리학적 평가에서 핵심적이다. 가설이 틀릴 가능성에 주목하고 대안적인 가설을 고려하는 것은 비판적 사고 방식의 하나로 임상 판단을 약화시키는 편향과 발견법적 오류를 줄여 준다(Garb, 1994a, 1994b; Garb, 1996; Garb, 1998). Meyer(2002)는 견고한 임상적 사고를 증진하려면, Stricker와 Gold(1999)의 제안에 따라 다양한 정보 원천에서 여러 가지 정보를 종합함으로써 단일 기법이나 단일 조작적 정의를 최소화해야 한다고 말하였다. 평가 패러다임 내에 다중 정보 원천을 구성하여 독특한 반응을 이끌어 내기 위해 임상가들은 검사 배터리를 활용한다(Acklin, 2992; Rapaport, Gill, & Schafer, 1968). 정보 원천을 다양하게 구성하면 여러 원천에서 나오는 정보를 개념화하고 정교화하고 받아들이는 과정(Wiggins, 1973)에서 수렴 및 변별 타당도를 높일 수 있다(Campbell & Fiske, 1959).

성격평가와 내면 세계

성격 기능은 단지 외부에서 관찰가능한 행동의 측면에만 제한되어 있지 않다. Millon(1969)은 성격을 일컬어, "본질적이고 만연한 기능 양상으로 개인의 발달력 체계 내에서 비롯되며 개인의 지각 방식이나 환경을 다루는 방식을 특징짓는다." (p. 221)라고 하였다. 다른 맥락에서 Millon(1981)은 성격이란 "깊이 내포된 심리적 특징의 복잡한 패턴으로 대개 무의식적이며, 쉽게 변화하지 않고 기능의 모든 측면에서 자동적으로 표현된다. 개별적이고 만연한 이러한 특질은 개인의 지각, 감정, 사고, 대처의 특징적 양상을 구성한다."(p. 8)고 정의한다.

그러므로 성격은 개인의 주관적 경험을 포함하는 개념이다. 주관적 경험이란 인간은 신체에 기거하며("자아에서 우선적이고 주요한 것은 신체적 자아다."(p. 26)라고 기술한 Freud(1961)의 언급에서 추론; Lakoff & Johnson, 1999), 느끼는 삶이자 동기이며(소망, 두려움, 기대), 내적 주관성에 빠져 있다(정신분석가들이 무의식적 환상 혹은 정신적 현실이라고 부르는)는 일차적 사실을 아우른다. 내적 경험은 의식, 환상, 기억, 꿈, 신념과 태도, 예술과 인문학의 창조적 산물의 흐름에서 드러난다. 그러므로 자기에 관한 경험적이고 현상학적인 접근은 사람을 완전하게 이해하는 데 매우 중요하다.

자기는 감정 경험의 중추이자 자율성의 원천이며, 자각과 자기 반영의 근간이다(Blatt & Bers, 1993). "감정, 자율성, 반영적 자각 경험은 자기를 정의하며 이는 심리지형 모형에서 특히 의식과 자각을 다루는 전통 정신분석 사고의 경험적 측면과 일치한다."(p. 172) 인간 주관성의 원재료와 본래의 언어는 환상이다. 환상의 삶은 다양한 이론적 개념으로 설명되어 왔다(Pine, 1988). 이마고(imagoes; Josephs, 1989), 콤플렉스(complexes; Jacobi, 1999), 대상표상(Kernberg, 1976), 내적 작동 모델(Carlson & Sroufe, 1995), 그리고 최근에 인지적 입장에서는 도식(Blatt, 1995)이라는 개념도 있다. Blatt은 "성인기 정신병리의 다양한 형태는 대부분 아동기 양육자와의 관계에서 일어난 심각한 갈등의 결과로 일어나는 표상세계의 도식에 각기 다른 장해가 일어난 데서 기인한다."(p. 1)고 지적하였다.

무의식은 1960년대 행동주의와 과학주의의 짧은 헤게모니 안에서 정신적 삶의 영역으로부터 추방당하였으나, 다시 소생하였다(Epstein, 1994; Greenwald, 1992). 개인의 내면과 심리내적 삶은 외부의 관찰가능한 행동을 배양하고 보급시킨다. 그러므로 심리진단 과제에서 내면의 역동을 평가하는 기법은 매우 중요하다. 내적 삶의 만연성, 그리고 "외부 대인관계와 심리 내적 실재가 미묘하고 복잡한 방식으로 서로를 창조하고 침투하고 변형시키는"(Mitchell, 1988, p. 9) 방식은 '투사 가설'(Frank, 1939)의 기반을 이룬다. 개인의 지각, 느낌, 태도, 신념, 행동의 모든 측면은 단일체를 형성하면서 서로 얽혀 있다(Rapaport et al., 1968). 따라서 개인의 내적 삶을 알면 개인의 경험과 행동을 이해하고 성격과 성격장애 진단을 위한 심리진단 평가의 핵심을 제공받을 수 있다.

대상관계 이론과 표상세계

정신분석의 출현과 함께 Freud와 그의 제자들은 심리발달에 관한 이론적 가정을 설정하였다(McWilliams, 1994; Tyson & Tyson, 1990). 심리발달 이론은 리비도 발달에 관한 심리성적 발달 단계와 심리내적 구조화로 나타난다. 정신분석적 자아 심리학의 발전으로 내면 세계는 구조-발달 접근법으로 이해할 수 있게 되었고(Blanck & Blanck, 1975), 이는 Klein, Guntrip, Fairbairn, Sandler 등의 대상관계 이론의 기초를 닦아 주었다(Urist, 1980). 최근에 인지심리학으로 이동하면서, 발달적 요인들은 덜 강조되고 있고 자기와 타인에 관한 내적 심상 혹은 표상이 보다 주목받고 있다. 인지심리학에서는 이를 도식이라고 부르고, 애착 이론에서는 내적 작동 모델이라고 부른다.

Sandler와 Rosenblatt(1962)의 고전에서는 표상세계를 다음과 같이 정의하였다. 초자아에 관한 Freud의 생각에 근거하여 Freud(1940/1964)를 인용하면서, 5세경이 되면,

> 외부 세계의 일부분은, 적어도 부분적으로는 대상이기를 멈추고, 대신 동일시를 통하여 자아에 받아들여진다. 즉, 외부 세계는 내면 세계의 완전한 부분이 되었다. 이 새로운 정신적 수행자는 그때까지 외부 세계의 타인이 수행하였던 기능을 수행하기 시작한다(p. 131).

Sandler와 Rosenblatt(1962)은 발달하는 아이가 "스스로의 지각적 혹은 표상적 세계 내에서 내면뿐만 아니라 외부 환경의 심상과 구조를 창조한다."고 언급하였다(p. 132). 또한 "표상이란 수많은 인상에 따라 형성된 구조나 도식으로 지속된다."(p. 133)고 하였다. 대상관계의 내면화는 "정서 상태, 대상표상, 자기표상의 단위가 내면화되는 것"

이다(Kernberg, 1976, p. 75). 표상세계의 조직화와 발달적 성숙은 초기 관계의 내면화에 근거하여 개인의 성격을 확립한다(Kernberg, 1976; Shapiro, 1965).

개인의 삶은 정신 상태의 지속과 반복으로 특징지어져 있다. 이는 성격에 일관성을 부여한다. 지각하고, 느끼며, 행동하는 뿌리 깊은 기질은 개인의 성격과 정체성을 구성한다. Moore와 Fine(1968)은 성격을 다음과 같이 정의하였다.

> 성격에는 …… 자기 내적 욕구와 외부 세계의 요구를 조화시키려는 개인의 습관적 양상을 반영하는 측면이 있다. 심리 장치의 다양한 부분 사이에서 일어나는 갈등을 해결하는 안정되고 일관적인 방식의 종합으로서, 이는 환경과의 관계에서 적응을 달성한다. 따라서 성격은 추동 방출, 방어, 감정, 특별한 대상관계, 일반적 적응 기능 등의 수준과 방식에 영향을 미치는 지속적인 특징을 지닌다(p. 25).

Atwood와 Stolorow(1980)는 성격과 표상세계를 다음과 같이 연관 지었다.

> 성격을 엄격하게 정신분석적으로 설명했을 때는 항상 그의 내면 세계를 설명하게 된다. 내면 세계란 분리되어 있고 원초적으로 결정되어 있으며 감정으로 채색된 자기와 대상표상의 결정체로서, 반복적이고 무의식적으로 개인의 주관적 경험과 행동을 구조화한다(p. 280).

이어 Atwood와 Stolorow(1984)는 "성격 구조는 개인 경험의 구조"(p. 33)라고 하였고, "성격은 주관적 세계 구조와 공존한다."(p. 34)고 하였다. 또한 성격 구조는 단지 지각의 수동적 틀만이 아니라 세계 속에서 활동하는 전향적인 프로그램이다. 이 지점에서 Shapiro(1968)는 다음과 같이 말하였다.

> 신경증적 개인은 마치 사람이 결핵이나 감기를 앓듯이 단지 신경증만 앓는 것이 아니다. 핵심적으로 그는 신경증에 참여하고, 이에 따라 특징적 경험을 지속하는 방식으로 기능한다. 그는 어디에서도 대안을 볼 수 없어 어떤 행동이나 관심도 거기에서 그치고 만다(p. 20).

대상 혹은 표상세계는 지각, 사고, 느낌, 행동의 안내 체계로 작동한다. 내면화된 대상은 부정적인 초기 관계에서 비롯된 경험의 결정체라는 Fairbairn의 언급을 바탕으로, Rubens(1994)는 대상관계의 적극적이고 역동적인 본질에 관해 기술하였다.

> 이러한 하위 체계는 자기존재를 정의하는 압도적인 경험을 형성시키는 틀에 따라 항상 스스로를 표현하고자 하며, 또한 경험한다. 따라서 이러한 내인적 심리 구조의 존재는 초기 경험의 신경증적 패러다임에 일치하는 관계를 모색하게 만든다. 이로써 현재 관계는 왜곡되어 이러한 패러다임에 일치하도록 경험되며, 세계는 그러한 관계를 표현하는 활동 패턴으로 구성된다(p. 163).

부정적인 초기 경험의 결정체와 성격과 행동의 연결고리에 관한 Fairbairn의 언급에 따라, Kernberg(1976)는 다음과 같이 말하였다.

> 병리적 동일시 과정의 종착지는 성격 병리다. 성격 특질이 보다 경직되고 신경증적일수록, '응고' 된 과거의 병리적인 내면화된 대상관계(특정 갈등을 표상하는)가 드러난다(p. 79).

물론 이러한 이론적 구성개념은 정신적이고 정서적인 삶의 발달과 본질에 주목하지만, 실제 사람이 살아가는 경험과 관련되어 있다. 이는 환상, 느낌, 지각 그리고 재연의 현상학적 차원을 반영하기 때문이다.

자아상태와 대상관계 이론

자아상태 이론은 Federn(1952)과 동료들에서부터 시작하였다. 이는 심리 진단적으로 중요한 임상적 구성개념으로 주관적 경험을 일차적으로 중요시한다. 자아상태는 느낌, 지각, 생각의 경험적 상태로서 대인관계 상황에서 개인의 재연 방식의 기반을 형성한다. 로샤 심리학과 관련하여 Horowitz(1983)는 사고가 표상되는 재연적, 심상적, 언어적 양식을 논하였다. 표상의 심상 양식은 "내사, 환상, 신체상, 대상과의 관계"로 표상된다(p. 86). 대상표상은 "반복될 중요한 교류로 구성되며, 반복 속에서 구조가 명료해지고 발달하여 새로운 정보를 조직하는 역할을 담당하게 된다."(p. 87) Horowitz(1998)는 자아상태의 개념을 확장하여 정신상태라고 명하였고, 이는 "의식과 무의식적 경험의 결합으로 단기 혹은 장기간 동안 지속되는 행동 양상을 반영한다. 모든 사람은 반복되는 정신상태의 레퍼토리를 가지고 있다."(p. 13)

정신상태는 감정, 지각, 조절 수준(조절 미달, 과도 조절, 잘 조절된 그리고 동요하는), 동기 유형(소망하는 혹은 죽도록 싫어하는), 인간 도식으로 특징지을 수 있다(Horowitz, 1998, p. 15). 정신상태는 "서로 다르며, 단지 주된 정서나 감정 표현에서 다른 것만이 아니라, 드러나는 양상이나 조절 수준에 따라 다르다."(Horowitz, 1988, p. 13) 인간 도식은 대상표상과 같은 말로, "관계의 외적 측면이 종결되었음에도 정신 속에서 변함없이 지속된다."(Horowitz, 1991, p. 14) 인간 도식은 건강한 성격기능 및 성격장애와 관련되어 있다. 이는 안정성 여부를 결정짓고(Horowitz, 1988), 과거 경험을 "전체적 통합체로 요약하여 새로 들어오는 정보가 이미 존재하는 구성체에 잘 맞는지 가늠할 수 있게 한다."(p. 13) 실제 자극과 일치하는 도식은 "정보의 재빠른 조직화를 가능하게 한다. …… 도식은 도식의 관점에 맞는 자극의 인식을 고양시키며, 맞지 않는 자극의 인식은 방해한다."(p. 14) 도식의 확증은 "빠른 자각을 가능하게 하지만, …… 도식과는 불일치하는 자극을 해석하고, 이에 반응하는 데 오류를 반복하게 하며, 이를 패턴화시킨다."(p. 14) 이는 성격 기능의 핵심을 담당하고, 특히 성격장애에서 더욱 그렇다.

> 자기와 타인에 대한 도식은 시간적 안정성과 정체성의 일관성을 증진시킨다. 반대로, 도식에 맞지 않는 상황은 정체성의 일관성을 잃게 하는데, 이는 자기가 파편화되고 시간 속에서 자기 위치를 상실하는 주관적이고 상징적인 경험이다(Horowitz, 1988, p. 14).

임상가들은 성격 조직화와 기능을 분류하기 위해 다양한 분류법을 제안하였다.

Horowitz(1998)는 상태, 통제, 사람 도식을 반영하는 심리 내적 기능과 대인관계 행동을 특징짓는 구조적 특징에 주목하여 5단계 체계를 제안하였다: (1) 잘 발달된, (2) 신경증적인, (3) 자기애적으로 취약한, (4) 경계선적, (5) 파편화된. Horowitz의 주장은 이것이 단지 제3자의 관찰이나 분류에 따른 범주가 아니라 자기와 타인에 관한 주관적 경험의 특징이라는 데서 주목할 만하다.

정신분석의 발달적 진단은 전통 추동 이론, 자아 심리학, 대상관계 이론의 이론적 기반에서 비롯되었다(Blanck & Blanck, 1975; Pine, 1990; Tyson & Tyson, 1990). 대상관계 이론은 타인과 관계하는 자기에 대한 내면화된 표상에 주목하고, 성격 양상이란 이러한 내면화된 대상관계에 대한 태도로서 표현된다고 한다(Josephs, 1992). Kernberg(1976)는 성격 병리에 관한 정신분석적 분류법 안으로 이를 통합하였다. 그는 성격 조직을 신경증적, 경계선적, 정신증적의 세 가지 차원으로 분류하였다. Kernberg의 틀에서 성격 병리는 견고한 정체성 형성, 대상표상의 질과 구조적 통합성, 방어기제의 수준, 퇴행 혹은 일차적 사고 과정의 침투에 기반을 두고 조직된다. Kernberg(1984)에 따르면,

> 신경증적, 경계선적, 정신증적 조직화는 환자의 지배적인 성격 특징에 반영되어 있다: (1) 정체성 통합의 정도, (2) 습관적으로 활용하는 방어의 유형, (3) 현실검증 역량. 신경증적 성격 구조는 경계선 혹은 정신증적 성격 구조에서와는 달리 통합된 정체성을 내포하고 있다. 신경증적 성격 구조는 억압이나 다른 상위 수준의 방어기제를 중심으로 방어가 조직화되어 있다. 반면, 경계선 혹은 정신증적 구조는 분열(splitting) 기제를 기반으로 하는 원시적 방어기제가 지배하는 환자들에게서 발견된다. 신경증이나 경계선 구조에서는 현실검증력이 유지되지만, 정신증적 구조에서는 심각하게 손상되어 있다. 이러한 구조적 범주는 기존의 행동적 혹은 현상학적 설명을 보완할 수 있고, 특히 분류하기 어려운 정신질환을 감별진단할 때 정확성을 더할 수 있다(pp. 5-6).

Kernberg(1976)의 이론 틀에서 성격장애의 심각성은 DSM과는 달리 증상 발현이나 외부에서 관찰 가능한 행동에 제한되어 있지 않고, 기저의 심리내적 구조를 아우른다. 대부분의 히스테리, 강박성, 우울-피학성 성격은 성격 조직의 상위(신경증적) 수준에 해당된다. 경계선, 자기애성, 편집성, 분열성, 사이코패스적 성격은 경계선

혹은 정신증적 성격 구조에 걸쳐 있을 것이다. 이러한 성격 조직 수준은 외적으로(감정, 지각, 관계의 양상과 행동) 나타나기도 하지만, 주관적 경험의 양상을 반영하기도 한다.

성격평가 및 진단에 관한 로샤검사의 공헌

로샤검사는 통합적으로 활용될 때 매우 강력한 해석을 제공한다(Acklin, 1994; Meloy, Acklin, Gacono, Murray, & Peterson, 1997). 즉, 법칙정립적 기준(경험적으로 산출한 비율, 퍼센트, 지표)을 바탕으로 구조 자료를 해석하고, 개별중심적 참조 자료와 함께 이론에서 끌어 온 내용 분석을 통합하여 해석할 때 그러하다(Weiner, 2003). 최근의 논박(Garb, Wood, Lilienfeld, Scott, & Nezworski, 2002; Lilienfeld, Wood, & Garb, 2000; 이에 반박하는 Acklin, 1999; Meyer, 2000; Viglione & Hilsenroth, 2001 참고)에도 불구하고, 로샤 종합체계(Exner, 2003)는 성격을 설명하는 경험적인 기반을 가진 타당화된 구조 자료의 일차적 원료로 남아 있다. 다양한 성격 구성과 로샤 지표, 퍼센트, 비율에 주목하는 경험적 연구 결과는 풍부하다.

로샤검사에서 무엇이 시사되는지를 중심으로 접근('sign' approach)할 때, 최근의 연구들은 특정 로샤 변인이 DSM-IV의 축 II 성격장애 진단과 관련 있다는 점을 발견하였다. 예를 들어, Hilsenroth, Hibbard, Nash와 Handler(1993)는 방어와 공격성에 관한 로샤 측정치는 비임상집단과 DSM-IV A군, C군 그리고 다른 B군 성격장애 집단으로부터 자기애성 성격장애 집단을 구분할 수 있다고 밝혔다. Blais, Hilsenroth와 Fowler(1998)는 색채반응(FC+CF+C)과 재질반응(T)이 연극성 성격장애와 강하게 관련되어 있다고 보고하였다. 더하여 이 두 로샤 변인은 8가지 연극성 성격장애 진단기준 중에서 7가지와 강한 상관을 보였다. 로샤 색채반응인의 총합(FC+CF+C)은 DSM의 연극성 성격장애 진단기준 2, 3, 4, 5와 정적 상관을 보였고, T 반응은 진단기준 1, 5, 6, 7, 9와 정적 상관을 보였다(Blais & Hilsenroth, 1998).

추후 연구에서 Blais, Hilsenroth, Castlebury, Fowler와 Baity(2001)는 DSM-IV B

군 성격장애 기준 및 MMPI-2 성격장애 척도(Colligan, Morey, & Offord, 1994; Morey, Waugh, & Blashfield, 1985)와 관련하여 로샤 변인의 타당도를 검증하였다. 57명의 정신과 외래 환자에서 두 로샤 변인(FC+CF+C와 T)은 DSM-IV 연극성 성격장애 기준을 확인하는 데 MMPI-2 연극성 성격장애 척도를 웃도는 수행을 보였다. 회귀 분석에서 MMPI-2 척도와 로샤 변인을 동시에 입력하였을 때 로샤 변인만이 DSM-IV 연극성 성격장애 기준을 유의미하게 예측하는 것으로 나타났다.

로샤검사를 이론에 근거하여 접근하였을 때는 성격평가와 진단의 적용 능력을 넓힐 수 있다(Frank, 1995a; Lerner, 1991; Pine, 1988; Rosenen, 1990; Schafer, 1954). 경험, 지각, 점수 간의 차이를 연결 짓기 위한 Schafer(1954)의 자아 심리학적 접근은 개인의 사고와 감정 양상을 드러내는 반응 주제 분석에 주목한다. 로샤 잉크반점에서 투사의 본질에 근거하여, Schafer는 개인의 "지각 양상은 지속적이고 통합된 반응 경향성으로서 추동, 방어, 적응 노력과 또한 이와 관련된 심상의 지속적 조합을 반영하고 이에 따라 유지된다."고 하였다(p. 115). 추동과 자아 심리학적 관점을 통합했을 때, Robert Holt(1970)의 작업은 개인의 주관적 경험을 연구하고 이해하는 것, 특히 로샤평가를 이용하여 성격장애를 분류하고 진단하는 것과 특히 관련되어 있다. Holt와 동료들(Holt, 1970; Holt & Havel, 1960)은 카드 반응의 내용, 구조, 방어 특질을 묘사하는 로샤 종합 채점 체계를 고안하였다. Holt는 일차과정 사고의 역할에 주목하였고 이를 로샤 반응에서 드러난 방어 기능과 관련지었다. 이는 성격 구조 및 조직 수준을 감별진단하는 데 직접적으로 관련되는 현상들이다(Acklin, 1992, 1993, 1994; Kernberg, 1976).

대상관계 이론은 광대한 경험적 문헌과 함께 로샤 해석의 임상 실제와 연구를 주도하게 되었다(Frank, 1995b; Stricker & Healey, 1990). Sidney Blatt과 동료들(Blatt, Brenneis, Schimick, & Glick, 1976a, 1976b; Blatt & Lerner, 1983; Blatt, Wild, & Ritzler, 1975)은 로샤 반응의 특징을 평가하기 위해서 구조-발달 이론을 활용하는 로샤 대상개념 척도(Rorschach Concept of the Object Scale)를 개발하였다. 이들의 연구는 내면화된 대상 표상의 특징과 경계선 성격 구조를 포함한 다양한 정신병리 유형의 관련성을 경험적으로 보여 주었다. 상호 자율성 척도(Mutuality of Autonomy Scale: MOA 척도; Urist, 1977, 1980; Urist & Schill, 1982)는 대상표상의 구조적이고 상호작용하는 측면을 강조한다. Harder, Greenwald, Wechsler와 Ritzler(1984)는 MOA 척도가 유용한 정신병리 지표임을 발견하였다. 또한 대상표상에 관한 로샤 자료는 반사회성 성격장애와 기저의 성격 조직을 진단하는 데 유용한 것으로 나타났다(Gacono, 1990; Gacono & Meloy, 1992; Gacono, Meloy, & Berg, 1992).

로샤평가와 해석에 관한 자기 심리학적 접근은 1988년에 등장하였다(Arnow & Cooper, 1988). Kohut의 작업에 따라 로샤 반응은 곧 자기상태(자기표상)를 반영하고, 원초적 자기대상의 지각물이자 새로운 대상을 어떻게 경험할 것인가에 관한 지표다(p. 56). 최근에 자기 심리학적 접근은 Silverstein(1999)이 설명하였는데, 그는 로샤 내용에서 거울(mirroring), 이상화(idealizing), 쌍둥이 관계(twinship)를 평가하였다.

기저의 내면 세계의 구조적, 정동적 그리고 표상적 특징의 지형을 드러내는 데 로샤검사에 비할 바가 없지만, Acklin(1992, 1993, 1994)은 Kernberg의 성격 조직화에 관한 심리구조적 진단에 주목하면서 구조와 이론에 기반을 두고 내용 접근을 통합해야 한다고 주장하였다. Acklin은 경계 와해, 대상표상의 구조적 통합성, 평가 상황에서 구조의 활용과 같은 정신분석 연구를 특수점수, 특수점수 가중치, 정신분열증 지표(최근의 지각 및 사고장애 지표)와 같은 종합체계 변인과 통합하여 성격 조직의 정신증적 수준을 감별진단하는 데 활용할 수 있다고 하였다(Exner, 2002; Kleiger, 1999; Weiner, 2003).

정신증적 성격 조직화의 감별진단에 관하여 Acklin(1992)은 다음과 같이 말하였다.

> 정신증적 성격 조직화가 의심되는 개인의 심리를 진단할 때 다음의 로샤 특징을 예상할 수 있다. 특수점수의 상승, 특히 수준 2 특수점수 상승; 특수점수 가중치 상승; 정신분열증 지표가 4 혹은 5점; 사고장애가 시사되는 언어표현장애; 형태질의 저하; 지각의 구조적 특징 장해, 특히 인간 지각에서 방어 작동의 실패와 원시적 방어의 활용, 추동 중심의 일차과정적 사고의 원재료 표현, 메마르고 공허한 악의적인 상호작용의 주제(p. 460).

경계선 성격 조직화 감별진단에 관해 Acklin(1993)은 이렇게 기술하였다.

> 잘 구조화된 검사에서는 적절하게 기능하지만 투사법 검사, 특히 로샤에서는 수행 결함이 나타난다: 사고 이완, 경계 와해와 사고장애, 악의적 대상관계, 암울함, 스트레스 인내력 결함 그리고 불안정한 정서(p. 335).

마지막으로, 신경증적 성격 조직화에 대해 Acklin(1994)은 다음과 같이 기술하였다.

> 개념적 접근법의 안내를 받은 종합체계의 보편적 자료에 근거한다면 신경증적 반응에는 평범함(높은 수준의 평범반응, 주지화 반응의 상승)이 예상된다. 타당도 지표(Lambda)는 상승하지 않으며, 정서적으로 과잉 통제적이고(색채 균형에서 FC 반응이 지배적), 현실검증력이 유지되며(X+%와 F+%), 미성숙하다(FM이 M보다 상승하고, 인간운동반응은 동물반응 및 색채와 함께 나타난다.)(p. 7).

로샤검사는 경계선 성격 조직화를 감별진단하는 데 특히 유용하다. 이는 경계 와해, 대상관계의 악의성과 성숙성, 방어기제, 정서 조절, 자기애를 통합한다(Acklin, 1995). 경계선 성격장애와 조직화는 1980년대와 1990년대 로샤 심리학자들에게 충분한 관심을 받았고, 이들은 무엇이 시사되는 반응('sign' approaches; Exner, 1986; Gartner, Hurt, & Gartner, 1989), 그리고 이론적 기반을 갖춘 척도(Acklin, 1995; Berg, 1990; Blais, Hilsenroth, Fowler, & Conboy, 1999; Cooper, Perry, & Arnow, 1988; Cooper, Perry, & O'Connell, 1991; Gacono et al., 1992; Hilsenroth et al., 1993; Johnston & Holzman, 1979; Lerner, 1990; O'Connell, Cooper, Perry, & Hoke, 1989; Perry & Cooper, 1989; Stuart et al., 1990)에 주목하였다. 대체적으로 DSM의 개념과 경계선 성격 조직화를 설명한 Gunderson(1984)과 Kernberg(1976)의 이론적 맥락에 따라 경계선 성격 진단에 관한 의미 있는 경험적 지지가 갖추어져 왔다.

다른 정보 원천과 통합하여, 로샤검사 자료는 체험에 가까운 심상을 평가할 수 있다는 장점이 있다. 이는 평가 장면에서의 개인의 특징적 체험 양상과 자아상태의 레퍼토리를 반영한다. 검사 상황은 잉크반점에 몰두하는 '실시간' 체험으로, 사람이 새로운 상황을 어떻게 다루는지에 관한 특징들을 유발시킨다. 즉, 개인의 성격(경험에 반응하고 대처하는 특정 방식)은 검사 상황에서 발현된다.

Schachtel(1966)의 로샤 고전인 『로샤검사의 체험적 기반(*Experiential Foundations of Rorschach's Test*)』에서 그는 평가 과제의 체험적 차원에 주목하였다.

> 내가 주로 사용하는 이 접근법을 …… 나는 '체험적' 이라고 부른다. 이는 검사를 할 때 그 사람이 겪는 체험과 그 체험에 대한 반응, 특히 검사 과제 맥락에서 잉크반점에서 우러난 체험에 접근하거나 회피하고, 이를 다루는 그만의 방식을 재구성하고, 이해하고, 보다 겉으로 드러내기 위한 시도로 이루어져 있기 때문이다(p. 183).

Schachtel(1966)은 그 어떤 로샤평가자보다 훌륭하게 로샤검사 자료의 심오함을 설명하였다.

> 로샤검사에서 이끌어 낸 일차적 자료는 개념이 아니라 지각이다. …… 로샤검사에서 연구하는 자료는 그가 잉크반점에서 무엇을 봤는가와 어떻게 봤는가다. 구체적인 지각 안에서 정서적 색감과 기류는 그가 본 것을 채색하고, 그리고 모든 지적이고 정서적인 노력, 그 질과 처리 과정, 그 부드러움 혹은 갈등은 적합성을 지각하고 연상하고 판단하는 그의 작업에 개입되어 있다. 그의 말 안에서 우리는 그의 경험을 재구성하고자 노력한다. 점수는 이 경험의 추상화일 뿐이다(p. 261).

Schachtel은 "있는 그대로 입력된 잉크반점의 시각적 인상은 기억과 감각을 건드려 잉크반점의 연상 안에서 공명한다."(p. 45)고 덧붙였다. 더 나아가, 검사 상황에서 잉크반점과의 '만남' 은,

> 광범위한 기능 측면에 관여하는 성격의 모든 층이 잉크반점과 완전히 만나 다채롭고 유연한 반응과 경험을 이끌어 내는 데서부터, 검사 과제를 거부함으로써 만남을 거의 완전하게 회피하는, 혹은 더 빈번하게 하는 가장 피상적이고 전형적이고 경직되고 통제된 반응만을 보이며 다른 모든 반응에 대한 대규모의 방어를 작동시키는 양상을 아우른다(p. 44).

로샤 지각이 내적이고 개별적인 심상을 반영한다는 관점에 따라, Schafer(1954)는 검사가 상상의 언어로 자아 투쟁(ego striving)을 발현시킨다고 보았다. 로샤 반응을 꿈이나 몽상과 비교하면서, 그는 검사가 "우리 사적인 심상의 서재를 간단하게 열어 보인다."고 언급하였다(p. 75).

양적이고 보편적 특징을 지닌 다른 심리학적 검사 자료와 달리 로샤 지각은 정신의 원재료이자 성격작동의 산물로서, 개인의 내적 경험을 반영하는 시각적 표상의 예시를 보여 준다(Lerner, 1992, 1998; Schachtel, 1966). 물론 개별반응을 해석할 때 유의할 점이 있지만, 각 반응의 내용은 사적 심상의 일부를 드러내고 표현하는 것일 수 있다. 그것은 개인의 내적 삶을 특징짓는 자아상태의 레퍼토리다.

성격평가와 진단에 관한 법칙정립적이면서 개별 중심적인 접근에서 로샤 내용은 자기 개념, 의미 있는 타인을 향한 태도, 환경을 지각하는 방식, 주된 고민들, 내적 갈등을 포함한 개인의 정신 역동을 이해하는 데 공헌한다(Arnow & Reznikoff, 1976). 체험적으로 이끌어 낸 구조적 자료(반응을 이끌어 낸 관찰을 포함하여)와 통합하여, 원재료는 주관적 경험과 함께 사람이 자기, 타인, 세계를 어떻게 지각하는지에 관한 지형적 표상을 제공한다.

성격장애의 평가와 진단은 종합적인 심리학적 평가의 맥락과 접근법 안에서 발생한다. 심리 진단가는 다양한 원천과 접근법에 의지하면서도 그것의 의존성과 불완전성 그리고 내재된 한계점을 인식한다. 다른 심리학적 자료의 원천과는 달리 로샤검사는 성격장애의 체계적인 심리학적 평가와 진단에 독특하게 공헌한다. 이는 다중 기법적인 평가 접근법으로서 면담, 자기-보고형 성격 측정치와 척도, 관찰자 및 정보제공자 평가라는 독립적인 자료 원천을 구조화된 개별 중심적인 접근 방법에 따라 통합한다. 단일한 정보 원천이 평가 과제에서 모든 역할을 다 담당하는 일은 없다. 여러 가지 자료의 원천을 통합해야만 해석을 위한 네트워크를 강화시킬 수 있다. 다른 측정치와 달리 로샤검사는 법칙정립적이면서도 개별 중심적인 정보를 제공한다. 어찌되었건, 심리학적 평가에서 로샤검사가 독특하고 핵심적인 위치를 차지하고 있고, 가장 널리 사용되는 임상 평가 도구로서의 힘을 지속적으로 가질 수 있는 것은 바로 로샤검사가 개인 내적인 삶의 원시적 심상과 언어를 다루고 표현할 수 있는 능력을 가지고 있기 때문이다.

참고문헌

Acklin, M. W. (1992). Psychodiagnosis of personality structure: Psychotic personality organization. *Journal of Personality Assessment, 58,* 454–463.

Acklin, M. W. (1993). Psychodiagnosis of personality structure II: Borderline personality organization. *Journal of Personality Assessment, 61,* 329–341.

Acklin, M. W. (1994). Psychodiagnosis of personality structure: Neurotic personality organization. *Journal of Personality Assessment, 63,* 1–9.

Acklin, M. W. (1995). Integrative Rorschach Interpretation. *Journal of Personality Assessment, 64,* 235–238.

Acklin, M. W. (1999). Behavioral science foundations of the Rorschach Test. *Assessment, 6,* 319–326.

Acklin, M. W. (2002). How to select personality tests for a test battery. In J. N. Butcher (Ed.), *Clinical personality assessment: Practical approaches* (2nd ed.). London: Oxford University Press.

Acklin, M., & Oliveria-Berry, J. (1996). Return to the source: Rorschach's Psychodiagnostics. *Journal of Personality Assessment, 67*(2), 427–433.

American Psychiatric Association (2000). *Diagnostic and statistical manual of mental disorders* (4th ed. text revision). Washington, DC: APA Press.

Arlow, J. (1985). The concept of psychic reality and relate problems. *Journal of the American Psychoanalytic Association, 33,* 521–535,

Arnow, D., & Cooper, S. (1988). Rorschach psychology of the self. In H. D. Lerner & P. M. Lerner (Eds.), *Primitive mental states and the Rorschach* (pp. 53–68). New York: International Universities Press.

Aronow, E., & Reznikoff, M. (1976). *Rorschach content interpretation.* New York: Grune & Stratton.

Atwood, G. E., & Stolorow, R. D. (1980). Psychoanalytic concepts and the representational world. *Psychoanalysis and Contemporary Thought. 3,* 267–290.

Atwood, G. E., & Stolorow, R. D. (1984). *Structures of subjectivity: Explorations of psychoanalytic phenomenology.* Hillsdale, NJ: Analytic Press.

Berg, J. (1990). Differentiating ego functions of borderline and narcissistic personality. *Journal of Personality Assessment, 55,* 537–548.

Blais, M. A., & Hilsenroth, M. J. (1998). Rorschach correlates of the DSM-IV histrionic personality disorder. *Journal of Personality Assessment, 70,* 355–364.

Blais, M. A., Hilsenroth, M. J., Castlebury, F., Fowler, J. C., & Baity, M. R. (2001). Predicting DSM-IV cluster B personality disorder criteria from MMPI-2 and Rorschach data: A test of incremental validity. *Journal of Personality Assessment, 76,* 150–168.

Blais, M. A., Hilsenroth, M. J., & Fowler, J. C. (1998). Rorschach correlates of the DSM-IV histrionic personality disorder. *Journal of Personality Assessment, 70*(2), 355–364.

Blais, M. A., Hilsenroth, M. J., Fowler, J. C., & Conboy, C. A. (1999). A Rorschach exploration of the DSM-IV borderline personality disorder. *Journal of Clinical Psychology, 55,* 563–572.

Blanck, G., & Blanck, R. (1975). *Ego psychology: Theory and practice.* New York: Columbia University Press.

Baltt, S. (1995). Representational structures in psychopathology. In D. Cicchetti & S. L. Toth, (Eds.), *Rochester Symposium on Developmental Psychopathology: Volume I. Emotion, cognition, and representation* (pp. 1–33). Rochester, NY: University of Rochester Press.

Baltt, S., & Bers, S. A. (1993). The sense of self in depression: A psychodynamic perspective. In Z. Segal & S. Blatt (Eds.), *The self in emotional distress: Cognitive and psychodynamic perspectives* (pp. 171–217). New York: Guilford.

Blatt, S. J., Brenneis, C. B., Shimick, J., & Glick, M. (1976a). *A developmental analysis of the concept of the object on the Rorschach.* Unpublished research manual, Yale University, New Haven, CT.

Blatt, S. J., Brenneis, C. B., Shimick, J., & Glick, M. (1976b). Normal development and psychopathological impairment of the concept of the object on the Rorschach. *Journal of Abnormal Psychology, 85,* 264–373.

Blatt, S. J., & Lerner, H. (1983). The psychological assessment of object representation. *Journal of Personality Assessment, 47,* 7–28.

Blatt, S. J., Wild, C. M., & Ritzler, B. A. (1975). Disturbances of object representations in schizophrenia. *Psychoanalysis and Contemporary Science, 4,* 235–288.

Campbell, D. T., & Fiske, D. W. (1959). Convergent and discriminant validation by the multitrait multimethod matrix. *Psychological Bulletin, 56,* 81–105.

Carlson, E. A., & Sroufe, L. A. (1995). Contribution of attachment theory to developmental psychopathology. In D. Cicchetti & D. J. Cohen (Eds.), *Developmental psychopathology: Volume I. Theory and Methods* (pp. 581–617). New York: John Wiley.

Colligan, R. C., Morey, L. C., & Offord, K. P. (1994). The MMPI/MMPI-2 Personality

Disorder Scales: Contemporary norms for adults and adolescents. *Journal of Clinical Psychology, 2,* 168–200.

Cook, T. D., & Campbell, D. T. (1979). *Quasi-experimental design: Design and analysis issues for field settings*. Boston: Houghton-Mifflin.

Cooper, S., Perry, J., & Arnow, D. (1988). An empirical approach to the study fo defense mechanisms: I. Reliability and preliminary validity of the Rorschach Defense scales. *Journal of Personality Assessment, 52,* 187–203.

Cooper, S., Perry, J., & O'Connell, M. (1991). The Rorschach Defense Scales: II. Longitudinal perspectives. *Journal of Personality Assessment, 56,* 191–201.

Epstein, S. (1994). Integration of the cognitive and psychodynamic unconscious. *American Psychologist, 49,* 709–724.

Exner, J. (1986). Some Rorschach data comparing schizophrenics with borderline and schizotypal disorders. *Journal of Personality Assessment, 50,* 455–471.

Exner, J. E. (2002). *The Rorschach: Basis foundations and principles of interpretation* (4th ed.). New York: John Wiley.

Exner, J. E. (2003). *The Rorschach: A comprehensive system* (4th ed.). New York: John Wiley.

Federn, P. (1952). *Ego psychology and the psychoses*. New York: Basic Books.

Frank, G. (1994). On the assessment of thought disorder from the Rorschach. *Psychological Reports, 75,* 375–383.

Frank, G. (1995a). An ego-psychological approach to the Rorschach. *Psychological Reports, 77,* 911–930.

Frank, G. (1995b). On the assessment of self- and object representations for the Rorschach: A review of the research and commentary. *Psychological Reports, 76,* 659–671.

Frank, L. (1939). Projective methods for the study of personality. *Journal of Psychology, 8,* 399–413.

Freud, S. (1961). The ego and the id. In J. Strachey (Ed.), *The standard edition of the complete psychological works of Sigmund Freud* (Vol. 19). London: Hogarth.

Freud, S. (1940/1961). An outline of psychoanalysis. In J. Strachey (Ed.), *The standard edition of the complete psychological works of Sigmund Freud* (pp. 2–78). London: Hogarth.

Gacono, C. B. (1990). An empirical study of object relations and defensive operations in antisocial personality disorder. *Journal of Personality Assessment, 54,* 589–600.

Gacono, C. B., & Meloy, J. R. (1992). The Rorschach and the DSM-III-R antisocial personality. *Journal of Clinical Psychology, 48,* 393–406.

Gacono, C. B., Meloy, J. R., & Berg, J. L. (1992). Object relations, defensive operations, and affective states in narcissistic, borderline, and antisocial personality disorder. *Journal of Personality Assessment, 59,* 32–49.

Garb, H. N. (1994a). Judgement research: Implications for clinical practice and testimony in court. *Applied and Preventive Psychology, 3,* 173–183.

Garb, H. N. (1994b). Cognitive heuristics and biases in personality assessment. In L. Heath, R. S. Tindale, J. Edwards, E. Posavac, F. Bryant, E., & Henderson-King et al. (Eds.), *Applications of heuristics and biases to social issues: Social psychological applications to social issues* (Vol. 3). New York: Plenum Press.

Garb, H. N. (1996). The representativeness and past-behavior heuristics in clinical judgement. *Professional Psychology: Research and Practice, 27,* 272–277.

Garb, H. N. (1998). *Studying the clinician: Judgment research and psychological assessment.* Washington, DC: American Psychological Association.

Garb, H., Wood, J., Lilienfeld, S., Scott, O., & Nezworski, T. (2002). Effective use of projective techniques in clinical practice: Let the data help with selection and interpretation. *Professional Psychology: Research and Practice, 33,* 454–463.

Gartner, J., Hurt, S., & Gartner, A. (1989). Psychological test signs of borderline personality disorder: A review of the empirical literature. *Journal of Personality Assessment, 53,* 423–441.

Greenwald, A. (1992). New Look 3: Unconscious cognition reclaimed. *American Psychologist, 47,* 766–779.

Gunderson, J. (1984). *Borderline personality disorder.* Washington, DC: American Psychiatric Press.

Harder, D., Greenwald, D., Wechsler, S., & Ritzler, B. (1984). The Urist Mutuality of Autonomy Scale as an indicator of psychopathology. *Journal of Clinical Psychology, 40,* 1078–1083.

Hilsenroth, M., Hibbard, S., Nash, M., & Handler, L. (1993). A Rorschach study of narcissism, defense, and aggression in borderline, narcissistic, and cluster C personality disorders. *Journal of Personality Assessment, 60,* 346–361.

Holt, R. R. (1970). *Manual for the scoring of primary process manifestations in Rorschach responses* (10th draft). Research Center for Mental Health: New York University, New York.

Holt, R. R., & Havel, J. (1960). A method for assessing primary and secondary process in the Rorschach. In M. Rickers-Ovsiankina (Ed.), *Rorschach Psychology* (pp. 263–315). New York: John Wiley.

Horowitz, M. J. (1983). *Image formation and psychotherapy*. New York: Jason Aronson.

Horowitz, M. J. (1988). *Introduction to psychodynamics: A new synthesis*. New York: Basic Books.

Horowitz, M. J. (1998). *Cognitive psychodynamics: From conflict to character*. New York: John Wiley.

Horowitz, M. J. (1991). *Person schemas and maladaptive interpersonal patterns*. Chicago: The University of Chicago Press.

Jacobi, J. (1999). *Complex, archetype, and symbol in the psychology of C. G. Jung*. London: Routledge.

Johnston, M. H., & Holzman, P. S. (1979). *Assessing schizophrenic thinking*. San Francisco, CA: Jossey-Bass.

Josephs, L. (1989). The cleaning lady: The fate of an archaic maternal imago. *Psychoanalysis and Psychotherapy, 7,* 116-128.

Joseph, S. L. (1992). *Character structure and the organization of the self*. New York: Columbia University Press.

Kernberg, O. (1976). *Object relations theory and clinical psychoanalysis*. New York: Jason Aronson.

Kernberg, O. F. (1984). *Severe personality disorders: Psychotherapeutic strategies*. New Haven: Yale University Press.

Kleiger, J. (1999). *Disordered thinking and the Rorschach: Theory, research, and differential diagnosis*. Hillsdale, NJ: The Analytic Press.

Lakoff, G., & Johnson, M. (1999). *Philosophy in the flesh: The embodied mind and its challenge to Western thought*. New York: Basic Books.

Lerner, P. (1990). Rorschach assessment of primitive defenses: A review. *Journal of Personality Assessment, 54,* 30-46.

Lerner, P. (1991). *Psychoanalytic theory and the Rorschach*. Hillsdale, NJ: The Analytic Press.

Lerner, P. (1992). Toward an experiential psychoanalytic approach to the Rorschach. *Bulletin of the Menninger Clinic, 56,* 451-464.

Lerner, P. (1998). Schachtel and experiential Rorschach assessment. *Journal of Personality Assessment, 71,* 182-188.

Lilienfeld, S., Wood, J., & Garb, H. (2000). The scientific status of projective techniques. *Psychological Science in the Public Interest, 1,* 27-66.

McClelland, D. (1980). Motive dispositions: The merits of operant and respondent measures. In L. Wheeler (Eds.), *Review of Personality and Social Psychology* (Vol. 1, pp, 10–41). Beverly Hills, CA: Sage.

McWilliams, N. (1994). *Psychoanalytic diagnosis: Understanding personality structure in the clinical process*. New York: Guilford.

Meloy, R., Acklin, M. W., Gacono, C., Murray, J., & Peterson, C. A. (1997). *Contemporary Rorschach interpretation*. Mahwah, NJ: Lawrence Erlbaum Associates.

Meyer, G. (2000). On the science of Rorschach assessment. *Journal of Personality Assessment, 75,* 46–81.

Meyer, G., Finn, S., Eyde, L. D., Kay, G., Moreland, K., & Dies, R. R. et al. (2001). Psychological testing and psychological assessment: A review of evidence and issues. *American Psychologist, 56,* 128–165.

Meyer, G. J. (2002). Implications of information gathering methods for a refined taxonomy of psychopathology. In L. E. Beutler & M. Malik (Eds.), *Rethinking DSM psychological perspective* (pp. 69–105). Washington, DC: APA Press.

Millon, T. (1969). *Modern psychopathology: A biosocial approach to maladaptive learning and functioning*. Prospect Heights, IL: Waveland Press.

Millon, T. (1981). *Disorders of personality DSM–III: Axis II*. New York: John Wiley.

Mitchell, S. A. (1988). *Relational concepts in psychoanalysis: An integration*. Cambridge, MA: Harvard University Press.

Moore, B. E., & Fine, B. D. (1968). *A glossary of psychoanalytic terms and concepts* (2nd ed.). New York: American Psychoanalytic Association.

Morey, L. C., Waugh, M. H., & Blashfield, R. K. (1985). MMPI scales for DSM–III personality disorders: Their derivation and correlates. *Journal of Personality Assessment, 49* (3), 245–251.

O'Connell, M., Cooper, S., Perry, J., & Hoke, L. (1989). The relationship between thought disorder and psychotic symptoms in borderline personality disorder. *Journal of Nervous and Mental Disease, 177,* 273–278.

Perry, J., & Cooper, S. (1989). An empirical study of defense mechanisms: I. Clinical interview and life vignette ratings. *Archives of General Psychiatry, 46,* 444–452.

Pine, F. (1988). The four psychologies of psychoanalysis and their place in clinical work. *Journal of the American Psychoanalytic Association, 36,* 571–596.

Pine, F. (1990). *Drive, ego, object, and self: A synthesis for clinical work*. New York: Basic Books.

Rapaport, D., Gill, M., & Schafer, R. (1968). *Diagnostic psychological testing*. New York: International Universities Press.

Reichenbach, H. (1938). *Experience and prediction*. Chicago: University of Chicago Press.

Rosner, S. (1990). Pine's four psychologies of psychoanalysis and the Rorschach. *Psychoanalysis and Psychotherapy, 8,* 103–111.

Rubens, R. L. (1994). Fairbairn's structural theory. In J. S. Grotstein & D. B. Rins (Eds.), *Fairbairn and the origins of object relations* (pp. 151–173). Oxford, England Free Association Books.

Sandler, J. S., & Rosenblatt, B. R. (1962). The concept of the representational world. *Psychoanalytic Study of the Child, 17,* 128–145.

Schachtel, E. (1966). *Experiential foundations of Rorschach's test.* Hillsdale, NJ: The Analytic Press.

Schafer, R. (1954). *Psychoanalytic interpretation in Rorschach testing: Theory and application.* New York: Grune & Stratton.

Shakow, D. (1976). What is clinical psychology? *American Psychologist, 31,* 553–560.

Shapiro, D. (1965). *Neurotic styles.* New York: Basic Books.

Silverstein, M. (1999). *Self psychology and diagnostic assessment: Identifying self object functions through psychological testing.* Mahwah, NJ: Lawrence Erlbaum Association.

Stolorow, R., & Atwood, G. (1989). The unconscious and unconscious fantasy: An intersubjective-developmental perspective. *Psychoanalytic Inquiry, 9,* 364–374.

Stricker, G., & Gold, J. R. (1999). The Rorschach: Toward a nomothetically based, idiographically applicable configurational model. *Psychological Assessment, 11,* 240–250.

Stircker, G., & Healey, B. J. (1990). Projective assessment of object relations: A review of the empirical literature. *Psychological Assessment: A Journal of Consulting and Clinical Psychology, 2,* 219–230.

Sticker, G., & Trierweiler, S. (1995). The local clinical scientist: A bridge between science and practice. *American Psychologist, 50,* 995–1002.

Stuart, J., Western, D., Lohr, N., Benjamin, J., Becker, S., & Vorus, N. et al. (1990). Object relations in borderlines, depressives, and normals: An examination of human responses on the Rorschach. *Journal of Personality Assessment, 55,* 296–318.

Trull, T. J., Widiger, T. A., Useda, J. D., Holcomb, J., Doan, B., & Axlerod, S. R. et al. (1998). A structural interview for the assessment of the Five-Factor Model of personality. *Psychological Assessment, 10,* 229–240.

Tyson, P., & Tyson, R. (1990). *Psychoanalytic theories of development: An integration.* New Haven: Yale University Press.

Urist, J. (1977). The Rorschach test and the assessment of object relations. *Journal of Personality Assessment, 41,* 309.

Urist, J. (1980). Object relations. In R. H. Woody (Ed.), *Encyclopedia of clinical assessment* (Vol. 1, pp. 821–833). San Francisco: Jossey-Bass.

Urist, J., & Schill, M. (1982). Validity of the Rorschach mutuality of autonomy scale: A replication using excerpted responses. *Journal of Personality Assessment, 46,* 450–454.

Viglione, D., & Hilsenroth, M. (2001). The Rorschach: Facts, fictions, and future. *Psychological Assessment, 13,* 452–471.

Weiner, I. B. (2003). *Principles of Rorschach interpretation* (2nd ed.). Mahwah, NJ: Lawrence Erlbaum Associates.

Wiggins, J. S. (1973). *Personality and prediction.* Reading, MA: Addison-Wesley.

찾아보기

인 명

내 용

◆◆◆ 편저자 소개 ◆◆◆

Steven K. Huprich

Steven K. Huprich(Ph.D., University of North Carolina-Greesboro)는 현재 Eastern Michigan University 심리학과 조교수로 재직 중이며, 임상심리 박사(Ph.D.)과정 교육을 담당하고 있다.

◆◆◆ 편역자 소개 ◆◆◆

신민섭

서울대학교 심리학과 대학원에서 임상심리학을 전공하여 석사학위를 받았으며, 연세대학교 심리학과 대학원에서 임상심리학 박사학위를 받았다. 서울대학교병원 신경정신과에서 임상심리전문가 과정을 수료하고 임상심리전문가 및 정신보건임상심리사(1급) 자격을 취득하였다. 현재 서울대학교 의과대학 정신과학교실 교수로 재직 중이며, 정신과적 진단평가 및 신경심리평가 도구 개발과 정신분열증, 강박장애, 주의력결핍과잉행동장애, 학습장애 등에 관한 연구 및 치료 활동을 주로 해 오고 있다.

우충완

서울대학교 생명과학부를 졸업하고 서울대학교 심리학과 대학원에서 임상심리학 석사학위를 받았다. 서울대학교병원 신경정신과에서 3년간 임상심리전문가 과정을 수료하였으며, 불안장애, 정서장애 그리고 성격장애의 증상, 구조, 및 원인 연구에 관심이 많다.

최현정

서울대학교 심리학과를 졸업하고 동 대학원에서 임상심리학을 전공하여 석사학위를 받았다. 서울대학교병원 신경정신과에서 3년간 임상심리전문가 과정을 수료하였으며, 사람이 무엇을 경험하고 그것을 어떻게 극복하는가를 반영하는 성격과 성격장애에 관심이 많다.

성격장애 로샤평가

Rorschach Assessment of the Personality Disorders

2010년 1월 11일 1판 1쇄 발행
2026년 1월 20일 1판 7쇄 발행

지은이 • Steven K. Huprich
옮긴이 • 신민섭 · 우충완 · 최현정
펴낸이 • 김 진 환
펴낸곳 • (주) 학지사
04031 서울특별시 마포구 양화로 15길 20 마인드월드빌딩 5층
대표전화 • 02) 330-5114 팩스 • 02) 324-2345
등록번호 • 제313-2006-000265호

홈페이지 • http://www.hakjisa.co.kr
인스타그램 • https://www.instagram.com/hakjisabook

ISBN 978-89-6330-266-9 93180

정가 20,000원

역자와의 협약으로 인지는 생략합니다.
파본은 구입처에서 교환하여 드립니다.